U0864059

渔政管理学

（修订本）

夏章英　主编

海洋出版社

2013年 · 北京

图书在版编目（CIP）数据

渔政管理学/夏章英主编．—2版（修订本）．—北京：海洋出版社，2013.7
ISBN 978-7-5027-8574-1

Ⅰ．①渔…　Ⅱ．①夏…　Ⅲ．①渔业管理-高等学校-教材　Ⅳ．F307.4

中国版本图书馆CIP数据核字（2013）第115996号

责任编辑：张　荣
责任印制：赵麟苏
海洋出版社　**出版发行**
http://www.oceanpress.com.cn
北京市海淀区大慧寺路8号　邮编：100081
北京旺都印务有限公司印刷　新华书店北京发行所经销
2013年7月第2版　2013年7月第1次印刷
开本：787 mm×1092 mm　1/16　印张：33
字数：800千字　定价：90.00元
发行部：62132549　邮购部：68038093　总编室：62114335
海洋版图书印、装错误可随时退换

《渔政管理学（修订本）》
编委会

主　　编　夏章英

编写人员　陈　良　卢伙胜　张桂通

颜云榕　冯　波　陈文河

前　言

我国具有悠久的渔业发展史。据史料记载，早在夏禹时期，就有“夏三月，川泽不入网罟，以成鱼鳖之长”的禁渔令。在殷周时代，有专管渔政的官吏。例如，《周礼》有“渔人官为天官之属”，而掌管捕鱼之事；《礼记》中称管理渔业的官员为“渔师”，又说渔师“皆专司渔政者”。到明清时代，渔政设施及渔政机构均有一定的改进。民国时期，渔政管理也曾引起政府的重视，1929 年还制定过《渔业法》。新中国成立后，人民政府十分重视渔政工作，经过四五十年的努力，我国的社会主义渔政事业有了较大发展。20 世纪 50 年代，国家渔业行政主管部门设立了渔政管理处。沿海省、市、区渔业行政主管部门均建立了渔政监督管理机构。1957 年，国家水产部设渔政司，负责全国的渔政工作。1958 年至 1964 年之间，国家曾先后两次撤销又恢复渔政机构。1978 年，国家水产总局成立并下设渔政管理局。1982 年，全国人大常委会决定，将农业部、农垦部和国家水产总局合并为农牧渔业部。1983 年 4 月易名为农业部，农业部内设渔政渔港监督管理局，对外代表国家行使渔政渔港监督管理权，并在黄渤海、东海、南海区渔业指挥部加挂渔政分局牌子，为农业部派出机构。1990 年，3 个海区渔政分局均改名为海区渔政局。1994 年，农业部设渔业局，各海区设渔政渔港监督管理局，沿海各、省、市区设渔政海监检查大队，市、县下设支队等。内陆重点渔业省、市、县以及大型湖泊、水库和重要江河段也设立了渔政机构。据 1991 年统计，全国已有县级以上渔政机构 1 734 个，拥有渔政管理人员近 4.2 万人（包括船检、通信、渔业环保、管理人员等），配备了大、小渔政船（艇）1 157 艘，9.41×10^4 kW。渔政管理遍及全国江、河、湖、海，基本形成了一个从中央到地方，从海洋到内陆，自上而下实行“统一领导，分级管理”的渔政管理组织网络，为渔政管理工作的开展打下了良好的组织基础。2000 年 7 月，农业部组建中国渔政指挥中心，3 个海区的渔政检查大队也随之更名为中国渔政黄渤海总队、中国渔政东海总队、中国渔政南海总队，业务工作接受中国渔政指挥中心指导。2008 年 7 月，国务院颁布的根据《农业部主要职责内设机构和人员编制规定》（国办发〔2008〕76 号），中华人民共和国渔政渔港监督管理局和 3 个海区渔政渔港监督管理局，分别更名为中华人民共和国渔政局和海区渔政局。

新中国成立以来，我国渔政事业所取得的成就，除了上述的建立各级渔政管理机构、建设一支渔政执法队伍、组成全国渔政管理网络之外，还颁布了一批渔业法律、法规，初步建立起渔业法律体系，开始进入了以法治渔、依法兴渔的新时期，而且实施了保护与增殖资源相结合，促进了渔政管理向深度和广度发展。同时坚持依法进行监督管理，实施禁渔区禁渔期规定，贯彻捕捞许可制度，限制捕捞经济幼鱼，控制捕捞强度，保护珍稀水生野生动物，保护渔业水域环境，改善渔业安全生产，改善渔业电信管理以及维护我国渔业权益等等。但也存在不少问题，如未能有效控制近海捕捞渔船的盲目增加，主要经济鱼类资源衰退没有很大改变、大量未经净化处理的废水对渔业水域造成严重威胁、渔政管理体制不顺、渔政执法手段落后，以及基层渔政执法人员素质有待进一步提高等。这些都给贯彻执行渔业资源保护和管理带来很大困难。

正因如此，1994年12月农业部渔业局下文，为培养更多渔政管理人才，提高渔政管理队伍的素质和执法水平，决定委托南海区渔政渔港监督管理局进行南海区高等教育自学考试渔业管理专业试点。当时，笔者受南海区渔政渔港监督管理局和广东省高等教育自学考试主管机关的委托，为南海三省（区）开考高等教育自学考试渔业管理专业编写了一本《渔政管理学》。后来，这本书也作为湛江水产学院（后改名为湛江海洋大学、广东海洋大学）海洋渔业系全日制的教材，一直用到2011年。由于成书距今时间太长，教材内容不能反映近十几年来国内外渔政管理的发展情况，因此必须修订。对此根据本人的实践经验和后继任课教师苏永华、陈文河以及有关领导卢伙胜等的意见：在原有内容的基础上，着重补充一些渔政管理的基础理论和国外渔政管理概况，同时他们也提供了一些宝贵的资料，并希望尽快将此教材修订好，以便今后继续使用。对此，本人一方面感到压力很大，另一方面又感到高兴。因为要完成一本60万～70万字的教材编写，至少要花两年时间的辛勤劳动，但一想到这是我为祖国水产事业编写出版的第12部教材或参考书，从而又感到高兴。我是渔家子弟，对渔业很有感情，总想多写几本有关渔业的书，留给社会、留给渔民后代，为渔业多做一点工作。

本书由渔政管理概论、渔政管理内容、渔政执法办案以及国外渔政管理概况4篇共17章内容组成，其中以第二、第三两篇为重点。本书写作、审核的分工是：主编负责全书绝大部分章节内容的编写以及全书的设计、规划和统稿工作；陈良老师负责第十章《水产品加工业管理》的编写以及第十五章《渔政办案案例评析》中部分内容（即有关水产品加工业案例评析）的编写；其他编写人员负责全书内容的审核、修改和补充，并提供部分写作资料和出版经费；本书写作得到各级领导和老师们的支持，在此表示深深的感谢，但由于本人水平有限，书中难免存在不少缺点或错误，敬请广大读者批评指正。

夏章英

2011年10月15日

于广东海洋大学

目　录

第一篇　渔政管理概论

第二篇　渔政管理内容

第三篇　渔政执法办案

第四篇　国外渔政管理概况

第一篇

渔政管理概论

渔政管理概论，是渔政管理学的第一组成部分，由渔政管理的概念与意义、渔政管理机构与人员、渔政管理的目标与检查、渔政管理信息与研究共4章组成。这4章有着内在的联系，构成一个整体，反映了渔政管理的性质、任务、原理、原则、特点、要素的基本概念，以及机构、人员、目标、检查、信息和研究的基本概况。

第一章 渔政管理的概念与意义

渔政管理的概念主要指渔政管理的含义与作用、性质与任务、原理与原则、特点与要素。而渔政的意义，是指渔政的必要性。

第一节 渔政管理的涵义与作用

了解渔政管理，首先要明白渔政管理的涵义，明白渔政管理究竟是指什么，然后才能更好地理解渔政管理的作用。

一、渔政管理的涵义

渔政管理，即渔业行政管理，是指国家通过渔业立法和执法手段，对渔业生产全过程的计划、组织、指挥、协调以及监督等所进行的一系列管理活动。也可以狭义理解为，渔政管理是渔政监督管理机构依据渔业法律、法规对渔业实施监督管理的行政执法过程。对渔政管理涵义的理解，可从下列 5 个方面来认识。

（一）实施渔政管理的主体是特定的

这就是说只有政府和渔业行政主管部门及其所属机构才可以实施渔政管理，其他部门无权对渔业事务实施管理。但是，在某些特定情况下，渔业行政主管部门也可以授权某些机构、组织行使某些渔政管理权。例如，授权渔业协会管理一些远洋渔业活动或区域性渔业活动，把一些技术性强的质量监督、检验和检测工作委托给一些专门机构管理等。

（二）渔政管理的对象和事务是特定的

渔政管理的对象和事务，两者是连在一起的，通常可以认为，只有从事渔业活动或者影响渔业发展的个人、家庭（农户、渔户、个体户）、各类型的单位（企业、事业等）才是渔政管理的对象；从事非渔业活动的经济主体，一般不是渔政管理的对象。渔政管理的事项也是特定的。非法定的事务，不属于渔政管理的范畴。

（三）渔政管理是政府提供的公共物质

政府提供的公共物质有渔业水域、渔业环境、渔业资源等。若从经济学角度来看，渔政管理是政府提供的公共物质，具有服务业的属性，而接受渔政管理服务的对象是不确定的一类渔业活动主体。政府和渔政管理部门应尽可能地增加其管理过程的透明度，遵循公正、公平、公开的原则，平等地对待从事渔业活动的每个主体，为他们提供管理服务。

（四）渔政管理的过程必须合乎相关的渔业法律法规要求

渔政管理是执法行为，一切行为都要符合法律法规要求，同时法治原则又是当代政治文明对公共管理活动的要求。因此渔政管理活动都应有法律法规依据。首先，渔政管理主体要明确、合法，各级政府及其渔业行政主管部门和机构应当依法合理分工，各司其职，职责分明，而不应推诿；其次，渔政管理的程序应合法，程序的合法和恰当总是与公平正义结果的实现密切相关的；再次，就是渔政管理主体在行使其自由裁量权时，应遵循基本的法理要求，保持行政处理决定依据的稳定性和一致性，保障渔政管理对象的合理期待，而不能滥用权力，恣意增加渔政管理程序和决定的不确定性。

（五）渔政管理是动态变化的

这里的动态变化包括渔政管理活动的法律、法规以及政策依据的变化、管理对象的变化、管理环境的变化、管理工具的变化、管理手段的变化等。特别是在我国渔政管理对象的规模变化是很大的，性质也不尽相同，包括从事渔业活动的个人、家庭、小型渔业企业、大中型渔业企业，以及不以营利为目的的事业单位及行业协会，可以是国内的自然人和法人，也可以是境外的自然人和法人等。渔政管理环境，是指影响政府及其渔业行政主管部门和所属机构管理渔业活动的各种外部条件。例如，自然环境条件、国际环境、经济条件、文化以及社会价值伦理观念等。这些条件都是变化的。渔政管理的动态变化特点，预示着渔政管理部门应当因地制宜地设定渔政管理活动的目标，适时调整渔政管理活动的方式、方法和措施。

二、渔政管理的作用

渔政管理在渔业生产中起着促进、保障、制裁和教育等的作用。促进作用，是指渔政管理能促进渔业生产力持续稳定地发展，从而达到“以法治渔，依法兴渔”的效果。保障作用，是指渔政管理能保护渔业生产者的合法权益，保护我国渔业权益不受侵犯，从而调动渔业生产者的积极性和保护我国的渔业权益。制裁作用，是指渔政管理对于少数违反渔业法规、破坏渔业资源或侵犯他人经营渔业的合法权益的个人或法人，必须受到制裁，否则渔业生产秩序将出现混乱，生产者的积极性必然受挫。教育作用是指渔政管理对违规者的制裁主要在于教育，坚持这种作用将会逐渐提高渔业生产者的法律意识，从而增强渔政管理的成效。

实践证明，如果国家不实施渔政管理，不严格执行渔业法律、法规，那么保护、增殖、合理利用渔业资源将成为一句空话。世界先进渔业国家都认为，没有渔政管理，现代化的渔业是不可能的；国家渔政管理的水平，可以反映本国渔业生产发展的程度。

第二节　渔政管理的性质与任务

渔政管理是管理学中的一个组成部分，同样具有两重性的特点。由于生产力的发展和渔业生产的特点，渔政管理的重要性越来越突出，其任务也就越来越繁重。

一、渔政管理的性质

由于渔政管理的产生和发展是个历史过程，是伴随渔业生产的发展而发展的，同时，渔政管理既是渔业生产力进步的产物，又是不断调节人与自然和人与社会之间关系的结果，所以渔政管理与其他管理学一样都具有自然属性和社会属性的特点。

（一）渔政管理的自然属性

渔政管理的自然属性是指在渔业生产过程中不断地调节人与自然之间的关系，确保人对渔业资源的合理开发和利用。即随着渔业生产力的不断发展，人与自然的联系日益增强，更要正确处理人与自然之间的关系，以适应和推动渔业生产力的发展。例如，各国根据本国捕捞能力与渔业资源之间的具体关系，在保持渔业资源生态平衡的条件下，制定出禁渔措施、发放许可证和开发人工增殖等活动，以求合理开发和利用渔业资源。

科学性是渔政管理自然属性的具体表现，如渔政管理要调节捕捞强度与渔业资源繁殖、生长相符合的规律，就必须对渔业资源、渔业环境进行调查和分析，然后才能制定管理对策。又如，在渔政管理过程中要用科学仪器、科学监督手段测定违规渔船的位置，拍摄与违规案件有关的证据，储存和检查违规案件的数据等，才能提高渔政办案的准确度。然而，自然属性是一切科学方法的总结，不同的社会状况都有共同之处。因此，社会主义国家可以借鉴人类社会在渔业管理中一切符合科学的东西，结合本国具体情况，加以消化和利用。

（二）渔政管理的社会属性

渔政管理的社会属性是指渔政管理活动中，要处理好渔业经济领域里各单位、各部门之间的关系。如要调整好在渔业生产过程中国家、集体、个人三者之间的关系，要维护渔业权益和渔业者的合法权益等，以保证渔业经济活动的正常进行。

法制性是渔政管理社会属性的主要表现。因为渔业资源具有洄游移动和社会公有的特点，往往由于鱼类及其繁殖生长过程中越过某一区域，甚至某一国家的水域，容易造成捕捞中的渔业纠纷。国家为了要维护全社会的利益，协调渔业经济活动中的关系，则必须制定强制性的准则——渔业法律法规，并规定渔业管理机构行使行政处罚权，依法对违反渔业法律的行为予以行政处罚，这样才能确保渔业法律的贯彻实施。

渔政管理的社会属性是反映某一社会形态中统治阶级的意志和要求，它受到生产关系和经济基础的制约，因此就必须区分不同社会生产方式下不同性质的管理方法。对我国渔政管理来说，必须反对照搬其他国家整套的管理理论和模式，又要反对全盘否定其他国家管理的理论和方法。

二、渔政管理的任务

渔政管理是各级渔业行政主管部门的主要工作，而且随着渔业的发展，这项工作更显得重要，任务越来越繁重。根据渔业法律、法规的规定，渔政管理的任务主要包括：监督检查国家渔业法律、法规的贯彻执行；加强对渔业资源和水生野生动物的保护、增殖、开发和合理利用；对内维护渔业生产的正常秩序；对外代表国家保护我国渔业权益；审核和发放渔业许可证；征收渔业资源增殖保护费。具体包括以下6个方面。

（一）监督检查国家渔业法律、法规的贯彻执行

国家设置渔政监督管理机构的目的，在于确保已颁布的渔业法律、法规真正得到实施。监督检查国家渔业法律、法规的贯彻执行是实现以法治渔、依法兴渔以及健全渔业法制的重要环节，因此也就理所当然地成为渔政管理的首要任务。但要完成这项任务，必须明确两个问题：①国家渔业法律法规有哪些？②如何监督检查贯彻执行？

完善的渔业法律法规应包括渔业的基本制度、渔业资源保护、渔业发展、贸易交流、渔业金融、社会保险、渔船及船员职责、海港与海岸、防治污染与灾害以及国际关系等方面的内容。而与渔政管理工作直接有关的法律、法规，主要有《中华人民共和国渔业法》、《水产资源保护法》、《水产资源开发促进法》、《渔业生产调整管理法》、《渔场维护法》、《水产品市场法》、《渔船法》、《船舶安全法》、《渔港法》、《海岸管理法》、《渔业水域污染防治法》、《领海及毗连区法》、《渔业水域法》，以及与外国的有关协定等。

在贯彻执行的过程中，首先要依靠国家法律、法规授予的渔业行政处罚权和监督检查权。如《渔业法》第三十三条规定和《渔业法实施细则》第七条规定，要求渔政管理机构及其检查人员切实做好对渔业生产活动中各方面的监督检查。一经查获违法行为，及时制止，并按规定给予处理，约束违规行为，保证渔业法规不受侵犯。其次，要借助人民法院这一审判机构的威力，对于严重违法行为已构成刑事犯罪的，或超越渔政管理机构权限范围的案件，应转送人民法院依法审理。另外，渔政监督管理机构还应与公安、海监、交通、环保、工商行政管理机构等有关部门相互协作，监督检查渔业法律、法规的实施。因为渔政管理涉及面广，不这样做就难于实施。如对拒绝、阻碍渔政检查人员依法执行公务的行为，对偷窃、哄抢或破坏渔具、渔船、渔获物的行为等，必须依靠公安部门的力量予以制止。对于市场上出售不合规格的经济幼鱼等，要与工商行政部门配合，对于海上渔场的巡视执法、渔业水域环境的维护、海难救助等，必须与海监、环保、交通等部门协作。最后，在监督检查的过程中，要注意做好宣传教育工作，先要有“安民告示”，让相关人员知道。现场检查违规行为时，不忘对当事人的守法教育。

（二）加强对渔业资源水生野生动物的保护增殖开发和合理利用

虽然由于渔业资源自身固有的特点（共有性、洄游性、隐蔽性、变化性等），但由于人们处理各种关系（眼前与长远、局部与全局、产量与产值等）的认识和方法的差异，增加了渔政监督管理的难度。因此必须加强对渔业资源的保护、增殖、开发和合理利用，明确合理开发利用的涵义，以及如何保护、增殖、开发和合理利用，只有这样，才能达到对渔业资源监督管理的作用。

渔业资源是渔业生产的物质基础，保护、增殖、开发和合理利用渔业资源是制定渔业法规、政策和生产计划的基本点。同时，渔业资源、水生野生动物与水域生态环境是分不开的，保护和改善渔业水域环境同样是渔政管理的重要任务之一。

所谓合理开发和利用，是指渔政管理要遵循渔业资源生长的自然规律。如对未开发的资源，要有计划地开发利用；对已开发的资源，要合理开发和利用；对开发过度的，要限制开发利用，进行保护、增殖，做到生态平衡。

如何保护、增殖、开发和合理利用渔业资源，可参考下列几点措施。严格执行国家关于保护渔业资源和水生野生动物的法规，切实执行禁渔区、禁渔期的规定，保护产卵亲体和幼体，制止酷渔滥捕；组织对渔业资源变动的监测，结合水产科学部门的资源调查结果，根据资源的可捕量，控制投入船数，限制捕捞强度；密切注意渔业资源生态环境的水质变化，对因污染造成渔业损失的，渔政部门要协同环保部门进行调查、处理，维护渔业生产者的合法权益；对渔业资源状况和资源相关的事项，要向有关部门提供决策意见；大力开展人工增殖，用征收的资源保护费，投放苗种，建造人工鱼礁，改善渔场环境，贯彻“取之于渔，用之于渔”的精神。

（三）对内维护渔业生产的正常秩序

任何行业要正常生产，都要创造一个良好的外界环境条件，渔业更是如此。就捕捞业和养殖业而言，其显著特点是作业场所多在江、河、湖、海上，环境条件千差万别，具有艰巨性和风险性。随着生产的发展，捕捞船只不断增加，养殖面积迅速扩大，渔场纠纷、边界纠纷时有发生，由争滩涂、争水面发展到偷抢养殖产品、设施等，严重影响生产的发展。因此，维护正常的生产秩序，保护生产者的合法权益，是渔业发展的必要条件之一。

正常的生产秩序，是指所有的渔业生产活动都要纳入法律的规范之中，依照国家法律去进行生产，不允许从事与渔业法律、法规相抵触的作业方式和生产活动。同时，要合理布局各种作业，妥善安排大、中、小各种渔船的生产场所，使之与渔场状况相适应。

维护正常的生产秩序，概括起来说就是渔政人员要起到“警察”的作用。例如，及时排除纠纷、加强对作业场所的巡视、严厉打击违法行为等。及时排除纠纷时，渔政人员要以“公正仲裁”的身份出现，以和解态度去平息双方的争执。调解过程力求取得第一手资料和证据，聘请有经验的人员参加评议。处理决定尽量兼顾双方利益，本着公正和求实精神，注意掌握证据，还要做过细工作。加强对作业现场的巡视时，对未取得捕捞资格或未经批准擅自越过许可范围的渔船，给予处理并驱赶；对从事炸鱼、毒鱼、非法电鱼以及危及他人利益的行为，要严加查处，保护已取得合法捕捞资格的渔民开发正常生产。对违法行为者，要严厉打击，如对偷捕、抢夺他人养殖水产品，或破坏他人养殖设施和养殖水体的行为，偷窃、哄抢或破坏他人渔具、渔船、渔获物的行为，要严厉打击，以保护渔业生产者的合法权益。

（四）对外代表国家维护我国的渔业权益

我国的渔业权益是神圣不可侵犯的。按照《渔业法》规定，凡进入我国管辖水域从事渔业活动的外国人、外国渔船，都必须遵守我国的有关法律、法规和渔业协定。因为在我国管辖海域附近有日本、朝鲜、韩国、越南、菲律宾等国的渔船作业。有的外国渔船无视我国渔业权益，闯入我国近海，甚至在我国沿岸禁渔区捕鱼，违反同我国签订的渔业协定。或者，我国渔船违反国际惯例，甚至违反国际海洋法，擅自进入他国水域捕鱼，给国家在外交上、经济上带来损失。因此，要维护我国的渔业权益，尊重他国合理的渔业权益。

维护我国渔业问题，必须依照《渔业法》及其细则的有关规定，并要加强与海军联系。在实施《渔业法》的有关规定时，必须依照《渔业法》第八条规定，以及国务院颁布的机动渔船底拖网作业禁渔区等规定，加强对外国渔船的监督管理。外国渔船进入我国水域进行捕鱼或调查，须经国务院有关部分批准，并要遵守我国的渔业法律和法规，或同我国订有条约的，要按条约或协议办理。外国人、外国渔船违反《渔业法》的第八条规定，可依照《渔业法实施细则》第三十七条规定，令其离开或驱逐，并可处以罚款和没收渔获物和渔具。在加强与海军联系时，必须向海军舰艇提供情况，并请中国海监船只和海军舰艇联合驱赶、处理违反我国渔业法律、法规的外国渔船。对于我国渔船擅自进入他国水域进行捕鱼的行为，应予以制止，并视情节，依法处理。

（五）审核和发放渔业许可证

渔业许可制度是渔政管理中最根本的制度。它对于捕捞、养殖、增殖、运输等各种作业类别的全过程作出允许或禁止的规定。渔业许可证有捕捞许可、养殖许可、经营许可和渔船许可等证件。内容包括作业场所、时限、渔具规格、数量、养殖品种、养殖面积、收购对象、加工方法以及渔船的类别和生产能力等。

通过发放渔业许可证，可使渔业生产者的活动具有合法性。渔业许可证既是生产者依法从事生产活动的执照，又是日常管理中渔政机构实施监督检查的依据，可以保护渔业生产者的合法权益，促进渔业生产力的发展。例如，发放捕捞许可证，是为了合理利用水产资源、控制捕捞强度、维护渔业权益和生产秩序；发放养殖许可证，是为了充分利用水面滩涂，保护养殖业者的合法权益，促进养殖业的发展。

发放许可证，应经过科学调查和论证，如发放捕捞许可证时，必须经过对渔业资源的调查和论证，确定资源的可捕量、作业渔场、水域可容纳船数，以及各类作业结构的合理安排等，在国家下达的船、网控制指标内才能发放。具体做法上，除了坚持发证原则之外，还要按发证权限进行管理。

（六）征收渔业资源增殖保护费

《渔业法》第十九条规定，向受益的单位和个人征收渔业资源增殖保护费。我国公民有利用国家渔业资源的权利，当然就要履行缴纳资源增殖保护费的义务。因为渔业资源属国家所有，是社会的公共财产，同时要做好这项工作需花大量资金，涉及千家万户，包括单位和个人的利益，这是一项社会性的系统工程。国家通过征收资源增殖保护费，把渔业生产者的权益和义务结合起来，对于促进渔业生产者关心渔业资源的保护，提高保护渔业资源的认识，都具有重要意义。

但是，征收渔业资源增殖保护费的工作，目前还不完善，必须加强宣传教育。这项工作的具体做法大致包括制定征收标准、与渔业许可制度挂钩，以及管好、用好这笔经费。在制定征收标准时，应以国家的渔业方针、政策为依据，以扶持外海、远洋作业和有益于资源保护的作业，制约不利于资源保护为原则。征收资源保护费与健全、巩固渔业许可制度挂钩，促进捕捞许可证等的申请、审核和发放工作。还要按国家规定，管好和用好这笔资源保护费，实现“取之于渔，用之于渔”，促进生产，造福于民。

第三节　渔政管理的原理与原则

渔政管理作为一项有目的、有计划的实践活动，必然有它自身的客观规律。人们在实战中探索其原理和管理原则，从中提炼出适合于我国国情的社会主义渔政理论，用于指导渔政管理实践。

一、渔政管理的原理

所谓原理，可认为从复杂的现象中归纳出共性的规律和法则。从渔政管理的全过程来看，渔政管理具有法治原理、系统原理、动力原理和效益原理，其中尤为突出的是法治原理。

渔政管理的法治原理，是指在管理活动中必须依照我国法治的基本要求去管理渔业。它包含建立和健全渔业法律体系，保证和加强渔业法律、法规的贯彻和实施，以及促进生产者的自觉守法。因为守法是法治的基础，执法是法治的保证，立法是法治的依据。三项缺一不可。

建立和健全渔业法律体系：这是随着渔业生产的发展，渔业体制的改革，以及对外开放等的需要。就利用天然渔业资源而言，必然涉及个人、集体、国家三者之间的利益，于是就必须把行之有效的渔业方针、政策用法律、法规的形式将它固定下来，发挥以法治渔、依法兴渔的作用，为渔政管理运用法治提供依据。

保证和加强渔业法律的贯彻和实施：实践证明，立法如果不执法，那就成为空话。执法是法治的主体，要求渔业法律的执行者牢固确立依法治渔的观念，把自己的行政行为约束在法律的范围内，以体现"有法必依，执法必严，违法必究"的严肃性。

促进生产者自觉守法：首先要做好宣传，使生产者明白渔业法律的内容，让生产者能够预先知道自己和他人的行为是否符合渔业法律的规范，如果违反了又会产生什么后果。同时，还要加强立法和执法的透明度，增加生产者主人翁态度，提高群众守法的积极性。

自觉地运用法治原理，可使渔政人员保持正确的政治方向，不断完善、充实、提高法律意识，增强执法、守法的自觉性和坚定性。

二、渔政管理的原则

根据渔政管理的性质与任务，渔政管理的实质工作必须遵守下列基本原则：①统一领导与分级管理的原则；②以事实为依据，以法律为准绳的原则；③法律手段与经济制裁相结合的原则；④合理利用渔业资源的原则；⑤专管与群管相结合的原则；⑥保证效益的原则，以及教育与处罚相结合的原则等。具体内容如下：

（一）统一领导与分级管理的原则

此原则是针对渔政管理机构的管理范围而言的。统一领导，是指渔政管理在组织领导和执法政策上的统一。分级管理，是指渔政管理机构组织上的分级建设、水域管理上的分片负责、业务类别上的分工职责。这样有利于调动各方面的积极性，使渔政管理工作自上而下地落实到实处，保证渔政管理任务的完成。由此可见，统一领导与分级管理是渔政管理工作的组织保证，各级渔政管理机构应当积极协调配合，服从国家渔业行政主管部门及其渔政管理机构的统一领导。

同时，统一领导是指思想上要统一到国家发展渔业有关的法律、法规、方针和政策上来，制定地方性的渔业法规不得违背全国性渔业法律、法规的基本精神和规定、全国渔政机构的设置、渔政船、渔政人员的标志以及制服等都要统一，以体现中国渔政的整体性。分级管理，是指在国家渔业法律、法规的授权下，各级地方渔政机构依法管辖本行政区域的水域、渔船、渔具、亩种以及渔业许可等履行各自职责，以提高管理工作的效率。

统一领导与分级管理，两者是相辅相成的关系。前者是后者的前提，后者是前者的基础。贯彻这一原则，是符合渔政管理对象的自然属性和社会属性，符合渔业资源的内在规律，符合自然环境和国家实际，符合我国幅员辽阔的自然条件以及资源状态各不相同的特点。

（二）以事实为依据，以法律为准绳的原则

因为渔政管理机构是根据渔业法律、法规对渔业进行监督管理的渔业行政执法部门。因此，渔政管理过程必须做到以事实为依据和以法律为准绳。

事实与法律是各级渔政管理机构处理违法案件的两个关键问题。事实，是处理案件的前提和依据。法律，是处理案件的标准和尺度。渔政管理机构及其工作人员只有严格遵守这一原则，才能正确处理案件。因为要想正确处理案件，做到定性正确，法律运用无误，首先就必须搜集充分的证据和事实，而证据是查明案件的依据，在此基础上才能依据法律作出正确的处理。

（三）法律手段与经济制裁相结合的原则

对于渔业上的违法行为，必须根据违法事实来判别下列三种法律责任，即刑事责任、民事责任和行政责任。法律责任要根据违法事实的性质、情节、后果来确定。因为渔政机构具有对渔业违规者给予行政处罚的权力，按照不同的情况给予批评教育、赔偿损失、罚款、没收渔获物、没收渔具、没收违法所得，并吊销捕捞许可证或养殖使用证。对情节严重触犯刑法的，还要追究其刑事责任。

经济处罚，对于违规者同样是一种教育手段，因为渔业生产是一种商品性生产，没收违规者的非法所得并处罚款，可使其在经济上不能得益。法律手段与经济制裁相结合，在《渔业法》第三章有明确的规定。

（四）合理利用渔业资源的原则

渔业资源是发展渔业生产的物质基础，同时也是渔政管理的立足点。如果渔业资源破坏了，那么渔业生产就无法进行下去，则渔政管理也就失去存在的必要。对渔政管理机构来说，要保护好渔业资源这个基础，就必须根据资源繁殖生长的自然规律，合理安排捕捞生产，使渔业资源得以持续和稳定，为社会提供财富。所以贯彻合理利用渔业资源的原则，维护渔业资源的生态平衡是渔政管理机构的主要职责之一。

（五）专管与群管相结合的原则

中央、省、直辖市、自治区、市、县以及主要的渔业水域、港口都设有渔政管理机构，编制专职渔政管理检查人员，使渔政管理工作有专门机构及人员负责，这对确保渔政管理任务的完成十分重要。然而，我国水域辽阔，渔政管理单靠上述这些编制人员是不够的，而是要走群众路线，依靠广大渔民、渔业干部，依靠渔业生产基层组织（如渔民协会、生产企业等），并建立相应基层机构。既有渔政工作的群众基础，又有自上而下的领导体系，才能确保渔政管理工作任务的完成。

（六）保证经济效益、社会效益和生态效益的原则

渔政管理的根本目的是保障、促进渔业生产持续、稳定地发展。因此，渔政管理必须保证经济效益、社会效益和生态效益。渔业资源的盛与衰，直接影响渔业生产的丰与歉，而渔业生产的丰与歉又会影响渔业经济效益和社会效益。但是，由于渔业生产自身的特点，有的从局部看经济效益是好的，但从全局或长远看则不一定好。从另一角度看，当经济效益好的时候，生态效益不一定是好的。因此，渔政管理既要从局部看，又要从全局看，这样才能保证获得最佳的效益。

（七）教育与处罚相结合的原则

普及渔业的法制教育，对渔政管理十分重要，因为这样可使广大渔民、渔民干部知法和守法，预防违法情况的发生。动员社会力量及渔业行政、科教、生产等部门宣传各项渔

业法规，宣传保护渔业资源，宣传遵纪守法的好人好事以及违法犯法的案例，对渔政管理大有好处。处罚的目的也在于教育，是维护法律、法规的严肃性，有利于贯彻“有法可依，有法必依，执法必严，违法必究”，开创以法治渔，依法兴渔的新局面。渔政办案人员要严格执行办案程序，维护渔政部门的权威。

第四节　渔政管理的特点与效益

从渔政管理的涵义和性质中可以体现渔政管理自身的特点。然而，渔政管理又是如何衡量和检查其工作的成功与否呢？这就要用效益的观点。效益，既包括经济效益、社会效益，也包括生态效益。这三大效益可正确衡量渔政管理发展的水平。

一、渔政管理的特点

（一）执法性的特点

因为渔政管理严格贯彻“有法可依、有法必依、执法必严、违法必究”的精神；渔政工作是宣传和执行国家及地方政府颁布的有关渔业的法律、法规、法令、规则、命令等，使渔业的一切活动都要遵守《渔业法》的规定。同时渔政工作者还要经常帮助广大渔民知法、守法，其目的是树立渔民群众的法律观念，而县渔政机构是根据渔业法规对渔业进行管理的执法部门，“以法治渔，依法兴渔”是它的总目标。再者，渔业资源自身的特点也需要依靠法律来保护，不允许渔业生产者在有法不依的情况下进行生产和经营等等。所以渔政管理执法性的特点是十分突出的。

（二）多重性的特点

因为渔政管理工作实践性很强，涉及面又很广，渔政工作人员要执法，首先就要懂得渔业法律、法规制定的科学依据，而这些依据涉及法学、社会学、管理学、海洋学、航海学、鱼类学、水产科技以及渔业政策法令等，从学科种类就可体现其多重性。同时，渔业生产要取得稳步发展，必须要用综合治理的方法，包括自然环境、渔业资源、捕捞和养殖技术，即要应用管理科学的理论、方法和手段等。这些都体现多重性的特点。

（三）服务性的特点

因为渔政管理是促进渔业生产持续稳定的发展，所以也就很自然地要服务于渔业。渔政管理既要维护渔业生产的正常秩序，做好渔业救助工作、传播渔业科技信息，还要向渔民宣传法制知识，同时还要对违规者进行处罚，以保证渔业法律、法规的贯彻执行，促进渔业的繁荣、兴旺和发达。

二、渔政管理的效益

渔政管理的工作质量，可以通过生态效益、经济效益和社会效益来衡量。这三个效益是相互依存的。有了良好的生态效益，才会有较高的经济效益，如果生态平衡被破坏，就会直接造成经济平衡失调，影响经济发展。反之，如果违反经济规律，也必然导致环境的破坏。生态平衡失调，经济效益下降，当然社会效益就很差。讲究生态效益和经济效益的最终目的是为了社会效益。只有在保证生态效益和经济效益的前提下，才会有稳定、持久的社会效益。

（一）生态效益

生态，是指生物的性态和分布；生态系统，指生物群落及其地理环境相互作用的自然系统；渔业生态平衡，是指一定的水生动植物群落和生态系统在生存过程中通过相互制约、转化、交换而达到的相对平衡。如水体中渔业资源的种类组成和数量比例，在自然条件下保持相对的平衡状态。但当水体受到污染，水质引起变化，积累到一定程度后，就会导致渔业资源生态平衡的破坏。或者是捕捞过度也会引起生态平衡的破坏。这是因为渔业生产不能违背鱼类资源再生能力有限的自然规律，不能违背鱼类生长周期以及群落之间比例的自然规律。我国20世纪70年代后大黄鱼、小黄鱼等经济鱼类年产量急剧下降至今尚无完全恢复的迹象，就是渔业资源遭受破坏的典型例子。在这种情况下，如果渔政管理工作采取积极措施，如增设人工鱼礁、维持渔业水质等来改善渔业环境，或采用人工增殖放流、控制渔船渔网、控制捕捞强度、实行禁渔制度等，也能使渔业资源逐步恢复。近年来，我国为了保护渔业生态平衡，在黄渤海捕捞对虾时，提出了“春养、夏保、秋捕”的措施，是适应对虾生长的自然规律，是正确的方针。又如，各海区普遍采取机轮拖网休渔期、张网作业禁渔期等措施来控制捕捞强度，都是有效的。这些都是保护生态平衡效益的例子。因此，生态平衡效益是衡量渔政管理工作的重要因素之一。

（二）经济效益

渔业与其他产业一样，都必须讲究经济效益。渔政管理的目标是促进渔业生产、增加产量，并使生产持续稳定地发展；促进实现经济持续增长，力求把市场供求与管理结合起来。渔政管理虽然不能直接生产物质财富，但它是个高级形式的物化转换机构，间接地生产物质财富。渔政管理体现经济效益的标志有两个：一是直接控制捕捞强度，使社会投入的捕捞能力与渔业资源繁衍生息的规律相适应，实现“投放较低消耗，达到较高产出效益”的目的；二是建立良好的生产秩序，实现“管理保生产”的目的，从而体现渔政管理中经济效益的因素。实际上渔政管理的质量正是反映渔政管理的经济效益。

（三）社会效益

渔业为社会提供水产食品、就业机会、经济效益，以及旅游、娱乐等多种作用。全世界直接从事渔业生产的人口约有1 500万，依靠渔业为生的人口达数亿。提供动物蛋白质24%，每年提供水产品超过$8\,000\times10^4$ t，产值占世界经济总值的1%。我国有300多万渔业人口，40多万水产企业职工，年创外汇数亿美元，并为各部门提供大量的工业、医药原料。我国渔政管理直接关系到数百万以渔为生的渔民是否安居乐业。实践证明，一个地方的渔政管理是否得力，不仅关系到当地的生产和市场供应，而且也关系到渔民之间的安定团结。因此，渔政管理要注意在社会上产生的影响，力求在社会各阶层人员中树立秉公执法、服务渔业的良好形象，获得更好的社会效益。

总之，用生态效益、经济效益和社会效益来衡量渔政管理工作，必须全面而又有联系地加以分析，任何片面肯定和否定的观点都是不可取的。

第五节　渔政管理的意义

由于渔政管理的内容广泛和执法的严格要求等特点，因此在探讨渔政管理目标之前，有必要思考渔政管理的必要性，即渔政管理存在的正当性，或者说是渔政管理的意义。这些意义概括起来主要有下列几个方面。

一、渔政管理是渔业生产力发展的必然结果

渔业主要是以可再生生物资源为基础的古老的食物生产活动。在近代工业文明到来之前的漫长历史时期，渔业生产力水平很低，人类的捕捞活动对渔业生物资源的繁衍生息还构不成严重威胁。然而，随着蒸汽机渔船的出现，航海技术的巨大进步、化学纤维网具以及助渔仪器的使用等，渔业生产力水平有了极大的提高，出现了过度捕捞等问题。人类的捕捞活动是构成一些渔业资源枯竭的重要原因之一。因此，由政府承担较多的渔业监督管理责任，设立专门渔政管理机构，来解决因生产力发展而带来的过度捕捞问题，就成了理性的选择。另外，伴随着现代水产养殖技术和水产品加工技术的巨大进步而带来的鱼病流行、滥用化学药物、水生生物物种的入侵、水产品质量安全以及渔业水域环境污染等问题，也呼唤政府和渔业行政主管部门对渔业活动实施严格的管理。

二、渔政管理是渔业生物资源属性的客观要求

渔业生物资源，主要是指可供人们 捕捞、采集的有经济价值的鱼类、软体类、甲壳类、藻类等水生动物和植物，它除了具有可再生性之外，还具有共有性的特点，而其中的水产动物资源绝大多数还具有洄游性的特点。共有性，意味着所有的渔业生物基本上是生活在一定的水域内，任何个人或单位都不能对其全部或部分具有所有权而排斥他人。因此，渔业生物资源的这一属性就自然客观的要求政府介入，公正地分配利用渔业生物资源的权利。

三、渔政管理是调整渔业市场失灵的必然选择

人们通常认为，市场经济是一个国家的经济发展到一定水平后的合理选择。但根据微观经济学理论，认为完全竞争的市场经济是在一种“看不见”的手段作用下，可以使整个经济达到一般的均衡，使资源配置达到“帕累托”优化状态。然而，完全竞争的市场经济在观察中并不存在，那种“看不见”的手段也不能自动导致资源的有效配置，即发生了市场失灵问题，垄断、经济的外部性、公共物品、不完全信息等都会导致市场失灵。对于无法建立良好的财产权利制度的水产捕捞上来说，经济的外部性尤为明显，市场失灵问题更为严重。因此，保证渔业生物资源的可持续利用，实现渔业的健康发展，必然要借助政府的有关政策手段（如渔政管理），对水产捕捞业实施调节和管制。这样渔政管理就成为市场失灵的必然选择了。

四、渔政管理是解决各种资源之间矛盾的有效措施

我国人口众多并迅速增长，而大多数人口又都居住在沿江、河、湖、海地区。这样不

断增加的人口与有限的水资源、土地资源和渔业生物资源之间的矛盾就会日益突出。解决、平衡渔业生产者之间以及与其他资源利用者之间的利益冲突，要求政府和渔业行政主管部门介入，凭借其公信力，发挥调解作用，降低渔业经济发展的不确定性和风险，实现社会公正，就成为有效措施。

五、渔政管理是维护国家渔业权益和开展国际合作的要求

一般来说，渔业生产活动大多数都出现在海洋、河流及湖泊水域，而这些区域又经常是国家之间的边界地区。因此，渔业活动常具有很强的国际性问题。这就要求政府和渔业行政主管部门不但要根据国内法维护国内的渔业生产秩序，而且还要依据国际法维护本国的渔业权益，开展渔政管理国际合作，维护国际渔业生产秩序，共同养护可再生的渔业生物资源。

本章思考题

1. 为什么渔政管理要对渔业生产全过程进行管理？
2. 渔政管理的涵义是什么？你是如何理解的？
3. 为什么渔政管理过程必须合乎相关渔业法律、法规的要求？
4. 渔政管理有哪些作用？这些作用有何相互联系？
5. 为什么说科学性是渔政管理自然属性的具体表现？
6. 为什么说法制性是渔政管理社会属性的具体表现？
7. 举例说明渔政管理有哪些主要任务？
8. 为什么说“取之于渔、用之于渔”是渔政管理的主要任务之一？
9. 为什么说法治原理是渔政管理最根本的原理？
10. 渔政管理应遵循哪些基本原则？这些原则之间有何联系？
11. 为什么渔政管理要遵循教育与处罚相结合的原则？
12. 为什么渔政管理要遵循法律手段与经济制裁相结合的原则？
13. 举例说明渔政管理有哪些特点？
14. 如何衡量渔政管理的工作质量？
15. 渔政管理的三大效益是指什么？这些效益之间又有何联系？
16. 为什么说渔政管理是渔业生产发展的必然产物？
17. 渔政管理的必要性何在？举例说明它的必要性。

第二章

渔政管理机构与人员

渔政管理的机构与人员，是指进行监督管理的渔业行政执法部门及在其中执行任务的管理人员，它是渔政管理中最基本的条件。因为国家为了保护、增殖和合理利用渔业资源，确保渔业经济的健康发展，需要对渔业生产全过程进行一系列的管理活动，而这一系列的管理活动必须通过管理机构和管理人员来实现。

第一节　渔政管理机构

渔政管理机构，即渔政监督管理机构，它是执行渔政管理任务的组织。渔政管理机构，是国家通过渔业立法和执法手段对渔业实施科学管理的机关，是进行渔业监督管理的行政执法部门。它与工商行政等管理机构一样，都是国家管理经济活动的重要工具。本节主要介绍渔政管理机构的设置、职责、设备以及渔政管理机构与有关机关之间的工作联系四方面内容。

一、渔政管理机构的设置

渔政管理机构设置的原则，是根据渔业发展的目标、任务、要求和社会需要来确定其规模的。渔政管理机构设置要达到：目标明确、机构精干、信息畅通、稳定性与适应性相统一，而且还要达到效率高等方面的要求。因为渔政管理工作是以信息为前提的，否则效率就不高，效益就不大。至于稳定性与适应性相统一，是因为机构组织内外的条件在变化，需要及时对机构及其人员做适当调整。

渔业法律、法规对渔政机构设置有明确规定，如《渔业法》第六条规定："县级以上人民政府渔业行政主管部门，可以在重要的渔业水域、渔港设渔政监督管理机构。"《渔业法实施细则》第六条规定："国务院渔业行政主管部门在黄渤海、东海、南海3个海区设渔政监督管理机构；在重要渔港、边境水域和跨省、自治区、直辖市的大型江河，根据需要设渔港监督管理机构。"《广东省渔业管理实施办法》第三、四条也有规定，其中第三条规定是："县级以上人民政府渔业行政主管部门，是同级人民政府主管本行政区域内渔业工作的职能机构，负责渔业法及其实施细则和本办法的组织实施和监督检查。"第四条规定："全省渔业的监督管理实行统一领导分级管理，省和沿海市、县以及内陆重要渔业水域的市、县渔业行政主管部门，可以根据需要设置渔政渔港监督管理机构。经省渔业行政主管部门批准，也可以在重要渔业水域、渔港设立渔政渔港监督管理派出机构，或配备监督检查人员。"

渔政管理机构属上层建筑范畴，它必须与经济基础相适应。《渔业法》颁布后，渔业生产获得迅速发展，各级渔政管理机构得到加强。目前我国渔政管理机构的设置，有国家渔政管理机构、海区渔政管理机构的以及地方渔政管理机构。

中央渔政管理机构，是指国家设立的农业部渔政渔港监督管理局（后改为渔业局）。它是全国海洋、内陆渔业水域渔政渔港监督管理的最高领导机关和仲裁单位，对外称中华人民共和国渔政渔港监督管理局。该局下设办公室、法规处、渔政处、安全处、船检处、环保处、电信处等。

海区渔政管理机构，是指黄渤海、东海、南海 3 个海区的渔政渔港监督管理局，为农业部派出机构。这是国家为了加强对海洋渔业的管理、指挥和安全而设立的。这个机构的设立有个过程。国家曾于 1974 年恢复建立黄渤海、东海、南海 3 个海区的渔业指挥部，1978 年为了保护和管理渔业资源，各海区渔业指挥部加设渔政处，并为适应水产工作方针的调整和进一步加强渔业资源的保护管理，从 1983 年起又加挂渔政分局牌子（直属农业部领导，各分局下设办公室、政治处、监督管理处、渔业调整处、安全电信处、渔政船队等办事机构）。1990 年各海区渔政分局改为海区渔政局，增设法规处，把渔政船队改名为检查大队，并在秦皇岛、沈家门、南通、珠海设立处级直属渔政站。1994 年后又改为海区渔政渔港监督管理局。

地方渔政管理机构，是指全国各省、自治区、直辖市以及各渔业重点市、县、乡、镇和重点渔业水域所建立的地方渔政管理机构。省一级设渔政渔港监督管理局（处级局）或渔政海监检查总队，市、县级设检查支队等。重点渔业水域或乡、镇渔政管理机构，一般作为县级以上渔业行政主管部门或其渔政管理机构的派出单位。同时还在各省、市设立渔业环境监测站。内陆地区为进一步加强渔政与公安的配合，从体制上建立一支渔业与公安双重领导的水上安全民警队伍，把渔政管理与治安管理结合起来，维护渔业生产秩序。

二、渔政管理机构的职责

国家渔业法律、法规对渔政管理机构的职责的规定，主要体现在两个方面，一是行政监督检查权，二是行政处罚权。前者如《渔业法实施细则》第七条规定："渔政检查人员有权对各种渔业及渔业船舶的证件、渔船、渔具、渔获物及捕捞方法进行检查。"南海三省、区对实施渔业法有关方面的内容也有明确规定，如《广东省渔业管理实施办法》第六条规定："渔政渔港监督管理人员依法对渔业船舶、渔具、渔获物、捕捞方法、安全设施、船员证件，以及有关从事渔业生产活动的场所进行检查时，任何单位和个人不得阻挠。"关于渔业行政处罚，《渔业法》第三十三条规定："本法规定的处罚，由渔业行政主管部门或其所属渔政监督管理机构决定。"《渔业法实施细则》第三十七条规定："外国人、外国渔船违反渔业法第八条规定，擅自进入中华人民共和国管辖水域从事渔业生产或者渔业资源调查活动的，渔业行政主管部门或其所属的渔政监督管理机构应当令其离开或将其驱逐，并可处以罚款和没收渔获物、渔具。"《渔业法实施细则》第三十九条规定："拒绝、阻碍渔政检查人员依法执行职务的，由公安机关依照《中华人民共和国治安管理处罚条例》的规定处罚；构成犯罪的，依法追究刑事责任"。《南海区关于违反渔业法规行政处罚》的第二条规定："在我国管辖的南海海域以及广东、广西、海南省（区）的内陆水域从事渔业生产者或者渔业资源调查活动的船舶、单位、个人，因违反《渔业法》、《渔业法实施细则》以及其他渔业法规尚未构成犯罪而应当给予行政处罚的，依照本法处罚。”上述这些规定，体现了渔政管理具有鲜明的权威性和强制性，只有这样才能达到维护渔业生产的正常秩序、保护渔业资源、维护渔业生产者的合法权益。

至于渔政管理机构具体的职责与权限，国家渔政机构、海区渔政机构、地方渔政机构都有各自的管辖范围和权限。

国家渔政机构的职责与权限是：负责向国务院和渔业行政主管部门提出合理利用和保护增殖水产资源及水生野生动物的建议，以及为制定渔业法律、法规提供负责的方案；领导并协调、仲裁、处理海区、省、自治区、直辖市的渔政管理事务；代表国家维护我国的渔业权益，处理涉及渔政管理事务；根据渔业法规的规定，负责从事外海、远洋捕捞业和近海大型拖网、围网作业渔船捕捞许可证的审批发放等。

海区渔政管理机构的主要职责与权限是：贯彻执行国家渔业法规和国家发展渔业的方针政策，组织、指挥和协调所属省、自治区、直辖市的渔政监督管理工作；进行本海区渔政工作规划，提出渔政工作对策；办理审批、核发跨海区作业渔船和农业部或国家渔政渔港监督管理局委托其审批、核发的近海大型拖网、围网渔船的捕捞许可证，整顿生产秩序；会同有关部门维护海上安全生产，处理渔业纠纷，防范自然灾害，协助海难救助；管理本海区渔业无线电通信工作等。海区渔政局的管辖范围为：海洋机动渔船底拖网禁渔区线以外水域；重要渔场、渔汛；国家颁布的保护区、休渔区，以及中日渔业协定的保护区、休渔区等。

地方各级渔政监督管理机构的主要职责是：负责监督检查国家渔业法规的贯彻执行；向上级渔政机关或同级渔业主管部门和人民政府提出渔政工作建议；依照渔业法规和规章的规定核发和注销捕捞许可证；维护渔业生产秩序；保护、增殖渔业资源及水生野生动物；对渔业水域生态环境进行监测；负责对渔业生产纠纷进行调解处理；维护渔业生产者的正当权益；对违反渔业法规的行为依法进行行政处罚。对触犯刑法的，移交司法机关追究刑事责任。地方各级渔政监督管理机构的管理范围与权限是：沿海滩涂、浅海、养殖业和定置渔业渔场由地方各级渔政机构管理；海洋机动渔船底拖网禁渔区线以内水域渔业，由所在省、自治区、直辖市渔政机构管理；内陆水域渔业按行政区域，由所在渔政机构管理；跨行政区域渔业，由有关县级以上地方人民政府协商制定管理办法，或由上一级人民政府渔业行政主管部门及其所属的渔政机构管理。地方渔政工作实行“专管与群管相结合”的方针，群众性的护渔管理组织，应在当地县级以上人民政府渔业行政主管部门或其渔政监督管理机构的业务指导下，依法开展护渔管理工作。

三、渔政管理机构的设备

渔政管理机构的设备，是指渔政管理过程中所使用的工具和设备。主要有交通设备、通信设备、取证设备以及电子计算机信息处理设备等。在现代化渔政管理诸因素中，渔政设备所起的作用日益增大。渔政设备的优劣，在一定程度上代表了渔政管理的水平。因此，加强渔政的设备，充分发挥其效能，对于搞好渔政检查、完善渔政执法手段、提高渔政管理效率都有重要意义。具体的设备有：

（一）渔政船舶

渔政船舶是渔政部门在渔业水域执行渔政监督检查任务的重要工具，属国家公务船舶。渔政船舶的任务是：

（1）监督检查渔船遵守国家渔业法律、法规和保护渔业资源的有关规定、宣传渔业法制。对违反渔业法律、法规者由随船工作的渔政检查员依法进行行政处罚。

（2）监督检查我国与有关国家或地区签订的渔业协定和有关涉外问题规定的执行情况。

（3）监视外籍渔船的活动或生产情况，维护我国海洋渔业权益。

（4）处理海上渔业纠纷，制止渔船的违法行为，维护渔业生产秩序。

（5）对各类遇难、遇险船舶进行救助，帮助有困难的渔船运送伤病员。

（6）监督检查渔业水域污染情况，做好水质调查、测试、取样、取证等工作。

（7）收集有关渔场和渔业资源的变动情况，为保护、增殖和合理利用渔业资源提供依据。

关于各级渔政管理机构渔政船的配置问题，曾有规定：海洋渔政船原则上分为海区和省（自治区、直辖市）两级。海区渔政船的设置与配备，由国家渔业行政主管部门及渔政渔港监督管理机构决定。各省渔政船的设置与配备，由各省、自治区、直辖市渔业行政主管部门及其渔政监督管理机构根据本省渔政管理的需要，统一安排。各市（地）、县渔政船的建造或购置，必须经省渔政监督管理机构批准。国家渔业行政主管部门及其渔政渔港监督管理机构、海区渔政监督管理机构、省渔业行政主管部门及其渔政监督管理机构，在必要时可以分别组织调度指挥全国、全海区、全省海洋渔政船执行重大的渔政管理任务。市（地）渔业行政主管部门及其渔政监督管理机构，也可以根据本地区渔政管理工作的需要，调动组织各市各县（区）渔政船执行渔政联合检查任务。重点渔区可以设渔业指导船，协助执行渔政任务。淡水地区不涉及国家边境水域的渔政船，不实行统一管理，由各省、自治区、直辖市自行解决。

关于渔政船的名称，统一为“中国渔政”。船舶两侧必须写有明显的渔政船名号，仿宋字体，舵楼上两侧的船名号夜间应有灯光照明。海区渔政船的编号为两位数，第一位数代表海区，第二位数为船号，如黄渤海区为“中国渔政1×号”、东海区为“中国渔政2×号”、南海区为“中国渔政3×号”。省、自治区、直辖市渔政船的编号，除海南省外均采用三位数，前位数代表省、自治区、直辖市的号，后两位数为船号，如辽宁为“中国渔政1××号”，河北为“中国渔政2××号”，其他省、自治区、直辖市的编号的第一个数字：天津为3、山东为4、江苏为5、上海为6、浙江为7、福建为8、广东为9、广西为0。海南省渔政船的编号采用四位数，前两位数为11，代表省，后两位数为船号。内陆地区不涉及国家边境水域的渔政船，船名不采用“中国渔政”，一律使用省、自治区、直辖市的名称命名，其编号由各省、自治区、直辖市自定。单独执行渔业行政法任务的快艇也按上述规则编号，渔政船的快艇名号为母船名号之后加“—×”，该位数代表快艇序号。渔政船的管理要达到“安全、高效、低耗、文明”的要求。

（二）渔政车辆

渔政车辆是指渔政部门拥有的汽车和摩托车等专用的车辆，渔政车辆是渔政执法的交通巡查工具，主要用于运载渔政人员执行渔政公务。

渔政车辆的配置，是根据渔政管理工作的需要。一般来说，基层渔政单位配有摩托车，重点渔业县以上渔政部门配有汽车，这是开展渔政监督管理，及时查处违规案件的必要条件。

渔政管理专用公务车辆统一标志是，车头标有“中国渔政”的字样，两侧前部为带五角星的渔政徽志，在渔政徽志两侧分别标写“渔政”两字。

（三）渔政仪器设备

渔政管理机构的仪器设备，主要是渔政监督管理机构所配备的用于通信、取证、信息处理等的仪器设备。①通信设备，现阶段主要采用无线电话通信或无线电话和有线电话联网通信。②无线电话通信设备，一般用短波单边带电台和超短波无线电话。③取证设备，主要包括照相、录像、录音和渔业环境采样及分析等的仪器设备。利用这些设备，对于检查违规渔船和当事人，可以做到证据确凿、事实清楚，富有说服力，对渔政办案来说很有意义。因为渔政管理的对象大多数都在江河湖海中，具有很强的时效性，现场瞬间就可能消失，而且又不能补救。④信息处理设备，是指渔政管理机构配备微型数据处理电子计算机用于信息管理，如对渔业资源、渔业生产监督、渔业调整、渔船作业安全、渔业通信、渔政船、渔政工作人员、渔业法律法规执行情况反馈等的信息管理。海区渔政局主要为办公自动化、建立许可证管理数据库。省（市）渔政管理部门用于开发海洋捕捞许可证管理、海洋捕捞违规渔船管理、船舶档案管理、渔政船航次管理、海洋幼鱼比例检查、海洋捕捞渔船动态等方面的工作。重点建立许可证管理和渔业公司船舶档案管理，以及违规渔船管理数据库。实践证明，计算机参与渔政业务管理后，不仅极大地提高了渔政管理工作质量和工作效率，而且也促进了渔政管理的现代化和规范化。

四、渔政管理机构与有关机关之间的工作联系

根据《渔业法实施细则》第八条规定：“渔业行政主管部门及其所属的渔政监督管理机构，应与公安、海监、交通、环保、工商行政管理等有关部门相互协作，监督检查渔业法规的执行。”因为渔业生产活动多发生在水上，包括在我国内陆水域、内海和领海，也包括我国专属经济区和大陆架及公海和他国管辖的水域。同时，渔政管理工作一方面关系到数以百万计人口的生存和发展以及水产品消费者的身体健康问题；另一方面也关系到维护渔业生产秩序、保护渔业生物资源和环境、促进渔业经济发展、维护国家渔业权益、开展国际渔业合作等诸多问题，是一件十分复杂而又涉及很广的事业。因此，渔政部门在依法履行渔业行政管理职责的过程中，需要有关国家机关的积极配合与支持，才有可能实现渔政管理工作的各项目标。这些有关部门主要包括公安部门、环境保护部门、海洋管理部门、交通运输部门、食品安全管理部门以及司法机关等。现逐一介绍如下。

（一）与公安部门的工作联系

根据相关法律、法规和规章的规定，公安机关负有维护社会治安，管理交通、消防、危险物品、户籍、居民身份、护照、出入境事务；维护边境地区和海上的治安秩序；预防、阻止和侦查违法犯罪活动等多项职责。渔政部门的工作和公安部门的工作有着密切的联系，一些违反渔业法规的行为往往也是违反有关社会治安法规的行为，情节严重的渔业行政违法行为，则有可能构成犯罪，需要移交公安机关处理。例如，伪造渔业证照的行为、妨碍渔政公务人员依法履行渔政管理职责的行为、使用爆炸物炸鱼和毒鱼的行为、偷盗他人养殖水产品的行为、破坏渔业环境及渔业资源的行为等。由于管理进出境事务和维护边境地区治安秩序的需要，在边境水域和海洋从事渔业生产活动的船舶、渔民和船员，还应当依法向公安边防部门申请《出海船舶户口簿》、《出海船舶边防登记簿》、《出海船

民证》等证件。对于违反渔业法规的行为，公安边防部门有权制止，并移交给渔政管理部门处理。

为了更好地维护海上渔业生产作业程序，防止和减少海上渔业纠纷及由此引发的治安案件的发生，明确和加强渔政部门与公安部门之间的工作关系，农业部和公安部于2005年还联合下发了《关于加强海上渔事纠纷和治安案件处理工作的通知》（农渔发〔2005〕33号）。明确指出，渔政部门和公安部门在履行各自法定职责的过程中，一方面应当各司其职，另一方面也需要积极合作、互相配合，才能够有效地降低公共行政成本，提高行政管理效率。

（二）与环境保护部门的工作联系

根据环境保护以及自然资源法规的规定，环境保护部门是环境保护工作的行政主管部门，对环境保护工作实施统一的监督管理。同时，由于清洁的水环境和充足的水生生物资源是渔业生产发展的物质基础，环境保护及资源法规和渔业法规也赋予渔政部门对渔业环境、水生生物资源、渔业船舶污染以及渔业污染事故的行政管理权。因此，渔政管理部门与环境保护部门有着密切的工作联系。一般说应在环保部门的协调指导下，履行渔业环境保护的法定职责。目前，渔业行政主管部门已经建立了全国性的渔业环境监测网络，设立了多处水生野生动植物及水域生态系统类型的自然保护区，与环境保护部门联合发布渔业生态环境状况公报，并协作处理一些渔业水域污染事件。

（三）与海洋行政管理部门的工作联系

国家海洋局是国家监督管理海域使用和海洋环境保护、维护国家海洋权益、组织海洋科技研究的行政机构，并在青岛市、上海市、广州市设有派出机构的北海分局、东海分局和南海分局。沿海地方各级人民政府也设有海洋行政管理部门，并且大多与渔业行政管理部门共同组成了地方政府的一个职能部门或直属机构。

无论是从《环境保护法》、《海洋环境保护法》、《海域使用管理法》、《防治海洋工程项目污染损害海洋环境管理条例》等法律法规所明确规定的法定职责和行政程序看，还是从地方政府职能部门的设置方式看，渔业行政管理部门和海洋行政管理部门都有着十分密切的工作联系。两个部门应当依法各司其职，密切配合，相互支持。

（四）与交通运输部门的工作联系

交通运输部门是水路交通运输等行业的行政管理部门。渔业行政管理部门与交通运输管理部门（海事局、中国海上搜救中心等）有着密切的工作联系，在船舶和船员管理、港口和水上交通安全设施的规划建设及管理、水上生产安全管理、海难救助、水域环境保护等方面都需要密切合作。例如，两个部门依法协作治理“三无”船舶问题、联合查处渔业污染事件、协同处理水上交通事故和开展海难救助等。

（五）与食品安全监管部门的工作联系

根据《农产品质量安全法》、《食品安全法》、《农业法》、《渔业法》等法律法规，渔业行政管理部门承担着水产品质量安全的监督管理职责。这意味着渔政部门与卫生行政、质量监督、工商行政管理及食品药品监督管理等部门之间也有着密切的工作联系。渔政部门主要负责水产品在生产环节的质量安全工作，质量监督管理部门主要负责加工环节，工商行政管理部门主要负责流通环节，卫生行政和食品药品监管部门则是综合的食品安全监督管理部门，并负责餐饮服务环节的食品安全工作，负有组织协调和查处重大食品安全事故的责任。

（六）与司法机关的工作联系

我国司法机关包括各级人民检察院和人民法院，即专职的公诉机关和审判机关。渔政部门和司法机关之间也有着密切的联系。根据《行政执法机关移送涉嫌犯罪案件的规定》，渔政部门应当将涉嫌犯罪的渔业违法案件移送公安机关、检察机关处理，再由人民检察院决定是否提起公诉，由人民法院作出最终裁决，而不能够以行政处罚代替刑罚。《渔业法》第五章法律责任，规定了5种可能被追究刑事责任的违法情况。而对于拒绝履行渔业行政处罚的行政管理相对人，渔政部门也可以向人民法院申请强制执行，以保障渔业法规的有效实施；反过来，如果渔政管理相对人认为渔政部门实施的具体行政行为违反有关法律法规的规定，也可以向人民法院提起行政诉讼，得到司法救助；对于涉嫌滥用职权、渎职犯罪的渔政公务人员，可以向人民检察院检举。因此，司法机关对渔政部门的工作既发挥着监督和纠错的功能，也有支持和保障的功能。

渔政部门的工作内容十分广泛，除了与上述行政机关有着密切的工作联系外，还经常与其他一些行政机关有较密切的工作联系。例如，在外交部门的指导下，处理中外渔业纠纷、开展中外渔业协定谈判和签署工作；在商务、海关、林业、工商、出入境检验检疫部门等的参与、协调、指导下，管理远洋渔业、水产品国际贸易、渔业生物和濒危水生野生动植物保护利用以及进出口活动等。

第二节　渔政管理检查人员

渔政管理人员，是指根据在各级渔业行政主管部门及其所属的渔政机构中从事渔政监督管理以及直接为渔政管理提供后勤保障的人员。渔政检查人员，是指国家渔业法律、法规和编制要求设立的专门执行渔政检查任务和承办渔业行政违法案件调查处理工作的渔业行政执法人员。渔政检查人员是渔政管理人员中的主体，他有权对各种渔业、渔业船舶、渔具、渔法和渔获物等进行检查，并依法行使渔业行政处罚权。渔政检查人员在沿海渔场、港口现场和内陆渔业水域执行渔政检查任务时，均需穿着统一的渔政服装和佩戴标志。这里必须注意的是，渔政检查人员与普通的渔政工作人员有所区别，即渔政检查人员可以泛称渔政工作人员，但渔政工作人员并不都是渔政检查人员。

《渔业法》中规定："县级以上人民政府渔业行政主管部门及其所属的渔政监督管理机构可以设渔政检查人员。渔政检查人员执行渔业行政主管部门及其所属的渔政监督管理机构交付的任务。"因此，在进行渔业行政执法检查工作时，只有渔政检查人员才有权力对渔业活动和从事的活动对渔业水域环境造成破坏或者渔业水域污染的行为进行监督检查。这也是《渔业法》赋予渔政检查人员的法律地位。

以下着重介绍渔政检查人员的考核与职权、渔政检查人员的条件与素质、渔政检查人员的纪律与纪律检查三方面内容，具体叙述如下。

一、渔政检查人员的考核与职权

一个渔业行政主管部门及其渔政监督管理机构的渔政管理人员的水平，决定着本单位渔政工作的好坏和事业的成败。因此，必须加强渔政队伍的建设，必须对渔政检查人员进行考核，考核合格后才能执行其职责与权限。

（一）渔政检查人员的考核

《渔业法实施细则》第七条第二款规定："渔政检查人员经国务院渔业行政主管部门或者省级人民政府渔业行政主管部门考核，合格者方可执行公务。"

对渔政检查人员的考核，一般应先由用人单位审定符合渔政检查员条件的人员，并填写《渔政检查员呈批表》或《干部履历表》，然后逐级上报考核审批。国家渔政局及海区渔政局的渔政检查员，须经国务院渔业行政主管部门或国家渔政局考核认可，地方各级的渔政检查员须经省级人民政府渔业行政主管部门或其渔政监督管理机构考核认可。

渔政检查人员的考核，必须坚持任人唯贤的原则，保证在用人方面的公正、廉洁，堵塞在人事问题上可能出现的漏洞，并且还要增加用人的透明度，为人才成长提供均等条件，这是搞好渔政队伍建设的前提，是确保任职人员的基本条件。为此，渔政管理机构必须重视渔政检查员档案的管理工作，并及时把渔政检查员的有关资料存入电脑，以便随时查阅。同时还要注意定期分析其年龄、文化、专业知识、政治素质等情况，为加强渔政队伍的思想、组织和业务建设提供依据。

（二）渔政检查人员的职权

《渔业法实施细则》第七条规定："渔政检查人员有权对各种渔业及渔业船舶的证件、渔船、渔具、渔获物和捕捞方法，进行检查。"《渔业法》第三十三条规定："本法规定的行政处罚，由渔业行政主管部门或者所属的渔政监督管理机构决定。当事人对行政处罚决定不服的，可以在接到通知之日起30天内，向人民法院起诉；期满不起诉又不履行的由作出处罚决定的机关申请人民法院强制执行。但是，在海上作业的，必须先执行有关处罚决定。"上述规定，为渔政检查人员在渔业法律、法规规定范围内从事渔政监督检查和处罚违法行为提供法律依据。结合渔政管理的目标、性质和任务，则渔政检查人员的主要职责与权限归纳以下几方面：

（1）正确执行国家渔业法律、法规，维护国家渔业权益和渔业者的合法权益。

（2）进行渔业法律、法规的宣传教育工作，提高渔区广大干部和渔民群众的法制观念。

（3）监督检查在我国管辖水域内从事渔业生产、购销或渔业资源调查活动的单位、渔船及人员执行国家渔业法律、法规的情况。

（4）依照渔业法律、法规的规定，征收渔业资源费，保护、增殖和合理利用渔业资源，促进渔业生产的持续、稳定发展。

（5）保护渔业生态环境和水生野生动物，维护渔业生态平衡。

（6）渔政检查员在执行公务时，有权登临渔业船舶和进入与渔业资源有关的经济活动场所，对有关的证件、船只、生产工具、渔获物等进行检查和渔政办案的取证活动。

（7）对违反渔业法律、法规的行为，有权责令其停止作业，并根据有关规定，给予没收渔获物和违法所得、罚款、没收渔具、扣留或吊销捕捞许可证、养殖使用证、责令赔偿损失、令其离开或驱逐（指对外籍渔船）等行政处罚。

二、渔政检查人员的条件与素质

搞好渔政队伍的建设，是搞好渔政监督管理工作的根本保证。认真研究渔政检查人员的任职条件并提高他们的素质，对建设一支思想好、业务精、执法严、作风正的渔政队伍具有重要意义。

（一）渔政检查人员的条件

渔政检查人员的基本条件，是根据渔政监督管理工作的性质和任务来确定的。它要求渔政人员必须坚持四项基本原则，在思想上、政治上、行动上与党中央保持一致；认真学习党的路线、方针、政策，学习各项法律、法规，不断提高政治素质和业务水平；牢固树立"献身渔业，服务渔民"的思想；自觉抵制不正之风，不吃请、不受贿，清正廉洁；又有能适应艰苦环境的健康身体。尽管各层次的渔政机构由于管辖范围和具体业务工作的不同，对渔政检查人员的具体条件要求不完全一样，但总的来说，作为一位渔政检查人员的条件应该满足下列五方面的基本要求：

（1）认真学习马克思主义、毛泽东思想、邓小平理论和"三个代表"主要思想，深入贯彻科学发展观，坚持四项基本原则，坚决贯彻党的路线、方针、政策，维护国家权益，保守国家机密。

（2）具有渔政业务知识，渔业生产技术和法律基础知识，能独立思考和处理问题。

（3）作风正派，遵纪守法，大公无私，忠于职守。

（4）能听从指挥，执行命令。

（5）年龄合适，身体健康，具有高中以上的文化水平。

（二）渔政检查人员的素质

渔政检查人员的素质，主要包括政治思想素质、业务素质、心理素质和身体素质。

1. 政治思想素质

在诸要素中居首要作用。它要求渔政检查人员热爱党、热爱祖国、热爱人民；坚持"一个中心、两个基本点"的基本路线；有事业心和责任感；有全心全意为渔民群众服务的思想；有百折不挠、克服困难的勇气和无私奉献的精神；有强烈的正义感和廉洁奉公、秉公执法的职业道德。

2. 业务素质

是适应渔业行政执法的客观需要。它要求每位渔政检查员都应该熟练地掌握和运用渔业法律、法规以及有关的行政法学知识；熟悉所辖区域的地理、渔业资源和渔业环境概况；掌握渔业生产、渔政管理、渔业环保、渔业资源的增殖和保护的基本知识和基本技能；了解国内外渔政管理的动态和现代管理知识；能正确地分析和处理渔业违法案件，有一定的语言表达能力和文字表达能力。有条件者，还要能够正确操作和使用各种通信、录像、计算机、信息处理等现代管理和办公设备，并要掌握一门外语。

3. 心理素质

是渔政工作特点的需要。它要求渔政检查人员具有沉着冷静的心理特征和较强的抑制力；能够严格遵守既定的工作守则和工作制度；能够坚持不懈地从事繁重的渔政管理工作；态度要持重，情绪要稳定。对于当事人不承认违法事实、发牢骚、说怪话、隐藏违法捕捞工具，甚至以暴力方式威胁时，就更需要渔政检查员有较高的心理素质，一定的涵养和自制能力，切忌急躁、骂人、发脾气、撕证件，更不得盲干，否则容易使矛盾激化，给违规者钻空子，而应该沉着冷静，听取违规者申辩，观察其行动，不失时机地、义正词严地指出其违法事实，运用渔业法律、法规知识进行说服教育，使其承认违法事实，接受处罚。

4. 身体素质

是环境恶劣和繁重工作的需要。因为渔政检查人员经常需要深入到渔业生产第一线，调查了解情况，宣传和执行渔业法律、法规，审核发放渔业许可证，征收渔业资源增殖保护费，查处违法行为，处理渔业纠纷。工作经常不分白天黑夜，任务艰巨，环境险恶，如无健康的体魄，则无法适应如此复杂又艰难的工作。

综合以上四方面的要求，渔政检查人员的素质，应该具有下列概括的几点：

（1）坚持四项基本原则，对国家的利益赤胆忠心。当国家的渔业权益受到损害时，能挺身而出，与之坚决斗争。

（2）树立服务于人民的思想。对人民群众，特别是对广大渔民群众有深厚感情，能坚决维护广大群众的利益，维护渔民的合法权益。

（3）有献身于渔业的事业心和搞好渔政管理工作的高度责任感。认真贯彻落实科学发展观，创造性地完成本职工作，为促进我国渔业发展作出贡献。

（4）有百折不挠克服困难的勇气。不管遇到什么艰难险阻都能沉着应战，并能设法排除，去争取胜利。

（5）有强烈的正义感，能秉公执法，刚正不阿，扶正祛邪，克己奉公。

（6）有实事求是的精神，在处理违规案件时重调查研究，重客观事实，重现场证据。

（7）有较广博的与本职工作有关的知识和技能。

（8）有行政执法和渔政办案的理解能力、分析判断能力、文字和口头表达能力、自我克制能力和妥善解决问题的工作能力。

（9）有对工作严肃认真的态度，一丝不苟的精神。

（10）有良好的体质，以适应繁重艰巨的工作和特殊的工作环境。

三、渔政检查人员的纪律与纪律检查

渔政检查人员的纪律，是保证国家渔业法律、法规的贯彻执行，加强渔政队伍廉政建设，防止在办证、收费、执罚等方面发生以权谋私违法行为的重要措施。对于模范遵守纪律的渔政检查人员，要给予表扬和奖励；对于违反纪律的渔政检查人员要给予批评和惩处。

（一）渔政检查人员的纪律

它是指每一位渔政检查人员在执行公务、履行自己职责过程中所必须遵守的行为规范。渔政纪律要求，渔政检查人员在执行渔政检查任务时，必须服从领导，听从指挥，必须穿着整齐，佩戴标志，出示证件，举止端庄；在处理渔业违规案件时，要严格履行各种手续，按章办事，做到事实清楚、证据确凿、材料齐全、处罚得当；对没收、扣留的物品要求按规定进行处理，严禁私分或送给他人；自觉维护渔业生产者的合法权益，不准刁难渔民，不准廉价购买水产品；在查处外籍渔船时，要严格遵守有关渔业协议和外事纪律，维护国家尊严等。归纳上述几方面要求，渔政检查人员的纪律，主要有如下几方面：

（1）一切行动听指挥。

（2）一切案件依法办理。

（3）文明执勤，以理服人，不打人、骂人、搜身和非法扣留违规者。

（4）不得贪赃枉法、行贿受贿、假公济私、私分扣留，不做任何有损中国渔政声誉的事。

（5）如实反映情况，严格执行请示报告制度。

（6）顾全大局，团结协作，主动同友邻单位配合，搞好检查工作。

（7）执行公务时要穿着渔政制服，佩戴标志，仪表整齐，出示证件。

（二）渔政人员的纪律检查

渔政纪律检查的目的，是保证和巩固国家渔业法律、法规的正确贯彻执行；是为了促进渔政检查人员在执行公务和处理违规案件时，能从全心全意为人民服务的宗旨出发，做到秉公执法、文明执法、安全执法；是对渔政检查工作进行监督的重要方面，它可以使渔政人员在检查工作中少犯或不犯错误，有效地加强与人民群众的联系。渔政纪律检查的内容，包括检查渔政检查人员是否严守法纪，是否大公无私、忠于职守，是否坚守实事求是的处理问题等。渔政纪律检查的形式，可以采用：自我监督，定期总结经验和教训；上级对下级的监督，要随时发现和纠正下属单位的违纪行为；接受基层单位和群众的监督，基层和群众反映情况可以采取向上级机关举报等形式。还有纪委、检察、监察、审计等部门的监督以及新闻舆论的监督等。各级渔业行政主管部门及其渔政监督管理机构的领导，首先要自觉接受监督，采取各种必要措施保证监督的实施。概而述之，渔政纪律检查具有下列特征：

（1）渔政纪律检查主要侧重在对渔政个人的监督，即围绕行政违法和违反政纪为中心的对渔政人员实施纪律监督。

（2）渔政纪律检查范围包括行政违法、违反政纪、官僚主义、渎职失职以及各种与廉政有关的问题，都在纪律检查的范围内。

（3）渔政纪律检查具有综合监控的性质，不仅对违法违纪的渔政人员进行惩戒，对模范遵纪守法的渔政人员给予奖励，还要对合法权益受到损害的渔政人员进行保护，接受渔政人员申诉。

（4）渔政纪律检查是渔政管理机构内部的事，它不同于国家监察机关以第三者身份实施的监督。

在实施渔政纪律检查中，发现违纪案件要及时处理，注意区别不同性质，采取不同的处理方法。对于因工作缺少经验而造成的失误和不足，应总结经验教训，通过批评和自我批评，树立法制观念，提高渔政检查人员素质，使以后少犯或不犯错误。但对漠视党纪国法、违背渔政纪律者，必须依照法律程序严肃处理，触犯法律的必须承担法律责任，接受法律制裁。

对渔政检查员进行奖惩，必须严格遵循法定的工作程序。实施奖励时一般要经过评定、审批和执行；惩处时必须按照渔政检查员管理权限，履行立案审批手续。

本章思考题

1. 渔政管理机构是什么性质的国家机关?
2. 渔政管理机构设置有何必要性?举例说明。
3. 渔政管理机构设置有何法律依据?
4. 海区渔政管理机构与国家渔政管理机构有何区别?
5. 海区渔政管理机构与地方渔政管理机构有何区别?
6. 国家渔政管理机构的职责与权限有哪些?
7. 海区渔政管理机构的职责与权限有哪些?
8. 地方渔政管理机构的职责与权限有哪些?
9. 渔政管理机构的设备主要有哪些?各种设备有何作用或意义?
10. 渔政船的工作任务主要有哪些?渔政船的编号有何规定?
11. 为什么说渔政工作的仪器设备有渔政管理现代化程度的标志?
12. 为什么渔政管理工作要与公安部门相配合?
13. 为什么渔政管理工作要与环保部门相配合?
14. 为什么渔政管理工作要与司法部门相配合?
15. 渔政管理人员与渔政检查人员有何区别?
16. 渔政检查人员应具备哪些基本条件?为什么?
17. 为什么要加强渔政检查员的心理素质建设?
18. 渔政检查人员的纪律有何要求?
19. 渔政检查人员应具备哪些基本素质?为什么?
20. 渔政纪律检查有何特点?为什么?

第三章

渔政管理的目标与检查

渔政管理目标与检查，是指渔政管理所要达到的结果和渔政检查员依法进行的监督检查。本章围绕着渔政管理目标和渔政监督检查作如下介绍。

第一节　渔政管理的目标

渔政管理目标，是指渔政管理的着眼点及其最终要达到的结果。它是渔政管理组织进行渔政管理活动的依据，并贯穿于渔政管理的全过程。同时，渔政管理目标也是衡量渔政管理效率和成果的标准，因为目标本身就包含着效果的因素，所以渔政管理目标的确定与实施，是发展渔业生产的重要决策内容。本节主要介绍四个内容，即渔政管理的总体目标、渔政管理目标的特点与分类、渔政管理目标的确定与实现，以及渔政管理目标实施的具体手段。

一、渔政管理的总体目标

渔政管理目标与渔政管理任务紧密相连，任务是为实现目标而开展的工作，而目标是任务工作的前提。明晰渔政管理目标是制定和修改渔业法规、设计和完善渔业政策、形成和决定渔政管理计划的前提。渔政管理的总体目标可以概括为下列七个方面。

（一）建立和维护渔业活动秩序

建立和维护正常的渔业活动秩序是渔业行政管理的首要目标。特别是在建立和完善社会主义市场经济体制的时代背景下，绝大多数市场主体从事渔业活动的主要目的应是追求经济效益的最大化，彼此之间更多的是竞争关系，同时与一些利用水资源的市场主体（如污水排放者、港口航运企业等）也存在潜在的利益冲突。为此，各级政府和渔政管理部门应通过制定渔业法规、规范性文件以及依法对渔业活动和其他影响渔业发展的活动实施日常管理，以维护正常的渔业活动管理秩序。

（二）保证渔业经济增长

渔业经济增长，即由渔业行业所创造的社会财富的增长。只有保证渔业经济增长，相对贫困的渔区才有可能转变为相对富裕的渔区。这主要取决于渔业生产技术的不断进步、渔业生产规模的扩大以及渔业生产者的教育水平和生产技能的提高等因素。

适当的渔业管理措施可以促进渔业经济的快速增长，也可以抑制渔业经济的过快增长。例如，免除或降低渔业税费、给予渔业行业财政补贴、推广渔业生产技术、培训渔业生产者等措施，都可以促进渔业经济增长。但是，渔业经济增长也是有代价的。例如，消耗自然资源、造成渔业环境污染、增加公共支出等。因此，政府和渔政部门需要考虑保护适当的增长率。

（三）提高渔业经济效率

渔业经济效率，即渔业生产的投入与产出之比。提高渔业经济效率，即增加产出，同时尽可能地降低各种成本消耗，是渔政管理的一项重要目标。渔业生产的成本不但包括渔业生产的物理设备、资金、劳动者的时间和技术，也包括共有的自然资源以及由他人承担的外部成本。设定的渔政管理目标，应有利于渔业增长方式的转变，有利于发展资源节约型和环境友好型的渔业经济。

（四）维护社会公正

市场经济鼓励竞争，但是往往会导致经济上的不公正，影响渔区社会的和谐。例如，由政府通过拍卖的方式分配渔业水域、滩涂和渔业资源的使用权以及随后渔业权的自由转让问题。公平与正义应是社会主义的首要价值观，维护经济上的公正应是政府的重要职责。因此，立法机关及政府和渔政部门在制定渔政管理法规和政策、分配渔业自然资源使用权、进行社会财富的再分配时，应当顾及弱势的渔业生产者群体，把维护社会公平作为评价渔政管理成功与否的重要指标。

（五）维护渔区经济和社会稳定

维护渔区经济和社会稳定也是渔政管理的主要目标之一，政府和渔政部门在制定渔政管理计划和采取某些渔政管理措施时，应当避免引起渔区经济和社会的不稳定。稳定与否通常采用渔业经济增长率、渔区人口的就业水平和水产品平均价格的波动三个指标来衡量。例如，大范围且长时间的禁渔、大面积水产养殖场的关闭或拆迁、国际海洋管理体制的变革、中外渔业协定的实施等都会影响到渔区经济和社会稳定，政府和渔政部门应采取综合的国民经济发展措施，减缓渔区经济波动和社会震荡。

（六）追求渔业生物资源的可持续利用和保护渔业环境

渔业生物资源（特别是水产捕捞业）发展的物质基础，是可再生的自然资源，若开发利用得当，是可以持续利用的。因此，预防过度捕捞，追求渔业生物资源的可持续利用是渔政管理的重要目标。另外，人们的日常生活和工业活动以及捕捞活动和水产养殖活动都会对渔业环境造成破坏和污染，影响渔业生物的繁衍生息。因此，保护渔业环境，使之始终适应渔业生物的生存，是构成渔政管理的重要目标。

（七）维护国家主权和渔业权益以及建立和维护公正的国际渔业经济秩序

我国渔业作业区主要是在黄渤海、东海、南海，这既包括我国享有完整主权的内海和领海，也包括享有主权权利的专属经济区、大陆架以及我国享有历史性的渔业权益。根据国际法由有关海洋邻国管辖的海域，内陆渔民的活动场所也涉及我国与陆地邻国之间的界河、界湖。同时，自20世纪80年代以来，我国远洋渔业蓬勃发展，我国渔船还在公海以及其他国家管辖海域从事渔业活动等，这些都涉及国家主权和渔业权益问题。

渔业活动的这些特点说明渔业是国际性很强的产业，是维护国家主权的先锋产业，因此，我们无论是参照国际习惯，还是根据国内法，各级渔政部门都是维护国家主权的主要部门之一。依法就渔业问题与有关国家进行交涉、谈判、达成谅解、签署协定、履行与渔业有关的国际条约或协定等工作是国家渔业行政主管部门重要的职责。唯此，才能更好地维护国家主权和渔业权益，建立和维护更加公平公正的国际渔业经济秩序。

二、渔政管理目标的特点与分类

渔政管理的性质，决定了渔政管理目标的特点，而渔政管理目标的特点，又决定渔政管理目标的类型。特点与类型是从不同角度去看待渔政管理性质的。

（一）渔政管理目标的特点

渔政管理目标具有综合性、可分性、阶段性和相对重要性的特点。

1. 渔政管理目标的综合性

是指渔政管理目标包含着许多具体的目标，综合目标是具体目标的综合反映。例如，我国渔政管理的综合目标是：保护增殖、合理利用渔业资源，提高渔业的经济效益、社会效益、生态效益，促进渔业生产持续稳定发展，为社会主义建设服务。它包含着许多具体的目标，如健全渔业法制的具体目标、创造安定生产秩序的具体目标、保护渔业资源和水生野生动物的具体目标、有效控制捕捞强度的具体目标、开展人工增殖和合理利用渔业资源的具体目标以及保护渔业水域环境的具体目标等。因为渔业经济活动涉及渔业资源的开发利用、渔业水域的生态平衡，而且还与科技活动、社会活动有着密切的关系。因此，渔业经济的发展必然要遵循经济规律、社会活动规律、自然规律。这样，渔政管理目标当然就要综合反映这些规律的要求。

2. 渔政管理目标的可分性

是指渔政管理的总目标可以分解为许多分目标。总目标是战略性的大目标，分目标是战术性的小目标。总目标与分目标的关系是主从关系。总目标是分目标的集中反映，分目标是总目标的组成部分，两者相互关联、相互依存，有着内在的对应关系。总目标与分目标的区分是相对而言的，在一定条件下分目标又可成为另一个管理小系统的总目标。例如，“健全渔业法制”，对于“促进渔业生产持续稳定发展”的这个总目标来说，它是分目标。但在实现这个分目标时，本身又成为另一小系统的总目标。因为“健全渔业法制”，本身包含着“渔业立法”、“渔业执法”和“渔业者守法”的 3 个有机组成。健全渔业法制，首先就要做到有法可依，就要加强立法工作，要有立法计划和立法理论等，还要加强渔业执法，巩固立法效果，使渔业法律产生应有的社会作用。在此就要充实执法机构、人员、设备，加强执法队伍的培训等。每一方面的具体目标，又是“健全渔业法制”的分目标。

3. 渔政管理目标的阶段性

是指渔业资源状况、管理水平的不同，各阶段渔政管理目标也不相同。这是因为渔政管理目标是根据渔业经济发展目标以及实现这个目标的资源条件和利用方法来确定的。例如，当一个国家的渔业资源从丰富走向衰退的不同阶段时，它就必须强调配额捕捞的管理目标，即必须根据客观情况的变化及时进行相应的调整，于是也就决定了渔政管理目标具有阶段性的特点。

4. 渔政管理目标的相对重要性

是指各类目标都有其不同的意义和价值。总目标是总体要求，具体要看各地的实际情况落实具体目标。例如，地方各级渔政管理机构所选定的目标，有上级渔政机构统一布置的总目标——保证生产安全，又有各地方渔政机构根据各自管辖范围内必须解决的具体目标。例如，在哄抢、偷捕养殖水产品严重的地方，首先就要实现生产治安的具体目标，否则就无法打开管理局面。而对养殖比较发达，治安又较好的地方，当发生挤占自然养殖水面、滩涂和养殖水面权属纠纷问题越来越严重的时候，同样也必须首先解决水面、滩涂所有权和使用权的具体目标问题，不然也是无法开展管理的。如果具体目标不落实，那么上级渔政机构统一布置的总目标——保证生产安全也就无法实现。这就体现了各类目标的相对重要性。当然，渔政管理目标内部确实也存在层次、从属的关系，如战略目标和战术目标、主目标和次目标，以体现目标内容的逐层具体化。这也反映渔政管理目标的相对重要性。

（二）渔政管理目标的分类

渔政管理目标的特点决定了它可以按内容、时间等进行分类，把综合目标分解为具体的目标。

1. 按内容分类

渔政管理目标以内容来区分，可把综合目标分解为渔业经济发展、渔业科技开发、渔业资源管理等的具体目标。

渔业经济发展目标，应包括渔业生产力发展与渔业生产关系完善的具体目标。渔业科技开发目标，应包括渔业科技人才培养、渔业科技攻关以及渔业科技成果推广等方面的具体目标。渔业资源管理目标，应当提出如何合理开发利用渔业资源、保护渔业水域环境、维护渔业生态平衡等具体目标。

2. 按时间分类

渔政管理目标以实现时间来区分，可分为长期、中期和短期 3 类目标。

长期目标，一般指 10 年以上才能实现，属战略目标，对一个历史时期起到指导作用。中期目标，一般为 5 年时间，既有战略性质，又有战术成分，起着承先启后的中介作用。短期目标，一般为 1 年或 1 年以内，绝大部分属战术性质。长期、中期、短期这 3 类目标是相互关联的。比如缺乏明确的长期目标，那么中期、短期目标就会失去方向，从而使整个渔政管理处于盲目状态，但长期目标必须具体化为中、短期目标，否则也就不能体现目标的阶段性。例如，某渔政机构以“全面实现配额捕捞”作为长期目标，那么它事先应该确定以“全面实现捕捞许可制度”为短期目标，以此来打好基础；而且还应该制定“以渔业资源科学理论为指导，对若干品种实施配额捕捞为试点”的中期目标；则以长期目标来统率中、短期目标，使之连成一线，逐步实现最终目标。

三、渔政管理目标的确定与实现

渔政管理目标的确定与实现，是不可分割的，因为渔政管理目标的确定，只是渔政管理活动的开始，而要使渔政管理目标变为现实，就必须通过一系列的具体管理活动才能实现。

（一）渔政管理目标确定的原则

它必须以渔业经济发展为中心，以客观规律为依据，以总体功能为根本，从本国国情出发做到切实可行，并具有一定的灵活性。

1. 以渔业经济发展为中心的原则

从渔政管理的涵义中可以知道，渔政管理的最终目的是使渔业获得振兴和发展，这就必须以渔业经济发展为中心。但以此为中心还必须与渔业资源管理、渔业科技发展、管理机制完善相互协调。其中管理机制的完善不可忽视，因为渔业经济的发展必须依靠科技进步，而科技进步又必须面向经济建设。经济与科技都需要通过管理来实现，所以管理机制的完善是实现管理目标的重要保证。

2. 以客观规律为依据的原则

反映客观规律的要求，要从本国国情出发，充分考虑本国渔业经济发展的历史特点。由于渔业经济的发展有其内在的客观规律，所以在确定渔政管理目标时就不能单凭主观愿望，而必须以客观规律为依据。例如，我们在制定控制捕捞强度的管理目标时，就不能像资本主义国家那样，当出现捕捞过度时，常以提高渔业成本（如提高柴油价格、税收等），压低鱼价，迫使一些企业、渔船利润降低，无利可图，以致亏损，甚至倒闭，造成大量人员失业。我们是社会主义国家，共同富裕是我们的目的，所以我们只能采取疏导办法，如通过发展养殖业、加工业、远洋渔业、劳务输出等来减轻近海捕捞强度和渔业劳动力的转移。

3. 以整体功能为根本的原则

任何一个渔政机构，都是全国渔政管理体系中的一个组成部分。每个组成部分都要在全国渔政管理体系的统一指挥下协调地工作，充分发挥整体功能作用。各个渔政管理机构在确定各自具体管理目标时，都要正确处理局部与全局关系，贯彻渔政管理整体功能原则，不能以地方的利益去损害国家的利益。

4. 切实可行的原则

它是指在确定渔政管理目标时必须考虑本单位或本地区可能投入的人力、物力（如执法巡视的船只、车辆等）与财力的可行性。目标既不能过高，也不能太低。应该针对当时、当地的社会环境状况。预计到实现目标所需的时间和周围环境的变化。切不可好高骛远，不顾国情和当地社会环境、资源状况等客观因素，制定一些在社会主义初级阶段无法实现的管理目标。

5. 有一定灵活性的原则

它是指在确定渔政管理目标时有一定弹性，即提出目标的上限和下限，有一个幅度，以便在实现目标过程中当遇到突发性困难时有调整余地。这是因为在确定渔政管理目标时往往涉及人与自然的复杂关系，目标既受自然规律的制约，又有社会发展的限制，所以要有一定的灵活性，要留有余地。

总之，在确定目标的过程中必须通过调查研究、综合分析和充分论证之后才能定出正确可行的管理目标。

（二）渔政管理目标实现的途径

渔政管理目标确定之后，如何实现这个目标将成为关键。有好的目标不去实现，目标是空的。如果目标是可行的，但实现途径不当，那目标也得不到完满的实现。实现渔政管理目标通常采用下列途径：

1. 确定渔业发展战略步骤

根据不同的客观条件，确定渔业发展战略步骤，对于实现渔政管理目标十分重要。由于渔政管理目标比较综合，要使其真正成为全部管理活动的依据，就必须确定渔业发展战略步骤，确定具体的渔业经济发展计划，并对渔业经济活动进行调节和监督，以保证渔政管理目标的实现。

2. 完善渔业法规

渔政管理在一定意义上看是各种渔业法规制定和实施的过程。渔政管理必须有法律保障，才能有效地运行并最终实现其目标。因此，借鉴渔业发达国家在渔业立法和渔政管理上的成功经验，结合我国的实际情况，逐步完善我国的渔业法制，将是一项极为重要的工作。而且还要使渔业法制深入人心，得到广大渔民群众的支持，否则制定的渔业法规就不可能真正取得成效。

3. 加强管理人才培养

渔政管理目标的实现，取决于渔业法制的完善和管理水平的提高，而管理水平的提高则依赖于渔政管理人员的素质。因此，必须大力培养渔政管理人才，建立一支合格的渔政管理队伍，并配备必要的先进设备，尽快地改变当前渔政检查的落后面貌，加强水域、口岸和市场的监督检查，实施水、陆、空立体管理，这是实现我国渔政管理目标的基本途径。

四、渔政管理目标实施的具体手段

渔政管理目标实施的具体手段，是指国家在渔业经济领域里执行管理职能和实现管理目标时所采取的方法和措施。它可以根据其管理内容和管理对象的性质，划分为法律管理手段、行政管理手段、经济管理手段和思想教育手段。这些管理手段各有特点，执行中要互相补充、相辅相成。

（一）法律管理手段

它是指渔业行政主管部门及其所属的渔政管理机构运用法律授予的监督检查权和行政处罚权对渔业生产全过程进行管理的手段。对渔政管理来说，法律管理不仅包括国家权力机关制定和实施的渔业法律、法规，而且还包括由国家各级渔业行政主管部门所制定和实施的各种类似法规的渔政管理工作规范。法律管理手段是实施渔政管理目标的重要手段，是“以法治渔、依法兴渔”的保证，是维护渔业法律的严肃性、连续性的重要措施。

法律管理手段有它的方式、特点和注意事项，正确运用法律管理手段才能获得应有效果。

1. 法律管理手段的方式

它可以通过立法和执法来实现。即根据管理目标的需要参与渔业立法起草，并报请立法机关或行政机关批准、颁布和实施，做到逐步完善渔业法律、法规，确保管理目标的实现。同时，渔业法律不容侵犯，对违反渔业法律、法规的，应依照授权范围给予行政处罚；对于触犯刑律的，报请公安、司法部门追究刑事责任，做到“有法可依、有法必依、执法必严、违法必究”，保证渔业法律、法规在渔业生产中得到实现。

2. 法律管理手段的特点

法律管理手段的最大特点是规范性、强制性和概括性，它与其他管理手段相比较有其独特的一面。

（1）规范性，是指法律规定了人们的行为规则。渔业法律规定了人们在渔业领域里哪些事情是应该做的或不应该做的，哪些事情是必须做的或禁止做的。对于不应该做的和禁止做的，法律规定了惩处、制裁标准。人们可以根据渔业法律的规定去约束自己的行为或评价别人的行为是否合法，违反了又会出现什么后果。这就是人们常说的法律方法的预测性。

（2）概括性，是指通用的意思，因为法律的制约对象是抽象的，是指一般的人，而不是具体的人。例如，《渔业法》第十七条规定：“在内水、近海从事捕捞业的单位和个人，必须按照捕捞许可证关于作业类型、场所、时限和渔具数量的规定进行作业。”规定中的“单位和个人”是抽象的管理对象。由于法律具有概括性，所以它可在同样的情况下反复运用。因此，法律一经制定就具有一定的稳定性。

（3）强制性，是指以国家强制力保证实施的意思。渔业法律是从事渔业活动者必须遵守的行为规则，它具有普遍的约束力。渔政管理应用法律手段，实质上就是运用这种强制性进行管理。我国渔业法律体现了社会主义的需要，对于破坏渔业资源的行为，规定要受到法律强制力的制止。

3. 运用法律管理手段应注意的事项

随着法制建设的不断完善，法律手段在渔政管理中的运用越来越重要。由于法律手段具有上述的三大特性，因此人们在日常生产活动中就可依法办事，使各项活动依法进行。但在运用法律管理手段时必须注意：立法要正当，执法要严肃；要保持法律规范的稳定性和连续性；要保证法律规范的有效性和适应性；要与其他管理手段相结合。

（二）行政管理手段

它是指渔业行政主管部门及其所属的渔政管理机构运用国家授予的行政管理权力对渔业生产全过程进行管理的手段。如命令、指示、规定、条例、决定、规章制度等常见的行政手段。行政管理手段是国家强制力的一种体现，是法律手段的重要补充，是渔政管理活动中最常用、最基本的手段，它是实现渔政管理目标必不可少的保证措施。

与法律管理手段一样，行政管理手段也有其方式、特点和注意事项。

1. 行政管理手段的方式

行政管理手段有行政措施和行政处罚。行政措施，是指国家行政机关在从事行政管理活动中根据有关规定而行使单方面意思的决定。例如，《渔业法》第十六条规定：“从事内水、近海捕捞业，必须向渔业行政主管部门申请领取捕捞许可证。”而各级人民政府渔业行政主管部门依法分别做出具体规定，并授权其所属的渔政管理机构制定具体的实施办法或方案。渔业行政主管部门及其所属的渔政管理机构，依法对捕捞业实施许可制度的所有处置措施，均属行政措施。行政处罚，是指国家行政机关根据法律、法规的规定，对违反法律、法规者所处以的处罚，如没收渔获物、渔具、违法所得、责令赔偿损失、罚款以及吊销捕捞许可证等。

2. 行政管理手段的特点

渔政管理的行政手段，也可以归纳几条特点，如权威性、强制性和针对性等。

（1）权威性，是以渔业者的服从为体现。渔政管理运用行政手段，起主要作用的是权威性。这是因为管理活动无论作为社会活动的客观要求，还是作为一定组织工作关系的体现，本身就带有权威性。渔政管理的权威性，一是国家授予，二是有国家权力机关作后盾。渔业行政主管部门及其所属的渔政管理机构，是作为国家法律授予的行政管理权，其行政活动是政府职能的一个侧面反映，具有明显的权威性。

（2）强制性，是对管理对象而言的。行政管理手段是通过国家渔业主管部门及其所属的渔政管理机构发布的命令、指示、规定等来实现。这样做的目的是保证渔政管理目标的实现，要求人们在思想上、行动上、纪律上服从统一的意志。

（3）针对性，是指这种管理手段往往是针对某一时间、目的、对象而采取的具体措施。由于行政管理手段具有这种特点，所以它能较好地处理特殊问题，较灵活地适应管理过程中出现的情况，及时地采取措施，保证渔政管理目标的实现。

3. 运用行政管理手段应注意的事项

行政管理手段是国家强制力的一种体现，在行政管理中科学地运用这种手段对于保证渔政管理目标的实现是不可缺少的，但是行政手段如果运用不当，就会违背客观规律，损害人民群众的利益。不适当地扩大行政手段的应用，或者单纯地依靠这种手段就有可能造成更大的危害。因此，在应用行政管理手段时应注意：不得滥用行政手段；行政手段必须与其他手段相结合。

（三）经济管理手段

它是指渔业行政主管部门及其所属的渔政管理机构，运用经济杠杆管理，调节各方面经济利益，对渔业生产全过程进行管理的手段。如罚款、没收渔获物和违法所得、奖励、征收渔业资源增殖保护费等。经济管理手段是法律手段、行政手段的重要补充，有利于鼓励守法者的积极性和限制违法者的消极因素。同时，经济管理手段与法律手段、行政手段相结合也有利于调动执法者的积极性和广大渔业生产者参与群众管理的热情，从而提高了渔政管理效率。

经济管理手段，与法律手段、行政手段一样都有其自身的方式、特点和运用时的注意事项。

1. 经济管理手段的方式

经济管理手段有经济处罚、经济调节和物质奖励等方式。经济处罚，是指渔业行政主管部门及其所属的渔政管理机构的执法人员，依照渔业法律、法规的规定，对违法当事人处以罚款、没收渔获物等，剥夺其一定经济利益。经济调节，是指在渔政管理活动中，对于依法执行经济处罚或依法征收渔业资源费的，根据其对渔业资源破坏程度等，从罚款或收费方面区别不同金额，以发挥经济调节的杠杆作用。物质奖励，是指对于模范遵守渔业法律、法规，积极协助渔政管理做出贡献的单位或个人，由有关部门给予精神或物质方面的奖励。

2. 经济管理手段的特点

渔政管理中的经济手段，同样也可以归纳出几条特点，如利益性、合法性和多样性。

（1）利益性，是指通过剥夺违法者的违法所得和保护合法者的经济利益，不断调整国家、集体、个人三者的关系，使之保持协调的特性。因为渔业生产属商品性生产，渔业生产者的目标在于追求最大经济效益。它不仅是生产活动贯彻的一条重要原则，而且也是渔政管理的特点之一。

（2）合法性，是指符合法律规定的范围。因为渔政管理运用的经济手段，不论是经济处罚，还是物质奖励，都是在法律规定的范围内依法行使的，所以它具有合法性。

（3）多样性，是指采取的经济手段是多种多样的。因为渔业经济活动是十分复杂的，所以监督管理渔业生产全过程的渔政管理也应该采取多种多样的经济管理手段。有罚款、没收渔获物、没收渔具，没收违法所得、责令赔偿损失、吊销捕捞许可证，以及精神鼓励和各种物质奖励等。

3. 运用经济管理手段应注意的事项

要提高渔政管理的经济效益、社会效益和生态效益，经济管理手段是非常重要的，它是法律手段、行政手段不可缺少的辅助方法。但在运用经济管理手段时必须注意：防止“见物不见人”，轻视思想教育和法制教育，以及“一切向钱看”的倾向。同时也要注意遵守有关政策和罚没财产规定，防止处罚手续不全而产生漏洞，必须与其他手段相结合，加强思想教育。

（四）思想教育手段

它是指渔业行政主管部门及其所属的渔政管理机构在管理过程中对管理者、被管理者以及社会各阶层人士进行宣传和教育的手段。思想教育手段主要起舆论导向作用，它可使人们自觉守法和护法，帮助人们树立正确的思想意识，常常能起到法律、行政和经济手段起不到的作用。

思想教育的管理手段，也有其管理方式、特点和运用中的注意事项。

1. 思想教育管理手段的方式

这种管理手段的管理方式，有直接教育和间接教育。直接教育方式，是指渔业行政主管部门及其所属的渔政管理机构的执法人员，在执行检查和处理违法案件时，对违规者进行面对面的宣传教育。间接教育，是指渔业行政主管部门及其所属的渔政管理机构运用各种宣传方式，形成一种守法光荣、违法可耻的社会舆论，使渔业法制和管理目标深入人心。

2. 思想教育管理手段的特点

思想教育管理手段最突出的特点是说理性和针对性。说理性，是指讲清道理。它包括法制道理和渔业生产、渔业资源等内在规律的科学道理。使人们在思想上能提高到一个超越个人利益的高度上去认识遵守渔业法律的重要性。针对性，是指针对不同人、时、事、地等具体情况，分别确定宣传教育的内容和方法，促进矛盾向好的方向转化，这就要事先调查、摸清教育对象的思想动态，研究人的心理，确定宣传教育方案。

3. 运用思想教育管理手段应注意的事项

思想教育管理手段与法律手段、行政手段、经济手段密不可分，往往融合于这些手段之中，起到实现渔政管理目标的“先锋”作用。但运用思想教育管理手段时应注意：效果、细致和保证一定的人、财、物的投入。注意效果，必须防止“高压手段”。耐心细致，就要防止急于求成。在做思想教育工作时，还要把解决思想问题与解决实际问题相结合，要把思想教育手段与其他管理手段结合起来。

实际上，上述的四种管理手段各有特点和作用，但它们均有内在的联系。例如，在日常的渔政管理活动中可以看到，行政手段是经常的，大量的；经济手段有一定的威慑力量，但要靠行政手段和法律手段来保障。而思想教育手段却又无时无刻不与其他手段相并用。

第二节　渔政管理的检查

渔政管理的检查实质上是监督检查，它是指渔政检查人员依法对管理相对人的行为进行强制性了解的行政行为。具体地说，渔政的监督检查指渔政监督管理机构通过渔政检查员依法对从事各种渔业及渔业资源相关活动的公民、法人或其他组织是否遵守渔业法规而进行的强制性了解的行政行为。这种检查包括两种情况，一是对管理相对人是否遵守法律、法规、规章以及有关渔业行政管理规范性文件所进行的监督检查；二是对管理相对人是否执行渔业行政执法机构的行政处理决定所进行的监督检查。

渔政监督检查是渔政管理中通用的一种手段或方法。如果没有渔政检查人员对捕捞、购销、养殖等各种渔业活动进行全面的检查，那么就无法对渔业活动实施有效的监督管理，也无法发现和查获渔业违法、违规事实。所以履行渔政监督检查是发现、查获渔业违法、违规事实最基本、最主要的途径，也是提高渔政管理效能的关键环节。本节主要介绍渔政监督检查的性质与特征、渔政监督检查的范围与内容，以及渔政监督检查的方法与注意事项三方面的内容。

一、渔政监督检查的性质与特征

（一）渔政监督检查的性质

我国行政检查类型很多，有公安检查、税务检查、渔政检查、工商检查、物价检查、卫生检查、防疫检查、海关检查、交通检查，甚至工作检查等。渔政检查既不同于日常工作中上级对下级的工作检查，也不同于日常事务中对某一事件或问题所进行的检查。渔政检查是一种行政执法检查，即行政管理主体依法对管理相对人遵守现行渔业行政法律、法规的有关事项所作的单方强制了解的行政检查，其性质是行政执法行为。

（二）渔政监督检查的主要特征

1. 有明确的法律依据

因为渔政监督检查是渔政管理机构的一项重要行政职权，必然要有明确的法律、法规依据。《渔业法实施细则》第七条规定：“渔政检查人员有权对各种渔业及渔业船舶的证件、渔船、渔具、渔获物和捕捞方法进行查检。”可见，渔政检查员行使渔政检查权是经渔业法规特别授权的，任何单位或人员未经法律、法规特别授权，不能行使渔政检查权。

2. 以渔政监督管理机构的名义进行

因为渔政检查是渔业行政执法主体的一项重要具体行政行为，它必须由渔政检查员以渔政监督管理机构的名义出现。

3. 单方的行政行为

因为渔政机构依法履行渔政检查由渔政机构单方决定，无须征得管理相对人的同意。

4. 具有强制性

因为渔政检查作为一种具体的行政行为，必然具有强制力。渔政机构依法行使渔政检查时，管理相对人有服从和协助的义务，否则必须承担相应的法律责任。

5. 具有法律效果

因为渔政检查作为一项具体的行政行为，必然会产生法律效果。渔政检查直接涉及被检查对象的行为和物品，势必要影响管理相对人的权利和义务。渔政检查只要合法、正当，由此所造成的影响和损失由管理相对人自己承受，渔政机构不承担责任。当然，如果检查违法的例外。

二、渔政监督检查的范围与内容

渔政监督检查的范围有四种，而渔政监督检查的内容有十项。渔政监督检查的范围与内容是紧密联系的。

（一）渔政监督检查范围

按检查区域可分为水域监督检查、口岸监督检查、市场监督检查以及其他形式的监督检查，共有四种类型。

1. 水域监督检查

水域，是鱼类栖息的场所，也是渔业生产活动和渔业执法的场所。因此，水域监督检查是渔政监督检查中最常见、最重要的一个范围。可想而知，它是至关重要的。按水域性质的不同，水域监督检查可分为海上监督检查和内陆水域监督检查。

（1）海上监督检查。它是指渔业行政执法机构在其管辖范围内的海域、滩涂依法对渔业管理相对人所进行的监督检查。海上监督检查的范围，根据《渔业法》、《渔业法实施细则》等有关渔业法律、法规的规定，凡在中华人民共和国领海、滩涂及其管辖的一切其他海域，从事渔业生产活动的场所，以及从事与渔业资源增殖保护或渔业水域环境保护有关的活动场所，均属海上监督检查的范围。

A. 海上监督检查的分工。根据国家对渔业监督管理实行“统一领导，分级管理”的原则，结合我国渔业管理实际，海上渔政监督检查范围的划分与分工是：国务院划定的“机动渔船底拖网禁渔区线”外侧海域，由国务院渔业行政主管部门所属的海区渔业行政执法机构（海区渔政渔港监督管理局）负责监督检查。

国务院划定的“机动渔船底拖网禁渔区线”内侧海域，除国家另有规定外，由毗邻海域的省、自治区、直辖市的渔业行政执法机构（省、市级的渔政渔港监督管理机构）负责监督检查；毗邻省（自治区、直辖市）划定监督检查范围有困难的，可划叠区或共管区，必要时由国务院渔业行政主管部门决定。

地（市）、县（区）渔业行政执法机构（地、县级的渔政渔港监督管理机构）负责管辖海域及滩涂、定置网具渔场的监督检查。毗邻市（地）、县（区）划定监督检查范围有困难的，可由上一级渔业行政执法机构决定。

B. 海上监督检查的任务和组织工作。海上监督检查的任务是监督检查国家渔业法律、法规的贯彻执行、监督检查海洋渔业生产秩序、监测保护海洋渔业水域环境、监督检查外国和外地区渔船的活动。海上监督检查的组织工作，必须精心组织，周密部署，严格按规范进行，具体做法是：制定检查计划、建立与有关部门的横向联系、动员部署实施检查计划。

C. 海上监督检查的形式。海上监督检查通常由渔政船的巡航检查来实现，其形式有渔政船的独立检查和渔政船队的联合检查两种。

——渔政船的独立检查，是由渔业行政执法机构组织各渔政船进行单独的巡航检查，以一个航次为检查单元。这种形式多为市（地）、县（区）渔政站所管理的渔政船日常在其所管辖渔业水域进行的检查。其特点是定时、定点地检查，而且机动灵活。

——渔政船联合检查，是由渔业行政执法机构组织渔政船队在特定海域进行联合巡航检查，以一个航次或者若干航次为一个检查单元。这种形式多为海区或省的渔业行政执法机构对其管辖的重要渔业水域禁渔区（或休渔期）的巡航检查。其特点是规模大、覆盖面广，能够较好地起到驱赶和查处违规者，同时由于有时还可得到飞机的配合，进行立体形的检查布局，体现了现代化的检查场面，其特点是效果好，威慑作用大。

（2）内陆水域监督检查。它是指渔业行政执法机构在其所管辖的江河湖泊等内陆水域，依法对渔业管理相对人所进行的监督检查。内陆水域监督检查是内陆地区各级渔业行政执法机构的主要检查手段。内陆水域监督检查的范围，根据渔业法律、法规的有关规定，凡在中华人民共和国管辖范围内的江河湖泊水库等内陆水域从事养殖和采捕水生动植物等渔业生产活动，以及从事与渔业资源、渔业水域环境保护相关的活动场所，均属内陆水域渔业监督检查范围。

A. 内陆水域监督检查的分工。内陆水域渔业监督检查，一般按行政区划，由有关县级渔业行政执法机构负责。跨行政区域的水域，由有关县级以上渔业行政执法机构协商划定监督检查的范围和办法，或由上一级渔业行政执法机构负责监督检查。

B. 内陆水域监督检查的任务和组织工作。内陆水域监督检查的任务是，监督检查有关渔业法律、法规的贯彻执行、监测保护内陆水域环境、监督维护内陆渔业水域的生产秩序、监督检查外来渔船的活动。内陆水域监督检查的组织工作，由于内陆水域受一定的自然地理区域限制，其渔业资源和作业场所具有明显的区域性。同时，内陆水域检查除了监测渔业水域环境、维护渔业生产秩序、保护水产资源之外，还有比较突出的是防范偷鱼、抢鱼，维护生产者的合法权益。因此，它不仅是渔业水域的监督检查问题，而且也属社会治安的管理问题，所以必须有周密的部署，争取公安部门配合。其具体的组织工作内容包括：制定检查计划、组织与公安等执法部门的联系、动员部署实施检查计划。

C. 内陆水域监督检查的形式。内陆水域监督检查分为大型水域检查和小型、零星水域检查两种，在形式上分为例行检查和联合检查。

——大型水域检查，通常是以组织渔政船的巡航检查来实现，同时也辅以岸上渔政检查人员的巡逻检查。在渔汛期间或集中管理季节，省、市级渔政机关也可以组织渔政船进行联合检查，或组织水陆两栖联合检查。

——小型零星水面检查，是通过岸上渔政检查人员的巡逻检查来实现。在增养殖鱼类成熟季节，偷鱼、抢鱼严重的时期，渔政监督管理机构还要与公安等有关部门组织防范偷鱼、抢鱼的联合巡逻检查。

2. 口岸监督检查

它是指在渔业港口、渔业港区、渔业码头依法对渔业管理相对人所进行的监督检查。口岸是渔船和渔获物的主要集散地，是对渔船的证件、渔具、渔获物进行全面检查的重要场所。因此，口岸检查是现代化渔业监督检查的重要组成部分。口岸检查与水域检查相比较，其工作环境条件要好得多，便于组织和集中力量实施检查，所以各级渔业行政执法机构应不断强化和完善口岸渔业监督检查。

（1）口岸监督检查的分工。口岸渔业监督检查有明显的区域性特点，所以它一般是按行政区划，由口岸所在地的渔政执法机构负责，对重要的渔业口岸也可根据需要，由口岸所在地的上级渔业行政执法机构负责。但对混合型口岸的渔业监督检查，应与港监等有关部门合作。

（2）口岸监督检查的任务与组织工作。口岸监督检查的任务是，检查渔船的作业方式、渔具规格、网目尺寸、捕捞对象、渔获数量与幼鱼比例，以及渔船的各有关证件等。口岸监督检查的组织工作，由于渔业港口中的码头、泊位多且分散，特别是在混合型港口，虽有渔业港区，但渔船往往与其他营运船舶混在一起，很难进行检查。因此，必须因地制宜，多层次、多渠道地开展监督检查工作。具体的检查组织工作应该做到：制定好检查计划、组织好检查队伍并建立横向工作联系、动员部署实施检查计划。

（3）口岸监督检查的形式。这种检查的形式是多种多样的，具体要看港口情况而定。通常采取对渔业生产单位（如渔船）的检查和对水产冷藏加工企业（如冷冻厂）的检查两种形式。在形式上可分为例行检查和联合检查。

3. 市场监督检查

它是指渔业执法部门依法对国营市场、农贸市场、农村集市的有关水产品进行的监督检查。市场是各类水产品集中销售的场所，对市场实施渔业监督检查，一方面可以了解和掌握渔业法律、法规、规章规定的各种鱼类的可捕标准、幼鱼比例的执行情况；另一方面还可以从中发现、查获渔业违规行为的迹象，从而促进渔业法律、法规的正确实施。但由于渔业法律、法规还不够完善和配套，目前对市场的渔业监督检查仍比较薄弱，相当部分地区还未开展，因此各级渔业执法机构必须提高认识，切实重视和加强这方面的工作。

（1）市场监督检查的分工。市场渔业监督检查同样具有明显的行政区域性特点，其监督检查由市场所在地的县级以上渔业行政执法机构组织实施。由于市场情况比较复杂，涉及面广，渔业行政执法机构实施市场监督检查时，应会同工商行政管理部门共同进行，才能取得较好效果。

（2）市场监督检查的任务和组织工作。市场监督检查的任务是，检查上市水产品的品种规格、检查上市水产品的来源及其捕捞工具以及水产品中是否有国家明令禁捕的水生野生动物。至于市场监督检查的组织工作，由于市场所处地位特殊，特别是大中城市的市场多而散，检查难度较大，为此渔政监督管理部门必须会同工商行政管理部门和市场商业部门共同进行，才能完成检查任务。其具体的组织工作应该是：调查了解市场分布状况、与有关部门协商制定检查计划，以及动员部署实施检查计划。

（3）市场监督检查的形式。市场渔业监督检查，可采用渔政管理部门与工商行政管理部门共同检查，以及渔政管理部门与市场商业部门共同检查。

A. 渔政部门与工商行政部门的共同检查。由于工商行政管理人员对市场进行全面监督，对市场的信息动态，水产品销售情况比较了解，因此发挥工商行政管理部门的主导作用是行之有效的。这种共同检查，应由同级人民政府发布政令，明确管理职责与权限。在此基础上由两个单位共同商定检查办法，组织联合工作班子，负责实施市场渔政检查工作。开展工作中工商行政管理部门要把整个市场水产品销售信息和动向及时通报渔政部门，而渔政部门要经常调派渔政检查人员到市场与工商行政管理人员一起查处有关违规事件。

B. 渔政部门与市场商业部门的共同检查。由于市场商业部门直接经营水产品的销售工作，对水产品情况最为了解，因此发挥他们协助渔政部门开展市场渔业监督检查，是市场渔政检查工作的重要渠道。这种共同检查，应由同级人民政府发布政令，明确市场有关的商业部门要协助渔政部门开展渔政检查，并授予有关人员一定的检查权限。在此基础上，两个部门共同商定检查办法，成立以渔政部门为主的联合工作班子，负责实施市场的检查工作。开展工作中市场商业部门要及时向渔政部门通报市场水产品销售情况，同时代为处理违规上市的水产品，并将处理情况报送渔政部门备案。在此，渔政部门也要经常调派渔政检查人员到市场进行业务指导，并参与对违规案件的处理。

4. 其他形式的监督检查

它是指除了上述的水域、口岸和市场渔业监督检查之外的渔业监督检查。如空中的渔业监督检查、交通要道的渔业监督检查等。

（1）空中的渔业监督检查。它是指利用飞机巡视对海上渔业生产活动实施的监督检查。其特点是巡航范围大，视野广，可以及时提供违规渔船的位置、数量，以便渔政船及时前往驱赶或查处，减少渔政船海上巡航检查的盲目性。这种检查由于费用很大，一般只能由海区或省级渔业执法机构才能实施。例如，前几年东海区渔政渔港监督管理局在东海舰队航空兵、国家海洋局东海分局和南昌飞机制造公司等单位的支持下，使用“运五”、“伊尔14”和“海燕”三种型号飞机进行了海上观察，效果显著，证明海空立体检查是提高海上渔政管理效能的有效手段。

（2）交通要道的渔业监督检查。它是指渔业行政执法机构在交通要道依法对有关水生动物苗种、亲体以及珍贵濒危水生野生动物流通情况进行的监督检查。交通要道是指在公路、铁路、车站、机场等场所。

根据《渔业法实施细则》第二十四条、第三十五条和《国务院办公厅关于发展鳗鱼生产、控制鳗苗出口通知》的精神，沿海一些地方渔政部门加强对鳗鲡、鲥鱼、中华绒螯蟹、真鲷、石斑鱼等苗种和中国对虾、长毛对虾、墨吉对虾亲体等名贵资源的保护与管理，实行凭证捕捞、凭证运输、凭证收购、凭证出口的制度，严厉打击非法贩卖和走私出口的活动。因此，除了在水域、口岸、市场进行监督检查之外，还要在交通要道进行检查，以杜绝检查中的漏洞。

交通要道的渔业监督检查，一般按行政区划，由交通要道所在地的县以上渔业行政执法机构组织实施，必要时也可由上一级渔业行政执法机构组织实施。交通要道进行检查，情况复杂，政策性强，因此在实施时必须主动与交通、工商、铁路、民航、海关、航运等部门密切配合，取得有关部门支持，不能擅自设立关卡，要依法办事，防止执法者先违法。

（二）渔政监督检查内容

根据我国现阶段渔业法律、法规的规定和渔政执法的实践，渔政监督检查的内容应以渔政监督管理机构的职责和任务来确定。监督检查的主要内容大体包括渔船、渔具、渔法、渔获物、渔业许可证、渔业水域生态环境、渔业生产秩序、外籍渔船、走私贩私以及其他共十项。

1. 检查渔船

主要检查渔船的船名、船号、船籍港和作业标志，检查有否取得携带捕捞许可证和其他有关证件，检查有否违反禁渔区、禁渔期、休渔期和幼鱼保护区的有关规定，检查有否携带用于违法作业的炸药、雷管、毒药以及电鱼机等物品和工具。

2. 检查渔具

重点检查渔具的种类、规格和数量，检查有否违反渔业法规及许可证管理的有关规定，检查是否属于国家和地方政府明令禁止的捕捞工具。

3. 检查渔法

主要检查渔业生产者是否使用破坏渔业资源和国家明令禁止的捕捞方法，如炸鱼、毒鱼、滥用电力捕鱼以及敲罟作业等。

4. 检查渔获物

首先应查明渔获物品种、数量，并重点检查幼鱼比例，必要时抽样检查。尤其是注重检查渔获物中有否国家规定禁捕的珍稀水生野生动物以及具有重要经济价值的水生动物的种苗和亲体。一经发现，必须进一步检查有否专项捕捞、收购、运输的许可证，并核实是否违反专项许可证的核准内容。

5. 检查渔业许可证

我国现行的渔业许可证，主要有捕捞许可证、养殖使用证、名贵品种种苗和集体捕捞特许证、收购许可证和准运证等。检查捕捞许可证时，应重点检查此证是否合法和有效；许可证所载明的渔船登记内容与渔船登记证书所载内容同渔船的实际情况是否吻合；许可证是否按规定办理年审手续；是否按规定缴纳渔业资源增殖保护费；是否按规定贴附“马力凭证”；持证人是否按照许可证核准的作业类型、范围、时限、品种、网具数量的规定进行捕捞作业；是否有违反法律、法规规定后而尚未处理的情况等。检查养殖使用证或其许可证时，主要是检查持证人有否违反许可证核准内容和许可证载明的其他事项。

6. 检查渔业水域生态环境

重点检查有否危害或破坏渔业生态环境和渔业资源的行为；检查有否采取必要的保护措施等。

7. 检查渔业生产秩序

主要检查渔业生产者有否遵守渔业安全生产管理和渔场管理的有关规定；检查有否越界作业和涉外事件；检查有否偷捕、抢夺他人养殖水产品、破坏他人养殖水体和养殖设施等；检查有否偷窃、哄抢或破坏他人渔具、渔船和渔获物等。

8. 检查外籍渔船

主要检查在我国管辖海域从事渔业生产和渔业调查的外籍渔船和外籍人员是否经我国国务院渔业行政主管部门批准；检查有否违反我国渔业法规以及有关渔业协定等行为。

9. 检查走私贩私

根据国务院关于渔政部门应积极协助有关部门缉私的规定，渔政监督管理机构应当在搞好本职工作的同时要积极配合“打私办”、海关、工商行政管理、边防公安等部门进行查私和缉私工作。

10. 检查其他事项

是指对渔业法律、法规、规章有关规定所涉及的其他事项的检查，如对渔船违造、渔港设施等的检查。

三、渔政监督检查的方法与注意事项

渔政监督检查方法，是指渔政监督管理机构为了贯彻执行渔业法律、法规和完成渔政管理任务，在对水域、口岸、市场及其他形式的监督检查中所运用的手段、途径和办法。渔政监督检查涉及面很广，因此它必须采取综合性的检查方法。同时，由于渔政监督检查属执法行为，所以它必须首先受到有关法律法规的约束，在执行过程中要强调注意那些规定，只有这样做才能保证监督检查工作的顺利开展。

（一）渔政监督检查方法

渔政监督检查是一项综合性的并具有执法性质的渔业管理工作，因此渔政监督管理部门必须与司法、工商行政、边防公安、海洋监督、渔港监督、渔船检验等部门密切配合，取得他们的支持，并采取综合性的检查方法，如渔政部门与其他部门相结合的检查方法、分散与集中相结合的检查方法、群众组织与专业队伍相结合的检查方法等。渔政监督检查方法，关系到能否借助各部门力量、能否调动各方面积极性，有效地实施监督管理的问题。因此，认真研究检查方法和不断完善检查方法，是渔政部门所必须重视的问题。

1. 渔政部门与其他部门相结合的检查方法

渔政部门在执行监督检查公务时，如果遇到严重违反渔业法规，以暴力抗拒渔政检查的，或是严重扰乱渔场秩序，以暴力影响他人正常作业而违反治安管理处罚条例的，或在渔业生产中造成重大损失而触犯刑律的，或是违规者对渔政部门的处罚在逾期内既不起诉又不履行的等，渔政部门必须与司法部门相结合进行检查。当发现违规者以不正当的手段获取国家禁捕的水生野生动物，或采捕未达国家规定可捕标准的水产资源品种时，渔政部门必须与工商行政部门相结合进行检查。当发现外国或外地渔船在我国管辖的渔业水域内作业，或在指定的港口停靠时，渔政部门应与边防公安部门相结合进行检查。当发现海上渔船排污和海上倾废事故，或海洋环境污染时，渔政部门要与海监部门相结合进行检查。当发现渔业纠纷、海损事故，或渔船缺少三证（捕捞许可证、职务船员证书、船舶航行签证等）之一证时，渔政部门应与渔监部门相结合进行检查。当发现渔船有申请捕捞许可证而无船舶检验证书时，渔政部门要与船检部门相结合进行检查等。

上述这些检查方法都被实践证明是行之有效的监督检查方法。例如，多年来上海市渔政部门积极主动地与公安、工商行政管理部门合作，严厉打击偷鱼、抢鱼等违法行为，有效地整顿了渔业生产秩序，维护了社会治安，保护了渔民的合法权益，得到了群众的拥护。又如，江苏省渔政部门与公安部门紧密配合，在一些大、中型湖泊和重点渔区，建立了一批水上公安机构，在搞好治安管理的同时，积极配合渔政部门贯彻渔业法规、维护渔业生产秩序，成为渔政部门的坚强后盾，这对强化湖区、渔区治安，加强渔政管理都取得了很好的效果。

2. 群众组织与专业队伍相结合的检查方法

群众组织与专业队伍相结合的办法，不仅是渔政监督检查的工作方法问题，而且也是整个渔政管理工作必须遵守的指导思想与原则问题。它是我党群众路线在渔政管理工作中的运用，符合现代管理学的基本理论。我国渔业水域辽阔，渔政管理任务繁重，而现阶段渔政管理机构设备还不健全，管理力量薄弱。因此，搞好渔政管理除了要充实专业队伍力量之外，还必须发动广大渔民群众，在他们自愿的基础上成立以维护渔业生产者自身权益、保护水产资源、维护正常生产秩序为目的群众性护渔组织，并在当地县级以上人民政府渔业行政主管部门及其渔政监督管理机构的指导下，依法开展渔政管理工作。这样做更重要的意义是通过群众自己参加护渔管理活动，使他们进一步认识到渔政监督管理工作与广大渔民群众的利益有着直接的关系，从而提高执行渔业法律、法规的自觉性。

上述这两种方法，在辽宁、江苏、浙江、湖南、福建等省都普遍使用，取得了很好的效果。例如，江苏省多年来已建立了各类型的渔管会、湖管会、滩涂管理委员会、乡村护渔联防组织等群众组织几百个，参加管理的渔民有几千人，其管理范围从淡水发展到海洋，从养殖发展到捕捞，管理的乡规民约日趋完善。实践中看到，该省每年查处的偷鱼、抢鱼、炸鱼、毒鱼和水质污染以及违规捕捞的案件在数万件以上，其中绝大部分都离不开群众组织的协助，特别是近年来在鳗苗资源的管理工作中，群众组织的管理作用更为显著。

3. 分散与集中相结合的检查方法

分散指分散管理，集中指集中联检。分散管理，就是各级渔政部门根据“统一领导，分级管理”的原则，平时各自分别在自己管辖的水域、港口或陆上执行渔政监督管理行动。集中联检，一般是指市（地）以上渔政部门，在一定时间内，组织集中其所属的渔政部门人员和执法工具或联合其他有关执法部门的力量，对所管辖的主要渔场、渔汛或重要的内陆渔业水域，进行联合检查的行动。这种行动是由渔业行政主管部门或其渔政管理机构牵头组织，以统一计划、统一指挥、统一行动来协调参加联检各部门的关系，以便提高工作效率。

分散管理与集中联检相结合的办法，是各海区、各省（区）、直辖市渔政部门近年来开展监督检查中最常用的一种方法。例如，广东省根据国家有关规定，对于机动渔船底拖网禁渔区线内侧的渔场，实行由省水产机构及其所属渔政管理部门统一领导下的分区管理办法。渔政船由省统一购置，统一调配。分配给各市管理的渔政船，平时只对进入本管辖区作业的渔船进行监督管理。但对珠江口等重要渔场每年禁渔期和对虾增殖放流保护期，则增调其他地区的渔政船进行联合检查。这种做法，对一些重要的渔场、渔汛，特别是多省（市）或多市、县渔船共同作业的渔场、渔汛能起到较好的管理效果。

4. 水上与陆上相结合的检查方法

水上指水上检查，陆上指口岸和市场的检查，因为渔业水域是渔业者从事渔业生产的场所，港口和市场是渔获物的集散地，所以采用水上与陆上相结合的检查方法是全面实行渔政监督管理的一项重要措施。例如，南海区曾开展过保护二长赫鲷幼鱼的工作，海区、省、市、县四级渔政机构都派出渔政船和车辆实行水陆联合检查。两个月内组织了200多人的渔政队伍到各有关的渔港、码头、渔市场和海上进行监督检查，处理了100多宗违规案件，对捕捞和购销二长赫鲷幼鱼的人震动很大，效果很好。又如，河北省渔政部门把水陆相结合的检查方法作为该省伏季禁渔的关键措施，使全省连续几年伏季禁渔管理工作取得良好结果。

（二）渔政监督检查应注意的事项

渔政监督检查是渔业法律、法规赋予渔业执法机构的行政职权，也是渔业行政执法机构的一项重要的行政执法行为，因此它必须受到有关法律、法规的约束。目前虽然在我国渔业法律法规尚未对渔政监督检查的程序规则做出具体规定，但从渔政执法实践中体会到它必须根据有关法律、法规和规章的规定，注意下列事项：

（1）监督检查要有明确合法的目的；

（2）监督检查时检查人员应着穿整齐，并要出示执法证件；

（3）监督检查人员与被检查人员有直接利害关系的，应该回避；

（4）实施检查时应由两人以上进行，检查应公开进行，并通知被检查人到场，被检查人拒不到场的，不影响检查的进行；

（5）监督检查应围绕着与渔业法律、法规、规章相关的内容进行，凡渔业法律、法规、规章未列举或涉及的内容，不要随便进行检查。例如，对渔船生活区、生活用品一般不进行检查，若确需检查的，应由执法人员两人以上实施，并通知被检查人到场；

（6）检查情况应填入渔业执法现场笔录，有关证据应及时收集；

（7）检查中涉及国家机密和法律、法规、规章需要保密的事项，应予以保密。

本章思考题

1. 渔政管理的总体目标应包括哪些内容？
2. 为何说维护国家主权和渔业权益是渔政管理的目标之一？
3. 举例说明渔政管理目标有哪些特点？
4. 渔政管理目标哪些是属于战略性质的？哪些是属于战术性质的？举例说明。
5. 确定渔政管理应遵循哪些基本原则？为什么？
6. 实现渔政管理目标主要有哪些途径？为什么？
7. 实施渔政管理目标有哪些手段？这些手段有何相互关系？为什么？
8. 渔政管理目标实施的法律手段有何特点？实施中应注意哪些事项？
9. 渔政管理目标实施的行政手段有何特点？实施中应注意哪些事项？
10. 渔政管理目标实施的经济手段有何特点？实施中应注意哪些事项？
11. 渔政管理目标实施的教育手段有何特点？实施中应注意哪些事项？

12. 渔政管理为何要实施监督检查？
13. 渔政监督检查的性质是什么？它与日常的事务检查有何不同？
14. 渔政监督检查有哪些特征？为什么？
15. 渔政监督检查的范围应包括哪些内容？这些内容又有何联系？
16. 水域监督检查的任务和形式有哪些？
17. 口岸监督检查的任务和形式有哪些？
18. 市场监督检查的任务和形式有哪些？
19. 渔政监督检查的方法主要有几种？各种方法之间有何联系？
20. 渔政监督检查时在什么情况下要与公安部门相结合？为什么？
21. 渔政监督检查时在什么情况下要与工商行政部门相结合？为什么？
22. 渔政监督检查的内容主要有哪些？为什么？
23. 水上检查与陆上检查相结合有何好处？举例说明。
24. 渔政监督检查应注意哪些事项？为什么？

第四章 渔政管理信息与研究

渔政管理信息与渔政管理研究，这两大问题都是渔政管理实践中经常遇到的最重要问题之一。因为随着我国经济社会的快速发展，各级渔业行政部门越来越感到渔业信息（特别是现代渔业信息）的重要性。渔政管理是一门新兴的管理科学，如果我们不对渔业生产力和生产方式的历史变化、渔业生产自然环境的历史变化、渔业法规和政策的历史演变过程等进行研究，那就无法从历史中吸取经验和教训，就无法科学地总结渔政管理的客观规律，就无法推进我国渔业的持续稳定发展。为此，对这两大问题做一简要介绍。

第一节 渔政管理信息

关于渔业信息建设，我国渔政管理指挥系统几年前就经国家发改委和农业部批准，并由计算机网络、业务管理系统和通信指挥系统三部分组成，并于2007年正式投入应用。该系统的启用标志着我国渔业和渔政管理信息化建设已经迈出了一个新步伐，它将在规范我国渔业管理、提高渔政执法效率、加强执法监督、提高渔业安全生产通信保障能力和方便服务渔民等方面发挥了重要作用。实践证明，要想获得良好的信息功能，首先就必须建立先进的渔政管理指挥系统，这样才能在技术上形成统一的执法协作与协调机制的网络系统，有利于保证渔业综合执法和统一指挥的实现。

一、渔政管理指挥系统的建立和组成

我国海岸线18 000余千米，渤海、黄海、东海、南海四大海区海域总面积约$350\times10^4\ km^2$，内陆水域面积约$18\times10^4\ km^2$，丰富的水域资源与水生生物资源为发展渔业提供了极为有利的物质基础。然而，随着渔业经济的发展，渔业存在的问题和矛盾日益突出。首先，资源开发带有盲目性，捕捞强度过大造成渔业资源严重衰退。其次，渔业水域生态环境恶化，电、毒、炸鱼等非法作业屡禁不绝，大批水生野生动物濒临灭绝。再次，新的国际海洋制度的建立，使我国传统渔场的捕捞业受到较大影响，我国渔船在传统作业水域正常作业时被他国驱赶、抓扣的事件频繁发生，大量渔船和渔民将面临转产转业的严峻形势。同时由于天气、海况、渔船安全设施不合格等原因，渔船海损事故时常发生。

政府针对上述问题制定了海洋捕捞产量“零增长”和“负增长”计划；控制捕捞业发展的产业政策；实施渔船数量和功率双指标控制制度；全面清理“三无”和“三证不齐”渔船；全面查处非法捕捞活动；坚持海洋伏季休渔；实行长江春季禁渔；派渔政船到公海进行渔政执法，履行船旗国的责任。但是，上述问题目前仍未得到根本解决，其主要原因是渔业管理和执法手段落后，对渔业资源、渔船、网具的管理还停留在“粗放”

管理阶段，难于担负保护我国200海里专属经济区内的渔业资源、维护国家海洋权益的任务。因此，建立一个在技术上统一规范的管理与执法系统，这对提高我国渔政执法管理水平是非常必要的。

随着信息化时代的到来，目前国家已把电子政务确定为实现政府管理现代化的重要手段和目标，电子政务的建设已提到议事日程上来，建立中国渔政管理指挥系统符合国家的总体规划和部署。同时，网络信息管理技术、通信技术和GPS定位技术已较为成熟，为中国渔政管理指挥系统的建设在技术上提供了保证。开发建设中国渔政管理指挥系统，将有关渔政管理信息纳入到系统中，各级渔业管理部门通过系统办理有关业务，实现管理中数据的相互调用、相互制约，实现相关信息的传输和查询，从而在技术上形成统一的执法协作与协调机制的网络系统，有利于保证渔业综合执法和统一指挥的实现。若从我国渔政管理对指挥和信息的基本需求出发，结合国内外用于渔政管理的计算机网络技术、GPS技术、地理信息技术、网络通信技术情况加以考虑，以获得一个较为科学可行的解决方案，可用于指导渔政管理指挥系统建设。

若从用户需求的角度来看，目前各级渔政管理部门在实现海洋捕捞产量“零增长”和“负增长”目标以及资源的保护时，如前所述对渔船数量和功率进行双指标控制，开展清理“三无”和“三证不齐”渔船，查处非法捕捞活动，实施海洋伏季休渔、长江春季禁渔以及进行公海渔政执法等，这些都需要在技术上建立统一规范的管理与执法系统，以保证综合执法和统一指挥。

实现这一目标，首先需要有一个网络化的业务软件系统，将渔政的捕捞许可证、渔港监督的船舶登记和渔船检验等管理信息有机地结合、衔接起来，利用管理中各个环节数据的相互调用、相互制约，进行各种证件的发放和相关信息查询，从而实施渔船数量和功率双控制度，实现海洋捕捞产量“零增长”和“负增长”目标。其次，需要开发一个网络化的渔政执法船调度指挥和信息查询系统，将渔业案件、渔业法规、渔港与航标、职务船员档案和渔业行政执法机构、装备（含渔政船档案）等信息建立成完善的数据库，随时查询登录案件及事故信息，从而实施对执法人员和船舶的调度指挥和查处非法捕捞活动，进行海洋伏季休渔、长江春季禁渔以及公海渔政执法，以便形成执法协作与协调机制，保证统一指挥和综合执法。再次，就是需要建立一个网络化的海洋渔业资源环境信息与遥感服务系统，利用海洋资源与环境的勘测调查信息、卫星遥感信息（资源卫星、气象卫星和海洋卫星）、地理信息技术和数据库技术，进行资源与环境的评估研究，提供海洋资源与环境信息服务。

至于系统的组成，根据用户及其需求，中国渔政管理指挥系统将由实现渔业船舶管理的业务系统、实现渔政船调度指挥与渔船海上动态监测的指挥监测系统、实现渔政执法信息管理的信息查询系统和实现渔业资源环境与遥感监测评估的服务系统4个部分组成，如图4-1所示。

二、渔政管理中现代信息技术的功能与运用

农业部组织建设的中国渔政管理指挥系统，是顺应我国渔业管理的需求，依据有关法律、法规，借鉴吸收各种渔业管理软件开发经验，利用现代计算机网络技术，通过网络平台进行渔业审批、信息录入、查询统计分析等业务管理的指挥系统。系统中海洋渔船捕捞

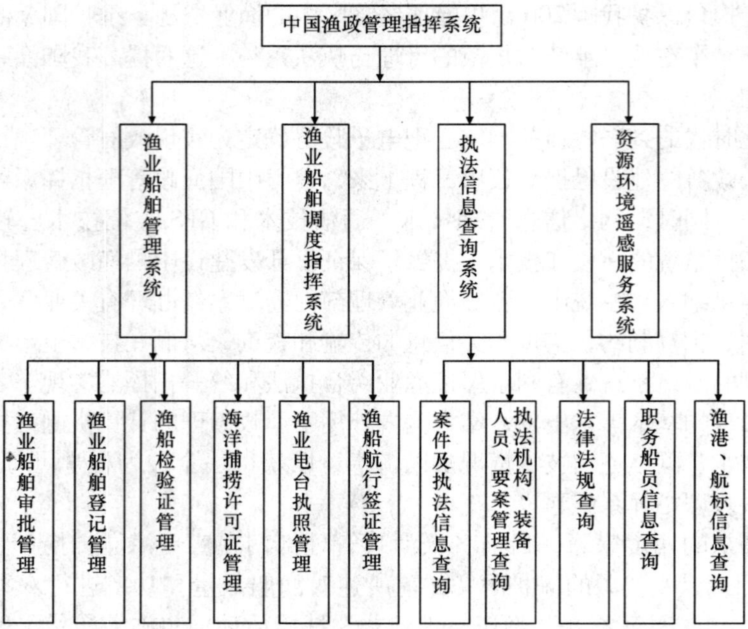

图 4－1　中国渔政管理指挥系统组成示意

（据李继龙等的《中国渔政管理指挥系统总体解决方案》绘制）

许可证管理、全国水域滩涂养殖使用证登记、渔业行政执法证件管理、渔政执法装备和设施管理、外国渔船捕捞许可证和水生野生动物保护等模块的管理软件，以及渔船船网工具审批、渔业船舶检验、渔船登记、苗种进口审批及进口免税苗种审批信息系统、水产品药物及有毒有害物质残留监控数据处理系统等也在一些省份试用和进一步完善。加快推进渔业管理信息化，不仅是提高行政管理效率、降低行政管理成本的内在要求，而且也是全面提高渔业主管部门决策和服务水平的重要手段。中国渔政管理指挥系统应用现代信息技术将大大推进我国渔业管理的科学化和现代化，从而推进我国渔业建设。至于如何推广应用，也是非常重要的，否则就不能很好发挥系统的最大功能为渔业服务。具体分述于后。

（一）渔政管理指挥系统的信息技术功能

我国渔政管理指挥系统是根据渔业管理的实际，严格按照现行渔业法律法规设计的，其目的是建立起行为规范、运转协调、公正透明、廉洁高效的渔业和渔政管理审批程序。它的功能概括起来有下列两个方面：

1. 渔政管理指挥系统是规范渔政管理程序、提高依法行政执法队伍建设的重要措施

近年来，各级渔业行政主管部门积极采取各种措施加强渔船管理，促进渔业资源可持续利用。但是目前违规审批造船现象还未杜绝，渔政、港监、船检掌握的渔船基本数据不一致的情况还普遍存在，给我们执行“双控政策”、压减渔船规模和减少捕捞强度带来很大困难。要改变这种状况，除了要加强队伍自身的思想作风、工作作风和业务能力建设之外，还要充分运用现代化的电子信息手段来改变传统的工作方式，规范工作流程。渔船管

理系统是中国渔政管理指挥系统的重要组成部分。而我们先期启动的捕捞许可证管理软件就是要实现全国海洋捕捞许可证数据的统一、动态管理，统一全国许可证办理程序。我们还要通过条形码等安全防伪措施，防止伪造捕捞许可证件，加强渔船捕捞许可管理。今后，随着船网工具指标、渔船船舶检验、渔船登记等管理软件完善，还将加强对渔船审批各个环节的管理，实现渔船审批程序的环环相扣和各业务部门数据的一致。所以中国渔政管理指挥系统信息技术的应用，可以有效地规范各级渔业部门及其工作人员的工作行为，提高行政和执法能力，各级渔业部门还可以充分利用系统信息资源，开展综合分析，为科学决策提供条件。

2. 渔政管理指挥系统是提高渔业系统办公效率的有效途径，也是提高服务渔民、服务渔业能力的重要手段

转变职能，提高工作效率和监管的有效性，更好地服务渔民群众是各级渔业部门的重要职责。运用现代信息技术促进行政管理创新，增强公共管理与服务功能是现代社会的普遍共识。中国渔政管理指挥系统是按照电子政务的要求，采用先进的网络技术设计的，必将给各级渔业部门办公带来更大的便利，为渔民提供更好的服务。系统采取集中式数据库，在业务审批过程中，只要完成申请录入，申请事项就会自动带入审批过程，避免申请和审批、渔政监督和渔港监督等不同环节或部门重复录入。系统强大的统计查询功能，可以减少传统查询统计方式的繁琐程序和失误，增加统计实效性和执法查询准确性。所以农业部将把中国渔政管理指挥系统应用情况作为渔政队伍建设的一项内容和工作考核的依据之一。

（二）渔政管理指挥系统的信息技术推广应用

该系统推广应用工作要按照统筹安排、分级负责、逐步实施的原则，使系统各个业务管理软件模块在全国各地渔业部门得到应用。以此为基础，实现渔船审批等管理业务网络化、渔船等基础数据集中动态管理，有效加强渔船管理和渔政执法管理。做好中国渔政管理指挥系统的推广应用，概括起来要做好下列 3 个方面工作。

1. 提高认识，加强领导，明确责任

各级渔业管理部门要从深入贯彻落实科学发展观，提高行政执政能力，优化渔民服务的高度，充分认识推广应用系统的重要性和必要性，切实做好各项相关工作。各省渔业主管厅局要加强本省应用推广工作的领导和监督，系统应用涉及多个业务部门，要明确各部门的责任，积极推进系统应用工作。试运行地区要率先全面使用，积累经验，发挥示范作用。已开发地方管理软件的地区，要根据系统要求，逐步将数据导入中国渔政管理指挥系统，并在系统所有管理软件投入运行后停用地方管理软件，以形成全国统一的系统。在此之后还要在农业部把中国渔政管理指挥系统应用情况作为渔政队伍建设的一项内容和工作考核的依据之一。

2. 加强协调，制定措施，抓好落实

系统的应用推广横向涉及渔业管理、渔政监督、渔港监督、船舶检验等管理内容，纵向涉及国家及各海区、省、市、县各级渔业部门。因此，需要在各级渔业行政主管部门的统一领导下，各单位积极参与、协同配合。渔业行政主管部门要认真做好具体实施中的协

调工作；渔业管理、渔政监督、渔港监督、船舶检验等单位要按系统要求完成系统初始设置，导入、整合相关数据，严格按系统程序办理相关业务。渔政指挥中心要做好具体实施方案和技术保障工作，做好系统平台管理工作，同时还要密切关注各地使用动态，认真组织技术支撑单位对系统中存在的问题及时修改完善，做好技术支持和服务保障工作。总之，各有关业务单位要树立大局意识，互相支持，相互配合，共同把推广应用工作落实到实处。

3. 规范管理，加强维护，保障系统安全运转

中国渔政管理指挥系统是渔政管理业务办理系统，汇集全国渔政监督和渔船管理基础核心数据。该系统的安全等级已被国家有关部门评估确定为三级，是国家行业管理的重要信息系统。各级渔业行政主管部门在推广应用系统时，要把系统安全保障工作放在首要位置，各级系统管理员和业务操作人员的权限设置和密码，要按照国家保密规定严格执行。农业部将对业务办理、数据采集、安全及相关管理办法做出明确规定，确保系统安全运行。各级渔业行政主管部门都应依法使用系统和数据，选派专业技术人员负责系统的维护与更新，保护数据的准确、规范、完整和安全。要加强技术骨干队伍建设，农业部将根据情况组织相关培训，各地也要积极组织本地培训。通过培训，要尽快建立一支专业技术过硬、管理水平较高、相对稳定的技术队伍，保证技术支持渠道的畅通。维护系统的安全正常运行，要有经费保障，农业部要积极争取运行经费，各地也要争取列入各级财政预算。

第二节　渔政管理研究

渔政管理活动中所遇到的各种问题都是构成渔政管理研究的基本内容，而渔政管理研究的方法，一般都采用实证分析方法、规范分析方法、比较分析方法，以及静态、动态分析方法等。具体内容简述如下。

一、渔政管理研究的内容

渔政管理研究是一门研究渔业公共管理活动客观规律的新兴学科，在研究渔政管理活动中所遇到的各种问题，如渔政管理的主体设立、组织结构、运行方式及渔政实务问题；我国渔政管理的发展历史及不同国家、地区的渔政管理概况问题；渔政管理与行政法学习和经济学的关系问题以及后面要介绍的渔政管理过程中对渔业资源、渔业水域、渔业船舶、渔业港口、渔具渔法等的管理方法问题等，都是渔政管理研究的基本内容。现将分述于后。

（一）渔政管理的主体设立、组织结构及运行方式的研究

当代政治文明要求所有的政府部门都应当依法科学地设立其主体机构，并且尽可能地划清各自的职责范围，明晰相互之间的工作关系，因为这样才能提高法治的行政效率。因此，设立渔政管理主体的原则、相互之间的职责分工以及与非渔政管理部门之间的工作关系都是渔政管理研究的内容。

渔政管理主体是一类独特的公共法人组织，而管理活动主要是这类组织将其内部决策进行有序的外化过程。这里涉及渔政主管部门及其机构内部的处室设置和职能划分、行政

岗位设置和责任、公共财政、人事管理、机关事务管理、渔业公务船舶、车辆的配备和管理、行政领导决策程序和方式、行政决策的实施和监督等诸多方面。因此，渔政主体的内部组织结构与运行方式也是渔政管理的研究内容之一。

（二）渔政管理活动的发展历史与绩效评价

了解分析以及研究渔政管理活动的历史演进过程是客观分析现实的渔业问题，理性地确定阶段性的渔政管理目标，做出科学决策所必需的。如果不对渔业生产力和生产方式的历史变化、渔业生产自然环境的历史变化、渔业法规和政策的历史演变等进行调查、分析、研究，就无法从历史中吸取经验和教训，就无法科学地总结渔政管理活动的客观规律。不同国家或地区的文化传统、政治体制、法律政策、渔业资源、渔业生产力发展水平及生产组织方式等虽然不尽相同，但是他们的渔业发展和追求的渔政管理目标等往往有很多相同之处。因此，考查、研究各国或地区的渔政管理活动，借鉴各国的渔政管理理论和措施，应该也是渔政管理研究的重要内容之一。这是缩小国家间、地区间渔政管理水平差距的必然选择，更是开展国际间、地区间渔政管理合作的客观要求。

考察、分析、研究渔政业务中遇到的各类问题，发现其中的客观规律，为渔政部门及其工作人员提供理论和方法支持，是渔政管理的根本任务，也是对渔政主管部门绩效评价的内容之一。因为它涉及对特定渔区社会或全社会伦理道德价值观的认识、对渔政管理意义和阶段性目标的把握、对渔政法定职责履行情况的考核、对渔业公共资源使用效率的评价，以及对渔业公共服务数量与质量之间的平衡等诸多方面问题。当然，渔政管理的绩效评价体系是多元的、动态的，上述提到的只是一个方面而已。

（三）渔政管理与渔业法治的关系及渔业生产管理中的具体内容研究

渔政管理最突出的特点之一，就是运用渔业法规定实施监督管理。因此，从一定意义上说，渔政管理过程就是《渔业法》以及有关法规实施的过程。渔政管理就是要对管理中的渔业政策与渔业法律相联系，并进行深入系统的研究，从而进一步健全渔业法制，强化渔政管理。实际上，渔业法学始终是丰富着渔政管理的研究内容，例如，渔业行政处罚、渔业行政许可、渔业行政奖励等就是典型的实例。

渔政管理工作是一项实践性很强的执法工作，具体的管理内容构成了现代渔政管理工作的内涵。渔政管理不仅要研究渔政管理的一般理论，而且还要研究渔政管理的具体实务，即要系统研究渔政管理的职责内容和工作程序，如渔业水域管理、渔业资源管理、渔业港口管理、渔业许可管理、渔业环境管理、渔具渔法管理、渔政通信管理、渔政办案程序、渔政奖惩、渔业违法行为制裁形式与种类等。通过对上述内容的系统研究以健全执法手段，提高渔政执法整体效应，从而为促进渔政管理实务性工作的规范化提供有效的理论指导。

二、渔政管理研究的方法

渔政管理研究的方法吸收了许多自然科学和社会科学的理论成果，特别是社会科学的研究方法更适合于渔政管理的研究。例如，实证分析方法、规范性分析方法、纵横向比较分析方法、静态分析方法、动态分析方法等，这些方法通常是结合使用的。具体情况如下。

（一）实证分析与规范分析相结合的方法

实证分析方法，是人们用语言等对客观所观察到的世界所进行的主观描述，可以对照客观事实进行验证，但由于是主观描述，有时也可能是片面的，甚至是错误的。规范分析方法，取决于研究者所持的社会伦理道德标准和价值取向及所处法律和政策环境，所以，两者要结合使用，即研究者首先应采用实证分析的方法去探索、发现各类渔政管理事件是怎样一步步地发生和展开的，分析渔政管理的内在特点，系统地对各类渔政管理事件进行描述、分类、归纳、抽象和总结，但在分析过程中应避免预设立场、先入为主，尽力保证主观描述与所观察的客观事实相一致。研究者还要对渔政管理事件进行规范分析，因为这是以社会价值取向、行政伦理道德和法律及政策环境等为参照的，与渔政管理的意义和目标密切相关。因此，规范性分析结果的可接受程度与研究把握渔业行政伦理道德的准确性、对渔业法规以及渔业产业政策的理解能力有着密切的联系。

总之，研究渔政管理应当把实证分析方法与规范分析方法结合起来，牢固树立解决实际问题的研究意识，以发现渔政管理过程中的问题为切入点，完整而准确地描述实际问题，科学地分析问题，正确地理解渔政管理的意义和目标，为解决渔政管理活动中遇到的各类问题提供理论和技术上的答案。

（二）纵向比较与横向比较相结合的比较分析方法

纵向比较，是指对渔政管理历史演进的分析研究，是对不同时期的渔政管理理论、措施、环境和目标等进行比较分析，以掌握渔政管理的历史演变情况。横向比较，是指对不同国家、地区之间的渔政管理理论、措施、目标、环境等进行比较，发现其中的共性和异性。这两种分析相结合的方法，是研究渔政管理的重要方法。因为不同国家或地区、不同时期的渔政管理主体所面临的渔政管理问题有很多共同的特性，解决这些具有共同特性问题的方法，自然有利于渔政事业的发展，所以它有很强的可借鉴性。比较分析方法，可以开阔渔政管理研究者的视野，启迪其思维，从历史和其他国家或地区吸取经验和教训，提出适合当代我国渔政管理的理论和方法。但运用两种比较分析方法，必须注意渔政管理所依托的政治、经济、文化环境和渔业发展的自然环境，避免断章取义，避免机械地照搬、照抄。

（三）静态分析与动态分析相结合的分析方法

静态分析也称横断面分析，是指在一定的时间点上对渔政管理现象进行分析研究，以期更深入细致地考察研究对象，发现内在规律。动态分析，也称时间序列分析，是指考察研究渔政管理工作随时间的流逝而显示出来的各种现象和演化规律。渔政管理研究一般是采用静态分析与动态分析相结合的体态分析方法，即从静态分析开始，再到动态分析，进而把两者紧密结合起来，以真正发现渔政管理的客观规律。

渔政管理研究是一门边缘学科，除了上述 3 种研究方法之外，还可运用其他多种方法，例如心理分析方法、要素分析与系统分析方法、定性分析与定量分析方法等。但是，所有的研究方法都必须以马克思主义的辩证唯物主义和历史唯物主义为基础，实事求是，调查研究，占有充分的研究资料，并用逻辑学方法科学地设问与应答，注意渔政管理研究的实用性和前瞻性。

本章思考题

1. 中国渔政管理指挥系统建设是根据什么要求提出来的？为什么？

2. 中国渔政管理指挥系统包括哪几方面的内容？

3. 为什么要建设中国渔政管理指挥系统？

4. 如何建设中国渔政管理指挥系统？

5. 现代信息技术在渔政管理中能发挥哪些功能？为什么？

6. 为发挥渔政管理指挥系统的功能，更好地为渔业服务，我们应该如何推广应用这个系统？为什么？

7. 为何说渔政管理活动中所遇到的各种问题都构成渔政管理研究的基本内容？举例说明。

8. 为何说渔政管理活动的发展历史问题是渔政管理研究的内容之一？

9. 为何说渔政管理活动中管理的主体设立、组织结构、运行方式、绩效评价是渔政管理研究的内容之一？

10. 为何说渔政管理活动中不同国家或地区的渔政管理概况是渔政管理研究的内容之一？

11. 渔政管理与渔业法治有何关系？举例说明。

12. 渔政管理的研究方法通常有几种形式？为什么？

13. 为何说实证分析与规范分析两者要结合使用？

14. 为何说渔政管理研究纵向比较分析与横向比较分析要结合使用？

15. 为何说渔政管理研究中静态分析与动态分析要结合使用？举例说明。

16. 举例说明渔政管理研究中定性分析与定量分析要结合使用。

17. 举例说明渔政管理研究中要素分析与系统分析要结合使用。

18. 渔政管理研究在什么情况下要特别注意心理分析方法？举例说明。

第二篇

渔政管理内容

渔政管理内容，是本书的第二组成部分，也是本书的主要内容之一，它包括渔业资源的保护与管理、渔业水域生态环境的保护与管理、水产捕捞业的管理、水产养殖业的管理、水产食品加工业的管理、渔政信息管理、渔业船舶船员港口与无线电通信管理、涉外渔业管理以及渔业许可与禁渔制度等。其中以渔业资源的保护与管理、渔业水域生态环境的保护与管理，以及渔政信息管理为主体，因为这些都是渔业生产的物质基础和环境基础，后者又是规范渔政管理程序和提高依法行政效果的重要措施。

第五章
渔业资源管理

渔业资源管理，是指对整个渔业资源繁殖保护、开发利用以及人工增殖等所进行的计划、组织、指挥、监督和协调一系列活动的总称。它贯穿于渔政管理的全过程，是渔政管理的核心。因为渔业资源的保护与管理是渔业生产发展的必然要求和必备条件，也是提高渔业生产的经济效益、社会效益和生态效益的客观需要。实践证明，渔业资源管理水平的高低是体现渔政管理效能的重要标志。

从生态系统的角度来看，渔业资源管理与渔业资源开发是对立的统一，这是因为人们为了发展生产，必须开发利用自然资源，而自然资源和生态系统的负荷能力是有限的，所以在开发利用自然资源的同时，必须加强对自然资源的保护与管理，使之绵延不绝，永续不衰，否则生态平衡将遭受破坏，人类的生存就受到影响，社会的经济发展就会停顿。同时，由于渔业资源属于生物资源，一旦破坏了，往往需要十几年、几十年才能逐渐恢复，所以单从这种意义上看，我们必须深刻认识渔业资源保护、管理的重要性。

本章主要介绍：渔业资源的特性、特点、现状与数量变动原因；渔业自然资源的保护与管理；人工增殖渔业资源的保护与管理；水生野生动物资源的保护与管理，共四节内容。

第一节　渔业资源的特性、特点、现状与数量变动原因

渔业资源，是指水域中蕴藏着可供人们采捕的鱼类、软体类、甲壳类、藻类等经济动植物群体。这个动植物群体，既包括已成熟可供捕捞的部分，也包含未成熟可作将来捕捞的部分。在论述渔业资源的特点与变动时，必须先了解渔业资源的特性和我国渔业资源的特点及现状，然后再谈论渔业资源数量变动的主要原因，这样才能更好地理解渔业资源的保护与管理。

一、渔业资源的特性

渔业资源属自然资源。自然渔业资源的特性，概括起来有：共有性、洄游性、再生性（更新性）、波动性、多样性以及整体性和地域差异性等特点。

（一）共有性

是指任何水域的渔业资源，不属任何单位、集体或个人所有，人人都可利用，而且还无权排斥他人利用。这一特性，导致任何组织、法人和自然人都可以涉足渔业，大家互不

谦让，互相竞争和掠夺渔业资源，直至资源彻底衰竭。

（二）洄游性

是指大多数鱼类各有一定幅度的移动习性，尤其是海洋渔业中的鱼类更为明显，其中中上层鱼类移动幅度较大，底栖鱼类移动幅度较小。由于渔业资源的洄游，流动范围较大，在一个国家管辖的范围内，一定水域的渔业资源往往由一个国家不同行政区域的渔民捕捞，而在国家管辖范围之外的水域，往往是不同国家的渔民共同开发其渔业资源。

（三）再生性（更新性）

是因为渔业资源属生物资源，是整个生态系统中的一个组成部分，它通过繁殖、生长、死亡等一系列的生物学过程，不断地进行新陈代谢，维持其一定数量和质量。如果环境条件适宜，人类的开发利用合理，则渔业资源可以维持正常的世代繁衍，持续为人类提供高质量的水产品。但是若在生存环境遭到自然或人为的破坏，或遭受人类过度开发利用，则渔业资源的自我更新能力就会降低，导致渔业资源衰退，甚至种群数量下降到一定程度后将无法维护其生存，从而失去了再生能力，导致资源枯竭。因此，渔业资源的再生性，在一定的环境条件下是有限的。

（四）波动性

是指渔业资源数量的自然波动变化。水质、气候、水文等非生物环境因素以及饵料、敌害等生物因素的变化，都会引起渔业资源的数量变化。人类的捕捞活动产生的捕捞死亡可直接引起渔业资源群体的数量变动。这就是说，影响渔业资源数量变动的因素很多，有些因素之间还有相互影响的关系。特别是环境条件的异常剧烈变化，如“厄尔尼诺”现象，引起太平洋鳀鱼资源的剧烈变动，并对该海域其他渔业资源也产生一定影响。

（五）多样性

是指渔业资源种类繁多。若从生物学上可分为鱼类、甲壳类、软体类、海兽类以及藻类等，而且每一类又有很多种群；若按地理区域来划分，有生活在热带、亚热带的暖水性种类、高纬度的冷水性种类，以及中纬度地区生长的温水性种类；若按其洄游特性来分，有大洋性高度洄游的种类、半洄游性种类和少移动的地方性种类等等。

（六）整体性

是指渔业资源作为生物资源与自然环境的相互联系、相互影响而构成的一个整体，同时渔业资源不同种类之间也存在着相互联系，相互影响而构成一个整体的关系。例如，不同的渔业资源生物种类之间存在着食与被食的制衡关系，每种水生生物都处在相互交错的食物链中，在捕食和被捕食中相互储存，循环往复，形成复杂的食物网，当一种渔业资源发生变化时就会引起其他渔业资源的变化。因此，在渔业资源管理中，必须将渔业资源的生物和非生物环境因素进行整体性的综合考虑。

（七）地域差异性

是指渔业资源处在不同的自然环境中，受到许多外界因素的作用和影响，在一定的水域空间内具有整体性的同时，又表现出明显的地域差异。不同地区的渔业资源种类、数量、质量以及结构特征等都有很大差别，海洋渔业资源的这种地域差异更为突出。

二、我国渔业资源的特点与现状

我国海域辽阔，内陆水域分布面广。各类水域处于温带、亚热带、热带，跨越近40个纬度，南北气候、海况条件差别很大。因此，我国海洋渔业资源和淡水渔业资源都具有不同的特点。

（一）我国海洋渔业资源的特点

我国周边海域的海洋渔业资源特征，主要表现在下列几方面：

1. 明显的地方性和独立性

我国大陆毗邻的渤海、黄海、东海、南海都具有半封闭海域的性质，大洋水系较难与其水体进行交换。因此，我国大陆毗邻海域的渔业资源缺乏世界性的高产广布种，即具有明显的地方性和独立性，其资源的洄游特性也基本局限于本海区范围内进行产卵、育肥和越冬洄游。南海北部大陆架海域的海洋生物资源洄游范围更小，地方性和独立性更强。这一特点，既有渔业资源易遭破坏的一面，但又有利于资源增殖和人工放流的一面，所以只要我们捕捞强度适当，措施得力，则生产可稳定发展。同时，中下层鱼类受大陆架限制，水平洄游范围小，而中上层鱼类水平洄游范围较大。这一特点，在分布上很大程度与海区条件密切相关，目前我国资源利用主要是浅海性的中下层鱼类，而中上层鱼类利用不足。

2. 我国大陆毗邻海域渔业资源种间产卵期不一，产卵场分散

许多经济鱼类产卵场分布在江河口及浅滩附近，同时，这一海区饵料丰富，幼鱼生长快，成熟早，多数鱼类食性广。这一特点，一方面有利于鱼类产卵、孵化和幼鱼生长；另一方面由于是近海作业的主要渔场，幼鱼易遭损害。

3. 种类多，数量少，地方差异性大

我国大陆毗邻海域跨越温带、亚热带和热带3个气候带，并跨越大陆架、大陆坡和深海海槽等不同海底地形。海洋生物种类约有1万种，约占世界海洋生物总种数的1/20。在种类分布上，南北的地方差异性很大，一般是南海的种类多于渤海、黄海和东海，例如鱼类，南海北部大陆架海域有1 000种，东海为700种，黄海和渤海仅有290种。单一种类的产量也比较低，一般年产量为几十万吨，极个别的超过100×10^4 t，可利用的持续时期也比较短，其中年产量超过50×10^4 t的有带鱼、鳀鱼等，超过10×10^4 t的有小黄鱼、马面鲀等。

4. 海域的生产力和生物量处于世界主要渔业海域的中下水平

我国海域的生物生产量在全球范围内属中下水平，比欧洲北海的生物量几乎低一半。据有关资料统计，20世纪90年代，我国海域的鱼类生产力平均为3.8 t/km^2；渔获物（包括鱼、虾、蟹、头足类等）平均为3.02 t/km^2；其中以东海区最高，为3.92 t/km^2，渤海为3.84 t/km^2，南海为2.40 t/km^2，黄海为2.25 t/km^2。相比之下，南太平洋岛国沿岸海域平均渔获量为18.2 t/km^2，日本近海为11.8 t/km^2，中东大西洋沿岸海域为8.3 t/km^2，欧洲北海为61 t/km^2，由此可见我国海区生物生产量是偏低水平。

（二）我国淡水渔业资源特点

我国幅员辽阔，大陆的南北、东西跨距都很大，因此其淡水渔业资源自然也有自己的

特点，现归纳起来有下列 3 个方面：

1. 按地理分布，鱼类的种类南方多于北方，东部多于西部

这种现象可从大多数流域的鱼类分布来看，如珠江流域鱼类资源的种类有 260 多种，长江流域鱼类有 370 多种，黄河流域鱼类有 150 多种，黑龙江流域鱼类有 110 多种，湄公河流域鱼类有 250 多种。而西部地区如新疆、西藏有些水域鱼类只有 40 ~ 60 种。

2. 在鱼的种类方面，鲤科鱼类最多

全国各水系中鲤形目鱼类最多，共有 623 种，分隶于 6 科 160 属，占内陆水域土著鱼类总数的 77.2%。其次是鲇形目鱼类有 84 种，占内陆水域土著鱼类总数的 10.4%。再次是鲈形目、鲑形目、鲟形目、鲉形目、刺形目等。多数鲤科鱼类食物链短，多为单食或杂食性品种，人工饲养时经济效果好。

3. 江河口咸淡水洄游性鱼类多为名贵品种

我国江河口咸淡水洄游性鱼类主要有黑龙江和图们江的七鳃鳗、大马哈鱼；长江和钱塘江的中华鲟、鲥鱼、松江鲈、凤尾鱼；全国沿海河口的河鳗、尖吻鲈等。这些名贵鱼类具有很高的经济价值和营养价值。

（三）海洋渔业资源和淡水渔业资源的状况

据有关资料报道，我国海洋鱼类近 2 000 种，头足类 100 余种，虾蟹类 900 多种，贝类 400 多种。尽管资源种类比较多，但很多种类的数量很少，主要经济种类大约只有 300 多种，真正有高产量的经济鱼类 60 ~ 70 种。而淡水鱼类资源据调查，全国土著淡水鱼类约 800 种，江河口咸淡水洄游性鱼类约 60 多种，贝类 170 多种，虾类 60 多种。此外还有丰富的龟、蟹等，水生植物有 180 多种。

至于我国渔业生产情况，总体来说是逐年增加的，例如，20 世纪 50 年代年均产量为 200×10^4 t，60 年代为 280×10^4 t，70 年代为 404×10^4 t，80 年代为 730×10^4 t，90 年代为 $3\,100 \times 10^4$ t，2000 年之后年均产量超过 $4\,000 \times 10^4$ t，2009 年产量达 $5\,116.4 \times 10^4$ t，即年产量是逐年增加的。但也存在不少问题，例如，在改革开放前相当长的一段时间，由于盲目增船增网，片面追求产量，近海捕捞强度超过渔业资源的再生能力，导致单位产量下降，渔获中出现低龄化、低质化、小型化，优质鱼与劣质鱼的比例从 8∶2 变为 2∶8，更严重的是非法捕捞日益猖獗，炸鱼、毒鱼、滥用电力捕鱼、密阵密拖屡禁不止，这种非法毁灭性的掠夺式生产，使鱼类的“祖宗三代”同归于尽，对鱼苗、鱼卵也造成无法估量的损失。又如淡水渔业中，洞庭湖鱼类资源原来很丰富，但近 20 年来资源日趋衰退，原来有 114 种鱼类，现已灭绝 8 种以上，还有 15 种也已少见，过去年产约 5 000 t，现在还不足 1 000 t，个别地方只有几百吨了。为什么会产生这种现象，归根结底是渔业资源遭受严重破坏，最终导致资源枯竭。从渔业资源的特性来看，虽然渔业资源具有可再生的特征，但这种再生能力在一定条件下是有限的，如果环境恶化、过度开发利用就会造成资源衰退或枯竭。

三、渔业资源数量变动的原因

影响渔业资源数量变动的原因是多方面的，但总的来看，大体上可以归纳为渔业资源自身因素、水域环境因素以及人为捕捞因素 3 个方面。

（一）渔业资源自身因素

这个因素对渔业资源数量变动的影响主要来自繁殖、生长、自然死亡、种间和种群之间的相互影响。

繁殖，受到资源种群亲体的繁殖力、受精率和鱼卵、仔幼鱼的成活率等因素的制约，而且卵和稚体的成活率与环境因素是否适宜也有很大关系；生长，受到资源种群密度、年龄组成和饵料丰度和水文条件等因素的制约；死亡，包括自然死亡和捕捞死亡，导致自然死亡的因素有敌害、疾病及资源种类的自然寿命等。种间的相互影响，来自物种之间本身就存在的相互依存或排斥的关系，以及生物物种在食物链中的位置等。某一物种资源量的丰与歉，对依从或相关的物种可能带来数量的变动。种群之间的相互影响是指饵料生物较差的条件下，有可能产生的食物竞争，从而影响到种群数量的变动。

（二）水域环境因素

渔业生物在繁殖、生长、自然死亡的整个生命过程中都受到外部水域生态环境因素的制约。水域环境由生物环境与非生物环境组成，包括江河径流量、气象变化、水系移动、水温、潮汐、海流等物理条件，溶解氧、pH 值、盐度、营养盐等化学条件，以及饵料生物和敌害生物的分布变动等生物条件，是各种环境条件相互制约相互作用构成的统一体。某些环境条件的剧烈变化对渔业资源数量的影响非常严重，尤其是强台风或飓风、强冷空气、径流量的明显增减、水文条件的剧烈变化等，例如太平洋的“厄尔尼诺（El Niño）”和“拉尼娜（La Niña）”现象等。1972—1973 年发生的厄尔尼诺事件，使秘鲁渔场鳀鱼渔获量从 1970 年的 $1\ 200 \times 10^4$ t 减少到 500×10^4 t 左右；而 1982—1983 年发生的厄尔尼诺事件，被认为是 20 世纪以来最严重的一次。1982 年 11 月，赤道太平洋东部地区水温异常升高的范围越来越大，表层水温比常年升高了 5 ~ 6℃，打破了历史纪录。圣诞节前后，栖息在圣诞岛上的 1 700 多万只海鸟不知去向。

渔业水域污染是影响渔业资源生存环境的另一个主要因素。我国水域污染造成近海和内陆水域中主要经济水生生物产卵物和索饵育肥场的水域环境遭到破坏，饵料生物减少，水生生物繁殖力和幼体存活力降低，水生生物资源得不到有效补充，致使水域生产力急剧下降，水生生物总量减少。目前渤海水域生产力水平不足 20 世纪 80 年代的 1/5。2001—2005 年，我国平均每年发生渔业水域污染事故 1 200 多次，造成可测算天然渔业资源损失每年高达 40 多亿元（2005 年为 45.9 亿元），2006 年、2007 年、2008 年全国共发生渔业水域污染事故分别为 1 463 次、1 442 次、1 025 次；污染面积分别为 9.4×10^4 hm^2、8.23×10^4 hm^2、10.97×10^4 hm^2，造成直接经济损失分别为 2.43 亿元、2.93 亿元、1.65 亿元。除此之外，水利水电、交通航运和海岸工程建设等人类活动，在创造巨大经济效益和社会效益的同时，对水域生态环境也造成了不利影响，水生生物的生存条件不断恶化，也会影响渔业资源的繁殖、生长和自然死亡。

（三）人为捕捞因素

人为捕捞而造成的捕捞死亡，是直接影响渔业资源数量变动的重要因素。在捕捞强度适当的情况下，因捕捞产生的渔业资源种群数量的减少，可由种群的补充群体和生长群体给予补偿，在种群生长量和补充量大于自然死亡量和捕捞死亡量时，种群资源量有可能增加一些；在种群生长量和补充量基本等于自然死亡量和捕捞死亡量时，可使资源保持相对稳定；当种群生长量和补充量不能补偿自然死亡量和捕捞死亡量时，则直接导致资源减少。

不同的渔业资源，影响其数量变动的因素可能很不相同，但对一个种类来说，影响其数量变动也是多因素和错综复杂的。总的来说，渔业资源数量变动是种群补充和减少的对比关系变化的结果。引起两者对比关系变化的原因，基本上可以归纳为两大类，即一类是自然的因素，另一类是人为的因素。在两大因素中又包括许许多多的因素在内。一般来说，影响补充的因素比起影响减少的因素要复杂得多，而且又是很难掌握的。

第二节　渔业自然资源的保护与管理

充分合理地利用渔业自然资源，为人类提供质优量多的水产品，是渔业资源管理的重要任务。渔业资源的保护与管理，直接或间接地涉及人类生活的各个领域，关系到国民经济各部门、各地区的利益，关系到国家、集体和个人三者之间的利害问题，因此必须对渔业自然资源进行全面的保护与管理。

一、渔业自然资源管理的任务

我国渔业自然资源管理的任务，是由社会发展和渔业生产目标所决定的，是按客观规律的要求和国家在一定时期的政治经济任务以及渔业生产的需要与可能来确定的，具体是：

（1）保证国家渔业法规的贯彻执行，合理开发利用渔业资源和严格保护渔业资源。

（2）通过系统的调查研究，为渔政管理决策提供依据，努力使渔业资源维持在一个固有的数量水平上，以保证获得最大持续的渔获量。

（3）加强对渔业自然环境的监督与保护。

（4）积极开展渔业资源的增殖活动。

（5）维护国家的渔业权益。

二、渔业自然资源管理的综合措施

渔业自然资源管理的综合措施，涉及社会、经济、自然、技术等方面，具体包括：设立专管机构，加强法制建设；全面规划，合理开发，加强生态系统管理；保护渔业水域环境；制定奖惩制度；健全管理制度，完善管理方法；建立渔业资源保护区、规定重点保护的渔业资源，以及开发增养殖业（后述）等等。

（一）设立专管机构，加强法制建设

因为自然界是个有机整体，所以对渔业自然资源的开发与管理必须按其自身的特点和国家的需要，使资源得到最充分和最合理的利用。许多先进渔业国家的经验证明，渔业自然资源的保护与管理能否顺利开展，主要在于国家的重视和领导机构的健全，所以从整体上看必须在全国范围内设立专门的渔业管理机构，并进行统一领导和分层管理。

渔业自然资源的开发利用，涉及各方面的利害关系。为此必须制定综合的和专项的资源法和条例，才能保证自然资源的合理开发、利用、保护和管理。所以在确定资源开发之后首先就要制定有关法律，以指导资源的开发和管理。日本对渔业资源管理的重要经验之

一是法律先行，制定了比较全面的资源法，其中属总理大臣掌握实施的有《国土资源开发法》、《水资源开发法》等；属于资源开发管理的专门法律有《水产资源保护法》、《海洋水产资源开发促进法》等，从而使各项资源的开发都有法律依据。美国对渔业资源的开发、管理也十分重视立法工作，如《1976 年渔业保护和管理法》是美国参众两院通过，并以美国公共法令 94—265 号令颁布的。

（二）全面规划，合理开发，加强生态系统的管理

调查、规划、布局、开发是渔业资源管理的主要内容和秩序，只有查清资源本底，才能有针对性地制定全面规划和进行合理开发，使整个资源管理建立在科学基础上，避免人力和物力的浪费。

渔业资源的保护与管理要把可更新自然资源的保护管理放在主体地位，实际上可更新资源的保护管理就是生态系统的保护管理。它涉及人类生存所必需的物质基础和生态系统。从 20 世纪 60 年代以来欧美一些国家就开始应用生态学原理直接为自然资源的开发利用服务，给合理开发利用自然资源提供了新的科学依据。由于环境资源的负荷能力和生态系统的自我调节能力是有限的，因此在一定的环境资源和经营水平的条件下，有一个最适能量利用而产生最好经济效益的问题。如果在自然资源开发利用中出现生物有机体的数量增长超过环境的供养能力和生态系统的自我调节能力，就必然对生产发展产生障碍和限制，甚至造成生态失调、资源衰退、生产下降。所以渔业资源的保护与管理不能单从生产角度，只考虑开发利用，忽视保护管理，而应当同时注意保护自然资源和改善生态环境的需要。只有把自然资源的开发利用与发展生产、改善生态环境同时加以考虑，才能实现最佳生态经济效益的最适经营管理。

（三）保护渔业水域环境

渔业资源的生态与增殖，必须有非生物环境和生物环境，而各个种类都有各自的特性。在多方面利用水域资源的情况下，为保障渔业的发展，必须采取一系列措施。如当某一种群生命周期的自然环节受破坏时，则需要采取相应的改良自然环境来弥补所受的破坏。如当自然增殖可能性丧失时，可用人工繁殖来代替。为保证水域资源的综合利用，对用水单位的全部活动要有专门法令，以免相互损害。对已造成损害的，应采取相应措施来补救，如降低单产污染物排放系数、“三废”综合利用、改革工艺设备、改革原料和产品结构、增加净化设施、加强深海排放的研究（有关渔业水域环境的保护与管理，详见第六章）。

（四）规定奖惩制度

渔业资源的保护与管理，首先要向渔业生产者宣传渔业资源繁殖保护与发展渔业生产的关系，帮助他们了解长远利益与眼前利益辩证统一的关系。此外，还必须建立与健全资源保护的奖惩制度。对于在资源保护中有功的水产科技工作者、渔政人员、生产者、干部、渔民等按功论赏，给予精神和物质的奖励；对于破坏资源保护的单位、个人，依情节轻重，给予批评教育或惩处，如对炸鱼、毒鱼等除了没收渔获物之外还要罚款、吊销捕捞许可证，甚至追究刑事责任。

（五）健全管理制度，完善管理方法

渔业资源的保护与管理是以渔业生产的持续发展为目标，在不破坏资源增殖能力的前提下，最大限度和有效地取得生产量。这个管理目标是以生态、经济、社会三大效益的综

合来衡量的。渔业资源的保护与管理一般采用两大措施：一是控制渔获对象的最小体长；二是控制捕捞死亡水平。

1. 控制渔获对象的最小体长

这也称可捕标准，它是一项定性的间接的管理办法，也属初级管理手段。一般从划定禁渔期和禁渔区，禁止某些渔具、渔法、限制网目尺寸，或者直接控制渔获首次被捕体长（或体重）以及兼捕的幼鱼比例。

（1）划定禁渔区、禁渔期。根据渔获对象的各个生活阶段和集群活动的产卵场、越冬场和幼鱼发育的具体情况，划定禁渔区、禁渔期和保护区。其目的是为了保护亲鱼的正常繁殖和幼鱼、仔鱼的索饵成长，保护鱼类顺利越冬。禁渔区的规定是限制捕捞努力量和保护幼鱼的措施。禁渔期的规定对处于衰退状况的渔业起到保护鱼种的作用。例如，国务院1955年就颁布了《关于渤海、黄海以及东海机轮拖网渔业禁渔区命令》，设置了由17个基点联结而成的禁渔区线。1957年补充了规定，将机轮拖网禁渔区线向南延伸两个基点至27°N。1980年国务院批准划定南海和福建沿海机动渔船底拖网禁渔区域。1981年国务院又批准在机轮底拖网禁渔区线海域内禁止所有底拖网机动渔船作业。渤海、黄海及东海机轮拖网禁渔区线，如图5－1所示。南海区机动渔船底拖网禁渔区线如图5－2所示。

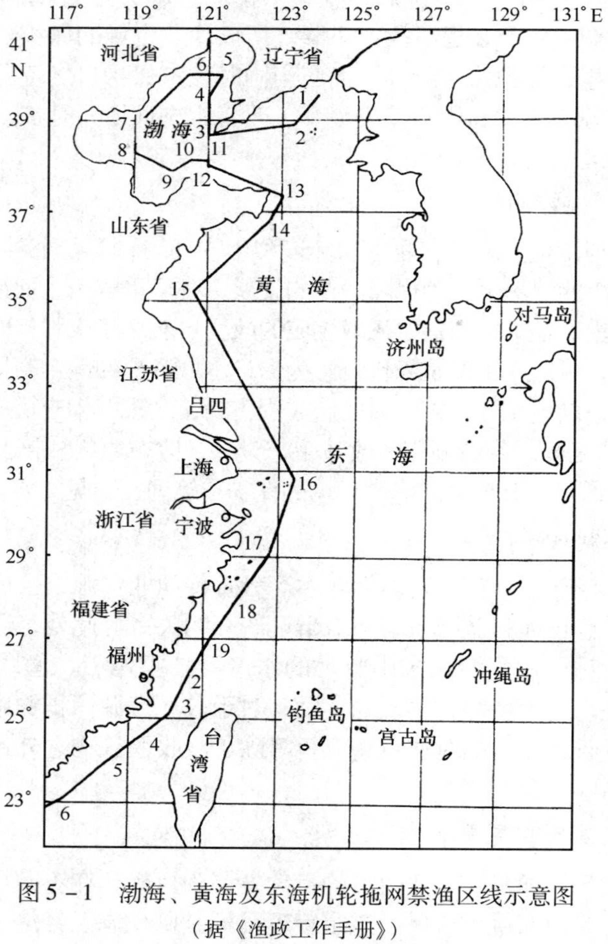

图5－1　渤海、黄海及东海机轮拖网禁渔区线示意图

（据《渔政工作手册》）

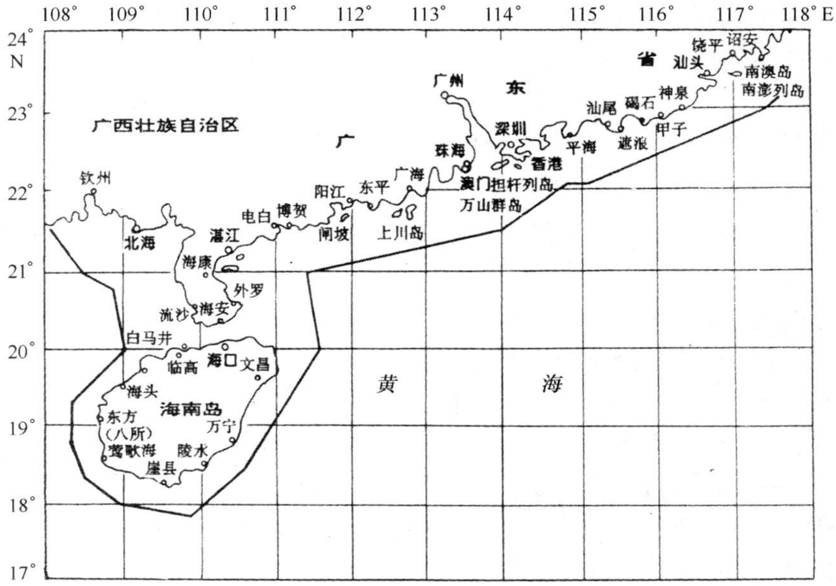

图 5－2　南海区机动渔船底拖网禁渔区线示意图

（据《渔政工作手册》）

（2）禁止某些渔具渔法。凡是造成鱼卵、幼鱼严重摧残的或引起禁渔群体大量死亡的渔具渔法，都会破坏渔业资源。因此，我国《水产资源繁殖保护条例》中明确规定，严禁炸鱼、毒鱼、滥用电动捕鱼以及进行敲罟作业等。并规定，对现有危害渔业资源的渔具渔法，应当根据其危害程序，区别对待。对危害资源较轻的，应当有计划、有步骤地予以改进，对严重危害资源的应当禁止或限期淘汰。在没有完全淘汰之前，应当适当地限制作业场所和作业时间。

（3）限制网目尺寸。渔具网目尺寸的大小，对渔获物有一定的选择性。一般说，网目越大，小鱼逃脱率越高。因此，为了减少捕捞小于法定标准的幼鱼，要创造条件使其逃脱，这就必须规定网目尺寸。网目尺寸适当的网具，渔获中成鱼比例较高，杂鱼较少，经济效益上升。我国繁殖保护条例中各类网具的最小网目尺寸不小于 54 mm，这对保护鱼类资源是个重要措施之一。早在 20 世纪 30 年代，欧洲渔业国际委员会中挪威、比利时、德国、波兰、冰岛等 10 个国家，曾就相互协议签订了限制拖网网囊网目尺寸的国际条约，后来美国、加拿大也规定限制黑线鳕拖网网囊网目尺寸，并取得很好效果。随后日本也进行了试验，认为 80% 的幼鱼是在网具曳行中从网囊网目逃出的。在 20 世纪 80 年代我国也进行试验，同样证明放大网囊网目尺寸对保护鱼类资源有着现实意义。

（4）规定采捕对象的可捕标准和幼鱼比例。这是控制被捕群体再生能力的重要措施之一。规定水生动物可捕标准的目的，在于保护初次性成熟的个体至少有一次生殖机会，从而保留足够数量的亲体得以正常繁殖，使渔业资源得到应有的补充量，以确保渔业资源的稳定繁殖。规定可捕标准，一般以首次性成熟的体长、体重和年龄来确定其可捕规格。此外，还必须根据鱼类的生长速度和饵料利用情况来规定鱼体的适当捕捞规格，确保商品鱼质量。我国对 83 种主要捕捞对象的种类已明确规定了可捕标准，如国家文件规定带鱼其肛长 23 cm、小黄鱼体长 19 cm、竹黄鱼叉长 20 cm 等。规定可捕标准在渔港进行监督检查，也是保护幼鱼的有力措施。由于在实际捕捞生产中不可避免地会兼捕到幼鱼，因此有关资源保护的文件中也同时规定了渔获中幼鱼的比例。我国准许混捕幼鱼的数量，一般规定为总渔获量的 20%。如果超过此标准，必须迅速主动转移作业渔场。

2. 控制捕捞死亡水平

这是一项定量的直接的管理办法，一般从限制船、网捕捞工具的数量和限制渔获量的两种办法。

（1）限制捕捞船数。限制作业船数的目的是为了避免渔船高度集中，争夺资源，造成资源严重破坏和捕捞力量的浪费。但限制作业船数，渔船仍然可以自由捕捞，如投网次数、作业天数不受限制。我国有一段相当长的时间里海洋捕捞突出的问题是盲目增加船数，捕捞力量超过资源的再生能力，造成近海资源衰退。限制捕捞船数也是控制捕捞强度的一种措施，是保护渔业资源的关键手段。这种做法是根据各海区的实际资源潜力来规定许可作业船数的。为实现海洋渔业资源的集中统一管理，减轻近海资源的压力，解决各省、市争夺渔场矛盾，必须对各省作业船数进行安排。国务院批转农业部《关于东、黄、渤海主要渔场渔汛生产安排和管理的规定》中，对主要渔场渔汛各省都做了具体的安排和布置。作业渔船的安排要根据资源量，本着有利于保护和合理利用资源，有利于团结，有利于维护生产秩序，优先安排邻近省、市、地区渔船为原则。国务院批转的《关于发展海洋渔业若干问题的报告》中指出：近期内渤海、黄海、东海渔船一律不得增加，南海区也要严格控制。利用外资、补偿贸易的一律不得从事近海捕捞生产。农副业队，农民个人或联户购买的小型渔船，可以从事养殖和运输，不得从事捕捞生产。对现有渔船要进行一次全面登记、整顿，过多的渔船要逐步裁减和转业。

（2）限制渔获量。它是捕捞限额，是对生产单位直接的管理办法，其目的是控制捕捞死亡量，使它不超过资源的补充量，因为资源数量的变动是增加量与减少量对比结果的表现。通过科学研究，计算出资源的增加量之后，确定其总渔获量，使增长量与减少量达到平衡。这样就可以获得最大的持续产量。国际渔业管理就是以持续产量为准，并加以分配，这样就可避免捕捞过度，减少劳力和财力的浪费，提高经济效益。

三、建立渔业资源保护区

建立渔业资源保护区，对重要渔业资源的产卵场、索饵育肥场、越冬场、洄游通道等主要栖息场所及特有水域生态类型进行重点保护，是保护渔业资源最直接、最有效的措施之一。渔业资源保护区建设，不仅对保护渔业资源有重要作用，而且还对水域环境和生物多样性都具有重要保护作用，它可提供环境效益、保障生态安全、促进自然资源的持续利用和生态旅游的发展，促使人类与自然的和谐。

我国大陆毗邻的海域辽阔，内陆水域丰富，自然条件多样，为多种水生动植物并存提供了良好基础。根据我国有关法律法规的规定和保护区建设的实践，目前专门针对渔业资源的保护区主要是重要渔业资源保护区，而其他涉及的有水产种质资源保护区、海洋自然保护区等。据统计，目前已建的专门的渔业资源保护区和涉及渔业资源保护区共有 300 多个。

（一）设立重要渔业资源保护区

它是指在重要渔业资源主要的产卵区域、幼鱼生长区域等建立的保护区，重点针对特定的渔业资源实施保护。在重要渔业资源保护区内，一般采取的措施是禁止和限制捕捞，以及取缔对渔业资源及其栖息地有严重损害的养殖活动、水利建设、水源利用等。我国在20世纪80年代就建立了一些海洋渔业资源保护区，如1981年根据《国务院决定设立幼鱼保护区》和1988年农业部发布的《关于国务院批准设立东海产卵带鱼保护区的通知》等建立的大黄鱼幼鱼保护区、东海产卵带鱼保护区等。此外，地方政府根据在本行政区范围内渔业资源及水域自然条件和开发利用状况，也建设了一些地方性的渔业资源保护区。

（二）建立水产种质资源保护区

它是指根据重要渔业种质资源的数量、分布区域、生态特点等情况，在渔业种质资源的重要分布区建立的自然保护区，对重要的水产种质资源进行保护。

《渔业法》明确规定，国家保护水产种质资源及其生存环境，并在具有较高经济价值和遗传育种价值的水产种质资源的主要生长繁育区域建立水产种质资源保护区。未经国务院渔业行政主管部门批准，任何单位或个人不得在水产种质资源保护区内从事捕捞活动。

在2006年国务院发布的《中国水生生物资源养护行动纲要》中，进一步强调建立水产种质资源保护区来保护水产种质资源，并要求制定相应的管理办法，强化和规范保护区管理。2007年12月12日，根据《渔业法》规定和《中国水生生物资源养护行动纲要》的有关要求，农业部公布了批准建立的第一批国家级水产种质资源保护区名单，包括黄河鄂尔多斯段黄河鲇保护区等共40处。2008年12月22日农业部又公布了第二批国家级水产种质资源保护区名单，共63处。2009年12月17日公布了第三批国家级水产种质资源保护名单，共57处，至此，我国已建的国家级水产种质资源保护区有160个，例如，广东省西江的广东鲂国家级水产种质资源保护区、广西壮族自治区的漓江光倒刺鲃、金线鲃国家级水产种质资源保护区、海南省的西沙东岛海域国家级水产种质资源保护区、浙江省的千岛湖国家级水产种质资源保护区，等等。另外，地方政府还根据本行政区范围内的水产种质资源保护需要，依法建立了大量的地方水产种质资源保护区。

（三）设立珍贵、濒危水生野生动植物自然保护区

它是指在受国家法律保护的珍贵、濒危水生野生动植物栖息地，根据水生野生动植物的特点、濒危程度建立的自然保护区。这种自然保护区主要是针对珍贵、濒危水生野生动植物进行保护，保护其物种和生物多样性。

（四）设立海洋自然保护区

这类保护区的保护范围比较广泛，除了海洋生物资源外，往往还对海洋环境、生态系统、海水资源利用等实施保护。海洋自然保护区分为国家级和地方级的海洋自然保护区。国家级自然保护区，是指在国内外有重大影响，具有重大科研和保护价值的海洋区域建立的自然保护区，应经国务院批准而建立。地方级自然保护区，是指在当地有较大影响，具有重要科研和一定的保护价值的沿岸海洋区域建立的自然保护区，须经省、区、市人民政府批准而建立的。

海洋自然保护区可根据海洋自然环境条件、所保护的生物资源状况和保护目标，划分为核心区、缓冲区、实验区，并确定相应的保护期。可限定时间和区域禁止捕捞活动、旅

游观光、科学研究及教学实习等。

（五）设立土著、特有水生生物物种保护区

它是指根据土著、特有水生生物种群的数量、分布区域、生态特点等情况，在土著和特有水生生物物种栖息地建立的自然保护区，主要从保全水生生物多样性的角度出发，对土著和特有的水生生物资源进行保护。

（六）设立典型水域生态类型保护区

它是指根据重要水生生态类型分布区域、生态特点、资源种类等情况，在典型的水生生态区域建立的自然保护区，对重要水生生物栖息地生态环境进行保护。

上述保护区的分类是按保护区的主要功能来划分的。实际上，多数自然保护区往往兼具多种功能。例如，一些海洋自然保护区往往又是重要的渔业资源保护区的典型生态类型保护区；又如，一些土著、特有水生生物物种保护区往往又是重要的水生物种种质资源保护区。

四、规定重点保护的渔业资源

规定重点保护的渔业资源，目的是明确哪些渔业资源种类应在开发利用和管理中予以重点保护，以保护水产种质资源。早在1979年国务院颁布的《水产资源繁殖保护条例》中，就规定对重要或名贵的水生动物和植物应当重点加以保护，并列出了重点保护的水生动植物名单。《渔业法》进一步要求，国务院渔业行政主管部门或省级人民政府渔业行政主管部门应规定重点保护的渔业资源品种及其可捕标准。此外，2006年国务院发布的《中国水生生物资源养护行动纲要》中提出，应修订重点保护的渔业资源品种及其可捕标准。为此，2007年农业部公布了新的国家重点保护的水生动植物名录。

（一）《水产资源繁殖保护条例》规定的重点保护的水生动植物

它包括六大类共90个物种，具体如下：

1. 鱼类

海水鱼有：带鱼、大黄鱼、小黄鱼、蓝圆鲹、沙丁鱼、太平洋鲱鱼、鳓鱼、真鲷、黑鲷、二长棘鲷、红笛鲷、梭鱼、鲆、鲽、石斑鱼、鳕鱼、狗母鱼、金线鱼、鲳鱼、鮸鱼、白姑鱼、黄姑鱼、鲐鱼、马鲛鱼、海鳗。淡水鱼有：鲤鱼、青鱼、草鱼、鲢鱼、鳙鱼、鳇鱼、红鳍鱼、鲮鱼、鲫鱼、鲥鱼、鳜鱼、鲂鱼、鳊鱼、鲑鱼、长江鲟、中国鲟、白鲟、青海湖裸鲤、鲚鱼、银鱼、河鳗、黄鳝、鲴鱼。

2. 虾蟹类

对虾、毛虾、青虾、鹰爪虾、中华绒螯蟹、梭子蟹、青蟹。

3. 贝类

鲍鱼、蛏、蚶、牡蛎、西施舌、扇贝、江瑶、文蛤、杂色蛤、翡翠贻贝、紫贻贝、厚壳贻贝、珍珠贝、河蚌。

4. 海藻类

紫菜、裙带菜、石花菜、江篱、海带、麒麟菜。

5. 淡水食用水生植物类

莲藕、菱角、芡实。

6. 其他

白鳍豚、鲸、大鲵、海龟、玳瑁、海参、乌贼、鱿鱼、乌龟、鳖。

各省、自治区、直辖市可以根据本地的水产资源情况，对重点保护对象作必要的增减。

（二）农业部规定的重点保护经济水生动植物资源名录

2007 年 12 月 12 日，根据《渔业法》和《中国水生生物资源养护行动纲要》有关规定和要求，农业部公布了《国家重点保护经济水生生物植物资源名录（第一批）》，首次全面系统地对我国重要保护经济水生动植物资源进行了整理和规范，为进一步开展物种资源保护奠定了基础。该名录共包括水生经济物种 166 个，其中鱼类 99 个、虾蟹类 17 个、贝类 20 个、藻类 7 个、爬行类 2 个、高等水生植物 9 个、章鱼等其他物种 12 个（详见书后附表 1）。

第三节　人工增殖渔业资源的保护与管理

人工增殖渔业资源，是指以人为手段有效的生物工程来增加公有水域的渔业资源量。即为改良渔业生态环境、改善渔业资源品种结构、增加渔业量，而向公有水域投放种苗、移殖驯化、繁殖良种，或营造人工海藻林、投放鱼礁、鱼巢以及建造其他有利于资源生物发生、发育、成长和繁殖设施的活动。

人工增殖渔业资源，是在继承早期资源、繁殖自然资源和增殖技术的基础上，应用近代科学成就而发展起来的。这种技术的特点是：把水产土木工程技术运用于渔业资源增殖、能排除资源生物幼稚时期的致死因素、能改变水域生态系统中渔业生物的种群结构、可用驯化方法提高洄游种群的放流回归率等，从而达到最大限度地提高生产力的目的。

一、人工增殖渔业资源的意义

人工增殖渔业资源，是社会发展的必然趋势，因为人类社会的发展、需求已超过自然资源的生产水平。以往渔业资源的管理都采用限制船网数量、限制作业渔场、规定捕捞限额等行政管理措施或法律管理办法，其作用只是为了保护自然资源的生产力，防止其再生能力遭受破坏，但它不能解决资源生产不足和社会需要不断增长的矛盾，于是资源与需求的矛盾就越来越大，从而影响到渔政管理工作的开展。如果把资源保护与资源增殖结合起来，这样既可以引起各级领导和广大渔民群众对加强渔政管理工作的重视，又可调动各级渔政管理部门和渔民群众维护渔业生产的秩序，以及保护渔业资源的积极性。“以增殖促管理，管理阻力小；以管理促增殖，增殖效益高”这句话是社会实践的总结。这就是说，资源管理与资源增殖相结合不仅提高了增殖效益，而且还较好地调动了渔政管理部门与渔民群众的关系，给渔政管理工作带来新的活力。由此可见，人工增殖渔业资源与渔政管理工作之间的关系是十分密切的。

渔业资源增殖是增加渔业资源的种群数量和质量，优化生物群落结构、改善水域生态功能的一项重要措施，对保护渔业资源，促进渔业可持续发展具有重要意义。对有重要经济价值和重要生态价值的渔业资源的增殖放流，可直接增加这些资源生物的补充量，补偿由于人为或自然因素造成的资源量衰减，改善相关水域的生物环境，增加渔业资源的补充量，为捕捞业提供物质基础，促进渔业经济发展，并可修复渔业资源的生态结构。在有条件的水域将渔业资源增殖与休闲渔业相结合，还有助于调整渔业产业结构，促进渔业地区经济发展。此外，增殖放流珍稀、濒危水生生物资源，是保护水生生物资源和保全水生生物多样性的重要手段。

一些渔业发达国家开展渔业资源增殖工作已有上百年的历史，并获得良好的生态效益和经济效益。例如日本，从1961年开始，就在全国范围内开展了增殖研究，建立了濑户内海栽培渔业中心，作为国家委托事业，承担渔业增殖苗种生产和放流技术的开发。1979年以来又在各海区设立了国家栽培渔业中心，各县设立县栽培中心，使增殖渔业获得了成效。在面积为1.8×10^4 km^2、平均水深37.3 m的濑户内海，增殖前每年渔业产量长期在20×10^4 t左右，1962年后渔业产量逐年增长，至1982年达到125.2×10^4 t。该海区的真鲷、日本对虾、梭子蟹等品种的增殖也收到显著效果。至1986年日本增殖渔业资源品种达到80多种，形成了鱼、虾、贝、藻全面发展的局面。增殖渔业是社会发展的必然，是时代的产物，增殖型渔业在整个渔业发展史上具有划时代的意义。它不仅标志着未来海洋渔业的发展方向，而且对于发展江、河、湖泊、水库等内陆水域渔业也具有重要意义。

二、我国人工增殖渔业资源的现状

我国人工增殖渔业资源工作已有几十年的历史，不论在内陆水域，还是在近海，都取得了一定成绩。在内陆水域方面，20世纪50年代随着四大家鱼孵化成功与推广，江、河、湖、库的人工增殖工作早已取得显著成就。60年代后由于水利工程造成江湖隔断而近乎绝迹的中华绒螯蟹获得一定程度的恢复。后来人工放流河蟹工作已遍布全国，增殖面积达63.3×10^4 hm^2（950万亩）。自80年代以来，由于各地都重视人工增殖渔业资源工作，使得渔业生产有较大发展。如广东省自1980年以来在30个市、县的16.7×10^4 hm^2（250万亩）江河水面开展了人工放流鲤鱼、泰国野鲮和四大家鱼等苗种3亿多尾，使全省内陆水域捕捞量比增殖前增长了2.66倍。8年累计增加鱼产量达3.3×10^4 t，投入产出比为1∶17。又如云南省从1979年起移殖太湖短吻银鱼成功，在短短的10年间已在全省几个湖泊形成产量，成为我国银鱼的重要产区之一，1988年银鱼产量达2.891 t，占全省渔业产量的7%。再如江苏省1984年至1987年4年间在11个大中型湖泊年均放流“秋片”鱼种2 500万尾、“夏花”鱼种1亿多尾，1987年产量达5.3×10^4 t，比放流增殖前高30%。此外，浙江、江西、黑龙江等地也做了大量工作，取得显著成绩。1988年全国内陆水域自然资源捕捞量已恢复到接近历史最高水平1960年的66×10^4 t。1983—2001年长江水产研究所和葛洲坝中华鲟研究所共向长江放流各种规格的中华鲟600多万尾，为中华鲟保护起到重要作用。2001—2007年全国内陆水域人工增殖放流各种鱼类共计约439.3亿尾（粒），每年放流量约24.4亿～135.2亿尾（粒）。放流资源种类，以“四大家鱼”青、草、鲢、鳙和鲤、鲫、鲂为主，其次是雅罗鱼、青海湖裸鲤及中华绒螯蟹等，此外还有鲇鱼类、大马哈鱼、胭脂鱼以及珍贵、濒危保护动物如中华鲟、大鲵、鲟鳇鱼等。

我国海洋人工增殖渔业资源工作起步较晚，直至20世纪80年代初才形成一定规模。

在当时沿海11个省、自治区、直辖市都开展了这项工作，并在建造人工鱼礁和人工放流种苗方面取得较大成绩。如从1970年开始在南海北部湾首先投放15个单位人工鱼礁，取得明显的生态、经济、社会效益。随后又在广东的大亚湾和山东的胶南、蓬莱等地进行了建造人工鱼礁试验，后来又很快在许多省份铺开。据统计，当时沿海8个省（区）已建立了24个鱼礁点，投放人工鱼礁旧船49艘和海参、鲍鱼、牡蛎等浅海增殖礁2.8万个，共12万空立方米。截至2004年12月，共建人工鱼礁33处，建设总体积50多万空立方米。近两年来人工鱼礁建设发展很快，2005年全国沿海建设人工鱼礁28处，总体积达28万空立方米。2006年沿海各省及部分内陆水域共建人工鱼礁36处，总体积达48万空立方米。而在人工放流种苗方面，特别在对虾人工放流方面取得显著成果，如在“七五”期间国家在渤海增殖基地总投资8 700多万元，建造了25个增殖站，对虾育苗能力达40亿尾，5年间沿海共放流对虾近200亿尾，比“六五”期间的18亿尾增加10倍以上，共回捕对虾3万多吨。2001—2007年全国沿海人工增殖放流各种鱼类、虾类、贝类共计2 173亿尾，每年放流量15.3亿~63.8亿尾，但海洋鱼类资源放流规模相对较小，目前还处于试验探索阶段。

三、人工增殖渔业资源的基本途径

不论是海洋，还是江河湖库，人工增殖渔业资源的基本途径都包括两个方面：一是投放人工繁殖或暂养的苗种，或移植品种；二是改善或扩大生物资源的生存环境，促使生物资源的发生、发育、成长和繁殖。这两种基本途径，可以一起进行，也可以单独进行。具体说，人工增殖渔业资源的主要技术包括下列措施。

（一）增加资源的补充群体和移植优良种群

这里通用的方法是人工培育渔业生物幼体，使其在人工培育过程中渡过自然死亡的高峰阶段，然后放流到增殖水域中去，以保障其稳定的生存率。这种方法既可用于调节增殖水域的适量种苗，也可用于移植优良种群。对于洄游性鱼类资源，还可用驯化方法提高洄游的放流回归率。

（二）通过工程技术改善或扩大渔业资源的生存环境

主要是通过对渔场环境系统的调节控制提高渔业水域的生产力，即为渔业资源农牧化事业改良建造其栖息环境，为渔业资源移植、繁殖、培育、驯化创造良好的环境条件，包括水质改善、水流控制、消波控制、底质改善。例如人工鱼礁、人工鱼巢的建造与投入等工程。

（三）控制捕捞生产和防止损害资源生存环境

这是指根据增殖水域的生物环境容量，适度控制渔业捕捞生产，并防止水利工程等建设而破坏或损害渔业资源的生存环境。这种方法往往是前两种方法的补充措施，其目的主要是保证渔业资源增殖的作用和效果，以免受到捕捞生产或其他工程施工的影响。

以上各种技术手段，应根据不同的水域环境，不同的资源生态习性等情况因地制宜的运用，以达到最大限度的提高渔业资源增殖效果的目的。

四、人工增殖渔业资源的管理

人工增殖渔业资源涉及公共自然资源，可直接产生经济影响和生态影响，为此应加强监督管理。管理内容主要包括下列几方面。

（一）增殖计划的审核

由于渔业资源增殖可能使自然水生生物资源的数量、结构、生态环境产生一定的变化，因此应对增殖计划进行严格的审核，包括增殖品种和增殖水域的选定、增殖对象的种质鉴定、增殖规模的确定、环境修复和改善工程计划等。审核部门应涉及渔业行政主管部门、海洋监督行政管理部门、环境保护行政主管部门、公安部门以及工程建设管理部门等。

（二）生态安全风险评价和管理

通过渔业资源生态安全风险评价体系，对增殖对象和规模、增殖水域、环境修复和改善工程方案进行科学论证和生态安全风险评估，严格限制向天然水域增殖外来种、杂交种、转基因种，防止生态失衡或种质混杂，防止环境修复和改善工程产生新的环境破坏。通过对增殖个体的标记跟踪，对增殖水域环境生态实施监测，对增殖效果进行跟踪评估。

（三）增殖过程监督

对增殖对象的亲体和苗种培育、放流的技术环节以及人工鱼礁礁体建造、投放等施工的工程环节进行严格控制和监督，制定相关的技术标准和操作规范，对于人工放流苗种，需要对亲体、苗种实施严格的检验检疫。

（四）制定采捕标准和对违规作业进行处理

根据资源增殖水域和保护对象，制定采捕标准，规定禁渔期，对渔具渔法进行限制和控制，对违规捕捞作业、破坏资源增殖的行为要依法处理。

（五）征收渔业资源保护费

渔业资源保护费制度是我国《渔业法》明确规定的一项渔业资源管理制度，是拓展渔业资源增殖和保护的资金来源，使捕捞生产者合理负担的一项重要制度。具体内容见本节后述。

人工增殖渔业资源的管理，除了上述的五方面措施之外，渔政机构也应该配合做好几方面工作，因为在开展人工增殖渔业资源工作中，必须认真贯彻“放下来，管起来”的方针，必须树立“管养结合，管字当头，养在其中”的指导思想，在具体工作中渔政机构应当做好下列几项工作。

（1）建立领导机构，加强组织领导，要建立有当地政府领导和渔业行政、渔政管理、水产科研、环境、公安等有关部门的领导和渔民代表参加的资源增殖委员会或资源增殖领导小组，协调增殖和管理工作，监督检查增殖计划和措施的落实。

（2）做好放流苗种的检查验收工作，确保放流苗种的数量和规模。

（3）在各大、中型的增殖渔业水域，要建立健全渔政监督管理机构，配备必要的管理手段，加强渔政监督管理。

（4）完善渔业法规，加强渔政管理，对资源增殖水域的保护对象和采捕标准、禁渔期、渔具渔法、水域环境维护、奖惩条例等要做出明确规定，公布于众，严格遵守。在人工放流苗种之前，渔政管理等有关部门要组织力量，做好增殖水域禁用渔具的拆除清理工作。在放流苗种后的一定时期，禁止以捕捞幼鱼、幼虾为主的各种定置作业和破坏资源的其他作业进入增殖水域。对违规作业和破坏资源增殖的行为要依法严肃处理。

（5）增殖水域的采捕作业，要严格执行捕捞许可制度，并依照有关规定，征收渔业资源保护费。

（6）加强对增殖放流技术的研究及其效果的检验工作，并要经常总结资源增殖过程中渔政管理工作的经验，不断提高人工增殖渔业资源的生态效益、经济效益和社会效益。

五、认真执行人工增殖渔业资源保护费制度

《渔业法》第二十八条规定："县级以上人民政府渔业行政主管部门应当对其管理的渔业水域统一规划，采取措施，增殖渔业资源。县级以上人民政府渔业行政主管部门可以向受益的单位和个人征收渔业资源增殖保护费，专门用于增殖和保护渔业资源。"这是我国渔业资源增殖保护费制度的基本法律依据。下面着重介绍渔业资源增殖保护费征收使用的原则与标准、留成与使用、管理与监督 3 个方面内容。

（一）渔业资源增殖保护费征收使用的原则与标准

它是指征收的基本原则、年征收标准幅度和具体征收标准。

1. 渔业资源增殖保护费的征收使用原则

其基本原则是"取之于渔，用之于渔"。取之于渔而且还要做到适度，即有一定的限度。在制订收费标准时应当依据渔业生产的总水平和生产者的承受能力，在科学、实际、可行的基础上征收。而渔业资源保护费"用之于渔"也要做到得当，即必须严格按规定的范围和审批程序使用，而且要发挥效应，在科学、有效、节约的基础上使用。

2. 渔业资源增殖保护费的征收标准

由于全国渔业生产发展不平衡，而且从事渔业生产的水域环境条件差异很大，经营方式、作业类型繁多，因此不可能在全国制订统一的渔业资源增殖保护费的具体征收标准。现今为了便于各地方在制订具体征收标准时有所依据，国家根据我国渔业生产总水平、渔业资源品种价值和渔业生产者的承受力，规定了年征收金额总的征收标准、幅度和征收原则。

（1）年征收标准幅度。内容包括海洋渔业资源、淡水渔业资源增殖保护费的年征收标准幅度，以及采捕经济价值较高的渔业资源的年征收标准幅度，具体规定如下。

①海洋渔业资源增殖保护费的年征收标准幅度。按其批准发放捕捞许可证的渔船前 3 年采捕水产品平均年总产值的 1% ~3% 幅度内征收。这里的水产品是指除国家规定的经济价值较高或有重要经济价值怀卵亲体、苗种或珍贵、濒危水生野生动物以外的渔业资源品种。平均年总产值是指捕捞渔船所有人或经营者在下达具体征收标准执行日之前 3 年所获取总渔获量按现行价格计算的总价值的年平均价值。

②内陆水域渔业资源增殖保护费总征收标准。由省、自治区、直辖市人民政府确定辖区内的内陆水域渔业资源增殖保护费年征收金额幅度。国家只规定海洋渔业资源增殖保护费年征收金额幅度，授权省级人民政府确定内陆水域渔业资源增殖保护费的年征收金额幅

度，这样能更加符合各地的实际情况。

③采捕经济价值较高的渔业资源的年征收标准幅度。按该品种前 3 年平均年总产值的 3% ~5% 标准幅度征收。经济价值较高的渔业资源品种是指经农业部公布的大黄鱼、小黄鱼、石斑鱼、真鲷、对虾、龙虾、鹰爪虾和管鞭虾等，但随着渔业资源的变化和市场价格的变动，还可以再行确定增减。现各地方所规定的经济价值较高品种已远超过上述 8 种，而且还包括了淡水渔业品种。

（2）具体征收标准。根据《渔业资源增殖保护费征收使用办法》第六条规定，渔业资源增殖保护费的具体征收标准由海区渔政管理机构根据国家规定制订年征收标准幅度；省级人民政府渔业行政主管部门按照国家和所在省级人民政府所规定的年征收标准幅度制订。制订具体征收标准的原则为：

①下列情况应低于平均征收标准。这些情况是：A. 从事外海捕捞的；B. 有利于渔业资源保护的作业，如围网、钓捕等作业；C. 国家鼓励开发的作业，如对某种未被人们利用的资源的开发或某种新型的并能有效保护渔业资源的渔具等的使用。上述这些情况也可以在一定时期内免征渔业资源保护费。

②下列情况应高于平均征收标准。这些情况是：A. 应当禁止或淘汰而经特别准许的作业，如鱼鹰捕鱼、电力捕鱼、墨鱼笼、三层流网等；B. 不利于渔业资源保护的作业，如沿海的定置张网、水陆水域的鱼笼等；C. 国家限制发展的作业，如底拖网作业等；D. 经批准取得临时捕捞许可证的作业。上述这些情况，最高限度不得超过平均征收金额的 3 倍征收。

③依法批准采捕经济价值较高的渔业资源品种。适用的征收标准加倍，但最高不得超过平均征收标准的 3 倍。

上述具体征收标准的制订，应依照捕捞作业的船只、功率、网具数量等确定应缴纳的渔业资源增殖保护费，制订标准应经同级物价主管部门核定。海区渔政管理机构征收标准的制订，由国家渔业行政主管部门审查后，由国家物价局核定。

（二）渔业资源增殖保护费的比例留成和使用范围

这里的“比例留成”是指资源保护按一定比例留成，“使用范围”是指资源保护费上缴一部分作为统筹使用。具体做法如下。

1. 渔业资源增殖保护费的比例留成

根据我国渔业管理“统一领导，分级管理”的原则，为充分发挥渔业资源增殖保护费“用之于渔”的效能，做到责、权、利的统一，国家规定各级渔业行政主管部门及其渔政管理机构所征收的渔业资源增殖保护费实行留成一定比例，上缴一部分统筹使用的办法。

（1）沿海省级人民政府渔业行政主管部门征收的海洋渔业资源增殖保护费 90% 由其留用，10% 上缴海区渔政监督管理机构用于大范围的渔业资源增殖保护项目。

（2）省级人民政府渔业行政主管部门征收的内陆水域渔业资源增殖保护费由其自行安排使用。

（3）省级所辖市、县级人民政府渔业行政主管部门征收的渔业资源增殖保护费上缴省、自治区、直辖市的比例，由省级人民政府渔业行政主管部门与同级财政部门协商确定。目前各地所规定上缴的比例不仅相同，有的还对捕捞、养殖所收取的渔业资源保护费做了留成比例的规定。

2. 渔业资源增殖保护的使用

这种资源保护费的使用必须遵循“用之于渔”的原则。具体可使用的项目归纳有下列几种：

（1）增殖渔业资源的项目。主要包括：购买放流苗种；购置培育苗种所需配套的设备；修建人工鱼礁、鱼巢等设施；增殖渔业资源的科学研究补助；增殖渔业资源所需要的费用，如苗种暂养、运输费、车旅费、雇佣人员的费用等。

（2）保护渔业资源的项目。主要包括：宣传渔业法律、法规；为保护特定渔业资源而用于帮助渔业生产转产转业的有偿生产周转金，如对有历史习惯以鱼鹰捕鱼为生的渔民，借给一定资金帮助其转业等；为保护渔业资源及其生态环境对渔业环境科学研究和监测的费用；对珍稀、濒危物种和名贵渔业资源品种的保护提供经费；为增殖保护渔业资源的渔政管理费用，如渔政检查车辆、船只的购置、维修等的费用；以及开展群众性护渔等的经费。

（3）渔业资源增殖保护费的调拨项目。主要包括：上缴上级的渔业资源增殖保护费；划拨下级的渔业资源增殖保护费；代征渔业资源增殖保护费单位的服务费以及其他支出项目。

（三）渔业资源增殖保护费的管理与监督

渔业资源增殖保护费属预算外资金，对其的管理与监督必须严格按照国家有关对预算外资金和渔业资源增殖保护费征收使用法规的规定进行。国家对计划外资金的管理方式是：在资金所有权不变的前提下，实行“专户储存、计划管理、财政审批、银行监督”。这种方式也完全适用于渔业资源增殖保护费的管理与监督，以保证“取之于渔、用之于渔”的原则得到实现。

1. 专户储存

各级渔业行政主管部门所征收的渔业资源增殖保护费，应当交同级财政部门，在银行开设专户储存，依照规定的用途专款专用，不得挪用。

2. 计划管理

其内容主要包括下列四大方面：

（1）收费单位应向物价部门申领渔业资源增殖保护费《收费许可证》，并使用财政部门统一制订的收费票据方可收费。

（2）确定渔业资源增殖保护费用于渔业资源增殖与保护之间的比例，按规定属海区渔政管理机构掌握的，由海区渔政管理机构确定；属于省、自治区、直辖市人民政府掌握的，由省级人民政府渔业行政主管部门及财政部门确定。

（3）凡使用渔业资源增殖保护费的单位（包括各级地方渔业行政主管部门及其渔政管理机构和其他使用单位）都应在年初编制渔业资源增殖保护费收支计划，在年终编制决算。编制收支计划和决算应按国家规定的格式和项目填写。

（4）对于跨省、自治区、直辖市的大江、大河的人工增殖放流费用，根据国家渔业行政主管部门的统一规划，由江河流经的省、自治区、直辖市人民政府渔业行政主管部门在所征收的内陆水域渔业资源增殖保护费中列支。

3. 财政审批

是指渔业资源增殖保护费使用单位所编制的收支计划的年终决算都必须经所在地区同级财政部门审批。凡未经审批的收支计划，使用单位无权实施，已使用的经费要加以审计；对违反财政纪律的，应追究有关单位或人员的责任。

另外，使用单位在编制年度收支计划和年终决策时，还应按规定报上级渔业行政主管部门备案或审查。各使用单位在具体实施渔业资源增殖保护费收支计划时，应严格建立与完善各项经费的审批制度和专项账册等。

4. 监督检查

包括各级财政、物价审计和银行的监督检查，还包括各级渔业行政主管部门的行政监督和自我监督。主要监督内容综合起来有下列几方面。

（1）监督检查是否有乱收费情况。对乱收费者，由物价部门依据《中华人民共和国价格管理条例》的有关规定给予处罚。凡属下列情况之一者，均属“乱收费”。

①各级地方政府或部门制订的收费标准与法律、法规不符的；

②超越权限收费的；

③擅自增加收费项目的；

④擅自提高收费标准的；

⑤不按规定申领《收费许可证》的；

⑥不使用规定票据收费的；

⑦其他乱收费行为。

（2）监督检查费用的开支，决算是否按规定程序编制和审批。

（3）监督检查费用的使用是否符合规定范围，财务管理制度是否健全，手续是否完备。

（4）监督与保护向物价部门或有关部门举报违反渔业资源增殖保护费征收使用规定的单位和个人。

（5）依法查处违反渔业资源增殖保护费管理规定的行为。

（6）对执行渔业资源增殖保护费管理法规的有功人员应予奖励。

第四节　水生野生动物资源的保护与管理

水生野生动物，是指全部生命过程均在水中度过的，并且是在自然条件下生存、繁殖的动物，它是国家宝贵的自然资源，是人类的共同财富。保护水生野生动物，是渔业资源保护与管理工作中不可缺少的重要组成部分。新中国成立以来，国家为了加强对野生动物的保护与管理，颁布了一系列法律、法规以及具有普遍约束力的决定和命令，如《中华人民共和国野生动物保护法》、《国务院关于加强野生动物保护严厉打击违法犯罪活动的紧急通知》、《国务院关于〈国家重点保护野生动物名录〉的批复》、《最高人民法院、最高人民检察院、林业部、公安部、国家工商行政管理局关于打击非法捕杀、收购、倒卖、走私野生动物活动的通知》，以及各省、市、自治区结合本地野生动物管理工作的实际情况所颁布的加强野生动物保护与管理工作的规范性文件。这些都是保护水生野生动物的法律依据。近年来，各级渔业行政主管部门及其渔政管理机构，为保护珍贵濒危水生野生动物做了大量工作，开展了部分珍稀水生野生动物的资源调查，建立了一批自然保护区和保护站，如对海龟、儒艮、白鳍豚、江豚、中华鲟、白鲟、大鲵等的保护工作，取得显著效果，受到国内外的关注。保护野生动物资源对维护自然生态平衡、开展科学研究、发展经济、改善和丰富人民物质文化生活，以及促进国际交流、增进各国人民之间的友谊，都具有重要的作用和意义。

一、我国水生野生动物的基本状况

我国水域资源丰富，地处热带、亚热带和温带的3个气候地带，自然条件极其复杂多样，而且受第四纪冰期影响较小。因此，不但有种类繁多的水生动物，而且保存了许多北半球其他地区早已灭绝的古老遗传种类和一些在进化上属于原始的或孤立的类群。这使我国成为世界上水生野生动物种类最丰富的国家之一，具有种类多、特有性高、珍稀物种数量大等特点。据统计，我国有水生动物近2万种，其中海洋水生动物约16 200种，淡水水生动物约3 300余种，此外还有海淡水洄游性鱼类近70种。在这些水生动物中，具有较高经济价值和科研价值的名贵、稀有物种达数百种，特别是长江流域，其生物多样化也仅次于美洲的亚马孙河。已经列入国家重点保护的一、二级水生野生动物就有白鳍豚、中华鲟、达氏鲟、白鲟、胭脂鱼、江豚、大鲵等数十种。

长期以来，由于受自然生态环境恶化、外来物种入侵、人为破坏等因素的影响，我国水生野生动物数量急剧下降，一些珍贵物种的种群数量不断减少，有的甚至濒临灭绝。例如，被喻为水中活化石的长江中下游的白鳍豚，由于长江流域经济建设事业的不断发展，其原有的生态环境和食物条件等生存条件日益恶化，导致数量严重减少，现存数量已不足100只；又如，在鱼类乃至脊椎动物进化史上占有特殊地位且具有很高经济价值的中华鲟，在长江口葛洲坝枢纽截流之前，1972年至1980年期间，成体（50 kg以上）年平均捕捞产量超过500尾。1981年葛洲坝截流后，切断了中华鲟到金沙江产卵场的洄游通道，溯江而上的产卵中华鲟被阻隔于坝下江段，一些中华鲟撞死在坝下，并遭受人为大量捕杀。产卵群体的减少和产卵场的改变使幼鲟急剧减少，以及补充群体严重不足，使中华鲟处于迅速濒临灭绝的境地。1988年中华鲟被列为国家一级保护动物。福建省厦门刘王店的文昌鱼，20世纪30年代最高年产量达250 t，40年代至50年代初年产量波动在50～100 t之间。50—60年代由于当地海岸建筑和围垦，造成环境恶化，致使文昌鱼大量死亡和迁移，60年代产量仅为25～35 t，70年代后，年产量仅为数十千克，文昌鱼资源已处于濒危状态。

从整体来看，目前我国水生野生动物的生存状态不容乐观，并呈现出日渐恶化趋势。1989年，我国第一次发布了《国家重点保护野生动物名录》，其中重点保护的珍贵、濒危水生野生动物有80多种，1995年农业部主持修订的野生动物名录，列入其中的水生野生动物达到169种。2001—2002年，农业部又组织了全国性的水生动植物资源调查工作，评估结果表明，大约有400多种珍贵、濒危水生动物物种需要国家采取重点保护措施。也就是说，我国自20世纪90年代末到20世纪初的头10多年中，平均每年增加20～30个濒危物种。

二、保护水生野生动物的意义

保护水生野生动物资源对于维护自然生态平衡、保护生态系统的完整性和生物物种多样性、保全生物物种资源都具有重要意义，同时也是开展科学研究，促进生物资源合理利用，发展渔业经济，改善和丰富人民的物质和文化生活，以及促进国际交流，增进各国人民之间友谊的需要。具体来说有下列几方面的意义。

（一）保护水生野生动物是保护生态环境和生物多样性的需要

水生野生动物是宝贵的种质资源和生物多样性的重要组成部分，是维护自然生态平衡必不可少的物质基础。水生野生动物的每个物种，在生态系统中都占有各自特定的生态位，与生态系统中的其他生物和非生物互为依存，共同维持着生态平衡。一个物种的消失，将会造成若干个物种的消失，直到整个生态系统平衡的改变，最终危及人类的生存。保护水生野生动物资源，就是保护生物多样性、生态环境和生态平衡，从一定意义上看就是保护人类自己。

（二）保护水生野生动物是保护人类财富的需要

水生野生动物是宝贵的自然资源，在经济、科学、医药、文化、娱乐等方面都具有重要价值，是全人类共同的财富。例如，传统的中药常依仗着野生动植物的存在；生物进化、仿生学、生理学、地球变迁、社会学、美学等方面的研究都离不开水生野生动植物的存在。

（三）保护水生野生动物是实现自然资源可持续利用的需要

现今兴起的和谐社会发展观，从其产生的历史背景来看，它是作为对以往经济发展所带来的一系列生态环境所面临的人口、能源、粮食等难题的反应而产生的，是对人类传统的单纯追求经济增长发展观的一种反思。水生野生动物是生物资源，与矿产资源不同，它是可再生性的。如果人们能够遵守自然规律，加强对它的保护和管理，水生野生动物资源就不会衰退，可以实现自然资源的可持续利用，对发展经济，改善和丰富人们的物质和文化生活都是有利的。

（四）保护水生野生动物是世界和谐发展的需要

野生动物保护在国际社会越来越受到重视，也日益成为衡量一个国家、一个民族环境保护意识和文明程度的重要标志。加强对水生野生动物的保护和管理，为我国在国际舞台上树立保护环境、保护生物多样性的良好形象，这对促进我国经济社会发展以及整个世界的和谐发展都具有重要政治意义。

为了保护珍贵、濒危的水生野生动物，我国颁布实施了多项法律法规，2002 年农业部还专门成立了“农业部濒危水生野生动植物物种科学委员会”，进一步推进了对该项工作的保护和管理。然而，就目前情况来看，珍贵、濒危水生野生动物的保护还没有得到社会的普遍重视，还有一些地区经常发生捕杀水生野生动物和破坏其栖息生态环境的事件。因此，加强对珍贵濒危水生野生动物的保护和管理工作，仍然是我国自然保护事业和渔业管理的一项重要任务。

三、水生野生动物保护与管理的法律依据

野生动物是地球自然生态系统中无可替代的重要组成部分，其科学、文化、经济价值都在日益增长，保护野生动物是全世界各国人民的共同任务，在国际社会上得到广泛的关注。直至目前，世界上已有170余个主权国家加入《濒危野生动植物种国际贸易公约》（简称CITES），我国也有十几个有关保护水生野生动物的法律法规体系，现分述于后。

（一）国际上保护野生动物的主要条件

自20世纪以来，国际上发表了诸多有关野生动物保护的国际公约，主要包括《濒危野生动植物种国际贸易公约》、《国际捕鲸公约》、《北太平洋海豹保护公约》、《南极海豹保护公约》等，其他的如《联合国海洋法公约》、《生物多样性公约》等也都包含有野生动物保护与管理的条款。其中，《濒危野生动植物种国际贸易公约》是当今唯一对全球野生动植物贸易实施控制的国际公约，在保护野生动植物资源方面享有国际社会公认的权威和广泛影响，已成为当今世界上最具影响力、最有成效的保护野生动植物的公约之一。

《濒危野生动植物种国际贸易公约》（the Convention on International Tracle in Endangered Species of Wild Fauna and Flora，CIES），是根据1972年联合国人类环境会议决议，为保护某些野生动植物物种不致由于国际贸易遭到过渡开发利用，建立国际协调一致的野生动植物进出口许可证或者证明书制度而制定的。公约于1973年由88个国家在华盛顿开始签署，并于1975年7月1日生效。公约的宗旨是通过各缔约国政府间采取有效措施，加强贸易控制来切实保护濒危野生动植物种，确保野生动植物种的持续利用不会因国际贸易而受到影响。该公约制定了一个濒危物种名录，包括在3个附录中。附录Ⅰ包括所有受到和可能受到贸易的影响而有灭绝危险的物种，这些物种标本的贸易必须加以特别严格的管理，只有在特殊的情况下才能允许进行贸易；附录Ⅱ包括所有那些目前虽未濒临灭绝，但如对其贸易不严加管理，就可能变成有灭绝危险的物种，以及为使前述物种标本的贸易能得到有效控制，而必须加以管理的其他物种；附录Ⅲ包括任一成员国认为属其管辖范围内，应进行管理而需要其他成员国合作控制贸易的物种，而书后的附录二是2010年6月23日起生效的CITES附录中的水生野生动物。

CITES公约通过许可证制度控制这些物种及其产品的国际贸易，由此而使该公约成为打击非法贸易、限制过度利用的有效手段。公约要求各国对野生动植物进出口活动实行许可证/许可证明书制度，建立有效的双向控制机制。这种机制使历史文化传统、社会发展水平、政治经济利益不尽相同的国家都能接受并予以积极支持和合作，特别是能使消费国主动协助分布国，防止其野生动植物的偷猎或非法贸易活动。

CITES公约的常设机构还与相关国际组织合作，充分发挥海关和国际刑警组织在野生动植物进出口管理环节上的监管和打击走私犯罪的作用。为有效开展合作，世界海关组织成立了CITES公约项目工作组，建立了庞大的野生动植物贸易中心数据库，为各国海关加强野生动植物进出口监管提供信息支持；国际刑警组织也成立了打击侵害濒危野生动植物犯罪工作组，通过提供全球执法协作，加强对野生动植物走私犯罪分子的打击力度。目前这3个组织已建立了广泛的联系协作机制，每年召开CITES公约联席会议，邀请有关国家代表参加。另外，经济手段还被大量运用于促进该公约的执行，对不遵守该公约条款或大会决议的国家，采取限定，暂停其国际贸易，或号召其他国家终止与其开展贸易，并可

由缔约国大会、常委会强制执行。

目前，世界上已有约170个主权国家加入CITES公约，先后召开了十几次缔约国大会，通过了近500项决议，3万多种野生动植物种列入公约的3个附录，其中动物5 000多种，植物25 000多种，世界范围内60%～65%的野生动植物贸易得到了控制，我国于1981年正式加入CITES公约，并连续多次选为该公约的常委会副主席国。

（二）我国水生野生动物保护与管理的法律体系

我国非常重视对珍贵、濒危野生动物的保护，并颁布实施了一系列野生动物保护的法律法规。在水生野生动物保护与管理方面，逐步形成了以《野生动物保护法》和《水生野生动物保护实施条例》为核心的法律体系，如图5－3所示。

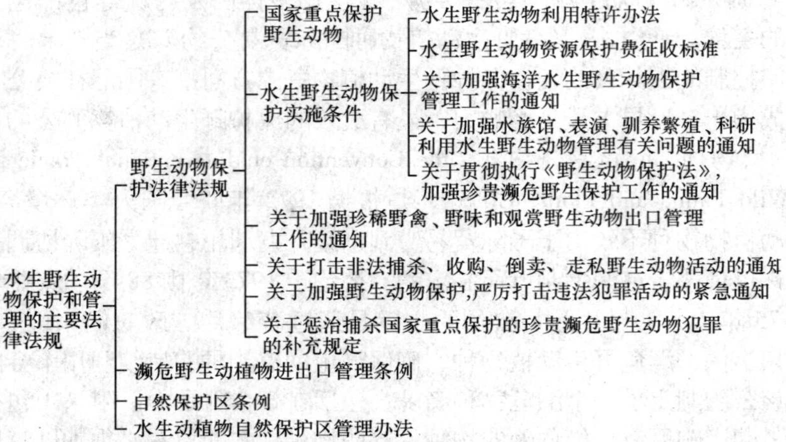

图5－3　我国水生野生动物保护与管理的主要法律法规名称示意
（据黄硕琳和唐议的《渔业法规与渔政管理》绘制）

上述的这些法律法规通过和实施的简要情况如下：

（1）1988年11月8日，第七届全国人民代表大会常务委员会第四次会议通过了《野生动物保护法》。该法于1989年3月1日起施行，这是我国野生动物保护与管理的基本法。

（2）1989年1月14日，经国务院批准，林业部和农业部共同发布了《国家重点野生动物名录》。该名录于2000年进行了补充和调整，列入名录的野生动物种数量大大增加。

（3）1993年10月5日，经国务院批准，农业部发布了《水生野生动物保护实施条例》。该条例根据《野生动物保护法》，对珍贵、濒危水生野生动物的保护进行了较为具体的规定，是各级政府渔业行政主管部门及其渔政监督管理机构实施和监督水生野生动物保护与管理的重要法律法规。

（4）2006年4月29日，国务院发布了《中华人民共和国濒危野生动植物进出口管理条例》，自2006年9月1日起施行。该条例针对包括水生野生动物在内的濒危野生动植物进出口的申请、审批、检验检疫等事项进行了详细规定，这是水生野生动物进出口管理的重要法律法规。

除了上述专门的野生动物保护的法律法规之外，《渔业法》、《水产资源繁殖保护条例》、《中华人民共和国环境保护法》、《中华人民共和国海洋环境保护法》等法律法规中的有关条款，也是水生野生动物保护与管理的重要法律依据。

在有关水生野生动物保护与管理的具体事项方面，1999 年 6 月 24 日农业部颁布的《中华人民共和国水生野生动物利用特许办法》，为捕捉、驯养繁殖、运输以及展览、表演、出售、收购、进出口等利用水生野生动物或其产品的特许管理提供了具体的法律依据。1999 年 6 月 17 日财政部和国家计委《关于同意征收水生野生动物资源保护费的复函》，及 2000 年 4 月 6 日财政部和国家计委共同发布的《水生野生动物资源保护费征收标准》，为水生野生动物资源保护费的征收、使用和管理提供了法律依据。而且，在 1994 年 10 月 9 日，国务院还发布了《中华人民共和国自然保护区条例》，1997 年 10 月 17 日农业部也发布了《中华人民共和国水生动植物自然保护区管理办法》，都为水生野生动植物自然保护区的建设与管理提供了法律依据。

四、水生野生动物的保护措施

在珍贵的水生野生动物中，有国家一级保护的，也有国家二级保护的。一级保护的水生野生动物，是指具有重要科研和经济价值，数量稀少或者濒于灭绝的。二级保护的水生野生动物，是指具有一定科研和经济价值，数量较少或有灭绝的危险。在我国重点保护的野生动物名录中，渔业行政部门主管的一、二级水生野生动物约有 80 余种，分属 10 纲、18 目和 30 科。其中，一级重点保护的有：白鳍豚、中华白海豚、儒艮、新疆大头鱼、中华鲟、达氏鲟、白鲟、鼋、多鳃孔舌形虫、黄岛长吻虫、库氏砗磲、鹦鹉螺、红珊瑚等 13 种；二级重点保护的有：黄唇鱼、文昌鱼、花鳗鲡、克氏海马、松江鲈鱼、唐鱼、胭脂鱼、大头鲤、金线鲃、大理裂腹鱼、川陕哲罗鲑、秦岭细鳞鲑、虎斑宝贝、冠螺、大珠母贝、佛耳丽蚌、地龟、云南闭壳龟、三线闭壳龟、山瑞鳖、水獭、江獭、小爪水獭、水鮵、镇海疣螈、细痣疣螈、大凉疣螈、江瘰疣螈、贵州疣螈、绿海龟、蠵龟、太平洋丽龟、玳瑁、棱皮龟、黑露脊鲸、灰鲸、蓝鲸、长须鲸、鳁鲸、小鳁鲸、座头鲸、抹香鲸、虎鲸、伪虎鲸、鹅喙鲸、扁齿中喙鲸、真海豚、江豚、宽吻海豚、太平洋短吻豚、蓝白原海豚、花斑原海豚、灰海豚、班海豹、髯海豹、海狗、北海狮等 60 余种，明确了我国重点保护的水生野生动物，有利于我们渔业行政主管部门及其渔政监督管理机构制定保护珍稀濒危水生野生动物的方针、政策、法规和规划，搞好重点保护工作。国家重点保护的水生野生动物照片，参阅书后附图（有国家一级、二级保护的水生野生动物共 57 张照片）。

水生野生动物保护是一个复杂的系统工程，包括技术的、行政的、社会的各个方面。根据我国水生野生动物保护的有关法律法规和管理实践，其措施主要包括水资源调查和评估、栖息地保护、濒危物种紧急救护、物种保存、增殖放流和宣传教育等。

（一）进行水生野生动物资源调查

《水生野生动物保护实施条件》第六条规定：“国务院渔业行政主管部门和省、自治区、直辖市人民政府渔业行政主管部门，应当定期组织水生野生动物资源调查，建立资源档案，为制定水生野生动物资源保护发展规划，制定和调整国家和地方重点保护水生野生动物名录提供依据。”水生野生动物的状况处于不断变化中，只有准确掌握水生野生动物的实际状况，才能正确有效地实施保护与管理措施。因此，开展资源调查，建立资源档案，是水生野生动物保护系统重要的基础和保障措施。2000 年《国家重点保护水生野生动物名录》的调整，就是以大范围的资源调查为基础。

（二）开展水生野生动物栖息地保护

野生动物都对生存环境有一定要求，特别是那些濒危物种，往往对环境条件有非常特殊的要求。濒危物种自然种群数量下降的一个主要原因，就是栖息地被破坏或生存条件发生重大变化，使其生存繁衍受到严重影响。栖息地保护就是保护水生野生动物的生活环境和生态条件，是水生野生动物保护最直接最有效的保护措施之一。因此，水生野生动物栖息地保护往往比陆生野生动物难得多，需要采取多方面的保护措施。一般来说，有建立自然保护区，开展环境监测，预防和治理对水生野生动物集中分布区和栖息地的环境污染，禁止破坏水生野生动物栖息水域、场所和生存条件的行为，以及对建设项目影响水生野生动物评估或评价等。

1. 设立自然保护区

《野生动物保护法》规定，国务院野生动物行政主管部门和省、自治区、直辖市政府，应当在国家和地方重点保护野生动物的主要生息繁衍的地区和水域，划定自然保护区，加强对国家和地方重点保护野生动物及其生存环境的保护管理。

在水生动植物自然保护区内，禁止狩猎、捕捞、开矿、采石、挖沙、爆炸、新建生产设施等活动，以及其他一切可能对自然保护区造成破坏的活动，并采取环境监测监视、治理污染、改善环境条件、开展科学研究、人工繁殖和增殖放流等管理措施，并且要组织宣传教育和经过批准的旅游、参观、考察等活动。

我国自然保护区分为两类，即国家级自然保护区和地方级自然保护区。而水生动植物自然保护区一般分为3个区域，即核心区、缓冲区和实验区。在核心区，未经批准，禁止任何人进入和一切可能对自然保护区造成破坏的活动，确因科研工作需要，必须事先向自然保护区管理机构提交申请，并经省级政府有关部门批准。在缓冲区，禁止开展旅游和生产经营活动，确因科研需要或教学实习，应当事先向有关主管部门申请，经批准后才能进入。在实验区，可以开展一定的参观、旅游，但也要经过审核批准。国家级水生动植物自然保护区实验区的参观、旅游由自然保护区管理机构提出方案，经省级人民政府渔业行政主管部门审核后，报国务院渔业行政主管部门批准。地方级水生动植物自然保护区实验区的参观、旅游，由自然保护区管理机构提出方案，报省级人民政府渔业行政主管部门批准。

目前我国已建立各级各类水生动植物自然保护区有200多个，其中主要是水生野生动物自然保护区，例如，湖北长江新螺江白鳍豚自然保护区、湖北长江天鹅洲白鳍豚自然保护区、广东惠东港口海龟自然保护区、广东中华白海豚自然保护区、广西合浦儒艮自然保护区、湖南张家界大鲵自然保护区、辽宁斑海豹自然保护区、长江口中华鲟自然保护区等等。自然保护区的建立，强化了水生野生动物栖息地及其资源的保护与管理，例如，广东惠州港口海龟自然保护区使常年上岸产卵的海龟和海龟蛋能得到良好的保护，受到世界自然保护联盟的表彰。

2. 加强环境监测与管理

《野生动物保护法》规定，各级野生动物行政主管部门应当监视、监测环境对野生动物的影响。由于环境影响对野生动物造成危害时，野生动物行政主管部门应当会同有关部门进行调查处理。《水生野生动物保护实施条例》规定，渔业行政主管部门应当组织社会各方力量，采取有效措施，维护和改善水生野生动物生存环境，保护和增殖水生野生动物资源。

环境质量对水生野生动物的生存有着重要影响，这种影响有两方面，一是直接影响，二是间接影响。直接影响相对比较容易发现。例如，水生野生动物生存地遭受破坏，水生野生动物的摄食、繁衍场所不复存在，导致水生野生动物种群退化，数量减少。间接影响主要是通过某些环境因子的变化影响水生野生动物的生存，往往发生缓慢，不易被及时发现，甚至被忽视，但后果一样严重。环境监测就是要持续监视，测定水生野生动物的生存环境及其各种因素，一旦发现可能对水生野生动物的生存产生影响而造成环境恶化时，就要及时采取措施，进行调查研究和治理，把环境影响的危害降低到最小的程度。

3. 开展环境影响评估

是指针对建设项目对水生野生动物影响的评价。《野生动物保护法》第二十条规定："建设项目对国家或者地方重点保护野生动物的生存环境产生不利影响的，建设单位应当提交环境影响报告书；环境保护部门在审批时，应当征求同级野生动物行政主管部门的意见。"建设项目在水生野生动物的栖息繁衍场所进行，或在与其相关的场所进行，从而可能影响水生野生动物的生存繁衍时，建设项目首先应进行综合的环境评估，评估该建设项目对整个周围环境的影响，并考虑是否对水生野生动物的种群生活及其繁衍不利，若存在不利影响，应依法提交环境影响报告书，说明对水生野生动物造成影响的程度、后果等情况。环境保护部门在审批此报告时，应依法征求同级政府渔业行政主管部门的意见。对于渔业行政主管部门的意见，应当充分考虑，必要时还要进行专家论证。对于因建设项目给国家或地方重点保护水生野生动物造成不利影响的，渔业行政主管部门有权会同有关部门进行监督检查，并依法处理。

（三）采取水生野生动物紧急救护措施

《水生野生动物保护实施条例》规定，任何单位或个人发现受伤、搁浅和因误入港湾、河汊而被困的水生野生动物时，应当及时报告当地渔业行政主管部门或者其所属的渔政监督管理机构，由其采取紧急救护措施；也可以要求附近具备救护条件的单位采取紧急救护措施，并报告渔业行政主管部门。对已经死亡的水生野生动物，由渔业行政主管部门妥善处理。而对捕捞作业时误捕的水生野生动物，应立即放生。然而，近些年来由于经济发展带来的环境变化越来越突出，经常出现水生野生动物受伤、搁浅和因误入港湾、河汊被困的紧急情况，水生野生动物紧急救护就成为一件重要的保护措施。为及时有效地开展这项工作，除了上述法律规定的措施之外，还应加强基础建设，如建立水生野生动物物种鉴定和救护中心和濒危水生动物救护快速反应体系，以便在发现需要救护时能够迅速进行辨认、鉴别，及时采取适当的救治、暂养、放生等措施。目前国家投资建设了几十个水生野生动物救护中心，已累计救治各种珍贵、濒危水生野生动物 1 万头（尾）以上。

（四）实施人工增殖放流措施

人工增殖是增加水生野生动物种群数量，拯救和保护濒危物种的重要措施。目前的办法包括直接向天然水域放流人工培育或暂养的水生野生动物苗种，以及人工改善水生野生动物的栖息环境两个方面，但目前都是以人工放流为主。实施人工放流的前提是进行人工培育（或暂养）大量可用于放流的苗种，这需要研究人工繁殖技术、建设驯养繁殖基地，建立适宜人工放流的人工种群。长期以来，我国进行了大量的这项工作。例如，1983—2001年，长江水产研究所和葛洲坝中华鲟研究所共向长江放流各种规格的中华鲟600多万尾；2001—2005年放流各种国家重点保护的水生野生动物有100多万尾，对水生野生动物保护发挥了积极作用。人工放流功能不仅能增殖水生野生动物资源，而且标志放流还是研究水生野生动物的洄游、分布等生存规律和开展资源调查的重要手段之一。

（五）加强宣传教育

这是水生野生动物保护的一项重要途径，通过宣传教育，可以充分调动各方面的积极性，形成全社会广泛动员和积极参与的良好氛围。它的作用概括起来有3个方面：一是可以提高民众的生态保护意识，促使人们主动减少对水生野生动物的伤害；二是可以促进公众对水生野生动物保护的监督，形成强大的社会监督力量；三是可以促进公众参与到具体的水生野生动物的保护中。例如，通过宣传教育可以提高人们对水生野生动物的了解，在发现需要救护时可提高救护效率和效果，而且企业、组织和个人可以为其提供资金支持，从而建立起多元化的融资机制，为水生野生动物保护提供必要的资金保障。宣传教育的途径很多，如举办各种类型的讲座、培训、展览、民众参与放流、放生活动，以及编印各种宣传画册、张贴标语和报纸、广播、电视等多种手段。

对水生野生动物的保护，除了上述的种种措施之外，还有，如在建闸筑坝等水利工程中建设过鱼通道，以保护洄游性水生野生动物的生存、繁殖；对栖息地被破坏的濒危物种采取异地保护措施；构建濒危水生野生动物细胞库、精子库、基因库等种质保存体系，进行濒危物种遗传材料保存等等。

五、水生野生动物的管理办法

在加强对野生动物的保护与管理方面，虽然有上述的法律、法规、规章和规范性文件作为依据，但在执行中还必须建立与其基本法相配套的一系列法规和实施办法。例如，明确管理职责，健全管理体系，为此必须把水生野生动物的保护与管理同渔业资源的保护与管理从组织管理体系上统一起来，各级政府渔业行政主管部门，对已有渔政监督管理机构的，应充实力量，切实依法进行监督管理；对尚未设立渔政监督管理机构的，应根据当地实际需要，由渔业行政主管部门专人负责，从而做到不断健全管理体系。又如，依法查处打击破坏野生动物的违法犯罪活动，各级渔政监督管理部门应与林业、公安、工商行政管理部门密切配合，认真查处滥捕行为、违法经营、倒卖、运输、组织捕杀和走私国家和地方重点保护的水生野生动物及其产品等的违法行为，除了没收实物和非法所得之外，还应处以罚款，对构成犯罪行为的应移交公安、司法机关追究刑事责任，等等。本节着重介绍水生野生动物的捕捉管理、驯养管理、经营利用管理、运输携带管理、进出口管理以及征收保护费制度等。

（一）严格水生野生动物的捕捉管理

这里涉及其管理的基本原则、法律允许的特殊情况、特许捕捉证的申请及其捕捉的实施与监督等几方面内容。

1. 基本原则

我国对水生野生动物捕捉管理的基本原则是：禁止捕捉、杀害国家重点保护的水生野生动物；对于法律允许捕捉的特殊情况，应依法申请并获得特许捕捉证后，才可按许可的条件进行捕捉。这表明国家对水生野生动物实行严格的保护原则。但是，在某些法律允许的特殊情况下，例如，资源调查、宣传教育、驯养繁殖等，其目的是为了更好地保护水生野生动物，或为了某些特定的公益需求去捕捉水生野生动物，而不是为了商业性开发经营。在这种情况下，应依法申请并获得特许捕捉证后，按照许可的条件才能进行捕捉。

2. 法律允许捕捉水生野生动物的特殊情况

根据《水生野生动物保护实施条例》的规定，属于以下情况之一需要捕捉国家重点保护的水生野生动物的，可以申请特许捕捉证：

（1）为进行水生野生动物的科学考察、资源调查，必须捕捉的；

（2）为驯养繁殖国家重点保护的水生野生动物，必须从自然水域或者场所获取种源的；

（3）为承担省级以上科学研究项目或者国家医药生产任务，必须从自然水域或者场所获取国家重点保护的水生野生动物的；

（4）为宣传、普及水生野生动物知识或者教学、展览的需要，必须从自然水域或场所获取国家重点保护的水生野生动物的；

（5）因其他特殊情况，必须捕捉的。

为了保护水生野生动物，需要调节控制水生野生动物的种群数量、结构，以及某些水生野生动物因数量不正常地增加，对人类生产或生命财产造成威胁等，均可以视为特殊情况，允许向水生野生动物行政主管部门提出捕捉申请。

3. 水生野生动物特许捕捉证的申请

这里有申请程序和不予发放特许捕捉证的两种情况。

（1）申请程序。捕捉国家一级保护水生野生动物的，应向国务院渔业行政主管部门申请特许捕捉证。捕捉国家二级保护水生野生动物，应向省级政府渔业行政主管部门申请特许捕捉证。具体申请程序如下：

需要捕捉国家一级保护水生野生动物的，经申请人所在地和捕捉地的省、自治区、直辖市政府渔业行政主管部门签署意见后，向国务院渔业行政主管部门申请，由其审核批准发给特许捕捉证。

需要在本省、自治区、直辖市捕捉国家二级保护水生野生动物的，经申请人所在地的县级政府渔业行政主管部门签署意见后，向省、自治区、直辖市政府渔业行政主管部门申请，由其审核批准发给特许捕捉证；如果是跨省、自治区、直辖市捕捉国家二级保护水生野生动物的，必须附具申请人所在地的省、自治区、直辖市政府渔业行政主管部门签署的意见，向捕捉地的省、自治区、直辖市政府渔业行政主管部门申请特许捕捉证。

其中，动物园申请捕捉国家一级保护水生野生动物的，在向国务院渔业行政主管部门申请特许捕捉证前，还必须经过国务院建设行政主管部门的审核同意；申请捕捉国家二级保护水生野生动物的，在向申请人所在地的省、自治区、直辖市政府渔业行政主管部门申请特许捕捉证前，还必须经过同级政府建设行政主管部门审核同意。同时，当负责核发特许捕捉证的主管部门在接到申请后，应当自接到申请之日起3个月内作出批准或者不批准的决定。

（2）不予发放特许捕捉证的情况。如果申请特许水生野生捕捉证符合以下情况的，负责核发特许捕捉证的主管部门将不予以发放特许捕捉证：

①申请人有条件以合法的非捕捉方式获得国家重点保护的水生野生动物的种源、产品或者达到其目的的；

②捕捉申请不符合国家有关规定，或者申请使用的捕捉工具、方法以及捕捉时间、地点不当的；

③根据水生野生动物资源现状不宜捕捉的。

4. 经特许的水生野生动物捕捉的实施和监督

经申请取得特许捕捉证后，在实施捕捉水生野生动物时，必须按照特许捕捉证规定的种类、数量、地点、期限、工具和方法进行捕捉，防止误伤水生野生动物或者破坏其生存环境。捕捉完成后，捕捉的单位或个人应当及时向捕捉地的县级政府渔业行政主管部门或者其所属的渔政监督管理机构申请查验。

县级政府渔业行政主管部门或其所属的渔政监督管理机构对在本行政区域内捕捉国家重点保护的水生野生动物的活动，应当进行监督检查，并及时向批准捕捉的部门报告监督检查结果。而且按规定，特许捕捉证一次有效，并附有一定的期限。超过期限的便失去效力。

（二）加强水生野生动物驯养繁殖管理

包括基本原则、允许驯养繁殖的情况、申请驯养繁殖的基本条件、申请过程、驯养繁殖的实施以及驯养繁殖的监督管理6个环节。

1. 基本原则

我国对水生野生动物驯养繁殖管理的基本原则是，国家鼓励驯养繁殖水生野生动物；从事水生野生动物驯养繁殖，必须申请并取得《驯养繁殖证》后方可进行。

驯养繁殖是保护和发展水生野生动物资源的一项重要措施，因此国家鼓励开展这项工作，但是，水生野生动物驯养繁殖需要一定的场地、设施、设备、资料等物质条件以及符合要求的技术条件和人员。此外，驯养繁殖水生野生动物也必须进行必要的管理，以防止非法利用水生野生动物资源或对其产生危害。因此，从事水生野生动物驯养繁殖工作必须经过一定的审查、批准程序，并取得《驯养繁殖证》后才能进行。

2. 允许驯养繁殖水生野生动物的情况

从目前我国的实际情况来看，驯养繁殖水生野生动物主要是为了公益性目的，也包括一些法律允许范围内的商业性目的。概括起来有下列几种情况：

（1）为拯救保护濒危物种，有计划地进行驯养繁殖活动。这种活动主要针对一些濒危物种，建立人工繁殖种群，以防止该物种灭绝。从事这类驯养繁殖活动的一般是水生野生动物保护部门兴建的驯养繁殖基地，或者收容、救护中心。当然也有一些其他部门以及国内外一些致力于水生野生动物保护的组织或个人，愿意为拯救珍贵、濒危水生野生动物做贡献，要求驯养繁殖用于拯救、保护物种，并具备相应条件的，也会被允许，但不得利用这种驯养繁殖的水生野生动物从事非法赢利活动。

（2）以宣传、教育、科普、观赏、表演、科研等为目的，进行驯养繁殖活动。这种活动如水族馆、公园、动物园、海洋馆、游乐场、教育展览场所、科研教学单位等，这类驯养繁殖活动因为有广泛的社会效益，可以发挥宣传保护水生野生动物，普及自然科学知识的作用，应当得到政府主管部门的支持。但是，同样不得倒买倒卖或从事其他非法赢利活动。

（3）在国家规定允许的范围内，从事某些水生野生动物的生产经营性养殖活动。这种活动如对龟、大鲵、鲟鱼的商业性养殖活动，只要是经过批准依法进行人工繁殖，合理地进行经营利用，也是允许的，但必须接受政府行政主管部门的监督和管理。

3. 申请驯养繁殖水生野生动物的基本条件

根据实践认为，申请驯养繁殖水生野生动物，必须具备下列条件：

（1）有适宜驯养繁殖水生野生动物的固定场所和必要设施；

（2）具备与驯养繁殖水生野生动物种类、数量相适应的资金、技术和人员；

（3）具有充足的驯养繁殖水生野生动物的饲料来源。

4. 驯养繁殖水生野生动物许可证的申请

这里也包括申请程序和不批准发放此证的情况两方面内容。

（1）申请程序。申请驯养繁殖国家一级保护水生野生动物的，应当报经驯养繁殖场所在地省级渔业行政主管部门审核后，报国务院渔业行政主管部门审批，由其核发驯养繁殖许可证，但在实践中，往往由省级渔业行政主管部门发放许可证。申请驯养繁殖国家二级保护水生野生动物的，应当报经驯养繁殖场所在地县级政府渔业行政主管部门审核后，报省级政府渔业行政主管部门审批，由其核发驯养繁殖许可证。

动物园驯养繁殖国家重点保护的水生野生动物的，渔业行政主管部门可以委托同级建设行政主管部门核发驯养繁殖许可证。

此外，如果是为了拯救、收容水生野生动物进行驯养繁殖活动并且饲养期不超过 1 年的，或者个人饲养观赏性水生野生动物是具有驯养繁殖许可证的单位或个人那里购来的，而且具有出售证明的，不需要申请驯养繁殖许可证。

（2）不批准发放驯养繁殖许可证的情况。如果有以下 3 种情况之一的，主管机关将不批准发放水生野生动物驯养繁殖许可证：

①水生野生动物资源不清；

②驯养繁殖尚未成功或技术尚未过关；

③水生野生动物资源极少，不能满足驯养繁殖种源的要求。

5. 驯养繁殖水生野生动物的实施

在驯养繁殖水生野生动物过程中，必须按照驯养繁殖证的规定进行驯养繁殖活动。如果需要变更驯养繁殖种类的，应当按照规定的程序申请变更手续，经批准后，由审批机关在驯养繁殖许可证上作变更登记。同时，驯养繁殖水生野生动物还应遵守以下规定：

（1）遵守国家和地方野生动物保护法律法规和政策；

（2）用于驯养繁殖的水生野生动物来源符合国家规定；

（3）建立驯养繁殖物种档案和统计制度；

（4）定期向审批机关报告水生野生动物的生长、繁殖、死亡等情况；

（5）不得非法利用其驯养繁殖的水生野生动物或其产品；

（6）接受当地政府渔业行政主管部门的监督检查和指导。

驯养繁殖的水生野生动物或其产品禁止进行捐赠、转让或交换。如果确有特殊情况，需要捐赠、转让、交换的，应当向驯养繁殖许可证的发证机关提出申请，由发证机关签署意见后，按照规定报请审批。其中，属于国家一级保护水生野生动物的，向国务院渔业行政主管部门报请审批；属于国家二级保护水生野生动物的，报请省级政府渔业行政主管部门审批。接受捐赠、转让、交换的单位或个人，应妥善养护与管理接受的水生野生动物或其产品。

如果是从国外或外省（自治区、直辖市）引进水生野生动物进行驯养繁殖的，为保护种质资源和防止外来生物入侵，驯养繁殖者应当采取防逃、隔离措施，防止逃到野外。但若有实际需要放生到野外的，应向所在地省级政府渔业行政主管部门提出申请，经省级以上政府渔业行政主管部门指定的科研机关论证后，报国务院渔业行政主管部门或其授权单位批准，经批准后，才能放生到野外。擅自将引进的水生野生动物放生到野外的，由水生野生动物主管部门责令采取补救措施，并追究法律责任。

6. 驯养繁殖水生野生动物的监督管理

对于水生野生动物驯养繁殖活动，政府渔业行政主管部门应当依法进行监督检查，对发现的违法行为，依法进行处理，违法行为构成犯罪的，依法追究刑事责任，具体管理措施是：

（1）对未取得驯养繁殖许可证而从事驯养繁殖的，没收其驯养繁殖的水生野生动物；

（2）对于以下情况，批准或发证机关可注销其驯养繁殖许可证，驯养繁殖的水生野生动物由县级以上政府渔业行政主管部门或其授权单位按规定处理：

①超出驯养繁殖证规定的驯养繁殖水生野生动物；

②以隐瞒、虚报或其他非法手段取得驯养繁殖证；

③仿造、涂改、倒卖或转让驯养繁殖许可证；

④非法出售、利用驯养繁殖的水生野生动物或其产品；

⑤取得驯养繁殖证在一年内未从事驯养繁殖活动。

（三）强化水生野生动物经营利用管理

水生野生动物资源作为一种自然资源，具有多种效益，任何捕捉水生野生动物的行为都是有一定的利用目的，其中就包括对水生野生动物的经营利用。这种经营利用大致包括两大类，一种是生产性利用，包括水生野生动物及其产品的收购、出售、加工、进出口和生产性养殖等。另一种是非生产性利用，如展览、表演、拍摄等，它可以产生一定的经济效益，同时又有一定的社会效益。因此，对水生野生动物经营利用的管理涉及面很广，管理内容十分复杂。具体包括以下几个方面：

1. 基本原则

《野生动物保护法》明确规定，禁止出售、收购野生动物及其产品。这是水生野生动物经营利用的基本原则。但是，水生野生动物往往具有很高的利用价值。如果在有一定种群数量的情况下，在水生野生动物行政主管部门的控制下，有限地进行一些经营活动不会危害物种的生存，例如，科研、驯养繁殖、展览等一般是允许的。同时，药材生产等活动也需要收购使用一定数量的水生野生动物，这些活动在经过主管部门审核批准后，取得经营利用许可证，可以依法经营利用。

2. 水生野生动物经营利用许可证的申请

其申请程序是：申请出售、收购、利用国家一级保护水生野生动物或其产品的，应当报经申请利用者所在地省级渔业行政主管部门审核后，报国务院渔业行政主管部门审批；而申请出售、收购、利用国家二级保护水生野生动物或其产品的，应当报经申请利用者所在地县级渔业行政主管部门审核后，报省级政府渔业行政主管部门审批。对于医药保健利用水生野生动物或其产品，必须具备省级以上政府医药卫生行政管理部门出具的所生产药物及保健品中需要水生野生动物或其产品的证明；利用驯养繁殖的水生野生动物子代或其产品的，必须具备省级以上政府渔业行政主管部门指定的科研单位出具的属人工繁殖的水生野生动物子代或其产品的证明。

对于不能批准发放经营利用许可证的情况，一般属于下列情况之一的，将不予批准：①出售、收购、利用的水生野生动物物种来源不清楚或不稳定的；②可能造成水生野生动物物种资源破坏的；③可能影响国家野生动物保护形象和对外经济交往的。

3. 水生野生动物经营利用的实施

经批准出售、收购、利用水生野生动物或其产品的单位和个人，应当持经营利用许可证到出售、收购所在地的县级以上渔业行政主管部门备案，之后方可进行出售、收购、利用活动。并遵守以下规定：①遵守国家和地方有关野生动物保护的法律、法规和政策；②利用的水生野生动物或其产品来源符合国家规定；③建立出售、收购、利用水生野生动物或其产品档案；④接受当地渔业行政主管部门的监督检查和指导。其中，收购、利用的水生野生动物或其产品，必须是依法获得的。例如，当收购、利用的是属于捕捉的水生野生动物或其产品的，出售方必须具有特许捕捉证；若收购、利用的是属于驯养繁殖的水生野生动物或其产品，出售方必须具有驯养繁殖许可证；若收购、利用的是驯养繁殖水生野生动物子代或其产品的，必须具有省级以上政府渔业行政主管部门指定的科研机构出具的证明书。

4. 水生野生动物经营利用的监督管理

由于水生野生动物的经营利用不仅涉及水生生物资源的管理，同时还涉及市场工商的管理。因此，由县级以上各级政府渔业行政主管部门和工商行政管理部门，共同对水生野生动物或其产品的经营利用实施监督管理。为此，必须建立相应的监督检查制度，同时，在管辖权分工方面，对进入集贸市场的水生野生动物或其产品，由工商行政管理部门进行监督管理，渔业行政主管部门给予协助；在集贸市场以外经营水生野生动物或其产品，由渔业行政主管部门、工商行政部门或其授权的单位进行监督管理。对于发现的违法经营利用的水生野生动物的行为，应按下列两种情况依法予以处理：

（1）未取得经营利用许可证而从事水生野生动物经营利用的，应没收其经营利用的水生野生动物，没收违法所得，并可处实物价值10倍以下的罚款。

（2）对于下列情况，批准或发证机关可注销其经营利用许可证，按有关规定进行相应处罚：①超出经营利用证规定的经营利用水生野生动物；②以隐瞒、虚报或其他非法手段取得经营利用证；③伪造、涂改、倒卖或转让经营利用证；④出售、利用的水生野生动物或其产品来源不符合国家规定；⑤其他未按规定经营利用的水生野生动物及其产品。

（四）做好水生野生动物运输、携带管理

这种管理的目的是为保障活体水生野生动物的安全以及有否违背国家有关法律、法规和政策的规定。

1. 基本原则

运输、携带水生野生动物或其产品也是对水生野生动物管理的重要内容。根据《水生野生动物保护实施条例》的规定，运输、携带水生野生动物或其产品出县境的，应当凭特许捕捉证或驯养繁殖许可证，并须依法取得运输许可证后才能从事运输或携带活动，同时还要遵守有关规定，接受政府渔业行政主管部门的监督管理。

2. 水生野生动物运输许可证的申请

野生动物运输必须经过申请程序申请后有批准和不予批准两种情况。

（1）申请程序。申请运输、携带、邮寄水生野生动物或其产品的，应当凭特许捕捉证或驯养繁殖许可证，报经始发地县级政府渔业行政主管部门审核后，报始发地省级渔业行政主管部门或其授权机构审批，由其核发运输许可证。动物园之间因繁殖动物，需要运输国家水生野生动物的，可以由省级政府渔业行政主管部门授权同级建设行政主管部门审批。

经批准收购水生野生动物或其产品的运输，申请人凭经营利用许可证和出售单位出具的出售物种种类及数量证明，到收购所在地省级政府渔业行政主管部门或其授权机构办理运输许可证。

经批准捐赠、转让、交换水生野生动物或其产品的运输，申请人凭同意捐赠、转让、交换批件到始发地省级政府渔业行政主管部门或其授权机构办理运输许可证。

水生野生动物或其产品涉及国内运输、携带、邮寄的，申请人凭同意出口批件到始发地省级政府渔业行政主管部门或其授权单位办理运输许可证。

跨省展览、表演水生野生动物或其产品的运输，申请人凭展览、表演地省级政府渔业行政主管部门同意接纳展览、表演的证明，到始发地省级政府渔业行政主管部门办理前往运输许可证；展览、表演结束后，申请人凭同意接纳展览、表演的证明及前往运输许可证回执到展览、表演地省级政府渔业行政主管部门办理返回运输许可证。

（2）不予批准发放运输许可证的情况。若属于以下情况之一的，将不予批准发放运输许可证：

①运输、携带、邮寄的水生野生动物物种来源不清；

②水生野生动物活体运输缺乏安全保障措施；

③运输、携带、邮寄的目的和用途违背国家法律、法规和政策的规定。

3. 水生野生动物运输、携带的监督管理

运输、携带、邮寄水生野生动物或其产品到目的地后，必须立即向当地县级以上政府渔业行政主管部门报告，当地县级以上政府渔业行政主管部门应及时进行检验，收回运输许可证，并回执查验结果。

县级以上政府渔业行政主管部门或其所属的渔政监督管理机构，有权对进入本行政区内的水生野生动物或其产品的利用活动进行监督检查，对于未经批准擅自运输、携带、邮

寄水生野生动物或其产品出县境的，渔业行政主管部门或其所属的渔政监督管理机构有权制止，并依法予以处罚。

（五）加强水生野生动物的进出口管理

水生野生动物及其产品的进出口贸易越来越多，而且随着对外交往、文化交流的发展，珍贵、濒危水生野生动物的对外交换、展览、赠送等非贸易性出口活动也越来越活跃。同时，水生野生动物的进出口活动，还关系到作为全人类历史遗产的保护和合理利用，涉及国际合作等问题。因此，必须加强对水生野生动物及其产品的进出口活动的控制和监督管理。特别是我国加入 CITES 公约后，必须遵守公约的有关规定，履行相关管理义务。

1. 基本原则

根据《野生动物保护法》的规定，出口国家重点保护野生动物及其产品，以及进出口参加国际公约所限制的野生动物及其产品，都必须经国务院野生动物行政主管部门或国务院批准，并取得国家濒危物种进出口管理机构核发的允许证明书。海关凭允许进出口证明书查验放行。禁止出口未定名的或新发现并有重要价值的野生动植物及其产品，以及国务院或国务院野生动植物主管部门禁止出口的濒危野生动植物及其产品。

2. 出口水生野生动物应遵守的原则

这些原则包括该物种是依法取得的，以及严格控制珍稀物种活体出口和贸易性进口限额等方面的管理原则。具体是：

（1）出口的水生野生动物及其产品必须是依法取得的。这里的依法取得，是指所出口的水生野生动物或其产品，是经国家批准合法经营利用的。由于出口的大多数属于国家重点保护的水生野生动物及其产品，根据目前我国有关规定，只允许出口人工和繁殖的子代或其产品。

（2）严格控制珍稀、物种动物活体出口。我国很多特有的珍稀水生野生动物受到世界瞩目，如中华鲟、白鳍豚等，这些是世界上绝无仅有的，是我国的珍贵财富。为了保护其特殊地位，除国家特殊需要外，禁止出口到境外。然而，根据我国水生野生动物资源的实际情况，在国际条约允许的范围内，某些属于人工和繁殖并有条件对外提供的国家重点保护的水生野生动物或其产品也可以出口，但必须从种类、数量上进行严格控制。而对某些品种国内虽然已经繁育成功，但其技术尚未完全过关或尚未建立人工种群的，也应当控制出口。而对一些允许非贸易性出口的珍稀物种，同样要遵守对等原则。

（3）贸易性出口实行限额管理。我国曾经是水生野生动物资源十分丰富的国家，有很多可供出口的水生野生动物或其产品，但由于在出口管理上长期缺乏科学有效的控制措施，导致大量的、盲目的出口，造成资源过大消耗，致使有些物种濒临灭绝。另一方面，许多有重要经济价值的水生野生动物虽然数量较多，增殖速度也较快，但是这些物种常常遭到大量捕杀供出口之用，即使不会威胁该物种的生存，但也可能造成生态破坏。因此，对允许或有条件进行贸易性出口的水生野生动物或其产品，应该实行限额管理，严格控制出口数量。这样才能避免资源破坏，保证资源的可持续利用，维持生态平衡。

1. 进出口水生野生动物的申请

这里涉及进出口野生动物都须经申请程序，申请后存在获准和不予批准几种情况。

（1）申请程序以及予以批准的情况。对于出口水生野生动物或其产品的，以及进出口中国参加的国际公约所限制的野生动物或其产品的，进出口申请人应报经所在地省级政府渔业行政主管部门审核后，报国务院渔业行政主管部门或国务院批准。其中，如果属于贸易性进出口的，必须由具有商品进出口权的单位承担，并取得经营利用许可证后才能进行。如果是动物园因交换需要进出口的，国务院渔业行政主管部门在批准前，应当经国务院建设行政主管部门审核同意。

（2）不予批准出口的情况。如果属于下列情况之一的，将不予批准出口：①出口的水生野生动物物种和含水生野生动物成分的产品中物种原料来源不清楚的；②出口的水生野生动物是非法取得的；③可能影响国家野生动物保护形象和对外经济交往的；④现阶段不适宜出口的；⑤不符合我国水产种质资源保护规定的。

（3）不予批准进口的情况。如果属于下列情况之一的，将不予批准进口：①进口的目的不符合我国法律、法规和政策的；②不具备所进口水生野生动物活体生存必需的养护设施和技术条件的；③引进的水生野生动物可能对我国生态平衡造成不利影响或有破坏作用的；④可能影响国家野生动物保护形象和对外经济交往的。

（六）完善水生野生动物资源保护费制度

《野生动物保护法》第二十七条规定："经营利用野生动物或其产品的，应当缴纳野生动物资源保护管理费。"由此在法律上确定了野生动物资源保护费制度。征收野生动物资源保护管理费，是利用行政手段和经济手段相结合的办法，宏观调控资源配置，拓展资源保护资金来源的重要措施，对于完善野生动物保护机制，规范野生动物保护和合理利用，促进野生动物保护事业的发展具有重要意义。1999 年 6 月 17 日，财政部和国家计委发文同意农业部自 2000 年 5 月 1 日开始征收水生野生动物资源保护费。2000 年 4 月 6 日，财政部和国家计委共同发布了水生野生动物资源保护费征收标准，这是征收水生野生动物资源保护费的重要依据。

1. 水生野生动物资源保护费的征收范围

财政部、国家计委关于同意征收水生野生动物资源保护费的复函第一条规定："根据《野生动物保护法》第二十七条规定，同意各级渔业行政主管部门对捕捉、出售、收购、利用《濒危野生动植物种国际贸易公约》和国家规定一、二级有保护的水生野生动物及其产品的单位和个人，征收水生野生动物资源保护费。"

因此，征收水生野生动物资源保护费的范围是：捕捉、出售、收购、利用水生野生动物及其产品的；水生野生动物的品种包括《濒危野生动植物种国际贸易公约》和国家规定一、二级保护的水生野生动物。但是，对经批准捕捉、收购、利用列入《濒危野生动植物种国际贸易公约》（附录一、附录二）和列入国家一、二级保护的水生野生动物或其产品进行科学研究的，经国务院渔业行政主管部门审核批准的，可以免收资源保护费。

2. 水生野生动物资源保护费的征收标准

对于不同保护级别的水生野生动物，按照出售还是利用以及利用方式的不同，其资源保护费的征收标准也不同。

（1）出售水生野生动物的征收标准。对出售列入《濒危野生动植物种国际贸易公约》

（附录一）和列入国家一级保护的水生野生动物或其产品的，按水生野生动物或其产品实际成交额的6%，向供货方收取资源保护费。对出售列入《濒危野生动植物种国际贸易公约》（附录二）和列入国家二级保护的水生野生动物或其产品的，按水生野生动物或其产品实际成交额的4%，向供货方收取资源保护费。

（2）利用水生野生动物的征收标准。对利用列入《濒危野生动植物种国际贸易公约》（附录一）和列入国家一级水生野生动物或其产品，加工成制成品的，除中医药生产企业按其制成品实际销售额的2%收取资金保护费外，其他均按其制成品实际销售额的3%收取资源保护费。对利用列入《濒危野生动植物种国际贸易公约》（附录二）和列入国家二级保护的水生野生动物或其产品，加工成制成品的，除中医药生产企业按其制成品实际销售额的1%收取资源保护费外，其他均按其制成品实际销售额的2%收取资源保护费。对利用列入《濒危野生动植物种国际贸易公约》（附录一、附录二）和列入国家一、二级保护的水生野生动物或其产品举办表演、展览等活动的单位和个人，按其收入的2%收取资源保护费。

3. 水生野生动物资源保护费的征收方法

水生野生动物资源保护费一般在对捕捉、出售、利用申请的批准时收取。具体如下：

（1）捕捉、出售、利用列入《濒危野生动植物种国际贸易公约》（附录一）和列入国家一级保护的水生野生动物或其产品的资源保护费，由国务院渔业行政主管部门在批准有关申请时，向申请单位和个人直接收取。

（2）捕捉、出售、利用列入《濒危野生动植物种国际贸易公约》（附录二）和列入国家二级保护的水生野生动物或其产品的资源保护费，由省级渔业行政主管部门在批准有关申请时，向申请单位和个人直接收取。

渔业行政主管部门在征收水生野生动物资源保护费后，对进出口《濒危野生动植物种国际贸易公约》中规定和国家一、二级保护的水生野生动物及其产品，濒危物种进出口管理机构不再收取野生动物进出口管理费。

4. 水生野生动物资源保护费的使用和管理

征收水生野生动物资源保护费的目的，主要是以经济手段对水生野生动物宏观调控资源的配置，控制对其资源的捕捉和利用，并拓展资源保护资金来源。因此，水生野生动物资源保护费应专职专用，并要加强管理。

（1）水生野生动物资源保护费的使用。这种保护费应专项用于水生野生动物保护法律、法规的宣传、增殖放流，以及资源的监测、驯养繁殖、科学研究等方面工作，不得用于收集机构发放奖金、提高福利待遇或挪作他用。

水生野生动物保护是一项公益性事业，其管理目标是生态效益、社会效益，而不是经济效益。在当前国家财力有限的情况下，征收一定比例的资源保护费的目的之一，就是为了弥补保护水生野生动物方面的资金不足。因此，收取的资源保护费，应专项用于水生野生动物资源的保护。

（2）水生野生动物资源保护费的管理。水生野生动物保护费属于事业性收费，应对征收、使用的各个方面进行严格管理。①收费机构应向指定的价格主管部门办领收费许可证，按规定使用省级以上财政部门统一印刷的行政事业性收费票据。②收费机构应明确公布收费标准，严格执行规定的收费标准，不得擅自提高收费标准，并要自觉接受价格、财政主管部门的监督检查。③资源保护费应实行财政收支两条线管理，即收费资金上缴财政专户，支出由渔业行政主管部门编制计划，财政部门按规定用途核拨。

本章思考题

1. 渔业资源特性主要反映在哪几方面？这些特性又能说明什么问题？

2. 我国渔业资源有哪些特点？这些特点反映了什么问题？

3. 我国渔业资源的现状如何？为什么在全国水产品年产量逐年增加的情况下还会出现这些问题？

4. 渔业资源数量变动主要有哪些原因？如何减少人为因素对渔业资源变动的影响？

5. 渔业自然资源管理主要有哪些措施？设置禁渔区和禁渔期有何意义？

6. 渔业资源保护区的含义是什么？建立渔业资源保护区有何意义？

7. 人工增殖渔业资源有何意义？我国目前这项工作开展的现状如何？

8. 增殖人工渔业资源主要有哪些途径？应如何因地制宜地运用这些手段？

9. 如何做好人工增殖渔业资源的管理工作？为何说开展这项工作常要树立“管养结合”的指导思想？

10. 执行人工增殖渔业资源保护费制度有何意义？如何做好渔业资源增殖保护费的管理工作？

11. 保护水生野生动物有何意义？我国目前这项工作开展的现状如何？

12. 为何说保护水生野生动物是一项复杂的系统工程？

13. 如何做好水生野生动物的管理工作？水生野生动物保护费的征收通常采用什么办法？

第六章 渔业水域管理

渔业水域管理，是指对整个渔业水域自然环境所进行的计划、组织、指挥、监督和协调的一系列活动的总称。渔业水域环境，是指经济水生动植物生存所需的周围和外部的各种自然环境，通常包括水系移动状况、江河径流量、气象条件变化、水的理化性质、饵料生物的分布、浮游动植物的分布与变动，以及水域环境的污染情况等。这里有非生物环境的气象、底质、径流和水的理化性质，也有生物性环境的浮游动植物、饲料生物、底栖生物和藻类等。

渔业水域环境保护的目的，是确保水域生态系统免遭破坏。因为渔业水域中的水生动植物群落，在其生态系统中为维护自身的生命活动，必然要以其他生物为食物，这样通过食与被食，形成了相互制约的食物链关系。在食物链中的各种生物及其环境之间，存在着相互制约和相互作用，构成了一个相对稳定的统一体。如果食物链中出现了障碍，则必须导致生态系统各种功能之间的中断，生态系统将失去平衡。因此，保护渔业水域环境，实质上是保护渔业水域中水生动植物的生态平衡，确保生态系统免遭破坏。

保护渔业水域环境，实际上也是保护渔业生产者的切身利益，因为渔业水域生态环境遭受破坏，最直接的受害者是渔民群众。例如，海洋渔业环境受污染，造成渔场外移、鱼贝死亡，鱼体内残留物增加，养殖场荒废，渔民深感忧虑。保护渔业水域环境，还应监督排污单位防治污染，因为渔业水域环境污染事故，多数是由于排污单位管理不善造成的。如果我们严明法制，认真处理污染损害渔业案件，那么将会督促排污单位做好防治污染，自觉保护渔业水域环境。

保护渔业水域环境，不仅是发展渔业生产的需要，而且也是保证人民群众健康的需要。因为水域环境受污染，污染物通过水生生物的体表吸收或通过摄食而进入体内，从而使水生生物体内的污染物含量比水中浓度大。污染物还可通过水生生物的食物链进行传递和富集，最后进入经济水产品体内，人食了被污染的水产品后，会中毒、头晕、呕吐、腹泻以及产生慢性或潜在的毒害，中毒严重的还会死亡。由此可见，保护渔业水域环境不受污染和破坏，提高水产品质量，对发展渔业生产，保障人民健康都具有重要意义。

本章主要介绍，渔业水域环境的特点、关系与现状；渔业水域环境保护与管理的法律依据；水域污染对渔业的危害；渔业水域环境保护与管理的主要内容以及渔业水域污染事故的调查处理，共5个方面内容。

第一节　渔业水域环境的特点、关系与现状

渔业水域环境的优劣关系到渔业生产的兴衰。由于工农业的迅速发现，污水处理设施

跟不上，致使我国渔业水域环境遭受不同程度的污染和破坏，给渔业生产带来了严重威胁。这些情况都表明渔业水域环境特点、渔业水域环境与渔业生产关系和我国渔业水域环境的现状是紧密相连的。

一、渔业水域环境的特点

渔业水域环境是广义的水域环境的一个组成部分，是水域生态系统的一个子系统。渔业水域环境与其他的生活环境一样，都有其自身的特点，概括起来有下列三方面。

（一）整体性

渔业水域环境是由渔业资源赖以生存的各种水域环境因素组成的，这些要素之间是相互联系、相互作用、相互制约的，形成一个整体共同对水域中的渔业资源产生作用。例如，温度、盐度和溶解氧等是影响水生动物的重要环境因子，而且这些因子对水生生物的影响又不是孤立的。对此，著名学者 P. A. Haefner 曾研究了溶解氧、温度、盐度这 3 种环境因子对褐虾最适耐受范围时的相互作用情况，表明当增加了溶氧量这一因子后，褐虾对温度和盐度的耐受曲线随溶氧量的不同而发生了变化。从而说明各环境因子之间对生物产生的影响是相互作用、相互影响的。

（二）区域性

它亦称为地域差异性。由于不同区域渔业水域环境的要素存在着差别，所以不同区域的渔业水域环境条件存在着差异性。在内陆水域，不同的江河湖泊之间的相互隔绝，环境条件必然存在差异；即使是在相互连通的同一个流域，如长江流域，在不同的江段之间、不同的通江支流或通江湖泊之间的环境条件也存在差异。而海洋中的不同海区环境条件的差别更为明显，如渤海、北部湾之间存在很大的环境条件差异，即使在同一海区，深水区和浅水区、河口区和非河口区之间的环境条件也存在着差异。

（三）复合性

生物环境与非生物环境之间不是孤立存在的，而是相互联系、相互转化的，联系中的一个体系改变必然引起另一个体系改变，鱼类生存不仅需要有一个赖以生存的水域空间，适合于其生存的一切物理的、化学的环境，而且更重要的还必须有充分的食物保障。这些条件的总和构成了生态系统的荷载能力。从而说明了渔业水域环境的复合性特点。

二、渔业水域环境与渔业生产的关系

水生生物系统和水域环境系统构成了生态系统。在这个系统中，渔业生物资源只有与整个生态系统保持一定平衡，才能维持其生存和繁衍，环境系统的任何变化都必然会对渔业生物的生存和繁衍产生影响。例如，水域污染致使水域质量下降，危害渔业生物资源；水域生态环境破坏导致渔业生物资源的栖息地被破坏或洄游被隔断等都会对渔业生物资源造成危害，从而影响渔业生产。

众所周知，渔业生产是以渔业生物资源为对象的，水域环境系统的任何变化，都会直接或间接地对渔业生物资源产生影响，这种影响表现在对渔业资源的生存和繁殖生长上，进而影响到渔业生产的经济效益和人体的健康，所以说渔业水域环境是渔业生产存在和发展的基础条件。保护渔业水域环境，就是保障整个渔业经济水生生物的生存系统，也就是保障渔业的生存空间，是维持渔业可持续发展的前提。反过来说，渔业生产活动也会对渔业水域环境产生影响，因为渔业生产的利用对象是水域生态系统中的某些生物，当这些生物不适当地被利用，就会使水域生态系统中的生物结构发生变化，这种变化达到一定程度时，就会破坏自然条件下形成的平衡状况，最终也影响到渔业生产的发展。

三、我国渔业水域环境的基本状况

我国海域辽阔，岸线漫长，岛屿众多，陆架宽广，江河湖泊纵横交错，形成了众多的捕捞、养殖场所，渔业水域生态环境良好。但由于近几十年来我国工农业迅速发展，污水处理设施跟不上，至使渔业水域生态环境遭受不同程度的污染和破坏，给渔业生产带来严重威胁。据《1999—2000 年中国渔业生态环境状况公报》指出："由于陆源污染物排放，我国海域部分近岸、河口及内湾鱼虾类产卵场、索饵场受到无机氮和活性磷酸盐污染，水体呈一定程度的富营养化，赤潮频繁发生。加之其他污染，使一些渔业水域的渔业功能有所削弱，渔业资源和水产养殖受到很大损害。"若从 2005 年以来的《中国渔业生态环境状况公报》来看，近些年来我国渔业生态环境状况总体保持良好，但局部渔业水域污染仍然比较严重，主要污染物为氮、磷、石油类和铜。其中，海洋天然重要渔业水域主要受到无机氮、活性磷酸盐、石油类和化学需氧量的污染。无机氮污染以渤海和东海区部分渔业水域相对较重；活性磷酸盐污染以渤海湾、东海区和珠江口渔业水域相对较重；石油类污染以长江口和南海区部分渔业水域相对较重。而海洋渔业水域沉积物中，主要受到铜、镉、砷和铅污染。铜和镉污染以东海区和南海区部分区域相对较重；砷和铅污染以南海区部分区域相对较重。

渔业水域生态环境破坏，可分为水体污染性的环境破坏和非水体污染性的环境破坏两大类型。当水体中有毒或有害物质超过水体自净能力时，水体便会改变原有的正常状态，即水质被污染，由此而造成的水域环境破坏，称为水体污染性的渔业水域环境破坏。当水体周围或外部自然环境改变或变迁而造成的渔业水域环境破坏，则称为非水体污染性的渔业水域环境破坏。我国淡水渔业生态环境和海洋渔业生态环境都存在这两种污染情况。

（一）我国淡水渔业水域环境的基本状况

我国是世界上淡水水面最多的国家之一，总面积约 $2\ 000 \times 10^4\ hm^2$（3 亿亩），其中河流约 $667 \times 10^4\ hm^2$（1 亿亩），湖泊约 $733 \times 10^4\ hm^2$（1.1 亿亩），水库约 $200 \times 10^4\ hm^2$（3 000 万亩），池塘约 $126.6 \times 10^4\ hm^2$（1 900 万亩），分别占总面积的 39%、40%、12% 和 7%。河流中，流程在 300 km 以上的有 30 余条，其中 1 000 km 以上有 12 条，如长江、黄河、淮河、澜沧江、鸭绿江、闽江、珠江等。湖泊面积在 100 hm^2（1 km^2）以上的有 2 800多个，其中 $6.7 \times 10^4\ hm^2$（100 万亩）以上的有 18 个，如青海湖、鄱阳湖、洞庭湖、太湖等。水库容量在 $1 \times 10^8\ m^3$ 以上的有 340 座，容量在 $1\ 000 \times 10^4\ m^3$ 以上的有 2 401 座，容量在 $100 \times 10^4\ m^3$ 左右的有 80 478 座。在这些广阔的水域里蕴藏着 500 多种鱼类。其中具有经济价值的鱼类约占半数，常见和产量较高的经济鱼类有 50 多种，青、草、鲢、鳙四大家鱼以及鲤、鲫、鳊、鲂等，鲤科鱼类遍布全国各地。

1. 水体污染性的淡水渔业水域环境破坏现状

我国淡水渔业水域环境水体污染比较严重，国家曾对 532 条江河进行了监测，发现受污染的约占 82.3%，其中有些局部水体污染情况十分严重。若从 2005 年以来的《中国渔业生态环境状况公报》来看，江河重要渔业水域主要受到总磷、非离子氨、高锰酸盐指数（是指反映高锰酸钾污染的一个数值）、石油类、挥发性酚及铜的污染。总磷污染以黄河、长江及黑龙江流域部分渔业水域相对较重；高锰酸盐指数污染以黄河和黑龙江流域部分渔业水域相对较重；石油类及挥发性酚污染以松花江渔业水域相对较重。湖泊、水库重要渔业水域主要受到总氮、总磷和高锰酸盐指数的污染，总磷和总氮的污染依然比较严重。现就长江、黄河、松花江、黄浦江、珠江以及太湖等的污染情况，分述于后。

（1）长江。是我国最大的河流，全长 6 380 km，每年流入海洋的径流量达 $8\ 540 \times 10^8\ m^3$，由于多年来沿岸工矿企业大量排入有毒有害废水，造成江水严重污染。据统计，长江污染源有 3 万多个，每天排放有害废水 $6\ 751 \times 10^4$ t，在流域附近工矿区或大城市江段，常发现鱼虾死亡，人畜中毒现象。在武汉江段由于武钢排出废水，形成宽 150 m、长 25 km 的污染带。南京至江阴段时有发现白鳍豚、青鱼、鲤鱼、鲇鱼等死亡。

（2）黄河。是我国第二大河流，现有 3 500 km 河段受不同程度的污染，如兰州河段酚超标 15 倍，砷超标 10 倍。由于水体污染，鲤鱼产量与 20 世纪 90 年代初相比产量减半。

（3）松花江。每天受污染的水域达 $800 \times 10^4\ m^3$，污水绝大部分未经处理，其中含有汞、氰化物、酚、石油、煤灰等。吉林市以下 300 km 江段鱼虾基本绝迹。汞污染严重的江段底泥中沉积量达 250 ~ 300 t，鱼体中汞超标率达 85%，平均含量 0.74 mg/kg，最高达 4.75 mg/kg，超标 16 倍。

（4）黄浦江。污染严重，上海市污水排放量每天高达 500×10^4 t，黄浦江最大支流苏州河犹如一条露天阴沟，终年发臭。

（5）珠江。在其流域北江水系中的韶关江段，水体污染尤为严重，此江段有千余个工矿企业，开采 70 多种矿藏。由于开采方式落后和管理不善，金属污染物露天堆放，经雨水冲刷后大量流入江内，严重污染了北江水系。据前几年监测，在河泥中汞含量达 0.52 mg/kg，镉达 10.765 mg/kg，铬达 112 mg/kg，此江水中含量浓度比清洁河水高达几百至几千倍。

太湖。周边工矿企业 700 多个，每日排放工业废水约 80×10^4 t，污染物中含有酚、氰化物、汞、铬、铅、有机磷以及硫化物等。此外，还含有石油和有机氯等其他有毒物质。这些废水有的直接排入湖内，有的经过迂回港湾和运河稀释后进入湖内。同时，沿湖农田还大量施用化肥农药及灭螺药剂，也影响太湖水质。由于水质污染，湖内鲤、鲫等鱼类产量下降，严重污染区还经常发现鱼、虾死亡。

另外，在广西、湖南、湖北、山东、云南、四川等省区，也因渔业水域受污染而影响渔业生产，如湖北的鸭儿湖污染严重，出现鱼体畸形，沿湖渔民中常有中毒发生；东北的嫩江等汞污染严重，鱼体内汞含量大大超过食品卫生标准，危害人民健康。

2. 非水体污染性的淡水渔业水域环境破坏现状

由于不合理的填河围湖垦殖活动，导致河流、湖泊面积日益缩小，改变了原有的良好生态环境，致使渔业资源受到破坏，例如，具有“千湖之省”著称的湖北省，在 20 世纪初大小湖泊有 1 066 个，水面 $82.53 \times 10^4\ hm^2$（约 1 238 万亩），后来由于大量的围垦种殖，到 1986 年只剩下 326 个，湖面减小到 $23.87 \times 10^4\ hm^2$（约 358 万亩），水产品捕获量大幅度下降。又如“八百里洞庭”已被围垦的湖面达 $17 \times 10^4\ hm^2$，等等。湖面的缩小危及水生动植物栖息环境。同时，由于在江河上兴修水利建闸筑坝时没有考虑过鱼设施，以致在工程完成后阻断了鱼类的繁殖洄游通道，并减少了上游饵料的下泄，造成江河湖泊的生态隔绝，从而也破坏了正常的渔业水域环境。例如，广东省内北江的主要支流（小北江），全长256 km，在20世纪中期的15年中先后建造水闸11座都没有过鱼设施，不但使西江和北江各种经济鱼类（如鳟、鲩、鲮等）的鱼苗无法进入小北江生长、育肥，而且还改变了小北江原有的水域生态条件，使多种适应于水浅流急水域中生存的鱼类，或必须在鹅卵石河床上产下黏性卵并要靠一定日照和水温才能孵化的鱼类，由于水深、流缓和温度低而死亡。又如珠江三角洲河网地带修建了许多属防洪防涝性质的水闸，每年春夏汛期江水上涨时都关上闸门，而这时正是各种洄游性鱼类繁殖季节，大量孵化不久的鱼苗从西江上游漂流而下需要游进水流平缓、饵料丰富的沿江支流、沼泽地带生长，待长到具有适应水流较急并具一定长度后才游到主流中生活，但由于水闸没有过鱼设施，鱼苗被阻挡在水闸外面，结果迫使鱼苗只能在流急、浪大、敌害又多的主流中漂泊，造成鱼苗成活率下降，甚至有些纯淡水的鱼苗被水流冲到海中而死亡。

（二）我国海洋渔业水域环境的基本状况

我国海洋渔业水域环境辽阔，濒临海域总面积可达 470×10^4 km^2，岸线总长超过18 000 km，6 500多个岛屿，水域跨越温带、亚热带和热带，并有著名的长江、黄河、珠江等江河注入，水质肥沃，是各种海洋动植物栖息、生长、繁殖的良好场所。我国海水养殖面积广阔，若按低潮线下水深10 m及整个潮间带计算，海涂总面积超过 666.7×10^4 hm^2，其中可供人工养殖的浅海滩涂约有 133.3×10^4 hm^2，渔业资源种类繁多，有1 500多种鱼类。其中经济鱼类有几十种，如带鱼、小黄鱼、大黄鱼、白姑鱼、鲨鱼、海鳗、鲭鱼、马面鲀以及鲐鲹等，数量多，分布广。此外还有虾、蟹、贝、藻等种类繁多的水产动植物。但由于近岸海域污染严重造成近海经济水生生物产卵场、索饵育肥场的水域遭到破坏，致使水域生产力下降。

根据2005年以来的《中国海洋环境质量状况公报》，我国近岸海域污染形势依然严峻；近海大部分水域水质良好；远海海域水质持续保护良好状态。严重污染海域主要分布在辽东湾、渤海湾、黄河口、莱州湾、长江口、杭州湾、珠江口和部分大中城市近岸局部水域。从2006—2008年3年来的变化来看，总体上，未达到清洁海域水质标准的水域面积较为稳定，略呈上升趋势，如表6－1所示。污染造成我国近海主要经济水生生物产卵场和索饵育肥场环境遭到破坏，饵料生物减少、水生生物繁殖力和幼体存活率降低，生物资源得不到有效补充，致使水域生产力急剧下降。目前渤海水域生产力水平不足20世纪80年代的1/5。严重影响了渔业生产，污染事故直接造成经济损失约31.7亿元。

表6－1　2005—2009年各海区未达到清洁海域水质标准的面积　　单位：km^2

海区	年度	较清洁	轻度污染	中度污染	严重污染	合计
渤海	2005	8 990	6 240	2 910	1 750	19 890
	2006	8 190	7 370	1 750	2 770	20 080
	2007	7 260	5 540	5 380	6 120	24 300
	2008	7 560	5 600	5 140	3 070	21 370
	2009	8 970	5 660	4 190	2 730	21 550

续表

海区	年度	较清洁	轻度污染	中度污染	严重污染	合计
黄海	2005	21 880	13 870	4 040	3 150	42 940
	2006	17 300	12 060	4 840	9 230	43 430
	2007	9 150	12 380	3 790	2 970	28 290
	2008	11 630	6 720	2 760	2 550	23 660
	2009	11 250	7 930	5 160	2 150	26 490
东海	2005	21 080	10 490	10 730	22 950	65 250
	2006	20 860	23 110	8 380	14 660	67 010
	2007	22 430	25 780	5 500	16 970	70 680
	2008	34 140	9 630	6 930	15 910	66 610
	2009	30 830	9 030	8 710	19 620	68 190
南海	2005	5 850	3 460	470	1 420	11 200
	2006	4 670	9 600	2 470	1 710	18 450
	2007	12 450	3 810	2 090	3 660	22 010
	2008	12 150	6 890	2 590	3 730	25 360
	2009	19 870	2 880	2 780	5 220	30 750
合计	2005	57 800	34 060	18 150	29 270	139 280
	2006	51 020	52 140	17 440	28 370	148 970
	2007	51 290	47 510	16 760	29 720	145 280
	2008	65 480	28 840	17 420	25 260	137 000
	2009	70 920	25 500	20 840	29 720	146 980

1. 水体污染性的海洋渔业水域环境的破坏现状

我国沿海九省二市，城镇密度大，人口集中，工矿企业4万多个，每年直接排入近海的生活污水和工业废水多达 66.5×10^8 t，其中化学污水排放量最大，约占总排放量的40%，随这些污水排入近海的有毒有害物质有石油、汞、镉、铅、砷、铬、氰化物等。全国沿海各县施放农药每年约 20×10^4 t，若以1/4入海计算，一年就有 5×10^4 t。这些污染物危害范围很大，尤其是东海的污染情况。东海三省一市，据史料记载，在20世纪70—80年代实际排入东海的排油量为8 831 t/a。据长江口和杭州湾的3次调查，其检出率高达94%，超标率67%，最大检出值为水质标准的8.6倍。三省一市直接排入东海的工业废水有 14.66×10^8 t/a，占全国沿海工业废水总量的32%，其中上海排放量 11×10^8 t/a，江苏省 1.76×10^8 t/a、浙江省 1.77×10^8 t/a，东海沿岸三省一市经由江河入海的各种重金属分别为：汞12.88 t/a、镉30.30 t/a、铅977.6 t/a、铜921.5 t/a，锌398.7 t/a、砷293.1 t/a，还有化肥 94×10^4 t，东海沿岸的化工、造纸、医药、冶金、矿山、电镀、电气仪表等企业日排放污水量超过300 t的有196个企业。因此，造成渔场外移，近海“赤潮”时有发生。值得注意的是，由于沿海石油勘探、拆船业兴起，以及各类船舶航行等各方面的排油，石油污染已成为我国海区污染的一个突出问题。据有关部门监测结果表明，近海水域海水中溶解分散的石油残留物平均浓度已超过我国渔业水质标准。在各海区中东海沿岸油污染程度最高，渤海油污染范围最广。海洋污染使部分鱼类死亡，生物种类减少，水产品体内残留物增加，渔场外移，滩涂荒废，以渤海、黄海胶州湾为例，以前（即在20世纪70年代之前）在其海港潮间带的海洋生物有171种，经过10年时间就降到30种，目前只剩下不到10种。由于上述种种原因据有关部门统计，我国每年海洋生物死亡事件达上千起，经济损失达几亿元。

由于我国近岸海洋无机氮和活性磷酸盐平均浓度一直严重超标，海洋污染已从近岸内湾河口向外海扩散，因此赤潮已经成为频发性的自然灾害。如20世纪90年代年平均发生赤潮23次，2001—2009年全海域共发生赤潮764次，平均每年高达85次，赤潮累计面积152 510 km^2，特别是在东海区，发生的次数和面积明显高于其他3个海区，其中浙江近岸海域又是高发区，2001—2005年发生次数和面积占全国海域赤潮累计发生次数和面积的38%和61%。2005年5月30日至6月7日发生在南麂列岛周边海域的米氏凯伦藻赤潮，造成养殖鱼类和贝类大量死亡，直接经济损失达1 970万元。

另外，水产养殖生产过程中所产生的污染也是不可忽视的，由于不规范的养殖生产操作使残饵、养殖排泄物、生物尸体、渔用饲料和药物在封闭或半封闭的养殖水域中形成污染，主要表现在养殖水体营养盐含量升高，下层水体缺氧，沉积物中硫化物、有机质、还原物质含量上升，有害微生物，污染生物繁衍，各类病害频繁发生，最终导致养殖产量下降甚至绝产。

2. 非水体污染性的海洋渔业生态环境破坏现状

海洋非水体污染性的渔业生态环境破坏主要是在河口、海湾或沿岸线浅水区，由于不适当的拦河筑坝、围海造田、修建海岸工程等，导致生态环境变化，加剧了渔业资源的衰退。例如，广东省珠江口万顷沙附近的咸淡水交汇处，饵料丰富，是鲥鱼等经济鱼类生长、栖息的水域，由于多年来的围垦，使幼鱼失去大片生长、育肥的场所。又如，广东大亚湾是水产资源自然保护区，湾内金门塘马氏珍珠贝苗尤为丰富，但在1990年为建设万吨级码头而开山填海，将这片珍贵贝苗天然保护区填为平地。同时，在许多岛屿上因开发鸟类资源而过多捕鸟、过多采石、工业废物倾倒以及砍伐破坏红树林等，也使岛屿生态环境恶化，附近渔业水域环境变坏。例如红树林破坏给渔业带来的损害。由于红树林自然掉落物较多，分解形成的有机物碎屑是浮游生物、底栖生物的优良饵料，而这些生物又是鱼、虾、蟹的食物，同时红树林又是鱼、虾、蟹躲避敌害的优良场所，砍掉了红树林必然给渔业资源繁殖带来危害。另外，南海珊瑚礁作为生产石灰的原料而进行开采，结果海岸直接受到海湾冲刷而破坏，沿岸土壤盐碱化，珊瑚礁鱼类由于失去生态环境和食物供应地，种群因而消退，从而导致生态环境变化，破坏了鱼类栖息的场所，加剧了渔业资源的衰退。

第二节　渔业水域环境保护与管理的法律依据

随着我国经济的快速发展，各地工矿企业的布局和排污等问题越来越引起人们的关注。为此我国政府自20世纪70年代以来相继颁布实施了一系列环境保护的法律、法规，如在渔业水域环境方面有《中华人民共和国渔业法》（以下简称《渔业法》）、《中华人民共和国环境保护法》（以下简称《环境保护法》）、《中华人民共和国水污染防治法》（以下简称《水污染防治法》）、《中华人民共和国海洋环境保护法》（以下简称《海洋环境保护法》），以及渔业水域环境行政法规、渔业水域环境质量标准、渔业水域环境规章和规范性文件、地方性法规和规章等。这些法律、法规都是渔业水域环境保护与管理的法律依据。若从这些法律法规的内容来看，环境保护的法律依据就看得更清楚。

一、《环境保护法》中的依据

1979 年 9 月 13 日，全国人大常委会颁布了《中华人民共和国环境保护法（试行）》；1989 年 12 月 26 日，全国人大常委会颁布了《中华人民共和国环境保护法》自颁布之日起生效。《环境保护法》是我国环境保护的基本法，也必然是渔业水域环境保护的基本法。《环境保护法》的内容主要包括我国环境保护的基本原则、环境监督管理的原则和职能分工、保护和改善环境的基本要求、防治环境污染和其他公害的基本要求，以及违法的法律责任等。虽然《环境保护法》没有专门规定渔业水域环境问题，但在监督管理的条款中，仍然明确规定渔政渔港监督有权依照有关法律的规定对环境污染防治实施监督管理；农业、水利行政主管部门，依照有关法律的规定对资源的保护实施监督管理。

二、《渔业法》中的依据

《渔业法》于 1986 年 1 月 20 日公布，自 1986 年 7 月 1 日起实施，后来经过 2000 年、2004 年两次修订。有关渔业水域环境方面的规定包括 3 个方面。

（一）关于养殖业中的水域环境保护

《渔业法》第十九条规定：“从事养殖生产不得使用含有害有毒物质的饵料、饲料”；第二十条规定：“从事养殖生产应保护水域生态环境，科学确定养殖密度，合理投饵、施肥、使用药物，不得造成水域的环境污染。”

（二）关于环境对渔业资源的影响

《渔业法》在环境对渔业资源的影响方面的规定主要包括：

1. 在鱼、虾、蟹洄游通道建闸、筑坝，对渔业资源有严重影响的，建设单位应建造过鱼设施或采取其他补救措施。

2. 禁止围湖造田。沿海滩涂未经县级以上人民政府批准，不得围垦。重要的苗种基地、养殖场不得围垦。

3. 进行水下爆破、勘探、施工作业，对渔业资源有严重影响的，作业单位应当事先同有关县级以上人民政府渔业行政主管部门协商，采取措施，防止或减少对渔业资源的损害；造成渔业资源损失的，由县级以上人民政府责令赔偿。

4. 对用于渔业，并兼有调蓄、灌溉功能的水体，有关主管部门应确定渔业生产所需要的最低水位线。

（三）关于渔业水域环境污染

关于防止渔业水域环境污染，《渔业法》中规定：“各级人民政府采取措施，保护和改善渔业水域的生态环境，防止污染。”

《渔业法》同时规定：“渔业水域生态环境的监督管理和渔业污染事故的调查处理，

依照《中华人民共和国海洋环境保护法》和《中华人民共和国水污染防治法》的有关规定执行。”“造成渔业水域生态环境破坏或者渔业污染事故的，依照《中华人民共和国海洋环境保护法》和《中华人民共和国水污染防治法》的规定追究法律责任。”

三、《水污染防治法》中的依据

《水污染防治法》于1984年5月11颁布，11月1日起实施，后于1996年修改，1996年5月15日起实施。2008年再次修订，并于2008年6月1日起实施。根据该法第二条规定："本法适用于中华人民共和国领域内的江河、湖泊、运河、渠道、水库等地表水体及地下水体的污染防治。海洋污染防治适用《中华人民共和国海洋环境保护法》。”因此，《水污染防治法》适用于内陆地表水域和地下水的污染防治，其中包括内陆渔业水域。《水污染防治法》共8章92条，内容包括以下几方面：

（一）水污染防治的基本原则和制度

我国水污染防治的基本原则是预防为主、防治结合、综合治理，优先保护饮用水水源，严格控制工业污染、城镇生活污染，防治农业面源污染，积极推进生态治理工程建设，预防、控制和减少水环境污染和生态破坏。县级以上人民政府应当将水环境保护工作纳入国民经济和社会发展规划。

（二）水污染防治的标准和规划

国务院环境保护主管部门制定国家水环境质量标准，省级政府可以对国家水环境质量标准中未作规定的项目，制定地方标准。防治水污染应当按流域或者按区域进行统一规划。

（三）水污染防治监督管理的管辖机关和基本原则

县级以上人民政府环境保护主管部门对水污染防治实施统一监督管理。交通主管部门的海事管理机构对船舶污染水域的防治实施监督管理。县级以上政府行政、国土资源、卫生、建设、农业、渔业等部门以及重要江河、湖泊的流域水资源保护机构，在各自的职责范围内，对有关水污染防治实施监督管理。

（四）水污染防治的监督管理

主要包括：水上建设项目和其他设施工程的环境影响评价；重点水污染排放总量控制制度，对未按照要求完成重点水污染物排放总量控制指标的省、自治区、直辖市实行公布制度；排污许可证制度和排污收费制度；水环境质量监测和水污染物排放监测和信息发布制度。

（五）水污染防治措施

包括一般性禁止措施和限制措施；工业水污染防治措施；城镇水污染防治措施；农业和农村水污染防治措施；船舶水污染防治措施。

（六）饮用水水源和其他特殊水体保护

包括饮用水水源保护区制度；风景名胜区水体、重要渔业水体和其他具有特殊经济文化价值的水体保护区制度。

（七）水污染事故处理

包括突发性水污染事故的应急准备、应急处置、报告、事故调查处理等。

（八）法律责任

详细规定了对违法行为追究的法律责任。

四、《海洋环境保护法》中的依据

我国《海洋环境保护法》于1982年8月22日发布，1983年5月1日实施，1999年修订后的《海洋环境保护法》自2000年4月1日起生效。《海洋环境保护法》共有10章98条，主要内容包括以下几方面。

（一）我国海洋环境保护的基本原则和海洋环境监督管理的基本体制

包括重点海域排污总量控制制度、主要污染物排海总量控制指标制度、对主要污染源分配排放控制数量的基本原则性规定，以及对政府环境保护行政主管部门、海洋行政主管部门、海事行政主管部门、渔业行政主管部门、海军环境保护部门在海洋环境监督管理中的职责和分工。

（二）海洋环境的监督管理

主要包括：海洋功能区划和海洋环境保护规划的制定。海洋环境保护规划和海洋环境污染防治及海洋生态保护的实施；海洋环境质量标准的制定及其在水污染排放标准制定中的地位；海洋排污费制度的基本原则；对超标排放污染物、在规定的期限内未完成污染物排放削减任务、造成海洋环境严重污染损害的处理规定；防治海洋环境污染损害的科技研究和开发、企业防治海洋环境污染的要求，以及对严重污染海洋环境的落后生产工艺和落后设备的淘汰制度；海洋环境监视、监测、调查的基本制度；因发生事故或者其他突发性事件，造成或者可能造成海洋环境污染事故的处理；重大海上污染事故应急计划的制订；海洋环境海上联合执法制度等。

（三）海洋生态保护

主要包括：海洋生态保护的基本要求；海洋自然保护区建立；开发利用海洋资源、引进海洋动植物物种、开发海岛及周围海域资源的生态保护要求；海岸生态保护；对海水养殖的生态保护要求等。

（四）防止陆源污染物对海洋环境的污染损害

主要包括：向海域排放陆源污染物的基本要求；入海排污口管理；入海河流管理；排放陆源污染物的单位排放和处理申报；对各类入海污染物的禁止、控制和管理；城市污水处理和污水海洋处理工程建设；防止、减少和控制大气层海洋污染等。

（五）防止海岸工程建设项目对海洋环境的污染损害

主要包括：海岸工程项目建设的基本要求；对海岸工程建设项目编报环境影响报告书的要求；海岸工程建设项目的环境保护设施的设计、施工和使用要求；对兴建海岸工程建设项目保护海洋生物资源的要求，以及对海岸采挖砂石的限制、对露天开采海滨砂矿和从岸上打井开采海底矿产资源环境保护要求等。

（六）防止海洋工程建设项目对海洋环境的污染损害

主要包括：海洋工程建设项目环境保护的基本要求和编报海洋环境影响报告书的要求；海洋工程建设项目的环境保护设施的设计、施工和使用要求；海洋工程建设项目保护海洋生物资源的要求；防止海洋石油污染海洋环境等。

（七）防止倾倒废弃物对海洋环境的污染损害

主要包括：向海洋倾倒废弃物的审查批准制度、评价程序和标准制定，以及向海洋倾倒废弃物的管理；海洋倾倒区的选划、使用和环境监测；获准倾倒废弃物的实施；在海上焚烧废弃物、处置放射性废弃物或其他放射性物质的禁止规定等。

（八）防止船舶及有关作业活动对海洋环境的污染损害

主要包括：船舶及相关作业活动保护海洋环境的基本要求；船舶防止海洋环境污染的证书与文书、防污设备和器材的要求；防止海难事故造成海洋环境污染；船舶油污损害民事赔偿责任制度、油污保险、油污损害赔偿基金制度；船舶载运具有污染危害性货物进出港口的申报制度；船舶装运污染危害性的交付、评估，以及装卸油类及有毒有害货物的作业操作要求；港口、码头、装卸站和船舶修造厂防止污染海洋环境的要求；防止船舶及有关作业污染海洋环境的报批制度；船舶发生海难事故造成或者可能造成海洋环境重大污染损害的处理；船舶和民用航空器监视海上污染的义务及报告要求等。

（九）法律责任

规定了违反《海洋环境保护法》的法律责任和责任追究主体。

除了上述这些法律法规是渔业水域环境保护与管理的法律依据之外，还有国际条约，如《联合国海洋法公约》、《防止倾倒废弃物及其他物质污染海洋的公约》、《1973 年国际防止船舶造成污染公约》、《国际干预公海油污事故公约》、《1990 年国际油污防备、反应和合作公约》、《1992 年国际油污损害民事责任公约》等。《联合国海洋法公约》第十二部分专门对海洋环境保护和保全进行了规定，内容包括各国在海洋环境保护和保全方面的权利和义务、国际合作、技术援助、环境监测与评价以及减少和控制海洋环境污染的国际规则和国内立法等。由此可见，渔业水域环境保护与管理的法律依据，不仅各国家都有，而且在联合国也有法律依据，说明水域环境保护与管理得到全世界的公认。

第三节　水域污染对渔业的危害

自然界的水体具有一定的自净能力，因为在自然界的水域中，当少量污染物进入水体后，经水流的混合、稀释和扩散，比水重的粒子自行沉降，再经氧化和微生物作用，对一定的污染物进行降减，于是就可保持原有的水质。但是，当污染物排入量超过水体的自净能力时，水质将逐渐变坏，水的成分等发生了变化，这时在自然条件下，水体不再起着自净作用，这样的水体就可认为是被污染了。水域环境污染的一般象征是：溶解氧降低，出现硫化氢，透明度下降，赤潮连续发生，生物种群趋向简化或种类更替，以及生物体内污染物含量上升。污染物一般对鱼类的生物效应是死亡、回避、生长缓慢、产卵减少和繁殖率下降。即当水质污染后可能产生鱼类大量中毒死亡。如氰化物和有机农药，以及大量的有机物排入水体后，大量消耗水中的溶解氧，使鱼类窒息死亡；当鱼类逆流而上到达一定区域产卵时，由于河流被污染后有的产卵区被破坏了，鱼为避开污染区而中途返回；有的鱼因水质污染而迷失方向，到不了产卵场，这样渔场受到破坏，就形不成渔汛。水域环境污染危害渔业生产和人体健康，造成通常所说的"公害"，这是值得注意的事。然而形成水域环境污染的主要原因是工矿企业等排放的污染物，如石油、重金属、农药、有机物、放射性物质、工业热废水、固体废弃物等。这些污染物如何进入水域以及对渔业的危害，分述于后。

一、石油污染及其对渔业的危害

石油是海洋污染的主要物质，在港口、海湾、沿岸，在船舶的主要航线附近，以及海底油田周围，经常可以看到漂浮的油块和油膜。我国近海石油污染严重，几个海域各种油污入海量每年高达 144 000 t，其中渤海油污染约占 44%，每年超过 64 000 t。石油污染范围广，对水生生物、沿岸环境和人体健康都有不良影响。

石油污染的主要来源有：沿岸工矿企业的排放废水，港口、油库设施的泄漏，船舶在航行中漏油，海难事故，海底石油开采及油井喷油，以及拆船工业的油扩散等。据统计，全世界每年由沿海工矿企业排入海洋的石油约有 500×10^4 t，由海底石油及油井事故流入海洋的石油有 100×10^4 t，由船舶压舱水和洗舱水排入海洋的石油有 80×10^4 t，由船舶事故排出的石油有 50×10^4 t 等等。入海的石油，由于比水轻，便漂浮在水面上，扩展成油膜。油膜扩散速度达 100 ~ 300 m/h。每升石油形成的油膜扩散面积可达 1 000 ~ 10 000 m^2。油膜在扩散和漂流过程中，轻组分迅速挥发，重组分沉降或黏附在悬浮固体颗粒上而后沉到海底。当海底每克干泥中含油达 2 mg 时，底质便会发臭。

石油污染对渔业危害最大，因为漂浮在海面上的油膜，隔断了大气与海洋气体的交换，减弱了太阳的辐射量，影响植物光合作用，降低了水域的海洋初级生产力。石油中低沸点的饱和烃对低等海洋生物具有毒性，特别对其幼体危害更大；而高沸点饱和烃过量时会干扰海洋生物的营养状况，影响其生长，毒性大的燃料油能大量毒死鱼类。油膜的生物分解及自身的氧化作用，消耗大量的溶解氧（1 L 石油完全氧化需要消耗 40×10^4 L 海水中的溶解氧），使海洋中有些生物由于缺氧而死亡。油膜黏附在鱼鳃与海兽的呼吸器官上，致使鱼鳃与海兽的呼吸器官发炎，循环系统发生混乱，导致呼吸困难而死亡。油膜和油块黏着鱼卵，孵化出来的幼鱼大部分畸形，而且成活率只有一两天，海洋棘皮动物经油污染后短时间内大量死亡。当海水中含有 1% 浮油时，海胆的管足不能活动，只能存活 1 h。蛤、鲍鱼、牡蛎也将窒息死亡。小型藻类最易受石油污染而导致大量死亡，其中燃料油对海藻幼苗毒性最大。石油污染对潮间带生物也有严重威胁，油污能毒死海洋岩石表面的固着生物。海鸟的羽毛经油污染后，体重增加，失去隔热性能、降低卸寒能力，最后也将死亡。经过污染一定程度后的鱼、贝有一股臭味，不能食用。同时，油污染发生后要经过 5 ~ 7 年海洋生物才能完成恢复生长。而且海上事故造成的石油泄露往往具有突发性，损失特别大。例如，2006 年 4 月 22 日，韩国现代集团"独立"号 6.5 万吨级集装箱船与船坞发生碰撞，油箱破损泄漏，造成浙江舟山本岛的马峙岛南部海域污染，面积达 30 000 hm^2，经济损失 3 000 多万元。

二、重金属污染及其对渔业的危害

重金属是指比重大于 5 的金属。污染水体的重金属主要有汞、铜、锌、镉、铬、镍、锰、钒等，其中汞的毒性最大，镉次之，铬等也有相当的毒性。砷和硒虽然属非金属，但其毒性及某些性质类似于重金属，所以在环境化学中都把它归于重金属范围。重金属污染物主要来源于纺织、电镀、化工、化肥、农药、矿山等工业生产中排出的重金属废水，导入江河湖海。重金属在水体中一般不被微生物分解，只能发生生态之间的相互转化、分散和富集。重金属在水中一般呈化合物形式，也可以离子状态存在，但重金属的化合物在水体中溶解度很小，往往沉于水底。由于重金属离子带正电，因此在水中很容易被带负电的胶体颗粒所吸附。吸附重金属的胶体随河水向下游移动，但多数很快沉降。由于这些原因，大大限制了重金属在水中的扩散，使重金属主要集中于排水口下游一定范围内的底泥中。沉积于底泥中的重金属是个长期的次生污染源，而且难治理。每年汛期，河川流量加大和对河床冲刷增加时，底泥中的重金属随泥一起流入径流。

重金属排入海洋的情况和数量，各不相同，如汞主要来自工业废水和汞制剂农药的流失，以及含汞废气的沉降。汞每年排入海洋约 1×10^4 t。铅在太平洋沿岸表层水中浓度与 40 年前相比增加了 10 倍，每年排入海洋的铅约 1×10^4 t。镉近年来海洋的污染范围日益增大，特别在河口及海湾更为严重。目前有的国家发现 100 n mile 之外的海域也受到镉的影响。铜的污染是通过煤的燃烧而排入海洋。全世界锌每年通过河流排入海洋高达 393×10^4 t。砷的污染，目前在海洋虽然较小，但在污染区附近的污染程度十分严重，这是由于海洋生物一般对砷具有较强的富集力，故对人类的危害也较大。铬的毒性与砷相似，海洋中铬主要来自工业污染，在制铬工业中，如果日处理 10 t 原料时，则每年将排入海洋约有 73 ~ 91 t。

重金属主要通过食物进入人体，不易排泄，能在人体的一定部位积累，使人慢慢中毒，极难治疗。如甲基汞极易在脑中积累，其次是肝肾。无机汞极易在肾中积累。镉主要积累在肾脏和骨骼中，从而导致贫血、代谢不正常、高血压等慢性病。镉若与氰、铬等同时存在时，毒性更大。此外，铅能引起贫血、肾炎，破坏神经系统和影响骨骼等。鱼类重金属中毒，一般表现出不安，呼吸频率增大、分泌黏液大量增加，并作深呼吸状态，对外界刺激反应减弱，随后作冲激运动、侧卧、呼吸减少，死时痉挛。重金属这时中毒鱼的死亡是因鱼鳃被直接破坏，皮肤和鳃上形成很厚的黏液层阻碍呼吸从而导致窒息所致。

重金属污染对渔业的危害程度，主要取决于该元素的化学性质和水生生物的种类。水生生物一般都有富集重金属的能力，特别是鱼、贝类富集力更强。重金属污染水域后，破坏了渔业环境的生态平衡，即非生物环境条件改变导致影响生物环境条件变化，从而影响渔业生产。例如，渔场受污染后，浮游动植物被毒死，饵料生物减少，破坏了环境中的食物链结构，从而影响鱼、虾的索饵、产卵、越冬洄游，使渔场逐渐荒废。水中重金属含量超过一定范围时，不仅直接毒害水生生物，而且还会通过食物链的传递和富集，使水生生物体内重金属增加几倍至几十倍。在重金属污染的水域中，首先受害的是浮游植物、固着生物、底栖生物以及浮游动物。鱼类在被污染的水域中，由于缺氧，加上鳃盖受损，皮肤、鳃盖附着黏液，呼吸困难，进而窒息死亡，或者当鱼类洄游到被污染的渔场时，由于缺少饵料生物而改变了洄游路线，造成渔场荒废。对鱼类来说高浓度的重金属含量直接破坏其表皮细胞和鳃盖组织，低浓度的重金属则能渗透到鱼类组织内部，影响其肝、肾、脾和脑等。

三、农药污染及其对渔业的危害

对环境造成污染的农药，主要包括含有汞、铜、铅等重金属的农药和含有有机磷、有机氯的农药。含有重金属的农药所产生的危害与重金属污染的危害相同。有机磷农药的毒性较烈，能在局部水域造成危害，但它较易分解，毒性作用持续时间不长。有机氯农药的结构比较稳定，不易分解，因此其毒性作用持续时间较长。有机氯污染的水域以滴滴涕和多氯联苯的农药为主。据统计，全世界滴滴涕的产量约达 300×10^4 t，其中有 100×10^4 t 污染海洋环境。对海洋渔业造成危害的主要是有机氯化合物。难分解的农药已成为全球性的污染物，参与大气和水的循环以及生态系统，危害遗传基因，存在着致畸、致瘤的潜在危险。氯化碳氢化合物随鱼、虾、贝等食物进入人体，便会富集于肾腺、甲状腺、肝以及脂肪中，危害人体健康。

农药污染对渔业的危害极大，其中有机磷农药能使鱼体脊髓骨弯曲而畸形，它对鱼类的主要生理作用是抑制鱼体内胆碱酯酶的活力，造成中枢和外周神经系统以及神经肌肉和关节功能的失调，致使鱼体畸形，从而影响鱼类生存。但受有机磷农药污染时间不长，尚未造成鱼体神经系统残废时，若在正常的水域饲养一段时间后，即可消除它对鱼体的毒性。而有机氯农药对海洋生物的危害，主要是抑制海洋植物的光合作用，如滴滴涕农药在十亿分之几时，某些浮游植物的光合作用受影响。当有机氯进入鱼体后，便大量贮存于脂肪、肝脏和卵巢中，影响生存。水体被有机氯污染后，往往促使鱼类改变洄游路线，同时产卵量减少。

四、有机物污染及其对渔业的危害

污染渔业水域的有机物有两类：一类是具有毒性的有机物，如人工合成的有机磷、有机氯等。还有其他化工产品、天然石油、天然气等，这类有机物能在水生生物体内积累并对其产生直接的毒害作用。另一类是营养性有机物，主要来源于生活污水、养殖排污、工农业废水等，分解后成为营养盐。营养盐是水生生物生长繁殖所必需的，但数量过多就会造成污染，称为“富营养化”，或“过度肥沃”。在水体交换不良的地方，一旦出现富营养化，即使切断外界营养盐的来源，水体还是难以恢复。

有机物污染主要来自食品、化肥、造纸、化纤、农贸市场以及城市的生活用水。海洋中有机物污染除了小部分由航行船只排入的生活污水之外，绝大部分经海岸进入海洋，或江河径流带入海洋。因此它的污染源都在沿岸。例如黄渤海沿岸有食品厂、酒厂、屠宰厂、粮食加工厂等 110 家，每年排出含富营养有机物的废水多达 400×10^4 t。沿岸城镇人口集中，每年排出生活污水有 36×10^8 t，仅上海市每日排入东海的生活污水有 45×10^4 t 以上。此外，农业上使用的粪肥和化学肥料很容易被雨水冲刷流失，最终也归入海洋，如北方沿海各县化肥使用量高达 70×10^4 t，若以 20% ~ 40% 排入海洋中，也有 $10 \times 10^4 \sim 30 \times 10^4$ t。在这些污水中有机物含量很高，给水域带来大量氮、磷等营养盐，当营养盐过量，则水域富营养化或产生缺氧，将危害渔业。

有机物污染对渔业的危害是多方面的，如影响水生动植物生存、助长病毒繁殖、影响渔业环境以及产生赤潮等。有机物大量流入水域使水域产生不同程度的缺氧现象，造成大量海洋生物窒息死亡，或严重影响鱼类生长、发育和繁殖，影响水生经济动植物生存。有机物中大量营养盐进入水域，细菌和病毒大量繁殖，病毒进入鱼体内直接影响其生长，有的通过食物链进入人体，影响健康。有机物污水中的纤维悬浮物能与海水中带阳电荷离子产生化学凝结，形成絮状沉淀。同时污水中大量的碳水化合物等由于细菌作用，最终形成硫化氢、甲烷和氨等有毒气体，影响渔业水域环境。有机物中含有铁、锰等微量元素以及一些维生素 B_1、维生素 B_{12}，酵母、蛋白质的消化分解等都是赤潮生物大量繁殖的刺激因素。当形成赤潮后，它将造成各方面的危害。如赤潮生物大量繁殖后覆盖了大片海面，妨碍水面氧气交换，致使水体缺氧，赤潮生物死亡后，极易为微生物分解，从而消耗水中大量溶解氧，使海水缺氧甚至处于无氧状态，导致海洋生物死亡；赤潮生物体内含有毒素，经微生物分解或排出体外，毒素对肌体、呼吸、神经中枢将产生不良影响，能毒死鱼、虾、贝类；赤潮可破坏渔场结构，使其形不成渔汛等。

五、放射性污染及其对渔业的危害

水体中的放射性物质，有天然放射性物质和人工放射性物质，前者存在于自然界，后者是人类活动中造成的。放射性污染物种类繁多，其中较危险的有锶－90和铯－137等，它们主要来源于：核试验的人工放射性同位素及其大气沉降，稀土元素，稀有金属铀、钍矿的开采、洗选、冶炼提纯过程的废物，原子能反应堆、核电站、核动力潜艇运转时排放或漏泄的废物，核潜艇失事，载有核弹头飞机坠毁，原子能工业排放出的废弃物等。

放射性物质进入水域之前，先是停留在海面上，后经生活于水体中各种生物所富集，再经海流等各种因素的作用，胶体和悬浮物的聚沉，于是海面上的放射性物质将逐渐向水域下层移动，同时随着表层生物的死亡、分解和下沉，也将吸收的放射性物质带到海底，从而造成海洋底质的放射性污染，给渔业带来种种危害。

放射性污染对渔业的危害，主要是对鱼类的生长、繁殖产生不良影响，以及降低了鱼类的食用价值。放射性污染对海洋生物的影响，是通过其体表的吸附和鳃盖的吸收，以及摄食被污染的饵料，再通过食物链而富集于海水中或底质里。放射性物质对鱼卵和稚鱼的发育、生长产生明显的不良影响，如胚胎发育较慢、死亡率上升；稚鱼生长减缓，死亡率增加；胚胎孵化出来的稚鱼畸形；鱼类寿命缩短，产卵量下降，破坏成鱼的生殖系统，影响鱼类的生长和繁殖等。人类如果大量食用被严重污染的水产品，将直接影响健康，因为锶－90和铯－137等放射性物质的半衰期较长，经食物链进入人体后能在一定部位积累，增加对人体的放射，损伤遗传物质，引起基因突变和染色体畸变，同时使造血器官、心脏、血管系统、内分泌系统、神经系统等都将受到损伤。

六、酸碱污染及其对渔业的危害

水体酸污染主要是冶炼、金属加工酸洗、人造纤维、硫酸、农药等工厂排入的废酸水和矿业排放的废水造成。此外，酸雨也是当前水体酸污染的一个来源。水体碱污染主要是造纸、化学纤维、印染、制革、炼油等工厂排入的废水造成。水体遭受酸、碱污染后，当pH值小于6.5或大于8.5时，水中微生物的生长会受到抑制，致使水体对需氧有机物的净化能力降低。水体长期遭到酸碱污染，会使水生生态系统产生不良影响，水生生物的种群结构会发生变化，某些生物种类减少，甚至绝迹。

酸的腐蚀性很强，可以腐蚀鱼鳃，降低它们吸收氧的能力；还会腐蚀鱼类的内脏，使血液滞流，排泄器官失去作用。当 pH 值小于 5 时，鱼类就难以生存；而当 pH 值大于 9 时（呈碱性），也会对水生生物产生明显影响。若是碱性污染物进入鱼类消化系统，就会引起消化道黏膜糜烂、出血甚至穿孔，造成严重危害。

七、热污染及其对渔业的危害

水域热污染是指工业废水对水域的有害影响，如果常年有高于海区水域 4℃以上的热废水排入，即产生热污染。水域热污染来源于电力工业的废水，其次是冶金、石油、造纸和机械工业排放的热废水。一座核电站每秒排放 30 t 热废水，可使周围水域温度升高 3～8℃，一座 10×10^4 kW 的火力发电站，每秒排出 7 t 热废水，能提高周围水温 3℃。在热污染的水域中绿藻、红藻、褐藻可能消失，然而蓝藻却大量繁殖。

热污染对渔业的危害，主要表现在：能导致水域缺氧，影响水生生物正常生存，增大有害物质的毒性以及改变渔场底质环境等，因为热水本身就是缺氧的水体，大量热废水排入，必然使局部水域溶解氧含量降低。热污染还能干扰水生生物的生长和繁殖，因为水生生物只能在特定的温度范围内生存，如果水温超过其范围，则它将难于生存，尤其是对一些低温种类的水生生物影响更大。此外，由于热污染促进了生物初期的生长速度，使它们过早成熟，以致完全不能繁殖，从而造成生物个体数量减少。然而，热污染对那些适应高温的水生生物，水温升高使它们成为种间竞争的优胜者，从而改变了该水域原有的生态平衡。对于逆流产卵的鱼类，热污染将是该鱼类生殖期的障碍，鱼类无法到达产卵场。或者是水温升高，诱使某些鱼类在错误的时间产卵或作“季节性”迁移，从而影响它们的正常繁殖。热污染对某些有毒的水体，当水温升高 10℃时，水生生物的存活率将减少一半，或存活时间缩短。水温升高能使水域中的悬浮物易于分解，泥沙易于沉淀，不利于泥沙搬运，长期排放热污水，可影响局部水域淤塞变浅，使渔场环境产生变化，影响渔业生产。当然，热污染如果处理得好，也能化害为利，如冬季热废水可使水域不结冻，可作非洲鲫鱼的越冬场。

八、固体废弃物污染及其对渔业的危害

人类活动会产生种种固体废弃物，如工业生产和矿山开采过程的各种废弃物，城市的生活垃圾，农作物的秸秆，家畜的粪便，以及船舶有意投弃的固体废弃物，如碎木片、空瓶、旧鞋、废旧轮胎、废矿渣、破旧汽车等等。对固体废弃物的处理，除了利用废弃矿区或挖深坑埋藏之外，还有向海洋倾废。海洋倾废的目的是利用海洋的环境容量和自净能力，将固体废弃物倒入指定的海洋倾倒区。

固体废弃物对渔业的危害，主要是指固体废弃物可减弱水体的光照，妨碍水体中绿色植物的光合作用，影响水域表面与大气中氧气的交换。漂浮的固体废弃物中的微粒，不仅会伤害鱼鳃的呼吸，甚至导致鱼类死亡。固体废弃物中有机微粒的氧化分解，将造成水域严重缺氧，导致鱼类窒息死亡。大量的固体废弃物倾入水中，将会改变破坏原有水域的生态平衡，或覆盖海底，迫使鱼、虾、贝等底栖生物离开渔场使传统渔场受到破坏，甚至荒废。特别是对于我国沿海都是浅海水域渔场，岛屿众多，海峡狭窄而封闭，不论是海水的交换能力，还是自净能力，都是比较薄弱的，因此更应该注意这方面对渔业的危害。

第四节　渔业水域环境保护与管理的主要内容

水质污染对渔业资源的危害，是影响渔业生产的重要因素。因此，为了防止和消除水质污染，保证水生生物正常生长、繁殖和渔业生产，保障人民身体健康，我们就必须对渔业水域生态环境进行全面保护与管理。本节着重介绍：渔业水域环境管理体制、渔业水域环境的保护途径，以及渔业水域环境的管理办法，共三方面内容。具体分述如下。

一、渔业水域环境管理体制

渔业水域环境的管理体制，内容包括我国环境保护监督管理的基本体制、内陆水域水污染防治的监督管理体制以及海洋环境保护管理体制，由于这三方面是紧密相关的，所以先介绍总的管理体制，后介绍内陆水域和海洋的环境保护管理体制。

（一）我国环境保护监督管理的基本体制

《环境保护法》第七条规定："国务院环境保护行政主管部门，对全国环境保护工作实施统一监督管理。县级以上地方人民政府环境保护行政主管部门，对本辖区的环境保护工作实施统一监督管理。国家海洋行政主管部门、港务监督、渔政渔港监督、军队环境保护部门和各级公安、交通、铁道、民航管理部门，依照有关法律的规定对环境污染防治实施监督管理。县级以上人民政府的土地、矿产、林业、农业、水利行政主管部门，依照有关法律的规定对资源的保护实施监督管理。"上述规定确定了我国环境保护监督管理的基本体制。即：政府环境保护主管部门实施环境保护统一监督管理，各政府有关部门依法在各自职能范围内对环境污染防治和资源保护实施监督管理。这里，首先是由政府环境保护行政主管部门实施环境保护的统一监督管理，地方各级政府环境保护行政主管部门按照行政区划，对本辖区内环境保护实施统一监督管理；其次是由于具体的环境保护涉及面很广，又具有很强的技术性，自然环境自身的属性和功能也存在很大差异，所以必须由各有关政府主管部门分工实施环境保护的监督管理。在监督管理职能分工的同时，相互合作也是非常必要的，而这种合作往往由政府环境保护主管部门进行组织协调。

（二）内陆水域水污染防治监督管理体制

这里包括内陆水域水污染防治监督管理的基本体制和渔业污染事故调查处理的管辖两个方面。

1. 内陆水域水污染防治监督管理的基本体制

《水污染防治法》第八条规定："县级以上人民政府环境保护主管部门对水污染防治实施统一监督管理。交通主管部门的海事管理机构对船舶污染水域的防治实施监督管理。县级以上人民政府水行政、国土资源、卫生、建设、农业、渔业等部门以及重要江河、湖泊的流域水资源保护机构，在各自的职能范围内，对有关水污染防治实施监督管理。"由于《水污染防治法》是适用于内陆的地表水域和地下水，因此上述规定就是规定了我国内陆水域水污染防治的监督管理基本体制。其中，政府渔业主管部门的监督管理事项主要是：

（1）建设单位在江河、湖泊新建、改建、扩建排污口的，应当取得水行政主管部门或者流域管理机构同意；涉及渔业水域的，环境保护主管部门在审批环境影响评价文件时，应当征求渔业主管部门的意见。

（2）在渔业水域进行渔业船舶水上拆解活动，应当报作业地渔业主管部门批准。

（3）渔业船舶未配置相应的防污染设备和器材，或者未持有合法有效地防止水域环境污染的证书与文书的，由渔业主管部门责令限期改正，处以罚款的行政处罚；逾期不改正的，可责令船舶临时停航。渔业船舶进行涉及污染物排放作业，未遵守操作规程或者未在相应的记录簿上如实记载的，由渔业主管部门责令改正，处以罚款的行政处罚。

（4）渔业船舶向水体倾倒船舶垃圾或者排放船舶残油、废油的，未经作业地渔业主管部门批准，在渔港水域进行渔业船舶水上拆解的，由渔业主管部门责令停止违法行为，处以罚款；造成水污染的，责令期限采取治理措施，消除污染；逾期不采取治理措施的，渔业主管部门可以指定有治理能力的单位代为治理，所需费用由船舶承担。

2. 渔业污染事故调查处理的管理管辖

《水污染防治法》第六十八条第二款规定："造成渔业污染事故或者渔业船舶造成水污染事故的，应当向事故发生地的渔业主管部门报告，接受调查处理。其他船舶造成水污染事故的，应当向事故发生地的海事管理机构报告，接受调查处理；给渔业造成损害的，海事管理机构应当通知渔业主管部门参与调查处理。"

《水污染防治法》第八十三条第三款规定："造成渔业污染事故或者渔业船舶造成水污染事故的，由渔业主管部门进行处罚"；第八十六条规定："因水污染引起的损害赔偿责任和赔偿金额的纠纷，可以根据当事人的请求，由环境保护主管部门或者海事管理机构、渔业主管部门按照职责分工调解处理。"

上述规定，赋予了政府渔业行政主管部门对渔业污染事故和渔业船舶造成水污染事故的调查处理权和行政处罚权，以及调解处理权。由海事管理机构负责调查处理的其他船舶造成的水污染事故，政府渔业行政主管部门有权参与调查处理。

（三）海洋环境保护管理体制

这里包括海洋环境保护监督管理体制和海洋渔业污染事故调查处理管辖两方面内容。

1. 海洋环境保护监督管理体制

根据《海洋环境保护法》第五条规定，海洋环境保护的监督管理以海洋行政主管部门为主，由环境保护主管部门、海洋行政主管部门、海事行政主管部门、渔业行政主管部门、军队环境保护部门等分工实施，具体职责分工如下：

（1）国务院环境保护行政主管部门对全国海洋环境保护工作实施指导、协调和监督，并负责全国防治陆源污染物和海岸工程建设项目对海洋污染损害的环境保护工作。但是，环境保护行政主管部门在批准设置入海排污口之前，必须征求海洋、海事、渔业行政主管部门和军队环境保护部门的意见；在批准海岸工程建设项目环境影响报告书之前，必须征求海事、渔业行政主管部门和军队环境保护部门的意见。

（2）国家海洋行政主管部门负责海洋环境的监督管理，组织海洋环境的调查、监测、监视、评价和科研，负责全国防治海洋工程建设项目和海洋倾倒废弃物对海洋污染损害的环境保护工作。但是，海洋行政主管部门在核准海岸工程建设项目海洋环境影响报告书之前，必须征求海事、渔业行政主管部门和军队环境保护部门的意见；在选划海洋倾倒区和批准临时性海洋倾倒区之前，必须征求国家海事、渔业行政主管部门的意见。

（3）国家海事行政主管部门负责所辖港区水域内非军事船舶和港区水域外非渔业、非军事船舶污染海洋环境的监督管理。

（4）国家渔业行政主管部门负责渔港水域内非军事船舶和渔港水域外渔业船舶污染海洋环境的监督管理，负责保护渔业水域生态环境工作。

（5）军队环境保护部门负责军事船舶污染海洋环境的监督管理。

（6）沿海县级以上地方人民政府行使海洋环境监督管理权部门的职责，由省、自治区、直辖市人民政府根据《海洋环境保护法》及国务院有关规定确定。

2. 海洋渔业污染事故调查处理的管辖

根据《海洋环境保护法》的有关规定，海洋环境污染事故的调查处理由行使海洋环境监督管理权的部门实施。因此，海洋环境污染事故的调查处理主要由海洋行政主管部门实施。但是，海事行政主管部门负责所辖港区水域内非军事船舶和港区水域外非渔业、非军事船舶海洋环境污染事故的调查处理，并对在我国管辖海域航行、停泊和作业的外国籍船舶造成的污染事故登轮检查处理；军队环境保护部门负责军事船舶污染海洋环境的监督管理及污染事故的调查处理。

关于海洋渔业污染事故的调查处理，《海洋环境保护法》规定，国家渔业行政主管部门负责渔业污染事故的调查处理。此外，船舶污染事故给渔业造成损害的，应当吸收渔业行政主管部门参与调查处理。因此，渔业行政主管部门享有海洋渔业污染事故的调查处理权，并对给渔业造成损害的船舶污染事故享有参与调查处理的权利。

二、渔业水域环境的保护途径

渔业水域生态环境的日趋恶化，是当今人类面临的重大问题之一，引起人们的关注。世界许多先进国家，在高速发展工农业生产的同时，都十分注意渔业水域生态环境乃至整个自然生态环境的保护。我国渔业水域生态环境保护工作，在过去相当长的时间没有得到很好重视，直到20世纪末才开始起步，目前整个渔业水域生态环境保护工作还远远不能适应形势发展的需要。因此，今后必须大力加强这方面的工作。

渔业水域生态环境保护途径主要有：健全渔业水域环境监测机构，加强渔业水域环境监测工作；重视渔业水域的污染治理，加强对污染物排放的宏观控制；禁止围湖造田，注意非水体污染对渔业水域的破坏；调整船数，理顺作业结构，保证渔业资源的合理开发和利用；借鉴国外经验，开展城市与水系水体污染的区域性综合防治；发展投资少、耗能低的污水处理工艺，促进污水资源化；做好渔业部门的水域管理，加强与有关部门的配合。

（一）健全渔业水域环境监测机构，加强渔业水域环境的监测工作

全国渔业水域环境监测网，于1985年8月正式成立，在渤海、黄海、东海、南海、松花江、辽河、长江、珠江等主要海区和流域成立了20多个渔业环境监测站，初步形成了以农业部渔业水域环境监测枢纽为中心的全国监测网络。全国渔业水域环境监测网，设置三级监测站，即一级监测站为国家渔业水域环境监测中心，设在中国水产科学研究院；二级监测站是海区或流域渔业水域环境监测站，设在中国水产科学研究院的有关直属研究所；三级监测站是省渔业环境监测站，设在各省（市、自治区）的水产研究所。但这些

监测单位，目前技术力量和监测手段还不够理想，因此今后应该不断健全全国渔业环境监测机构，加强渔业水域环境的监测工作。

为了有效地保护渔业水域生态环境，今后必须对重要渔业水域进行经常性的调查和监测，掌握各种污染物的来源、分布范围、变化规律和危害程度等，及时准确地掌握水域污染动态，发布有关污染的报警和预报，并对因污染而造成的渔业损害进行调查，为渔业行政主管部门及其渔政监督管理机构，提供准确的数据和评价资料、为执法提供可靠依据。

（二）重视渔业水域污染治理，加强对污染物排放的宏观控制

渔业水域生态环境保护的关键是对污染物的治理，然而加强对污染物排放的宏观控制有着更积极的意义。因此，确定对污染物排放的宏观控制是保护渔业水域生态环境的重要途径之一。这些宏观控制途径是：

1. 控制污染物的排放总量

根据各渔业水域的环境功能和水体自净能力，确定相应污染物排放指标，并将其分配到各产生污染物的主要工厂，控制其污染物的排放总量。同时必须结合技术改造，回收有用物质，这样既可增加经济效益，又可大大减轻废水浓度，减轻污水处理负担。但任何单位排放污染物到渔业水域，都必须符合《渔业水质标准》，改革生产工艺，尽量做到不排或少排废水，以及排出危害性小的或浓度低的废水，提高水体循环利用率，尽量减少污染物的排放总量。

2. 控制污染物排放的浓度标准

所谓排放浓度标准，是指对应于各水域不同污染物排放的浓度标准。把全国统一的污染物排放浓度标准机械地应用到各水域是不够全面的，而应制定不同水域的污染物排放浓度标准。排放浓度标准的制定，要根据水域的功能、环境、水域自净能力以及污染源状况，同时还要充分考虑该水域的污染物排放总量等。控制污染物排放浓度标准的制定和执行是保护渔业水域的重要措施之一。

3. 控制新污染源

为保证鱼类等水生生物的生长和繁殖，不可在渔业自然保护区、禁渔区、水产养殖区和重要产卵场、索饵场所、越冬场以及增殖水域等新建排污口，对已建的排污口应当改排，暂时无法改排的必须严格控制污水排放量、排放浓度以及污染物种类。

4. 控制排污口位置

排污口设置在不同水域，排放同样的污染物，会产生不同的污染效果，其主要原因在于与排污口连接的水体有不同的交换能力。为了充分利用水体的自净能力，挖掘水域环境资源的内在潜力，排污口应建在水体交换活跃区，远离水体交换滞缓区，因为在水域交换活跃区，水体有较强的交换能力，污染物很快被送走。而对于历史上形成的已处于滞缓区的排污口，要进行严格的污染控制或必要的改造。

5. 合理调整工厂企业布局

水域沿岸工厂企业布局的不合理，是造成渔业水域生态环境污染的重要原因之一。调整工厂企业布局，是为改善严重污染水体的产业结构。因此，合理地控制、调整工矿企业的布局，是保护渔业水域生态环境的基本途径。经过水质监测后，发现局部水域某种污染

物严重超标的，应有计划地削减这种污染。对于将要产生严重污染的同类污染物工厂，不应在该水域沿岸新建。对于污水量大的工厂企业，应尽量设置在水体交换活跃区附近。

6. 控制勘探开采石油的污染

勘探、开采石油和其他矿藏，不得排放未经处理的油类和油类混合物，以及其他对鱼类有害的污染物，经处理排放的污染物，不得超过国家规定的标准。

7. 控制拆船业

在重点渔业水域不得从事拆船业，在其他渔业水域从事拆船业造成渔业资源损害的，应由拆船单位依照有关规定负责赔偿。

8. 控制水下爆炸勘探施工作业

水下爆炸勘探、施工作业的单位，开工前应依照《渔业法》规定与有关县级以上人民政府渔业行政主管部门协商，采取措施，加强管理，防止或减少渔业资源的损害，如果造成渔业资源的损失，应由有关单位赔偿。

（三）禁止围湖造田，注意非水体污染对渔业水域的破坏

要切实保护渔业水域的水面，必须禁止围湖造田。而围垦海涂要依照有关法律规定，经国家批准，并应在不影响渔业养殖场、种苗基地以及港口、航道下进行。对重要的种苗基地和养殖场不得围垦。在修筑各种水利设施时，要考虑鱼类的洄游和产卵需要，必须建造过鱼设施或采取其他补救办法。对于渔业并兼有调整、灌溉等功能的水体，有关主管部门应确定渔业生产所需的最低水位线。

（四）调整捕捞船数、理顺作业结构，保证水产资源的合理开发与利用

任何水域的生物资源都是有限的，人类在开展利用自然资源时，都要注意保护和增殖资源，使其有再生能力。但多年来由于近海渔船盲目发展，作业结构不合理，捕捞强度大大超过资源再生能力，使渔业生产受到严重威胁。长期这样下去不但渔业生产下降，而且还会引起渔业水域生态环境的破坏，并会产生恶性循环，其后果将使人类自身受到难于预料的来自大自然的严厉惩罚。因此，当务之急就要坚决贯彻国务院办公厅转发农业部《关于东、黄、渤海主要渔场渔汛生产安排和管理的规定》和《关于近海捕捞机动渔船控制指标的意见》两个文件的指示精神，调整捕捞船数、理顺作业结构，保证水产资源的合理开发和利用。

（五）借鉴国外经验，进行城市与水系水体污染的区域性综合防治

为了保护城市与水系的水资源，国外曾经历了从局部治理发展到区域治理，从单项治理发展到综合治理，这对于我国刚开始大规模进行城市与水系水体污染防治是个重要经验。区域性综合防治应成为城市与水系环境保护的发展方向，它对于区域规划、资源利用、能源改造、有害物质的处理以及自然净化等能进行综合考虑，以求得整体上的最好防治方案，并可获得最大经济效益。城市与水系水体污染的区域综合防治有许多优点，如何掌握区域内各个城市和工矿企业排出的废水对渔业水域环境的污染，以供我们采取相应的治理措施，并可向中央或地方提出合理化建议，以防造成严重的污染等。

（六）发展投资少、耗能低的污水处理工艺，促使城市污水资源化

污水处理工艺，必须根据水域的不同类型和功能，充分利用水体的自身能力。污水处

理应积极发展投资少、耗能低的土地处理系统来净化城市污水，或修建城市污水处理厂。污水通过回收、加工处理后可用于城市厕所冲洗、消防以及园林灌溉等，为严重缺水城市提供第二水源。

（七）做好各部门的水域管理，加强与有关部门的协作与配合

渔业水域生态环境保护，是渔业生产迫切需要的工作，也是渔政监督管理义不容辞的职责。然而，渔业水域生态环境保护，单靠渔业行政部门是困难的。要做好我国辽阔的渔业水域生态环境没有各部门的协调与配合是不行的。同时，渔业水域生态环境保护，关系到水域的开发管理和沿岸经济发展，既涉及环境、石油、海洋、地质、水上交通、海事纠纷以及执法等单位，又涉及水域沿岸各省、自治区、直辖市以及各级地方政府。因此，作为渔业行政主管部门及其所属的渔政机构，理应主动积极地与各行各业密切配合，这样才能保护好我国的渔业水域生态环境。

三、渔业水域环境的管理办法

渔业水域生态环境管理，可防止和消除水质污染，保证渔业水域的水质适合于水生生物的正常生长，保证渔业生产稳步增长。它可运用法律、经济、行政、技术等手段，对人为损害渔业水域生态环境的行为进行管理。渔业水域生态环境管理，一般包括水质标准、环境监测、污染治理以及污染事故处理四方面内容（污染事故处理，详见第五节）。

（一）渔业水域的水质标准

我国渔业水域的水质标准，在20世纪70年代末就由农业部国家生产总局组织有关单位起草，经国务院环境保护小组、国家建委、经委、水产总局批准颁布了《渔业水质标准》（TH135－79）（试行），并于1979年12月1日起试行。后来国家有关单位为完善我国渔业水质标准又在此基础上进行了修订，并于1989年8月以国家环境保护局名义发布了《中华人民共和国渔业水质标准》（GBⅡ607－89），从1990年3月1日起正式实施。

此标准对渔业水质的保护强调了3点，首先是任何企业单位和个体经营者排放的工业废水、生活污水和有害废弃物，必须采取有效措施，保证附近渔业水域的水质符合标准要求；其次是未经处理的工业废水、生活污水和有害废弃物严禁直接排入鱼、虾、贝类的产卵场、索饵场、越冬场、养殖场以及珍贵水生动物保护区；再次是严禁向渔业水域排放含有病原体的污水，如需排放此类污水必须经过处理和严格消毒。

此标准的实施有下列规定：第一，此标准由各级渔政部门负责监督与实施，并定期报告同级人民政府环境保护部门；第二，在执行国家有关污染物排放标准中，如不能满足地方水质要求时，省、自治区、直辖市人民政府可制定严于国家有关污染排放标准的地方污染物排放标准，以保证渔业水质的要求，并报国务院环境保护部门和渔业行政主管部门备案；第三，在此标准以外的项目，若对渔业构成明显危害时，省级渔政监督管理部门应组织有关单位制定地方补充渔业水质标准，报省级人民政府批准，并报国务院环境保护部门和渔业行政主管部门备案；第四，排污口所在水域形成的混合区不得影响鱼类洄游通道；第五；渔业水域的监测工作由各级渔政监督管理部门组织渔业环境监测站负责执行。《中华人民共和国国家标准渔业水质标准》（GBⅡ607－89）如表6－2所示。

表 6－2 《中华人民共和国国家标准渔业水质标准》（GB Ⅱ607－89）

单位：mg/L，个别项目另标除外

项目序号	项　目	标　准　值
1	色、嗅、味	不得使鱼虾贝藻类带有异色、异嗅、异味
2	漂浮物质	水面不得出现明显油膜或浮沫
3	悬浮物质	人为增加的量不得超过 10 mg/L，而且悬浮物质沉积于底部后不得对鱼虾贝藻类产生有害影响
4	pH 值	淡水 6.5～8.5，海水 7.0～8.5
5	溶解氧	24 h 中，16 h 以上必须大于 5 mg/L，其余任何时候不得低于 3 mg/L，对于鲑科鱼类栖息水域冰封期，其余任何时候不得低于 4 mg/L
6	生化需氧量（5 天，20℃）	不得超过 5 mg/L，冰封期不得超过 3 mg/L
7	总大肠菌群	不超过 5 000 个/L（贝类养殖水域水质不超过 500 个/L）
8	汞	≤0.000 5
9	镉	≤0.005
10	铅	≤0.05
11	铬	≤0.1
12	铜	≤0.01
13	锌	≤0.1
14	镍	≤0.05
15	砷	≤0.05
16	氰化物	≤0.005
17	硫化物	≤0.2
18	氟化物（以 F 计）	≤1
19	非离子氨	≤0.02
20	凯氏氮	≤0.05
21	挥发性酚	≤0.005
22	黄磷	≤0.001
23	石油类	≤0.05
24	丙烯腈	≤0.5
25	丙烯醛	≤0.02
26	六六六（丙体）	≤0.002
27	滴滴涕	≤0.001
28	马拉硫磷	≤0.005
29	五氯酚钠	≤0.01
30	乐果	≤0.1
31	甲胺磷	≤1
32	甲基对硫磷	≤0.000 5
33	呋喃丹	≤0.01

1. 渔业水域水质标准制定的依据

我国渔业水域水质标准制定的原则是：渔业水域的水质不影响鱼、虾、贝、藻的正常生长、发育和繁殖，对鱼类不造成急性或慢性中毒；不危害主要饵料生物；对有害物质在鱼、虾、贝、藻体内的积累量应不超过国家规定的食品卫生标准；不使鱼、虾、贝、藻带有异色、异臭、异味，不影响水产品质量，不影响水体自净过程。另外，对能在鱼、虾、贝、藻体内明显积累的，对人体健康产生长远影响的汞、镉、砷、有机氯等有害物质要从严要求。

2. 海水水质标准的需要

海水水质按不同用途可分为三大类，第一类为适用于保护海洋生物资源、海上自然保护区，以及人类安全用水，其中包括盐场、食品加工、海水淡化、海水养殖以及渔业生产等的用水水质；第二类为适用于海水浴场及风景游览区的水质；第三类是适用于一般工业用水、港口水域和海洋开发作业区等的用水水质。这三类水质的标准要求，可从其海水中有害物质最高溶解浓度和海水水质标准中看出，如表6－3、表6－4所示。

表6－3　海水中有害物质最高容许浓度　　单位：mg/L

污染物名称	第一类用水	第二类用水	第三类用水
汞	0.000 5	0.001	0.001
镉	0.005	0.01	0.01
铅	0.05	0.1	0.1
总铬	0.1	0.5	0.5
砷	0.05	0.1	0.1
铜	0.01	0.1	0.1
锌	0.1	1.0	1.0
硒	0.01	0.02	0.03
油类	0.05	0.1	0.5
氰化物	0.02	0.1	0.5
硫化物	按溶解氧计	按溶解氧计	按溶解氧计
挥发性酚	0.005	0.01	0.05
无机氮	0.1	0.2	0.3
无机磷	0.015	0.03	0.045
有机氯农药	0.001	0.02	0.04

注：1. 有机氮和无机磷为防止暖流内海海域产生赤潮的限制值；海水放射性物质应符合《放射防护规定》（GBJ－74）中露天水源的限制浓度。

2. 本表摘自《海水水质标准》（BG3097－82）。

表 6-4 海水水质标准

污染物名称	第一类用水	第二类用水	第三类用水
悬浮物质	人为造成的增量不超过 10 mg/L	人为造成的增量不超过 50 mg/L	人为造成的增量不超过 150 mg/L
色、嗅、味	海水及海产品无异色、异嗅、异味		海水无异色、异嗅、异味
漂浮物质	海面不得出现油膜、浮沫和其他杂质		海面不得出现明显的油膜浮沫和其他杂质
pH 值	7.5~8.4	7.3~8.8	6.9~9.0
化学耗氧量	<3 mg/L	<4 mg/L	<5 mg/L
溶解氧	任何时候不低于 5 mg/L	任何时候不低于 3 mg/L	任何时候不低于 3 mg/L
水温	不得超过当地当时的 4℃		
大肠菌群数	不得超过 10 000 个/L（供人生食的贝类养殖水质不超过 700 个/L）		
病原体	含有病原体的工业废水、生活污水需经过严格消毒处理，消灭病原体后才能排放		
底质	砂石等表面的淤积物不妨碍种苗的附养生长		
有害物质	应符合表 6-2 规定的最高容许浓度的要求		

注：本表摘自《海水水质标准》（GB3097-82）。

（二）渔业水域的环境监测

环境监测是环境质量评价的基础，是环境管理规划和立法的依据，也是衡量环境保护工作的重要标志。渔业水域环境监测，是指间断或连续地监测渔业水域中某些污染物的浓度，并对捕捞、养殖水域产生影响的过程。搞好渔业水域环境监测，对发展环境科学和促进渔业水域生态环境保护起着重要作用。但是必须看到，环境监测是一项严肃而又复杂的工作，需要花费大量的人力、财力和时间。因此必须周密计划、精心设计和合理安排，以保证取得有效结果，达到预期目的。

1. 水域环境监测网设立

渔业水域环境监测是全国环境监测网的一个组成部分，它担负着全国重要渔业水域的监测工作。全国渔业环境监测网的设置，如上面所说的设三级监测站，但当条件成熟时，也可在污染严重的市、县或水产企业部门设立四级站，各级监测站都有各自的职责。

为了获得较有代表性的监测数据，各级监测站监测点的布设也十分重要。从历史的监测结果表明，监测点位置不同，采样层次不一样，污染物浓度分布有很大差别。因此，监测点要选择在能反映水质污染浓度的位置。例如，为了解天然河流受工业废水和生活污水的影响，采样点应设在居住区上游清洁断面处及废水排出门下游最靠近用水点，或在其上游 1 km 的断面处。同时，各断面的采样点应在断面上均匀分布。这样可以了解断面处废水的混合情况。湖泊、水库采样点的位置，应根据水流迟缓，排入污染物扩散稀释的特点，在污染物入口及各主要用水点等处设置采样点。要了解湖、库全面的污染情况，应在较大范围均匀布点，同时在湖心污染少的地方设点，可得湖库水质的全面情况。海洋监测点应根据划分好的海区布设，设点要有代表性，一般来说，离污染源近的地方监测点布设要密，远的地方布设可以稀些，近岸海区布点较多，开阔海区布点要少。

渔业环境监测，重点放在重要捕捞对象的产卵场、索饵场、越冬场以及重要的养殖场。监测项目不仅是水质，更重要的还是生物监测。渔业环境监测还必须对污染事故做出快速和有效的反应。如为了查明污染对长江口渔业资源的影响，上海市渔业环境监测站在南分支布设白卯沙、石洞外、吴淞口及南区排污口处4个采样点，北分支设青龙江口1个点，同时在长江口122°E处设一断面采样点。除了上述布点选择之外，还需考虑采样时间和频率，两者结合起来便可获得较有代表性的监测数据。

2. 水域环境监测类型

渔业水域环境监测按其性质可分为常规监测和专项监测。常规监测是指优化选择若干代表性监测站和监测项目，对确定的渔业水域环境实施长周期监测，包括应用常规手段对一般污染指标实施的基线监测、环境现状监测、污染源监测。专项监测是指为特定监测目的开展的监测，包括专题监测和应急监测等。专题监测一般是为了特定的水域环境保护和管理目的，对大范围或特定水域进行的监测；应急监测则往往是在发生渔业污染事故后或发生灾害等突发事件可能造成渔业污染事故时进行的应急性监测。

根据不同水体特点，渔业环境监测可分为内陆渔业环境监测和海洋渔业环境监测。前者的监测是指对江、河、湖、库等渔业水域进行的环境监测；后者的监测一般是指对河口、海湾、近岸的海洋渔业水域环境监测。

3. 监测任务与目的

全国渔业环境监测网的主要任务，是对重要渔业环境进行经常性监测；对污染造成的渔业损害进行应急调查；随时掌握渔业生态环境的现状和变化趋势；定期进行渔业环境质量评价，为渔业主管部门和渔政部门进行渔业环境保护和管理提供准确的数据和评价资料；为执法提供可靠依据；保护渔业资源，提高水产品质量和发展渔业生产。

环境监测的目的，是为了迅速掌握环境质量的现状，以便迅速采取必要措施。同时，积累环境质量资料，以便制定长远的规划。具体目的包括：评价环境质量，预测环境污染发展趋势；为制定环境法规、标准、规划、综合防治对策提供科学依据，并监视环境管理的效果；积累环境本底值资料，为确切掌握环境容量提供数据；揭示新的污染源，探明污染原因，确定新的污染物质，为环境科研提供方向。

4. 水域环境监测方法

渔业水域环境监测由各级渔政监督管理部门组织渔业环境监测站，根据渔业水质标准各项目的监测要求，按规定分析方法进行。渔业水质标准各项目的分析方法如表6－5所示。渔业水质的监测方法有下列几种：

（1）水样采集与分析。渔业水体的水样采集与分析，在于查明水中污染物质的浓度和含量，以估计对水生生物的污染危害与经济损失，并制定相应的对策。

（2）水生生物体内残留量分析。是为了了解有害物质在生物体内积累、分布情况，为环境质量评价、保护水产资源和人体健康提供科学根据。

（3）水生生物检验法。在进行江河湖海的污染调查时，由于污染源十分复杂，很难用单一的理化指标表示其污染程度。水生生物检验法可以在某种程度上综合反映水体受污染情况和污染物实际毒性。另外运用生物的检验法还可以作为对有毒物质的危害评价和对污染控制提供可靠依据。生物检验是在适当的控制条件下，把试验生物放在不同浓度的已知或怀疑的含毒物内，测定含毒物或工业废水对鱼类致死的急性毒害，还包括低浓度的慢性毒害试验和其致死毒性试验。受试生物种类近年来有了很大发展，除鱼类之外，还有藻类、浮游植物、浮游动物、珊瑚、甲壳类、软体动物和腔肠动物等。

（4）底质污染物含量分析。底质分析是发展环境保护科学，积累资料必不可少的一方面；也是调查底质污染状况（污染程度或范围），评价和改善水域环境质量提供依据的一方面。为研究污染对底栖生物的影响，提供生物栖息场所的环境质量资料。

表 6－5　渔业水质标准各项目的分析方法

序号	项　目	测　定　方　法	试验方法标准编号
3	悬浮物质	重量法	GB11901
4	pH 值	玻璃电极法	GB6920
5	溶解氧	碘量法	GB7489
6	生化需氧量	稀释与接种法	GB7488
7	总大肠菌群	多管发酵法滤膜法	GB5750
8	汞	冷原子吸收分光光度法	GB7468
		高锰酸钾－过硫酸钾消解法、双解腙分光光度法	GB7469
9	镉	原子吸收分光光度法，双硫腙分光光度法	GB7475、GB7471
10	铅	原子吸收分光光度法，双硫腙分光光度法	GB7475、GB7470
11	铬	二苯碳酰二肼分光光度法（高锰酸钾氧化）	GB7467
12	铜	原子吸收分光光度法	GB7475
		二乙基二硫代氨基甲酸钠分光光度法	GB7474
13	锌	原子吸收分光光度法，双硫腙分光光度法	GB7475、GB7472
14	镍	火焰原子分光光度法，丁二铜分光光度法	GB11912，GB11910
15	砷	二乙基二硫代氨基甲酸银分光光度法	GB7485
16	氰化物	异烟酸－吡啶啉酮比色法，吡啶－巴比妥酸比色法	GB7486
17	硫化物	对二甲氨其苯胺分光光度法	
18	氟化物	茜索磺酸锆目视比色法，离子选择电极法	GB7482，GB7484
19	非离子氨	钠式试济比色法，水杨酸分光光度法	GB7479，GB7481
20	凯氏氮		GB11891
21	挥发性酚	蒸馏后 4－氨基安替比林分光光度法	GB7490
22	黄磷		
23	石油类	紫外分光光度法	
24	丙烯腈	高锰酸钾转换法	
25	丙烯醛	4－乙基间苯二酚分光光度法	
26	六六六	气相色谱法	GB7492

续表

污染物名称	第一类用水	第二类用水	第三类用水
27	滴滴涕	气相色谱法	GB7492
28	马拉硫磷	气相色谱法	
29	五氯酚钠	气相色谱法	GB8972，GB9803
30	乐果	气相色谱法	
31	甲胺磷		
32	甲基对硫磷	气相色谱法	
33	呋喃丹		

注：此表的序号与表6－2相同。

5. 监测项目

在环境监测中，由于受到人力、物力、财力以及设备等的限制，通常监测不可全面开展。因此，监测项目必须根据本地区污染的具体情况确定。对排放量大和危害明显的污染物或污染指标，应列为必测项目。对排放量少，不具代表性的污染物或污染指标，则列为选测项目。但在一般情况下监测项目选择必须根据下列原则：

（1）通过现场调查，实地观察，根据污染物性质的特征，选择活性大和毒性强的物质进行监测。

（2）被测污染物质，应有可靠的监测手段和方法，从而获得有意义的监测数据。

（3）对监测数据能作出正确解释和判断，能用标准或对人体健康及生物的影响作出合理的评价。

（4）影响范围大的污染物要优先监测，渔业水域要优先监测有机污染物、重金属离子等有毒物质，但对国家、省、市统一规定的项目应当按要求监测。

（5）对已经造成污染，或具有潜在危险，并且污染趋势有可能上升的项目，应列入优先监测范围。

（6）具有代表性的监测项目要优先监测，如用水产品残留量测定水体污染情况等。

由于渔业环境监测有其特殊要求，因此在监测手段上要有所测重，除了物理测量、化学分析之外，还应加强水生生物检验，特别是能够直接反映对渔业资源影响的生物学指标和水产品质量指标。同时考虑研究污染物在水生生物体内的吸收、累积和生理生化的代谢过程，以及有毒物质的转化规律等。对所选择的监测时间、次数、位置也必须与水生生物的生态密切结合。

6. 监测程序

环境监测程序，是由确定目的、现场调查、制订计划、实施计划以及质量保证等几个环节组成。

（1）确定目的。监测必须有针对性目的，因为不同目的在监测计划和工作安排中有很大差别，同时具体要求也不一样。

（2）现场调查。根据监测目的要求，进行现场调查研究，调查内容包括主要污染的来源、性质和排放规律，污染受体的性质及其与污染源的相对位置，水文、地理及气象等条件，必要时还要调查有关的历史情况。

（3）制订计划。根据目的要求和现场调查资料，确定测试范围和项目；确定采样点的数目和具体位置；确定采样的时间和频率；调查采样人员和运输工具；实验室分析人员的分工，现场工作与实验室的联系，以及对监测报告的要求。

（4）实施计划。根据监测计划，从采样、分析检验、数据处理与评价到及时上报。采样，即将采样装置安排在指定的监测位置，按规定操作程序，确定采样时间采集样品，记录采样实况，最后将采集样品和记录送往实验室。分析检验，即按国家规定的分析方法，进行样品分析，计算污染物浓度，然后整理成表。数据处理与评价，是将测得的数据进行处理，按国家规定的有关标准，进行单项或综合评价，并结合现场调查资料对数据作出合理的解释，并写成报告。上报，即写成的报告经鉴定符合预期要求后及时上报，若不符合要求应作补充监测，或在总结上次监测工作经验的基础上另行监测。

（5）质量保证。环境监测必须保证监测数据具有代表性和准确性，质量保证必须包括影响数据有效性的所有方面，如调查研究计划的设计、采样方法、分析方法、样品保存、运输与实验室之间的协调、制定和执行质量控制图、评价监测活动、培训人员、器材设备、数据处理以及统一报表等。

（三）渔业水域的污染治理

渔业水域的废水来源，主要有工业废水和生活废水。工业废水，由于生产过程、原料、产品的不同，则有不同的性质和成分。根据废水的污染程度，工业废水还可分为净废水和浊废水。净废水来自工业设备中的间接冷却水，其特点是水温较高、污染轻微，经简单处理后可循环使用或排入水域。浊废水主要来自生产过程中与原料直接接触所排出的废水，其特点是污染程度大，必须经过严格处理才能循环使用或排入水域。生活废水来自城市、医院、工厂生活区，其特点是大部分不含有害物质，但含有大量细菌和病原体。为了有效地控制水体污染，必须对废水进行处理和对污染源进行管理。

1. 废水处理方法

废水处理，根据其作用原理的不同，可分为3类，即物理处理法、化学处理法和生物处理法。物理处理法，是根据物理作用，分离水中呈悬浮状态的污染物质，其特点是处理过程不改变原物的化学性质，它可通过沉淀分离、离心分离、过滤、浮选、蒸发结晶以及渗透等具体方法进行处理。化学处理方法，是根据化学反应作用，分离、回收废水中处于各种状态的污染物质，或改变污染物质的性质，使其变为无害物质，它可通过混凝、中和、氧化还原、电解、汽提、吹脱、吸附、电渗析以及萃取等具体方法进行处理。生物处理方法，是利用微生物作用，使废水中呈溶解和胶体状的有机污染物转化为无害物质，它可通过活性污泥法、生物膜法、生物氧化塘法以及污水灌溉法等进行具体的处理。

2. 污染源管理内容与管理方法

污染源是指污染的发源地，即向环境排放污染物或对环境产生有害影响的场所、装置和设备的总称。在环境污染中，按人类社会生产活动的不同，可分为工业污染源、农业污染源、交通污染源和生活污染源。污染源管理是控制污染和保护环境的根本措施。

（1）污染源管理内容。污染源管理包括污染源调查、污染源评价和污染源控制三方面内容。

污染源调查，由于环境污染是多因素的，所以就需要进行细致的调查和监测。它是环境保护的基础工作，有助于掌握污染源的变化趋势和污染物的消长规律，同时结合环境质量监测可以预测环境质量的变化趋势，以便采取相应措施，减少和控制污染源排放的污染物。

污染源评价，是以调查资料为依据，按其对环境质量影响的大小来确定主要污染物和污染源。为了进行评价，对调查数据进行标准化处理，并将其转换成在同一尺度上可以相互比较的评价指数，然后按其大小排列，从而找出主要污染物和污染源。

污染源控制，主要是控制污染源排放污染物的数量。控制污染物排放的方法，一般有排放标准控制、排放地点控制以及环境容量控制。排放标准控制，要求各污染源达到国家或地方规定的各种排放标准。排放地点控制，一般规定不准在居民稠密区、水源上游、风景区、疗养区、养殖区等设有污染的企业。环境容量控制，是根据环境单元在一定时间内可以承受污染物的总量，并分摊到各污染源，再控制各污染源的允许排放量。

（2）污染源管理方法。它一般采用经济手段、法律手段、技术手段和行政手段。

经济手段，比如对超过国家规定排放污染物的污染源，实行排污收费。对积极开展“三废”综合利用、减少排污量的单位，应给予减免税和利润留存奖励等。

法律手段，如建立许可证制度，凡对环境有影响的各种开发、建设、排污活动、产品使用与销售等，均需由经营单位向环境主管部门申请，经批准发放许可证后才能进行。对造成重大污染事故的，规定经济赔偿或罚款，直至追究法律责任。

技术手段，如建立监测网络系统。利用各种监测手段对污染源排放的主要污染物进行定期监测，实行排污监督。

行政手段，即运用计划管理手段。它对各种污染源，根据其技术与管理水平，规定污染物排放数量指标。或规定单位产品排污指标、用水量指标，以及单位设备排污指标等。对一切开发建设工程实行环境影响评价制度。污染防治措施要与主体工程同时设计、同时施工、同时投产，这是控制污染源的重要行政措施。

第五节　渔业水域污染事故的调查处理

随着我国法制建设的不断完善，渔业水域的污染事故处理就迫切需要一个合法的规定，以达到污染事故处理的法制化、规范化和科学化。

渔业水域污染事故，是指因渔业水域污染而造成的渔业资源及渔业生产损害的事故。1997 年农业部发布的《渔业水域污染事故调查处理程序规定》第四条明确指出：“本规定所称的渔业水域污染事故是指由于单位和个人将某种物质和能量引入渔业水域，损坏渔业水体使用功能，影响渔业水域内的生物繁殖、生长或造成该生物死亡、数量减少，以及造成该生物有毒有害物质积累、质量下降等，对渔业资源和渔业生病造成损害的事实。”渔业水域污染事故调查处理，包括渔业水域污染事故调查处理的管辖、基本原则、调查程序、调查方法、处理方式以及事故损失的计算方法等。

一、渔业水域污染事故调查处理的管辖

渔业污染事故调查处理的管辖，是指享有渔业水域污染事故调查处理权的主管机构在调查处理渔业污染事故中的权限与分工。根据《水污染防治法》的规定，造成渔业污染事故或者渔业船舶造成水污染事故的，应当向事故发生地的渔业行政主管部门报告，并接受调查处理；《海洋环境保护法》规定，渔业行政主管部门负责渔业污染事故的调查处理，船舶污染事故给渔业造成损害的，应当吸收渔业行政主管部门参与调查处理。因此，渔业行政主管部门及其所属的渔政监督管理机构是渔业水域污染事故的主要机构。我国渔业污染事故调查处理的管辖，分为级别管辖和指定管辖（这里也附带说明管辖转移和跨行政区域、跨部门管辖的概念）。

（一）级别管辖

它是指根据污染事故的级别，划分不同行政级别渔政监督管理机构之间的调查处理权限，主要解决的是不同级别的渔政监督管理机构分别调查处理哪些渔业水域污染事故。根据《渔业水域污染事故调查处理程序规定》，渔业污染事故调查处理的级别管辖主要以污染事故造成直接经济损失额的大小来确定管辖权限，分为较大和一般性渔业污染事故、重大渔业污染事故、特大和涉外渔业污染事故 3 个级别层次。

（1）事故造成直接经济损失额在百万元以下的较大和一般性渔业水域污染事故，由事故所在地的地（市）、县主管机构，在其监督管理范围内依法管辖。

（2）事故造成直接经济损失额在百万元以上千万元以下的重大渔业污染事故，由事故所在的省（自治区、直辖市）主管机构，在其监督管理范围内依法管辖。

（3）事故造成直接经济损失额在千万元以上的特大渔业污染事故以及涉外渔业污染事故，都由国家渔政监督管理机构或其授权指定的省级主管机构处理。

（二）指定管辖

是指管辖权发生异议的渔业污染事故的管辖。当渔业水域污染事故调查处理管辖权发生异议时，应由争议双方协商解决，如果协调不成时，则由共同的上一级主管机构指定的机构管辖或调查处理。而指定管辖或调查处理的渔业水域污染事故应当办理书面手续，被指定的管辖机构必须在指定权限范围内行使权力。

（三）管辖权转移

是指一个主管机构将其管辖范围内的渔业水域污染事故交由没有管辖权的机构处理，主要包括下列两种情况：

（1）下级主管机构对其管辖范围内的渔业水域污染事故，认为需要由上级主管机构处理的，可报请上级机构处理。

（2）上级主管机构管辖的渔业水域污染事故，必要时可以指定下级机构处理。

（四）跨行政区域和跨部门的管辖

根据《水污染防治法》第二十八条规定，跨行政区域的水污染纠纷，由有关地方人民政府协商解决，或者由其共同的上级人民政府协调解决。对于跨行政区的渔业水域污染事故，渔业行政主管部门及其所属的渔政监督管理机构应积极配合有关地方人民政府做好事故处理工作。而跨部门的重大海洋环境污染事故的调查处理，根据《海洋环境保护法》

规定，由国务院环境保护行政主管部门进行协调，协调不成的，由国务院做出决定。

二、渔业水域污染事故调查处理的原则

任何事故的处理都要遵守一定的原则，水污染处理也一样要遵循一定原则。根据我国渔业水域环境保护与管理的法律法规的有关规定，以及渔业水域环境的特点和水域污染事故调查处理的实践，渔业水域污染事故调查处理一般应遵循谁污染谁治理，着重调解以及各部门协同管理的原则。

（一）谁污染谁治理原则

此原则是指由污染者承担治理责任。这里的责任不仅是治理污染或支付治理费用，还要承担污染损害的赔偿费用。污染赔偿责任单位拒绝赔偿损失的，受害人可以向人民法院提起赔偿诉讼。渔业水域污染造成天然渔业资源损失的，按污染对渔业资源的损失及渔业生产的损害程度，由政府渔业行政主管部门或其所属的渔政监督管理机构代表国家向责任者提出损失赔偿。

（二）着重调解原则

是指在渔业水域污染损害赔偿纠纷处理中以调解为主，促使双方当事人达成调解协议。难以达成调解的，政府渔业行政主管部门应会同环境保护行政主管部门等有关机构做出裁决。渔业水域污染造成单位和个人养殖或增殖放流的鱼、虾、贝类等损失的，按照农业部《水域污染事故渔业损失计算方法规定》确定损失，在查明事实的基础上，依法进行损失赔偿调解。但必须注意的是，着重调解原则只能适用于污染损害赔偿纠纷。对于污染者有违法行为的，应依法进行行政处罚，在行政处罚中，不能适用调解。调解也不是解决污染赔偿纠纷的必经程序，当事人可以直接向法院提起赔偿民事诉讼。随着我国法制建设的不断发展和人们法律意识的不断提高，人们越来越倾向于法院诉讼解决民事纠纷。

（三）与环保、海洋、海事等部门协同管理原则

与环保、海事等部门协同管理的原则要求渔业行政主管部门和渔政监督管理机构在调查处理渔业水域污染事故时，应主动、积极地与环境保护、海洋、海事等部门协调合作。根据《水污染防治法》、《海洋环境保护法》等相关规定，内陆水域和海洋环境的监督管理主要由政府环境保护部门和海洋管理部门负责，船舶污染水域环境的监督管理则主要由海事部门负责，此外还有水利、卫生、市政等部门对水域环境享有一定的监督管理权。渔业污染事故的调查处理往往涉及面很广，因此在调查处理中必须取得相关主管部门的合作与支持。

三、渔业水域污染事故的调查程序

渔业水域污染事故的调查程序，目前主要的法律依据是《渔业水域污染事故调查处理程序规定》、《水污染防治法》以及《水污染防治法实施细则》等。渔业水域污染事故调查包括事故报告、受理和立案、调查取证、污染事实确认以及调查报告的制作与审查等程序。

（一）事故报告

一旦发生环境污染事故，或突发性事件使渔业水域环境受到或可能受到严重污染的紧

急情况时，当事人应依法向渔业行政主管部门或渔政监督管理机构报告有关情况，并采取应急措施。

《水污染防治法实施细则》规定，企业事业单位造成水污染事故时，必须立即采取措施，停止或减少排污，并在事故发生后48 h内，向当地环境保护部门作出事故发生的初步报告，内容应包括事故发生的时间、地点、类型，排放污染物的种类、数量、经济损失，人员受害及应急措施等。环境保护部门收到水污染事故的初步报告后，应当立即向本级政府和上一级政府环境保护部门报告。有关地方政府应当组织有关部门对事故发生的原因进行调查，并采取有关措施，减轻或消除污染。县级以上政府环保部门应当组织对事故可能影响的水域进行监测，并对事故进行调查处理。

造成渔业水体污染事故的，必须立即向事故发生地的渔业行政主管部门或渔政监督管理机构报告。渔业行政主管部门或渔政管理机构接到报告后，应当立即向本级政府的环保部门通报情况，并尽快组织渔业环境监测站或有关人员赴现场进行调查取证。重大、特大及涉外渔业水域污染事故应立即向同级政府及环境主管部门和上一级主管机关报告，并及时开展调查处理工作。

（二）受理与立案

渔业行政主管部门或渔政管理机构接按到事故报告后，应进行审查核实，若认为属于本机构管辖范围的，应当填写《渔业水域污染事故报告表》，并立案登记；若经审核缺少事实，或不属受理范围，则不予立案，并告知当事人。

（三）调查取证

渔业水域污染事故立案登记后，渔业行政主管部门或渔政监督管理机构应尽快组织渔业环境监测机构或有关专业技术人员到现场调查取证。对污染情况复杂、损失较重的污染事故，应参照农业部颁布的《污染死鱼调查方法（淡水）》的规定进行调查取证。

1. 证据要求

调查处理渔业水域污染事故，应当收集与污染事故有关的各种证据，证据形式包括书证、物证、视听资料、证人证言、当事人陈述、鉴定结论、现场笔录。所有证据都必须查证属实，才能作为认定事故事实的依据。

根据《渔业水域污染事故调查处理程序规定》，调查渔业水域污染事故必须制作现场笔录，现场笔录的内容包括：发生事故时间、地点、水体类型、气候、水文、污染物、污染源、污染范围、损失程度等。笔录应当表述清楚，定量准确，如实记载，并有在场调查的两名渔业执法人员签名和笔录时间。

渔业环境监测站出具的监测数据、鉴定结论或其他具备资格的有关单位出具的鉴定证明是渔政监督机构处理污染事故的依据。监测数据、鉴定结果报告书必须由监测鉴定人员签名，并且要加盖单位公章。

2. 调查形式要求

渔业水域污染事故的调查人员不得少于两人，调查人员与污染事故不得有利害关系，否则应当回避。调查人员在实施调查时，必须先出示执法检查证件，以表明身份，并说明调查事由。

（四）渔业水域污染事实确认

经过调查取证，掌握了污染事故的基本情况及污染事实过程后，渔业行政主管部门或渔政监督管理机构可以根据对污染物的鉴定结论，初步认定污染事故事实。如果渔业水域污染事故当事人有违法行为，依法应当进行行政处罚的，渔业行政主管部门或渔政监督管理机构在做出行政处罚决定之前，应当告知污染单位和个人污染事故处理的事实依据和法律依据，并听取当事人的陈述或申辩。经过当事人的陈述和申辩理由进行复核后，进一步确认污染事故事实。对符合听证条件、当事人要求听证的，主管机关还应当按规定组织听证。

（五）调查报告的制作和审查

经过调查取证，对污染事故进行事实确认后，调查人员应制作调查总结报告，并提请所属单位负责人进行审查。该调查报告就是对污染事故事实的认定意见，是渔业行政主管部门或渔政监督管理机构做出事故处理决定和处理损害赔偿的依据。

四、渔业水域污染死鱼的调查方法

目前我国尚缺乏渔业水域污染事故调查的法定方法，这将影响调查结论的准确性和可靠性，也影响着事故处理的合理性。为此，农业部曾在 1996 年专门委托渔业环境监测中心编制了《污染死鱼调查方法（淡水）》，作为调查处理渔业水域污染事故的参照方法。目的是为了使渔政监督管理机构能采用科学、简便的方法调查处理污染渔业事故，确保调查结论的准确性和事故处理的合理性。该方法包括：现场调查内容与实验室检验分析，样品的采集、固定与保存以及制作调查报告的内容与格式等。

（一）现场调查内容与实验室检验分析

调查内容包括死鱼事故的一般情况调查、中毒鱼的行为反应与形态特征调查、水域生物与环境状况调查、污染物与污染源调查以及试验室的检验分析项目等。

1. 死鱼事故的一般情况调查

调查内容有下列几方面：①死鱼事件当事人及被告人的姓名、单位、职业；②死鱼发生的地点；③死鱼的范围与面积；④死鱼的种类、数量与个体大小；⑤死鱼发生的季节与水温；⑥鱼死亡的速率与死亡持续情况；⑦死鱼个体大小和品种的选择性；⑧死鱼前各种异常情况（如暴雨、气温突变、河流缺口等）与投饵、摄食情况；⑨死鱼发生的形式（如孤立的或流行的）；⑩死鱼水体的类型与特征等。

2. 中毒鱼的行为反应与形态特征调查

调查内容有：①鱼中毒发生的时间；②中毒鱼的行为反应；③中毒鱼的形态特征；④中毒鱼鱼体附着物检查和病原体检查。

3. 水域生物与环境状况调查

调查内容有：①浮游动物品种与数量变化调查；②浮游植物品种与数量变化调查；③其他水生动植物受害情况调查；④水体溶解氧状况调查；⑤水体 pH 值调查；⑥水体颜色、浊度、漂浮物、泡沫等调查。

4. 污染物与污染源调查

这种调查应根据中毒鱼的行为、形态及环境特征的调查结果以及现场实际情况选择调查项目。如果对污染物和污染源情况比较清楚，并能说明问题时，则可有针对性地开展一个或几个项目的调查。以下只是对一般情况下淡水污染可能的污染物和污染源的调查，具体为：①死鱼水体及其周围地区固体废弃物情况调查；②农药、化肥使用及流失情况调查；③污水库、污水管泄漏、溢流情况调查；④水上化学物质运输情况调查；⑤水下工程（如河道疏浚）情况调查；⑥化学物容器清洗情况调查；⑦化学物加工情况调查；⑧化学物投放（如灭螺、杀蚊等）情况调查；⑨人为投毒情况调查；⑩污水处理设施运行情况和排污情况调查（特别是非正常排污和事故排污情况，应调查其排放时间、方式、路线、排放量、排放性质、种类等）。

5. 试验室的检验分析项目

为了对死鱼原因给出最后的科学结论，应进行试验室检验分析，其具体的检验分析项目应根据中毒鱼的行为、形态、环境特征调查结果以及污染物、污染源调查结果和实际需要进行选择。可选择的检验分析项目一般有下列几种：①死鱼现场、参考点及排污口水样分析；②死鱼现场、参考点及排污口底泥样分析；③死鱼现场及参考点鱼体残留毒物分析；④死鱼现场及参考点鱼体生化指标分析；⑤毒性再现试验；⑥急性致死试验；⑦鱼体组织解剖检查。

（二）样品的采集、固定与保存

水域污染死鱼调查的样品主要包括死鱼样品、污水样品和底泥样品。为保证样品的证明能力，各种样品的采集、固定都要符合一定的技术要求。例如，采样布点应遵守下列原则：①各种样品的采集应在污染死鱼事件发生后尽可能短的时间内进行，以提高其可靠性；②在死鱼现场、参考点、污水排放口、渔业用水进口都应设采样点，以保证样品采集的合理性和全面性；③河流参考点应设在死鱼区的上游没有发生污染死鱼的水域，湖泊、水库等大水面的参考点应设在远离死鱼区的水体，池塘参考点可设在条件相当、相邻近的没有发生死鱼的池塘，以保证采样的可对比性；④布点应考虑样品的代表性，如在较宽的河流中可在一个断面两个近岸水体及河中间设 3 个采样点，而在较窄的河流中可在每个断面河中间设 1 个采样点，大面积死鱼可设 2 ~ 3 个断面，并考虑沿水深上、中、下 3 层取样，根据受毒鱼的生活习性，取样深度应有所侧重。又如，样品采集、保存和分析要达到下列要求：①对于死鱼样品、污水样品和底泥样品，都必须保证在取样、运输、保存和分析过程中不受污染，样品不腐败变质和风干等；②取样时应做好现场记录，制作样品标签（内容包括编号、采样点、采样时间、采样者等），并将标签系在样品瓶上；③在专业调查人员不能及时赶到现场的情况下，受害单位或个人也应采集当时现场死鱼样品和污水样品，并要妥善保存，还要保护好现场接受调查。样品须标明取样时间、地点、取样者和两个现场证明人的姓名和职业，这样的样品可作为分析数据参考。

1. 死鱼样品的采集、固定与保存的技术要求

这个技术要求包括取样要求、样品大小和样品的现场处理与保存，因为它涉及样品的级别、分析项目以及使用的测试药物不同等，具体要求如下：

（1）取样要求。①在死鱼现场所有鱼样都必须是具有代表性的合格样品，包括一级

样品和二级样品。一级样品是指较长时间在浅水区游动，即使受到惊吓也不立即游去；或较长时间在水面漂浮，受到惊吓也不立即下潜或下潜后又马上浮出水面；或游泳行为异常，形态发生变化（体色、鳍条、鳃盖等改变）的鱼。二级样品是指刚死亡不久，没有出现腐败现象的鱼。②所取鱼样应包括受影响的不同品种和不同个体大小的鱼。

（2）样品大小要求。它取决于所分析的项目。对于无机物分析，每一取样点、每一品种至少3个样，每个样要大于100 g，可以是几条鱼重量之和；对于有机物分析，每一取样点、每一品种至少3个样，每个样要大于250 g，可以是几条鱼重量之和；如果是挥发性样品分析，每一取样点、每一品种取5个样，每个样要大于100 g。

（3）样品现场处理与保存。若取得活鱼样品，应将样品放入聚乙烯袋中充氧，在高温季节要将聚乙烯袋放入含有碎冰的容器内。如果是死鱼样品，则应进行冷冻、低温或固定液保存。死鱼样品因检验项目不同，其处理方法亦有所区别。

用于农药和有机物测定的鱼样要用干净清水洗过数次，然后用铝箔将鱼卷包起来，尽快冷冻。用于有机氯农药和石油烃测定的样品，在采集和预处理过程中应避免采用塑料皿和含有卤代烃或石油烃的试剂，对于挥发性强的样品应放在隔绝空气的密闭容器中并尽快冷冻保存。

用于金属或其他元素测定的鱼样，应在聚乙烯瓶中冷冻保存。

用于特殊分析的鱼次级样品（如脑、鳃、血液等）应在现场取出之后放入干净的玻璃瓶内，尽快冷冻。这种特殊用途主要用于乙酰胆碱酯酶等分析。

用于组织检查的鱼样最好是作现场检查。如有些项目不能进行现场检查，则取样后马上放入固定液中（不能冷冻保存），固定液与鱼样体积比为10∶1，固定液为10%的缓冲中性福尔马林液，长时间保存可以移至70%的酒精溶液中。

2. 污水样品的采集、固定和保存

此项技术要求包括容器要求、取样要求和样品的处理与保存，这是因为水样容器的材质对于水样在贮存期间的稳定性影响很大。同时样品的采集量是由检验项目决定的等原因。具体是：

（1）容器要求。由于水样容器的材质对水样影响很大，所以要求容器的化学稳定性要好，器壁可溶性杂质含量低，器壁对被测成分吸附极少和抗挤压的材料。高压低密度聚乙烯塑料瓶和硬质玻璃瓶可基本满足上述要求。装贮水样要用细口容器，封口塞材料要尽量与容器材质一致，塑料容器用塑料螺口盖，玻璃容器用玻璃磨口塞，测定有机物的水样容器不能用橡皮塞，碱性液体容器不能用玻璃塞，所有容器使用前都应彻底清洗干净。

（2）取样要求。样品的采集量，由检验项目决定，并适当增加一定余量。水样装瓶时，应先用混合均匀的水样充分荡洗几次再装瓶，若采样器容量有限不能一次完成采样时，可以多次采样，将各次采集的水样装在预先准备的大容器中混匀过滤后再装入瓶中，同时加入相应的固定液，装瓶时注意留有一定的空隙。在较浅水域取样时，采样者应站在下游，采集上游方向水样，避免搅动沉积物造成水样污染。

（3）样品的处理与保存。水样采集后，为尽量减少由于微生物、化学、物理作用而引起水样组分变化，使样品具有代表性，最有效的办法是力求缩短运输时间，尽快进行分析。如果不能及时分析，应根据不同测定项目采取不同的保存方法。

3. 底泥样品的处理与保存

并非所有的死鱼事件都要进行底泥的分析，但有时也是需要的，为此必须注意下列事项：

（1）取底泥样品的位置与取水样时的位置要相同，取样时用塑料刀或勺从采泥器中仔细取上部0. 1 cm之间的泥样，如果一次采样量不足，应再采一次。样品容器一般为1 L左右的广口瓶，用于金属元素分析时，瓶盖应当用聚四氟乙烯衬里填充。样品瓶、瓶盖、衬里都应当彻底清洗干净。

（2）对于短时间（7天）内分析的样品，应基本装满样品瓶，上部用取样处的水封好，之后用带聚四氟乙烯或铝箔衬里的瓶盖盖好。若长时间保存，样品量应为样品瓶的2/3，之后用取样处的水封好加盖，冷冻保存。能进行现场描述的项目，应尽量在现场描述记录，如底泥样的颜色、气味等。若采集底泥样品是为了用于毒性试验，样品只能在4℃下保存，但不能冷冻。

（三）调查报告

污染死鱼调查后应制作调查报告，其内容与格式包括下列几方面：

（1）污染死鱼事故发生的时间、地点、水体的类型。

（2）死鱼范围、品种、个体大小、数量、经济损失。

（3）死鱼的行为、形态反应以及环境特征。

（4）污染物、污染源现场调查情况。

（5）死鱼现场、参考点、排污口水质、底质化学物测定结果。

（6）组织解剖、鱼体毒物残留、急性毒性试验结果。

（7）水环境质量评价。

（8）最终确定的致鱼死亡的污染物和污染源及其确定的根据。

（9）所用化学分析和生物检测方法及评价标准。

（10）各种证据材料，包括照片、录像、谈话、各种测试的原始数据等。

五、渔业水域污染事故的处理

渔业水域污染事故的处理，由于污染事故的不同情况，必然要用不同的处理方式，而不同的处理方式，也必然要有不同的处理程序。如对事故当事人有违法行为的，就要用行政处罚程序；如对损失赔偿纠纷的，一般是用调解处理程序。具体分析如下：

（一）渔业水域污染事故的处理方式

对不同情况的渔业水域污染事故，处理方式也不相同。这些方式包括：排除危害、赔偿损害和行政处罚。

1. 排除危害

主要用于渔业水域污染事故造成的财产损害仍继续存在的情况，而这种损害又是可以排除的。

2. 赔偿损害

是指由污染事故损害赔偿责任人赔偿污染损害受害者的经济财产损失。损害赔偿包括两种情况：一种是渔业水域污染造成单位和个人养殖或增殖放流的鱼、虾、贝类等损失的，由赔偿责任人向具体的受害单位和个人赔偿损失；另一种是水域污染造成人工增殖或天然渔业资源损失的，由政府渔业行政主管部门或渔政监督管理机构代表国家责令责任人赔偿损失。天然渔业资源损失的赔偿费由渔政监督管理机构收取，用于增殖放流和渔业生态环境的改善、保护及管理。

3. 行政处罚

对于渔业水域污染事故当事人有违法行为的，依法追究其行政法律责任，由政府渔业行政主管部门或渔政监督管理机构进行罚款等行政处罚，并可责令违法行为人对污染行为进行补救，或补救违法行为所造成的危害后果，包括消除危害、恢复原状和支付治理费用等。

（二）渔业水域污染事故的处理程序

此程序包括行政处理程序和损失赔偿纠纷处理程序。前者主要是指事故当事人有违法行为的，应依法予以行政处罚；后者是指因渔业水域污染事故而发生的赔偿责任和赔偿金额纠纷所需的处理程序。具体分析如下：

1. 行政处理程序

在渔业行政主管部门监督管理范围内，渔业水域污染事故当事人有违法行为的，应依法予以行政处罚。渔业污染违法行为的处罚应遵守《中华人民共和国行政处罚法》，在处罚程序上应适用《农业行政处罚程序规定》，而法定的处罚程序包括简易程序、一般程序和听证程序。但由于渔业污染案件案情大都较为复杂，索赔或处罚金额较大，容易产生对违法事实的认定争议。因此，在渔业水域污染案件的行政处罚过程中，调查取证、违法事实认定、污染事故处理，都要按一般程序的规定进行。

2. 损失赔偿纠纷的处理程序

因渔业水域污染事故而发生的赔偿责任和赔偿金额的纠纷，当事人可以向事故发生地的政府渔业行政主管部门或渔政监督管理机构申请调解处理，也可以直接向人民法院起诉。渔业行政主管部门或是渔政监督管理机构的调解处理作为一种选择性机制，是否发生主要取决于当事人的意愿，如果当事人不服从行政调解，调解行为就不能发生法律效应。

（1）受理调解。渔业行政主管部门或渔政监督管理机构受理当事人渔业水域污染事故纠纷调解处理申请，应符合下列条件：

①必须是双方当事人同意调解处理；

②申请人必须是与渔业损失事故纠纷有直接利害关系的单位或个人；

③有明确的被申请人和具体的事实依据与请求；

④不超越受理范围。

如果只有当事人一方申请调解，渔业行政主管部门或渔政监督管理机构有责任通知另一方接受调解；若另一方拒绝接受调解，当事人可直接向人民法院起诉。

（2）调解处理实施。渔业行政主管部门或渔政监督管理机构受理污染事故赔偿纠纷后，可根据需要邀请有关部门人员参加调解处理。负责和参加处理纠纷的人员与纠纷当事人有利害关系时，应当自行回避，当事人也可提出回避请求。

调解处理过程中，应召集双方座谈协调。经协调可达成协议，调解协议书经当事人双方和渔业行政主管部门或渔政监督管理机构三方签字盖章后生效。当事人应主动履行生效后的调解协议，如果当事人拒不履行调解协议的，渔业行政主管部门或渔政监督管理机构应督促履行，同时当事人可向人民法院起诉。

渔业行政主管部门或渔政监督管理机构的调解处理不具有终局决定权。当事人对调解污染事故赔偿纠纷处理决定不服的，可以向人民法院起诉。而且在调解处理过程中，只要有当事人的一方向法院起诉，调解处理就终止。

六、水域污染渔业损失的计算方法

调查处理渔业水域污染事故中，必须科学计算污染事故造成的渔业损失，这样才能正确地判定和处理污染事故。为加强渔业水域环境的监督管理，科学合理地计算因污染事故造成的渔业损失，为正确判定和处理污染事故提供依据，农业部制定了《水域污染事故渔业损失计算方法规定》，于1996年10月8日颁布。该规定第二十八条指出：本规定中渔业损失的计算，按农业部颁布的规定执行。水域污染渔业损失计算包括两方面：污染事故渔业损失量的计算和污染事故渔业经济损失计算。具体内容如下：

（一）污染事故渔业损失量计算

污染事故中的渔业损失量，是指污染源直接或间接污染渔业水域造成鱼、虾、蟹、贝、藻等及珍稀、濒危水生野生动植物死亡或受损的数量。

污染事故渔业损失量的计算方法，有围捕统计法、调查估算法、统计推算法和专家评估法。具体选择哪种计算方法，应根据事故水域的类型、水文状况、受污染面积大小以及受损害资源的种类而定。

1. 围捕统计法

这种方法适用于能进行围捕操作的水域，其污染事故水域面积在万亩*以下。

（1）围捕设点方法。在事故水域中，设置具有代表性的围捕点8～10个，每个围捕的面积20～50亩，在围捕中按种类和规格（苗种、成品）分别统计水产生物死亡量和具有严重中毒症的水产生物数量。围捕点及各点面积的设定由渔政监督管理机构根据受污染水域的具体状况决定。

（2）计算方法。各围捕点单位面积平均损失量＝各围捕点单位面积损失（包括中毒量）之和÷围捕点数。

事故水域总损失量＝单位面积平均损失量×事故水域总面积＋群众捕捞的损失量。

水域面积在万亩以上，或其损失密度分布呈明显区域性的养殖水域，分别围捕统计，总损失量等于各区域损失量之和。

2. 调查估算法

这种方法适用于难以设点围捕的大面积增养殖水域。具体按下列方法估算：

（1）调查养殖单位当年投放苗种的分类放养量，以养殖单位提供的发票、生产原始记录和旁证为准，并由渔政监督管理机构核定。以租养为主的应考虑原有天然渔业资源量。

---

* 亩为非法定计量单位，1公顷＝15亩。

（2）由渔政监督管理机构组织有关单位或事故双方评估事故水域中的损失量。

（3）由渔政监督管理机构抽样调查群众自发性捕捞的损失量。

（4）总损失量 = 评估的损失量 + 抽样调查的群众自发性捕捞损失量。

3. 统计推算法

此法一般适用于精养池塘小面积水域，或滩涂养殖和围塘养殖。

（1）精养池塘或小面积渔业水域的统计推算法。

事故水域的损失量 = 当年计划全部产量 - 已捕产量。其中，当年计划全部产量 = 当年投放的苗种数量 $\times\frac{\text{前3年每亩平均产量}}{\text{前3年每亩平均投放苗种数量}}$。

（2）养殖、增殖水面的统计推算法。这里的养殖、增殖水面包括港湾、湖泊、水库、外荡等，具体使用以下公式推算：

总损失量 = 当年放养水产生物损失量 + 上年剩余水产生物损失量 + 自然繁殖水产生物损失量。

其中，当年放养水产生物损失量 = （亩放苗种数 × 成活率 × 起捕规格 - 已捕产量）× 受污面积 × 受污水产生物损失率。

上年剩余水产生物损失量 = （上年放养增殖量 - 上年起捕量） × 受污水产生物损失率。

式中的单位：损失量为 kg；每亩放苗种数为尾、只、颗/亩；成活率和损失率为%；起捕规格为 kg/尾、只、颗；已捕产量，为 kg/亩；受污面积为亩。

（3）滩涂养殖和围塘养殖的统计推算法。这种类型养殖的统计推算方法，应使用下列公式进行计算：

总损失量 = （亩放苗种数 × 成活率 × 起捕规格 - 已捕产量） × 受污面积 × 受污水产生物损失率。式中单位同上。

亩放苗种数、成活率（%）、起捕规格、已捕产量（kg/亩）由污染受害单位或个人出具证明，当地渔业行政主管部门或渔政监督管理机构审核；受污面积（亩）、受污水产生物损失率（%）由污染受害单位或个人提供情况，当地渔业行政主管部门或渔政监督管理机构组织有关部门调查确定。

（4）虾、蟹、贝、藻损失量的统计推算法　按下列公式进行：

$$\text{损失量} = \frac{K\times\text{受污面积}\times\text{每亩投放苗种数量}\times\text{成活率}}{\text{成品规格}} - \text{污染面积内收获产量}$$

式中，K 是养殖技术、养殖环境等因素的综合参考系数，由于养殖环境、养成水平等差异，K 值的具体数值可参考当地历年产量和当年度产量等因素而定。

式中单位为：损失量，kg；受污面积，亩；每亩投放苗种数量，尾、只、颗/亩；成活率，%；污染面积内收获产量，kg；成品规格，只、棵、尾/kg。

4. 专家评估法

在难以用上述公式计算的天然渔业水域，包括内陆的江河、湖泊、河口及沿岸海域、近海，可采用专家评估法，主要以现场调查、现场取证、生产统计数据、资源动态监测资料等为评估依据，必要时以试验数据资料作为评估的补充依据。专家评估法的基本程序如下：

（1）进行生产和资源的现场调查，确定事故水域主要渔业资源的种类及主要渔获物组成。

（2）资源量的确定。江河、河口及海域的资源量用近3～5年的平均产量÷资源开发率进行计算，开发率视当地捕捞强度和种群自生能力而定；增殖资源量用近3～5年的平均投放尾数×回捕规格×回捕÷资源开发率进行计算。

（3）资源损失量的确定。由渔业行政主管部门或渔政监督管理机构组织有关专家评估，确定其损失量，对资源损失大的（10万元以上），应制作详细的评估报告。

（二）污染事故经济损失量计算

包括损失量计算的基本原则和损失额计算。具体是：

1. 污染事故经济损失量计算的基本原则

因渔业环境污染、破坏直接对受害单位和个人造成的损失，在计算经济损失时只计算直接经济损失。同时，因渔业环境污染、破坏不仅对受害单位和个人造成损失，而且也造成天然渔业资源和渔政监督管理机构增殖放流资源的无法原则利用以及可能造成的渔业产量减产等损失，在计算经济损失额时，应将直接经济损失额与天然渔业资源损失额相加。

2. 直接经济损失额的计算

直接经济损失包括水产品损失、污染防护设施损失、渔具损失以及清除污染费和监测部门取证、鉴定等工作的实际费用。

水产品损失额按照当时当地工商行政管理部门提供的主要菜市场零售价格来计算。水产品损失量包括中毒致死量和有明显中毒症状但尚能存活以及因污染造成不能食用的水产品。由于水产品损失量既包括成品，也包括半成品、苗种而计算损失量，最终以成品损失量表示，因此苗种、半成品与成品损失量的换算比由渔业行政主管部门或渔政监督机构根据不同种类和当地实际情况而定。

网箱、稻田养鱼按实际损失额计算，计算公式如下：水产品损失额＝当地市场价格×损失量。养殖种类亲体和原种的死亡损失价格，计算时根据其重要程度按高于一般商品价格的50%～500%计算，具体价格由渔政监督管理机构确定。

污染防护设施损失、渔具损失以及清除污染费用和监测部门取证、鉴定等所需的费用按实际投入计算。

3. 天然渔业资源经济损失额计算

这种计算由渔业行政主管部门或渔政监督管理机构根据当地的资源情况而定，但不应低于直接经济损失中水产品损失额的3倍。

本章思考题

1. 什么是渔业水域环境？它由哪些要素组成？
2. 渔业水域环境有何特点？它与渔业生产有何关系？
3. 什么是水体污染性的渔业水域环境破坏？什么是非水体污染性的渔业水域环境破坏？举例说明。
4. 目前我国渔业水域环境状况如何？你对此有何看法？
5. 我国严重污染的海域主要在哪些地方？你对此有何看法？

6. 渔业水域环境保护与管理的基本法有哪些？水域环境单行法律有哪些？
7. 破坏渔业水域环境的因素有哪些？
8. 渔业水域污染有哪些特点？
9. 渔业水域主要的污染物有哪些？这些污染物对渔业资源有何危害？
10. 试述我国渔业水域环境保护的监督管理体制？
11. 渔业行政主管部门在海洋环境监督管理中有哪些职权？
12. 渔业水域环境保护有哪些主要途径？
13. 如何加强对污染物排放的宏观控制？
14. 制定渔业水质标准有什么作用？
15. 渔业水质标准对渔业水质保护有哪些要求？
16. 如何做好渔业水域环境监测工作？
17. 渔业水域环境监测有哪些主要类型？
18. 渔业水域环境监测的主要内容有哪些？
19. 如何做好污染源的管理工作？污染源管理包括哪些内容？
20. 什么是渔业水域污染事故？
21. 渔政监督管理机构之间的渔业水域污染事故的调查处理权如何分工？
22. 渔业水域污染事故调查处理应遵循哪些基本原则？
23. 水域污染造成死鱼的调查方法有几种？
24. 水域污染样品采集应包括哪些样品？
25. 如何做好水域污染样品采集工作？
26. 水域污染造成死鱼的调查报告应包括哪些内容？
27. 渔业水域污染事故处理有哪些方式？
28. 如何计算因水域污染造成的经济损失？

第七章

渔业港口管理

渔业港口是指主要为渔业生产服务和供渔业船舶停泊、避风、装卸渔获物和补充渔需物资的人工港口和自然港湾，包括综合性港口中渔业专用的码头、渔业专用的水域和渔船专用的锚地。截至2003年4月2日，经县级以上人民政府认定的，由农业部公布的沿海渔港有1 024个，内陆渔港137个。根据渔港在区域渔业经济发展中的地位、服务渔船的范围、水产品卸港量、投融资渠道等，渔港可分为4级：①特级渔港，是指在渔业发展中占有重要地位的渔业基地港，来港船舶包括生产渔船、加工渔船和冷藏运输船；②一级渔港，是几个省（区、市）渔船共用或常有外籍渔船停靠作业，水产品年卸港量在2×10^4 t以上的渔港；③二级渔港，是指主要供本省（区、市）渔船停靠作业，水产品年卸港量在1×10^4 ~ 2×10^4 t之间的渔港；④三级渔港，是指主要供本县（市）渔船停靠作业，水产品年卸港量在1×10^4 t以下的渔港。

渔业港口管理与商业港口、军事港口一样，都要对航道、航标、锚地、水域环境等进行管理，都要贯彻“安全第一、预防为主”的生产方针，特别是渔业港口，来往船只类型更为复杂（我来自渔港，对此深有感受），更需要做好这方面管理，为此要求渔政人员必须与港务部门密切配合，管好港口，管好渔业最基层的工作，同时港口水域环境的保护和管理，又是海洋环境保护的重要组成部分，做好这项工作有利于保护海洋资源和人体健康，也有利于防止船体和港口设施遭受污染腐蚀损害，防止港池回填淤塞，保证渔业生产正常运行，充分发挥渔港在渔业生产中的作用。

本章着重介绍港口锚地管理、港口航道管理、港口航标管理、港口水域环境管理以及港口危险货物装运管理等。

第一节　港口锚地管理

锚地，亦称“停泊地”，是指专供船舶抛锚停泊、避风、检疫、候泊、装卸货物，以及供船舶进行编组作业的指定水域。锚地选择不当，船舶受风流影响后容易出现走锚、搁浅、断链、丢锚和损坏锚机等事故。锚地管理是港口管理工作中最基本的内容。

一、锚地的种类

若从使用的角度来看，锚地可分避风锚地、防台锚地、引航锚地、检疫锚地、大轮驳截锚地、危险品船舶锚地、拖轮船队作业锚地以及港内锚地等。

1. 避风锚地

专供要求避风的船舶、发生海损事故需要进行维修的船舶和需要进行补给的船舶停泊。

2. 防台锚地

实际上是避风锚地的一种，但避风条件比一般的避风锚地好，供船舶在躲避强热带风暴时使用。

3. 引航锚地

供需要引航的船舶停泊等候引航员使用。

4. 检疫锚地

供进入我国港口的外国籍船舶及我国航行于国际航线的船舶等候检疫使用。

5. 大轮驳截锚地

供大型船舶驳截或驳卸货物使用。

6. 危险品船舶锚地

供装载危险货物的船舶停泊使用。

7. 拖轮船队作业锚地

供拖轮船队编组作业使用。

8. 港内锚地

供港内船舶停泊使用，它可分为大型机动船锚地、小型机动船锚地、铁驳船锚地、停航待修船舶锚地等。

二、锚地的选择

锚地选择涉及海底底质、水深、位置、潮流，以及不应妨碍港口水域内船舶航行和作业的安全。具体的选择条件如下。

1. 避风条件好

锚地周围最好有陆地或群山遮蔽，免受强风袭击，并尽可能靠上风的位置。

2. 底质条件好

因锚的抓力与海底底质有密切关系。软硬适度的砂底抓力好，泥沙底次之，硬质泥底较差，石底不宜下锚。

3. 水深适度

根据船舶吃水选择适当锚地水深，通常要求锚地水深在低潮时应在大 1.5 倍船舶吃水加上 2/3 最大波高。深水锚地，最大水深不得超过一舷锚链总长的 1/4，否则将影响锚的抓力。

4. 水流条件

流向要相对稳定，流速较缓为好，最好无大的回转流，一般情况下，在主流和支流汇合处，流向流速较为复杂；弯曲河道处，流向不直，流速也不一致的地段不宜锚泊。

5. 要有足够的旋向余地

在正常情况下对浅滩、陆岸等固定障碍物的距离应是：一舷全部链长 +2 倍船长。

对其他锚泊或浮标等活动物标的距离应该是：一舷全部链长 +1 倍船长。

在港区锚地内，由于船舶密集、水域有限，较难给出上述宽敞面积，其锚泊所需水域可按下列公式计算：

单锚泊时半径 = 船长 + （60 ~ 90） m。

双锚泊时半径 = 船长 +45 m。

6. 锚地选择不应妨碍港口水域内船舶航行和作业的安全

锚地在划分之后以及变更后，港口主管机关必须及时发出通告，并在相应的海图上标出锚地位置。

三、锚地的管理

锚地是港口的重要组成部分，做好锚地管理工作，对于维护港口正常秩序有着十分重要的意义。锚地管理工作的主要内容有：

（1）监督船舶在港口管理部门的统一指挥下进入指定锚地锚泊。

（2）监督船舶不得在非锚地水域锚泊。

（3）监督船舶在锚地内锚泊时应放出足够长的锚链，并派人值班瞭望，防止发生走锚等意外事故。

（4）监督船舶按规定显示号灯或号型。

（5）锚泊船舶的甲板灯不应照射水面，以免妨碍其他船舶航行。

（6）在受潮汐影响的港内锚地，锚泊船舶之间应留有足够的回旋余地。

（7）监督非锚地作业船舶不得穿越锚地。

（8）外国籍船舶在锚地内锚泊时，除非为了避免意外危险，一律不得自行移泊。

第二节　港口航道管理

航道是指在港湾、江河、湖泊、水库、渠道的水域中，供一定标准尺寸的船舶航行的通道。而我们日常比较通俗的说法是：航道是指具有一定深度、宽度、净空高度，有航标标示的，供一定标准尺度的船舶航行的水道。

航道是国家重要的水运交通基础设施和社会公益设施，具有公共性和开放性的特点，是综合利用水资源的重要组成部分，对国民经济的发展有着重要影响。加强航道的管理，可提高航道的使用效率，保护航道的完善和畅通。为此，我国在新中国成立后制定了多部法律、法规和条例，如《中华人民共和国航道管理条例》、《中华人民共和国航道条例实施细则》、《中华人民共和国航标条例》以及《内河通航标准》等。

一、航道和种类

航道种类可分为国家航道、地方航道、专用航道、内河航道、海区航道。具体涵义如下。

1. 国家航道

主要指：①构成国家航道网，可以通航 500 吨级以上船舶的内河干线航道；②跨省、自治区、直辖市，可以常年（不包括封冻期）通航300吨级以上（含300吨级）船舶的内河干线航道；③可通航3 000吨级以上（含3 000吨级）海船的沿海干线航道；④对外开放的海港航道；⑤国家指定的重要航道。

2. 地方航道

主要指：①可以常年通航300吨级以上（含不跨省可通航300吨级）船舶的内河航道；②可通航3 000吨级以下的沿海航道及地方沿海中小港口间的短程航道；③非对外开放的海港航道；④其他属于地方航道主管部门管理的航道。

3. 专用航道

指由军事、水利电力、林业、水产等部门以及其他企业、事业单位自行建设、使用的航道。

4. 内河航道

指位于河流、湖泊、水库内的航道以及运河通航渠道的总称。

5. 海区航道

指沿海航道的总称。

其他的还有湖区航道、库区航道、进港航道、季节航道以及限制性航道等。

二、航道应具备的条件

航道管理一般应考虑航道的尺度（即航道深度、航道宽度、航道弯曲半径）、航道水流条件（即航道的流速、流向、流态等）以及航道净空高度和通视条件等。

1. 足够的深度、可航宽度和弯曲半径

航道深度，是指航道范围内从水面到水底的垂直距离；航道宽度，是指航道两侧界限之间垂直于航道中心线度量的水平距离；航道弯曲半径，是指航道中心线的曲率半径。

2. 良好的水流和风流条件

航道的水流条件是航道的重要条件，仅有足够的航道尺度而无适合的水流条件是不能满足船舶航行需要的。航道水流条件，包括流速、流向和流态等。流速，是指水质点在单位时间内沿某一特定方向移动的距离；流向，是指水流动的方向；流态，是指局部水流呈现的状态。流态对船舶航行影响较大，某些恶劣的流态甚至危及船舶的航行安全。产生不正常流态的原因是由于河床局部形态与水流相互作用的结果。内河航道中有几种流态如泡水、漩水、滑梁水、扫弯水、走沙水和往复流等。

3. 足够的通航净空和良好的通视条件

通航净空即通航净空高度，是指跨河建筑物的底部从通航净宽线至最高通航水位线的垂直距离，按《内河通航标准》的规定，如漓江上的跨河建筑物的通航净空高度为4.5 m。通航条件比较好理解。这里不再细说。

三、航道的保护与管理

航道是国家重要的水运交通基础设施，是综合利用水资源的重要组成部分。航道及其设施受国家保护，任何单位和个人均不得侵占或破坏。交通部门、航道管理机构应当加强航道管理和养护工作，维护规定的航道尺度，保持航道及其设施处于良好技术状态，保障航道畅通，航道主管部门有权依法制止、处理各种侵占、破坏航道及其设施的行为。具体的保护和管理主要内容如下：

（1）修建与通航有关的设施或者治理河道、引水灌溉，必须符合国家规定的通航标准和技术要求，并应当事先征求交通主管部门的意见。违反上述规定，中断或恶化通航条件的，由建设单位或个人赔偿损失，并在规定期限内负责恢复通航。

（2）航道管理机构为保护航道畅通，在通航水道上进行正常的航道养护工程，包括勘测、疏浚、抛泥、吹填、消除、维修航道设施和设置航标等，任何单位或个人不得非法阻挠、干涉或索取费用。

（3）在通航河流上建设永久性拦河闸坝，建设单位必须按照设计和施工方案，同时建设适当规模的过船、过木、过鱼建筑物，并解决施工期间的船舶、排筏通航问题。过船、过木、过鱼建筑物的设计任务书、设计文件和施工方案，必须取得交通、林业、渔业主管部门同意。

（4）对通航河流上碍航的闸坝、桥梁和其他建筑物以及由建筑物所造成的航道淤积，按“谁造成碍航谁恢复通航”的原则，责成有关部门改建碍航建筑物或限期补建过船、过木、过鱼建筑物，清除淤积，恢复通航。

（5）在通航河段或其上游兴建水利工程控制或引走水源，建设单位应当保证航道和船闸所需要的通航流量。在特殊情况下，由于控制水源或大量引水影响通航时，建设单位应当采取相应的工程措施，地方政府应当组织有关部门协调，合理分配水量。

（6）水利水电工程设施管理部门制定调度运行方案，涉及通航流量、水位和航行安全的，必须事先与交通主管部门协商，达成协议，并切实按协议执行。协商不能取得一致意见时，由县级以上人民政府裁定。遇到特殊情况，水利水电工程需要减流断流或突然加大流量，必须事前及时与交通主管部门联系并采取有效措施，防止由于水量突然减小或加大而造成事故。

（7）沿海和通航河流上设置的助航标志，必须分别符合下列国家标准：

①沿海助航标志应符合：GB 4696—84《中国海区水上助航标志》；GB 4697—84《中国海区水上助航标志的主要外形尺寸》。

②内河助航标志应符合：GB 5863—86《内河助航标志》；GB 5864—86《内河助航标志的主要外形尺寸》。

非航标管理部门在沿海和通航河流上设置专用航标，必须经航标管理部门同意，标志设置单位应经常维护，使之保持良好技术状态。

（8）在通航河流的管理范围内，水域和土地的利用应当符合航运的要求；岸线的利用和建设，应当服从河道整治规划和航道整治规划。为确保航道畅通，航道管理机构有权制止在航道滩地、岸坡进行引起航道恶化，不利于航道维护及有碍安全航行的堆填、挖掘、种植、构筑建筑物等行为，并可责成清除构筑的设施和种植的植物。

（9）在防洪、排涝、抗旱时，综合利用水利枢纽过船建筑物的运用，应当服从防汛抗旱指挥机构的统一安排，并应符合《船闸管理办法》的有关规定和原设计的技术要求。

（10）除疏浚、整治航道所必需的排泥、抛石外，禁止向河道倾倒泥沙、石块和废弃物。在通航河道内挖取砂石泥土、开采砂金、堆放材料，必须报河道主管部门会同航道主管部门批准。涉及水上交通安全的，事先征得港监部门同意，并按照批准的水域范围和作业方式开采，不得恶化通航条件。

（11）沉没在通航水域的船舶、设施或者有碍航行安全的物体，其所有人或经营人应当立即报告港航监督部门和航道主管部门，按规定设置标志或委托航道管理部门代设代管，并应在港航监督部门限定的时间内打捞清除。在狭窄的内河航道，沉船、沉物造成断航或严重危害航行安全的，应当立即进行清除，其费用由沉船、沉物所有人或经营人承担。船舶、排筏在内河浅险段航行，因违章、超载或走偏航道，发生搁浅，造成航道堵塞，航道条件恶化，航道主管部门采取疏浚、改道等应急措施，其经费由船舶排筏所有人或经营人承担。

（12）任何单位在通航水域进行工程建设，施工完毕必须按通航要求及时清除遗留物，如围埝、残桩、沉箱、废墩、锚具、沉船残体、海上平台等，并经航道主管部门验收认可。没有清除的航道主管部门有权责成其限期清除，或由航道主管部门强制清除，其清除费用由工程施工单位承担。

（13）在航道沿岸附近设置灯光设施时，不得有碍航道的正常工作。

第三节　港口航标管理

航标是助航标志的简称，它是以特定的标志、灯光、音响或无线电信号等，供船舶确定船位、航向，避离危险，使船舶沿航道或预定航线安全航行的助航设施。航标的作用，主要是指示航道、供船舶定位、标示危险区以及供特殊需要。指示航道，是指在岛岸明处设置引航标志，或在水上设立浮标、灯浮及灯船等，引导船舶沿航标所指示的航道航行。供船舶定位，是指利用设置在陆上的航标测定船位。标示危险区，是指标示航道附近的沉船、暗礁、浅滩及其他危险物，指引船舶避开这些危险物。供特殊需要，是指标示锚地、检疫锚地、测量作业区、禁区、渔区以及供船舶测定运动性能和罗经差使用的水域等。航标管理要考虑航标的检查、航标的分类、水上助航标志制度以及航标的保护与管理。

一、航标的分类

航标是设置在陆地或水中的一种助航标志，是港口设施的重要组成部分。航标分类的目的，是为方便于航标的检查和航标的维护与管理。航标分类可从不同角度来划分，它可按设置地点来划分，也可按技术装置来划分。

（一）按设置地点分类

按设置地点，可分为船闸航标、内河航标以及沿海航标。

1. 船闸航标

是指设置在船闸河段上的航标，用以标示船闸内外的停船位置，指示进出船闸的引领航道和节制闸前的危险水域，指引船舶安全迅速通过船闸。

2. 内河航标

是指设置在江河、湖泊、水库航道上的助航标志，用以标示内河航道的方向、界限与碍航物等，为船舶航行指示安全的航道。内河航标由航行标志、信号标志和专用标志三大类组成。

3. 沿海航标

是指设置在沿海和河口地段，引导船舶在沿海航行及进出海港、港湾和河口的航标，它可分为下述固定的航标和水上浮动航标两种。

一是固定航标。它是指设置在岛屿、礁石、海岸等上面的航标。包括：

（1）灯塔。一般设置在显著的海岸、岬角、重要航道附近的陆地或岛屿上，以及港湾入口处。它是一种比较高大而坚固并发出特定灯光的塔状建筑物。灯塔，由基础、塔身和发光器三部分组成。塔身具有显著的形状和颜色特征；塔的上部装有能发出特定灯光，并且光力较强，射程较远的发光器。有的灯塔还附有音响信号和无线电信号等。灯塔一般有专人看管，是一种主要的航标。

（2）灯桩。一般设置在航道附近的岛岸边以及港口防波堤上。它是一种柱状或铁架结构的建筑物，其顶部也装有发光器，但灯光强度不及灯塔，一般无人看管。

（3）立标。一般设置在浅水区、水中礁石上，是一种普通的杆状标（铁质或木质），顶端有球形或三角形等标志，用以标示沙嘴尽头、浅滩及险礁的两端，水中礁石及航道中较小的障碍物，也有的设在岸上作为叠标或导标，用以引导船舶进出港口或测定船舶运动性能和罗经差。

二是水上标志。它是浮在水面上，用锚或沉锤、锚链牢固地系留在预定点海床上的航标。水上助航标志除灯船及大型助航浮标外，其外部涂色，顶标、灯质等均依其用途有统一规定，水上标志包括：

（1）灯船。一般设置在周围无显著陆标又不便建造灯塔的重要航道附近，以引导船舶进出港口、避险等。灯船是一种在甲板高处设有发光设备的特殊船舶。灯船具有能经受风浪袭击和顶住强流的坚实结构和牢固的锚泊设备，灯光射程较远，可靠性较好，其船身一般涂红色，船体两侧有醒目船名或船号，桅上悬挂黑球，供白天识别用。有的灯船还有人看管。

（2）浮标。一般设置在海港和沿海航道以及水下危险物附近，用以标示航道，指示沉船、暗礁、浅滩等危险物的位置。浮标具有规定的形状、尺寸、颜色等浮动标志，锚泊在指定位置。它可装有发光器、音响设备、雷达反射器和规定的顶标等。其水线以上部分的基本形状主要有罐形、锥形、球形、柱形和杆形。浮标受海流和潮汐影响，其实际位置以锚碇为中心在一定范围内移动。装有发光器的浮标称为灯浮标。浮标一般不能用来定位。

（二）按技术装置分类

它可分为发光航标、不发光航标、音响航标和无线航标 4 种类型。

1. 发光航标

灯塔、灯船、灯浮、灯桩等统称为灯标，以所显示的特定的光色、节奏和周期作标志识别的特征，并将其用缩写标注在海图上该灯标符号的旁边。

2. 不发光航标

有立标和浮标等。

3. 音响航标

是指设有雾警设备的航标，其功能是在雾、雪及其他能见度不良天气时发出特定的音响，供航海人员导航之用。它分有雾钟、雾锣、雾哨、雾角以及雾笛等。

（1）雾钟。是一种最古老、简单的音响装置，常设在礁石或浅滩附近的灯浮或无人看守的灯船上，借助波浪起伏摇摆自动打钟发声。雾钟的声音强弱决定于钟和波浪的大小，一般有效作用距离为 1 ~ 2 n mile。

（2）雾锣。用于有人看守的灯塔及灯船上，凡遇下雾或天气朦胧，从听到船舶发放雾号时起，每隔一定时间鸣锣，其有效作用距离和雾钟差不多。

（3）雾哨。一般装在浮标上，利用波浪的起伏，吸进和压出空气，经气哨而发声，有效作用距离 1 ~ 4 n mile。

（4）雾角。一般安装在靠近港口的岸边或有发电设备的灯塔上，发音原理和普通电喇叭相似，能清晰地发送信号编码，以便船舶收听和识别，有效作用距离 3 ~ 5 n mile。

（5）雾笛。多装在灯塔和灯船上，利用压缩空气发声器而发声，声晰、洪亮，有效作用距离 3 ~ 10 n mile。

此外，还有爆响雾号、莫尔斯码语雾号和雾炮等。

4. 无线电航标

它是无线电助航设备的总称，包括无线电测向台、环射无线电指向标、定向无线电指向标、旋转式无线电指向标、雷达反射器、罗兰、奥米伽等，约有 10 种。

（1）无线电测向台。是固定的测角装置，用以测定船舶所发射的无线电波方位的无线电航标。

（2）环射无线电指向标。是一种发射无方向性的电波，供船舶测定方位的无线电指向标。

（3）定向无线电指向标。是一种引导船舶循直线航道航行的无线电指向标。交替发射两个电波，其方向角在航道轴线方向及其可航范围内有一定的重叠。

（4）旋转式无线电指向标。是一种“8”字形或心脏形发射特性图，在水平面上等速旋转的无线电航标。

（5）雷达反射器。附装在航标、岬角、堤坝上的一种强反射体，具有一定的反射面积和将入射电波向原方向反射的特性，以增加雷达目标回波强度，使物标易于被雷达发现的器件。

（6）罗兰。是利用测时差求距离的双曲线导航系统，现应用的是罗兰 C 系统，可以进行自动定位。

（7）奥米伽。是由 8 个工作在甚低频波段的地面发射台组成的远距离、全天候的相位差双职工曲线定位系统。

二、海区水上助航标志

这里仅概要地介绍国际海区水上助航标志和我国海区水上助航标志的基本情况。

（一）国际海区水上助航标志概况

这是一项具有国际性质的航行制度，直接影响海上船舶的航行安全。过去百年来世界各地海区水上助航标志比较混乱，给航海人员带来很大不便，甚至造成航行事故。因此，航标在国际范围内的统一有着十分重要的意义。

国际上有关航标组织对海上统一浮标系统的研究，自1936年日内瓦会议曾接近于达成统一浮标系统的国际协议起，在1957年国际航标协会成立后继续研究。1965年该协会设立国际技术委员会专门考虑这个问题。1971年后形成A、B两个系统。A系统于1974年进行实地试验后又经修改，国际航标协会执委会于1975年通过，1976年由联合国政府间海事协商组织批准，整整经历了40年。A系统自1977年4月首先由英国航标当局实施以来，陆续在欧洲、非洲、大洋洲和亚洲的一些国家中付诸实施。B系统已在1980年初完成，并被美洲及日本、韩国、菲律宾等国和地区使用。1980年11月在东京召开的第10届国际航标会议上，在A、B系统的基础上又经过商讨并同意了采用新的综合制度的规划。确定了浮标制度区域的界限划分。并以附图加以说明，这是国际航标史上的一件大事。

（二）中国海区水上助航标志

我国在国际海上浮标制度（A区域）的基础上，结合我国情况，于1984年制定的《中国海区水上助航标志》国际标准（GB 4694－84），并已在1985年8月1日付诸实施。该标准适用于中国海区及其海港、通海河口的所有浮标和水中固定标志（不包括灯塔、扇形光灯标、导标、灯船和大型助航浮标）。该标准包括侧面标志、方位标志、孤立危险物标志、安全水域标志和专用标志5类。它们可以结合使用。表示标志特征的方法为：白天以标志的颜色和形状或顶标来表示，夜间以标志的灯质，即光色、灯光节奏和周期来表示。该标准规定的基本浮标形状有罐形、锥形、球形、柱形和杆形5种。而顶标形状只有罐形、锥形、球形和“X”形4种。现简介如下：

1. 侧面标志

它包括左侧标、右侧标、推荐航道左侧标和推荐航道右侧标。左（右）侧标设在航道的左（右）侧，标志航道左（右）侧界限，顺航道走向行驶的船舶应将标志置于本船左（右）侧舷通过；推荐航道左（右）侧标设在航道分叉处，标志推荐航道在该标志的异名侧。用于特定航道时，标志该航道的左（右）侧界限，顺航道走向行驶的船舶应将标志置于本船左（右）舷通过。

2. 方位标志

它与航海罗经结合使用，设在危险物或危险区为中心的北、东、南、西4个象限，分别命名为北方位标、东方位标、南方位标、西方位标，标志可航水域在本标同名一侧。

3. 孤立危险物标志

设置或系泊在孤立的危险物之上，或尽量靠近危险物质地方，标志孤立危险物所在，船舶应参照有关航海资源避开该标航行。

4. 安全水域标志

设在航道中央或航道的中线上，表示该标志周围均为可航水域，船舶可在其任何一侧航行。该标志可代替方位标或侧面标指示接近陆地。

5. 专用标志

用于指示某一特定水域或特征，不是为助航目的而设置的，各种不同用途的专用标志必要时在有关航海资源中予以说明。

三、航标的检查

船标检查是保证航标处于良好技术状态的重要手段，只有认真开展航标检查，才能及时发现航标异常状态，及时采取措施，使航标发挥正常功能，提高航道的维护质量。航标检查可从检查的类别和检查的内容两方面着手。

（一）航标检查类别

若从航标检查的范围和检查的间隔而言，它可分为日常检查、定期检查和全面检查 3 种类别。检查中必须做好记录，发现问题及时处理，器材的损失情况要如实上报。

1. 航标日常检查

它由航道站（艇）负责，检查范围是：检测航道水深、了解航道变化、检查标志的位置和外观、检查标灯的技术状态等。一、二类维护航道上，日常检查周期不宜长于 5 天。

航标日常检查主要是配合航道站（艇）的日常巡航进行。因此要求航道站（艇）当班人员对辖区航标的设置状况心中有数。每座标志的具体位置、灯光性质都应相当熟悉，检查时逐标核对。对于可能出浅的航道边线进行探测，掌握实际水深的变化情况。

2. 航标定期检查

由航道基层管理单位和基层班组（航道站）按航道业务管理办法进行。检查范围主要是：全面探测浅滩航道水深；检查航标配布及标志的技术状态；定期夜航检查灯光、灯质、光源亮度，具体察看浮具有无损伤、积水及系缆磨损程度。

3. 航标全面检查

它是在洪峰和暴风雨（雪）前后或遇有特殊情况由航道基层管理单位和航道班组（航道站艇）进行，检查重点是标位、浮具标体、系留设备、灯器、电源的技术状态及损坏、损失情况，并要求及时采取修复和更换等措施。

上述 3 种检查的范围有重复，但在其检查的仔细程度上有所区别。日常检查虽然主要是标位和标志外观特征的检查，但却是保证航标有良好状态的重要检查方式。

（二）航标检查内容

检查内容要尽可能全面、仔细。下面概述岸标检查、浮标检查、灯标检查、电源检查四方面的具体内容。

1. 岸标检查

主要从下述几方面进行：①检查标位地质情况，观察是否有崩塌危险；②检查标志是否直立，顶标是否松动或腐蚀；③检查标志杆锈蚀、虫蚀程度；④检查文索、信号绳索的强度及螺丝、滑轮的灵活性；⑤检查标体、标杆油漆的颜色及脱落程度；⑥检查标灯及电源技术状态（开关灵活度、光源、电源、电压、容量、导线连接等）。

2. 浮标检查

这项检查主要有下列几方面内容：①检查礁石沉船等碍航物处的浮标标位是否正确，必要时用仪器进行定位检查；②检查灯船锚链磨损情况，察看灯船船体及甲板以上部分的锈蚀程度和检查舱内积水情况；③检查柱形浮标时，主要是察看灯架部分的锈蚀和牢固程度，如果要进行起吊检查，应具有起重设备的工作船，对其锚链磨损情况、浮体部分做水密性全面检查；④检查船体浮标时，可从船体油漆鲜明程度、锈蚀程度、锚缆拉力和破损情况等方面进行检查；⑤进行浮标检查时，航道边线和标准水深探测是个不可忽略的问题，对重点标位置应详细检测。航道站对标灯的检查往往不是要彻底查明其故障的真正原因，而是要保证标灯能正常发挥功能。因此，航道站在进行标灯检查时，应先观察标灯是否正常发光。如果是白天，可以用不透光的布料捂住感光部位。如果标灯发出规定灯光，则证明标灯各部件正常。如果使用的双丝灯泡，则应查看副丝指示灯是否发光，如发光，则证明主丝已烧坏，应尽早更换灯泡；如果灯泡完好，则应检查导线连接、电源电量。在上述内容检查完毕后，标灯仍不亮或灯质不符合规定，则应更换标灯。

航标灯技术性较强，根据航标维护经验，航标灯检查着重于“焦、平、压、紧、洁、色”6方面内容。

“焦”，是指光源的发光中心要在透镜（或反射镜）的焦点上。

“平”，是指标灯光轴应与水面平行（个别岸标处可处理一定的俯角）。

“压”，是指光源额定电压、电流与电源电压、电流相适应。

“紧”，是指灯泡与灯座之间、标体与标灯之间，以及线路接头均匀、牢固，与其他导体结缘。

“洁”，是指灯头、电源表面、透镜要保持清洁，相应部件要防潮。

“色”，是指滤色器、滤色涂料除色彩选择外，要考虑滤色器的目视透射率。

3. 标灯检查

一般是指观察灯光是否正常。维护标灯检查主要内容是：①检查灯光的颜色和发光方式是否正常；②对于处在调换期的电源进行检查，观察是否符合设置标准；③检查电闪仪是否正常运转；④检查换泡机是否正常运行；⑤检查半导体闪光灯的发光、闪光、开关三部分是否正常运转；⑥检查透镜、滤光器的清洁度，观察是否破裂；⑦检查导线接头是否松动。

4. 电源检查

航标电源的检查应先观察其用电记录。具体内容是：①如果是铅蓄电池和镉镍电池，应检查电解液液面高度和比重，然后用万用表测其开路电压（指各单体电池），检查其数据是否符合规定标准；②用万用表测试空气电池的开路电压，并记录其有关数据；③用棉纱擦拭蓄电瓶表面的水渍和污物，用小苏打水将接线接头、螺丝等连接处的氧化物清除干净；④检查太阳能发电装置的导线连接情况，清除硅板表面污物，观察封装组件的密封性能，察看其表面是否有裂纹；⑤对水力发电或风力发电装置的检查，应着重观察各机械部件的磨损和锈蚀程度及配套电源的技术性能。发现问题，能现场处理的就现场解决，否则应做好记录，按有关规定上报处理。

四、航标的保护与管理

包括航标管理工作的分工、航标管理工作的维护与保养以及航标的保护与管理3方面内容。

（一）航标管理工作的分工

我国航标的建设、保护和管理工作，分别由交通、渔业和海军3个部门负责。

交通部门负责建设、保护和管理海区公用航标、商港和以商业为主的综合性港口中的航标以及内河航标。

渔业部门负责建设、保护和管理渔场、渔港和以渔业为主的综合性港口中的航标。

海军部门负责建设、保护和管理军港和以军港为主的综合性港口中的航标。

据统计，我国沿海的渔业航标约有577座。渔港及以渔业为主的综合性港口中的航标由渔港监督部门负责建设、保护和管理，其他水域的渔业航标由各级渔业行政主管部门和有关水产企业单位负责建设、保护和管理。

（二）航标管理工作的维护与保养

航标的维护与保养是贯穿于整个航道通航期的一项技术工作。它是在航标检查和检测的基础上，对辖区航标进行调整，为船舶安全和经济航行提供条件。航标的维护与保养总体来说要达到下列基本要求：标位正确、涂色清晰、顶标完好、发光正常；对电波航标还要求讯号准确、频率稳定、功能正常和工作连续；航标维护的正常率要达到主管机关的计划指标；尽量提高航标器材的利用率，降低维护成本。航标维护与保养的正常内容可分为两部分，一是不同水位期的航标维护与保养，二是航标的调整。

1. 不同水位期的航标维护与保养

包括枯水期和洪水期两个阶段。枯水期，水位下降，河水逐渐归入枯水河床、浅滩、江心洲露出水面，原先不碍航的沉船、礁石变得碍航。同时，洪水期遗留的许多沉树、石块等对航船也构成威胁。而洪水期尽管航道尺度有所增加，但由于河面的增宽和流速的增大，也同样给航标的维护与保养带来新的麻烦。为此，在这两个阶段必须做好航标的维护和保养工作。具体做法是：

（1）枯水期时加强航道检测。查明新增设的或怀疑有障碍物的局部航道情况，为设标或清障提供准确资料。

（2）经济航道封闭或撤销。当航道尺度因水位下降而降至封闭标准的短捷航道应及时予以封闭，对不具备缓流条件的航道予以撤销，并及时发布航道通信。

（3）调整航道维护计划。枯水期航道尺度的变化必然影响高水位期航道维护计划的执行，因此航道主管部门应根据航道变化情况对航道维护计划进行调整，并对外发布，以便船舶运输调度部门进行合理的船舶配载、编队、调整船舶吃水。

（4）制定相应的浅滩航道维护措施。浅滩航道维护是枯水期航道维护的重点，具体内容应包括：浅滩的变化预测计划、航道检测方案、航标器材设备等。

（5）洪水期及时掌握水位变化信息，认真研究上级部门的水情分析报告。防止因水位突涨导致大面积浮标漂失和岸标入水的现象发生。

（6）洪水期应加强对淤沙航道的检测工作。防止出现大面积短期淤浅而导致航道水深不足，随时间调整标志，保证足够的航道尺度。

（7）洪水期应加固标志工作，如加固浮标锚缆及别的系留设备。及时调整岸标浮标位置，防止因涨水而漂失浮标，或退水而使航道边线上的水深不足，以及洪峰过后应完全进行检查。

2. 航标调整

航标调整是整个航标维护保养期经常性的工作。由于水位的变化，航道条件的改变，使得原先航标配布所依存的航道尺度发生改变，不过，这种航标调整大部分是局部标志类型和标位的调整。这里所强调的调整主要是砂质浅滩航道发生剧烈变化所导致的航槽改变而引起的调标工作。

枯水期，浅滩航道槽口位置变化剧烈，航槽稳定期短，调标频繁，航标维护保养工作量大。枯水期砂质浅滩航道的调标改槽工作应按下列程序工作。

（1）随时观察浅滩的水位情况，分析可能出现的新航槽的形成时间和位置，在不断探测老航槽的同时，在变化剧烈的地段进行监测，找出条件较好的新航槽。

（2）在调整老航槽航标时，应结合航船过浅滩的航行规律，对于转向处航船需要“抱标”而行的浮标，应保证其维护水深，特别是保证夜间灯质的可靠性，尽量不用闪光灯。

（3）在预备开放的新航槽里抛设临时浮标，并进行全面的详细探测。

（4）当确定进行改槽时，可分别按不同情况确定改槽的步骤，若新、老航槽相距甚远，过往船舶密度较大，在有备用浮标时，可取下场在新航槽布标完后，撤除老航槽浮标；若无备用浮标，则应发布航道通信，暂时封闭老航槽。若新、老航槽相距很近，可选择有利时机（通过电话等方式了解过槽船只少的时刻）一边撤除老航槽航标，一边布设新航槽航标。

（5）新航槽浮标布设完后，随即调整岸标。

（6）航道站应将新航槽的水流、水深情况随时提供给过往航船。

（三）航标的保护与管理

根据《中华人民共和国海上交通安全法》，航标设施是保障船舶安全航行的重要公共设施，受国家法律保护。航标保护与管理的范围，应包括各类航标及附属设备、航标的辅助设施如场地、电动和仓库等，其目的是航标设施安全和工作效能不受损坏。航标的保护与管理内容，主要有下列几方面。

（1）禁止任何单位或个人从事损坏或可能损坏航标及其辅助设施的行为。具体包括下列违法做法：

①损坏、盗窃、拆除、移动、攀登、涂抹航标及其附属设备和辅助设施，或向航标及其设施射击或投掷物品。

②在灯桩、立标、无线（电力）塔（杆）或紧固钢索上攀架物品、拴系牲畜；在浮标上系泊船只及渔具或其他任何物品。

③破坏、封堵为航标设施服务的登陆点、码头、道路、器材仓库的入口；截断或破坏水源、电力设施、通信线路。

（2）禁止任何单位或个人从事影响或可能影响航标设施工作效能的行为，具体包括：

①在航标设施设置地点 20 m 范围内钻孔、挖坑取土、挖掘排水沟、倾倒垃圾（包括矿渣）和腐蚀物品；

②在视觉航标及电波航标的设置地点 150 m 范围内进行爆破作业；在 300 m 范围内建造高度超过 10 m 的建筑物；在 500 m 范围内种植成林树木以及点火烧荒；

③在电波航标、监测站、船标通信设施附近，从事任何违反有关航海无线电导航台（站）电磁环境保护规定的活动；

④在为航标设施服务的器材仓库附近堆放易燃易爆物品及其他危险物品，或在其30 m范围内明火作业；

⑤在浮标附近抛锚、拖锚或从事拖网、流网作业；

⑥在视觉航标附近设置可以影响或可能影响航标效能的灯光设施。

（3）船舶使用水上航标助航时，应保持适当距离安全通过，避免损坏航标。若发生碰触，不论任何原因以及是否已造成损坏，均应迅速向航标主管部门报告。

（4）任何单位或个人发现航标及其辅助设施损坏、失常、移位或者漂失，均应迅速向主管部门报告。

（5）建设单位因施工需要搬迁、拆除航标设施时，须事先向当地航标主管部门提出申请，经批准并按程序发布航行警告后方可搬迁和拆除。

（6）建设单位因施工影响或可能影响航标设施的安全或者工作效能时，应事先征得航标主管部门的同意，并采取有效防范措施后方可进行施工。

（7）对设置在航道上的某些专用标志，如电缆标、管泵标等，航标主管部门应当督促标志所属单位按规定设置和管理。

做好航标的保护与管理工作，应充分发挥有关各方面的积极性。对于在航标的保护与管理工作中做出成绩的单位或个人，航标主管部门应予以表彰或奖励。对于任何故意损坏航标设施的违法行为，应予以严肃处理。对于触犯刑法的，由司法机关依法处理。如果因航标失常造成海损事故的，有关航标管理人员应承担相应的行政责任或刑事责任，但个人或航标管理部门不负责经济赔偿责任。

第四节 港口水域管理

港口水域管理是海洋环境管理的重要组成部分，做好港口水域管理工作有利于保护海洋资源和保护人体健康，也有利于防止船体或港口设施遭受污染腐蚀损害，防止港池遭受污染物质的回填淤塞，保障渔港的正常生活和生产秩序，充分发挥渔港在渔业生产中的作用。这里着重介绍防治船舶污染管理、贯彻渔港签证和引航制度以及渔业水上交通事故的调查与处理三方面内容，供读者参考。

一、防止船舶的污染管理

船舶是内河水域和海洋环境污染源之一，防止船舶造成水污染是渔政管理的法定职责。《水污染防治法》、《水污染防治法实施细则》、《海洋环境保护法》、《防治船舶污染海洋环境管理条例》、《防止拆船污染环境管理条例》等国内法律法规以及一些国际海事公约对防止船舶污染水域问题都作出比较全面的规定，例如：①船舶必须按照相关规定配置相应的防污设备和器材；②船舶向水体中排放的含油污水、生活污染水等，应当符合有关的国家标准，禁止向水体排放残油、废油等有害物质；③船舶运载油类和易造成污染的货物等，应当采取防止溢流和渗漏的措施，防止造成水污染；④从事船舶拆解、沉船打捞、渔船建造修理、污染物质接收、渔船清洗等容易污染水环境的活动前，应当编制作业方案，采取有效的防污染措施，并应得到渔港监督机构的批准；⑤在内河和港口水域禁止倾倒船舶垃圾，在海洋上应按相关标准的要求处理船舶垃圾，港口、码头、装卸站和船舶修造厂应当备有足够的船舶污染物、废弃物的接收设施；⑥一些渔船还应持有船舶防污文书，并如实记录涉及污染物作业和排放的事项。

二、贯彻港口签证和引航制度

港口是船舶来往最多的地方，贯彻港口签证和引航制度，是为保证船舶安全，这是港口水域管理的重要措施之一。

（一）港口签证

港口签证，是港口监督机构对进出港口或在港内航行、作业的我国船舶进行查验，并审核有关船舶状况，而后对处于适航、适拖符合规定条件的船舶，签发准许其进出港口或在港内航行作业法律文书的一项管理制度。其目的是维护港内交通秩序，保障船舶、港口设施和船员的安全，防止水上交通事故的发生。根据《海上交通安全法》第十二条、《内河交通安全管理条例》第十八条和《渔港水域交通安全管理条例》第六条，船舶进出港口必须办理签证手续。

一般情况下，船舶应在进港后 24 h 内（在港时间不足 24 h 的，于离港前）向渔港监督机构办理进出港签证手续；签证工作一般实行进出港一次签证；渔业船舶若临时改变作业性质，出港时仍需办理出港签证。在海上连续作业时间不超过 24 h 的渔船以及船长在 12 m 以下的小型渔船，可以向所在地或就近渔港的渔港监督机构或其派出机构办理定期签证。对于政府公务船舶、军事船舶以及体育船舶等，可以免签证，但需要通报渔港监督机构。

通常情况，办理渔港签证应符合下列 8 项条件：①船舶证书齐全、有效；若是捕捞渔船，还应有渔业捕捞许可证；若是 150 总吨以上的油轮或 400 总吨以上的非油轮或主机额定功率 3 000 kW 以上的渔业船舶，应备有油类记录簿；若是倾倒废弃物的船舶，应持有国家海洋局或其派出机构的批准文件；②按规定配齐船员，职务船员应持有效的职务证书；③船舶处于适航状态，并按规定标写了船名、船号、船籍港和船名牌；④装运危险物品的船舶，其货物名称和数量应与《船舶装运危险物品准运单》所载相符，并有相应的安全保障和预防措施，按规定显示信号；⑤没有违反我国法律、行政法规或港口管理规章的行为；⑥已缴纳了应承担的费用或提供了适当的担保；⑦若发生了交通事故，按规定办完处理手续；⑧根据天气预报，海上风力没有超过船舶抗风等级。

（二）船舶引航

船舶引航，是指引航员引领船舶航行、靠泊、离泊、移泊的活动。引航制度，既是维护国家主权的需要，也是维护港口设施、船舶和船员生命安全的需要。根据《海上交通安全法》第十三条、《内河交通安全管理条例》第十九条、《港口法》第三十九条以及《船舶引航管理规定》第九条，外国籍船舶、通航条件受限制的船舶、载运危险货物的船舶、可能影响港口设施安全的船舶等，应当向引航机构申请引航。

另外，若有国际航行船舶（即进出口我国口岸的外国籍船舶和航行国际航线的中国籍船舶）进出经国家批准可以进出国际航行船舶的渔业港口，渔港监督机构应协助海事机构、海关、公安边防机关、国境卫生检疫机关、动植物检疫机关，为国际航行船舶办理船舶进口岸手续和出口岸手续。

第五节 港口危险货物装运管理

危险货物，是指容易产生爆炸、燃烧，或具有毒性、腐蚀性和放射性一类货物的总称。由于危险货物的化学性质极不稳定，因此在储藏和运输过程中极易产生燃烧、爆炸等事故。这类事故给财产和人的生命带来巨大损害。如1982年我国“大庆53”号油轮在航行途中，由于违章操作，造成爆炸事故，船舶当场沉没，船员死亡20人，造成直接经济损失1 400余万元。此外，具有毒性、腐蚀性和放射性一类的危险货物很容易造成人身损害和环境污染。因此，世界各国都十分重视船舶装运危险货物的安全管理。联合国国际海事组织还专门制定了《国际海上危险货物运输规则》，并在该组织安全委员会中设立危险货物小组委员会，专门研究船舶装运危险货物管理工作。我国于1982年10月1日开始执行《国际海上危险货物运输规则》。

为了做好船舶装运危险货物进出渔港，以及渔业船舶装运危险货物的安全管理工作。这里着重介绍危险货物运输管理法律依据、危险货物分类及其装载时的注意事项、危险货物运输过程的管理，以及危险货物运输事故分析与预防措施等。

一、危险货物运输管理的法律依据

我国有关船舶装运危险货物的法律、法规和管理制度在不断健全。早在1954年交通部就颁发了《船舶装运危险品暂行规则》，由国务院批准颁布施行；国务院还于1961年颁发了《关于违反爆炸、易燃危险物品管理规则的处罚暂行办法》；1974年国务院、中央军委联合颁发了《关于加强爆炸物品管理的通知》；1981年10月29日交通部颁布《中华人民共和国交通部船舶装载危险货物监督管理规则》；1983年9月2日第6届全国人民代表大会常务委员会第二次会议通过的《中华人民共和国海上交通安全法》也专门对危险物品运输管理作了具体规定；1996年交通部发布《水路包装危险货物运输规则》，以及地方人民政府颁发的有关文件。如上海人民政府颁发的《上海市化学危险物品安全管理办法》、《上海市化学事故应急救援办法》。同时，我国也已加入有关国际公约或规则，如《国际海上人命安全公约》、《国际海运危险货物规则》等，这些都是坚持“安全第一，预防为主”的方针，围绕水上交通安全监督管理为中心开展工作。下面简要介绍一些重要的法律、法规。

（1）《中华人民共和国海上交通安全法》第三条规定：“中华人民共和国港务监督机构，是对沿海水域交通安全实施统一监督管理的主管机关”，并在第六章危险货物运输有详细规定，其中：

第三十二条　船舶设施储存、装卸、运输危险货物，必须具备安全可靠的设备条件，遵守国家关于危险货物管理和运输的规定。

第三十三条　船舶装运危险货物，必须向主管机关申报手续，经批准后，方可进出港口或装卸。

（2）《中华人民共和国内河交通安全管理条例》，该条例第五章危险货物管理中有以下规定：

第二十三条　船舶、筏排、设施储存、装卸、运输危险货物，必须遵守国家有关危险货物管理和运输的规定。

第二十四条　船舶在港口装卸危险货物或者载运危险货物进出港口，应当按国家有关规定事先报经当地主管机关核准。

(3)《中华人民共和国交通部船舶装卸危险货物监督管理规则》，该规则共28条，主要涉及船舶装卸危险货物进出港口申报与签证、危险货物装卸、运输安全与检查，船舶申领危险货物监装证书，危险货物作业安全处置和违章处罚等条款。

(4)《水路包装危险货物运输规则》，该规则是1996年11月4日交通部，1996年第10号发布令。共八章七十三条，主要涉及危险货物的包装和标志、托运、承运、装卸、储存、交付、消防和泄漏处理等。

此外，还有《中华人民共和国港务监督局集装箱装运危险货物监督管理规定》、《港口危险货物管理规定》、《海运危险货物包装检查规定》、《中华人民共和国水上安全监督行政处罚规定》、《中华人民共和国港务监督船舶载运外贸危险货物申报规定》，以及地方政府颁发的有关文件等。这些都是港务监督依法实施对危险货物运输管理的法律依据。

二、危险货物分类及其装载时应注意的事项

危险货物品种繁多，性质各异，危险程度大小不一，但多数兼有几种危险特点。对具有多种危险性质的货物，应以其占主导危险性来归类，在运输中必须兼顾此类货物的其他危险性。为方便于安全运输和管理，《国际危规》根据货物的理化性质及对人身的伤害情况将危险货物分为下列九大类。

（一）爆炸物品

凡是受到摩擦、撞击、震动、高温或其他因素的诱发，能发生激烈的化学变化，在极短时间内放出大量的热和气体，同时伴有光、声等效应的物品，统称为爆炸物品。如用于引爆雷管或黑火药的点水器材、起爆器材和炸药等。

这种物品的共同特性是具有化学爆炸性。它的化学性质活泼，对机械力、电、热、磁场很敏感。受到摩擦、撞击、震动或遇明火、高热、静电感应或与氧化剂、还原剂等接触都有发生燃烧、爆炸的危险。此外，这类物品中多数不但自身具有毒性，而且还在爆炸形成的气浪中含有毒性（如一氧化碳）和窒息性（如二氧化碳、氮气）气体。对这类物品中敏感度和爆炸力过强的物品，若未经处理则禁止运输。这类物品在装卸时要注意：不得使用铁撬棍、铁钩等铁质工具猛力敲打舱盖，也不能摔碰、撞击、拖拉、翻滚；舱内应用绝缘良好的防爆灯具，不得残留酸、碱及油脂等物质；起爆器材和炸药的装载高度不得超过1.8 m；载船货物要远离船员卧室、机舱、电源、火源、热源（气温达到40℃以上时，要采取通风调节空气）和受震部位，并用木板与铁器部分衬垫，捆塞牢固，防止移动。装完后及时离港。

（二）压缩、液化和加压溶解气体

这是指在50℃蒸气压力大于300 kPa或在20℃蒸气压力为1 013 kPa时标准压力下完全呈气态，经压缩或降温加压后，贮存于耐压容器或特制的高绝热耐压容器或装有特殊溶

剂的耐压容器中的物质。这类气体按化学性质可分为：易燃气体，如氢气、甲烷、乙炔等；有毒氧化，如氯气、氨、硫化氢等；高浓度时有窒息作用，如氮气、二氧化碳等。

这类物质的危险性主要表现在下列两方面：①容器发生破裂或爆炸；②因某种原因发生气体泄漏，如容器的阀门因猛烈撞击而受损。在此情况下，泄漏的气体若轻于空气（如氢气），则会积留于封闭货船顶部；若重于空气（如二氧化碳），则会积存在货船的底部。如任其蓄积，可能会引起火灾、爆炸、中毒、窒息等事故。装卸时应使用抬架或协运车、防止撞击、拖拉、摔落、不得溜坡滚动，协运时不要将钢瓶的头阀对准人身。剧毒气体钢瓶要当心漏气，配载时不得接近机舱、电源、火源、热源等部位。剧毒气体还要远离船员卧室。载运氧气舱内不得留有油脂。装运以上货物要置于通风场所，防止日晒，平卧放置，堆放不得过高。

（三）易燃液体

它是指标试验闪点低于61℃时放出易燃蒸气的液化、混合液体、含有溶解固体或悬浮溶液（如油漆、清漆等）；还包括在液态时需加温运输，且在温度等于或低于最高运输温度时会放出易燃蒸气的物质。但不包括不能维持燃烧、闪点在35℃以上的液体，也不包括由于其危险性已列入其他类的液体。

这类液体除易燃外都具有爆炸性，许多物品还具有麻醉性、毒害性等，易燃液体的密度和水溶性，对发生火灾能否用水扑救至关重要。若液体溶于水，则不论其密度大小都可用水扑救。若液体不溶于水但密度大于1 ρ，则也能用水补救。若液体不溶于水且密度小于1 ρ，则禁止用水扑救，因浮于水面的燃烧液体会随水的流动而使火灾蔓延。

（四）易燃固体、易自燃物质和遇水放出易燃气体的物质

易燃固体和受摩擦可引起燃烧的固体以及自燃反应的和相关物质，如赤磷、硫黄、萘、赛璐珞、铝粉、浸湿的爆炸品（如苦味酸、三硝基苯）等。此类物质燃点低，对热、撞击、摩擦较为敏感，易被外部火源点燃，燃烧迅速，并能散发有毒烟雾，其中有些物质有控制温度（能安全运输的最高温度）和危急温度（必须采取如抛弃等应急措施的温度）的要求，运输时必须确保这类货物在其控制温度下。

易自燃物质，燃点低，在运输时的正常条件下，易自行发热或与空气接触升温而易起火燃烧的液体或固体。其主要危险是：能自行发热。若积热不散，则当热量积聚到其自燃点时不需外界引火即能燃烧。有些物质甚至在无氧条件下也能自燃。如黄磷、油浸棉麻纸制品等。

遇水放出易燃气体的物质，易自行燃烧或放出大量易燃气体的液态或固态物质，如碳化钙、磷化氢、钠、钾等。此类物质除具有易燃共性外，还有腐蚀性、毒害性和爆炸性，自然物品在装卸中不得撞击、翻滚、倾倒，防止容器破损。注意黄磷脱水燃烧和铝铁熔剂遇水燃烧，硝化纤维类应使用不易发生火花的协运工具。配载应远离机舱、热源、火源、电源等部位，并有良好的通风设备。三乙基铝和铝铁熔剂严禁配装在甲板上。铁桶包装的一级自燃物品（黄磷除外），铁器部位每层之间应用木板或芦苇、竹席等衬垫牢固，防止摩擦移动。遇水燃烧物品作业过程中不能翻滚、撞击、摩擦、倾倒。特别注意不能遇水受潮。雨雪天气如无防雨设备不准作业。发现电石（碳化钙）桶变形时禁止震动，应侧身站在上风轻轻挖开通气孔、放出乙炔气体后再作业（如桶内灌有氮气可不必放气）。配装

的船舶必须通风，并有良好的盖舱设备。桶与桶之间要有非金属物衬垫，防止摩擦移动。

（五）氧化剂和有机过氧化物

氧化剂，是指在氧化还原反应中能获得电子的物质。它是化学性质比较活泼的一类物质，具有强烈的氧化性能，遇酸、碱、潮湿、高温、易燃物品等接触，或经摩擦撞击，均能迅速放出氧原子和大量的热，并因此而产生燃烧或爆炸。

有机过氧化物，是指其分子组成中含有过氧基的有机物。本身易燃、易爆，极易分解，对热、震动或摩擦极为敏感的物质。其中许多物质在明细表中有控制温度和危急温度的要求。如过氧化二丙酰基（控制温度15℃、危急温度20℃）等。

这类物质多数具有毒性和腐蚀性，装卸中不能摔拉、拖碰、摩擦、翻滚，不得使用铁质撬棍。船舶装卸时应避免接近机舱、电源、火源、热源等部位。忌水的氧化剂必须装在舱内。铁桶包装的一级氧化剂，舱内铁质部分及每层之间应用木板等衬垫牢固，防止摩擦移动。在运输过程中忌高热、潮湿及日晒，堆垛不宜过高。

（六）有毒物质和感染性物质

有毒物质，是指少量进入人畜体内，能与机体组织发生作用，破坏正常的生理功能，引起机体产生暂时、永久性的病理状态，甚至死亡的物质。如氰化钠、苯胺、四乙基铅、砷及其化合物。这类物质不少还具有易燃、腐蚀等特性。感染性物质，是指含有致病的微生物或其毒素，能引起人畜病态，甚至死亡的物质。但不包括以基因改变的微生物和生物体。主要包括有感染性物质的生物制剂、医学标本，如排泄物、分泌物、血液、细胞组织和体液等。

运输这类物质，人畜中毒的主要途径是，毒物经呼吸道或皮肤侵入体内，而经消化道侵入的较少。因此，应当采取正确的防护措施，杜绝这些可能的中毒途径，以确保运输安全。若在作业中，应先通风后作业，严禁肩扛、背负、冲撞、摔碰、翻滚，要平稳轻放，防止包装破损。装卸时，船边应挂安全网加帆布，防止货物落水，污染水域，船上人员要更加小心，要远离机舱、厨房。

（七）放射性物质

它是指凡能自发、不断地放出 α、β、γ 射线和中子流等的物品，在各种放射性物质中，有些只能放出一种射线，有些能同时放出几种射线，如镭的同位素，在其核衰变中就能同时放出 α、β、γ 三种射线。这类物质的危险性在于辐射污染。对人体的危害有外照射和内照射两种。外照射是指由于放射物质的射线，造成对人体组织细胞杀伤或破坏的一种辐射危害。内照射是指由于放射物质进入人体，造成体内射线源及其周围的人体器官直接损伤或破坏的一种辐射危害。

对放射性物质外辐射的防护，是采用屏蔽、控制接近的时间和距离。运输中要确保其包装完整无损，近距离作业人员必须穿戴防护用品，如铅手套、铅围裙、防护目镜等，有关人员应尽量减少受强照射伤害的时间并增大与辐射源的距离。内辐射的保护是防止放射源由消化道、呼吸和皮肤 3 个途径进入体内。在作业过程中，要先通风后作业，严禁撞击、肩扛、背负、翻滚、倒放或坐在包装上。装卸放射性矿石砂时要常喷水在上面，防止粉尘飞扬。皮肤破损者、孕妇、哺乳期妇女和有禁忌者不能接触或参加工作。

（八）腐蚀品

它是指化学性非常活泼，与人畜或其他物品接触，在短时间内能造成明显破坏现象的固体或液体物质和物品。大多数由酸性、碱性和对皮肤、眼睛、黏膜等会造成严重灼伤的物质或物品组成。如硝酸、硫酸、冰醋酸、氢氧化钠等。

不同的腐蚀品，腐蚀物的含量不同，被腐蚀材料不同，其腐蚀作用含有明显差别。如双氧水水溶液，当浓度为3%时，可用作伤口的消毒剂；而当浓度超过20%时，则对人体有强烈的腐蚀作用。又如浓硝酸对铝、浓硫酸对铁都无腐蚀作用，若两者交换，则铝和铁都会被严重腐蚀。因此，针对不同腐蚀品的特征，采取截然不同的防护措施非常重要。这类物质的物品中不少还具有易燃、氧化、毒害等一种或多种危险性质。作业与装卸时，主要是注意防护。

（九）杂类危险货物和物品

是指在运输中呈现的危险性质不包括在上述八类危险品中的物质和物品，如干冰（固体二氧化碳、蓖麻籽、白石棉）等。

《国际危险》中列入此类危险货物的，还包括湿度等于或超过100℃时交付运输的液态物质和温度等于或超过240℃时交付运输的固态物质，以及物质本身含有一定量已列入《MARPOL 1973/1978》附则Ⅲ的海洋污染物的物质。

三、危险货物运输全过程的管理

船舶是否能遵守国家有关危险货物运输管理的规定，不仅关系到本船的安全而且也关系到港口水域其他船舶、设施和人员的安全。因此，任何在港内装卸危险货物或者装运危险货物进出港口的船舶，都必须自觉接受渔港监督机关的安全监督管理。渔港监督机关对船舶装运危险货物的安全监督管理工作，主要有下列几项：①进出港签证（详见第四节）；②现场检查；③受载前的准备工作；④装货过程的要求；⑤运输途中的保管；⑥卸货过程的要求。

（一）现场检查

对装载危险货物船舶的装卸、运输作业实施现场检查是一项综合性的工作。检查内容包括货物的适运条件、船舶的适载条件以及码头的安全作业条件等。对货物适运条件的检查，应根据有关规定要求，以及货主已申报的货物状况进行检查，如装卸的危险货物是否与申报批准的相符、货物的包装与标志是否完好和正确等。对船舶适载条件的检查，同样也要根据有关规定要求，以及船舶申报船舶适载条件，加以检查，其中包括船舶的舱室条件、船舶构造和设备条件、积载和隔离情况是否符合要求、作业安全预防措施是否落实、消防和应急设备是否齐全、装卸作业机构是否符合安全作业要求等。在现场检查中发现隐患和违章情况应及时制止和纠正，对隐患情况可依据有关规定停止作业，进行安全处置，对违章行为应及时做好取证工作，并根据《中华人民共和国水上安全监督行政处罚规定》适用条款以及其他适用法规对当事人进行处罚。如装运危险货物的船舶存在下列情况之一者，渔港监督机关应立即令其停止作业，并责成有关当事人改正，对违反规定者还可以给予行政处罚：

（1）未经批准，擅自进港装卸危险货物；

（2）未在指定地点装卸危险货物；

（3）装卸作业机械或船舶设备不符合安全要求；

（4）货物积载不符合规定；

（5）隐瞒、谎报危险货物的数量、名称和性质等。

（二）受载前的准备工作

装运危险货物受载前的准备工作很多，这里仅简要提示下列几项工作：

（1）配备并熟悉有关危险货物运输的文件，其中包括：适合于国际海上运输的《国际海运危险货物规划》；适用于国内水路运输的《水路包装危险货物运输规划》；挂靠港国家或当地危险货物运输法规，国家主管机关船舶公司等特颁发的条例、标准、规章和法规等。

（2）认真审查装货清单，获取完备的危险货物单证，掌握所运危险货物的特征。这些单证包括：《危险货物技术说明书》、《包装检验证明书》或《包装适用证明书》、《放射性货物剂量检查证明书》以及《限量危险货物证明书》等。

（3）危险货物装船前 3 天，向监装管理部门（我国的港监）申请监装，并附送经承运船舶长审核的积载图和有效的危险货物适装证书的复印件。若船方未申请监装，则港口法定监督部门有权对危险货物的装载过程进行法定监督。

（4）其他的准备工作，如根据待装危险货物的《船舶载运危险货物应急措施》和《危险货物事故医疗急救指南》资料，备妥合适的消防器材和相应的急救药品，备妥衬垫材料和系固用具。保持烟雾报警和救生消防设备处于良好适用状态。保护装载货舱清洁、干净、管系及污水沟畅通，水密性良好。此外，还要遵循集装箱装货规定等。

（三）装货过程的要求

危险货物在装货开始至装货结束的整个过程，特别要做到下列几项要求：

（1）按港口规定悬挂或显示规定的信号，甲板上设立醒目的“严禁烟火”警告牌。严禁与作业无关的船舶来靠船舶。作业期间原则上不安排油、水、伙食和物料补给。作业现场备妥相应的消防设备。夜间作业配有足够的照明设备。督促港方在船与泊位、船与船之间设置安全网。装（卸）爆炸品、有机过氧化物、一级毒品和放射性物品时，装卸机具应按额定负荷降低 25% 使用。装（卸）易燃易爆危险货物期间，要督促进入现场人员不得携带火种、穿带有铁钉的鞋或化纤工作服，不得在现场使用非防爆型照明、通风和机械设备，不得在甲板上进行能产生火花的检修或船体保养工作。禁止加油、加水。开关舱盖时应采取措施，防止摩擦产生火花。装（卸）爆炸品和易燃液体时，港内应制定距装卸点 50 m 范围的禁火区。装（卸）爆炸品时，不得检修和使用雷达、无线电电报发射机，船舶烟囱应设置防火网罩。

（2）严格按积载图上标注的货位及其备注上的隔离、衬垫、系固等要求进行装卸操作。如需要改动，若已申请监装的，则须经监装部门认可；若未申请监装的，则须经本船船长或大副同意，其他人员不得任意更改。认真检查危险货物包装是否完好，标志是否清晰、正确。凡包装有破损、渗漏、严重变形、沾污等影响安全质量的应坚决拒装。装卸工人严格按有关操作规程作业，堆码整齐、稳固、桶盖、瓶口朝上，严防撞击、滑跌、坠落和翻滚等不安全作业。

（3）遇有雷鸣、闪电、雨雪或附近发生火警时，应立即停止作业，因故停工后，应当及时关闭有关货舱的入孔盖和舱盖。雨雪天气禁止装（卸）遇湿易燃物品。若遇危险货物撒漏、落水或其他事故时，应迅速上报，按《应急部署表》要求采取妥善措施。

（4）装货结束后，做好系固及全面检查工作。备齐危险货物的单证，如“危险货物舱单”、“危险货物实积图”、“危险货物安全积载证书”等。

（四）运输途中的保管

船舶影响危险货物安全的因素很多、如摇摆、振动、温度、湿度、渗水、热源、火花、电气设备、通风情况以及消防设备等。因此，船舶在运输过程中要特别注意下列两项工作：

（1）载有危险货物船舶，不论航行、锚泊或装卸期间均要对危险货物进行有效的监管。检查货物是否有移位、自热、泄漏及其他危险变化。定时测定货舱温度、湿度。合理进行通风、防止潮湿、船温过高及舱内危险气体积聚。

（2）如需进入可能引起中毒或窒息事故的货舱，甲板上必须专人看守，除非经过培训并戴有完备的自给式呼吸器等，否则进入前应对于货舱进行彻底的通风并经检测以确认安全。

载有易燃易爆危险货物的船舶，航行中应避开雷区，以免遭雷击。船舶的烟囱应设置防火网罩。进入货舱人员不得携带火种、穿带有铁钉的鞋或化纤工作服，舱内所使用的照明、通风和机械设备必须具有防爆特征。船上所有易燃易爆气体可及区域，不得进行任何能产生火花的检修或船体保养工作。

（五）卸货过程的要求

船舶运载危险货物到达预定港口码头进行卸货时，要做好下列几项要求：

（1）卸货前，船方应向装卸、理货等有关方详细介绍危险货物的货位、状态、特征、卸货注意事项等。对可能存在危险气体的货舱进行彻底通风。

（2）按装货过程的（1）、（2）要求执行。

（3）督促装卸工人严格按有关操作规程作业，严防撞击、滑跌、坠落、翻滚等不安全作业。

（4）卸货完毕后，应及时整理货舱。谨慎处理危险货物的残留物和垫舱物料。危险货物的残留物或含有这类残留物的洗舱水必须按国家和港口的规定处理，不得随意排放或倾倒。

四、危险货物运输事故分析与预防措施

在危险货物的装卸、运输过程中，虽然配备了必要的设施和经过培训的作业人员，采取了各种安全防范措施，进行着严格的监督管理，但仍然不可避免地发生一些火灾、爆炸、溢漏等事故，所以必须重视对其产生的原因进行分析，及时采取有针对性的防护措施，减少同类事故的多次发生。

（一）危险货物运输事故分析

从大量事故分析发现，人为因素是造成危险货物运输事故的重要原因。据统计，船运爆炸品的事故率远低于经常运输的棉花、麻、木炭等危险品的事故率。这就足以说明思想

上的麻痹大意是危险货物安全运输的一大障碍。从生产实践中看出，产生危险货物运输事故的主要原因，有下列几方面：

1. 缺乏危险货物运输的有关知识

掌握危险货物运输有关知识，了解所运危险货物特性是保证危险货物安全运输的首要因素。可是有些船舶货运责任人缺乏这方面知识，而且也未向有关方面提出了解要求，这样必然会造成事故。例如某轮大副为降低货舱内汽油味浓度，竟取出自己房内的非防爆电扇，接长电线移至货舱内用作通风，结果引起舱内爆炸，死伤多名装卸工人。

2. 船舶技术条件不满足危险货物的运输要求

这种情况正如不久前某船舶公司选派货舱水密性较低的船舶承运碳化钙，结果在装载该货时遇下雨，因舱盖无法迅速关闭，造成货物进水。该轮在航行途中又发现装有该危险品的货舱盖漏水，结果在航行中多次造成险情。

3. 危险货物本身的原因

例如某轮从南美装运经抗氧处理的袋装鱼粉回国，在航行途中该轮几个舱内鱼粉相继发生自燃，造成重大损失。从事故的调查发现：该轮承运的鱼粉中抗氧剂分布严重不均（高浓度处为 $3\ 500 \times 10^{-6}$，低浓度处则仅为 28×10^{-6}），按“危规”要求，鱼粉在装运时其抗氧剂剩余浓度应不小于 100×10^{-6}，这是引发事故的主要原因。

4. 危险货物的标志不符合要求或包装破损

保证危险货物外包装上具有正确耐久标志，无论是在正常的运输中，还是在发生事故后，都便于有关人员迅速识别，采取必要的防护或应急措施。同样，使用合格的危险货物包装并保护其在运输过程中完整无损是防止发生各类危险事故的极为重要因素。造成包装破损的主要原因有：危险货物的包装不合格；装卸设备及其索具状况不佳；装卸工人违章操作；因货物系固不当造成货物移位撞击等。如某轮承运一氧醋酸 50 t，在装货港因操作不当，包装破损，致使货物撒漏。结果在卸港造成作业工人皮肤灼伤，招致拒卸。

5. 危险货物积载和隔离不当

按“危规”要求正确进行危险货物的积载和隔离是防止发生各类危险事故或发生事故后便于有效控制事故范围，减少事故损失的一项重要因素。例如某轮将易燃物质硫酸钠与氧化剂铬酸酐装于一室（按规定应要求隔离）。结果两种货物包装破损，少量残留物混在一起，卸货时因对这类残留物有轻微摩擦引发自燃，酿成火灾。

6. 危险货物运输中监管不当

在危险货物运输的全过程中，对所运危险货物进行有效监管，可以及时发现一些事故苗子，便于及时处置以确保运输安全。可是生产中有些船舶并不这样严格要求，例如某舱在低温港口装运袋装葵花子饼，当船舶经热带高温海域时，因货物未能保护良好通风，结果引发舱内货物发热自燃，造成火灾。

7. 其他偶然事故

如某轮在装有易燃液体的货舱上关闭舱盖时，因关系舱操作中舱盖与舱口构件摩擦产生火花引起火灾。又如某轮因遭他轮碰撞，其装有碳化钙的货舱破损进水，使该船附近弥漫着高浓度的乙炔气体，极易发生燃烧或爆炸，结果被迫弃船。

（二）预防措施

这里仅简介危险货物燃烧及灭火措施，危险货物爆炸及防爆措施以及危险货物毒害及防护措施三方面内容，供读者参考。

1. 危险货物燃烧及灭火措施

众所周知，任何物质燃烧都必须同时具备3个要素，即可燃物质、一定温度和助燃物质（氧气），燃烧时缺少任一要素都不会发生。

（1）燃烧的形式。它包括扩散燃烧、蒸发燃烧、分解燃烧和表面燃烧4个形式。①扩散燃烧，是指可燃气体分子与空气分子混合，浓度达到爆炸极限，遇有明火产生燃烧，随着混合分子不断扩散，使燃烧继续。②蒸发燃烧，是指可燃液体的蒸气与空气的混合气体，遇有明火产生燃烧，燃烧所产生的高温使液体的蒸发速度加快，使燃烧继续。③分解燃烧，是指可燃物质在燃烧时产生热分解现象，使燃烧继续，如在空气中加热木材，使木材丧失水分而干燥，产生热分解放出可燃气体，气体发生燃烧产生高温，使木材不断产生热分解，使燃烧继续。④表面燃烧，是指可燃固体表面与空气相接触的部位发生燃烧，燃烧产生的热量使可燃固体内部不断发生燃烧。这种燃烧不产生火焰，只产生热量，如无定形的木炭。

（2）灭火措施。灭火方法有3种，第一种是冷却法，即降低燃烧物质的温度，使之低于燃点，使燃烧中止；第二种是窒息法，即将燃烧物质与氧气等助燃物质隔绝，使燃烧中止；第三种是隔离法，即将火源与可燃物质隔离，使燃烧不能继续而中止。通常较常见的灭火材料有水、二氧化碳灭火剂、酸式灭火剂和砂土等，现分别叙述如下：

①水。水灭火的原理是水遇高温蒸发时需消耗热量，使燃烧物的温度下降，燃烧中止，但使用水必须注意的是不能用水扑灭油类火灾，因为油的比重比水小，容易使火灾蔓延。也不能用水来给电器灭火，因为水能导电，容易造成人员触电（电源已切断的除外）。金属类火灾也不能使用水扑灭，因为水中的氧分能与某些金属产生反应，起助燃作用。

②二氧化碳灭火剂。其灭火原理是将燃烧物与空气隔绝，使燃烧不能继续进行，但在使用时应注意防止人员发生缺氧引起危险。

③酸式灭火剂——苏打。当碳酸氢钠与硫酸混合时会发生化学反应生成水和二氧化碳。根据这一原理制成的灭火器，是将碳酸氢钠或硫酸铝分别置于灭火器内，需要时将它们混合，产生二氧化碳灭火。

④砂土。使用砂土等灭火的原理是将燃烧物与空气隔绝，使燃烧中止，使用砂土可以有效地扑灭小量易燃液体的燃烧。属于这一类灭火器材的还有石棉布、石棉粉和石墨等。

2. 危险货物爆炸及防爆措施

爆炸物品进行爆炸反应时需要外界提供一定的能量，如果外界不能提供一定能量或提供能量不足，爆炸反应就不能进行。

（1）爆炸的分类。爆炸形式有物理爆炸、化学爆炸和核爆炸3种类型。①物理爆炸，是指物质因物理状态和压力发生突然变化而产生爆炸，并在爆炸前后没有新的物质产生。如装置在容器中的压缩气体由于受热、震动而引起的爆炸。②化学爆炸，是指物质发生化学反应生成大量的气体和热量，气态物质在高温条件下迅速膨胀形成高压而引起爆炸。

③核爆炸是指物质的原子核发生裂变而引起的爆炸。

（2）防爆措施。防爆有3种措施。第一种是防止易燃气体、易燃液体的蒸气和可燃性物质的粉尘与空气大量接触，第二种是消除着火源。第三种是防止危险物品自然或互相作用而引起爆炸，现简介如下：

①防止易燃气体、易燃液体的蒸气和可燃物质的粉尘与空气大量接触，形成可能引起“气体爆炸”或“粉尘爆炸”的混合气体或“空气溶胶状态”。在储运这类危险货物时，应保证容器包装完整、牢固和密闭。发现包装破损或容器渗漏应及时采取补救措施。在储运诸如镁粉、锌粉、松香粉等粉状可燃物品时，应注意轻拿轻放，防止包装破损，使可燃性粉尘与空气大量混合，使空气产生“溶胶状”而产生爆炸。对作业中散漏的粉末应及时清扫、搜集并妥善处理。在改装、分装、打包和灌装易燃危险物品以及在修补危险物品包装时，都必须在安全的地点和条件下进行。

②消除着火源。严禁在储运危险货物的场所进行任何明火作业和使用带有明火的照明设备。作业机械应有防止产生火花的防护装置。在储运仓库、舱室内使用封闭式的防爆电灯，要经常对电器设备进行维护、检修，以免发生电路故障而产生电火花。装载石油产品或其他易燃物品的船舶应装有避雷设施，在进行装卸、搬运作业时，应避免拖拉、翻滚、摔碰和倾倒危险货物。不得用铁质工具敲打铁质容器、装卸工具的铁质部分应套上或垫上胶皮等软垫。铁质容器之间应有衬垫。

③防止危险货物自燃或相互作用而引起燃烧或爆炸。需要添加稳定剂的物品（如黄磷必须潜入水中，金属钠必须浸入不含水分的矿物油中）必须按规定加足稳定剂。对遇热容易分解、变质、发热的物品（如硝化纤维胶片、桐油配料制品）要加强检查，注意通风，必要时应采取其他有效的降温措施，要隔绝火源。对于遇水能燃烧的货物必须采取防火、隔潮措施，对于能相互作用发生反应的物品，应按规定隔离存放。

3. 危险货物毒害及防护措施

有毒害的危险货物除了有毒之外，在水或脂肪中溶解度大，容易被人体吸收，而且许多有毒害的货物还具有易燃、易爆和腐蚀等性质。

（1）有毒物品进入人体的途径。有毒物品进入人体主要从呼吸系统、皮肤以及消化系统几个途径，详细情况简述如下：

①呼吸系统。当人体所处环境的空气被有毒物品污染，有毒物品就有可能随着人的呼吸进入人体的呼吸系统。人体呼吸系统和各部位都能吸入毒物，尤其是肺泡的吸收能力最强，特别是水溶性较强的有毒物品更容易被吸收，由呼吸道进入人体的有毒物品可直接进入血液，通过血液循环全身。因此，毒性可以在未经肝脏转化之前就发生作用。

②皮肤。有毒物品与裸露的皮肤接触，就有可能被皮肤吸收。人体的皮肤表皮角质层下的表皮细胞富有固醇磷脂，因此，非脂溶性有毒物品不容易进入皮肤，皮肤表皮与真皮连接处的基膜也防止非脂溶性有毒物品进入，脂溶性有毒物品虽然能进入皮肤，但如果有毒物品不具有水溶性也不易被血液吸收，但是，如果皮肤发生损伤或患有皮肤病，人体皮肤表皮的防护作用就消失了，原来不能被皮肤吸收的也能毒物品有通过皮肤进入人体。通过皮肤进入人体的有毒物品可以直接进入血液。

③消化系统。当人食用被有毒物品污染的食物，有毒物品就有可能通过人体的消化系统进入人体。消化系统吸收有毒物品的部位主要是小肠，某些无机盐类及脂溶性有毒物品

可以被口腔黏膜吸收，被消化系统吸收的有毒物品在经过肝脏转化后才能进入血液。

（2）防护措施。人体中毒之后，按照发病过程，可划分为急性、慢性和亚急性中毒，它的临床表现是：急性中毒，是由于人体在短期内吸收大量的有毒物品所造成的。急性中毒有一定的潜伏期。慢性中毒，是由于人体长期吸收微量有毒物品造成的，绝大部分是由于吸收了具有蓄积作用的有毒物品所引起的。亚急性中毒是介于急性中毒和慢性中毒之间的中毒类型，中毒的临床表现主要有：①呼吸系统，窒息、呼吸道有炎症和肺水肿；②神经系统，急性中毒性脑病，多发性神经炎和神经衰弱症；③血液系统，白细胞增多或减少，血红蛋白变性及溶血等；④泌尿系统，肾脏损害；⑤循环系统，心脏损害，心律失常和急性肺原心脏病；⑥消化系统，急性胃肠炎和中毒性肝炎。

具体的防护危险货物中毒的方法是：减少工作环境空气中有毒物品的含量、搬运有毒物品时防止毒品接触皮肤，以及认真做好个人防护工作等，详细做法如下：

①减少工作环境空气中有毒物品的含量。有毒物品应存放在通风良好的干燥环境中，对存放过有毒物品的仓库或舱室内应及时清扫，在进行装卸作业前，应先进行通风处理。

②搬运有毒物品时，应先检查包装或容器是否损坏和渗漏，防止有毒物品接触皮肤。

③认真做好个人防护工作。在进行搬运有毒物品作业或作业休息时，都不得吸烟或进食，工作时应穿着防护服、手套、口罩或使用防毒面具、鞋盖等防护工具。作业休息时应离开作业地点到通风良好的场所休息。作业完毕后要立即淋浴、漱口、更换衣服。经常接触有毒物品的人员，要定期进行体格检查，以便能够早期发现慢性中毒，及时治疗。

本章思考题

1. 港口锚地管理有何重要性？为什么？
2. 如何选择锚地？
3. 如何管理锚地？举例说明。
4. 航道的含义是什么？航道管理有何重要性？
5. 航道应具备哪些条件？为什么？
6. 如何保护和管理好航道工作？
7. 航标是指什么？航标有几种类型？
8. 航标检查有何重要性？如何进行检查？
9. 如何做好航标的保护和管理工作？
10. 如何做好防止船舶污染水域工作？
11. 港口危险货物装运管理有何重要性？为什么？
12. 危险货物管理有何法律依据？
13. 危险货物有几种类型？各类型有何特点？
14. 如何做好危险货物运输全过程的管理工作？
15. 产生危险货物运输事故的主要原因有几种？
16. 如何做好预防危险货物的燃烧和灭火工作？
17. 如何做好预防危险货物的爆炸和防爆工作？
18. 如何做好预防危险货物的毒害和防护工作？

第八章 渔政信息管理

渔政信息管理是渔政管理学研究的一个新课题、新内容。有关确定渔政管理的目标，进行规划、组织、指挥、协调、引导和监督检查，都需要以渔政信息为依据。实现有效的渔政信息管理，是提高我国渔政管理水平的重要条件。实践证明，渔政管理工作的一个重要组成部分就是数据信息的管理，如捕捞许可证管理、渔政船航次管理、渔业环境资源监测保护管理、鳗苗管理、蟹苗管理以及渔政内部行政事务管理等都是各种相关数据的收集、分析和处理过程。渔政管理工作的现代化有赖于渔政信息数据管理的现代化。

本章着重介绍：渔政信息概述、渔政技术系统中的信息综合反应、渔政管理信息网络技术的应用，以及 FoxPro 与渔政信息管理的关系等 4 方面的内容。

第一节 渔政信息概述

众所周知，信息已成为现代社会经济发展得最快、最有影响的一大产业。人们不仅借助于硬件传输、存取与加工信息，而且还要借助软件工具才能迅速、准确地处理信息。渔政信息在渔政管理中发挥的作用也越来越大，每位渔政工作者，几乎每天都在与大量的渔政信息打交道，并借助于渔政信息获得渔政业务知识。确定渔政管理的目标，进行规划、组织、指挥、协调、引导和监督检查，都必须以渔政信息为依据。实现有效的渔政信息管理，是提高我国渔政管理水平的重要条件。

一、渔政信息的分类与属性

渔政信息是指能够反映与渔政管理有关的渔业生产活动和渔政管理过程中的实况和特征的各种数字、消息、情报、资料和指令等的统称。

（一）渔政信息的分类

渔政信息种类繁多，而且千变万化，分类方法很多。这里为了便于研究、掌握和使用，可按以下几方面进行分类。

1. 按渔政信息的业务性质分

有渔业生产信息、渔业资源信息、渔政检查信息、渔业环境信息、渔业法规信息、案件审理信息、渔业安全信息、渔业讯政信息、渔船检验信息以及渔港监督信息等。

2. 按渔政信息处理的格式分

有计划类信息、报表类信息、统计类信息、文件类信息、指标类信息、计算类信息。

3. 按渔政信息允许传播的范围分

有广而告之的渔业法规和渔政管理的宣传信息、渔政系统内部的信息（如渔政内部刊物、《渔政》、《渔政情况》、《渔政工作动态》等），以及渔政秘密信息（如水陆检查计划行动、渔政通信频率和呼号等）。

4. 按渔政信息发生的过程分

有原始渔政信息和再生成渔政信息，如《渔业行政处罚决定书》、《海洋捕捞许可证登记表》，新增、更新、过户、变更渔船申请表，渔业行政处罚案件现场笔录，渔政船航行日志，以及渔政管理的现场录像、录音、拍照资料等。而对原始渔政信息进行加工处理，制成用语言、文字、图像等形式表现的渔政信息，称为再生成渔政信息。电子计算机搜集的渔政信息也可以用显示、打印、语言、绘图等形式再生成新的渔政信息。

5. 按渔政信息的来源分

有渔业系统内部信息和渔业系统外部信息。

6. 按渔政信息发生的时间分

有过去的渔政信息、现在的渔政信息以及未来的渔政信息。

7. 按渔政信息的动态分

有经常变动的渔政信息和相对稳定的渔政信息。

8. 按渔政信息的表现形式分

有数字渔政信息、文字渔政信息、语言渔政信息、图形渔政信息和图像渔政信息等。

（二）渔政信息的属性

概括起来有信息的结构化程度、信息的准确性程度、信息的重要性程度、信息的使用频率和更改频率以及信息量等的属性。

1. 信息的结构化程度

是指信息是否用明确、严格的格式来表达。例如一个条目清楚、层次分明的表格，按标准的主题词编制的文章索引等，都是结构化很强的信息。但是一篇随意书写的报告，一份格式不标准的报表，其结构化程度就差，用计算机难以直接处理，所以我们往往要做一些加工，把它变成结构化强一些的信息，才能进行计算机处理。

2. 信息的准确程度

因不同的应用对信息的准确程度要求也不同。如基层渔政管理、水陆渔政检查所处理的是原始数据，完成的是“微观控制”，所以对信息的准确度要求较高；而高层渔政管理和决策是以大量的统计数字为基础，研究事物发展的趋势是以“宏观控制”为准，所以对信息的绝对精度要求就低一些。

3. 信息的重要程度

根据信息在系统中所起作用大小不同，系统配以相应的校验、保护、保密和后备，以防重要信息的泄露和破坏。如对秘密渔政信息的通信要采用密码传输，以防被违规渔船窃听。

4. 信息的使用频率和更改频率

在信息系统设计时，对大量重复使用和更改的信息，应予以特别注意，以提高系统的运行效率和响应速度。如1990年某省在进行《海洋捕捞许可证管理软件》的设计时，就筛选了使用频率较高且相对稳定的船名代码、许可证代码、单位或地址、经济类型、船籍港、主机额定功率、建造日期、总吨位、净吨位、船舶证书号码、作业类型和发证日期的12个数据，从而减少了数据的冗余度和软件的复杂性，提高了工作效率。

5. 信息量

各种信息的日常处理量、平均处理量、峰值处理量等指标对于信息系统的方案设计、开发、采用设备的数量和规模都是非常关键的。

二、渔政信息的特点与作用

渔政信息的特点，包括信息和渔政信息的特性，而渔政信息的作用，是指渔政信息在渔政管理中的作用，而且它又是从微观的角度具体地反映在渔政管理中的作用，即渔政信息是渔政管理活动的各种依据。具体分述于后。

（一）渔政信息的特点

是从渔政管理的内容、载体、活动、效果以及信息自身的特性来反映其特点。

1. 内容的广泛性

渔政管理的对象包括与渔业生产活动有关的人、渔船、渔具、渔法、作业时间、渔业资源、渔业水域和安全通信等要素的动态统一体。这些管理对象随时随地都在发出各种各样的信息。它涉及许多学科、许多单位和部门，涉及人与人、人与自然的关系。

2. 载体的多样性

随着渔政管理手段的现代化，渔政信息的载体也由过去单一的纸张，发展到录音带、录像带、磁带、磁盘（又分软磁盘和硬磁盘）、光盘、胶片、缩微胶片等高密度存储介质。近几年来，我国渔政管理信息系统利用计算机磁盘储存了大量的渔政信息，这种载体体积小、保存时间长、查找迅速方便，必将成为渔政信息管理的发展方向。

3. 渔政信息的连续性和流动性

由于渔政监督管理始终处于运动之中，所以渔政信息必然从一个时刻流向另一个时刻，由一个地方流向另一个地方，而且渔政信息的产生和流通又是源源不断的。为此要准确地反映渔政管理的动态，就必须进行渔政信息积累，同时随着时间的推移，会出现渔政信息老化，所以又需要不断地进行渔政信息的更新。

4. 渔政信息的有效性

有用的渔政信息会帮助渔政工作者采取有利的管理措施，从而产生积极效果，所以被人称为“特种资源”。而无用的信息，价值等于零，不真实的信息为假情报，只会对渔政管理起消极作用。因此，我们把渔政信息理解为从资料中抽取真实的对渔政管理有用的内容。

5. 与信息的特征一样

渔政信息也具有无限共享性、永不枯竭性、可压缩性、可替代性和可再生性。信息是可以无限共享的，当信息的占有者把信息传递给其他人时，他本身并不会失去原有的信息，这正是能量和物质所没有的特点。只要有事物运动，就一定会有信息存在，信息是永远不会枯竭的，它不会面临能源危机的局面，相反，人们面临的是信息“爆炸”局面。信息经过转换、处理是可以压缩的，例如存储在计算机中的信息经过压缩技术的处理予以压缩，许多信息用代码表示也可以压缩。信息是可以用不同的表现形式来相互替代的，只要它们代表的是本质相同的信息，这也正是我们进行信息转换的根据。信息的生命周期是无限循环的再生过程，它总是以产生具有某些新的特点的信息来开始另一个生命周期。

（二）渔政信息在渔政管理中的作用

各级渔政监督管理机构要进行正常的渔政管理活动，必须以系统、完整、准确、及时、可靠的渔政信息为依据。渔政信息是渔政监督管理必不可少的重要因素之一，就像渔政监督管理的“中枢神经”系统，具体说，渔政管理活动的各种依据如下。

1. 渔政信息是行政执法的依据

渔业法规信息是渔政执法的重要依据，它和案件审理信息一起为渔业行政复议、行政诉讼提供了可靠的依据。

2. 渔政信息是科学决策的依据

制定科学的渔政任务、管理目标和检查计划，必须以全面、系统、准确、及时、可靠的渔政信息为依据。了解本地渔政管理情况、掌握渔政信息，是对渔政领导者的起码要求，是正确判断和决策的前提。不研究渔政信息，不重视有关数据和决策的前提和分析，就容易出现瞎指挥的错误。依据的渔政信息不全、不准、也会导致渔政工作的失误。只有掌握了充分可靠的渔政信息，而且对重要情况了如指掌，才能适应环境，制定出科学的渔政管理任务、目标和计划。因此，从一定意义上说，指导者决策的正确与否，在很大程度上取决于渔政信息工作的水平和质量。

3. 渔政信息是检查督促的依据

渔政管理任务、目标和计划确定后，必须通过一系列的监督管理活动和具体实施，整个渔政管理过程都离不开发挥组织、指挥、控制、调节、促进的功能作用，而每一功能作用的发挥，都离不开对渔政信息的处理，所以渔政信息又是组织、指挥、控制、调节、促进渔政管理过程的依据和手段。然而，在渔政管理目标和计划的实现以及任务的执行过程中，又会不断产生新的信息，通过有关渠道再返回到渔政管理中心或原输入点，使渔政管理中心和渔政领导者在依据返回的信息，补充制定出相应的管理措施，对有关活动进行监督管理，以保证渔政管理活动的正常进行和原定渔政任务的完成及目标和计划的实现。渔政信息从出发点输入有关实际活动的资料，通过流动再回到原出发点，即实现了一次渔政信息反馈，这种反馈是进行渔政管理控制、调节的重要依据。面对不断变化的客观实际，渔政管理是否有效，关键在于是否建立起快速、灵敏、准确、有力的渔政信息反馈系统。

4. 渔政信息是各渔政管理阶段、工作环节的沟通联络纽带

渔政管理有自身的工作层次、工作环节和工作过程，为使各层次各环节的活动协调于整个渔政系统之中，就必须借助于渔政信息这一“神经系统”，上传下达，沟通联络，相互借鉴，否则渔政管理就没有活力。

5. 渔政信息是国际渔业交往的依据

随着我国远洋渔业的发展和在我国渔业水域作业的外国渔船的增多，涉外事件、海损事故、违规案件、渔场纠纷时有发生。国家渔政管理机构必须根据涉外交往中的渔业规定、电报、电传、会谈纪要、处罚凭证以及录音、录像、照片、现场记录等渔政信息，采取相应的管理措施，以维护我国的尊严和保护海洋渔业权益。

第二节 渔政技术系统中的信息综合反应

我国从农业部到沿海各地均设有渔政机构，有较为完善的组织网络，也建立起初步的渔业法律体系，但目前在渔业相关证件的管理、渔业指挥与渔政巡逻船、渔业资源保护问题等方面都存在不少问题。实践证明许多方针政策的落实和渔业法规的执行都必须获得必要的信息。这就需要有先进而有效的技术体系来保障，否则是难以落实渔业政策和保护增殖与合理利用渔业资源的。

近年来随着遥感（Remote Sensing，RS）、全球定位系统（Global Position System，GPS）和地理信息系统（Geographic Information System，GIS）3 种空间信息技术与管理信息技术在渔业研究与管理中处于愈来愈重要的地位，信息化的程度已成为渔业现代化的标志。在此，针对前面提及的问题，结合空间信息技术与管理信息系统技术的集成，可以为我国渔政综合管理服务。

一、渔政管理信息的综合反应

渔政管理信息系统所要处理的信息很多，这里仅以三证（渔船检验证、渔船登记证书和渔船捕捞许可证）管理为例论述管理信息系统的利用。许可证的管理包括发放、更换和补发工作。在发放时，利用信息系统对海区各船只马力总数、各许可捕捞鱼种船只马力总数和各海域许可捕捞马力总数进行查询统计，从而决定是否发放许可证，进而对渔区或鱼种的捕捞压力进行控制；在更换许可证时，检索统计上述各种马力总数等，决定是否可以更换；在补发许可证时，实时调出原有许可证的许可项目，提高工作效率，同时避免申请者弄虚作假。对于综合协调管理，包括三证管理，由于各部门分立，用户的管理层次不一，办公地点分散，数据所属部门不同，其综合管理的技术系统采用了分布式的客户机/服务器（Client/Server）体系结构。

Client/Server 结构是模块化编程的逻辑扩展，将渔政的管理分解为各自相对独立又相互联系的部分，从而方便开发和维护。当一部门的系统为其他部门提供数据和功能服务时，它是服务器；当另一部门调用其他部门的数据和功能时，它是客户端。系统所有的计算和操作过程如下：由客户端形成请求并发送给服务端，由服务端完成相应的计算或操作后返回客户端，在客户端形成结果。客户端管理整个系统的用户接口，检查用户输入数据的有效性，向服务器发送请求，有时则进行逻辑判断或计算。

Client/Server 结构具有水平可伸缩性和垂直可伸缩性，这适合渔政管理的多部门多管理层次的特性。当渔政管理机构作调整时，在某层次上的管理机构增多或合并时，水平缩放使系统可以增加或删除一些客户工作站而不影响系统的运转；当渔政管理机构在管理层次上进行调整，比如增加或撤销某层次的机构，垂直缩放使系统可以将客户端和服务端的功能进行重组，以适合管理层次的调整。现以三证管理为例来说明分布式综合管理的优越性。

按国家渔业法规，渔船进行捕捞作业需要“三证”。其中渔船检验证书由船检部门颁发，并对渔船适航范围、网具、马力等作出确认，同时收取船检费用；登记证由渔港监督部门发放，并按有关规定收取登记费用；许可证由渔政监督机构受渔业行政主管部门委托发放、更换、注销，同时收取渔业资源增殖保护费、许可证规定渔船作业类型、区域和允许捕捞鱼种等。按法规规定只有具备船检证书才能领取到登记证书，只有上述两证齐全才能申请捕捞许可证。但实际操作时，由于部门分割和利益，相关限制法规并未达到彻底贯彻。同时由于协调困难和部门利益造成各自上报的数据不一致或互相矛盾。这样，海区的捕捞能力和每一鱼种的捕捞压力无法从3个部门上报的数据中获得。

针对上述问题，所构建系统的部分如图8－1所示，船检部门、渔港监督部门、渔政监督部门与海区管理机构各自装载处理本部门事务的系统和本部门的数据，系统按法规对各部门设定数据操作的权限。比如船检部门存有船检的信息，此信息任何部门不得更改，其他平级部门也不能查看，但上级部门可以查询检索。同样上级部门可以对3个部门的数据进行检核，从而找到三证不全或登记项目相互矛盾的船只，进而对三证进行控制。而在发放证件时，系统会按法规自动地对发放条件进行检核，比如渔政监督部门在发放捕捞许可证时，系统自动通过网络访问船检部门和渔港监督部门的数据，检核其是否具有有效的船检证和有效的登记证，若缺证或是无效证件，则系统将不给予发放捕捞许可证。这样就减少了办证人员的主观纰漏。

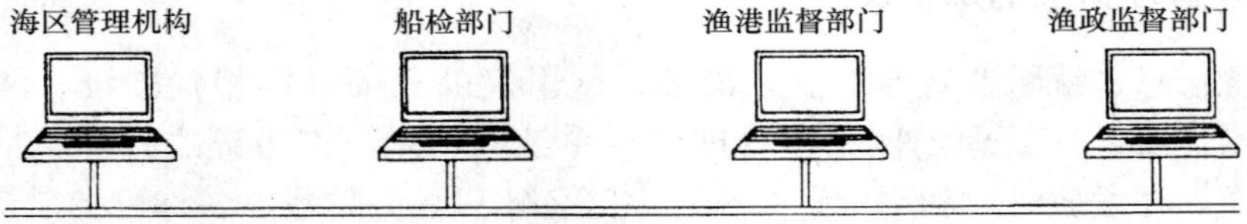

图8－1　渔政信息系统拓扑示意图

二、渔业空间信息的综合反应

因为海洋渔业管理很大一部分是对海上作业的管理，面对辽阔的空间，实时掌握渔业活动发生的空间位置、空间移动速度和空间运动轨迹非常重要，这只能依赖于GPS和信息处理平台GIS的支持。早在1992年，世界银行业开始推进渔业的空间化管理研究。自此，综合渔业管理的必要性受到重视。而综合渔业管理依赖于现代技术的发展，其中很主要的一点是GIS与GPS的发展。比如澳大利亚渔业管理局建立的渔船动态监测系统，采用海事卫星INMARSAT—C与全球定位系统GPS相结合，自动向岸台通报船位和渔获量，从而确定最佳的捕捞努力量及其在空间中的配置，为渔业生产、资源保护和休养措施的制定提供决策支持。加拿大海洋渔业局针对大西洋鲨鱼生产的渔业综合管理计划中确定了GPS监控捕捞点，岸台记录控制捕捞量的方案。在该系统中，利用GIS和GPS监控努力量与捕捞量，从而分析两者关系，用于指导努力量的空间分配。系统由GPS、GIS和生产数据管理系统3部分组成。GPS系统获取海上作业船只的空间位置，生产管理系统获取渔业生产信息。利用 GIS 系统可以监控整个海区渔船的位置和渔获量。利用 GIS 可以分析渔业资源的空间和时间上的动态变化，为渔船和努力量的时空配置提供决策支持。其结构如图 8 – 2 所示。利用 GIS 系统存储的禁渔区信息和不同国家的管辖范围信息，可以对进入各种区域的渔船进行警报。利用 GIS 系统和生产信息可以进行空间统计和统计的空间分析显示等操作。

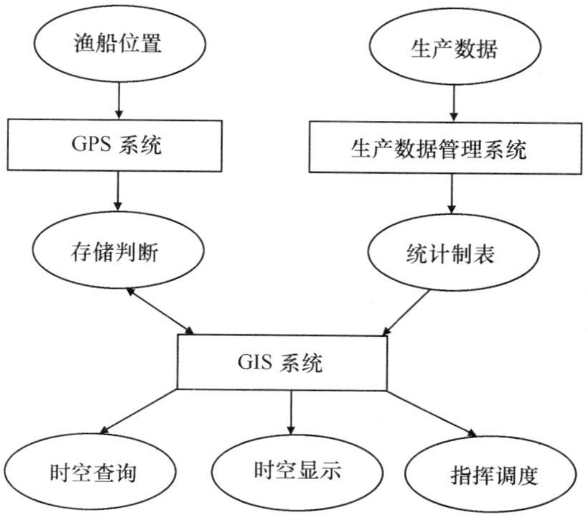

图 8 – 2　渔政信息系统结构示意图
（据苏奋振等的《海洋渔政技术系统中的信息综合研究》绘制）

三、渔业空间信息与管理信息的综合反应

从前面的论述分析可见，空间技术如 GPS 可以提供渔船的空间位置，用 GIS 平台可以将渔船移动显示出来；而分布式管理信息系统技术可以将若干部门的日常工作协调统一起来，实现捕捞能力的有效控制，同时使统计分析快捷而准确。但对于指挥调度和渔业执法还需要将两部分结合起来。系统将渔船发回的船号标识和 GPS 点位信息，利用管理信息系统中三证的登记信息，检核此船是否违法。比如利用 GPS 监测其航行轨迹，管理部门可以通过航速判断船只在特定区域是通过还是作业，利用“三证”管理信息中的允许航行海域或允许捕捞区信息，可以判断是否违法航行或非法捕捞，系统也可以用于禁渔区管理，这就为处罚非法捕捞提供了科学的依据；又如空间技术显示若 A 船在某区出现，而船检信息表明其不可在此区安全航行，则要指挥其航行至安全区域；再如，空间技术显示 A 船在带鱼区域拖网生产，然而管理信息系统中的捕捞许可证信息表明此船的允许作业方式是围网作业，则它是否在合法生产就要考虑了；如果，渔船位置在 GIS 平台上显示在别国海区，则要它返回等。同样，系统对信息的综合有利于资源的可持续发展利用，实现渔业调度。比如利用 GPS 获取某区作业的船只，利用管理信息统计这些船只的马力数，如果在此区域的作业船马力数多于渔业资源的支撑量，认为是过度投资，应该减少船只马力数；如果小于支撑量，则需要调度渔船增加努力量等。

从上述 3 方面的综合反应可以看出，随着我国经济的发展，市场化的深入，我国群众渔业的发展已成为主要的渔业捕捞力量，渔政管理愈来愈复杂。同时由于盲目增船添网，生产的结构和布局不尽合理，我国近海渔场多种传统的经济鱼类相继呈现低龄化、小型化为主要特征的生长型捕捞过度现象，渔获物质量转差，生态效益、社会效益、经济效益日趋低下。另一方面对外海渔场的开发利用，或因资源潜力不明，或因鱼群分散，网次网量低，进展缓慢。

随着200海里专属经济区或专属渔区渔业管辖权的确立，各国对公海生物资源的保护和管理愈加重视，海洋权益矛盾日益尖锐。而且还随着我国与邻近国家海域划定工作的开展，海洋渔业的竞争愈来愈激烈，推行渔政综合管理和信息综合化，是实现渔业现代化的必由之路。

第三节　渔政管理信息网络技术的应用

当前我国渔业正处在由产量型向质量型、效益型方向转变，面临着适应新的国际海洋管理制度、渔业结构战略化调整、沿海渔民转产转业等一系列变革的重要时期，提高我国渔政管理和执法工作现代化水平，建设渔政信息网络技术是十分必要和紧迫的。为此，本节着重介绍渔政信息网络技术建设的目的、信息网络技术建设的条件，以及信息网络技术的应用领域，供读者参考。

一、渔政信息网络技术建设的目的

近年来我国渔政管理信息系统建设取得一定成就，如初步建立了渔政管理指挥系统，各级渔业行政管理部门初步建立了专用的局域网和一些管理信息系统等。为了进一步发展我国的渔业生产，必须不断完善渔政信息网络技术建设，对此，首先要明确我国渔政信息网络技术建设的下列目的。

（一）建立统一执法信息平台、规模渔政管理

渔政管理系统建设以渔政管理中的渔船管理、渔政船指挥调度、信息查询为重点，为国家、海区、省、沿海地县渔业管理部门、沿海省直属单位及渔政船配备先进的计算机及网络设备、船位监测设备，同时开展管理应用软件，实现渔业船舶管理、信息处理、渔政船调度指挥等功能。根据《中华人民共和国渔业法》，我国对渔业实行统一领导，分级管理，但由于历史和现实的原因，我国渔政管理和执法工作中统一管理不足，管理力量分散，各自为政和地方保护主义严重，统一行动和调度指挥能力不强等问题还十分突出，严重影响了渔政管理的效率，为此急需建立统一执法、管理等信息平台，规范管理。

（二）促进渔业资源与管理的可持续发展

实现可持续发展是我们的基本国策，渔业资源和生态环境是渔业可持续发展的基础。多年来，各级渔业部门为此做了大量卓有成效的工作，但目前的问题和矛盾仍十分突出，具体表现在：捕捞强度过大，渔业资源严重衰退，渔业水域生态环境恶化，电、毒、炸鱼等非法作业和“三无”渔船屡禁不止，大批水生野生动物濒危等。虽然国家采取了控制捕捞强度，规定禁渔区、禁渔期，实行长江春季禁伏季休渔，全面清理“三无”和“三证不齐”渔船等多项措施，但问题仍未得到根本解决。其主要原因，除渔政管理体制不顺及法律法规不够完善之外，主要是由于渔业管理和执法手段落后、管理水平不高、漏洞

较多，对渔业资源、渔船、网具的管理还停留在“粗放”管理阶段。这些问题必须通过提高管理技术水平加以解决。

（三）提高政府工作效率，实现信息共享、开放办公

我国渔业管理的信息网络建设和电子政务发展还处在初级阶段，与发达国家相比，无论是建设模式、应用水平还是技术标准，都存在显而易见的差距。信息技术在渔业上的应用也仅仅始于20世纪80年代。由初始阶段的简单文字处理、数据库应用直至现在的互联网技术、地理信息系统技术和卫星遥感技术的广泛应用也仅仅经历了20余年的时间，在评估模型的数学建模、远程数据通信、地理信息以及遥感信息等方面的应用取得了一定成绩。但随着信息技术尤其是网络技术的快速发展和电子政务的战略实施，我国渔业产业信息化建设还面临着巨大的发展机遇和更加严重的挑战。

（四）加强对专属经济区的管理，维护国家海洋权益

1994年《联合国海洋法公约》生效后，国际海洋管理体制和环境发生了深刻变化，世界各国纷纷建立了200海里专属经济区制度，加强对海洋权益的争夺和渔业资源的管理。1996年7月7日，我国成为《联合国海洋法公约》的缔约国，并声明享有200海里专属经济区和大陆架的主权权利和管辖权。随后，我国与日本、韩国、越南等周边国家展开了专属经济区划界和渔业谈判。中日、中韩双边渔业协定确定了协定双方的渔业管辖海域，并且中日两国在海域划界主张的重叠区设立了“暂定措施水域”；中韩两国不仅设立了“暂定措施水域”，还考虑双方渔民传统作业习惯而设立了“过渡水域”，以上水域的渔业活动由协定双方共同进行管理。《中越北部湾渔业合作协定》明确了由协定双方共同制定共同渔区内生物资源的养护、管理、可持续利用的措施。但我国渔船在该传统作业水域正常作业时被驱赶、抓扣的事件频繁发生，渔政部门在此水域维护我国海洋权益和渔民生命财产安全的任务十分艰巨。在这种情况下，我国的渔政管理将不再局限于在近海对本国渔船进行管理，还要与其他国家对共管水域及共同渔区实施共同管理，对进入他国管辖水域的我国渔船、进入我国管辖水域的外国渔船以及共同渔区的双方渔船进行管理，渔政管理任务相当艰巨。但目前我国渔政管理和执法手段都十分落后，难以担负保障我国200海里专属经济区渔业资源、维护国家海洋权益任务的需要，为此必须迅速加以建设。

（五）建立水产养殖与水产品市场信息网络系统

水产品市场信息网络系统作为宏观调控和管理水产品市场，并且为渔业第三产业的发展提供服务。网络系统起着传递水产品市场供求信息的作用。20世纪80年代中期，开放水产品市场后，日益增强的市场观念、竞争观念和效益观念驱使人们更加注意信息的开发与积累。1987年中国水产商情网络创立，到1992年网络成员已发展到800多个单位，遍布全国各地。《水产商情》作为网络成员之间信息交流的主要工具，对促进全国信息交流和水产品流通起到了重要作用。中国水产供销行业协会成立后，下设信息咨询部，于1992年初开始活动，它联系着400多个会员单位，通过《中国水产供销通讯》接受、传递着各地、各会员单位水产品市场供求信息。除此之外，一些单位还自发地组建一批不同形式、各有特色的信息组织。其中在全国较有影响的有全国沿海国有海洋渔业公司水产品信息网络组织，13个大中城市水产品信息网络，长江流域重要城市水产品信息网络等。

二、渔业信息网络技术建设的条件

在计算机技术以及网络技术飞速发展的今天，人们充分利用网络安全、信息管理及信息处理、数据库、多媒体以及数据通讯技术为各行各业的业务需要搭建信息处理的软件、硬件平台，为当前信息化进程的发展提供了技术依据。

我国在渔业信息积累和数据库建设方面，经过多年的努力，已建成了一些实用数据库或信息系统。如渔业科技文献、科研成果管理、全国渔业区划、淡水鱼类种质资源、实用养殖技术、渔业统计、海洋渔业生物资源、基建项目与财务管理、海洋捕捞许可证与船籍证管理、远洋渔业信息管理系统等，其中有的已经推广应用。

我国政府近年来非常重视农业信息技术的应用，农业部建成的“中国农业信息网”，通过国际互联网实现了与国内外各城市的网上信息交流，在网上发布电子信息快讯、市场动态分析和农业气象通报等，已成为我国重要的农业信息业务服务系统。目前我国已有几个地方性站点，提供渔业信息服务。中国水产科学研究院、淡水渔业研究中心、渔业机械仪器研究所等已建立或正在建立与国际互联网连通的网络信息系统。

三、渔业信息网络技术应用的领域

这个应用领域包括渔政管理指挥系统建设，建立全国渔获物监测及可捕资源量调整统计网络，以及建立全国水产养殖与水产品信息网络，现分述于后。

（一）渔政管理指挥系统建设

其中包括渔政船调度指挥与渔船海上动态监测系统、渔业船舶管理和渔业信息查询几方面内容。

1. 渔政船调度指挥与渔船海上动态监测系统

渔政船调度指挥通过卫星或短波通讯与渔政船进行双向通信，实现船位信息、作业状态信息、指令信息等传输，并利用背景地理信息实现渔政船动态监测和调度指挥，及时派遣所属渔政船前往执法海域执行公务。渔船海上动态监测通过卫星或短波通信与渔政船进行双向通信，实现渔船船位与分布的监测，通过收集渔船渔获物报告信息逐渐实现渔船捕捞限额管理，并对捕捞强度实行监控。

2. 渔业船舶管理

信息系统应用将实现渔业船舶建造审批、检验、登记、捕捞许可证发放、渔业电台登记等业务的网络化管理，改变现行渔业船舶管理信息不能共享、无法异地查询的缺点，最终通过业务软件系统的各类证件发放和互相制约实现渔业船舶的规范化管理。而渔船航行签证管理将实现渔船流动情况登记备案，通过网络查询渔业船舶三证的合法性和违规情况，统计渔船的进出港情况，掌握渔船的进出港动态。

3. 渔业信息查询

包括：①渔港、航标信息管理；②渔船职务船员管理；③渔业法律法规查询；④渔业行政执法机构、装备、人员档案管理；⑤渔业违法案件及违法信息管理。该项工作通过网络实现渔业信息共享。系统信息主要由各基层单位在客户端将有关信息输入，通过网络传输到省、市、海区及中央的服务器。各级用户通过本系统实现查询和统计相关信息。

（二）建立全国渔获物监测及可捕资源量调查统计网络

依托全国渔政管理指挥系统，在全国渔港、捕捞生产企业建立渔获物统计监测工作网络，设立专职或兼职的统计观察员，统计全国各个渔港渔获物的种类及产量，为限额捕捞的实施提供量化依据。以海区局以及各海区的水产研究所为依托，建立海洋渔获物资源监测体系，针对主要经济品种进行资源调查，建立海洋生物资源信息系统。评估分品种的年可捕量，最大可捕量等，为渔业资源的可持续发展提供执法依据。调查结果结合渔获物监测统计结果指导渔业生产及资源保护工作，实现可持续发展战略。全国渔获物监测统计网络将开发渔获物统计网络软件，对各个统计点（码头）配备一定的计算机及通信设备，初步计划在全国各级群众渔港设立一个统计点。可捕资源量调查是建立在以海区为单位的水产研究所、地方水产研究所为基础的主要经济鱼类资源可捕量的常规调查。

（三）建立全国水产养殖与水产品信息网络

包括信息网络平台建设和开发相应的信息管理应用信息系统两部分。

1. 信息网络平台建设

在渔政管理指挥系统的基础上，增加和扩展工作站点的覆盖范围，在内陆县级渔业行政部门建立工作站，配备相应的网络设备如计算机、网络设备等和软件平台湾如 Windows 操作系统平台和统一开发的应用研究软件等。

2. 开发相应的信息管理应用系统

这个系统包括：①水产品产量价格统计管理系统。收集各渔港渔获物上岸产量及各水产品市场的价格数据，查询统计全国各地的需求情况；②养殖管理系统。统计管理全国的养殖面积、养殖品种等情况，进行全国养殖情况的监控；③渔业病害疫情系统。收集全国渔业病害疫情状况，及时发布疫情消息，进行疫情预报和预测；④原良种系统。对全国的原良种实行信息化、科学化管理。

信息管理应用系统建立规范的数据库系统，在同一个信息平台完成各系统所提供的功能。通过网络化方案设计，实现远程登录，数据存取，查询等目的，中心服务器系统通过分析处理相应的数据将结果提供给各相关部门使用。

四、结论

实践表明，信息化建设是需求与发展的结果，信息网络的建设与发展依赖于应用，是需求决定的结果；信息管理的无限需求需要技术上的保障，即信息及网络技术的发展。我国渔业管理的信息化程度还有待进一步提高，在行政执法、信息资源管理、国家电子政务、涉外渔业管理以及科研与信息市场服务等方面具有极其广阔的发展空间。

第四节　FoxPro 与渔政信息管理的关系

这里借用上海市渔政监督管理处黄海红等学者的有关资料。他编写了《FoxPro 与渔政信息管理的关系》的著作，作为本章渔政信息管理内容之一。

渔政工作的一个重要组成部分是渔政数据信息管理，无论是捕捞许可证管理、渔政船航次管理、渔业环境监测保护管理，还是渔政内部行政事务管理等，都是各种相关数据的收集、统计、分析、处理的过程。渔政工作的现代化，有赖于渔政信息管理工作的现代化，其核心就是实现数据信息管理的现代化和自动化。因此，选择合适的微机数据管理工作非常重要。FoxPro 是目前最流行的微机平台关系型数据库产品，是作为个人电脑平台关系型数据库管理系统，以其优异的性能、强大的兼容性、良好的跨平台特性和图形用户界面、完备的工具、系统的 Xbase 语言、快捷的速度、简便的数据存取方式以及真正的可编译性等，都为广大用户所接受，并成为微机数据库管理系统的首选工具之一。1998 年“上海市捕捞许可证管理系统（1.00 版）”开发成功，具有数据维护及多种方式查询、统计、浏览及打印功能。系统运行操作的每一步骤均有明确的中文提示，工作中无需专业培训即可上机操作。整个系统简明易懂、使用方便，显著地提高了捕捞许可证管理的工作效率。该系统的软件结构如图 8－3 所示。

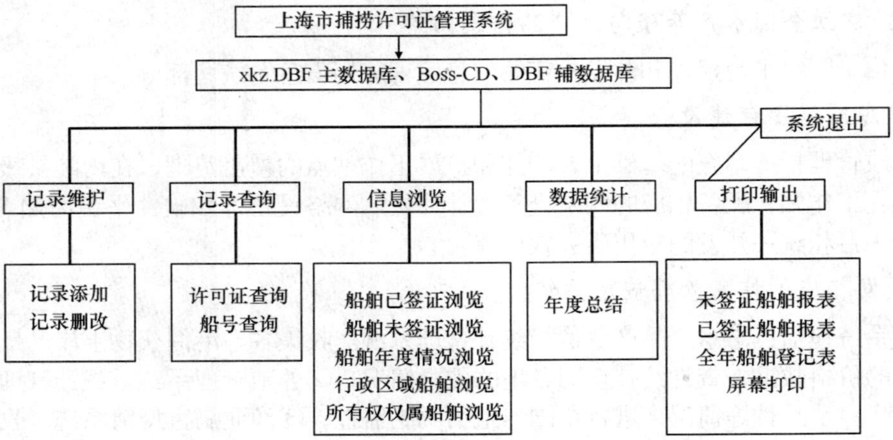

图 8－3　上海市捕捞许可证管理系统软件结构示意
（据黄海红等的《FoxPro 与渔政信息管理》）

系统的许可证信息主数据库 xkz. DBF 结构如下：签证年度（C，4）、许可证编号（C，6）、船号（C，6）、船籍港（C，2）、主作业类型（C，10）、船体材料（C，2）、建成日期（C，7）、主机功率（N，6）、经济类型（C，4）、船长（m）（N，5，2）、船宽（m）（N，4，2），船深（m）（N，4，2）、农特产税（N，8，2）、频率费（N，6，2）、资源费（N，7，2）、签证日期（C，8）、总吨位（N，6，2）、净吨位（N，5，2）、主机数量（N，1）、主机型号（C，10）、船舶所有人代码（C，3），原许可证（C，6）、原船号（C，6），以上 N 表示数值型数据，C 表示字符型数据。

为了提高数据输入的准确性，节约存储空间，提高系统运行速度，在系统中还设置了代码存储方式，并建立了相应的代码数据库 Boss－CD. DBF. 。由于采用了模块化的编程方式，高度聚合的模块功能，简化了错误分离，提高了系统的可靠性，也大大方便了系统的维护、升级工作。另外，该系统通过将日期型数据转换成字符型数据进行维护，避开了“千年虫”问题的隐患，并将系统编译成 EXE 可执行文件，增强系统的安全性，提高了系统运行速度。实践证明，应用 FoxPro 发展渔政信息管理的前景十分广阔，现开发的渔政信息管理系列软件，开拓了渔政管理工作的新局面，在单用户基础上，发展多用户系统，并通过网络，实现渔政信息管理资源的合理共享。

本章思考题

1. 渔政信息管理在渔政管理工作中有何重要性？举例说明。

2. 渔政信息的含义是什么？如何分类？它具有哪些属性？

3. 渔政信息有哪些特点？能发挥哪些作用？举例说明。

4. 为何说 RS、GPS、GIS 三种空间信息技术与管理信息技术在渔业管理中处于越来越重要的地位？举例说明。

5. 如何以“三证管理”为例来说明分散式综合管理的优越性？

6. 为何说综合渔业管理要依赖于 GPS 或 GIS 技术？举例说明。

7. 渔政信息网络技术建设有何目的？建设这个网络应具备哪些条件？

8. 渔业信息技术应用适合使用在哪些领域？为什么？

9. FoxPro 在渔政信息管理中有何作用？它的系统软件由哪些组成？

第九章 水产养殖业管理

我国水产养殖业历史悠久，据史料记载，我国的养鱼技术可追溯到公元前 1 100 年。

自 20 世纪后半叶以来，我国水产养殖业发展速度很快，特别是 1985 年国务院发出《关于放宽政策、加速发展水产业的指示》，将“以养殖为主，养殖、捕捞加工并举，因地制宜，各有侧重”作为我国渔业的发展方针以来，我国水产养殖业发展取得举世瞩目的成就。目前我国水产养殖总产量已占全世界水产养殖总产量的 70%，产值占全世界养殖总产值的 50% 以上，水产养殖的迅速发展，使我国渔业生产结构发生了重大变化。如水产养殖业的发展带动了水产品加工、储运、销售和水产苗种繁育、养殖设施、渔用饲料和药物等相关行业的发展，促进了社会经济发展。当前水产养殖业也普遍存在的一些问题，特别是水产养殖对环境影响日益严重、水产养殖病害增多、养殖水产品药物残留问题，养殖水产品质量安全隐患等，都要求在加快水产养殖生产发展的同时，必须加强水产养殖业的管理。

本章着重介绍水产养殖证管理、水产养殖用地用水管理、水产养殖苗种管理、水产养殖饲料管理、水产养殖药物管理，水产养殖池塘管理、水产养殖生产管理以及产地水产品、质量安全监督管理的八方面内容。

第一节 水产养殖证管理

养殖证，是指由单位或者个人依法向县级以上人民政府渔业行政主管部门提出申请，经过审核批准，由同级人民政府发放的允许其占用国有水域、滩涂等自然资源从事水产养殖生产活动，以期获得经济利益的法律证明文件。养殖证制度是政府和渔业行政主管部门对水产养殖业实施行政监管的基本制度，也是保障水产养殖者合法权利的基石。

我国水产养殖许可是通过养殖证的核发和管理来实现的。根据《中华人民共和国渔业法》规定，单位和个人因从事水产养殖而使用水域、滩涂的，对其使用权的获取有两种情况。一是使用国家规划确定用于养殖业的全民所有的水域、滩涂发展养殖业的，需要向政府申请养殖证，由政府通过核发养殖证，许可其使用该水域、滩涂从事养殖生产；二是对于集体所有的或者全民所有由农业集体经济组织使用的水域、滩涂，可通过承包方式，由单位或个人发展养殖业。因此，养殖证是单位或个人使用全民所有的水域、滩涂从事养殖生产活动的合法凭证和法定途径。

（一）养殖证的种类

若按养殖水域、滩涂的性质以及养殖对象的不同进行分类，有下列类型：

1. 海水养殖证和淡水养殖证

海水养殖证，是指在近岸海域划定一定范围的水域（包括港湾、滩涂）作为养殖水域所核发的养殖证。海水水域和滩涂均属全民所有，因此在国家规划用于养殖的海水水域或滩涂从事养殖业，都必须申请养殖证，经许可后方可从事养殖生产。淡水养殖证，是指在国家规划用于养殖的全民所有的内陆水域（江、湖、河、库等）划定一定范围从事水产养殖业，或开发国有荒芜、沼泽地带从事养殖所发放的养殖证。

2. 不同养殖对象的养殖证

这种养殖证有下列几种类型：①常见品种养殖证。它是指我国渔业法规没有明令禁止养殖的常见水产品种的养殖证。如养殖海洋中的大菱鲆、六线鱼、贻贝等的养殖证。养殖淡水中的青鱼、鲢鱼、草鱼等的养殖证。②法律明令禁止捕捞的有重要经济价值的水生动物怀卵亲体和苗种的养殖证。如养殖中国对虾、鲥鱼、河蟹、石斑鱼等的养殖证。③法律明令重点保护的珍贵、濒危水生野生动物的养殖证。这种养殖证与前述的养殖证有所不同。它需要专门的国家重点保护的水生野生动物驯养繁殖证，在申请、审核批准、证件管理、生产监督等方面均有特殊要求。

（二）养殖证的核发

包括水产养殖证的申请核发程序和批准、发放权限两方面内容。

1. 水产养殖证的申请核发程序

根据我国有关法规的规定，水产养殖证的申请和核发一般程序包括提出申请、审核、批准、登记和公告等。

（1）提出申请。单位和个人使用国家规划确定用于水产养殖业的全民所有制的水域、滩涂从事养殖生产活动的，应向县级以上地方政府渔业行政主管部门提出申请，并填写申请书。单位申请的还应提交与养殖规模相适应的资信证明材料、养殖技术条件说明等。

申请书的内容包括：①申请养殖使用的水域、滩涂的位置；②申请使用的水域、滩涂的面积；③申请使用的年限；④申请养殖的种类；⑤申请水域、滩涂欲采用的养殖方式；⑥养殖规模相适应的资信证明材料、技术条件的说明（适用于单位申请的情况）；⑦申请人身份证明材料；⑧法律、法规、规定的其他材料。

（2）审核。县级以上地方政府渔业行政主管部门收到养殖申请书后，应当组织有关人员进行现场勘察和核实，确认标界，在受理申请后的30日内签署审核意见。

（3）批准。养殖证申请经审核符合规定条件的，县级以上地方政府渔业行政主管部门应报请有审批权的人民政府批准。为了确保合理地利用渔业资源和水域、滩涂，在进行水产养殖许可时，应遵循以下原则：

①不得在全民所有的水域、滩涂中的鱼、虾、蟹、贝、藻类等的自然产卵场、繁殖场、索饵场及重要的洄游通道核发养殖证；也不得在航道、锚地、港口以及重要的水产苗种场、传统捕捞作业渔场、水产种质资源保护区等重要渔业水域核发养殖证。

②对同一养殖水域、滩涂因不同的养殖方式造成的使用功能交叉，如底播与筏式养殖，原则上不得确定给两个以上的使用者。

③按照《中华人民共和国渔业法》的规定，政府在审核、核发养殖证时，应遵循当地渔业生产者优先安排的原则。因为它体现了当地传统养殖生产者传统合法权益的保护，

同时也是我国渔业结构调整中捕捞生产者向水产养殖转产的现实问题的充分考虑。

④登记和公告。水域、滩涂的养殖、使用权也是一种财产权，应当建立登记确认权的法律制度，依法登记的水域、滩涂养殖使用权才受法律保护。为此，对于批准颁发的养殖证，应由政府渔业行政主管部门登记造册，颁证的水域、滩涂要作图标志。同时，经登记的养殖证应及时向社会公告，一般要求政府渔业行政主管部门在水域、滩涂养殖使用权登记后的1个月内，以适当的方式向社会公告。

2. 水产养殖证的批准、发放权限

申请水产养殖证的生产者应向县级以上政府渔业行政主权部门提出申请，由同级政府核发养殖证，但这只适用于养殖水域、滩涂明确属于该级政府行政管辖范围的情况。

养殖水域、滩涂跨行政区的，包括毗邻交界地域、或毗邻交界管辖不明地域，或有争议地域的全民所有的水域与滩涂，养殖证由毗邻的两个或两个以上县级以上政府经协商后以共同的名义批准发放。对于因管辖不明或有争议的全民所有的水域与滩涂，且协商不成的，由毗邻的两个或两个以上县级政府共同的上一级政府批准发放。

（三）水产养殖证的管理

养殖证管理包括养殖证管理的有关法律责任、养殖证的基本内容、适用期限及其使用情况。

1. 水产养殖证管理的有关法律责任

根据我国现行的渔业法律法规，有关养殖证管理的法律责任主要有以下几个方面：

（1）未依法取得养殖证擅自在全民所有的水域、滩涂从事养殖生产的，责令改正，补办养殖证或者限期拆除养殖设施。

（2）未依法取得养殖证或者超越养殖证许可范围在全民所有的水域从事养殖生产，妨碍航运、行洪的，责令限期拆除养殖设施，可以并处1万元以下的罚款。

（3）获得水产养殖证在全民所有的水域、滩涂从事养殖生产的，无正当理由使水域、滩涂荒芜满1年的，由发放养殖证的机关责令限期开发利用；逾期未开发利用的，吊销养殖证，可以并处1万元以下罚款。

上述行政处罚中，吊销养殖证的处罚应由县级以上人民政府做出决定，因为它是由县级以上人民政府批准发放的，吊销养殖证只能由发证机关做出。而其他的处罚可由县级以上政府渔业行政主管部门或其所属的渔政监督管理机构决定。

2. 养殖证的基本内容

水产养殖证是养殖生产者开展养殖生产的法律依据，应由农业部统一印制，其内容包括以下几个方面：①持证单位或个人的基本情况；②养殖水域滩涂的地理概位及平面界定图；③养殖水域、滩涂的面积及范围；④养殖类型、养殖方式、养殖品种、养殖密度；⑤养殖证的有效期限、年审记录、养殖证编号。

3. 养殖证的适用期限

水产养殖证的适用期限应根据养殖水域的生态环境、养殖品种和方式、投资情况等具体情况进行核定。一般情况下的最高适用期限是：浅海和滩涂15年；深海30年；湖泊、水库、河沟10年；临时养殖区域2年。但在生产实践中，一些地方可以根据地方实际情况制定适用于本地区的养殖证有效期限。

对于兼有调蓄、行洪、航运、养殖等多功能的水库、江河、湖泊等水域滩涂，可在保证其他功能正常行使的情况下，发放临时养殖证。在水域规划的主功能与养殖功能发生矛盾时，临时养殖证的有效期自然终止。如果遇到重大建设项目等公益性事业需要，发证机关可中止该水域滩涂的养殖使用，有关单位应按国家规定进行补偿。

4. 养殖证的使用

水产养殖生产者要持养殖证方可申请水产苗种生产，申请水生野生动物驯养繁殖证，水产品原产地证书、无公害农产品基地资格等，并享受国家税收等方面的优惠政策。

水产养殖证应在适用期限内使用，养殖证的适用期限期满后需要继续使用该水域、滩涂从事养殖生产的，持证人应在有效期满前60天向原发证机关申请续期手续。

养殖证持证人应遵守有关法律规定，在使用水域滩涂从事养殖生产时，应按规划合理布局，科学投饵、用药，不得造成水域环境污染，并严格按照养殖证所规定的养殖区域、类型、方式等内容进行生产活动。养殖证不得涂改、伪造、买卖或以其他方式非法转让。需要变更养殖证登记内容的，应向原发证机关申请办理变更手续。

第二节　水产养殖用地用水管理

水产养殖用地用水的管理内容，包括有关法律法规鼓励公民充分利用适于养殖的滩涂、水域发展养殖业，人民政府对符合政策的申请者发放养殖证，渔政部门对水产养殖场所依法承担监督、检查和指导的责任等。具体分述如下。

（一）法律法规鼓励公民充分利用适于养殖的滩涂、水域发展养殖业

在各级政府的领导下，在国土资源、水利、海洋、环保和渔业等部门的密切协作下，各级渔政部门应制定、实施水产养殖用地用水的规划，实现资源的合理利用。在这方面有许多法律法规都作了明确规定，例如《中华人民共和国渔业法》第十条、第十一条规定，国家鼓励全民所有制、集体所有制和个人充分利用适于养殖的滩涂、水域发展养殖业，国家对其利用进行统一规划，确定可以用于养殖业的滩涂和水域。又如《中华人民共和国海域使用管理法》第十一条规定，海域功能区划应统筹考虑安排各行业的使用，科学合理公平地制定水产养殖用地用水规划，维护正常的水产养殖生产活动秩序，保证水产养殖的质量安全，实现水产养殖业的健康发展。

（二）人民政府对符合政策的申请者发放养殖证

县级以上地方人民政府渔政部门依据水产养殖用地用水规划的渔业法律法规，受理、审核单位、个人从事水产养殖生产活动的申请，由同级人民政府向符合渔业法律法规和渔业政策的申请者发放养殖证，确认其养殖渔业权。这里会涉及水产养殖区划、养殖生产布局、养殖规模方式、申请人的资质顺序、特定水产养殖项目的选址和用水来源、养殖生产废弃物处理以及污水排放等多方面的内容。

为了对水产养殖业用地用水依法实施保护，维护水产养殖业的稳定发展，政府和渔政部门可以依据《中华人民共和国渔业法》第十五条划定商品鱼生产基地和城市郊区重要养殖水域，采取特别措施予以保护。对于发展国家建设需要占用、征用商品鱼生产基地和

城市郊区重要养殖水域的，可参照《土地管理法》、《基本农田保护条例》等法律法规的规定，办理农用地转用的审批手续和征收农民集体土地的审批手续，缴纳各种税费，用于渔业建设，并根据《物权法》的相关规定，给予水产养殖生产和农民集体合理的经济补偿。

（三）渔政部门对水产养殖场所依法承担监督、检查及指导责任

在水产养殖的生产过程中，渔政部门对此应有监督、检查和指导的职责，以确保水产养殖业用地用水质量符合国家规定。根据《水关养殖质量安全管理规定》第五、第六条规定，渔政部门有权禁止在不符合规定的场所从事水产养殖生产活动。水产养殖者应当定期监督养殖用水水质，填写《水产养殖生产记录》，以确保养殖用水符合《无公害食品淡水养殖用水水质》（NY 5051—2001）或《无公害食品海水养殖用水水质》（NY 5052—2001）、《渔业水质标准》（GB 1607—89）以及《地表水环境质量标准》（GB 3838—2002）和《海水水质标准》（GB 3097—1997）中有关渔业用水的规定。

对于直接或间接向水产养殖场所排放或倾倒废水、废气、废弃物或者其他有毒有害物质的任何单位或个人，养殖渔业权人有权要求其停止侵害，并有权向渔政部门举报，请求行政救济。渔政部门依法有权对污染者进行渔业行政处罚，以维护养殖水产品的质量安全。若污染给养殖渔业权人造成了损失，污染者应依法承担赔偿责任，渔政部门对由此引起的渔业经济纠纷有义务依法进行调解或作出行政裁决。若渔政部门认为污染行为构成了犯罪，则应移交司法机关处理。

第三节　水产养殖苗种管理

水产养殖苗种是指用于水产繁育、增养殖生产和科学试验的水产动植物的亲体、稚体、幼体、受精卵、孢子及其遗传育种材料。水产养殖苗种是水产养殖业发展的第一物质基础，它的数量和质量直接影响着水产养殖生产的发展。从20世纪50年代开始，我国海带、“四大家鱼”、扇贝、对虾、欧鳗等的人工育苗技术的突破，推动了我国水产养殖业发展的物质基础。水产养殖苗种管理是水产养殖管理的重要内容之一，也是我国渔业行政主管部门和监督管理机构的重要职能之一。加强水产苗种管理，对于开发和保护水产种质资源，规范水产苗种生产经营、减少和防止水产病害传播、维护生态平衡、科学及时地推广良种、提高水产苗种质量，以及维护水产苗种生产经营者的合法权益等都具有重要意义。

一、我国水产苗种的基本状况

我国水产养殖业的迅速发展与我国率先突破“四大家鱼”的人工育苗有很大关系。随着我国一系列的经济鱼类人工繁殖的成功，使水产苗种业迅猛发展，为水产养殖业奠定了发展的物质基础。我国水产养殖品种结构，自20世纪60年代后有较大变化；80年代以来发生了急剧变化。用于水产养殖的苗种种类由60年代的十几种鱼类、几种贝类和藻类增加到目前的60余种鱼类、10余种虾蟹类、10余种藻类。

据联合国粮农组织（FAO）渔委会2006年水产养殖报告显示，从1950年至2004年，

在世界范围内，共进行过442个种类的养殖，至2004年底养殖产量超过25×10^4 t的种类有鲤科、牡蛎科、海带科、帘蛤科、翅藻科、对虾科、鲑科、贻贝科、慈鲷科、红毛菜等20个科类。其中鲤科产量高达$1\ 800\times10^4$ t。又据2008年我国《渔业年鉴》统计，2007年我国养殖鱼类产量超$1\ 819\times10^4$ t，甲壳类产量超过259×10^4 t，贝类产量超过$1\ 014\times10^4$ t，藻类产量超过136×10^4 t。同时，目前我国有水产苗种生产场所（点）1×10^4多个。其中，淡水苗种生产场（点）9 000多个，海水苗种生产场（点）1 000多个。据2008年《渔业年鉴》统计显示，2007年全国生产淡水鱼苗$7\ 893\times10^8$尾，淡水鱼种282.43×10^4 t；海水鱼苗26.08×10^8尾，对虾人工育苗$8\ 247\times10^8$尾，鲍鱼育苗25.79×10^8个，海带育苗255×10^8株，紫菜育苗29×10^8株，海参育苗512×10^8个。从目前水产养殖业的发展趋势来看，今后我国将有更多的水产养殖新品种和更高的水产养殖产量。

二、水产苗种管理的法律依据

为了加强水产苗种管理，我国曾制定和颁布了若干有关水产苗种管理的法律法规，如《中华人民共和国渔业法》第十六条、第十七条就水产优良品种的选育、培育和推广，水产苗种的生产，水产苗种的进出口及进出口检疫进行了规定。1992年农业部根据《中华人民共和国渔业法》制定发布了《水产种苗管理办法》，并于1997年和2000年进行了修订，修订后更名为《水产苗种管理办法》，于2001年12月10日发布。2004年12月21日农业部第37次常务会议再次通过对《水产苗种管理办法》的修订，2005年4月1日起实施。《水产苗种管理办法》就水产种质资源保护和品种选育、水产苗种的生产经营管理和进出口管理，以及水产苗种的检验和检疫进行了具体规定。这些都是目前我国实施水产苗种管理的重要法律法规依据。

此外，农业部渔业局1995年发布的《国家级水产原良种场验收办法（试行）》；农业部1998年发布的《水产原、良种审定办法》；农业部2001年发布的《水产原良种场生产管理规范》等对水产苗种的生产、管理、审定进行了具体规定。

各省、自治区、直辖市根据《中华人民共和国渔业法》和《水产苗种管理办法》等，也制定发布了适用于本行政管辖区域的水产苗种管理的规章制度，成为各地实施水产苗种管理的法律依据。

三、水产种质资源保护和品种选择与推广管理

水产苗种的来源主要有两个：一是捕自天然水域的水产苗种；二是通过人工选育的新品种。因此，水产种质资源保护和品种选育管理是水产苗种管理的核心内容。

（一）水产种质资源保护

首先，国家对水产种质资源的搜集、整理、鉴定、保护、保存和合理利用进行计划管理，禁止任何单位和个人侵占和破坏水产种质资源。为保护水产种质资源及其生存环境，国家在具有较高经济价值和遗传育种价值的水产种质资源的主要生长繁殖区域建立水产种质资源保护区，未经农业部批准，禁止在水产种质资源保护区从事捕捞活动。如果因为养殖、科研等法定特殊需要，在天然水域捕捞有重要经济价值的水产苗种的，必须经国务院渔业行政主管部门或者省、自治区、直辖市政府渔业行政主管部门批准，在指定的区域和时间内，按照限额捕捞。

其次，在进行水下爆破、勘探、施工作业等建设项目，对水产种质资源产生不利影响的，作业单位应当事先同有关县级以上政府渔业行政主管部门协商，采取措施，防止或减少对水产种质资源的损害。若造成损失的，由有关县级以上人民政府责令赔偿。

（二）水产品种选育和推广

对于水产养殖品种的选育和推广，我国的基本方针是国家鼓励水产优良品种的选育、培养和推广，并要求县级以上政府渔业行政主管部门应当有计划地组织科研、教学和生产单位选育、培育水产优良新品种。但是为了保护水生生物多样性和水域生态系统，保护水产种质资源，维护水产优良品种选育、培育和推广的正常秩序，国家对水产苗种的选育和推广进行必要的管理。主要包括以下内容。

1. 杂交选育管理

为保护水产种质资源，维护水生生物多样性，杂交生产商品水产苗种的亲体，必须是纯系群体，禁止用可育的杂交种作为繁育亲体。在养殖可育的杂交个体和通过生物工程等技术改变遗传性状的个体及后代的场所，必须建立严格的隔离和防逃措施，禁止将其投放于河流、湖泊、水库、海域等自然水域。

2. 水产原种、良种审定和推广管理

1991 年农业部成立了全国水产原种和良种审定委员会，对水产新品种进行审定。水产新品种必须经全国水产原种和良种审定委员会审定，审定合格的经农业部公告后方可推广。

3. 水产原、良种场管理

为保护水产原、良种供应。《水产苗种管理办法》规定，省级以上政府渔业行政主管部门应根据水产增养殖生产发展的需要和自然条件及种质资源特点，合理布局和建设水产原、良种场。水产原、良种场分为国家级和省级，负责保存或选育种用水产遗传材料和亲本，向水产苗种繁育单位提供亲本。

四、水产苗种生产经营管理

水产苗种的生产和经济管理，包括水产苗种生产许可、水产苗种生产质量监督管理、水产苗种检疫以及水产苗种生产保护的四方面内容。

（一）水产苗种生产许可

水产苗种生产对水产苗种供应的数量和质量具有重要影响，我国对水产苗种生产实行许可制度。除了水产养殖生产者自育、自用水产苗种的以外，单位和个人从事水产苗种生产，应当经县级以上地方政府渔业行政主管部门批准，并取得水产苗种生产许可证方可生产。其中，水产原、良种场的水产苗种生产许可证由省级政府渔业行政主管部门负责核发；其他单位和个人水产苗种生产许可证的发放权限由省级政府渔业行政主管部门进行规定。

为保证水产苗种质量，从事水产苗种生产的单位和个人必须具备一定的生产条件，方可被许可生产。这些生产条件要求包括：①有固定的生产场所，水源充足，水质符合渔业用水标准；②用于繁殖的亲本来源于原、良种场，质量符合种质标准；③生产条件和设施符合水产苗种生产技术操作规程的要求；④有与水产苗种生产和质量检验相适应的专业技术人员。

申请单位是水产原、良种场的，还应当符合农业部《水产原、良种场生产管理规范》的要求。水产苗种的生产单位和个人应按照审批的范围、种类等进行生产。如果需要变更被许可的生产范围和种类，应当向原审批机关办理变更手续，不得擅自变更。水产苗种生产许可证的许可有效期限为 3 年。期满需延期的，生产者应向原审批机关申请办理续期手续。

（二）水产苗种生产质量监督管理

随着我国水产养殖业的迅速发展，水产苗种的质量问题受到国家和水产养殖生产者及养殖水产品消费者的普遍重视。特别是我国加入 WTO 以后，对水产苗种的质量管理，成为水产品质量监督检查中的一项重要内容。

为保证苗种质量，水产苗种的生产应遵守农业部制定的生产技术操作规程。国家级、省级水产原良种生产应遵守农业部制定的《水产原、良种生产管理规范》。县级以上政府渔业行政主管部门应当组织有关质量检验机构对辖区内水产苗种场的亲本、稚体、幼体质量进行检验，检验不合格的，给予警告，限期整改；到期仍不合格的，由发证机关收回并注销水产苗种生产许可证。

（三）水产苗种检疫

为防止水产苗种病害及其传播，《水产苗种管理办法》规定，县级以上地方政府渔业行政主管部门应当加强对水产苗种的产地检疫。水产苗种经营者在国内异地之间引进水产苗种的，应当先到当地政府渔业行政主管部门办理检疫手续，经检疫合格后方可运输和销售。检疫人员应当按照检疫规格实施检疫，对检疫合格的水产苗种出具检疫合格证明。

（四）水产苗种生产保护

为保护水产苗种，需要保护水产苗种产区及其繁殖、栖息地。为此，《水产苗种管理办法》规定，在水产苗种重点产区引水用水时，应采取措施保护苗种：国家禁止在水产苗种繁殖、栖息地从事采矿、挖沙、爆破、排放污水等破坏水域生态环境的活动；对水域环境造成污染的，依照《中华人民共和国水污染防治法》及《中华人民共和国海洋环境保护法》的有关规定进行处理。

五、水产苗种进出口管理

水产苗种的进出口管理，包括水产苗种进出口审批、进口水产苗种的安全影响评估以及进口水产苗种入境后的监管等内容。

（一）水产苗种进出口审批

我国加入 WTO 后，水产苗种的进出口贸易越来越频繁。为保护我国水产种质资源和生态系统，防止外来物种带来的生态危害和病害，根据《中华人民共和国渔业法》和《水产苗种管理办法》的规定，进出口水产苗种必须经农业部或省、自治区、直辖市政府渔业行政主管部门批准。未获批准不得进行水产苗种的进出口。

1. 水产苗种进出口名录及审批权限

《水产苗种管理办法》规定，农业部会同国务院有关部门制定水产苗种进口名录和出口名录，并定期公布。水产苗种进口名录和出口名录分为Ⅰ、Ⅱ、Ⅲ类。列入进口名录Ⅰ类的水产苗种不得进口，列入出口名录Ⅰ类的水产苗种不得出口；列入名录Ⅱ类的水产苗种以及未列入名录的水产苗种的进口、出口由农业部审批；列入名录Ⅲ类的水产苗种的进口、出口由省级政府渔业行政主管部门审批。

2. 进口水产苗种的申请

申请进口水产苗种的单位和个人，应当提交水产苗种进口申请表、水产苗种进口安全影响报告（包括对引进地区水域生态环境、生物种类的影响，进口水产苗种可能携带的病虫及危害性等），与境外签订的意向书或赠送协议书复印件、进口水产苗种所在国（地区）主管部门出具的产地证明、营业执照复印件等申请材料，向省级政府渔业行政主管部门提出申请。但如果是进口未列入水产苗种进口名录的水产苗种的，对进口申请单位的条件有特别的要求，具体是：①具有完整的防逃、隔离设施，试验池面积不少于 3 hm^2；②具有一定的科研力量，具有从事种质、疾病及生态研究的中高级技术人员；③具备开展种质检测、疫病检疫以及水质检测工作的基本仪器设备。

此外，除前述申请材料外，进口未列入水产苗种进口名录的水产苗种的单位还应提供进口水产苗种所在国家或地区的相关资料，包括进口水产苗种的分类地位、生物学性状、遗传特性、经济性状及开发利用现状，栖息水域及该地区的气候特点、水域生态条件等，以及进口水产苗种人工繁殖、养殖情况和进口国家或地区水产苗种疫病发生情况。

3. 进出口水产苗种的审批

进出口水产苗种的单位和个人应当向省级政府渔业行政主管部门提出申请。省级政府渔业行政主管部门对进出口水产苗种的申请材料进行审查核实，按审批权限直接审批或初步审查后将审查意见和全部材料报农业部审批。对于由省级政府渔业行政主管部门直接审批的水产苗种进出口情况，在每年年底前报农业部备案。

（二）进口水产苗种的安全影响评估

为保证水产种质资源安全和保护水生生物多样性，防止生物入侵，《水产苗种管理办法》规定，对申请进口水产苗种的，农业部收到省级政府渔业行政主管部门报送的材料后，在5日内委托全国水产原种和良种审定委员会组织专家对申请进口的水产苗种进行安全影响评估，并在收到安全影响评估报告后，根据评估结果做出是否同意进口的决定。

（三）进出口检疫

为防止病害传入境内和传出境外，进口、出口水产苗种应当实施检疫，具体检疫工作按照《中华人民共和国进出境动植物检疫法》等法律法规的规定执行。

（四）进口水产苗种入境后的监管

进口水产苗种进入我国境内后，还必须进行入境后的监督管理。《水产苗种管理办法》规定，我国对水产苗种进口实行属地监管。进口单位和个人在进口水产苗种经出入境检验检疫机构检疫合格后，要立即向所在地省级政府渔业行政主管部门报告，由所在地省级政府渔业行政主管部门或其委托的县级以上地方政府渔业行政主管部门具体负责入境后的监督检查。

进口未列入水产苗种进口名录的水产苗种的，进口单位和个人应当在该水产苗种经出入境检验检疫机构检疫合格后，设置专门场所进行试养，特殊情况下应在农业部指定的场所进行。试养期间一般为进口水产苗种的一个繁殖周期。试养期间，农业部不再批准该水产苗种的进口，进口单位不得向试养场所外扩散该试养苗种。试养期满后的水产苗种应当经过全国水产原料和良种审定委员会审定，农业部公告后方可推广。

此外，进口水产苗种要投放于河流、湖泊、水库、海域等自然水域进行养殖生产的，必须严格遵守有关外来物种管理的规定。

六、转基因水产苗种管理

转基因水产苗种，是指利用基因工程技术改变基因组构成，用于渔业生产或者水产品加工的水生动植物及其产品。转基因水产苗种具有提高抗病性能、改良品种、增加产量等优点，但是转基因的生物也可能对人体健康和生态环境带来某些意想不到的不利影响。转基因水产苗种的安全性评价，就是为了防范转基因水产苗种对人类、动植物、微生物和生态环境构成的危险或者潜在风险，于是必须事先对转基因水产苗种进行检测、科学评估。

我国政府对转基因水生生物的安全问题十分重视，国家科学技术委员会于1993年颁布了《基因工程安全管理办法》，据此，农业部于1996年颁布了《农业生物基因工程安全管理实施办法》。这标志着我国已初步将农业生物基因工程安全管理纳入了法制化、规范化管理的轨道。在此基础上，国务院2001年颁布了《农业转基因生物安全管理条例》，农业部分别于2001年、2002年颁布了《农业转基因生物安全评价管理办法》和《农业转基因生物进口安全管理办法》，此外还有各地方政府根据国务院《农业转基因生物安全管理条例》制定的实施办法。

目前，虽然许多国家都制定和颁布了有关法规，但有关转基因水生生物安全性的研究还很缺乏，而且对于转基因水产苗种的管理我国尚未颁布专门的针对性法律法规，现在可以适用的法规主要是《农业生物基因工程安全管理条例》，以下就其简要介绍。

（一）监管主体

国务院农业行政主管部门负责全国农业转基因生物安全的监督管理工作。县级以上的地方各级政府农业行政主管部门负责本行政区域内的农业转基因生物安全的监督管理工作。

国务院建立农业转基因生物安全管理部际联席会议制度，农业转基因生物安全管理部际联席会议由农业、科技、环保、卫生、外贸及检验检疫等有关部门的负责人组成，负责研究、协调农业转基因生物安全管理工作中的重大问题。

（二）安全评价等级管理

国家对农业转基因生物安全实行分级管理评价制度，按照农业生物基因工程体及其产品对人类、动植物、微生物和生态环境的危害程度，安全评价分为以下4个等级。

安全等级Ⅰ：对人类健康和生态环境尚不存在危险；

安全等级Ⅱ：对人类健康和生态环境具有低度危险；

安全等级Ⅲ：对人类健康和生态环境具有中度危险；

安全等级Ⅳ：对人类健康和生态环境具有高度危险。

在实施安全性评价时，首先确定受体生物的安全等级标准，同时确定基因操作对其安全等级的影响。然后，根据受体生物的安全等级和基因操作对生物安全性的影响程度，来确定遗传工程体的安全等级。

（三）申报与审批

在我国境内从事基因工程的单位，可以根据基因工程工作的安全性等级、分类分级向农业部申报，经审查后才可进行相应的工作。农业部每年分两次受理“农业生物遗传工程体及其产品安全性评价申报书”，并召开农业生物基因工程安全委员会，按照个案的方式，逐项进行安全性评审，评审后向申请人签发农业生物基因工程安全审批书。审批书对是否获得批准、批准的安全等级、时段、实施地点、规模、范围、防范措施做出明确批复。在申报品种前，先申报基因安全性评价，在获准基因安全评价的商品化生产许可后，到农业部相关的管理部门去申报转基因水生生物品种和苗种的登记和审定。

（四）安全控制措施

从事农业生物基因工程的单位应当根据基因工程工作的安全等级、基因工程体的释放地点的生态环境，明确安全控制措施和预防应急措施。安全措施包括：物理控制、化学控制、生物控制、环境控制和规模控制。同时还应制定与安全等级相适应的废弃物治理、储存设施或场所、转移或运转农业生物遗传工程体及其产品的安全控制措施，实验室、中间实验和环境释放的安全措施，以及发生意外扩散事故的应急措施等。

（五）标识管理

国家对农业转基因生物实行标识制度，实施标识管理的农业转基因生物目录，由国务院农业行政主管部门协商国务院有关部门制定、调整并公布。

在我国境内销售列入农业转基因生物目录的农业转基因生物，应当有明显的标识。列入农业转基因生物目录的农业转基因生物，由生产、分装单位和个人负责标识；未标识的，不得销售。经营单位和个人在进货时，应当对货物和标识进行核对。经营单位和个人拆开原包装进行销售的，应当重新标识。

农业转基因生物标识应当载明产品中含有转基因成分的主要原料名称；有特殊销售范围要求的，还应当载明销售范围，并在指定范围内销售。

（六）生产与加工管理

生产转基因苗种，应取得国务院农业行政主管部门颁发的生产许可证。申请转基因水产苗种生产许可证，除应当符合有关法律、行政法规规定的条件外，还应取得农业转基因生物安全证书，并通过品种审定，在指定的区域养殖，并有相应的安全管理和防范措施。同时，生产转基因水产苗种，应当建立生产档案，载明生产地点、基因及其来源、转基因的方法以及水产苗种流向等内容。而且对从事转基因生物运输、贮存的单位和个人，应当采取相应的安全管理及防范措施。

（七）经营管理

经营转基因水产苗种的单位和个人，应当取得国务院农业行政主管部门颁发的经营许可证，申请转基因水产苗种经营许可证，除应当符合有关法律、行政法规规定的条件外，还应当有专门的管理人员和经营档案，有相应的安全管理、防范措施。

经营转基因水产苗种，应当建立经营档案，载明水产苗种的来源、贮存、运输和销售去向等内容。转基因水产苗种的广告，应当经国务院农业行政主管部门审查批准后，方可刊登、播放、设置和张贴。

（八）进出口管理

从境外引进农业转基因生物用于研究、试验的，引进单位应当向国务院农业行政主管部门提出申请。对于具有国务院农业行政主管部门规定的申请资格，且引进的农业转基因生物在国（境）外已经进行了相应的研究、试验，并具有相应的安全管理、防范措施的，国务院农业行政主管部门方可批准。

境外公司向我国出口转基因水产苗种和利用农业转基因生物生产的或者含有农业转基因生物成分的水产苗种，应当向国务院农业行政主管部门提出申请。输出国家或者地区已经允许作为相应用途并投放市场，且经过科学试验证明对人类、动植物、微生物和生态环境无害，并具有相应的安全管理、防范措施的，国务院农业行政主管部门方可批准试验材料入境，并进行中间试验、环境释放和生产性试验。生产性试验结束后，经安全评价合格，并取得农业转基因生物安全证书后，方可依照有关法律、行政法规的规定办理审定、登记或者评价、审批手续。

从境外引进农业转基因生物或者向我国出口农业转基因生物的，引进单位或者境外公司应当凭国务院农业行政主管部门颁发的农业转基因生物安全证书和相关批准文件，向口岸出入境检验检疫机构报检；经检疫合格后，方可向海关申请办理有关手续。

农业转基因生物在我国过境转移的，货主应当事先向国家出入境检验检疫部门提出申请；经批准方可过境转移，并遵守中华人民共和国有关法律、行政法规的规定。

向境外出口农产品，外方要求提供非转基因农产品证明的，由口岸出入境检验检疫机构根据国务院农业行政主管部门发布的转基因农产品信息，进行检测并出具非转基因农产品证明。

第四节　水产养殖饲料管理

水产养殖饲料是指用于投喂养殖水产动物，能为水产动物提供一种或多种营养物质，使其正常生长、繁殖和生产各种水产品的天然或人工物质。养殖饲料的原料绝大部分来自植物，部分来自动物、矿物质和微生物。养殖饲料有天然饲料和人工饲料，人工饲料可分为配方饲料和配合饲料。配方饲料是指用两种或两种以上原料根据一定的目的，按一定配比，混合、加工而成的饲料；配合饲料是指由自然新鲜状态的动植物原料或经过加工的有机或无机产品按一定比例混合而成的饲料。

养殖饲料是发展水产养殖业最主要的基础生产资料之一，保证养殖饲料的质量与安全是保障养殖水产品质量和促进水产养殖业持续健康发展的关键环节之一。随着我国水产养殖规模的不断扩大和消费者对水产品质量要求的不断提高，水产养殖业对饲料数量的要求日趋增加，对饲料质量的要求日趋严格。为此，养殖饲料问题已成为发展水产养殖生产最突出的问题之一，加强对养殖饲料的管理成为水产养殖业管理的重要内容。

一、养殖饲料管理的意义和法律依据

养殖饲料管理的意义与养殖饲料管理的法律依据，两者是相辅相成的，正是因为它有

法律的依据，才体现对它管理有意义。

（一）养殖饲料管理的意义

确保优质、充足的饲料供给，是保障水产养殖业发展的重要物质基础，也是水产养殖系统中保障养殖水产品质量的关键环节之一。由于养殖饲料是养殖水产品的食物来源，饲料是否安全，是否含有有毒有害物质，将直接对养殖水产品的质量产生影响。同时，由于水产养殖过程中，饲料是投放在养殖水体中，所以饲料使用还直接影响到养殖水体的水质。因此，加强对养殖饲料的管理，规范养殖饲料的生产和使用，提高饲料的质量，对保障养殖饲料的供应，保障和提高养殖水产品质量，促进饲料工业和水产养殖业的健康持续发展，维护人体健康都具有重要意义。

（二）养殖饲料管理的法律依据

国际上《负责任渔业行为守则》在有关水产养殖的条款中要求，各国应当促进做出努力来加强选择和使用适当的饵料、饵料添加剂和肥料。发达国家已广泛运用“良好操作规范”来指导卫生、高效的饲料生产。联合国粮农组织（FAO）为支持《负责任渔业行为守则》有关水产养殖的条款，于2001年专门制定了《渔用饲料良好操作规范》。

在《中华人民共和国渔业法》第二十条规定：“从事养殖生产应当保护水域生态环境，科学确定养殖密度，合理投饵、施肥、使用药物，不得造成水域的环境污染。”国务院于1995年5月颁布了《饲料和饲料添加剂管理条例》；农业部2003年制定了《水产养殖质量安全管理规定》；农业部还根据《饲料和饲料添加剂管理条例》发布了《允许使用的饲料添加剂品种目录》、《饲料添加剂和添加剂预混合饲料产品批准文号管理办法》、《饲料药物添加剂使用规范》、《禁止在饲料和动物饮用水中使用的药物品种目录》、《食品动物禁用的兽药及其他化合物清单》等，使《饲料和饲料添加剂管理条例》的贯彻执行更加具体。还有农业部于2002年制定的《无公害食品渔用饲料安全限量》等，都是我国目前在渔用配合饲料安全管理方面的重要法律依据。

二、养殖饲料使用的基本原则和新饲料、新添加剂的审定管理

根据《水产养殖质量安全管理规定》，国家鼓励使用配合饲料，限制直接投喂冰鲜（冻）饵料，防止残饵污染水质。禁止使用无产品质量标准、无质量检验合格证、无生产许可证和产品批准文号的饲料和饲料添加剂，禁止使用变质和过期饲料，这些都是我国养殖饲料使用的基本原则。

至于新饲料、新添加剂审定的管理，根据《饲料和饲料添加剂管理条例》，国家鼓励饲料和饲料添加剂的研究和创新，但是在新饲料和饲料添加剂投入使用之前，研究者、生产者（以下简称申请人）必须向国务院农业行政主管部门提出新产品审定申请，经国务院农业行政主管部门指定的检验机构检测和饲喂试验后，由全国饲料评定委员会根据检测和饲喂试验结果，对产品的安全性、有效性及其对环境的影响进行评审，评审合格后由国务院农业行政主管部门发给新饲料、新饲料添加剂证书，并予以公布。

三、养殖饲料的进口管理和饲料生产与经营管理

首次出口饲料、添加剂的单位或个人，应当向国务院农业行政管理部门申请登记，并

提供该饲料、添加剂的样品和下列资料：①商标、标签的推广应用情况；②生产国批准生产、销售的证明和生产国以外的其他国家的登记资料；③产品的名称、主要成分、理化性质、研制方法、生产工艺、质量标准、检测方法、饲喂效果、残留消解动态和毒理及环境影响报告和污染防治措施。

至于饲料生产与经营的管理，根据《饲料和饲料添加剂管理条例》，饲料生产企业须经省、自治区、直辖市人民政府饲料管理部门批准，并核发生产许可证和批准文号后方可生产；生产厂家的基础设施条件须符合国家环境卫生标准，并要有专业技术人员、质检人员与相应的设施设备。

饲料生产企业应按国家制定的饲料产品质量标准组织生产，并实行生产记录和产品留样观察制度。在饲料生产过程中，不得直接添加兽药和其他禁用药品；对于允许添加的兽药，必须制成药物添加剂方可添加；生产药物添加剂的不得添加激素类药物。

饲料产品包装应符合国家有关安全卫生的规定。除事先有约定的情况外，饲料、添加剂的包装物不得重复使用。产品包装物上要有产品标签，标明产品的名称、原料组成、产品分析保证值、净重、生产日期、保质期、厂名、厂址和产品标准代号。饲料添加剂的产品标签还要注明使用方法与注意事项。

四、养殖饲料的安全管理

养殖饲料的安全性，主要是指由重金属、药物残留、有毒化合物、有毒微生物及不正确使用添加剂等引起的危害被消除或减少到能保证饲料对养殖水产动物的生命活动和人类食用是安全的。当前，供人类食用的水产品及其加工产品的安全卫生受到空前的重视，欧美等主要水产品进口国实行了严格的水产品加工与进口的安全卫生管理法规和标准。

养殖饲料安全问题主要体现在以下两方面：一是饲料中是否含有有毒有害物质。有毒有害物质一方面对水产养殖动物的生长造成危害；另一方面由于水产动物对有毒有害物质的耐受性，其生命活动可能未受到危害或受到较少影响，但其体内的有毒有害物质积累到一定浓度，对消费者的健康产生危害。二是是否使用某些有害的抗生素药物添加剂。抗生素本身具有抗病性，但过量使用或不正确使用则对生物机体产生损害，同样也会在水产动物体内积累而对消费者的健康产生危害。

养殖饲料的安全管理主要有以下措施：①制订养殖饲料安全限量标准；②强化养殖饲料质量和生产状况的行业监督检查；③严格执行养殖饲料新产品的鉴定检验规定，防止不安全的饲料原料的应用；④对养殖饲料生产企业管理和技术人员进行质量管理和法规知识的教育和培训。当今在工业系统内较通用的ISO9000系列质量认证体系，正逐渐在饲料行业中开展，一些饲料生产企业通过了认证，建立了质量保证体系，实行全面质量管理措施，使产品质量得以提高。另外，ISO14000环境管理体系认证认可制度在我国已经启动，对我国饲料生产企业的环境卫生提出了更高的要求。

第五节　水产养殖药物管理

养殖药物是指用以预防、诊断、控制和治疗水产动植物的病虫害，促进养殖品种的健康生长，增强养殖品种的机体抗病能力以及改善养殖水体质量所使用的一种药物。对养殖药物的管理是水产品卫生质量管理的客观要求，是为社会提供健康、安全、高质量水产品的必要环节。随着我国水产养殖业的快速发展，养殖规模扩大和集约化程度的提高，养殖病害呈现加重趋势，突发性和不明原因的病害增多，大面积死鱼现象时有发生，如2004年全国水产养殖因病害造成的直接经济损失达150亿元。

为了安全使用养殖药物，必须对其加强监督管理，才能保证养殖药物对养殖产品的质量和消费者健康的安全性，对养殖水域环境的无污染性，这已引起国际上的普遍重视。联合国粮农组织制定的《负责任渔业行为守则》，要求各国尽量减少水产养殖使用药物和化学制品所造成的不利生态变化和有关的社会经济后果，并促进有助于卫生措施和使用疫苗的有效养殖管理方法。

一、养殖药物管理的法律依据

我国加入WTO后，在养殖渔药管理方面应履行《实施动植物卫生检疫措施的协定》。有关水产动物疫病和食品安全控制的标准必须符合国际兽医局（OIE）制定的《国际动物卫生法典》和《OIE诊断试验和疫苗标准手册》以及国际食品法典委员会（CAC）制定的食品添加剂、兽药、农药残留污染物的限量标准和准则。此外，“危害分析与关键控制点”现已成为通行全球的食品质量控制体系，并已广泛应用于水产食品，这些都是我国养殖用药管理中应该遵守的国际准则。

目前我国现行的有关养殖用药管理规定都归属兽药管理范畴。我国兽药管理的法律法规主要是《中华人民共和国药品管理法》、1987年5月国务院颁布的《中华人民共和国兽药管理条例》以及1988年6月农业部颁布的《兽药管理条件实施细则》。此外，农业部还制定了若干有关兽药管理的部门规章，如《兽药生产许可证、兽药经营许可证、兽药制剂许可证管理办法》、《兽药药政药检管理办法》、《进口兽药管理办法》等。

除了上述兽药管理的法律法规外，《中华人民共和国渔业法》第二十条也规定：“从事养殖生产应当保护水域生态环境，科学确定养殖密度，合理投饵、施肥、使用药物，不得造成水域的环境污染。”近年来农业部相继制定了一些专门针对渔药使用管理的规则、准则和标准，如《渔药推荐目录及使用方法》、《无公害食品渔药使用准则》（NY 5071—2002）、《无公害食品水产品中渔药残留限量》（NY 5070—2002）等，2003年农业部制定的《水产养殖质量安全管理规定》也是对水产养殖用药进行了相关规定，这些都是我国养殖用药物管理的法律依据。

二、水产养殖常用药物

我国国土幅员辽阔，水系结构复杂，在水产养殖生产过程中，各地的养殖种类、规模大小因自然环境条件和养殖对象的不同自然在养殖用药上就有所不同。但一般说来，水产养殖常用药物有下列的三大类别。

（一）环境改良剂与消毒药

这里包括9种药物：①醛（甲醛）类，即具有较强的杀虫杀菌力，常用于杀灭水生生物的细菌、真菌、寄生虫，如指环虫和锚头头鳋等；②碱类，它主要是氧化钙（生石灰）和氢氧化铵（氨水），氧化钙是良好的消毒剂和环境改良剂；氢氧化铵用于清塘防病，作鱼池基肥；③酸类，包括苯甲酸、乙酸、柠檬酸等，主要用于杀菌；④盐类及重金属类，包括用作消毒剂、杀菌剂和杀虫剂的氯化钠，用作抗酸剂、驱虫及抗真菌的辅助剂的碳酸氢钠（小苏打），以及用来防治丝状细菌病的硫酸铜及辅助药物硫酸亚铁和氯化铜等；⑤卤素类，包括具有杀菌、消毒和水质净化作用的漂白粉，氯酸钙，以及可防治细菌性疾病的三氯异常氰尿酸、二氯异氰尿酸、二氯异氰尿酸钠等；⑥染料类，如亚甲基蓝（美蓝、品蓝）等，用于防治水霉病、小瓜虫病；⑦氧化剂，常用的如高锰酸钾、过氧化钙、过氧乙酸及过氧化氢等，具有消毒、杀菌及杀虫作用，常用于消毒、防治固着类纤毛虫病及卵膜软化症等；⑧表面活性剂，常用的有新洁尔灭、洗必泰等，其中新洁尔灭为阳离子表面活性剂，可作消毒防腐剂，抗菌谱广，杀菌力强；⑨环境改良剂，主要作用是改良养殖水质、底质等物理、化学及其生物指标，常见的有光合细菌、固氮菌、益生素、沸石毒饭石、三氧化二铁、三氧化二铝及氧化镁等。

（二）抗微生物药与杀虫驱虫药

主要包括下列 7 种药物：①抗菌药物，它是防治细菌性鱼病的有力药物，目前使用最广的是抗生素类、磺胺类和呋喃类。此外还有新型抗菌药喹诺酮类，用以防治细菌性鱼病；②抗生素类，常用的有氨苄青霉素、盐酸氯霉素、盐酸土霉素、盐酸金霉素、盐酸四环素、红霉素等；③喹诺酮类，具有广谱、高效、低残留、毒副作用小及不易产生耐药性等特点，目前使用的主要有氟哌酸等。氟哌酸对大多数鱼类病原菌都有高度抗菌活性；④呋喃类，对革兰氏阴阳性球菌和杆菌都有抑制作用，对球虫、滴虫也有效，在水产养殖较常用的有呋喃西林、呋喃唑酮等；⑤磺胺类，属抗菌药物，抗菌范围广、效果好、性质稳定，常用的有磺胺嘧啶、磺胺六甲氧嘧啶、磺胺甲基嘧啶、磺胺－5、6－二甲氧嘧啶、磺胺甲基异恶唑和磺胺等；⑥抗病毒药，如病毒灵、金刚烷胺、伏碘等。主要用于治疗病毒等；⑦抗寄生虫药，如硫酸铜、硫酸亚铁、有机氯杀虫药、硫酸锌、敌百虫、硫酸二氯酚等。

（三）中草药、生物制品、免疫激活剂

包括下列 3 类药物：①中草药，即中药和草药的总称。包括防治细菌性疾病的中草药，如五倍子、丁子、黄连等；防治寄生虫病的中草药，如生姜、马尾松校等；防治真菌性病症的中草药，如苦参、丁子等；解毒中草药，如金钱草、凤尾草等；清塘用中草药，如鱼藤、巴豆等。②生物制品，它指用微生物及代谢产物、动物毒素或水生动物的血液及组织加工制成的产品，用以预防、治疗或诊断特定的病症，多为蛋白质，性质不太稳定，如抗毒、抗菌、抗病毒的抗病血清，供诊断各类特定疾病的诊断试剂；预防传染病发生的疫苗等；③免疫激活剂，主要是促进机体免疫应答反应的一类物质。该类物质大部分为无机化合物和有机化合物，一般为非生物制品。免疫激活剂可按其作用机制分为两类：一类是改变疫苗免疫应答的物质，促使疫苗产生、增强或延长免疫应答反应，即佐剂；另一类是非特异性的免疫激活剂，如左旋咪唑、FK－565、葡聚糖等。

三、养殖药物监督管理体制

我国水产养殖药物的管理是按照《兽药管理条例》和《兽药管理条例实施细则》的规定来执行的，各级人民政府畜牧兽医部门是养殖药物的主管部门。

政府渔业行政主管部门主要从行业技术监控角度进行养殖药物使用的监督管理工作。

农业部负责制定全国养殖水产品药物残留监控计划，并组织实施；县级以上地方各级人民政府渔业行政主管部门负责本行政区域内养殖水产品药物残留的监控工作。各级渔业行政主管部门的技术推广机构应当加强水产养殖用药安全使用的宣传、培训和技术指导工作。

四、养殖药物的生产、经营许可管理

生产和经营养殖药物及其制剂应向兽药主管部门申请许可，经批准后才能生产和经营，养殖药物的新药及其新制剂需要有批准文号。长期以来，养殖药物的生产许可、新药及其新制剂的产品批号由农业部或省级畜牧兽医主管部门审批；药物经营许可由县级以上畜牧兽医主管部门审批。国家禁止生产、经营假劣养殖药物。县级以上畜牧兽医主管部门负责其生产、经营过程中的监督管理。从中央到地方的各级兽医监察机构，县级以上农牧行政管理机构的兽药监督员负责其药物质量监督和检验工作。

五、养殖药物标签和说明书的管理

由于养殖药物是按照兽药进行管理，所以必须根据《中华人民共和国兽药管理条例》、《兽药标签和说明书管理办法》等的规定来进行。下面介绍养殖药物包装、标签、说明书等方面的管理要求。

（一）包装要求

根据《中华人民共和国兽药管理条例》第二十条的规定，其包装必须符合以下要求：①包装应当按照规定印有或者贴有标签，附具说明书，并在显著位置注明“兽用”字样；②标签和说明书经国务院兽医行政管理部门批准并公布后才可使用；③标签或说明书应当以中文注明兽药的通用名称、成分及其含量、规格、生产企业、产品批准文号（进口兽药注明证号）、产品批号、生产日期、有效期、适应症或者功能主治、用法、用量、休药期、禁忌、不良反应、注意事项、运输贮存保管条件及其他应说明的内容，有商品名称的，还应当注明商品名称；④兽用处方药的标签或者说明书还应当印有国务院兽医行政管理部门规定的警示内容，其中麻醉药品、精神药品、毒性药品和放射性药品还应当印有国务院兽医行政管理部门规定的特殊标志；兽用非处方药的标签或者说明书还应当印有国务院兽医行政管理部门规定的非处方药标志。

（二）标签的基本要求

根据《兽药标签和说明书管理办法》的规定，兽药标签应符合以下要求：①兽药产品必须同时使用内包装标签和外包装标签，标签上都必须注明：兽用标识、兽药名称、适应病、含量/包装规格、批准文号或证号、生产日期、生产批号、有效期以及生产企业信息等内容（外包装标签还要加停药期、贮藏、包装数量、用法与用量几方面内容）；②兽用原料药的标签必须注明兽药名称、包装规格、生产批号、生产日期、有效期、贮藏、批准文号、运输注意事项或其他标记、生产企业信息等内容；③有效期按年月顺序标注，年份用四位数表示，月份用两位数表示，例如：“有效期至2002年09月”或“有效期至2002.09”；④对储藏有特殊要求的，必须将标签在醒目位置标明。

（三）说明书的基本要求

按不同的药品注明的内容也不相同，具体如下：①兽用化学药品、抗生素产品的单方、复方及中西复方制剂的说明书必须注明以下内容：兽用标识、兽药名称、主要成分、性状、药理作用、适应病、用法用量、不良反应、注意事项、停药期、外用杀虫药及其他对人体和环境有毒有害的废异包装的处理措施、有效期、含量/包装规格、贮藏、批准文号、生产企业信息等；②兽药说明书必须注明以下内容：兽用标识、兽药名称、主要成分、性状、功能与主治、用法与用量、不良反应、注意事项、有效期、规格、贮藏、批准文号、生产企业信息等；③兽用生物制品说明书必须注明以下内容：兽用标识、兽药名称、主要成分及含量（型、株及活疫苗的最低活菌数或病毒滴度）、性状、接种对象、用法与用量（冻干疫苗须标明稀释方法）、注意事项（包括不良反应与急救措施）、有效期、规格（容量和头份）、包装、贮藏、废异包装处理措施、批准文号、生产企业信息等。

六、养殖药物使用管理

国家制定了养殖药物使用的有关准则和标准，如《水产养殖禁用药物目录》、《渔药推荐目录及使用方法》、《水产养殖安全卫生操作规范》、《渔用药物使用准则》、《水产品中渔药残留限量》、《无公害食品渔药使用准则》等。水产养殖过程中渔药的使用严格遵守这些准则和标准，并填写《水产养殖用药记录》，如表 9－1 所示。县级以上畜牧兽医主管部门对渔药使用过程实施监督管理，渔业行政主管部门和技术推广人员对渔药使用进行技术指导和监督检查。

表 9－1　水产养殖用药记录

序号				
时间				
池号				
用药名称				
用量/浓度				
平均体重/总重量				
病害发生情况				
主要症状				
处方				
处方人				
施药人员				
备注				

对于水产养殖生产者，在使用养殖药物方面应该遵循以下管理规定：

（1）根据《无公害食品渔药使用准则》，使用药物应遵循以下基本原则：①不危害人类健康和不破坏水域生态环境的准则；②水生动植物增养殖过程中对病虫害的防治，坚持“以防为主，防治结合”；③严格遵守国家和有关部门的规定，严禁使用未经取得生产许可证、批准文号与没有生产执行标准的渔药；④鼓励使用高效、速效、长效和毒性小、副作用小、用量小的渔药，提倡使用水产专用渔药、生物资源渔药及其生物制品；⑤病害发生时应对病用药，防止滥用渔药和盲目增大用药量和用药次数以及延长用药时间；⑥食用水产品上市前，应有相应的休药期，休药期的长短，应确保上市水产品的药物残留限量符合《无公害食品水产品中渔药残留限量》的要求；⑦水产饲料中药物的添加应符合《无公害食品渔用配合饲料安全限量》的要求，不得选用国家规定禁止使用的药物或添加剂，也不得在饲料中长期添加抗菌药物。

（2）应当按照水产养殖用药使用说明书的要求，或在水生生物病害防治员的指导下科学用药。禁止使用假、劣兽药及农业部规定禁止使用的药品、其他化合物和生物制剂。原料药不得直接用于水产养殖。

（3）为提高水产养殖病害防治的技术水平，按《水产养殖质量安全管理规定》，水生生物病害防治员应当按照有关就业准入的要求，经过职业技能培训并获得职业资格证书后，才能上岗。

（4）为保证水产养殖生产过程中使用药物情况的可追溯性，水产养殖单位和个人应当填写《水产养殖用药记录》，记载病害发生情况、重要症状、用药名称、时间、用量等内容。《水产养殖用药记录》应当保存至该批水产品全部销售后2年以上。

（5）水产养殖单位和个人应当接受县级以上人民政府渔业行政主管部门组织的养殖水产品药物残留抽样检测。

第六节　水产养殖池塘管理

池塘养鱼是利用人工开挖面积较小的静水水体进行养鱼生产，精养鱼池是一个高产、高效的生态系统。是当前水产养殖业中的一个重要组成部分。然而一切养鱼的物质条件和技术措施最后都要通过日常管理，才能充分发挥效能，达到高产、高效的目的。为此，养殖池塘管理必须达到基本要求，完成基本管理内容，防止池鱼的浮头和泛池，以及充分、合理使用增氧机和水质改良机等养殖机械。

一、池塘管理的基本要求

池塘养鱼是一项技术较复杂的生产活动，它涉及气象、饲料、水质、营养、鱼类个体和种群动态等多方面的因素，而且这些因素又是时刻变化和相互影响的。因此管理人员要全面了解池塘养鱼全过程和各种因素之间的联系，以便控制池塘生态环境，取得稳产、高产。

在精养鱼池中，养鱼取得高产的全过程是一个不断解决水质和饲料矛盾的过程。我国池塘养鱼中解决这些矛盾的经验是：水质保持“肥、活、爽”，投饵施肥保持“匀、好、足”。“匀”，是指一年中应连续不断地投以足够数量的饵料和肥料，既要保证投饵量能满足池鱼摄食的需要，又要防止过量而影响水质；“好”，是指肥料、饲料质量是上乘的，因为高质量饲料营养丰富，鱼类利用充分，排泄物和饵料残留最少，有利于保持良好水质；“足”，是指施肥量和投饵量适当，在规定时间内鱼能将投饲物吃完，使池鱼足而不饥、饱而不剩。

实践证明，保持水质“肥、活、爽”，不仅鲢鱼、鳙鱼有丰富的浮游生物可食，而且青鱼、草鱼、鲤鱼、鲂等鱼类也能在密养的条件下最大限度地生长，不易得病。生产上一是采用“四定”投喂技术来保证投饵施肥的数量和次数，以“匀、好、足”作为水质控制的措施；二是合理使用增氧机与水质改良机械，及时加注新水和使用调水剂等措施来改善水质，使水质保持“肥、活、爽”。

二、池塘管理的基本内容

这个管理的基本内容，包括巡视池塘观察池鱼动态、除草去污染保持池塘环境卫生、防除鱼病以及施肥、投饵等几方面工作，具体内容如下：

（一）经常巡视池塘，观察池鱼动态

每天要早、中、晚3次巡视池塘，黎明时观察池鱼有无浮头现象，浮兴程度如何；日间可结合投饵和测水温等工作，检查池鱼活动和吃饵情况，近黄昏时要检查全天吃食情况，有无残饵，有无浮头预兆。酷暑季节，天气突变时，鱼类易发生严重浮头，还应在半夜前后巡塘，以便及时制止严重浮头现象，防止泛池发生。

（二）随时除草去污，保持水质清新和池塘环境卫生

池塘水质既要较肥又要清新，含氧量较高。因此，除了根据施肥情况和水质变化，经常适量注入新水，调节水质水量之外，还要随时捞去水中污物、残渣，割除池边杂草，以免污染水质，影响溶氧量。

（三）及时防除病害

此项工作要细致地做好清洁池塘的工作，这是防除鱼病的重要环节。一旦发现池鱼病害，就要及时采取措施。

（四）合理施肥

在冬春和晚秋季节，应大量施用有机肥料，而在鱼类生长季节，就需经常施以少量无机磷肥。有机肥料在池塘中逐渐分解，耗氧较低，肥效稳定，水质不易突变；而使用无机磷肥时，必须先溶于水中，使之充分溶解。

1. 有机肥料

一般在放养前至3个月的施肥量占全年施肥量的50% ~60%。高产渔区基肥施得足的鱼池才能保持具有优质的池水，从而保证高产。而在肥水池塘或养鱼多年的池塘，由于池底淤泥多，一般施基肥量要少或不施肥。但总体要求基肥要施足。同时使用有机肥料时必须腐熟，而追肥要少量多次。

2. 无机磷肥

一般选择在晴天上午9时左右用喷浆机均匀喷洒于池内，此时，池水的pH值通常在8以下，有效磷的退化速度较慢，加之上下水层不易对流，使上层水溶性磷保持较高浓度；浮游植物开始向上层集中，利用藻类有吸收储存磷的特点，就可大大提高水溶性磷的利用率。

（五）投饵

投饵的管理要考虑饵料数量的确定和投饵技术的掌握，而饵料数量的确定，首先要考虑全年饵料计划和每月的分配，这是为了做到池塘养鱼稳产高产，保证饵料及时供应均匀投喂，就必须在年终规划好翌年全年的投饵计划，具体说先要根据放养量和规格，确定各种鱼的计划增肉倍数，再考虑成活率确定计划净产量，然后结合饵料系数规划好全年投饵

量。一般说一年中各月饵料的分配计划，主要根据各月的水温、鱼类生长情况以及饵料供应情况来制定。而每日的实际投饵量还要根据季节、水色、天气和鱼类摄食情况来定。例如根据季节来确定每日的投饵量，这是因为鱼的摄食量及其代谢强度是随着水温变化而变化的，常根据各种鱼类生长情况和鱼病流行情况来确定不同季节的投饵量。

至于投饵技术，它与饵料质量与鱼产量的高低有密切关系。投饵应实行“四定”原则，即要定时、定量、定质、定点的投喂，如以配合饵料喂鱼，最好适当增加一天之中的投饵次数，提高饵料利用率。例如，4 月份每日投饵 1 ~ 2 次，5 月份每日投饵 3 次，6 ~ 9 月份每日投饵 4 次，10 月份每日投饵 3 次，11 月份每日投饵 1 ~ 2 次（即一日的投饵量分成上述的次数来投喂）。

三、防止浮头与泛池

浮头，是指在精养鱼池中由于池水有机物多，耗氧量大，当水中溶氧降低到一定程度时（一般 1 mg/L 左右），鱼类就会因水中缺氧而浮到水面，将空气和水一起吞入口内的现象。吞入口内的空气在鱼鳃内分散成很多小气泡，这些小气泡中的溶氧便溶于鳃腔内的水中，使其溶氧相对增加，有助于鱼类呼吸，所以有人称浮头是鱼类对水中缺氧的“应急”措施。因此，浮头是鱼类缺氧的标志。泛池，是指当鱼类浮头后随着时间的延长，水中溶氧进一步下降，靠浮头也不能提供最低氧气的需要，鱼类就会窒息死亡，即大批鱼类因缺氧而窒息死亡的现象。鱼类泛池的突发性比鱼病毒严重得多，危害更大。那么鱼类为什么会浮头？浮头的预兆有哪些？如何防止浮头以及浮头的解救措施等，现简介如下。

（一）鱼类浮头的原因

概括起来主要有上下层水温差产生急剧对流、光合作用弱、水质过浓或水质败坏以及浮游动物大量繁殖等。

1. 因上下层水温差产生急剧对流而引起的浮头

炎夏晴天，精养鱼池色浓水肥，白天上下层溶氧差很大，至午后上层水产生大量氧盈，下层水产生很多氧债，由于水的热阻力上下水层不易对流。傍晚以后，若下雷阵雨或刮大风则表层水温急剧下降，上下水层急剧对流，上层水迅速对流至下层，溶氧很快被下层水中有机物耗净，整个池塘的溶氧迅速下降，造成鱼类缺氧浮头，如图 9 -1 所示。

2. 因光合作用弱而引起的浮头

夏季如遇连绵阴雨或大雾，光照条件差，浮游植物光合作用强度弱，水中溶氧的补给少，而池中各种生物呼吸和有机物质分解都不断地消耗氧气，以致水中溶氧供不应求，引起针类浮头。

3. 因水质过浓或水质败坏而引起的浮头

夏季久晴无雨，池水温度高，加之大量投饵，水质肥，耗氧大。由于水的透明度小，增氧水层浅，耗氧水层深，水中溶氧供不应求，就容易引起鱼类浮头，如不及时加注新水，水色将会变为黑色，此时极易造成水中浮游生物因缺氧而全部死亡，水色转清并伴有恶臭，则往往造成鱼类泛池事故。

4. 因浮游植物大量繁殖而引起的浮头

春季轮虫或溞类大量繁殖形成水华（轮虫为乳白色、溞类为橘红色），而大量滤食浮

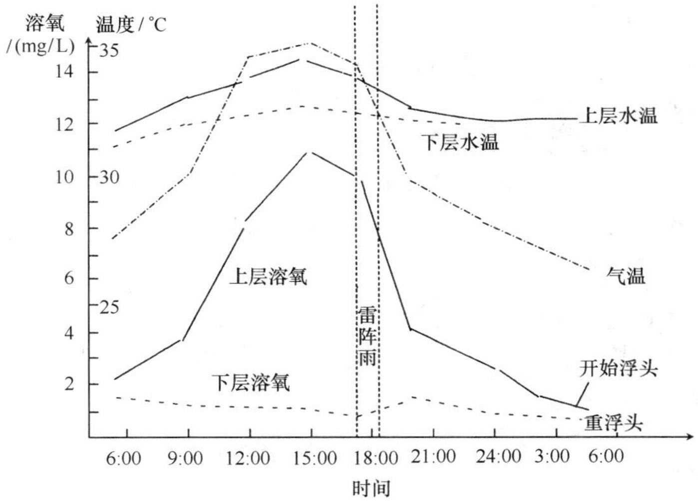

图9-1　傍晚下雷阵雨前后池塘温度与溶氧的昼夜垂直变化示意图

游植物，当水中浮游植物被滤食完后，池水清晰见底，而池水溶氧的补给这时只能依靠空气溶解，然而浮游动物的耗氧大大增加，溶氧远远不能满足水生动物耗氧的需要，从而引起鱼类浮头。

（二）鱼类浮头的预测

鱼类浮头会产生某些现象的预兆，根据这些预兆人们就可事先做好预测预报工作。据生产实践，鱼类发生浮头前，可根据以下四方面现象来预测。

1. 根据天气预报或当天天气情况进行预测

①夏季晴天傍晚下雷阵雨，使池塘表面水温急剧下降，引起池塘上下水层急剧对流，容易引起严重浮大。②夏秋季节夜间风力较大，气温下降速度快，上下水层对流加速，也易引起浮头。③连绵阴雨，光照条件差，风力小，气压低，浮游植物光合作用减弱，致使水中溶氧供不应求，容易引起浮头。④久晴未雨，池水温度高，加以大量投饵，水质肥，一旦天气转阴，也容易引起鱼类浮头。

2. 根据季节和水温的变化进行预测

①江浙地区4—5月水温逐渐升高，水质转浓，池水耗氧增大，鱼类对缺氧环境尚未完全适应，因此天气稍有变化，清晨鱼类就会集中在水上层游动，可看到水面有阵阵水花，俗称暗浮头，这是池鱼第一次浮头，由于体质娇嫩，对低氧环境忍耐力弱，就容易浮头、死鱼。②在梅雨季节由于光照强度弱，而水温较高，浮游植物造氧少，加之气压差，风力小，往往会引起鱼类严重浮头。③从夏天到秋天的转换时期，气温变化剧烈，多雷阵雨天气，鱼类容易浮头。

3. 观察水色进行预测

池塘水色浓，透明度小，如遇天气变化，容易造成池水浮游植物大量死亡，水中耗氧大增，引起鱼类浮头泛池。

4. 检查鱼类吃食情况进行预测

经常检查食场，当发现饵料在规定时间没有吃完，而又没有发现鱼病，那就说明池塘溶氧条件差，第二天清晨鱼就会浮头。此外，可观察草鱼吃草情况，在正常情况下，一般看不到草鱼吃草，而只看到漂浮在水面的草在翻动，草梗逐渐往下沉，并可听到“嘎、嘎”吃草声。如果发现草鱼仅仅在草堆边上吃草，说明草堆下的溶氧已经很低。这时如发现草鱼衔着草在池中游动，要吃又吃不下，说明池水已经缺氧，即将发生浮头。

（三）鱼类浮头的预防

发现鱼类有浮头预兆，可采取以下方法预防：①在夏季如果天气预报傍晚有雷阵雨，则可在晴天中午开增氧机，将溶氧高的上层水送至下层，事先降低下层水的耗氧量，及时偿还氧债；②如果天气连绵阴雨，则根据预测，在鱼类浮头之前开动增氧机，改善溶氧条件，防止鱼类浮头；③如发现水质过浓，应及时加注新水，以增大透明度，改善水质，增加溶氧；④估计鱼类可能浮头时，根据具体情况，控制吃食量。鱼类在饱食情况下其基础代谢高，耗氧大，更容易浮头。如预测到鱼类轻度浮头，饵料应在傍晚前吃净，不吃夜食。如果天气不正常，预测会发生严重浮头，应立即停止投饵，已经投下去的草类必须捞出，以防鱼类浮头时妨碍浮头和注水。

（四）鱼类浮头的解救

发生浮头时应及时采取增氧措施，如果增氧机或水泵不足，可根据各池鱼类浮头情况区别轻重缓急，先用于重浮头的池塘（但暗浮头时必须及时开动增氧机或加注新水）。从开始浮头到严重浮头这段时间与当时的水温有关，水温低，则这段时间长一些，反之则短些，一般水温在 22 ~ 20℃时开始浮头后，可拖延 2 ~ 3 h 增氧还不会发生危险；水温在 26 ~ 30℃时开始浮头 1 h 应立即采取增氧措施。否则，青鱼、草鱼已分散到池边，此时再行冲水或开增氧机，鱼不易集中在水流处，就容易引起死鱼。这里必须强调指出，由于池塘水体大，用水泵或增氧机的增氧效果比较慢。以出水量 60 t/h 的潜水泵（2.2 kW）为例，对水深 2.5 m 的 0.33 hm^2 鱼池（约 8 200 t 水）加水，假设水泵出水口的溶氧已接近饱和度（约 7 mg/L）计算，要使整个池水增加 1 mg/L 溶氧，在不扣除耗氧的前提下，就需要连续加水 20 h，增氧机解救浮头效果一般比水泵好一些，但两者没有根本区别。浮头后开机、开泵，只能使局部范围内的池水有较高的溶氧，此时开动增氧机或水泵加水主要起集鱼、救鱼的作用。因此，水泵加水时，其水流必须开行水面冲出，使水流冲得越远越好，以便尽快把浮头鱼引集到一路溶氧较高的新水中以避免死鱼。在抢救浮头时，切勿中途停机、停泵，否则会加速浮头死鱼，一般开增氧机或水泵冲水需待日出后方能停机停泵。

发生严重浮头或泛池时，也可用化学增氧方法，其增氧救鱼效果迅速，具体药物可采用复方增氧剂。其主要成分为过碳酸钠（$Na_2CO_3 \cdot H_2O_2$）和沸石粉，含有效氧为 12% ~ 13%。使用方法以局部水面为好，将该药粉直接撒在鱼类浮头最严重的水面，浓度为30 ~ 40 mg/L，一次用量每 666.7 m^2 为 46 kg，一般 30 min 后就可平息浮头，有效时间可保持 6 h，但该药物需注意保存，防止潮解失效。

（五）发生鱼类泛池时的注意事项

池塘泛鱼时要注意的事项很多，但最重要的有下列 3 种：

1. 当发生泛鱼时切勿使鱼受惊

如果属于纺锤型的青鱼、草鱼、鲤鱼，大多数是搁在池边浅滩处；而体型稍扁的鲢、鳙、团头鲂等浮头已经十分乏力，鱼体与水面的角度由浮头开始时的15°～20°变为45°～60°，此时切勿使鱼受惊，否则受惊后的鱼一经挣扎，就会冲向池中而死在池底。因此，池边严禁大声喧哗，人不要走近池边，也不要去捞死鱼，以防浮头鱼受惊死亡。只有在开机、开泵后，才能捞取个别未被流水冲击即将死亡的鱼，可将其放在溶氧较高的清水中抢救。

2. 通常池鱼窒息死亡后要及时捞起，在未变质前仍可食用

窒息死亡后的鱼，浮在水面的时间不长，便会沉于池底，此时鱼体尚未变质，仍可食用，但隔了一段时间（水温低时约一昼夜后，水温高时10～12 h）后死鱼再度上浮，这时鱼已腐烂变质，不能食用。为此，在泛池后一般捞到的死鱼仅为整个死鱼数的一半左右，即还有一半死鱼已沉于池底。所以应在鱼浮头停止后及时拉网捞取死鱼或工作人员下水捞取死鱼，即不能让鱼死后变质，不能食用。

3. 渔场发生泛池时应立即组织人员处理

一部分人专门负责增氧、抢救和捞取死鱼；另一部分人负责鱼货销售，准备好交通工具等，及时将鱼货处理好，以挽回一部分损失。

四、增氧机的使用及其效果

主要介绍增氧机的种类和作用、增氧机的合理使用和增氧机的增产效果三方面内容。

（一）增氧机的种类和作用

增氧机是一种比较有效的改良水质、防止浮头、提高产量的专用养殖机械。目前我国已生产喷水式、水车式、管叶式、涌喷式、射流式和叶轮式等类型的增氧机。增氧机具有增氧、搅水和曝气三方面的作用。它虽然在运动过程中同时完成，但在不同情况下，则以一个或两个作用为主。从改善水质防止浮头的效果看，以叶轮式增氧机最合适。

1. 叶轮式增氧机

该机运用搅拌水体和曝气原理增加水中的溶氧量，具有增氧效果好、动力效率高的特点，一般能向水中增氧1.0～1.5 kg/（kW·h），使用时整机浮在池塘中央并用绳索系牢于池边。工作时叶轮旋转，搅拌水体，产生提水和推水的混合作用，促使水体上下对流，将表层富氧水送到底层，把缺氧的底层水向上提升，使整个水体的溶氧趋于均衡。但是对于大池塘水体，实际增氧效果在短期间内并不显著，只能在增氧机水跃圈周围保持一个溶氧较高的区域，使鱼群集中在这一范围内，达到救鱼的目的。为发挥增氧机的增氧效果，应运用预测浮头的技术，在夜间鱼类浮头之前开机，可防止池水溶氧进一步下降，至天亮因浮游植物光合作用，溶氧开始上升时才能停机。

叶轮式增氧机还具有曝气作用。该机运转时，通过水跃和液面更新，将水中的溶解气体逸出水面，因此在开机后下层积累的硫化氢、氨等有害气体就会逸出。中午开机也可加速上层水溶氧逸出，但由于其搅水作用强，故溶氧逸出量并不高，大部分溶氧仍通过增氧机输送至下层。

2. 水车式增氧机和喷水式增氧机

水车式增氧机工作时桨叶高速击水把空气搅入水中以达到增氧目的。适合于在水较浅的池塘使用，但它不会搅动底泥，能保持池水清爽，其增氧效率一般为180 g/(kW·h)。喷水式增氧机是利用水泵把水送入装在鱼池中部或岸边的喷头，使水喷出并呈雨状降下，借此与空气接触达到增加水中溶氧的目的，该机同样只适用于水浅的小池塘使用，其增氧效率为130 g/(kW·h)。

3. 射流式增氧机和充气式增氧机

射流式增氧机是由潜水泵和射流管配套组合而成，工作时水泵里的水从射流管内的喷嘴高速射出，产生负压，吸入空气，水和空气在混合室里混合，然后上扩散管压出，溶氧就会随着直线方向的水流扩散。由于这种增氧机在水面下没有转动的机械，所以不会伤害鱼体，很适合于养鱼密度大的深水鱼池使用。该机的增氧效率为380~1 420 g/(kW·h)。充气式增氧机，主机是空气压缩机或鼓风机，当空气加压后通过水底安装的砂滤芯或微孔塑料管时，排出微小气泡，在气泡上升的过程中，一部分氧气溶入水中，形成水体运动。该机适合于深水鱼池使用，其增氧效率为230 g/(kW·h)。

（二）增氧机的合理使用与增产效果

增氧机目前在全国各地的精养鱼池中普遍使用，但要避免“不见浮头不开机”的不合理使用方法，以免增氧机变成“救鱼机”，不能充分发挥增氧机的生产潜力。为使增氧机从“救鱼机”变成“增产机”，应该采取下列的合理使用方法。

1. 针对不同天气引起缺氧的原因，根据增氧机的作用原理，适时地使用增氧机

晴天早晨缺氧主要是前一天白天上下水层溶氧垂直变化大，而白天下层水温低，密度大，上层水温高、密度小，上下水层无法及时对流，上层超饱和氧气未能利用就逸出水面而白白浪费掉，而下层耗氧因子多，待夜间表层水温下降，密度增大引起上下水层对流时，往往容易使整个水层溶氧条件恶化而引起浮头。

晴天中午开机，就是将生物造氧和机械输氧相结合，利用增氧机的搅水作用人为克服水的热阻力，将上层浮游植物光合作用产生的大量过饱和氧气输送到下层，此时上层水的溶氧量虽比开机前低，但下午经藻类光合作用，上层溶氧仍可达到饱和，到夜间池水自然对流后，上下水层溶氧仍可保持较高水平，可在一定程度上缓和或消除鱼类浮头的威胁。晴天中午开机不仅可以防止或减轻鱼类浮头，而且还可促进有机物的分解和浮游生物的繁殖，加速池塘内的物质循环。因此，在鱼类主要生长季节，必须抓住每个晴天，坚持中午开机，充分利用上层水中过饱和氧气。

由于浮游植物光合作用不强，造氧少、耗氧高，阴天和阴雨天常缺氧，以致溶氧供不应求而引起鱼类浮头。此时必须充分发挥增氧机的作用，运用预测浮头的技术，及早增氧。必须在鱼类浮头前开机，直接提高溶氧低峰值，防止和解救鱼类浮头。但是，如果在晴天傍晚开机，使上下水层提前对流，反而增大耗氧水层和耗氧量，其作用与傍晚下雷阵雨相似，容易引起鱼类浮头。阴天、阴雨天中午开机，不但不能增加下层水的溶氧，反而会降低上层浮游植物的造氧作用，增加池塘的耗氧水层，加速下层水的耗氧速度，极易引起鱼类浮头，所以晴天傍晚和阴雨天中午开机是开“浮头机”，不可采用。

2. 结合当时养鱼的具体情况，运用预测浮头技术，合理使用增氧机

增氧机的开机时机和运转时间长短与气候、水温、池塘条件、投饵施肥量、增氧机的功率大小等因子有关，应结合当时的养鱼具体情况，根据池塘溶氧变化规律灵活掌握。如水质过肥时，可采用晴天中午和清晨相结合的开机方法，以改善池水氧气条件。总之，可以根据下述原则选择最适开机时间：晴天中午开，阴天清晨开，连绵阴雨半夜开，傍晚不开，浮头早开，鱼类主要生长季节坚持每天开。运转时间可采用：半夜开机时间长，中午开机时间短；天气炎热、面积大或负荷水面大，开机时间长；天气凉爽、面积小或负荷水面小开机时间短。

至于增氧机的增产效果，生产实践证明合理使用增氧机后，在生产上有以下作用：充分利用水体；提高水温；预防浮头；解救浮头，防止泛池；加速池塘物质循环；稳定水质；增加鱼种放养密度和增加投饵施肥量，从而提高产量；有利于防治鱼病等。研究结果表明，在相似条件下，使用增氧机的池塘比对照池净产增加14%左右。

五、采用水质改良机，充分利用塘泥

水质改良机具有抽水、吸出塘池向池埂饲料地施肥、使塘泥喷向水面、喷水增氧等功能。该机增氧、搅水、曝气以及解救浮头的效果比叶轮增氧机低，但它在降低塘泥耗氧，充分利用塘泥，改善水质，预防浮头等方面的作用优于叶增氧机，而且它能一机多用，即抽水、增氧、吸泥、喷泥等。使用效率比增氧机高。水质改良机的作用原理、效果以及使用方法，简介如下。

（一）水质改良机的作用原理与效果

这里包括改善池塘溶氧的条件和提高池塘的生产力两方面：

1. 改善池塘溶氧条件

水质改良机主要以降低池塘有机物耗氧来改善溶氧条件。其降低耗氧的作用原理与叶轮增氧机相似。晴天中午开增氧机是将上层高氧水输送至下层，降低下层水的氧债；水质改良机在晴天中午喷塘泥，是将下层氧债的制造者——塘泥喷到空气和表层高氧水中，利用产生氧债的物质在高氧条件下具有爆发性耗氧的特点，促使其氧化分解，使有毒气体迅速逸出，并可清除水的热阻力，使上层过饱和氧气及时对流至下层。

2. 提高池塘生产力

池塘喷泥后，原淤积在塘泥中的营养物质再循环，塘泥中有机物质分解大大加快，水中营养盐类明显增加；塘泥颗粒下沉时与细菌、悬浮及溶解有机物的碰撞频率大大增加，絮凝速度加快，水中细菌、悬浮及溶解有机物等絮凝成可供滤食性鱼类利用的团块状；同时，这些絮凝物的下沉又使水的透明度增加，池水的补偿深度相应增大，其增氧水层增大，改善了池水的溶氧条件。此外，大量埋在塘泥中的轮虫休眠卵因喷泥而上浮或沉积于塘泥表层，可促进轮虫冬卵的萌发，使轮虫数量大大增加。可见，喷泥后使原来陷落在“能量陷阱”塘泥中的能量重新释放出来，提高了能量利用率。水中营养物质增加，浮游植物大量繁殖，池水溶氧条件的进一步改善，为建立池塘良性生态系统创造了条件。如此循环往复，既改善了水质，又提高了池塘生产力。

（二）水质改良机的使用方法

使用水质改良机喷泥要具备两个条件，一是池水浮游植物达到一定数量，一般要求藻类干重在 0.032 g/L 以上或 3 000 万个/L 以上；二是白天天气晴朗，一般要求白天最大辐照度在 5×10^4 Lx 以上，以维持足够的能量，用于藻类的光化学反应。故喷泥或吸泥应选择晴天或晴到多云天气进行。如果池水浮游植物数量少，应先施磷肥或其他无机肥料，待浮游植物大量繁殖后再行喷泥。鱼池喷泥应选择晴天中午喷泥 2 h，最迟应在 15：00 以前结束，喷泥面积不超过池塘面积的 1/2，以防止耗氧过高。如上午晴天，下午转阴，就不能喷泥，否则至傍晚上层溶氧仍回升很少，夜间对流后，池鱼易浮头。为保护池塘良性循环的生态系统，必须减少塘泥和经常降低塘泥中的氧债，提高池塘物质循环强度。为此应在鱼类主要生长季节每月吸一次塘泥，作为塘边饲料地的肥料；每隔 5～7 天喷一次塘泥，并根据当时的天气、水质和塘泥多少确定喷泥间隔和运转时间。

第七节　水产养殖生产管理

水产养殖生产管理的内容，主要包括养殖水域规划和养殖许可、养殖生产的条件要求、养殖生产的记录制度以及养殖水产品的销售管理，具体分述如下。

一、水产养殖水域规划和养殖许可

水产养殖水域、滩涂规划和养殖许可，对养殖水产品质量管理具有一定的作用。因为在水产养殖规划中根据水域、滩涂环境状况划分养殖功能区，合理安排养殖生产布局，科学确定养殖规模和养殖方式，从而可以减少养殖分局不合理、密度过大和养殖方式上的缺陷导致养殖病害发生和水域污染。水产养殖生产者应当按有关规定申领养殖证，并按养殖证核准的区域，规模从事养殖生产。

二、水产养殖生产条件要求

为确保养殖水产品质量，水产养殖生产单位和个人应符合一定的条件，包括基础仪器设备技术人员、生产技术操作和使用的水产苗种等，具体包括以下几方面：

（1）水生养殖单位和个人应当配置与养殖水体和生产能力相适应的水处理设施和相应的水质、水生生物检测等基础仪器设备。

（2）水产养殖专业技术人员应按国家有关就业要求，经过职业技术技能培训并获得职业资格证书后才能上岗。

（3）水产养殖生产应当符合国家有关养殖技术规范操作要求。

（4）水产养殖使用的苗种应当符合国家或地方质量标准。

三、水产养殖生产记录制度

为加强对水产养殖生产进行全面监督，以及在出现了水产养殖质量安全事故后的调查中保证有据可查，即确保养殖水产品生产过程的可溯性。《水产养殖质量安全管理规定》要求水产养殖单位和个人应填写《水产养殖生产记录表》，如表 9－2 所示。在该记录中应记载养殖种类、苗种来源及生长情况、饲料来源及投喂情况、水质变化等内容。《水产养殖生产记录表》应当妥善保存，直到所记录的该批水产品全部销售后 2 a 以上。

表 9-2　水产养殖生产记录表　　池塘号：　　面积：　　养殖种类：

<table>
<tr><td>饲料来源</td><td colspan="3"></td><td colspan="2" rowspan="2">检测单位</td><td colspan="2" rowspan="2"></td></tr>
<tr><td>饮料品牌</td><td colspan="3"></td></tr>
<tr><td>苗种来源</td><td colspan="3"></td><td colspan="2">是否检疫</td><td colspan="2"></td></tr>
<tr><td>投放时间</td><td colspan="3"></td><td colspan="2">检疫单位</td><td colspan="2"></td></tr>
<tr><td>时间</td><td>体长</td><td>体重</td><td>投饵量</td><td>水温</td><td>溶氧</td><td>pH 值</td><td>氨氮</td></tr>
<tr><td></td><td></td><td></td><td></td><td></td><td></td><td></td><td></td></tr>
<tr><td></td><td></td><td></td><td></td><td></td><td></td><td></td><td></td></tr>
</table>

养殖场名称：　　养殖证编号：(　　) 养证〔　　〕第　　号
养殖场场长：　　养殖技术负责人：

（四）养殖水产品的销售管理

《水产养殖质量安全管理规定》中指出，销售的养殖水产品应当符合国家或地方的有关标准，不符合标准的产品应当进行净化处理，净化处理后仍不符合标准的产品禁止销售。水产养殖单位销售自养水产品应当附具《产品标签》（如表 9-3 所示），在《产品标签》上注明生产单位名称、地址、产品的种类、规格、出池日期等产品信息。

表 9-3　养殖水产品标签样表

养殖单位	
地址	
养殖证编号	(　　) 养证〔　　〕第　　号
产品种类	
产品规格	
出池日期	

第八节　产地水产品质量安全监督管理

养殖水产品质量安全的监督管理，应包括产地监督、水产品运输和流通监督以及水产品市场监督等。由于养殖水产品质量安全问题主要出现在生产环节，大多数是由于在生产过程中使用药物或其他化学品投入、饲料不当，或养殖水源、水体污染造成。因此，对于产地水产品的监督管理尤为重要，这是水产品质量安全管理的重要内容。

为加强产地水产品质量安全监督管理，规范水产品质量安全监督抽查工作，2009 年 3 月 18 日农业部印发了《产地水产品质量安全监督抽查工作暂行规定》，对产地水产品和苗种的质量安全抽样检测以及对抽查结果进行处理和发布进行了规范。

一、组织实施

农业部负责监督抽查工作计划的制定、下达、组织管理和监督检查。地方政府渔业行政主管部门及其所属的渔政监督管理机构负责抽样及执行工作的组织实施。农业部指定的质检机构负责样品检测工作，并对样品工作提供技术支持。中国水产科学研究院协助农业部渔业局组织监督抽查的实施并负责相关技术工作。监督抽查结果由农业部负责对外公布。

二、抽样

包括抽样单位数据库的建立以及抽样的具体实施两部分内容。

（一）抽样单位数据库的建立

农业部渔业局建立产地水产品监督抽查生产单位数据库，省级政府渔业行政主管部门对库内本辖区的生产单位名单及时更新。县级以上政府渔业行政主管部门应建立本辖区内的水产品生产单位数据库。建立抽查单位数据库的目的，是为了便于抽查实施时，从数据库中随机抽取被检查单位。

（二）抽样实施

被抽检单位名单由农业部渔业局从数据库中随机抽取，并通知省级渔业行政主管部门。省级政府渔业行政主管部门根据农业部渔业局确定的抽样名单负责组织实施抽样工作。质检机构负责抽样现场的技术支持。同时，抽样应在生产现场进行。每个被抽检单位抽取的样品不多于2个，同一池（塘）或网箱只能抽取1个样品。抽取的样品应现场制样（分割、混合），并按检测用样和备份用样分别包装。

三、检测和报告

抽取的样品送交质检机构进行检测。质检机构应通过省级以上计量认证和审查认可，以及农业部渔业局组织的检测能力验证，并具有同监督抽查任务相适应的承检能力、范围、仪器设备和检测人员。

质检机构按规定程序以及监督抽查方案中规定的方法和判定依据进行检测和结果判定。检验发现了阳性或超标样品的质检机构应在检验结束后48 h内将《农业部产地水产品质量安全监督抽查不合格结果通知单》和检验报告提交农业部渔业局和省级政府渔业行政主管部门。检验结果合格的，在完成检验后将检验报告送省级政府渔业行政主管部门。

被抽检单位对监督抽查检验结果有异议的，可通过省级政府渔业行政主管部门向农业部渔业局提出书面复检申请并提交相关说明材料，同时抄送质检机构。逾期不申请的视为认同检验结果。农业部渔业局收到复检申请后，经审查认为有必要复检的，应通知原承检质检机构作复检申请人，并指定不同于原承检机构的质检机构或参考实验室复检。

四、公布结果处理

对于抽样检测不合格的情况，省级政府渔业行政主管部门在收到《不合格结果通知单》及检验报告后，应通知被抽检单位，并组织渔政监督管理机构立案调查，禁止不合格产品转移和上市销售。对检出的不合格水产品，当地政府渔业行政主管部门及其所属的渔政监督管理机构应责令生产单位进行无害化处理。不合格产品为获得认证产品的，由渔业行政主管部门建议有关部门取消有关认证证书，不合格水产品经无害化处理后，经重新抽检合格的水产品，允许上市，仍不合格的应由执法人员监督销毁。

被抽检单位收到《不合格结果通知单》后仍销售不合格水产品的，由当地县级以上政府渔业行政主管部门及其所属的渔政监督管理机构依法从重处罚，并责令召回已经销售的不合格产品。省级政府渔业行政主管部门应建立违规生产单位名单制度，进行严格管理。

本章思考题

1. 水产养殖业管理的意义何在？应该从哪几方面着手管理？

2. 水产养殖用地用水管理的涵义是什么？政府对此有何规定或要求？

3. 水产养殖证是指什么？为什么要实行水产养殖证制度？

4. 水产养殖证有几种类型？各类型有何特点和要求？

5. 水产养殖证发放应遵守哪些程序？为什么？养殖证的基本内容有哪些？如何做好养殖证的管理工作？

6. 水产养殖苗种管理的涵义是什么？对水产苗种管理有何重要性？

7. 水产养殖苗种和生产的经营管理应包括哪些方面的内容？为什么？

8. 如何做好养殖水产苗种的进出口管理工作？

9. 转基因水产苗种的涵义是什么？为什么要对它进行管理？如何进行管理？

10. 水产养殖饲料管理的涵义是什么？饲料管理有何意义？如何进行饲料的安全管理工作？

11. 水产养殖药物管理的涵义是什么？为什么要对它进行管理？如何进行管理？

12. 养殖池塘管理有何意义？池塘管理通常要做好哪些工作？

13. 鱼类浮头或泛池是什么意思？鱼类浮头的主要原因何在？

14. 为何说在炎夏晴天傍晚下雷阵雨后，精养鱼池里的鱼类容易出现浮头现象？如何预防鱼类浮头？

15. 发生鱼类泛池时应注意哪些事项？为什么？

16. 增氧机有哪些功能？如何合理使用？举例说明。

17. 水质改良机有哪些功能？如何发挥它在池塘养鱼中的作用？

18. 水产养殖生产管理应包括哪些内容？管理中为什么要执行生产记录制度？

19. 产地水产品质量安全监督管理的涵义是什么？管理应包括哪些内容？如何做好产品质量安全监督工作？

第十章 水产品加工业管理

水产品加工业是指以生活在海洋和内陆水域中有经济价值的水产动植物为原料，经过各种方法加工制成食品的产业。水产品加工业与水产捕捞业、水产养殖业一样，都是渔业生产中不可缺少的一个生产环节，都是农业部领导下的一个水产企业。虽然它不是渔政部门直接执法的管理范围（渔政主要管理海上执法），但水产品加工质量安全管理与人类饮食健康紧密相关，由此可见，水产品加工业管理是渔业生产管理工作的重要组成部分。为了让读者能较全面地掌握渔业生产管理的基本知识，本书也把“水产品加工业管理”列为一章内容，供读者参考。众所周知，水产品加工是从捕捞、养殖生产到流通上市的中间环节，也是联接渔业生产和市场的桥梁。通过各种加工方法使水产品原料成为具有保藏性、品种多、风味好、商品价值高的水产加工食品，满足消费者日益增长的需求。而且近年来还发现对人体健康有益的海洋生物活性物质，具有陆上动植物罕见的功能因子，对增进人们健康大有好处。实际上，水产品加工是渔业生产活动的延伸，是带动整个渔业持续稳定发展的行业，加快发展水产品加工业，既可满足人民生活水平的需要，又可加快水产产业结构调整的步伐，是实现产业增值增效的有效途径。所以管好水产品加工业，当然也是渔政管理部门的一项重要任务，或者渔政管理部门要协助有关部门管好水产品加工业的这项重要工作。

然而，我国水产品加工业与世界先进水平相比还有一定差距，例如：水产品加工量比例较低、水产食品加工技术含量不高、废弃物综合加工利用还不令人满意、传统水产食品加工技术也较落后。更为突出的是，近年来随着海洋渔业资源的衰退，海洋捕捞中低值鱼产量呈上升趋势，而这些中低值鱼类资源还得不到充分利用。同时，近年来我国水产品出口综合单价持续下跌，出口屡屡受阻，这与一些国家和地区的非关税贸易壁垒有关，也与水产品加工行业竞争无序和行业自律欠缺分不开。在面临一些国家和地区贸易壁垒的情况下，如何共同防范和抵御水产品出口市场风险，水产品加工行业组织的协调和管理就显得更为重要。

为此，本章着重对水产品加工业的原料管理和设备管理、水产品加工业的生产管理和经营管理、水产品加工业的科技管理和质量管理，以及水产品加工业的卫生管理和环保管理，做一些介绍。

第一节　水产品加工业的原料管理与设备管理

水产品加工业的原料与设备，是水产品加工业最基本的物质条件。没有原料，谈不上生产；没有设备，再好的原料也发挥不了作用。只有丰富又合格的原料和先进又完好的设备，才能保证水产品加工业的健康发展。加强对水产品加工业原料和设备的管理，才能保障生产工序的正常运行满足生产需要，达到产品质量的规定要求。

一、水产品加工业的原料管理

国际上公认的食品安全最佳控制模式是“从农田到餐桌”的全过程，因为参与水产品链过程的主体有生产资料销售者、捕捞水产原料的渔民、水产养殖户、水产品加工企业、水产品批发商、水产品零售商，最后到消费者。所以水产原料管理在水产品加工业中是一个重要环节。下面着重介绍水产品加工业原料管理的重要性和原料管理的主要方法。

（一）水产品加工业原料管理的重要性

水产品原料管理的重要性与水产动物易于腐败变质是分不开的，水产动物较陆产动物易于腐败变质，其原因有两个方面：一是水产原料的捕获与处理方式；二是水产原料的组织、网质脆弱和柔软性。渔业生产季节性很强，特别是渔汛期，鱼货高度集中。鱼类捕获后，除了金枪鱼之类的大型鱼类之外，很少能马上剖肚处理，而是带着易于腐败的内脏和鳃等进行运输和销售，细菌容易繁殖。另外，鱼类的外皮薄，鳞片容易脱落，在用拖网、延绳钓、刺网等捕捞时，鱼体容易受到机械损伤，细菌就从受伤的部位侵入鱼体，即使在冰藏条件下，水中细菌也会侵入鱼体的肌肉。

若从水产品本身的特性来看，鱼类的肌肉组织水分含量高，肌基质蛋白较少，比畜肉组织柔软、细嫩。鱼体内所含酶类在常温下活性较强，死后僵硬，解僵和自溶过程快，因鱼肉蛋白质分解而生成的大量低分子代谢物和游离氨基酸，成为细菌的营养物。鱼体表面组织脆弱，鳞片易于脆落，容易遭受细菌侵入。同时，鱼类除了消化道外，鳃及体表也附有各种细菌，体表的黏液更是起到培养基的作用，成为细菌繁殖的好场所。因此，捕获后的水产品必须及时采取有效的保鲜措施，才能避免腐败变质的发生。从而更清楚地看到水产食品加工业原料管理的重要性。

（二）水产品加工业原料管理的主要任务

这个任务概括起来主要有计划、采购、仓储和物料发放四大方面。

1. 计划

根据企业目标以及顾客的需求，制定物料需求计划（MRP）、MRP 的基本原理是：根据需求和预测来测定未来物料供应和生产计划与控制的方法，它提供了物料需求的准确时间和数量。这个系统的基本指导思想是，只在需要的时间，向需要的部门，按需要的数量，提供所需的物料。也就是说，它既要防止物料供应滞后于对它们的需求，也要防止物料过早地出产和进货，以免增加库存，造成物资和资金的积压。

关于编制物料需求计划的过程。包括编制物料所需的数据（如生产计划、独立需求预测、物料清单文件及库存文件等）和物料需求计划的计算过程及编制步骤。而计算过程包括：①毛需求计算，即毛需求量＝项目要求的物料数量；②净需求计算，净需求量＝毛需求量－现有库存量－计划入库量；③确定下达订单日期和订单数量计划，即下单日期＝要求到货日期－认证周期－订单周期－缓冲时间。下单数量＝净需求量。

而物料需求计划（MRP）的编制步骤，包括下列 10 个程序：①决定采购前置时间与制造前置时间；②拟定生产日程总表（MPS）；③编制（物料）结构表（BOM）；④设定现有库存数量；⑤由生产日程总表与物料结构的展开，再加上杂项需求得到物料毛需求，并从中考虑损耗数量，求出合理的需求量；⑥合理的毛需求量扣除现有库存数量，得到净需求量；⑦从净需求量中扣除现有采购量，得到计划采购量；⑧计划采购量大于零，即开具请购单交采购部门进行采购事宜；⑨计划采购量小于零，即分析并设法消耗此项多余物料；⑩如现有采购数量以充分配合生产计划的需求时，应提供信息促请采购总部调整厂商的送货时间与送货数量。

2. 采购

提出采购需求，选定供应商，签订合同并按要求收货付款。这里包括采购作业流程、采购作业流程注意事项，以及采购的几个基本环节，共3方面内容。

（1）采购作业流程。是采购活动的全部操作过程，是采购人员从事采购活动的执行标准和业务规范，采购人员必须遵照执行。在实施的过程中要做到：

A. 仓库根据生产计划，查询库存情况后填写《订货单》交主管审核后交给采购，采购与相关合格供应商确认品种、价格、交货期等情况后，填写订货单提交业务部主管、生产部部长审批。

B. 采购将批准后的订货单交给供应商并确认，采购过程中要进行采购跟进，确保按时到货。

C. 其他物品如工具、仪器、公司临时少量购买原辅料，由需要部门或人员填写《请购单》，经部门主管同意后交给采购人员，采购人员按批准后的物品申请单找相应的供应商确认价格、质量、交货期等情况。再报业务部主管审批后直接购买。

D. 采购验收，即所有进厂生产原料、辅料、包装材料，都要经品管部的品管员，依照《检验控制程序》进行检验合格，才能进仓，并保留记录。

（2）采购作业流程应注意的事项有：①采购结构应与采购数量、种类、区域相匹配；②先后顺序及时效控制；③关键点设置；④权利、责任或者任务的划分；⑤避免作业流程中发生摩擦、重复与混乱；⑥采购流程应反映集体决策的思想；⑦配合作业方式的改善。

（3）采购的几个基本环节。这些环节概括起来有下列10个：①确认需求；②需求说明；③选择供应商；④价格和采购条件的确定；⑤发出采购订单；⑥订单追踪与催货；⑦验收；⑧核对发票；⑨不符与退货处理；⑩记录与档案维护。这里着重介绍③、⑤、⑦的具体环节。

选择供应商：包括对供应商的选择标准、对供应商的评估方式以及对原物料供应商进行的考核标准。对供应商的选择标准，是指商品质量好、成本低、交货及时、整体服务水平高、履行合同的承诺与能力强。对供应商的评估方式，是指实地考察，样品确认或其他书面证明资料（营业执照、生产许可证或卫生许可证、检验报告、备案文件）。对原物料供应商的考核标准，是指质量指标、成本指标、供应指标、服务指标。

发出采购订单：采购订单有时也称为采购合同。一般在选择供应商后订立采购订单。采购部门拟定采购合同时必须特别注意用词，因为它是具有法律效力的文件。几乎所有的采购订单都包括与违约相关的标准法律条款。采购订单描述了采购所需的重要细节信息，如数量、物料规格、质量要求、价格、交货日期、交货方式以及送达地址。

验收：物料验收的工作包括点收数量、检验品质以及物料验收的其他内容的3个方面。点收数量，是指凭点数或用度量衡器查明物料的数量。检验品质，是指凭感观或用仪器，以鉴定或检测物料的外表和成分；或凭物理试验及化学分析，以鉴定或检测物料的性质或成分，确定物料的名称和品质，是否与合约或订单的要求相符。物料验收的其他内容，是指验收送料文件、订单复印件查验、验收标签等。

3. 仓储

仓储管理是对仓储物资（企业在生产中所需的物料）的收、发、结存等活动的有效控制。这里包括仓储管理的目的、仓储管理的功能、仓储管理的职能、物料堆放的原则、仓库保管的原则以及仓管主管工作说明书等。

（1）仓储管理的目的，主要是：①妥善保管储存，维护物料质量及安全；②保持合理成本，减少浪费现象的产生；③配合生产运转，以达到所定目标和提供储运效率。

（2）仓储管理的功能，主要有：①材料、半成品、成品的进、出仓管理；②材料、半成品、成品的分类整理与保管；③供应生产计需物料中，做好配送服务；④材料账务的记录，物账相符，账账相符；⑤具备跟催、备料、验收、核损功能。

（3）仓储管理的职能，主要有：①依据订单接收物资，按仓库管理制度验收数量；②将质管部门验收好的物料按指定位置予以存放；③存放场所应整理、整顿、清洁，符合有关要求，防止物料品质发生变异；④依据领料单或备料单配量和发放物料；⑤物料、账目、出入库记录和定期盘存物资，执行报告制度；⑥定期处理不良物料及废料。

（4）物料堆放的原则，主要是：①充分利用货仓空间，尽量提高货仓实用率；②利用机械化装卸，使用叉车和加高机等增加物资堆放的空间利用率；③通道要有适应的宽度，保证一定的装卸空间，保证搬运畅通，提高装卸效率，保障安全；④物料仓储一定要考虑先进先出的原则；⑤堆放物料的存储量、型号规格易于读取；⑥物料的堆放应易于识别与检查。正品、不良品、呆料、废料应有不同的外观，不同的存放标志，千万不可混放。

（5）仓库保管的原则，主要有：①面向通道进行保管；②尽可能向高处码放，提高保管效率；③根据出库频率选定位置；④同一品种在同一地点保管；⑤根据物品重量安排保管的位置；⑥依据形状安排保管方法；⑦依据先入先出的原则；⑧储存安全注意事项（防止变坏）。

（6）仓管主管工作说明书，包括：①工作内容，即仓管科、冷藏库的人力规划、管理、调配及考核员工；冷藏库库存品与库存表的查核及盘点，并做异常追踪校正……②工作要领，即确认每日出入库之货品及物料数量并记录管制；下班前安排巡视仓库及物料库的放置是否符合要求，并记录库温……③考核标准，即仓库库存品存放是否按要求正确摆放，有无出现差错；成本库存与库存表、订单数量之控管能力；库存表与实际库存是否符合……④并需定期提交报告或报表。

4. 物料发放

由于库存时间过长物料易变质，所以领用时必须采用先进先出的方式。它包括发料和领料两个概念。发料，即物料管理部门、仓储部门根据生产指令、将仓库储存的物料向制造部门生产现场发放的过程。领料，即物料由制造部门现场人员在某项产品制造之前填写领料单，向仓储单位领取物料的过程。

二、水产品加工业的设备管理

水产品加工业设备管理有设备管理者职责、设备管理制度、设备操作技术培训、设备使用、设备维护规程、设备运行情况表等。通过对设备设施进行周期性的维护保养和管理，使设备设施经常处于良好状态，减少由于设备、设施的故障而引起停工、停产，保障生产工序正常运行，满足生产需要，使产品质量达到规定要求。这里着重介绍：水产食品加工生产设备的设计要求、生产设备运行管理、生产设备的维护与保养管理、生产设备的检查与修理、生产设备的更新与改造管理，共5方面内容。

（一）水产品加工生产设施设备的设计与选购管理

这种管理包括设备的设计要求、设备的选择原则、设备的订货合同管理以及设备购置申请的批准程序四个环节。这里着重介绍前两项内容。

1. 水产品加工生产设备的设计要求

该设备的设计要求涉及面较广。概括起来有下列几方面要求：

（1）所有水产品加工使用的机器设备之设计和构造都应防止危害食品卫生，易于清洗消毒，并容易检查，应有使用时可避免润滑油、金属碎屑、污水或其他可能引起污染之物质混入食品的构造。

（2）水产品接触面应手滑、无凹陷或裂缝，以减少食品碎屑、污垢 及有机物之聚积、使微生物之生长减至最低程度。对贮存、运送及制造系统（包括重力、气动、密闭及自动系统）之设计与制造，应使其能维持适当的卫生状况。在食品制造或处理区与食品接触之设备与用具，其构造应能易于保持清洁状态。同时要求设计应简单，且易于排水和保持干燥的构造。

（3）水产品生产设施设备材质和食品处理区及可能接触食品的器具，应由不含产生毒素、无臭味或异味、非吸收性、耐腐蚀而且可承受重复清洗和消毒的材料制造，同时应避免使用会发生接触腐蚀的不当材料。而且食品接触面原则上不使用木质材料，除非其可证明不会成为污染源者才可使用。

（4）水产品生产的设备安装布置、排列应有秩序，而且有足够的空间，使生产作业顺畅进行，并避免引起交叉污染，而各个设备之产能，务须互相配合。同时，用于测定、控制或记录的测量或记录仪，应能适当发挥其功能和准确性，并可定期校正。对于用机器导入食品或用于清洁食品接触面或设备之压缩空气或其他气体，应予适当处理，以防造成间接污染。

（5）水产品生产安全设施有下列 6 方面要求：①厂房内配电必须能防水；②电源必须有接地线与漏电断电保护系统；③高湿度作业场所之插座及电源开关宜具防水功能；④不同电压之插座必须有明显标示；⑤厂房应依消防法令规定装火警警报系统；⑥在适当地点应设有急救器材和设备。

2. 水产品加工生产设备的选择原则

设备选择原则应遵循下列几项要求：①技术先进；②生产效率高；③产品质量好；④耗能低；⑤安全性能好；⑥设备适用可靠、便于维修；⑦满足生产工艺要求；⑧人机匹配操作方便。

（二）水产品加工生产设备的运行管理

设备使用、维护规程是根据设备使用、维护说明书和生产工艺要求来制定的，是用来指导正确操作使用和维护设备的规程，生产单位要组织设备操作人员认真学习规程，设备专业人员要向操作人员进行规程内容的讲解和学习辅导。设备操作人员须经厂级组织的规程考试及实际操作考核，合格后才能上岗。对所有设备都要按设备的技术状况、维护状况和管理状况分为完好设备和非完好设备，并分别制订具体的考核标准。

设备使用规程必须包括下列内容：①设备技术性能和允许的极限参数，如最大负荷、压力、温度、电压、电流等；②设备交接使用的规定。对两班或三班连续运转的设备，岗位人员交接班时必须对设备运行状况进行交接，其内容如设备运转的异常情况、运行参数的变化以及故障和处理情况等；③操作设备的步骤，包括操作前的准备工作和操作顺序；④紧急情况处理的规定；⑤设备使用中的安全注意事项。对非本岗位操作人员未经批准不得操作本机，任何人不得随意拆掉或放宽安全保护装置等；⑥设备运行中故障的排除。

（三）水产品加工生产设备的维护与保养管理

包括设备维护规程的内容和设备维护保养分类的两个方面。

1. 设备维护规程的内容

简言之是“清洁、润滑、紧固、调整、防腐”十字作业法。具体内容是：①设备传动示意图和电气原理图；②设备润滑“五定”是指定点、定质、定时、定量和定人；③定时清扫的规定；④设备使用过程中各项检查要求，包括路线、部位、内容、标准状况参数、周期（时间）和检查人等；⑤运行中常见故障的排除方法；⑥设备主要易损部件的报废标准；⑦安全注意事项。

2. 设备维护保养分类

保养分类包括日常保养、一级保养、二级保养、三级保养。①日常保养，也称例行保养，主要内容是：进行清洁、润滑、紧固易松动的零件、检查零件、部件的完整。这类保养的项目和部位较少，大多数在设备的外部。②一级保养，主要内容是：普遍地进行拧紧、清洁、润滑、紧固，还要部分地进行调整。③二级保养，包括清洁、润滑、局部解体检查和调整。④三级保养，主要是对设备主体部分进行解体检查和调整工作，必要时对达到规定磨损限度的零件加以更换。此外，还要对主要零部件的磨损情况进行测量、鉴定和记录。上述的日常保养和一级保养，一般由操作工人承担；二级保养和三级保养，一般是在操作工人参加下，由专职保养维修工人承担。

（四）水产品加工设备的检查和修理管理

设备检查是指对设备的运行情况、工作精度、磨损或腐蚀程度进行的测量和校验。检查按时间间隔可分为日常检查和定期检查。日常检查，是指由设备操作人员执行，同日常保养工作结合起来。定期检查，是指由专职保养维修工人承担。

设备修理，是指修复由于日常的原因或不正常的原因而造成设备损坏和精度劣化。通过修理、更换磨损、老化、腐蚀的零部件，可以使设备性能得到恢复。设备修理的种类，根据修理范围的大小、修理间隔期的长短、修理费用的多少来划分。设备修理可分为小修理、中修理和大修理三种类型。小修理的特点是修理次数多、工作量小，每次修理时间短。小修理一般在生产现场由车间专职维修工人执行。中修理是对设备进行部分解体、修理或更换部分零件。大修理是指通过更换，恢复其主要零部件，恢复设备原有精度、性能和生产效率而进行的全面修理。大修理的特点是修理次数少，工作量大，每次修理时间较长。

（五）水产品加工设备的更新与改造管理和建立设备管理台账与资产档案

设备更新改造应围绕满足企业的产品更新换代、提高产品质量、降低产品能耗物耗，达到设备综合效能最高为目标，所以设备更新改造的重点应该遵守以下原则：在选择更新设备时可根据旧设备的性能等各方面进行比较，采用技术性能先进、结构合理、安全可靠、对环境无污染以及耗费能源小的新型设备。

至于建立本企业的设备管理台账和设备资产档案问题，如影响生产能力的设备数量，要考虑处于运行的机器设备、正在和准备安装及修理的设备、因生产任务不足或其他不正常原因暂停使用的设备等。但影响生产能力的设备数量不含以下设备：①不能修复决定报废的设备；②不配套的设备；③企业留作备用的设备；④封装待调的设备。

第二节　水产品加工业的生产管理与经营管理

生产与经营是紧密相连的，生产是经营的前提，经营是生产的延续，没有生产谈不上经营，没有经营生产无法生存。生产管理是经营决策的基础，经营管理为生产管理提供信息。本节着重介绍水产食品加工业的生产管理和经营管理两方面内容。

一、水产品加工业的生产管理

生产管理是指为实现企业经营目标，有效地利用生产资源，对企业生产过程进行计划、组织、控制，生产出满足市场需要的产品或提供服务的管理活动。生产管理的目标，是建立一个科学的生产制造系统，为企业制造有竞争力的产品。这里着重介绍：生产管理在企业管理中的地位与任务、生产计划管理、生产过程组织、水产食品加工生产的特点、生产日常管理以及生产作业运作管理六方面内容。

（一）水产品加工生产管理在企业管理中的地位与任务

1. 在企业管理中的地位

因为企业是个有机的整体，企业管理就是一个完整的系统，它由许多子系统组成，如技术开发管理子系统、销售管理子系统、经营决策子系统等，即生产管理仅是企业管理中的一个子系统。那么生产管理与其他子系统的关系究竟如何。现作一简介。

2. 生产管理与技术开发管理的关系

概括起来有：①技术开发管理是生产管理组织生产活动，实现计划任务的前提条件；②生产管理为技术开发管理提供信息和条件，只有通过生产活动才能将技术开发的成果转化为现实的生产能力和产品。

3. 生产管理与销售管理的关系

主要表现在：①生产管理是销售管理的前提，更是销售管理的坚强后盾，只有通过生产活动生产出在性能、交货期、价格、服务使用户满意的产品或劳务，营销活动才能顺利进行；②销售管理为生产管理提供信息。

4. 生产管理与经营决策的关系

也可从下列 3 方面看出来：①经营决策是决策性地位，处于企业的上层，确定企业的目标、方针、战略、计划；②生产管理是经营决策的基础，是企业的根本力量所在，只有通过生产活动才能将企业的经营决策目标转化为现实物质产品或劳务，然后进行销售实现其经营成果；③生产管理是执行性地位，处于企业的中层，根据经营决策下达具体任务、组织生产活动并保证实现。

5. 生产管理的任务（包括职能和指导原则）

从生产实践中可以体现到下列几方面：①按市场需求，生产适销对路，质优价廉的产品；②完成生产计划所规定的目标，即产品品种、质量、产量、成本和交货期等各项要求；③合理组织劳动力，调动广大员工的积极性、主动性和创造性；④加强物资、设备、能源管理。

6. 生产管理的职能

①计划，即编制生产计划、编制作业计划等；②组织，即合理的专业化分工和科学组织生产过程各环节的协调配合；③控制，即对生产制造过程的控制。

7. 生产管理的指导原则

概括起来有：①安全生产；②按需生产；③经济生产；④均衡生产（各环节工序在相同时间内完成相等的工作任务）；⑤准时生产；⑥文明生产；⑦科学生产。

（二）水产品加工的生产计划管理

生产计划又称生产大纲，它是根据销售计划所确定的销售量，在充分利用生产力和综合平衡的基础上，对企业所生产的产品品种、数量、质量和生产进度等方面所作的统筹安排，是企业生产管理的依据。生产计划的指标主要有产品品种指标、产品产量指标、产品质量指标、产品产值指标。产品品种指标，是指企业在计划期内规定生产的产品品种数，品种计划完成率 = 完成计划产量品种数/计划产量品种数。产品产量指标，是指企业在计划期内生产的合格产品（或劳务）的实物数量，产品产量完成率 = 完成产量/计划产量。产品质量指标，是指企业在计划期内产品质量方面应达到的水平。它是反映产品内在质量的指标等级品率。产品产值指标，是指在企业计划期内完成的工业生产活动总成果的价值，是反映企业在一定时期内生产规模及水平，是计算劳动生产率、产值利润率等指标的依据。生产计划中有使用年度、季节、月份等的生产计划表。

生产作业计划，是生产计划的具体执行计划，是把企业全年生产任务具体地分配到各车间、工段、班组以及每个工作岗位和工人，规定他们在月、旬、周、日以至轮班和小时内的具体生产任务，从而保证按品种、质量、数量、期限和成本完成企业的生产任务。生产作业计划的工作内容，包括：①编制企业各层次的生产作业计划；②编制生产准备计划；③日常生产派工；④生产调度和生产作业统计。

（三）水产品生产过程的组织

它是指从投料开始，经过一系列的加工，直至成品生产出来的全部过程，其中包括劳动过程和自然过程。劳动过程，是指工人利用劳动工具，作用于劳动对象，按照规定的方法和步骤改变几何形状和性质，使其成为产品的过程。自然过程，是指在自然力的作用下，改变其物理和化学状况的过程。

1. 生产过程的构成

按其对产品所起的作用可分为 4 部分，即生产技术准备过程、基本生产过程、辅助生产过程、生产服务过程。①生产技术准备过程，是指产品在投入生产前所进行的各种生产技术准备工作。②基本生产过程，是指产品按工艺要求加工的过程。③辅助生产过程，是指为保证基本生产过程的正常进行而从事的各种辅助性生产活动的过程，如为基本生产提供动力、工具和维修工作等。④生产服务过程，是指为保证生产活动顺利进行而提供的各种服务项目工作，如原辅材料、中间产品、成品检验、物料供应、运输等服务性工作。

2. 生产过程的基本要求

包括生产过程的连续性、比例性、均衡性、适应性和经济性。①生产过程的连续性，还含有空间连续性和时间连续性。前者是指生产过程的各个工艺阶段、各工序在空间、平面之间布置紧凑合理；后者是指生产对象在生产过程的各个工序安排紧密衔接没有必要的停顿和等待时间。②生产过程的比例性，是指生产过程各个工艺阶段、各工序之间在生产能力上要保持适当的比例关系。③生产过程的均衡性，是指从投料开始，经过一系列的加工生产过程在相同的时间内生产大致相同数量或递增数量的产品。④生产过程的适应性，是指能及时满足变化了的市场需要，即朝着多品种、小批量、能够灵活转向、应急应变性强的方向发展。⑤生产过程的经济性，是指加强管理，保证实现上述4项要求，减少资金占用和减少成本。

3. 生产过程的组织

也有空间组织和时间组织之分。空间组织中有工艺专业化形式（即按生产工艺的特点设置生产单位）；对象专业化形式（即按照不同的产品来设置生产单位）；混合形式（即工艺专业化形式和对象专业化形式的混合）。而生产过程的时间组织，包括顺序移动形式（即在一道工序上全部加工完毕再移至下一道工序）；平行移动形式（即在一道工序加工完后马上移到下一道工序）；平等顺序移动形式（即一道工序完成一定数量后移到下一道工序）。

（四）水产品加工业的生产特点

这个特点概括起来有下列几方面：①水产品加工生产与渔业生产关系密切，即水产食品产业的实质是渔业生产的高级延伸；②水产品生产具有较强的时效性和季节性，这是由于渔业原料的特性而造成的。渔业原料加工及时与水产食品的安全性、营养性、经济性密切相关；③水产品生产具有广泛的综合性、适应性和可塑性。具体体现在水产加工食品的分类广、品种多，如有冷冻冷藏水产食品、干制品、腌制品、罐头、冷冻鱼糜及鱼糜制品、水产动物内脏制品、水产调味品等。而可塑性即体现在食品生产规模很大。

（五）水产品生产的日常管理和作业运作管理

1. 生产日常管理

生产日常管理比较简单，而生产运作管理包括生产调度管理、进行生产派工、轮班工作制管理以及生产异常管理等。生产日常管理，是指对完成计划任务或执行规章制度情况所进行的组织、实施、检查监督和纠正。它的管理文件，包括工作职责、管理办法、管理制度、管理细则、作业程序、操作规程、作业指导书及其标准、计划、记录表和分析表等。

2. 生产作业运作管理

生产作业运作管理，包括生产调度管理、进行生产派工、轮班工作制管理、岗位交接班管理和生产异常管理等，主要表现为生产调度管理。

（1）生产调度管理。生产调度就是组织执行生产进度计划的工作，水产食品工业企业生产环节多、协作关系复杂，生产连续性强，情况变化快，某一局部发生故障，或某一措施没有按期实现，往往会波及整个生产系统的运行。

（2）生产调度工作的主要内容，即对生产经营动态的了解、掌握、预防、处理，以及对关键部位的控制和部门间的协调配合。具体内容包括：①检查、督促和协调有关部门及时做好各项生产作业的准备工作；②根据生产需要合理调配劳动力，督促检查原材料、工具、动力等供应情况和厂内运输工作；③检查各生产环节的原料、辅料、半成品的投入和出产进度，及时发现生产进度计划执行过程中的问题，并积极采取措施加以解决；④对轮班、昼夜、周旬或月计划完成情况的统计资料和其他生产信息（如由于各种原因造成的工时损失记录、机器损坏造成的损失记录、生产能力的变动记录等）进行分析研究。

（3）生产调度工作的基本要求：①快速，即对各种偏差发现快，采取措施处理快，向上级管理部门和有关单位反映情况快；②准确，即对情况的判断准确，查找原因准确，采取对策准确；③生产调度工作必须以生产进度计划为依据，这是生产调度工作的基本原则；④生产调度工作要以预防为主，调度人员的基本任务是预防生产活动中可能发生的一切脱节现象；⑤生产调度工作要从实际出发，贯彻群众路线。

（六）水产品生产进行的生产派工

日常生产派工就是用派工指令把每周、每日、每个轮班以至每个小时各个工作岗位的生产任务进行具体安排，并检查各项生产准备工作，保证现场按生产作业计划进行生产。根据各企业不同生产类型，日常生产派工有如下不同的方式：①标准派工法，即各工作岗位的加工工序、加工顺序、日产量、工人工作安排等都制成标准，固定下来，工人每天按照标准计划工作，不必经常分配任务；②定期派工法，这种方法适用于成批量生产。根据月生产作业计划，每隔旬、周或日，定期为每个工作岗位分派工作任务；③临时派工法，这种方法适用于单体小批量生产，在单件小批量生产条件下，生产任务杂且数量不定，各工作岗位担负的加工产品品种多、数量小，所以一般都采用临时派工法；④轮换派工法，即生产现场中有一些劳动条件比较恶劣的工作岗位，还有一些岗位使工人身体的某些部位高度紧张，容易造成疲劳，所以采用此种方法。

（七）水产品生产的轮班工作制管理

它是指在分工的基础上，把为完成某项工作相互协作的有关工人，从时间上组成几个班次的劳动集体。而在不同的企业中，组织工作轮班的制度是不同的，有的实行单班制，有的实行多班制。这主要根据企业的生产工艺特点、生产任务、人员情况、经济效果和其他有关的生产条件而定。

单班制，是指每天只组织一个班生产，工人都在统一时间上下班，组织工作相对简单，主要是组织好不同工种之间的配合，充分利用工作班内的时间。

多班制，是指每天组织两班或两班以上的工人轮流生产。由于某些工艺特点，生产过程必须连续不断进行的，要组织三班或四班交叉制。工艺过程可以间歇进行，按生产任务要求也可以组织两班制或三班制生产。

对于工作轮班的组织工作，要注意下列5个问题：①合理安排各班工人的倒班；②合理组织工人轮休；③合理配备各班人员力量，避免因力量悬殊而影响生产的稳定增长；

④加强夜班生产的组织领导；⑤划清各个轮班的责任，建立严格的交接班制度。

（八）水产品生产的岗位交接班管理

交接班人员要提前做好交接准备，接班人员换完工作服到岗位后，进行逐点逐项交接，做到件件事情有交待，将交接内容和存在问题认真记入运行记录和交接班记录中，交接班人员应交的事情和注意事项如下：

（1）领导的指令或上级来检查的情况。

（2）设备运行情况及主要参数。

（3）当班的重点工作进展情况。

（4）需要提醒下班注意安全生产的重点事宜。

（5）本班生产过程中发生的大小事故及安全隐患。

（6）安全保护设施是否有异常情况。

（7）工具、消防器材及室内卫生情况。

（8）交接班应坚持做到：资料数据记录不全时不准不能交接班，特殊工种岗位不交给无证上岗者及劳保用品穿戴不全者。正在处理事故或故障时不交接班。

（9）交接班时要严肃认真，对交接班人发现的问题要及时进行整改，在交接班前发现的问题由交班方负责，接班者验收合格后交班方才可离去。

（10）交班完毕后，对发现的大小问题，一律归接班人员负责，交班人不负任何责任。

（11）交接班后，双方未签字或问题未处理完不能离岗。

（九）水产品生产异常管理

生产异常事件是指造成生产部门停工或生产进度延迟的事件。生产异常一般指这些异常是计划异常、物料异常、设备异常、品质异常、电气异常，而生产异常管理应包括下列内容：

（1）异常发生时，发现异常的部门主管应立即通知技术部门或相关责任单位，前来研究对策，加以处理，并报告直属上级。

（2）生产部门会同技术部门、责任单位采取异常的临时应急对策并加以执行，以降低异常带来的影响。

（3）异常排除后，由生产部门填写《异常报告单》，并转给责任单位。

（4）责任单位填写异常处理的根本对策，以防止异常的重复发生，并将《异常单》反馈生产部。

（5）生产部接单后，将一联复印给财务部。

（6）财务部保存异常报告单，作为向厂商索赔的依据及制造费用的会计凭证。

（7）主管部门保存异常报告单，作为生产进度控制点，并为生产计划提供参考依据。

（8）生产部门对责任单位的根本对策的执行结果进行跟踪。

（9）《异常报告单》内容项目：生产批号，生产产品（填写发生异常时正在生产的产品名称、规格），异常的发生单位（填写发生异常的制造单位名称），发生日期（填写发生异常的日期），起止时间（填写发生异常的起始时间、结束时间），异常描述（填写异常发生的详细状况，尽量用量化的数据或具体的事），停工人数、影响度，异常工时（分别填写受异常影响而停工的人数、因异常而导致时间损失的影响度)，临时对策（有异常发生的部门填写应对异常的临时应急措施)，填表单位（由异常发生的部门经办人员或主管填写)，责任单位对策（根本对策)。

二、水产品加工业的经营管理

经营是指企业在遵守国家政策的前提下，根据市场的规律和特点充分利用外部环境和内部条件的合理组织产、供、销的全部经济活动。管理，是指在特定的环境下，对组织所拥有的资源进行有效的计划、组织、领导和控制，从而达成既定的组织目标的过程。管理工作是在一定的环境条件下开展的，环境既提供了机会，也构成威胁。特定环境如六大宏观环境：自然环境、人口环境、社会文化环境、政治法律环境、经济环境以及科技环境。

企业经营和管理既有区别又有联系。区别表现在产生过程的不同（如管理是劳动社会化的产物，而经营则是商品经济的产物)、应用范围不同（如管理适用于一切组织，而经营只适用于企业)。主要任务不同（如管理的主要任务是执行企业的最高方针和目标，是执行决策。是战术性的，而经营的主要任务是决定企业的最高方针和目标，是做决策，是战略性的)。但企业经营与管理的关系是密切的，因为经营是指导管理，管理是服从经营；经营是决定管理，管理是保证经营。从水产食品企业来讲，在市场经济年代，经营是管理职能的延伸和发展，两者是不可分割的整体。本节内容主要着重在水产食品企业经营决策的论述上。如经营决策的概念与分类、经营决策的原则与程序、经营决策的方法与分析以及企业的经营理念与目标内容。

（一）水产品企业经营决策的概念与分类

企业经营决策是指企业为达到一定的目标，个人或群体决策者从多个经营方案中选择满意方案的分析判断过程。决策的目的是解决问题，决策的本质是一个分析判断的过程，决策的主题是管理者，当只有一个方案时就不能有决策。

企业经营决策按重要性划分，有战略决策和战术决策，企业经营战略决策的特点是全局性、方向性和长远性。它由最高管理层制定。企业经营战术（业务）决策的特点是为战略决策服务，具有深入、具体和定量化。由中间管理层（各职能部门）制定。如企业生产技术决策（工艺决策、设备决策、产品质量决策)。而经营战略决策的重要性，体现在下列3方面：

（1）经营战略决策是企业经营成败的关键，对此，据美国兰德公司决策执行顾问马里奥统计：世界每1 000家破产倒闭的大企业中有85%是因企业管理者决策错误造成的。

（2）经营战略决策是企业各项管理职能顺利运行的前提，是企业迎接未来挑战的根本手段。

（3）决策是经营管理的核心，是实施其他管理职能的前提和基础，是面向未来，所以有风险。

（二）水产品企业经营决策的原则与程序

经营决策的原则有：科学原则、可行性原则、整体性原则、经济性原则以及集体决策原则。①科学性原则，是指决策的方法和程序符合科学的要求，决策的结果符合客观规律。②可行性原则，是指可以执行、评估有利因素，分析不利条件，防范失败风险。③整体性原则，是指要有全局观念，以整体目标为最高准则。④经济性原则，是指要符合经济运转的客观规律。⑤集体决策原则，是指决策要民主化，充分发扬民主，实行民主决策，集思广益，重大决策要实行表决制，同时要扩大决策的参与范围，增加透明度。

至于经营决策的程序包括：提出问题、确定决策目标、拟定选择方案、方案的评价和选择、方案的实施以及方案实施过程的追踪控制6个方面，具体是：

1. 提出问题

如从环境的突变中发现问题，从竞争中发现问题，从顾客的反馈中发现问题，对未来预测的问题等。

2. 确定决策目标

应注意以下5方面问题：①决策目标必须内容正确，如市场需要、经济效益；②决策目标必须明确具体；③明确决策目标的约束条件，如水产食品质量目标，约束条件是国家法规；④决策目标必须切合实际，决策目标必须以主、客观条件为基础，如一些名优水产食品等；⑤多目标问题的处理，如投资一个水产食品项目有哪些目标和主目标等。

3. 拟定选择方案

确定目标后，就要拟定各种方案供决策时选择。一个方案无从比较其优劣，也无选择余地。多方案抉择是科学决策的重要原则。可靠的方案必须具备下列3个条件：①能够保证经营目标的实现；②方案的排他性（方案间具有相互排斥）；③企业外部环境与内部条件都具有可行性。

企业外部环境，如自然环境、人口环境、社会文化环境、政治法律环境、经济环境、科技环境。

企业内部条件，如采购与供应实力、生产能力与产品实力、市场营销与促销实力、财务实力、人力资源实力、技术开发实力、时间信息等无形资源把握能力、管理经营实力。

4. 方案的评价与选择

包括方案的评价标准、方案的评价和方案的选择。方案的评价标准，是指用计划拟定的经营目标去评价各个可行方案。方案的评价，是指每个可行方案都有其可取之处，也有不利一面，评价方案时要从全局性、整体性和利益性出发。方案的选择，是指科学决策遵循的是满意原则，满意方案即在诸多方案中，在现实条件下，能够使主要目标得到实现，次要目标也有足够好的合理方案。

5. 方案的实施

是指将方案目标落实到各部门和个人，制定实施规划和期限，解决和实施方案的有关问题。

6. 方案实施过程的追踪控制

如监督、检查、分析和修正等。

（三）水产品企业决策的方法与分析

企业决策的方法有定性决策方法和定量决策方法之分。定性决策方法又称主观决策法，其特点是：掌握有关信息、有丰富的经验、对未来的预测以及进行分析判断。定量决策方法，较常用的有：确定性决策、风险性决策、非确定性决策。至于影响决策因素的分析问题，可从下列几个因素进行分析：

1. 科技环境分析

企业的科技环境，是指企业所处的社会环境中的科技要素（两个基本科技要素：社会科技水平、社会科技力量）及与该要素直接相关的各种社会现象的集合。

（1）社会科技水平分析。它是了解与本企业产品有关的社会科技水平有利于企业的正确决策。这里主要有两方面：一是科技研究的领域（新的硬技术和新的软技术），企业要密切关注、跟踪掌握、重视与本企业的产品有关的科技研究领域的发展趋势和发展速度。新的硬技术，包括新材料、新技术、新设备。新的软技术，如现代管理思想和管理方法等。二是科研成果先进程度，包括技术水平、技术含量、技术性能的稳定性和工艺的成熟程度。

（2）社会科技力量。它是指一个国家或地区的科技研究与开发的实力。

2. 经济环境分析

包括消费者收入变化和宏观经济政策，消费者收入变化，应根据不同的经济发展水平，不同的消费群体制定开发不同水产食品的决策。如地区间国民收入差距逐渐扩大，个人之间收入差距逐渐扩大，行业间收入差距正在扩大，消费结构变化（恩格尔系数下降）。而宏观经济政策，是指国家、政府制定的一定时期国家经济发展目标实现的战略与策略，如三农政策等。

3. 政治法律环境分析

包括一个国家的经济政策、法规和消费者利益保护组织等。政治法律环境对企业影响的特点是直接性、较难预测性和不可逆转性。而法律环境分析的因素有：国家或地方政府颁布的各项法规、法令和条例及行政执法机关。

4. 行业发展因素分析

行业发展影响因素分析主要包括：行业特性分析、行业规模结构分析、行业数量结构分析、行业市场结构分析等。①行业特性分析中，行业可分为劳动行业、资金行业和技术密集型行业。水产食品行业属劳动密集型行业。②行业规模结构分析，主要是分析行业内几家大企业的经营状况，分析他们的产品特色、技术水平、竞争能力及市场占有率等因素。这里有悬殊型行业（即行业内竞争不甚激烈）和均衡型行业（即行业内各企业竞争十分激烈）。水产品行业属均衡型行业。③行业数量结构分析，水产品行业属市场规模大，企业数量多的行业。④行业市场结构分析，包括产品市场分析和原料市场分析，原料市场分析是指对名优水产食品原料的生长环境、政府对水产自然资源的管理，水产原材料的短缺和环境的污染。产品市场分析，包括人口环境分析和社会文化环境分析，前者是指想买东西和有购买力的人，而文化环境包括影响一个社会的基本价值观念、偏好和行为的风俗习惯和其他因素，如风俗习惯、教育水平、宗教和偏好等。

（四）企业经营观念和经营目标的内容

企业经营观念包括市场观念、竞争观念、效益观念、创新观念、长远观念、社会观念和民主观念。具体含义如下：

1. 市场观念

是企业处理自身与顾客之间关系的经营思想，顾客需求是企业经营活动的出发点和归宿，是企业的生存发展之源。

2. 竞争观念

是企业处理自身与竞争对手之间关系的经营思想，因为市场竞争具有：客观性、公平性、风险性和排他性。

3. 效益观念

其本质就是以较少的投入（资金、人才、财产、物资）带来较大的产出（产量、销售收入和利润）。

4. 创新观念

它是企业处理现状和变革之间关系的经营思想。创新是企业家抓住市场的潜在机会，对经营要素、经营条件和经营组织的重新组合，以建立效能更强、效率更高的新经营的体系的变革过程。企业创新观念主要体现在下面3方面：①技术创新（包括新产品开发、老产品改造、新技术和新工艺的采用及新资源的利用）；②市场创新，即向新市场进行开拓；③组织创新，包括变革原有的组织形式，建立新的经营组织。

5. 长远观念、社会观念和民主观念的含义

长远观念是指企业处理自身近期利益与长远发展关系的经营思想。

6. 社会观念的本质

就是谋求企业与社会的共同发展，企业的发展为社会出了贡献，社会的发展又为企业的发展创造了一个良好的外部环境。

7. 民主观念

是企业领导在决策时处理与下属以及职工关系的经营思想。

至于企业经营目标的内定，它包括市场方面的目标内容和技术改进和发展方面的目标内容。市场方面的目标，是用市场占有率、销售额或销售量来表示。技术改进和发展方面的目标，即采用新技术、新工艺、新设备、新材料，用先进技术改造和替代落后技术，促进产品结构的合理化和高级化，提高经济效益，用完成的项目或提高经济效益来表示。而企业年度经营计划的内容，包括：经营方针、经营目标；职能部门计划；销售计划、生产计划、采购计划；投资计划，融资计划；资产管理计划；资金计划和财务预算。

第三节　水产品加工业的科技管理与质量管理

科技管理与质量管理两者的总方向是一致的，都是为了提高产品质量和提高经济效益。但两者的着眼点不同。以科技管理来提高产品质量和经济效益，是从企业科技开发的内容和科技管理的方法为着眼点，如开发研究水产品加工过程和方法，研究新产品的生产技术，开发新产品的资源的新品种，以及设置科技管理机构和成果申报评审等，而以质量管理来提高产品的质量和经济效益，是以水产品加工中安全控制为内容和良好的生产规范等为着眼点，如以食品卫生标准操作程序为安全控制内容，而良好的生产规范，是要求生产企业具备合理的生产过程和控制方法，精良的生产设备，合格的从业人员和优质的原料，防止出现质量低劣的食品，保证产品质量。现将上述的两种管理分述于后。

一、水产品加工业的科技管理

水产品企业科技管理，是指水产食品企业在生产过程中对一系列科学技术的运用、研究等活动进行科学管理的总称。水产品企业科技管理的意义，概括起来有下列 3 方面：①科技成果转化为现实生产力的重要保证，科技成果转化为生产力应体现在工程化、成熟化、配套化、商品化、市场化、效益化和产业化等方面；②实现水产品企业现代化的重要措施和条件。水产食品加工技术由传统向现代化转化过程，如应用现代加工技术生产鱼糜制品、鱼油加工、休闲小食、浓缩鱼蛋白等生产；③水产品企业科技进步本身的需要，即水产食品企业向科技要质量、要速度、要效益。因为科技进步会不断变革和创新推动经济的发展和社会的进步。而水产品企业科技管理的原则，必须符合国家科技发展政策，必须坚持为企业经济服务，必须领先于企业生产发展规划，必须具有科学的预见性和技术的先进性。为此，这里着重介绍水产食品企业科技开发内容和科技管理两方面内容。

（一）水产品企业的科技开发内容

包括科技开发内容、新产品开发程序以及技术开发项目的可行性研究三方面内容，因为这三者之间是相互联系的。

1. 水产品企业科技开发内容

包括产品开发、技术改造、技术攻关、工艺革新和技术引进。产品开发是指新产品，即在营养、风味、功能、原料及性质等方面比原来产品有显著改进或提高，并深受消费者欢迎。开发水产食品的新产品应具有品种新、质量优和价格廉的良好竞争力。水产食品新产品的开发方式有自主型研究开发和联合型研制开发等，开发过程必须考虑消费者的要求，产品的功能以及市场上的竞争力。开发内容必须研究水产原料、辅助材料、半成品和成品的理化性质及其在加工过程中的变化，研究水产品的加工过程和方法，研究新产品的生产技术、开发新产品的资源和品种等。

技术开发的种类有全新型新技术、换代型新技术和改进型新技术。全新型新技术，是指有新的科学原理，实现新的技术突破，有新的材料、新的设备、新的工艺或未曾有过的新产品。换代型新产品，是指科学原理虽然相同，但与原有技术比较有着显著进步。改进型新技术，是指生产过程中使用了改进工艺方法和效率更高的劳动手段。

新技术开发的方向，有新产品开发、新设备与工具开发、新生产工艺开发、新能源与新原料开发以及改善生产环境的技术开发及生产与管理的现代化选择等。然而，上述这些水产食品企业新技术开发的必备条件离不开科学技术工作队伍、技术开发经费、技术开发装备、技术开发场所和科学技术情报等。

2. 水产品新产品的开发程序

包括三个阶段，即创意阶段、试产阶段和商品化阶段。①创意阶段分为创意产生和创意筛选。创意产生即新产品设想，创意筛选，即可行性研究，对此必须对市场、需求和发展趋势进行分析。②试产阶段是要将产品创意转化为一个清晰的产品，并能将其发展成有商品价值的实质产品，进行新产品试产和新产品市场试销及评估。③商品化阶段是在试销成功之后，公司开始大量生产产品，进入目标市场，并组织有效的营销组合进行销售。

3. 水产品企业科技开发项目的可行性研究

这里有可行性研究的作用、可行性研究的内容和步骤以及可行性研究的项目评价的三方面内容，具体是：

（1）可行性研究的作用。①可为决策、编制和审批项目设计任务书提供依据；②可为筹集资金提供依据；③可为合作、协作合同提供依据；④可为引进、采用新技术和新设备提供依据；⑤可为环保审查提供依据。

（2）可行性研究的内容包括。立项的目的和意义、项目的特色和创新突破点、承担项目单位概况、研究工作基础、项目的规模、产品方案、总体布置、工艺流程、设备造型、劳动定员、三废治理、建设工作、投资概算以及技术经济指标等。而可行性研究的工作步骤是：①签订委托协议；②组建工作小组；③制定工作计划；④市场调查与预测；⑤方案编制与优化；⑥项目评价；⑦编写可行性研究报告；⑧与委托单位交换意见。

（3）可行性研究项目评价，是建设项目立项前初步可行性研究报告的重要组成部分，是通过多个技术方案、建设方案比较，选出技术上先进可靠和经济上合理的方案，并对其全面的评价，提出对建设项目技术、经济、社会等方面的评价意见。项目评价的作用，是投资决策的重要依据，是总结项目建设的经验教训和评价项目管理的依据。

（4）至于可行性研究项目评价的分类，若按时间划分，有事前评价（用于投资决策）；事中评价（研究原投资决策的正确性，并进行修改）；事后评价（总结经验，研究投资决策的正确性）。若按评价内容划分，有技术评价（即对技术、工艺、设备的先进性、可靠性、耐用、适用、节能、环保的评价）；经济评价（包括财务评价、国民经济评价）；社会评价（对社会再分配效果及一些不易定量的影响，对当地民众的影响，对国家发展目标的贡献与影响）；综合评价（对技术、经济、政治、军事、资金利用的影响）。若按评价方法来划分，有定量分析法（即静态分析法和动态分析法）；定性分析法，即把握方向。

（二）水产品加工企业的科技管理办法

为贯彻落实“科学技术”是第一生产力的方针，推进水产食品加工企业科技创新步伐，水产食品加工企业要根据上级科技管理有关文件精神，结合企业实际情况，制定本企业科技管理办法，具体管理措施如下。

1. 企业要设置科技管理机构及其职能

科技管理机构负责全企业科技工作的日常管理，主要工作范围包括技术成果、管理成果、QC 成果、专利成果、月度创新成果、科技论文等。主要工作内容：项目的立项、监督实施、成果受理、组织鉴定、申报评奖、资料归档及其相关的日常工作。如产品设计、工艺设计、原料筛选、配方设计和设备、技改项目、新产品试制和试验、企业标准制定、工艺管理、操作管理、质量管理、设备管理、标准化计量管理等。

2. 项目的立项与实施

这里包括实行立项管理、申报立项和项目完成 3 个环节。根据上级的计划安排，结合公司发展规划及公司科技、生产、经营等方面的需要，每年下达一次项目计划，实行立项管理。企业下属各单位根据具体工作情况确定研究项目，经各专业负责人审查后，向上级申报立项。凡经公司及上级部门审定并行文下达的立项项目，项目负责人和承担单位要拟定项目实施书案，做到措施、人员、资金、设备、仪器等各项工作落实到位，认真组织实施。科技管理机构人员要全过程跟踪监控，及时了解、掌握、督促、协调立项项目的实施，提出指导性建议，保证立项项目按期完成。

3. 成果的申报与评审

包括申报、提供依据、审定和评审4个环节。科技管理机构对完成的项目及时协助、督促有关单位和人员进行材料整理。凡公司立项管理项目完成后，承担单位必须及时写出技术工作报告，经专业技术负责人审核并签署意见后，报公司科技管理机构申报评审。对所受理的项目成果，由专业技术负责人牵头，汇同承接单位及有关部门，对成果进行现场考察，提出初评意见，为成果评审委员会的评审提供依据。由科技成果评审委员会，按照科技含量、技术水平、社会效益、经济效益等内容，进行综合评议，确定获奖成果及等级，并报上级科技管理委员会审定。鼓励创新活动，对在安全、生产、经营、管理、节支降耗、降低成本等方面完成的效益、效果突出的创新成果，由完成单位及时整理好评审材料，报公司科技管理机构登记汇总进行评审。

4. 科技人员的管理与评选

首先要对全公司工程技术人员实行业绩量化的考核管理，如对公司级成果：每完成1项，记××分；通过集团公司评议的，再加××分。对集团公司级成果：申请报奖后，获集团公司特等奖的，记××分；获一等奖的，记××分；获二等奖的记××分，等等。本管理规定涉及成果级别包括：公司创新成果，获集团公司级及以上级别的奖励成果。涉及成果范围包括：科技成果、管理成果、QC成果、专利、论文，指在国内外公开发行刊物上发表的科技论文和管理论文。成果评定级别以证书、公示的文件为准。同时，公司对在技术创新方面做出突出贡献的个人进行奖励，每年评选出多少名优秀科技创新人员，在年度科技创新工作会议上进行表彰奖励。

5. 科技论文的管理规定

①公司鼓励广大职工结合工作实际积极发表科技论文，并定期进行评选，择优奖励。本管理规定仅限于科技论文和管理论文，不包括政研论文或通讯报道等。②论文级别的划分原则为：由国家级部门主办，面向全国发行的科技期刊，或在全国有重要影响的学术期刊定为核心级期刊；而由省级主办的刊物等，定为一般级期刊。③本公司在岗职工发表的科技论文或管理论文，由完成者本人持发表论文刊物原件及复印件，到科技管理中心登记建档，不登记者不予受理评奖。④符合评奖范围论文的基本条件：A. 本公司在职职工撰写；B. 内容必须与公司生产管理经营活动相关联，经过审核后发表并已备案；C. 论文内容与本职工作密切相关，针对本专业工作所写的：D. 在国内外公开正式刊物上或有内部准印证刊物上发表；E. 主要包括能够反映本公司改革发展的科技、安全生产、经营管理等方面的议论，其他的不列入奖励范围；F. 凡涉及本公司科研成果项目或经济技术指标的论文，必须对关键技术或数据保密，在发表前必须得到审核批准，才可对外发表。经审核后同意对外发表的议论，审核者签字，作者到公司科技管理机构登记备案，否则不列入奖励范围，并追究相关责任。审核者对论文涉及的数据、事项等企业秘密要负责；凡发表的与本公司相关的论文，出现内容不实，泄露企业核心技术秘密，对公司造成形象损害或财产损失的，由论文作者承担具体责任，并联带追究审核者的责任；G. 对在公开学术会

议上交流发表并获奖的论文，根据其会议级别、论文质量、获奖等级等因素，确定奖励数额；H. 对同一类内容的论文，只奖励第一个发表的作者，其他发表的人员，不再重复奖励；I. 对窃取别人成果作为自己论文材料发表的人员，不予奖励；对单纯以追求论文奖励为手段的人员，不予奖励。

6. 创新项目管理规定

①属公司立项的项目，实行项目负责制，具体落实到人，明确一名项目负责人。项目负责人必须从事项目相关专业的研究，项目主要参加人员应直接从事研究工作，在成果材料中，研究人员按贡献大小依次排名；②对列入公司立项的项目完成后，在运行 1～3 个月的基础上，写出成果证明、经济效益证明、成果研究报告、工业性试验报告等有关材料。报告交科技管理中心，管理中心负责上报有关部门，申请组织评议或验收；③对获公司奖励成果的实行公示制度，由科技管理中心负责将公司初评获奖成果的具体内容，在公司局域网和"科技橱窗专栏"内公示 7 天，做到公开、公正、公平合理；④申报上级奖励的成果，必须通过上级或公司组织的技术鉴定、评议或验收。凡是有争议的科技成果，在争议未解决前，不得申报奖励。

7. 奖励规定

公司每年召开一次科技创新工作会议，总结全公司上届科技工作，部署下届科技规划，并对优秀技术成果和管理成果、优秀科技创新人员和优秀科技工作者等进行表彰。其奖励范围：①新研制开发的优秀成果（包括新产品、新技术、新工艺、新材料等）；②在本公司首次推广应用并取得良好效益的先进科技成果（包括新仪器、新设备的应用）；③在本公司生产、安全、经营、管理等方面取得的优秀成果；④群众性的岗位小革新成果；⑤取得显著经济效益的重大科技成果和重大创新成果；⑥公开发行刊物上发表的代表技术或管理论文；⑦各种具有自主知识产权的专利发明成果。

8. 考核规定

按下列程序进行：①实行专业目标量化考核，实行指标分解法；②实行专业领导责任制，落实科技项目、新技术推广项目的完成情况责任制；③实行工程技术人员年度科技业绩考核制。高级职称人员、中级职称人员，每年至少完成创新成果或发表科技论文数量以及其他科技工作；④公司每年考核一次，对有成果、论文的人员进行表彰奖励。

二、水产品加工业的质量管理

质量，是指产品质量和服务质量。质量管理，是指对确定和达到质量所必需的全部职能和活动的管理，其管理职能主要是负责质量方针政策的制订和实施。质量管理的基本方法，也称 PDCA 循环，其含义是计划、执行、检查和行动。水产食品中的产品安全质量控制主要内容是：卫生标准操作程序（SSOP）、良好生产规范（GMP）、危险性分析与关键控制点（HACCP）、ISO22000：2005 食品安全管理体系，具体内容如下。

（一）水产品加工业的卫生标准操作程序

此操作程序包括：与食品接触或与食品接触物表面接触的水（冰）的安全；与食品接触表面（包括设备、手套、工作服）的清洁；防止交叉污染；手的清洗与消毒，厕所设施的维护与卫生保持；防止食品被污染物污染；有毒化学物质的标记、储存和使用；雇员的健康与卫生控制；虫害的防治，共8方面。

1. 与食品接触或与食品接触物表面接触水（冰）的安全

为保证安全，与食品接触的水必须考虑水源、水的标准、使用的设施、水产用冰、废水排放、监控以及纠偏等诸多问题。

（1）水源。水产食品加工中使用的水，各项指标应符合《生活饮用水标准》，若是用自供水则应注意以下几点：①水井应选择在地下水流的下方，周围环境无污染；②蓄水池应保持卫生安全、防鼠、并与外界相对封闭；③井口应离地面1 m以上，防止地面污水倒流井中；④井水应采用加氯装置，游离余氯应符合GB5749的要求。

（2）标准。国家饮用水标准GB5749—2006，细胞总数小于100个/Ml 37℃培养，大肠菌群小于3个/Ml，致病菌不得检出，游离余氯：水管末端为$0.05\times10^{-6}\sim0.3\times10^{-6}$。

（3）设施。供水设施要完好，一旦损坏要立即维修。管道的设计要防止冷凝水下滴污染裸露的加工食品，工厂保持详细的供水网络图，以便日常对生产供水系统管理与维护。车间内的水龙头按序编号，使用软水管要求浅色，无毒不易发霉的材料制成，软水管使用不能拖在地上，不直接浸入水槽中，洗手消毒水龙头为脚踏开关。

（4）生产用冰。制冰用水的水质要符合饮用水标准，制冰设备或盛装冰块的器具，必须保持良好的清洁卫生，冰的存放、粉碎、运输、盛装、储存等都必须在卫生条件下进行，防止与地面接触造成污染。

（5）废水排放。污水处理符合环保部门的规定，地面坡度为1%～1.5%，生产的废水要直接入沟，而且流向从清洁区向非清洁区，明沟加不锈钢篦子，与外界接口有水封防虫装置，下水道每日清扫，保持排水畅通，无淤积现象。

（6）监控。设备部门负责对供水设施的维护和日常维修，井水在工厂投厂前必须经当地防疫部门进行全项目检测，并有检测报告，以后每年不少于两次。企业化验室至少每周对水和冰进行一次微生物指标检测，每天对余氯进行检测，每年对所有水龙头都要检测。

（7）纠偏。当水质检测不合格时，立即停止生产，并要进行评估，直到问题得到解决才能重新生产。

（8）记录。要有水质检测报告，余氯浓度检测报告和供水网络图。

2. 与食品接触表面的清洁

与食品接触的表面包括设备、手套和工作服，这些设备及用具在材料和制作上都有一定要求，而且在清洗消毒方面还有一定程序。

（1）材料和制作。耐腐蚀、不吸水、不生锈，表面光滑易清洗消毒的无毒材料，不用木制品、纤维制品、含铁金属、镀锌金属、黄铜等，而手套、围裙、工作服等应根据耐用材料合理设计和制作，禁止使用布手套。食品接触面的制造和设计应本着便于清洗和消毒的原则，制作要精细，无粗糙缝隙、凹陷、破裂等。固定的设备安装时应离墙一定的距离，并高于地面，便于清洗、消毒和维修。

（2）与食品接触面的清洗消毒程序，大致如下：①清扫。用刷子、扫帚等清除设备工器具表面的食品颗粒和污物；②预冲洗。用洁净的水冲洗器具的表面，除去清扫后遗留的微小颗粒；③清洁剂。用清洁剂清洗器具表面，进一步去除污物；④冲洗。用流动的洁净水冲去食品接触面上的清洁剂和污物，要求接触面要冲洗干净，不残留清洁剂和污物，为消毒提供良好的表面；⑤消毒。对清洗干净的食品接触面进行消毒，除去或抑制病原微生物；⑥清洗。消毒结束后用洁净的水对被消毒对象进行清洗，尽可能减少消毒剂的残留。具体物件的消毒程序如下：

A. 案面、设备、工器具清洗消毒程序：清扫→预冲洗→清洁剂→冲洗→余氯 100×10^{-6} 消毒剂或75%酒精消毒→清洗。

B. 工作服清洗消毒程序：按不同清洁区分开工作服→放入洗衣机加清水、清洁剂清洗→清水洗→脱水→烘干（消毒）→挂回各自更衣室臭氧消毒。

C. 包装物料清洁卫生程序：包装物料间应保持清洁卫生、通风干燥、防霉、防虫、防鼠，内外包装分开堆放，材料堆垛与地面、墙壁要保持一定距离，包装物料不得重复使用。

D. 空气的清洁卫生程序：每天对车间和更衣室内的空气进行臭氧消毒，消毒时间不少于1 h。

（3）监控。其方法包括视觉——感官检查接触表面是否清洁卫生，有无残留物；工作服是否清洁卫生，有无卫生死角。化学检查——主要检查消毒剂的浓度，消毒后的残留浓度。表面微生物检查——平板计数。

（4）纠偏措施。应采用适当的方法及时纠正。如再清洁、消毒、检查消毒剂浓度、对员工进行培训等。

（5）记录。消毒剂浓度记录、微生物检测结果报告单、臭氧消毒记录、每日卫生检查记录。

3. 防止交叉污染

为了防止食品加工中的交叉污染，着重在监控程序、车间布局、纠编措施和记录的方法上把关。

（1）监控程序。如对新进厂员工进行基本卫生知识培训，企业管理人员应安排基本的食品安全课程。同时，员工的加工操作不能导致交叉污染（包括头发、使用手套、手的清洁、个人物品的存放、饮食和水鞋的消毒等），具体如下：①每人每天要保持个人卫生，如洗澡、刷牙、头发整洁、指甲干净、衣服鞋袜整洁，并要穿戴好工作服、工作帽、口罩等；②不得佩戴任何首饰；③手套、围裙要经消毒才能使用，如有破损应及时更换；④班前、班中每1 h工人应清洗消毒手和手套；⑤工人进入车间前应用 200×10^{-6} 消毒剂消毒水鞋；⑥车间内不得有吃零食、喝饮料、吸烟等不良行为；⑦与生产无关的私人物品不能存放在生产车间内；⑧各工序的工作人员不得随便串岗；⑨落地原料应专人收集处理，不得混入正品里；⑩加工过程中不能挖、抓挠身体任何部位或手接触不洁物；⑪工作区内禁止随地吐痰、打喷嚏等不良行为；⑫患有碍食品卫生安全的疾病，不能进入车间内；⑬对原料、辅料及包装材料进行严格管理，防止交叉污染。监控频率要贯彻开工前和班中的随时检查。

（2）车间的布局要合理，食品的生、熟区要严格分开，避免人流、物流、水流、气流的交叉污染。至于污水的排放，其原则是：不能积存水、地漏足够，下水道要有弧度，污水从清洁区到非清洁区。

（3）纠偏措施。如果有必要，停车处理，直到问题被纠正；采取步骤防止再发生污染；评估产品的安全性；如有必要，改用、再加工或弃用受影响的产品；加强员工的培训。

（4）记录。包括员工的培训记录和员工的卫生检查记录等。

4. 员工手的清洗与消毒，厕所设施的维护与卫生保持

这项工作表面上看起来好像无关紧要，但对于食品加工业来说是不可忽视的，因为它直接关系到食品的卫生问题。员工手的清洗消毒以及厕所设施的维护卫生的管理工作，与上述的防交叉污染一样，也包括监控、纠偏和记录3个过程，具体内容如下。

（1）监控。包括洗手消毒设施、厕所设施以及洗手、入厕、更衣室和清洗消毒监控的程序。①洗手消毒设施，是指车间入口处设有与车间内员工数量相适应的洗手消毒设施。洗手水龙头所需配置的比例为10人一个，洗手水龙头为非手动，车间内适当的位置应设足够数量的洗手消毒设施，以便于员工在操作过程中定时洗手消毒或在弄脏手后消毒；②厕所设施，是指厕所的位置应设在加工区外，可设在更衣区，厕所的门不能直接开向加工作业区。卫生间的墙壁、地面和门窗应用浅色、易消毒，耐腐蚀、不渗水的材料建造，并配有冲水和洗手消毒设施，防蚊蝇设施齐全，通风良好；③洗手消毒程序是，清洗→清洁剂→清洗→消毒（30 s）→清洗→干手；④入厕程序是，更换工作服→换入厕所鞋→入厕→冲厕→洗手→消毒→干手→换鞋→换工作服→洗手→消毒→进入工作区；⑤更衣室、围裙间的消毒程序是，不同车间工作服分别挂放，私人衣服与工作服分开挂放。围裙必须清洗干净后才能挂在围裙间，每天保证对更衣室、围裙间用臭氧消毒至少1 h。下班后工作服放进指定的桶内收集，清洗不可与清洁的工作服挂放在一起；⑥手的清洗消毒监控程序，是进入车间的工作人员应穿戴整齐洁净的工作服、工作帽、口罩和水鞋；工作人员严禁染指甲和化妆，并严格执行洗手消毒程序。

（2）纠偏措施。卫生监督员应对更衣室、厕所设施的清洁进行监督，纠正任何可能会造成污染的情况，若卫生间设施损坏和车间洗手消毒设施损坏则由卫生监督员及时通知维修，并对工人不正确的入厕洗手消毒程序和车间洗手消毒程序进行及时纠正，并根据化验室微生物抽检结果对员工的洗手消毒程序进行纠正，直至符合卫生要求；纠正可能因工作服造成交叉污染的行为；对污染产品隔离并评估污染情况，以便重新加工或废弃。

（3）记录。要做到每日卫生检查记录、消毒剂浓度记录。

5. 防止食品被污染物污染

为防止食品、食品包装材料和食品接触表面被微生物、化学品及物理的污染物沾污，必须对污染物的来源、污染物的控制程序、监控以及纠偏措施等都有所了解。

（1）污染物来源。生产实践中证实，污染物的来源大致包括下列几方面：①被污染的冷凝水；②不清洁水的飞溅；③空气中的灰尘、颗粒；④外来物质；⑤地面污物；⑥无保护装置的照明设备；⑦清洁剂、消毒剂的残留；⑧不卫生的包装材料等。

（2）污染物的控制程序。大致有下列几种方法：①良好的通风，即车间的温度控制、顶棚呈圆弧形以及及时清扫；②清扫地板，清除地面上的积水和在有死水周边地带，疏通行人和交通工具；③工厂道路经过水泥硬化处理，并要保护道路的清洁，以减少尘土，还要注意厂区及其周围大面积绿化；④外来危险品均由专人负责储存，并要远离产品及包装物；⑤清扫地面上的污染物和落地产品的收集处理；⑥所有照明设备都要装上防护罩；

⑦严格按照规定比例对各种化学物品进行配制；⑧包装物料存放库要保持干燥、清洁、通风、防霉，内外包装分别存放，上有盖布下有垫板，并设有防虫防鼠设施。

（3）监控。厂区道路每天由专人清扫，车间管理人员对以上各要点要进行检查。

（4）纠偏措施。除去不卫生表面的冷凝物；用遮盖防止冷凝物落到食品、包装材料及食品接触面上；清除地面积水、污物、清洗化合物残留；评估被污染的食品；培训员工正确使用化合物。

（5）记录。每日卫生检查记录。

6. 有毒化学物质的标记、储存和使用

水产食品加工业使用的化学药品有消毒剂、清洁剂、保鲜剂、盐酸以及化验室用的化学药品都要有规定的标记、储存和使用方法。

（1）化学物品的标记。缩写化学物品一览表，所使用的化学物品有主管部门批准生产、销售和使用的证明、主要成分、毒性、使用剂量和注意事项，正确使用。

（2）化学物品的储存。化学物品要做到专库存放，药剂房要带锁，专人负责管理，食品级化学物与非食品级化学物要分开存放，有毒化学物品应远离食品设备、工器具和易接触食品的地方。

（3）化学物品的使用。建立有毒化合物的领用、配制、使用制度，由经过培训的专人负责配制和领用，并有登记记录。严禁使用曾存放过有毒化合物的容器再存放食品。

（4）检测。检测的目的是确保有毒化合物的标记、贮存和使用能使食品免遭污染，检测的区域主要包括食品接触面、包装材料，用于加工过程和包含在成品内的辅料。检测有毒化合物是否被正确标记、正确贮存、正确使用。企业要以足够的检测频率来检查是否符合要求，一般每天至少检查一次，全天都应注意观察实施情况。

（5）纠正措施。将存放不正确的有毒物品转移到合适的地方；将标签不全的化合物退还给供货商；对于不能正确辨认内容物的工作容器要重新标记；不合适或已损坏的工作容器弃之不用或销毁；评价不正确使用有毒化合物造成的影响，判断食品是否已遭污染；加强员工培训以纠正不正确的操作。

（6）记录。化学物品领用记录，消毒剂浓度配制记录。

7. 员工的健康与卫生控制

其内容包括健康检查、员工进入车间时的卫生控制、生产过程中的控制、加强员工卫生意识的培训以及纠偏措施和记录的几方面事项。

（1）健康检查：公司组织生产人员每年进行 1 次健康检查，持证上岗，必要时还要做临时的健康检查。新员工必须经过体检合格后才能上岗，健康证由办公室统一保管。

（2）员工进入车间时的卫生控制。必须做到下列 5 项要求：①严格洗手消毒程序；②卫生管理员负责清理员工身上粘有的头发、异物等；③接受检查，即工作服是否干净、整齐，是否身上粘有异物，指甲是否过长，手是否有伤或化脓现象；④与生产无关的物品严禁带入车间，员工不得戴首饰，不得化妆和涂指甲油等；⑤非生产人员进入车间卫生消毒程序同上述②的规定。

（3）生产过程中的控制。要做到下列 4 项要求：①生产车间严禁吸烟、吃食品、喝饮料；②员工进入卫生间前要脱下工作服，从卫生间出来必须重新洗手消毒；③工作人员不得随便串岗；④工作过程中每个环节按要求定时洗手消毒。

（4）加强员工卫生意识的培训。公司制定《员工培训计划》，并考核、记录。

（5）监控频率。每年进行1次健康检查，车间负责人每天对员工的身体健康状况都要进行了解。

（6）纠偏措施。调离工作岗位直至痊愈；加强员工的卫生知识培训。

（7）记录。包括健康检查记录、员工培训记录以及每日卫生检查记录。

8. 虫害的防治

内容包括监控、纠正措施以及做好记录。

（1）监控。制定详细的厂区环境卫生计划，定期对厂区环境卫生进行清扫，特别注意不留卫生死角。清除杂草、厂区平整、不积水、清除蚊蝇的滋生地，生活垃圾要及时清理，厂区厕所由专人负责，每天清扫，不准在厂内养狗、养猪等活的动物。车间与外界联系的排水沟设有不锈钢防护罩。厂区具有灭鼠网络图，设有灭鼠笼，车间废料间、厕所、更衣室、围裙间、水鞋间要定期清扫，保护清洁卫生，垃圾桶及时清理，车间入口、传递口挂有黄色胶帘，车间各入口装有灭蝇灯，抽风口设有防虫防鼠设施。

（2）纠正措施。根据实际灭鼠和杀虫情况调整灭鼠方案，发现灭鼠杀虫设施有损坏的要及时维修或更换，发现有鼠或虫的痕迹要采取相应的处理措施。

（3）记录。包括厂区清扫记录、捕鼠记录等。

（二）水产食品加工业的良好生产规范

它是一种注重食品加工过程中质量与卫生的自主性管理制度，是为保障食品质量而制定的贯穿食品生产全过程的一系列措施、方法和技术要求，其主要内容是要求生产企业具备合理的生产过程和控制方法，精良的生产设备、合格的从业人员和优质的原料，防止出现质量低劣的食品，保证产品质量。我国水产食品加工企业采用《水产食品加工企业良好操作规范》（GB/T20941—2007）。

（三）水产品加工业的危险性分析与关键控制点

它是一种能显著提高食品安全的有效系统，为了保证水产食品安全，对可能发生在水产食品加工环节中的危害（如生物的、化学的、物理的）进行分析、评估，并根据HACCP的原理确定相应的关键控制点和临界限值，制定了相应的预防措施，建立了监控方法，将水产食品生产过程中的危害因素降低到最低程度，从而最大限度地提高水产食品的安全性。

至于HACCP的执行步骤包括以下几个过程：①组成HACCP小组；②产品描述；③确定用途及消费对象；④建立流程图；⑤流程图的现场验证；⑥危害分析和预防措施；⑦确定关键控制点；⑧确定关键限值；⑨建立监控控制；⑩建立纠偏措施；⑪建立验证程序；⑫建立记录管理程序。

（四）水产品加工业的ISO22000：2005食品安全管理体系

ISO22000标准的食品安全管理范围覆盖至整个食品链，由于在食品链的任何阶段都有可能引入食品安全危害。因此，必须对整个食品链进行充分的控制。食品安全是要通过食品链中所有参与方的共同努力来保证。食品链内的各类组织包括饲料生产者、初级生产者、食品制造者运输和仓储经营者，直至零售分包商和餐饮经营者（包括与其内在关联的组织，如设备、包装材料、清洁剂、添加剂和辅料的生产者），也包括服务提供商。

国务院设立食品安全委员会，以加强对各有关监管部门的协调、指导。我国、欧盟全体成员国和韩国等众多国家同样采用了 ISO2000 为国家标准。

第四节　水产品加工业的卫生管理与环保管理

水产品加工业的卫生管理和环境保护管理是连在一起的，前者着重在厂区内人员的卫生管理，后者是着重在厂区外如加工废水的管理。这是因为水产食品工业的固定废弃物会对环境造成严重影响。具体管理措施分述于后。

一、水产品加工业的卫生管理

水产品加工业的卫生管理，首先必须建立卫生管理机构，明确管理职责；然后是厂区、厂房、机器、停车场、餐厅以及工作人员的卫生管理，这些管理都是一环接一环的工作，不可分开。

（一）建立卫生管理机构，明确管理职责

水产食品厂必须建立相应的卫生管理机构，对本单位的食品卫生工作进行全面的管理，并要制定卫生管理标准书，以作为卫生管理及评核的依据。管理机构应配备经专业培训的专职或兼职的食品卫生管理人员。

卫生管理机构的职责是，宣传和贯彻食品卫生法规和有关规章制度，监督、检查在本单位的执行情况，定期向食品卫生监督部门报告，并应制定卫生检查计划，规定检查时间及项目，确实执行并做好记录。还要组织卫生宣传教育工作，培训食品从业人员，定期进行本单位从业人员的健康检查，取得健康证明后才可参加工作。

（二）厂区环境卫生管理

厂区环境卫生包括厂区内道路、厂区内草木、厂房的固定物排水沟以及废弃物的处理等。

（1）厂区内及邻近道路、庭院应随时保持清洁，厂区内地面无破损、不积水、不起尘埃。

（2）厂区内草木要定期修剪，不必要的器材、物品禁止堆积，以防有害动物滋生，厂房及厂房的固定物及其他设施应保护良好的卫生状况，并做适当维护，以保护食品免遭污染。

（3）排水沟应随时保持通畅，不得有淤泥蓄积，废弃物应作妥善处理，并要避免有害有毒气体、废水、废弃物、噪音等的产生，以防形成公害问题。

（4）废弃物的处理应依其特性酌予分类集存，易腐败的废弃物至少应每天清除一次，清除后的容器应清洗消毒。废弃物放置场所不得有不良气味或有害有毒气体溢出，以防有害动物的滋生以及防止食品、食品接触面、水源和地面遭受污染。

（三）厂房设施卫生管理和停车场卫生管理

厂房内各项设施应随时保持清洁及良好的维修状态，厂房屋顶、天花板及墙壁有破损时，应立即修补，而且地面及排水设施不得有破损或积水。

原料处理场、加工调理场、厕所等，开工时应每天清洗（包括地面、水沟、墙壁等），必要时予以消毒。作业中产生的蒸汽，不得让其长时间滞留厂内，应以有效设施导至厂外。灯具、配管等外表应保持清洁，定期清扫或清洗。

制造作业场所及仓储设施，应采取有效措施（如纱窗、纱网、空气帘、栅栏或捕虫灯等），以防止或排除有害动物。厂房内若发现有害动物存在时，应追查并杜绝其来源，但其扑灭方法以不致污染食品、食品接触面及内包装材料为原则（尽量避免使用杀虫剂等）。

原料处理、加工调理、包装贮存食品等场所，应在适当地点设有集存废弃物的不透水、易清洗消毒、可密盖的容器，并定时搬离厂房。反复使用的容器在丢弃内容物后，应立即清洗消毒。若有大量废弃物时，应以输送设施随时迅速送至厂房外集存处理，并尽快搬离厂外，以防有害动物滋生及水源、地面等遭受污染。处理废弃物的机器设备应于停止运转时立即清洗消毒。

管制作业区不得堆置非即将使用的原料、内包装材料或其他不必要物品。清扫、清洗和消毒用的机具应有专用场所妥善保管。制造作业场所内不得放置或贮存有毒物质。

对于储水槽（包括储水塔、储水池），应定期清洗并每天（开工时）检查加氯消毒情况。若使用非自来水的，每年至少1次向政府公告认可之检验机构申请检验，以确保其符合饮用水标准（锅炉用水、冷冻、蒸发机等冷却用水，或洗地、消防等用水除外）。同时，对消毒池、更衣室、淋浴室、厕所等卫生设施，应有专人管理，建立管理制度，应经常保持良好状态。

停车场的卫生管理，由人力资源部门安排人员打扫管理，对以下行为的人员，管理人员有权要求其打扫或恢复停车场原状：乱停车辆、乱扔垃圾、乱挪动他人车辆以及其他影响停车场整洁、整齐等事项。

（四）机器设备卫生管理

用于制造、包装、储运类设备及器具，应定期清洗、消毒；设备的清洗与消毒作业，应注意防止污染食品、食品接触面及内包装材料；所有食品接触面，包括用具及设备与食品接触的表面，应尽可能时常予以消毒，消毒后要彻底清洗，以保护食品免遭消毒剂的污染；收工后使用过的设备和用具，皆应清洗干净，若经消毒过，在开始工作前，也要再予清洗（与干燥食品接触的除外）；已清洗与消毒过的可移动设备和用具，应放在能防止其食品接触面再受污染的适当场所，并保持适用状态；与食品接触的设备及用具的清洗用水，应符合饮用水的水质标准；用于制造食品的机器设备或场所不得供做其他与食品制造无关的用途。

（五）清洁与消毒用品的管理

用于清洗及消毒的药剂，应证实在使用状态下安全又适用；食品工厂内除维护卫生及试验室检验所必须使用的有毒药剂外，不得存放其他的药剂；清洁剂、消毒剂及危险药剂应予明确标明并表示其毒性和使用方法，存放于固定场所而且还要上锁，并由专人负责；杀虫剂及消毒剂的使用应采取严格预防措施及限制，以防污染食品、食品接触面或内包装材料，并要标明对人体可能造成危害。

（六）人员卫生管理

工作人员手部应保持清洁，工作前应用清洁剂洗净。凡与食品直接接触的工作人员不得蓄留指甲、涂指甲油及佩戴饰物等；若以双手直接处理不再经加热即可食用的食品时，应穿戴清洁并经消毒的不透水手套，或将手部彻底洗净及消毒，戴手套前双手仍要清洗干净；作业人员必须穿戴整洁的工作衣帽及发网，以防头发、头屑及外来杂物落入食品、食品接触面或内包装材料中，还要戴口罩；工作中不得有抽烟、嚼口香糖、饮食及其他可能污染食品的行为，不得使汗水、唾液或涂抹于肌肤的化妆品或药物等污染食品、食品接触面或内包装材料；员工如患有出疹、脓疮、外伤（染毒创伤）、结核病等可能造成食品污染的疾病，不得从事与食品接触的工作；新进人员应先经卫生医疗机构健康检查合格才能雇用，雇用后每年至少接受一次体检，其检查项目应符合食品工作者的相关规定；个人衣物应贮存于更衣室，不得带入食品处理或设备、用具洗涤的地区；访客的出入应适当管理，若要进入管制作业区时，应符合现场工作人员的卫生要求；工作服要求淡色工作衣、裤、发帽、鞋靴等，某些工序还应要配备口罩、围裙、套袖等卫生防护用品；工作服应有清洗保洁制度，凡直接接触食品的工作人员必须每日更换，其他人也应定期更换，以保持清洁卫生。

（七）餐厅卫生管理

餐厅由专职人员进行打扫，清扫时产生的垃圾及时放入带盖的垃圾桶内，以防蚊虫滋生；餐厅内门窗等特定位置安装灭蝇灯，杀灭害虫；员工就餐注意个人行为，如餐厅内不许抽烟、不许在餐厅就餐时脱鞋、不许乱倒饭菜、不许踩到凳子上吃饭、不许在餐厅内大声喧哗等。所有违反上述者，餐厅管理人员均有权制止并到其相应部门投诉；员工就餐完毕后，需将餐具清洁干净，存放于各自的餐具存放点。

（八）水产品加工业厂区环境卫生要求

这里包括卫生环境监督、厂区路面要求以及生产区与生活区隔离等的种种要求，具体内容是：

（1）厂区环境卫生归后勤管理，由质检监督。厂区卫生按分片包干制，达到“三无”、“三净”、“三整齐”，即无杂草、无垃圾、无杂物；工作场地净、地面净、水沟净；物资存放整齐、车辆存放整齐。

（2）厂区周围无碍食品卫生的环境，厂区内不得兼营、生产、存放有碍食品卫生的其他产品；厂区周围无污染源，外部环境保持整洁，而且要求设计和布局合理；厂区路面要硬化平整，无积水，裸露地面要绿化。

（3）厂区卫生间应设有冲水、洗手、防蝇、防虫、防鼠等设施。洗手、冲水设施完好，并要定期消毒，以保持清洁。而且还要设专职清洁工，每天负责厂区、洗手间的清扫、冲刷、消毒和垃圾清除，做到下水道、排水沟无杂物和排污畅通。

（4）生产中产生的废水、废料的排放及处理要符合国家有关规定，厂区内设排水暗沟。厂区建有与生产能力相适应的符合卫生要求的原料、辅料、化学物品、包装物料储存等辅助设施和废物垃圾暂存设施。

（5）厂区有喷水车，专门喷洒路面，保持环境卫生清洁。另外，春夏季时每日喷洒灭蝇药1～2次，秋冬季每周喷洒1次，彻底消灭蚊蝇、老鼠。专人保管杀虫剂、老鼠夹，定时检查灭蚊、灭蝇、灭鼠情况。同时要求生活区与生产区隔离，以防污染，保持清洁。

二、水产品加工业的环境保护管理

水产品加工业的发展，有利于实现农业产业现代化，有利于民富国强，有利于社会就业，有利于扩大外汇收入。但生产中产生的水产食品工业废水、水产食品工业废气、水产食品工业噪声、水产食品工业固体废弃物会对环境造成污染，其中水产食品工业废水是普遍存在的。并着重在水产食品工业防止废水的措施和管理两大实质问题上。

（一）水产品加工业的废水来源

水产食品加工厂产生的废水，有原料清洗、原料预处理、半成品漂洗、半成品浸泡、浓缩锅蒸汽的冷凝、杀菌后产品的冷却、设备洗涤消毒、包装容器的洗涤消毒、车间清洁卫生、人员清洁卫生以及产品在生产过程中本身所产生的水分等。食品工业原料广泛，制品种类繁多，排出废水的水量大。如加工冻罗非鱼片和冻去头虾，在生产过程中会产生废水，废水主要来源于鱼虾前期处理清洗及场地、设备清洗等。生产冷冻鱼糜厂的废水，主要来源于原料鱼清洗和鱼肉漂洗等。

（二）水产品加工厂废弃物的综合利用

在谈到水产食品环境管理时，也要看到水产加工废弃物的利用，因为水产食品加工厂在生产中会产生大量的下脚料，如鱼骨、鱼皮、鱼鳞、内脏、虾壳、蟹壳等。充分利用水产食品加工厂这些下脚料，可以提高水产品加工的附加值，获得良好的经济和社会效益。水产食品加工厂的下脚料可进行综合加工利用，生产鱼粉、鱼油、高效分离提取高值化的纯天然的胶原多肽、氨基酸钙制品、海鲜调味料、美容护肤的鱼皮胶原蛋白、食用、药用海洋生物活性物质。虾、蟹壳可产生甲壳质及其衍生物，壳聚糖、氨基葡萄糖盐酸盐等。

（三）水产品加工环境保护的措施和具体实施办法

保护环境是我国的一项基本国策，我国的环境保护已经形成了一个完整的体系，其具体包括三大政策和八项制度，即“预防为主，防治结合”、“谁污染，谁治理”、“强化环境管理”这三项政策和“环境影响评价”、“三同时”（建设项目中环境保护设施必须与主体工程同时设计、同时施工、同时投产使用）、“排污收费”、“环境保护目标责任”、“城市环境综合整治定量考核”、“排污申请登记与许可证”、“限期治理”、“集中控制”等八项制度。

1. 防治水产品工业废水的措施

这个措施主要有下列8个办法：①严格遵守2008年2月28日修订通过的《中华人民共和国水污染防治法》；②严格执行国家污水综合排放标准（GB 8978—1996）和食品工业相关污水排出标准；③水产食品企业应当采用污染物排放量少的工艺技术，并加强管理，减少水污染物的产生；④在水产食品加工的各种工艺过程中，用水量和废水量都很大，食品企业应加强研究，采用新技术、新工艺、新设备、新材料和技术改造减少耗水量；⑤根据水产食品工业的废水水质特点，加强食品工业废水水污染防治的科学技术研究和先进适用技术的推广应用；⑥新建、改建、扩建的水产食品企业建设项目，应当依法严格执行环境保护三大政策和八项制度；⑦加强鼓励大众参与水污染防治的监督、举报措施；⑧现场检查和安装监测设备，环保局和其他监督管理部门有权对管辖范围内的排污单位进行现场检查和安装监测设备，被检查的单位必须如实反映情况，提供必要的资料。

2. 水产品工业废水处理设施的运行管理

为了加强水产食品工业废水处理设施、工艺管理和水质管理，保证污水处理安全正常运行，达到净化水质、处理和处置污泥、保护环境的目的，食品工业废水处理设施的管理应纳入本单位管理体系，配备专门的操作人员及管理人员，并建立健全岗位责任、操作规程、监视监测等各项规章制度。下面着重在设施运行管理要求、设施安全操作要求以及设施维护保养要求3个方面作简介。

（1）食品工业废水处理设施运行管理要求。这个要求归纳起来有以下7个方面：①运行管理人员必须熟悉本厂处理工艺和设施、设备的运行要求及其技术指标；②操作人员必须了解本厂处理工艺，熟悉本岗位设施、设备的运行要求和技术指标；③各岗位应有工艺系统网络图、安全操作规程等，并应示于明显部位；④运行管理人员和操作人员应按要求巡视检查构筑物、设备、电器和仪表的运行情况；⑤各岗位的操作人员应按时做好运行记录，数据应准确无误；⑥操作人员发现运行不正常时，应及时处理或上报主管部门；⑦各种机械设备应保持清洁，无漏水、无漏气等。

（2）食品工业废水处理设施安全操作要求。此要求归纳有下列6个方面：①各岗位操作人员和维修人员必须经过技术培训和生产实践，并考试合格后才可上岗；②启动设备应在做好启动准备工作后进行；③操作人员在关闭电器开关时，应按电工操作规程进行；④各种设备维修时必须断电，并应在开关处悬挂维修标牌后才可操作；⑤清理机电设备及周围环境卫生时，严禁擦拭设备运输部位，冲洗水不得溅到电缆头和电机带电部位及润滑部位；⑥严禁非岗位人员启闭本岗位的机电设备等。

（3）食品工业废水处理设施维护保养要求。此项要求有下列8个方面：①运行管理人员和维修人员应熟悉机电设备的维修规定；②应对构筑物的结构及各种闸阀、护栏、爬梯、管道等定期进行检查、检修及防腐处理；③各种管道闸阀应定期做启闭试验；④应定期检查、清扫电器控制柜，并测试其各种技术性能；⑤各种机械设备除了应做好日常维护保养外，还应按设计要求或制造厂的要求进行大修、中修和小修；⑥不得将维护设备更换出的润滑油、润滑脂、实验室废水及其他杂物丢入污水处理设施内；⑦建筑物、构筑物的避雷、防爆装置的测试、维修及其周期应符合电业和消防部门的规定；⑧根据不同机电设备要求是，应定时检查，添加或更换润滑渍或润滑脂等。

本章思考题

1. 水产品加工原料管理有何重要性？为什么？
2. 水产品加工业原料管理的任务有哪些？为什么？
3. 在水产品加工业原料管理过程中的采购作业流程应注意哪些事项？它的基本环节有哪些？
4. 在水产品加工业原料管理过程中，仓储管理的目的何在？原料堆放遵循哪些原则？为什么？
5. 水产品加工生产设备的设计有何要求？为什么？
6. 水产品加工生产设备的维护与保养管理应包括哪些内容？
7. 为何说水产品加工生产管理是一个企业管理中的子系统？

8. 水产品加工中的生产管理与技术管理、销售管理、经营决策管理有何关系？为什么？

9. 水产品加工中生产管理的任务和职能是指什么？它的指导原则有哪些？

10. 水产品加工业的生产有何特点？为什么？

11. 水产品加工中生产异常事件的涵义是什么？生产异常管理的内容有哪些？

12. 水产品加工生产中企业经营战略决策的重要性体现在哪些方面？为什么？

13. 水产品加工生产中企业经营决策应遵循哪些原则？为什么？

14. 影响水产品企业决策因素有哪些？你对这些影响因素有何看法？

15. 水产品企业科技管理有何意义？这种管理应遵循哪些原则？

16. 水产品企业的科技开发内容包括哪些方面？开发过程应考虑哪些问题？为什么？

17. 水产品加工中的食品安全控制内容主要有哪些方面？各个方面有何特点？

18. 水产品安全控制中卫生标准操作程序应包括哪些内容？

19. 水产品卫生安全控制中污染物的来源主要有哪些？

20. 在水产品安全控制中的良好生产规范（GMP）和危险性分析与关键控制点（HACCP）的涵义是什么？

21. 水产品加工业的卫生管理应包括哪些方面？为什么？

22. 水产品加工业厂区环境卫生有何要求？为什么？

23. 在水产品加工业的环境保护措施中有“三大政策”和“八项制度”，试问这“三大政策”和“八项制度”是指什么？

24. 防治水产品工业废水的措施主要有哪些？为什么？

25. 水产品工业废水处理设施的运行管理有哪些要求？为什么？

第十一章 水产捕捞业管理

水产捕捞业，是指人们利用渔业船舶和渔具等生产工具采集、捕获野生水生动植物资源，从而获得初级水产品的生产行业。水产捕捞业管理，是渔政管理工作中最重要的工作之一。本章内容着重介绍：作业渔场管理、渔具渔法管理、捕捞许可证与渔获量限制制度管理、渔业船舶与通信管理四个方面内容。

第一节 作业渔场管理

渔场，是指经济鱼类和其他水生动物比较集中，并且可以利用捕捞工具进行作业以及具有开发利用价值的水域。因此，它与渔业生产者有着密切的关系。如果资源丰富，管理得当，则渔业生产就能维持长久的稳产、高产。但是，如果捕捞过度，资源衰退，那么渔场就失去利用价值。然而，渔场并非一成不变的。由于渔场环境的变化或捕捞过度等均会引起渔场变化。例如，浙江舟山群岛附近的大黄鱼，历来按其一定的路线进入产卵场，后来由于机船大量发展，机器噪声等的影响，致使大黄鱼产卵群体偏离原来靠近岛岸洄游的路线而进入渔场。又如南海硇洲的大黄鱼，过去历年秋汛都在该岛北部首先形成产卵场，而后进入南部渔场，但由于环境变化，后来硇洲岛附近秋汛几乎形不成渔场，而且有些渔场由于鱼群分散，导致渔场价值下降。又由于近海捕捞过度，导致渔场价值显著下降，甚至失去利用价值而不再成为渔场。

人们对渔场的认识，是在渔业生产的发展过程中不断提高和完善的。例如，渔猎时代，人们只是在潮间带、浅滩或岛屿附近水域从事简单的渔业活动。后来随着生产的发展，人们在生产实践中逐渐发现并认识到各类鱼群与水产动物的密集程度和季节变化的规律，进而产生了渔场概念，于是渔业生产随着科学技术的不断发展、人们的认识过程以及生产工具的进步，而逐渐由潮间带向浅海、河口继而又向外海、深海、大洋寻找和开发利用新的渔场。以往人们对渔场的认识，常注重在渔场的地理位置、水文条件、地形底质、捕捞群体以及季节变化上，而今除了上述之外还进一步结合渔业资源特点，特别是渔获种类组成变化、资源的保护与增殖以及渔场的管理等。即随着人们对渔获产品日益增长的需求，渔场研究的范围更加扩大和深入。本节要论述作业渔场的管理，首先就要明确渔场的分类与评价以及我国沿海主要渔场和渔汛的概况，而后再谈渔场如何管理，这样谈渔场的管理才比较有根据，也比较好理解。

一、渔场的分类与评价

人们根据渔场至基地的远近距离、地理位置、水文条件、鱼类分布、捕捞对象以及作业方式等，来划分各种不同类型的渔场。

（一）根据距离基地的远近划分

可把渔场划分为沿岸渔场、近海渔场、远海渔场、深海渔场和远洋渔场。沿岸渔场，通常指靠近岸边，水深在 30 m 以内的渔场。近海渔场，是指在沿岸渔场之外，而水深又在 100 m 以内的渔场。深海渔场，是指离海岸较远，水深在 200 m 以内的渔场。深海渔场，一般是指离岸更远，而且水深超过 200 m 的渔场。远洋渔场，一般是指位于大洋上，而且超过大陆架水深范围的渔场。但也有以距离基地甚远，进入大洋彼岸或在其他大洋作业的统称为远洋渔场。

（二）根据所在地的地理位置划分

可分为港湾渔场、大陆架渔场、岩礁渔场、极地渔场、人工鱼礁渔场以及地理名称定名的渔场。港湾渔场，指坐落在近陆地港湾内的渔场，如海州湾渔场。大陆架渔场，指在大陆架范围内的渔场，如大沙渔场。岩礁渔场，是指在岩礁附近的渔场，如海礁渔场。极地渔场，指在极地附近的渔场，如南极渔场。人工鱼礁渔场，是指用钢筋水泥、废轮贻、废车辆、废船舶等沉入海底以招来鱼、虾、贝等生物所形成的渔场。以地带名称定名的渔场，如烟威渔场、舟山渔场、万山渔场、北部湾渔场等。

（三）根据水文条件划分

可分为河口渔场、流隔渔场、涌升流渔场、涡流渔场、寒流渔场、暖流渔场以及涨落潮渔场。河口渔场，是指在江、河径流入海口附近的渔场，如珠江口渔场。流隔渔场，指在两种不同水系或海流交汇海域的渔场，如嵊山渔场。涌升流渔场，是指在有上升流水域的渔场，如七洲渔场。涡流渔场，是指在有涡流附近海域的渔场，如琼州海峡西口渔场。寒流渔场，是指在寒流经过海域的渔场，如库页岛渔场。暖流渔场，是指在暖流经过海域的渔场。如舟外渔场。涨落潮渔场，是指在涨落潮区的渔场，如印度沿岸的虾渔场。

（四）根据鱼类不同生活阶段划分

可分为产卵渔场、索饵渔场、越冬渔场以及洄游过路渔场。产卵渔场，指鱼类产卵繁殖海域的渔场。索饵渔场，是指鱼类索饵育肥海域的渔场。越冬渔场，是指鱼类冬季避寒海域的渔场。洄游过路渔场，是指鱼类洄游经过海域的渔场。

（五）根据作业方式划分

可分为张网渔场、拖网渔场、围网渔场、刺网渔场、钓业渔场以及其他渔场。张网渔场，是指主要使用张网作业的渔场。拖网渔场，是指以拖网渔具作业的渔场，它包括机船拖网、机轮拖网、底拖网、中层拖网作业的渔场。围网渔场，是指以围网渔具作业的渔场，它包括围捕起水鱼的围网渔场和灯光围网作业的渔场等。刺网渔场，是指以刺网渔具作业的渔场，它包括机轮刺网作业和机船刺网等作业的渔场。钓业渔场，是指以钓渔具作业的渔场，它包括延绳钓、拟饵钓、手钓、机钓等具体作业的渔场。其他渔场，主要是指地方性的依据不同渔具渔法和捕捞对象来划定的渔场。

除了上述五种之外，还可以根据捕捞对象来划分渔场，如带鱼渔场、大黄鱼渔场、鲆鲽渔场、金枪鱼渔场等，都是以主要捕捞对象来命名的渔场。

有渔场，必然要有渔区。渔区，是根据生产和科研需要划定的海洋渔业水域的区划单位。我国依据经纬度各30′的范围作为一个渔区单位，每单元又以经纬度各10′，从左上角到右下角划分成9个小渔区，然后每个单元进行编号。我国从西向东，从北向南按顺序编号，即从辽东湾的1号顺序到南海曾母浅滩的945号，后来随着生产发展和科研的需要又向东延伸。

渔场离不开渔期或渔汛。渔期或渔汛，是指某一海域在一年某 一时候能提供可捕捞水产经济动物的该段时期。它可分为春夏秋冬四个渔汛，或春夏汛、秋冬汛等；也有按捕捞对象划分为带鱼渔汛、大黄鱼渔汛等。渔汛的长短，不仅取决于鱼类的生物学特性，而且与渔场的地理位置和年度变化都有关系，有时渔汛旺发期提早或推迟，有时持续期很长或很短，甚至不明显。因此，准确掌握渔汛期是渔业生产取得高效益的保证之一。我国沿岸、近海、外海的渔场划分如图11－1、图11－2所示。

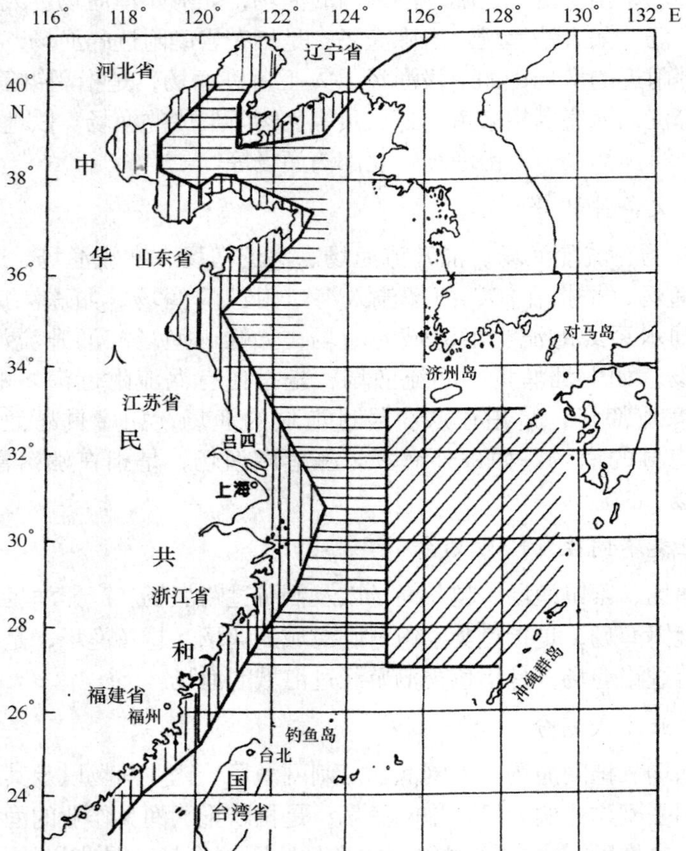

图11－1　我国沿岸、近海、外海的渔场划分示意图

（渤海、黄海、东海区）

（据《渔政工作手册》）

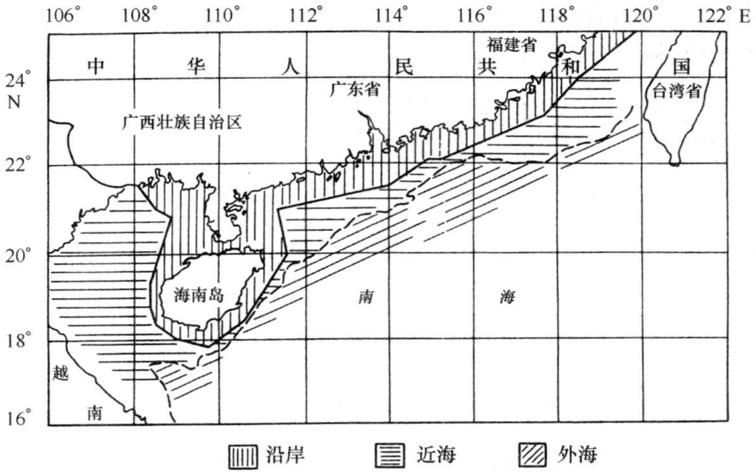

图 11－2　我国沿岸、近海、外海的渔场划分示意图（南海区）
（据《渔政工作手册》）

至于渔场的评价问题，应该从经济学的观点出发，评价时主要根据下列标准，即渔业资源的蕴藏量、渔场面积、渔期持续时期、适合捕捞程度以及距离渔业基地的远近等。渔业资源是渔业生产的物质基础，没有丰富的渔业资源，就不可能有数量众多可供捕捞的鱼群，也就不能出现良好的渔场。在一般情况下，渔业资源蕴藏量大，则在渔汛渔场内出现的鱼群数量较多，反之，则较少。但必须注意，渔场内集结的鱼群数量仅是渔业资源数量在一定条件下的一种反映，两者并非相同，不能把鱼群密度与渔业资源丰富混为一谈。渔场上集结的鱼群数量是鱼类在某一生活阶段，受一定环境条件的影响，而出现的渔业资源蕴藏量中的一部分，它具有严格的时间性。在评价渔场时，应以渔业资源蕴藏的总量为准，不能以一般来代表全貌。

二、我国沿海主要渔场与渔期

我国大陆的海岸线，北起中、朝交界的鸭绿江口，经辽宁、河北、天津、山东、江苏、上海、浙江、福建、广东、广西、海南 11 个省、市、自治区，南抵中、越交界的北仑河口。大陆海岸线长达 18 000 km，沿海有 6 500 多个岛屿，加上岛岸线，总计 32 000 km。我国面临的海洋位于太平洋的西岸，亚洲大陆的东部，按其地理位置和自然条件又可分为渤海、黄海、东海和南海，其中除南海有深海渔场外，其他海区大部分都属 200 m 水深以内的大陆架浅海。我国水深 200 m 以内的大陆架渔场面积约为 150×10^4 km^2，是世界上较好的底拖网渔场之一。深于 200 m 以上的广阔海区，也是中上层鱼类洄游经过的场所。中国濒临的四个海区的面积、体积和深度，如表 11－1 所示。

我国沿海已开发的主要渔场，大致可分为沿岸、近海渔场和外海区渔场两大类型。沿岸、近岸渔场自北至南主要有：渤海湾渔场、滦河口渔场、辽东湾渔场、海洋岛渔场、莱州湾渔场、烟威渔场、石岛渔场、青海渔场、海州湾渔场、连青石渔场、吕四渔场、大沙渔场、长江口渔场、舟山渔场、鱼山渔场、温台渔场、闽东渔场、闽中渔场、闽南渔场、台北渔场、台东渔场、汕头渔场、甲子渔场、台湾浅滩渔场、汕尾渔场、珠江口渔场、沙堤渔场、上下川渔场、高栏渔场、电白渔场、洲头渔场、铜鼓渔场、陵水渔场、三亚渔场、清澜山渔场、白马井西江渔场、夜莺岛渔场、昌化渔场、莺歌海渔场等。外海渔场，有沙外渔场、江外渔场、舟外渔场、鱼外渔场、温外渔场、闽外渔场以及西沙、中沙、南海诸岛渔场。我国沿海渔场、渔区分布，如图 11－3、图 11－4 所示。

表 11－1　中国濒临的 4 个海区的面积、体积及深度

海区	面积		体积		深度/m	
	$\times10^3$ km^2	%	$\times10^3$ km^3	%	平均	最大
渤海	77	1. 63	1. 38	0. 03	18	70
黄海	380	8. 04	16. 72	0. 37	44	140
东海	770	16. 29	284. 90	6. 27	370	2 719
南海	3 500	74. 04	4 242	93. 33	1212	5 559
合计	4 727	100	4 545	100	961	5 559

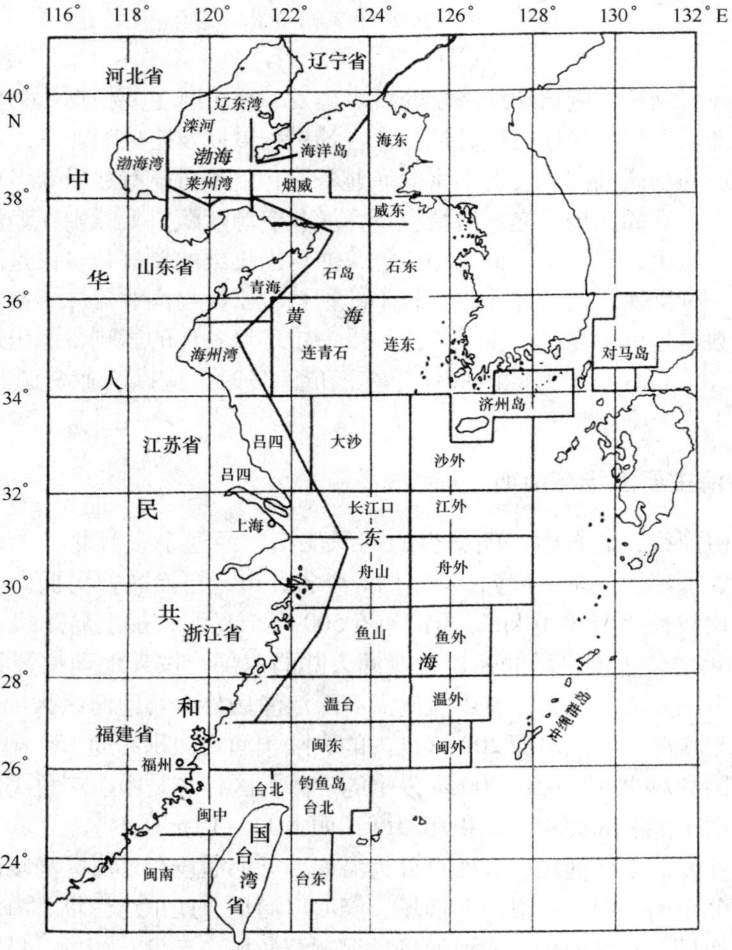

图 11－3　我国渤海、黄海、东海渔场渔区示意图

（据《渔政工作手册》）

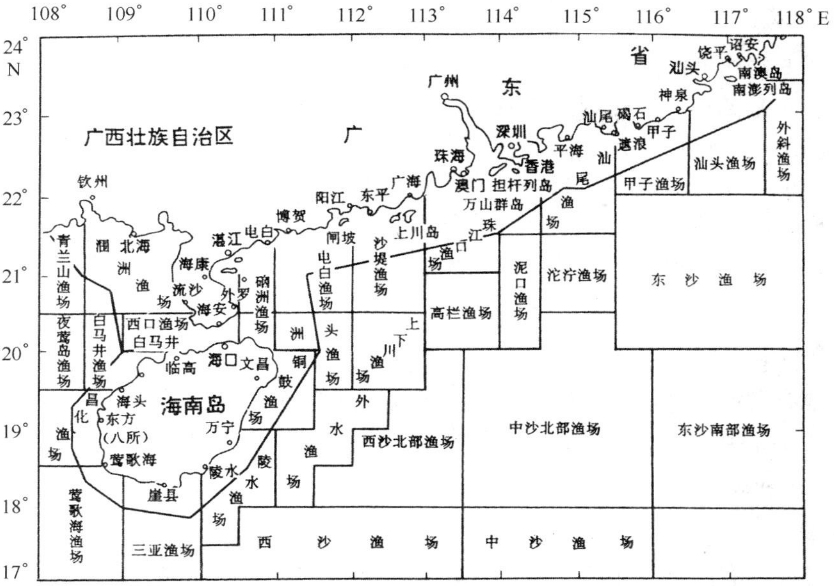

图 11－4　我国南海渔场渔区示意图

（一）渤渔区渔场与渔期

渤海的主要渔场有辽东湾渔场、渤海湾渔场、莱州湾渔场以及滦河口渔场。渤海区渔场的水文要素有两大特点，一是年变化幅度大，底层变化比表层变化迟延时间短；二是中部和辽东湾 20 m 以深的洼地，冬季处于相对高温，夏季处于相对低温。前者以水温为例，绝大部分海区的表、底层水温年变化幅度在 24～27℃之间，其表、底层水温不但出现最高值和最低值的时间相一致，而且年变化幅度也大致相同。仅在中部海区水深超过 25 m 处，底层年变化幅度比表层的小 2℃左右。后者以月份为例，如在 4—8 月，分层现象明显，近底层有冷水层出现，其温度比沿岸浅水底层至少低 3～4℃，因此盛夏至初秋有不少索饵鱼虾在其边缘集群，形成好渔场；10—11 月，渤海水文过渡到冬季水文类型，冷水逐渐消失，渤海中部呈现一片垂直等温相对高温区，成为某些鱼虾进行越冬洄游前暂时集结的栖息地；11—12 月，邻近海峡的深水层保持相对的高温，成为在渤海越冬鱼虾的越冬场；3—4 月，是渤海水文过渡到春季水文类型时期，有些适温较低的鱼虾开始逐渐进入渤海。

1. 渤海渔场

鱼类分布有 100 多种，其中具有经济价值的 70 多种，如小黄鱼、带鱼、鲅鱼、鲐鱼、鲆鲽、鳕鱼、鳀鱼、梭鱼、黄姑鱼等；虾类有 20 多种，主要是对虾、毛虾和青虾；蟹类有 10 多种，主要是三疣梭子蟹和中华绒毛蟹；头足类以日本枪乌贼、金乌贼为主；水母类以海蜇最有名，除了毛虾、青虾、梭鱼和蟹类之外，多数资源是洄游性的，每年在黄海中南部及东海越冬，春季越过渤海海峡在河口、海湾产卵、索饵，一到冬季再游出海峡至越冬海区。

2. 渤海渔场的渔期

每年4—11 月均可作业，如辽东湾和莱州湾渔场的对虾渔期，每年 9 月中旬至 11 月中旬；渤海沿岸海域的毛虾渔期，春汛为3—5 月，秋汛9—11 月；海蜇的渔期在夏秋季；鲅鱼渔期每年 5 月上旬至 6 月上旬，以及 7 月至 11 月。但由于近二三十年来主要经济鱼类资源遭受严重破坏，目前除了对虾之外，其他主要经济鱼类，如小黄鱼、带鱼等都没有回升迹象，形不成渔汛。为此，国家为了保护渔业资源，如今已将渤海列为机轮拖网的重点禁捕海区，除了秋汛限制一定数量的机轮进入捕虾之外，其余时间严禁机轮进入渤海渔场作业。

（二）黄海区渔场与渔期

黄海北部有海洋岛渔场、烟威渔场；黄海南部主要渔场有石岛渔场、连青石渔场、海州湾渔场、吕四渔场、大沙渔场，在东经 124°以东还有石东渔场、连东渔场以及沙外渔场。

1. 黄海北部渔场

黄海北部三面有陆地环境，略似内湾，其水文状态主要受外海高盐水系和沿岸低盐水质消长的影响。外海高盐水系为黄海暖流贯穿海区的腹地，沿岸低盐水系为辽东沿岸水和渤海沿岸水，这对鱼群洄游都有意义，渔场水深范围一般都在 15 ~ 50 m，而中、南部某些海区可达 60 多米，东部近朝鲜部位最深有 70 m，北部鸭绿江口外海洋岛渔场附近与西南烟威渔场附近是两个比较宽阔的浅水区。

（1）海洋岛渔场。位于黄海最北部，南临烟威和威东渔场。该渔场常年有两种水系相互推移。西南部夏季有黄海冷水团存在。沿岸为南和西南流，岛西为南北流，水深 10 ~ 60 m，底质多为细沙。渔场沿岸岛屿较多，且有大小河流带来大量有机物质和营养盐类，浮游生物和底栖生物旺盛，是各种鱼虾栖息、洄游、产卵和索饵的优良渔场。主要鱼类有鲐鱼、马面鲀、鲆鲽类、鳀鱼，鳕鱼、鲅鱼、对虾、叫姑鱼、小黄鱼、带鱼、梭鱼、海蜇以及鲸类等，渔期为 4—12 月。

（2）烟威渔场。位于海洋岛渔场的南部至山东半岛的北岸之间，东部接近朝鲜西海岸。由于每年春季气温回升，沿岸水温也随之升高。4 月上旬以后，在渔场北部的洼地出现深层冷水，形成冷水团。春季鱼群进入渤海的迟早，一般受渤海流出的沿岸水和黄海南部流来的暖流影响。在渤海沿岸水多以及渤海海峡被低冷水流阻塞时期，进入渤海的鱼群要在烟威渔场停留时间较长，反之，在渤海沿岸水少和渤海海峡低冷水流弱的时期，鱼群便在烟威渔场停留时间较短，或不作停留而进入渤海。该渔场是春、秋季节鱼虾进入渤海和往返于鸭绿江口产卵、索饵和越冬洄游的过路场所，同时也是历史上著名的鲐鱼产卵场。该渔场的主要鱼类有：小黄鱼、带鱼、鲐鱼、鳓鱼、鲅鱼、鳕鱼、鲆鲽类、真绸、叫姑鱼、黄姑鱼以及对虾等。其渔期，除了成山头附近海区终年可以捕捞鲆鲽之外，大部分海区的主要渔期为3—6 月和8—12 月。

2. 黄海南部渔场

黄海东南部与东海连接，直接受到较强烈的外洋海底影响，所以黄海南部渔场的水文状况比较复杂。而黄海暖流、台湾暖流、黄海冷水、苏北沿岸流和长江口冲淡等相互消长推移，对经济鱼虾的分布影响很大。黄海南部水深大部分在 70 m 以内，海区等深线分布基本与海岸平行。由于地理环境、地形和水文条件的影响，使黄海南部沿岸海区成为我国多种经济鱼类的产卵场、索饵场，而在深水区则为越冬场，特别是由于黄海冷水团的存在，使黄海南部渔场成为青鱼、鳕鱼、牙鲆等喜低温的冷水性鱼类的活动场所。这里由于篇幅所限，只介绍石岛渔场的基本情况。

石岛渔场，位于黄海中部，北起北纬37°30′，南至北纬36°，东起东经124°，西临山东东南沿海，地处南北要冲，是多种经济鱼虾北上、南下进行产卵、索饵和越冬洄游的必经之地。同时，也是黄海鳕鱼的唯一产卵场和对虾、小黄鱼的越冬场之一，也是捕捞太平洋鲱鱼的重要作业海区。石岛渔场系暖、寒流交汇区，水温年度变化大，夏高冬低，近岸高于外侧，夏季水温26～27℃左右，冬季0～3℃，春秋季15～16℃。主要捕捞对象有鲱鱼、对虾、鳕鱼、鲐鱼、枪乌贼、鲆鲽、鲅鱼、小黄鱼、鳓鱼、黄姑鱼、带鱼等。主要渔期10月至翌年6月。

自1984年起，国家为了保护和恢复吕四洋的大、小黄鱼资源，规定每年4月1日至7月31日（即在大、小黄鱼产卵期间）在北纬32°—34°，东经122°30′以西海域为休渔期，禁上拖网、对网（即大洋网、大围缯）和以捕大、小黄鱼为主要对象的其他网具进入生产。另外，农牧渔业部（85）农（外）字第85号文《关于执行修改后的中日渔业协定附件一的通知》规定：从1985年5月29日起，北纬34°—32°30′沿禁渔区线向东平行推移经度30′为第三休渔区，每年8月1日至10月31日，禁止机轮底拖网进入作业。

（三）东海区渔场与渔期

东海北部和中部有长江口渔场、江外渔场、舟山渔场、舟外渔场、鱼山渔场、鱼外渔场、温台渔场和温外渔场。它是我国多年来的机轮和机船作业的主要渔场。东海南部有闽东渔场、闽外渔场、闽中渔场、闽南渔场以及台湾浅滩渔场。

1. 东海北部和东部渔场

东海该区渔场的水文状况受台湾暖流、黄海冷水及沿岸水3个水系的影响，比较复杂。各水系、水团的分布和消失情况，影响着各种经济鱼类的渔场位置和渔期的迟早。台湾暖流每年4月在东南季风的吹送下，开始活跃向北伸展。9—10月其锋舌位置达长江口以北海区。10—11月因受偏北风的影响而向南退缩。2—3月锋舌位置在北纬30°以南，锋舌的西、北两侧是黄海冷水与沿岸水的交汇区，是主要经济鱼类集群的场所。黄海冷水初冬和早春进入该区北缘。沿岸水主要是长江冲淡水，其次是钱塘江水，还有较小的径流如灵江和瓯江水等。沿岸水的活动对近海渔场的形成起着决定性作用，因为大量的陆源有机质和营养盐被带到海里，促使浮游生物充分繁殖。该区渔场终年温暖，适于多种鱼类、浮游生物、底栖生物的生长繁殖。水温水平分布的特点是：终年保持西北低，东南高的趋势，最低水温位于长江口外，冬季水平梯度大，夏季水平梯度小。该区捕捞对象种类多，是我国名副其实的最大渔场。

长江口渔场与舟山渔场，位于东海北部，北起北纬32°，南至北纬20°30′，西临长江口的马鞍山列岛、浪岗山列岛和二兄弟列岛，东至东经125°。渔场靠近大陆，受大陆气候影响较大，全年气温以1月份最低，7月份最高。渔场西侧为长江和钱塘江等江河入海处，饵料丰富，环境优越，是东海带鱼的主要产卵场之一，也是国营机轮底拖网的主要作业渔场，渔期6—7月。冬季，带鱼进入嵊山渔场越冬，在花鸟山、碧霞三亮门、海礁北亮门、浪岗及甩山附近海域形成群众对网生产的旺汛，渔期为11月至翌年1月。机轮在海礁、浪岗外侧也能捕到回头游动的带鱼。夏秋季，该渔场是鲐、鲹等中上层鱼类的重要索饵场。每年4—6月可围网在此捕捞起水鱼，7—11月灯诱围捕产卵后的索饵群体。

根据农牧渔业部（85）农（外）字第85号文《关于执行修改后的中日渔业协定附件一的通知》规定，在上述的长江口与舟山渔场及鱼山和温台渔场内，从1985年5月29日起，从北纬32°30′—31°30′，沿禁渔区线向东平行推移经度30′为第4休渔区，每年9月1日至10月31日止，禁止机轮底拖网进入作业。上述海域从8月1日至8月31日止为第5保护区，限定进入作业的我国机轮拖网渔船总数不超过74艘。从北纬31°30′—30°30′，沿禁渔区线向东平行推移经度30′为第5休渔区，每年9月16日至10月31日止，禁止机轮底拖网进入作业。上述海域从8月1日至9月15日止，为第6保护区，限定进入作业的我国机轮拖网渔船总数不超过74艘。从北纬29°—27°，沿禁渔区线向东平行推移经度30′为第7休渔区，每年1月1日至2月末止，8月1日至10月31日止，禁止机轮底拖网进入作业。关于进入第5保护区及第6保护区从事机轮拖网作业的船数安排，根据实际作业的历史习惯，照顾邻近省市和单位的原则，分配给江苏省海洋渔业公司9对，上海市海洋渔业公司16对，宁波市海洋渔业公司5对，舟山市海洋渔业公司7对。

2. 东海南部渔场

该海区渔场的水文状况南、北稍有不同，如闽南一台湾浅滩渔场主要取决于黑潮巴士分支、南海水和沿岸水等水系的相互消长推移；而闽东渔场近海的水文状况主要受闽浙沿岸流和台湾暖流的影响。这里着重介绍闽东—闽外渔场及其渔汛。

闽东—闽外渔场位于东海南部，福建北部沿岸以东海域，西起闽东沿岸，东临琉球海沟，北接温台—温外渔场，南临闽中和台北渔场。它是我国机轮和群众渔业的重要生产海区之一，近年来其外海的渔业资源得到进一步的开发利用。该渔场西部岸线曲折，岛屿众多。又有闽江等大小江河倾注入海，营养盐类丰富，为多种经济鱼类提供丰富饵料基础。闽东渔场水文主要受闽浙沿岸流和台湾暖流影响，冬季，沿岸流势力强盛，控制着沿海地区，暖流势力相对减弱。夏季，暖流势力增长，而闽东渔场外侧和闽外渔场则终年受黑潮主流和台湾暖流控制，其表层水的盐度值在冬夏季节变化不大，约在34~34.8之间。水温，冬季在18~24℃之间，夏季在22~30℃。冬季上下层水温仅差1~2℃，而夏季则有明显的层化现象，温差可达8~10℃。由于优越的自然条件，因此渔业资源比较丰富。主要捕捞对象有：带鱼、马面鲀、大黄鱼、鲐鱼、蓝圆鲹、鳀鱼、鲅鱼、大眼鲷、竹夹鱼、姥鲨、乌贼、梭子蟹和虾类等。春汛，主捕马面鲀、大黄鱼等。近岸大黄鱼产量较高，过去以捕捞官井洋和东引渔场的产卵群体为主，前者渔期自5月上旬至6月下旬；后者为4月中下旬至5月中下旬。近年来是在较深水域捕捞越冬和刚进行生殖洄游的大黄鱼群体，渔期自2月下旬至4月下旬。夏季鲹科鱼类等主要渔场在台山等附近海域，渔期6月下旬至9月上旬，秋季主捕鮸鱼、大黄鱼等，渔期10—11月。冬季，主捕带鱼等，渔期11月中旬至翌年1月中下旬。闽东渔场的外侧，这时主捕马面鲀的越冬群体。

（四）南海区渔场与渔期

南海区的主要渔场有粤东渔场、珠江口渔场、北部湾渔场以及西沙渔场等（这里着重介绍粤东渔场与珠江口渔场）。南海是世界三大内海之一，也是世界第二大海。南海大陆架以外的深海深度增加迅速，一般深度均为2 000～4 000 m以上，最大深度达5 567 m。南海北部陆架区存在着3种不同的水团，即沿岸水、南海暖流和南海陆架底层冷水。在50 m水深以外的水域主要受暖流支配，影响本海区的主要海流有南海暖流和台湾暖流，夏季以南海暖流为主，冬季主要是台湾暖流，两者强弱交替，控制着南海北部深中海的中上层，而底层终年盘踞着南海高盐冷水。这些水团的相互制约和互为消长，往往出现补充性的上升流，构成中上层鱼类渔场特殊的理化环境，形成良好的围网渔场。暖流入侵不仅送来了营养丰富的高盐暖水和热带、亚热带浮游生物，为鱼、虾、贝类提供大量的饵料生物，而且也把大群的青甘、白卜、扁舵鲣等金枪鱼带入南海北部，极大地丰富了南海的鱼类资源。南海水温分布特点是：沿岸海区因受陆地气候、入海径流以及沿岸海流的影响，变化稍大。北部沿岸表层水温，冬季为15～25℃，水平梯度大；夏季为28～30℃，水平梯度小，而外海海水表层常年存在着同一的等温层，下层则为明显的温跃层，但在北部和中部海区常有很大的季节性变动。南海盐度较高，除沿岸水域外，常为34左右，且年度变化也不大，即使冬季北部有强大的沿岸流入侵，但由于同时有太平洋高盐水进入南海，又由于海面高度蒸发，使表层70 m厚度的盐度反而增加0.3，而在雨季表层40 m厚度内的盐度减少0.7。雨季沿岸海区由于大陆径流的影响，往往使表层盐度降到32以下，而且变化较大。南海渔场广阔，自然环境优越，鱼类品种多样，资源潜力较大，有进一步开发的价值。

1. 粤东渔场

位于南海东北部，范围包括北纬21°30′—23°30′，东经115°—117°之间的十几个渔区。该渔场由于近岸河流的冲积，倾斜度较小，海底较平坦，渔场等深线的分布大致与陆岸平行。100 m等深线距陆岸约50～60 n mile。粤东渔场每年10月至翌年3月盛吹东北风，风力较强，一般为5～6级，有时达8～9级，此时为群众拖网作业的旺季。5—8月盛吹西南风。4月和9月分别为西南季节和东北风的过渡期，风向和风力变化较多。粤东渔场全年可分为三大渔汛，即春汛，1—5月；暑汛，6—8月；秋汛，9—12月。其中，围网作业的汛期为12月至翌年5月，以3—5月为旺汛，主捕对象有蓝圆鲹、金色小沙丁鱼、圆腹鲱、鲐鱼和乌鲳等。拖网作业渔汛为3—5月和9—12月，主捕对象有蛇鲻、鲬、带鱼、大眼鲷、二长棘鲷、大黄鱼以及海鳗等。

2. 珠江口渔场

北纬21°08′—21°58′，位于东经112°50′—114°08′。渔场北部水深较浅，东南部较深，一般为20～60 m，等深线分布大致与陆岸平行。该渔场为外海水和珠江口冲淡水的交汇区，由于这两种水系的相互消长，使渔场水文状况出现较复杂的变化。渔场北部由于珠江口冲淡水的强大影响，盐度偏低，尤其是夏季盐度更低。春季在某一海区始终出现低温低盐水舌，水温和盐度变化较明显。渔场中部和南部，由于处在外海水和沿岸水的中间地带，盐度比北部高。珠江口渔场岛屿众多，加上每年珠江大量淡水的倾泻，带来丰富的营养盐，促使浮游生物迅速繁殖，为各种鱼、虾、贝类提供大量饵料，成为我国南海北部的重要渔场之一。特别围网作业，其渔汛主要为12月至翌年4月，以2—3月为旺季，主捕对象有蓝圆鲹、金色小沙丁鱼、鲐鱼，圆腹鲱等中上层鱼类。

三、渔场的管理

海洋渔场是海洋鱼、虾、蟹类及其他水生经济动物繁殖生长的场所，也是人们利用各种渔船、渔具、渔法进行作业的海域。由于海洋环境和水产动物内在因素的牵限，各个渔场在不同季节、不同海况和资源条件就成为各种捕捞力量竞争的依据，特别是近海的一些优良渔场和主要渔汛，往往是各省、市的渔船相互竞争的目标。国家为了对海洋渔业资源实行科学管理，促进海洋生态的良性循环，使水产资源可以持续开发利用，提高渔船作业的经济效益，永远地造福于人类，就必须根据水产资源的现状，正确、合理有计划地组织渔业生产，加强对作业渔场的管理。

（一）渔场的分级管理

国家规定，对海洋渔场的管理，实行统一领导，分级管理，即禁渔区线以外渔场由海区渔政监督管理，禁渔区线以内渔场由所在省、市管理，如渤海渔场的秋季对虾渔汛生产由黄海区渔政渔港监督管理局负责管理；舟山渔场的冬季带鱼汛由东海区渔政渔港监督管理局管理，有关省、市配合。海区渔政渔港监督管理局按规定的船数，发给渔业许可证，渔船凭证进入渔场生产。吕四渔场大黄鱼、小黄鱼及鲳鱼渔汛，浙江渔场和闽东渔场的大黄鱼渔汛，以及福建省转浙江渔场生产的钓船和捕上层鱼类的大围缯渔船，由渔船所在省和东海区渔政渔港监督管理局共同管理，以所在省为主。渔船所在省按规定的船数，发给渔业许可证，渔船凭证进入渔场生产。跨海区、跨省作业的渔船，要严格遵守所在海区和省、市有关规定，接受渔政检查。

（二）作业船数的安排

为了保护和合理利用主要经济鱼虾资源，维护渔场生产秩序，逐步做到有计划地控制捕捞强度，渔场安排原则如下：

（1）各主要渔场渔汛船只数量的安排，必须从有利于保护和合理利用渔业资源出发，以资源可捕量为依据，促进海洋生态的良性循环和提高经济效益，鼓励发展外海渔业，维护我国海洋渔业权益。

（2）生产船数的分配，优先安排渔场邻近地区，根据历史习惯，适当兼顾其他地区。

（3）渔场安排要有利于生产管理，维护渔场秩序，促进海区之间，地区之间，渔民之间的团结协作。

（三）同一渔场不同作业的避让规定

农牧渔业部1983年制定的渔船作业避让暂行条件，对同一渔场不同作业的避让有如下规定：

（1）拖网渔船应给从事定置渔具捕捞的渔船、漂流渔船、围网渔船让路。

（2）围网渔船和漂流渔船应给从事定置渔具捕捞的渔船让路。

（3）各种渔船在放网过程中，后放网的渔船应给先放网的渔船让路，并不妨碍其正常作业。

（4）正常作业的渔船应避让作业中发生故障的渔船。

（5）任何船舶在经过起网中的围网渔船附近时，严禁触及网具或从起网船与带网船之间通过。

（6）让路船舶应距光诱渔船 500 m 以外通过，并不得在该距离之内锚泊或其他有碍于该船光诱效果的行动。

（7）围网渔船在放网时，应不妨碍漂流渔船或拖网渔网的正常作业。

（8）漂流渔船在放出渔具时，应尽可能离开当时拖网渔船集中作业的渔场。

（9）从事定置渔具作业的渔船在放置渔具时，应不妨碍其他从事捕捞船舶的正常作业。

（四）作业渔场的行政管理

政府和渔政部门以及其他有关的政府部门依法有权基于各种理由设立各种特殊区域，以完全禁止或者限制区域内的水产捕捞活动。例如，饮用水水源保护区、具有特殊经济文化价值的水体、自然保护区、风景名胜区、港口及航道区、水工程保护区、军事管理区、水产养殖增殖区、禁渔区、水产种质资源保护区、重点苗种产区、人工鱼礁投放区、亲鱼或幼鱼保护区、水产资源保护区等。

第二节　渔具渔法管理

渔具渔法管理，是指对整个捕捞过程中所使用的捕鱼工具和捕鱼方法进行的计划、组织、指挥、监督和协调的一系列活动的总称。它必须根据各类渔具渔法的特点和生产中存在的问题，并结合各海区和各流域的渔业资源现状，合理地调整捕捞结构，科学地进行行政上和技术上的管理，以求渔业资源免遭破坏，从而促进渔业生产的可持续发展。

渔具渔法管理，是指保护渔业资源的重要措施，渔具渔法对渔业资源的影响程度，可通过它捕捞稚、幼鱼和产卵亲鱼的多少，以及对经济鱼类的总捕捞量和单位产量下降的程度来衡量，因为鱼类总捕捞量和单位产量的明显下降，说明捕捞力量和捕捞强度超过自然资源的再生能力，资源量必然减少。同时，由于不同渔具渔法对捕捞对象有一定的适应性，所以必须根据不同情况采取限制、取缔、淘汰的办法，以求获得最佳经济效益和社会效益。但这里必须注意，随着渔业资源的变化和社会、技术、经济的发展，有些渔具渔法会被淘汰，有些渔具渔法会得到革新和发展，同时也会出现一些新的渔具渔法。

本章主要介绍，海洋渔具渔法管理和淡水渔具渔法管理两方面内容。

一、海洋渔具渔法管理

我国海洋渔业资源衰退的主要原因，一是沿海工矿企业工业废水污染渔业水域；二是近海捕捞过度和捕捞结构不合理，其中包括使用渔具渔法不合理。所以这里有必要着重介绍我国海洋渔具渔法现状及其管理的两大问题。

（一）我国海洋渔具渔法现状

1. 我国海洋渔具渔法的种类与分布

我国海洋渔具的种类，根据国家标准 GB 5147－85《渔具分类、命名与代号》的规定，它要按捕鱼原理、结构特征和作业方式划分为类、型、式 3 级。因此，我国海洋渔具可分为下列的 12 类：

（1）刺网类渔具。以网目刺挂或网衣缠络为作业原理的渔具。按其结构分为单片、双重、三重、无下纲、框格5个型；作业方式分为定置、漂流、包围、拖曳4个式。常见的刺网渔具的型、式例子有：

- 刺网类渔具
  - 单片型
    - 定置式，如浙江苍南的尤头鱼刺网
    - 漂流式，如辽宁长海的鲐鱼流网
    - 包围式，如广东台山的黄花鱼围刺网
  - 三重型
    - 定置式，如河北秦皇岛的三重刺网
    - 漂流式，如福建漳浦的三重流网
  - 无下纲型
    - 定置式，如海南琼海的海龟刺网
    - 漂流式，如天津塘沽的鲈鱼散腿流网

（2）围网类渔具。由网翼和取鱼部或网囊构成，用以包围集群性鱼类的渔具。按其结构分为有囊和无囊2个型；按作方式分为单船、双船、多船3个式。我国现有围网渔具的型、式例子有：

- 围网类渔具
  - 有囊型
    - 单船式，如福建长乐的鳀树缯
    - 双船式，如浙江普陀的带鱼对网
    - 箕状式，如辽宁长海的荫晾网
  - 无囊型
    - 单船式，如上海的机轮灯光围网
    - 双船式，如广东湛江的索罟网
    - 多船式，如广西合浦的赤鱼围网

（3）拖网类渔具。用渔船拖曳网具迫使捕捞对象进入网内的渔具。按其结构分为单片、单囊、多囊、有翼单囊、有翼多囊、桁杆、框架7个型；按作业船数和作业水层分为单船表层、单船中层、单船底层、双船表层、双船中层、双船底层、多船7个式。我国常见的拖网渔具的型、式例子有：

- 拖网类渔具
  - 有翼单囊型
    - 单船底层式，如上海的八片式拖网
    - 双船表层式，如山东掖县的浮拖网
    - 双船底层式，如浙江舟山的机轮底拖网
  - 桁杆型——单船底层式，如广西钦州的龙虾拖网
  - 单囊型
    - 单船表层式，如河北丰南的划网
    - 单船底层式，如天津塘沽的扒拉网
  - 多囊型
    - 单船底层式，如上海崇明的桁拖网
    - 双船底层式，如浙江苍南的百袋网
  - 单片型——双船底层式，如山东掖县的带网

（4）地拉网类渔具。在近岸水域或冰下放网并在岸、滩或冰上曳行起网的渔具。按其结构分为有翼单囊、有翼多囊、单囊、多囊、无囊、框架6个型；按作业方式分为船布、穿冰、抛撒3个式。我国常见的地拉网渔具的型、式例子有：

- 地拉网类渔具
  - 有翼单囊型——船布式，如海南万宁的长网
  - 单囊型——抛撒式，如江苏如东的泥螺网
  - 多囊型——抛撒式，如江苏东台的曳网
  - 无囊型
    - 船布式，如河北抚宁的大拉网
    - 抛撒式，如天津汉沽的梭鱼拉网

（5）张网类渔具。定置在水域中，并利用水流迫使捕捞对象进入网囊的渔具。按其结构分为张纲、框架、桁杆、竖杆、单片、有翼单囊 6 个型；按作业方式分为单桩、双桩、多桩、单锚、双锚、船张、墙张，并列 8 个式。我国常见的张网渔具的型、式例子有：

- 张网类渔具
  - 张纲型
    - 单锚式，如江苏启东的帆张网
    - 双锚式，如浙江定海的大捕网
  - 框架型——单桩式，如山东荣成的鱼挂子网
  - 桁杆型
    - 单桩式，如浙江洞头的三角棱网
    - 单锚式，如辽宁东沟的鮟鱇网
    - 船张式，如山东海阳的接网
  - 竖杆型
    - 双桩式，如山东日照的坛子网
    - 多桩式，如广西北海的网门
    - 双锚式，如天津塘沽的锚张网
    - 船张式，如福建龙海的虎网
    - 墙张式，如浙江平阳的虾户网
    - 并列式，如浙江临海的山六张网
  - 单片型
    - 双锚式，如辽宁营口的海蜇网
    - 墙张式，如天津塘沽的梭鱼棍网
  - 有翼单囊型——双桩式，如福建霞浦的大板网

（6）敷网类渔具。以预先敷设在水中，然后等待、诱集或驱赶捕捞对象进入网内，最后将网具提出水面捞取渔获的渔具，按其结构分为箕状和撑架 2 个型，按其作业方式分为岸敷、船敷、拦河 3 个式，我国常见的敷网渔具的型、式例子有：

- 敷网类渔具
  - 箕状型——船敷式，如福建东山的鱿鱼缯
  - 撑架型
    - 岸敷式，如浙江普陀的乌贼板缯
    - 船敷式，如广东遂溪的灯光四角缯

（7）抄网类渔具。由网囊、框架和手柄组成，以兜取方式作业的渔具。按其结构分为兜状 1 个型；按作业方式分为推移 1 个式。这类型式很少，通常可看到的例子有——兜状型——拖移式，如山东胶县的毛虾推网。

（8）掩罩类渔具。由上而下扣罩捕捞对象的渔具，按其结构分为掩网、罩架 2 个型；按作业方式分为抛撒、撑开、扣罩、罩夹 4 个式，我国常见的掩罩渔具的型、式例子有：

- 掩罩类——掩网型
  - 抛撒式，如海南琼山的手抛网
  - 撑开式，如福建宁德的大黄鱼掩网

（9）陷阱类。以固定设置在水域中，并使捕捞对象受拦截、诱导而陷入的渔具，按其结构分为插网、建网、箔筌 3 个型；按其作业方式分为拦截、导陷 2 个式，我国常见的陷阱渔具的型、式例子有：

- 陷阱类渔具
  - 插网型
    - 拦截式，如辽宁庄河的梁网
    - 导陷式，如广东台山的督罟
  - 建网型——导陷式，如山东威海的落网
  - 箔筌型——导陷式，如广西北海的渔箔

（10）钓具类渔具。用钓线结缚装饵的钓、卡或直接缚饵引诱捕捞对象吞食的渔具。按其结构分为真饵单钩、真饵复钩、拟饵单钩、拟饵复钩、无钩、弹卡6个型；按其作业方式分为漂流延绳、定置延绳、曳绳、垂钓4个式。我国常见的钓渔具的型、式例子有：

- 钓具类渔具
  - 真饵单钩型
    - 定置延绳式，如广东阳江的鲨鱼纲
    - 漂流延绳式，如福建惠安的白鱼滚
    - 曳绳式，如广东电白的边板钓
    - 垂钓式，如广东南沃的石斑鱼手钓
  - 真饵复钩型——垂钓式，如广东南沃的鱿鱼手钓
  - 拟饵单钩型——曳绳式，如海南文昌的拖毛钓
  - 无钩型——定置延绳式，如福建厦门的蟹包

（11）耙刺类渔具。以耙刺捕捞的渔具。按其结构分为滚钩、柄钩、叉刺、箭铦、齿耙、锹铲6个型；按其作业方式分为漂流延绳、定置延绳、拖曳、投射、铲耙、钩刺6个式，我国常见的耙刺渔具的型、式例子有：

- 耙刺类渔具
  - 滚钩型——定置延绳式，如河北海兴的空钩
  - 柄钩型——钩刺式，如福建福鼎的昂鲨钩
  - 叉刺型——投射式，如海南琼海的海参棘叉
  - 齿耙型——拖曳式，如天津塘沽的毛蚶耙网
  - 锹铲型——铲耙式，如浙江普陀的贻贝铲

（12）笼壶类渔具。利用笼壶状器引诱捕捞对象进入而被捕获的渔具。按其结构分为倒须、洞穴2个型；按其作业方式分为定置延绳、漂流延绳、散布3个式。我国常见的笼壶渔具的型、式例子有：

- 笼壶类渔具
  - 倒须型——定置延绳式，如广东湛江的花鳝笼
  - 洞穴型
    - 定置延绳式，如广东海陆丰的章鱼壳
    - 散布式，如浙江玉环的弹涂竹管

至于我国海洋渔具渔法的分布情况，主要取决于渔场环境条件捕捞对象的特点。这就是我们常说的渔具适应性（即指根据渔场环境条件和主捕对象特点，所采用的相应渔具渔法，以便达到最佳的经济效益），例如，底拖网作恶渔场环境条件，要求水域广阔、底形平坦、无障碍物、潮流较缓，主捕对象为底层或近底层鱼类；张网作业渔场环境条件，要求在江河口、渔港口和岛屿周边附近，潮流较急，底质泥或泥沙（易于固定）的水域。在此水域中，由于江、河流入大量营养盐，气候、水温适宜于鱼虾的繁殖、生长、发育；同时，大量的鱼虾易受潮流冲击，所以只有采用定置张网捕捞，才能获得最佳的经济效益。由于我国各海区的地理环境、渔业资源和社会经济条件的不同，所以从北到南主要渔具的分布情况都有所侧重。例如，黄、渤海区主要从事拖网、张网、刺网，其次是围网和钓具；东海区主要从事围网、张网、拖网、刺网、钓具；南海区主要从事拖网、刺网、围网、钓具等生产。具体是：

黄、渤海区，机轮双船底拖网约有12万顶，捕捞强度很大，产量占该海区总产量的40%左右，黄海南部单船底层多囊桁杆拖网也有一定生产规模。张网类中，以单桩框架张网数量最多，渤海最集中，约有15万张。大型的单锚桁杆张网黄海南部发展很快。由于江苏沿海属河口三角洲水域，渔场广阔，渔业资源种类较多，所以单锚桁杆张网成为该省

的主要渔具之一。刺网类中，分布广，规模较大的是鲅鱼、鳓鱼、鲐鱼流网。后来由于资源衰退等原因，于是也出现捕捞小型鱼类（如青鳞鱼、颚针鱼等）的刺网。在围网类中，原来比较发达的山东半岛、辽东半岛，由于资源衰退，后来仅有主捕鳀鱼、青鳞鱼等小型围网作业。

东海区，最有代表性的渔具是有囊围网，适合在近底层鱼类资源比较集中、潮流较急的近海作业，但也可捕捞中上层鱼类。分布范围南至福建莆田，北至江苏沿海，共有4 000 多个作业单位，其中浙江约占60%。而机帆船光灯围网，大约还有200多组，生产比较稳定。张网类的种类，数量最多，分布最广，其中浙江、福建就有20万张以上，作业渔场除了沿岸水域之外，还向水深40 m以上的外海发展，其产量占该海区捕捞总产量的35%以上。拖网类，数量较少，双船拖网仅是机帆船有囊围网的轮作渔具。钓渔业比较发达，福建的钓渔业产量所占捕捞量的比重，居沿海各省之冠。

南海区，拖网是该海区捕捞的主力，约有4.4万顶，以单船拖网为主，其产量占该海区捕捞总产量的60%以上，是3个海区中比重最大的海区。这是由于南海北部的地理条件和资源种类多而分散等，有利于发展这种作业。刺网的种类和数量均居全国首位，约有124万片，其中广东省就有110万片左右。围网类中，以小型的机帆船光灯围网数量较多，作业渔场主要在江河口外的三角洲水域，曾在海洋捕捞中起着重要作用。钓渔业比较发达，主要分布在粤西和海南岛沿海，除了通常的延绳钓、垂钓之外，还有近表层的曳绳钓（拖毛钓）和近底层的曳绳钓（边板钓）。广东省的钓渔业产量占该省海洋捕捞中的比重，仅次于福建省，居全国前列，而且发展前景广阔。

综上所述，由于我国近海环境条件下的复杂性，渔业资源的多样性，以及沿海各省经济发展的速度不一样，造成了我国海洋渔具种类繁多，地理差异明显，形成了一个多层次、多样化的捕捞结构。但在种类繁多的渔具中，适应性强，分布广泛的是拖网类、刺网类和张网类，最富有海区代表性和分布界限最明显的是东海区的有囊围网。我国海洋主要渔具的分布概况，如图11－5所示。

2. 我国海洋渔具渔法存在的问题

长期以来我国海洋渔具渔法存在两大问题，一是片面追求产量，盲目增船增网；二是渔具渔法失控，捕捞结构不合理。从而造成捕捞过度，引导资源衰退。虽然后期也开始重视，但缺乏有效措施。据前几年统计，我国近海渔船盲目发展仍得不到有效遏制，主要经济鱼类资源继续下降，渔政体制不顺，管理手段脆弱。例如，南海区机动渔船，从20世纪70年代的7 091艘，458.835 kW，增至20世纪末的69 214艘，1 870 281 kW，分别增长了9倍和4倍。进入21世纪后，情况有所好转，但总体看还是不行，结果造成渔获群体低龄化、小型化和幼鱼比例增加，可见盲目增船增网给渔业资源带来严重破坏。同时，随着各地工业的发展，渔业水域环境污染日益加重，更加剧了近海渔业资源的衰退。

至于渔具渔法失控和捕捞结构不合理的例子也不少。例如，多年来提倡发展的拖网、张网和有囊围网等高产、稳产的渔具，渔获选择性差而又过多，对资源造成严重破坏，这种现象至今还在继续。关于捕捞结构不合理的现象，如近海捕捞强度超过渔业资源再生能力，而外海和远洋捕捞能力没有很好发展；底层鱼类资源捕捞过度，而中上层鱼类资源利用不足；底拖网和张网在渔具比例中仍然很高，而钓具和刺网比重不大等，造成很多恶性循环。

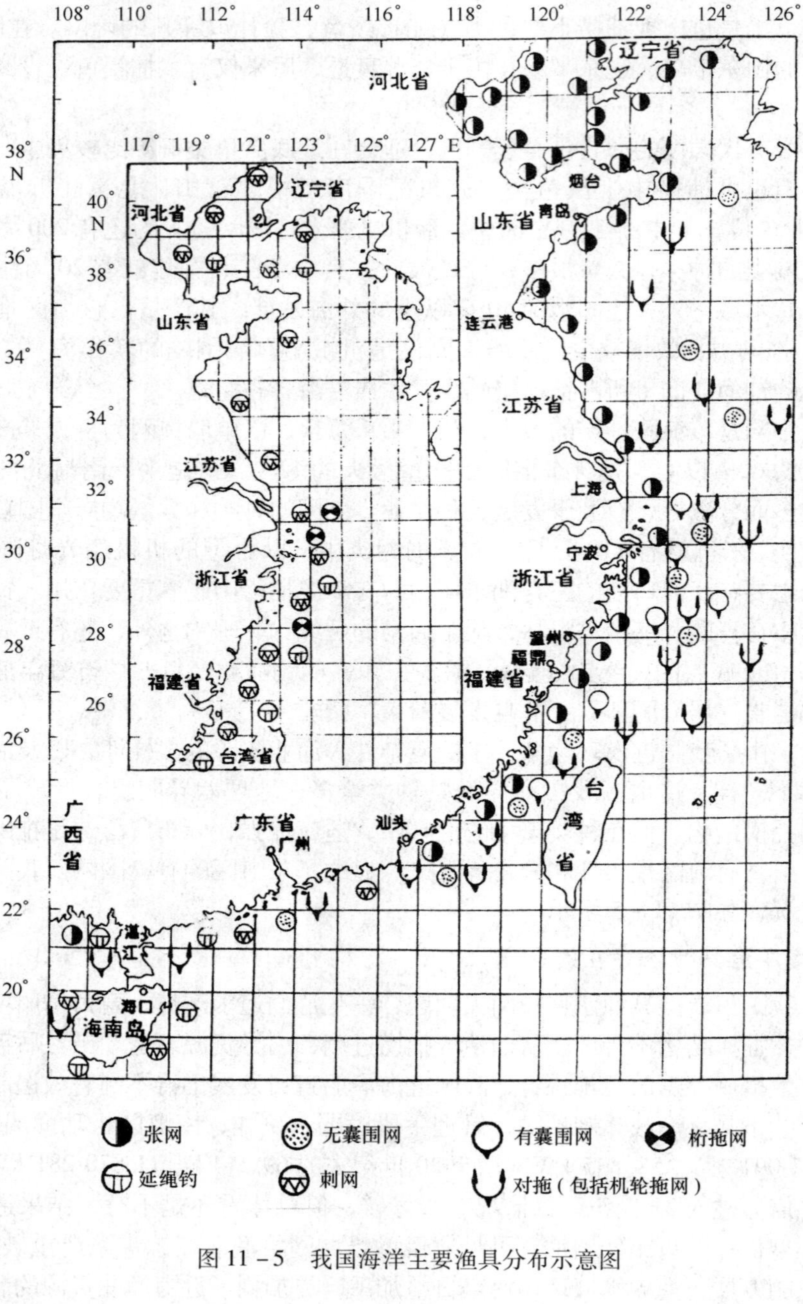

图 11－5　我国海洋主要渔具分布示意图

（二）我国海洋渔具渔法管理

众所周知，我国海洋捕捞业的主要捕捞对象，概括起来主要是生息于海洋中的野生动物资源。这种自然动物资源一般食物链都较长，在繁殖、发育、生长过程中受海洋环境条件影响和敌害侵袭等，因此要形成具有一定利用价值的资源量，需要相当长时间。同时，渔业资源一旦受破坏，又需要很长时间才能恢复。再者，由于人口增长和生活水平的提高，鱼类需求量愈来愈大，以及工业排放污水的影响，捕捞能力的提高，以至造成滥捕局面，致使资源严重破坏。因此，保护海洋渔业资源已是当前迫切的任务。对渔具渔法实行管理，是保护渔业资源的重要措施，而且不同的渔具渔法对捕捞对象各有一定的适应性，因此必须根据不同情况，采取限制、取缔、淘汰的办法，以求达到逐步恢复资源，获得最佳经济效益和社会效益。限制的渔具渔法，是指捕捞生产中不可缺少的，但又由于数量太多，或者渔具结构变化以及作业渔场不合理等，造成资源利用饱和或捕捞过度，而必须对它实行限制。取缔渔具渔法，是指严重损害渔业资源的产卵亲体和幼鱼或者污染渔场水质和操作不安全的渔具渔法。这类渔法数量不多，在捕捞生产中不占重要地位，如使用炸药炸鱼，不仅污染水质，而且也不安全，应该取缔。淘汰的渔具渔法，是指由于主捕对象的资源发生变化，原有的渔具渔业达不到生产要求而停止使用，或者由于原有的渔具渔法落后而被先进的渔具渔法代替。这类渔具渔法数量也不多。这里着重介绍限制的渔具渔法管理问题。限制的渔具渔法有何特点？为何要限制？如何限制等，都很值得渔政人员参考。下列重点介绍拖网、张网、刺网以及声光电渔法的管理。

1. 拖网渔具渔法管理

拖网是我国海洋捕捞中的主要渔具，拖网的捕捞对象主要有带鱼、大黄鱼、小黄鱼、马面鲀、鳓鱼、银鲳、鳕鱼、鲐鱼、蓝圆鲹、鲅鱼、鲻鱼、鲨鱼、海鳗、鲆、鲽海鲶、二长棘鲷、金线鱼、绯鲤、蛇鲻、乌鲳、鲷科鱼类、头足类、虾、蟹以及贝类等。拖网渔具渔法的特点，主要是渔具形式多样、结构复杂、作业范围广、捕捞对象多、生产机动灵活、捕捞效率高、生产规模不一等等。拖网属过滤性运动渔具，是典型的强制性渔法，因为在拖网作业中，当鱼群在曳网作用区的范围内时，由于纲索移动和水流的冲击而产生的声音以及纲索、网板移动产生的涡流，把鱼类驱赶到拖道中央，又当鱼群处于拖道路上时，鱼群的逃逸方向一般也拖向一致，这时如果拖速比鱼速快，则鱼群便会被强制性地拖入网中。拖速与鱼速相差越大，强制性也就越明显，鱼群就越容易强制地被拖入网中。我国拖网遍布各大海区，产量居各种渔具之首，约占海洋总捕捞量的43%。国营渔轮绝大多数从事拖网作业，群众渔业中拖网也很发达。目前我国机轮拖网渔船超过千艘，机船拖网也有万艘以上，成为我国海洋渔业最重要的渔具。

我国海洋拖网渔业，机动渔船数量及功率迅速增长，导致平均单位产量下降和幼鱼比例上升。据不完全统计，拖网捕捞经济鱼类的幼鱼占海洋总捕获量的50%以上，例如前几年渤海秋季捕虾期间，每捕获1 t对虾就兼捕了1.4 t经济鱼类幼鱼，平均每年兼捕幼鱼1.76×10^4 t，其中小黄鱼、带鱼、鲳鱼、黄姑鱼、白姑鱼、黄鲫鱼等的幼鱼占1.1×10^4 t。这样的例子不少。由于拖网渔具渔法缺少管理，资源严重破坏，导致有些鱼类形不成渔汛，个体愈来愈小，产量愈来愈低。

根据拖网渔业对资源的严重破坏情况，拖网渔具渔法更要限制使用，今后应该着重在限制近海拖网作业船数，禁用双层网囊拖网和规定网囊网目合理尺寸、建立渔获量数据统计制度以及限制渔获中幼鱼比例等方面进行管理，具体措施如下。

（1）限制近海底拖网作业船数。近海底拖网作业船数，应该根据渔场底层鱼类的资源量、可捕捞量以及作业规模等，可通过发放捕捞许可证和限额捕捞的多种办法。当然，这个作业船数不是永远不变的。因为各个渔场的资源是将随自然条件的变化而变化。对于各省共同作业的渔场，一个省或地区无法全面管理的，必须由各省或地区出面协调，制定控制捕捞量的总体计划，然后由各省渔政部门配合各地渔政站监督执行。在限制近海底拖网作业船数方面可以先淘汰破坏资源严重的小机拖渔船的办法。对于在近海作业的大功率疏目拖网渔船，应该坚决地采取有效措施加以限制，因为这类渔船捕捞中上层鱼类的能力比普通拖网船高 10 倍以上。这类大功率疏目快拖渔船的发展方向，应该着眼于开发外海、深海鱼类资源，不应在近海与其他渔船争夺渔获。

（2）禁用双层网囊拖网作业和规定网囊网目的合理尺寸。双层网囊拖网是指在底拖网网囊外层加一层网囊的渔具。它能捕获各种大小鱼类，对水生生物破坏极大，因此被国家列为禁用渔具。如果违规者使用国家明令禁用的渔具，非法取得渔获时，被渔政检查员查获，则按《中华人民共和国渔业法》第 28 条规定，使用禁用渔具进行捕捞的，没收渔获物和违法所得，处以罚款并没收渔具和吊销捕捞许可证。

关于合理规定拖网网囊目尺寸问题，世界各发达渔业国家对此十分重视。因为拖网是过滤性运动渔具，其网囊网目尺寸是决定被捕鱼类个体大小的重要因素，因此它是保护鱼类资源的重要措施之一。日本在 20 世纪初就进行过试验，认为 80% 的幼鱼是在网具曳行中从网囊网目逃出的，而且成活率相当的高。后来做出“东黄海底拖网网囊网目尺寸不得小于 54. 5 mm”的规定。我国在 20 世纪末也做过类似的试验和研究。研究是采用套网方式进行的，选择网目内径 31、39、45、63 mm 四种网目尺寸的网囊，套入 25 mm 目大的套网，在起网时将网囊及套用中的渔获物进行对比分析，计算逃逸率，制作选择曲线，并按 L0. 5（体长选择率 50%）确定网目尺寸。同时把套网中的渔获投入网箱内，进行水下摄影及观察被释放幼鱼的活动情况以及计算成活率，并用交替作业方式进行生产性的验证。试验结果表明穿过网囊网目的幼鱼，大部分是能够生存的，同时认为南海区拖网网囊网目的内径 45 mm 为合理，最小也不得小于 39 mm，从而证明放大网囊网目尺寸对保护鱼类资源有着现实意义。

（3）建立渔获量数据统计制度。拖网是我国海洋捕捞中比重最大的渔具，因此拖网作业首先应该执行渔获量数据统计制度。实际上这种统计数据是研究渔业资源数量变动、行动分布规律、合理利用等不可缺少的基础资料，也是制订生产计划实行科学管理的重要依据。由于目前生产中多是以生产船为核算单位，水产收购站早已撤销，有关这方面的捕捞生产数据收集十分困难。因此，建议尽早建立健全渔业生产渔获量数据的统计制度，并要有明文规定，凡从事海洋捕捞生产的渔船，都必须进行渔捞日记登记。定期上缴，指定科研部门承担汇总整理。渔政船在执法时，应将渔捞日记检查作为一项重要内容。

（4）限制渔获中的幼鱼比例。它是国家的一项重要渔业法规，是保护渔业资源的重要措施之一。如何检测才能符合科学和简单的原则呢？对此，有不少专家、学者提出种种设想，其中“定量抽样法”就是个例子。所谓“定量抽样法”，是根据概率论中两点分布的随机变量原则，以数理统计中参数区间估计的一种方法，即通过对样品进行统计、分析，求出幼鱼比例置信区间的下限。为了使用方便，可根据幼鱼尾数在预制表中直接查出幼鱼比例。此表有置信度为 90% 的 100 尾抽样幼鱼比例算成表，如表 11 - 2 所示。例如，要从一批渔获中随机抽取鲅鱼 100 尾，其中未达可捕标准的有 50 尾，试以 90% 的把握判断这批渔获中幼鱼的比例。查百尾抽样幼鱼比例算成表，在幼鱼尾数 50 尾一栏中，找出相对应的幼鱼比例不低于 44%，便是它的答案。

除了上述的这些管理措施之外，还有规定禁渔区和禁渔期等，即各海区必须根据拖网作业捕捞对象的生殖期，规定合理的禁渔区和禁渔期。对许可作业的单、双拖渔船，应严格禁止在禁渔区内作业。

表 11－2　100 尾抽样幼鱼比例算成表（置信度 90%）

幼鱼尾数	幼鱼比例不低于（%）	幼鱼尾数	幼鱼比例不低于（%）	幼鱼尾数	幼鱼比例不低于（%）	幼鱼尾数	幼鱼比例不低于（%）
21	16	41	35	61	55	81	75
22	17	42	36	62	56	82	77
23	18	43	37	63	57	83	78
24	19	44	38	64	58	84	79
25	20	45	39	65	59	85	80
26	21	46	40	66	60	86	81
27	22	47	41	67	61	87	82
28	23	48	42	68	62	88	83
29	24	49	43	69	63	89	84
30	24	50	44	70	64	90	85
31	25	51	45	71	65	91	87
32	26	52	46	72	66	92	88
33	27	53	47	73	67	93	89
34	58	54	48	74	68	94	90
35	29	55	49	75	69	95	91
36	30	56	50	76	70	96	93
37	31	57	51	77	71	97	94
38	32	58	52	78	72	98	95
39	33	59	53	79	73	99	97
40	34	60	54	80	74	100	98

2. 张网渔具渔法管理

张网是我国传统的渔具，张网捕捞对象比较广泛，除了一部分中型鱼类之外，大多为小型鱼类或经济鱼类的幼体和虾类，如大黄鱼、小黄鱼、鲳鱼、带鱼、毛虾、海蜇。南海区还可以捕捞七丝鲚、梅童鱼、鳓鱼等。张网渔具渔法的特点，主要是形式多样、结构比拖网简单、生产规模小、操作技术简便、渔场近、生产相对稳定，作业时是利用潮流或涨落潮差迫使捕捞对象进入网内。我国张网分布很广，数量大，产量占海洋各类渔具总捕捞量的 30%，除南海区之外，东海区和黄、渤海区都很发达。我国张网类渔具新中国成立后发展速度很快，特别是在渔船动力化和网料合成纤维化之后，发展速度更快。

当前张网渔业面临的主要问题，是单位产量下降和经济鱼类幼鱼损害严重。单位产量下降，是指随着作业渔船数量和网具数量的增加，网具加大和作业渔场的扩大，捕捞强度的迅速增长，导致单位[illegible]明显下降，这表明张网渔业对资源的开发利用已达饱和，甚至超过饱和程度。经济幼鱼损害严重，如浙江省每年损害经济幼鱼在 2×10^4 t 左右；福建省张网年平均产量 12.3×10^4 t 中幼带鱼高达 1.25×10^4 t；黄海黄河口的张网在春汛禁渔期前，有时大量出现孵化不久的幼鱼堵塞张网网囊网目，其数量无法统计。

根据张网渔具渔法的特点和存在问题，对张网渔具渔法要严加管理。这种管理应建立在“利用、限制、改造”的基础上，采取各项有效措施。对非法经营和严重破坏渔业资源的张网应该取缔。具体的管理措施有下列几点。

（1）利用张网渔业的积极一面。张网属传统渔业，从事这种渔业的渔民数以万计。虽然张网渔业对经济幼鱼有一定破坏作用，但由于它具有产量稳定、耗能少、成本低等优点，因此在加强管理和改造网具的前提下，可以保留一定数量的张网，这对于利用河口一带渔场的小型鱼虾资源有一定积极意义。张网捕捞对象为小型鱼类，一般都是寿命短、年龄结构简单、世代更新快、繁殖力强的地方种群，受自然环境影响明显。因此，只要在繁殖季节加以保护，在没有台风袭击的情况下，便能维护其正常渔获量。如果网具经过合理的改造，对幼鱼捕捞比例有明显下降，就能保证张网渔获逐年稳定增长，使张网渔业为利用河口资源发挥一定作用，以使数百万劳动力的出路问题得以解决。

（2）限制张网捕捞强度。它包括限制张网作业船数和桩头数。对此，沿海各省、市都要严格控制张网渔业的发展，不仅不能增加，而且还要逐年调整和压缩，否则必然造成过大捕捞强度，增加对资源的破坏，特别要遵照国务院有关规定，严禁沿海农副业队从事张网生产。至于如何解决被削减下来的渔船和数以万计渔（农）民的生活问题，可以建议当地政府积极开展近海增养殖业等，提高经济效益，把原来的资源消费者变为资源的生产者。

（3）实行捕捞许可证和标志牌制度。对经过整顿之后的渔船和桩头数，由渔政管理部门核发渔业许可证和桩头标志牌，并进行年度验证或换发。这样做有利于对张网渔业的监督和管理。张网渔业的买卖、转让、租借都须经过渔政管理部门的审批。桩头与网具的买卖、转让、租借也应经有关单位的同意并出具证明，这样可制止偷盗张网网具等违法行为。

（4）取缔非法经营和严重损坏资源的张网。沿海有些地方为养殖水貂、对虾而需要饵料，或者要为农业提供肥料，而专门发展张网生产，对此应坚决取缔，以堵塞张网大量破坏渔业资源。另外，对沿岸、河口作业严重损害经济幼鱼和虾类幼体的密目张网，也要制止，因为这类张网渔获质量差，产值低，而且又严重破坏资源，应该制止。

（5）重新制定禁渔区和禁渔期。现有张网渔业的禁渔区和禁渔期，有些是根据30年前调查研究结果而制定的，多年来由于渔业资源和捕捞强度都发生了很大变化，难以适应当前的情况，因此应该重新制定禁渔区和禁渔期。在规定张网的禁渔区和禁渔期之后，应加强渔政管理，特别要加强海上和港口的检查，对违规或违反其他渔业法规规定的，应严加处罚。

（6）重新规定可捕标准。网具渔获中经济鱼虾幼体所占的比例不得超过20%的规定，不适用于张网渔业，因为张网兼捕的鱼虾幼体一般比其他渔具捕捞的小些，同时对以往规定的各种经济鱼虾幼体的可捕标准，各省市在繁殖保护细则中也不统一，特别是对跨越海区的主要洄游性经济鱼虾可捕标准应该一致。为此，建议农业[illegible]过调查研究重新制定可捕标准。

（7）设立幼鱼监测站。为了能及时地针对海洋渔业资源变动情况作出切合实际的管理，应在重点张网渔业区设立幼鱼监测站，由县渔政领导、水产科研部门协助，并在重点张网海区配备“幼鱼监测船”，由渔政船兼任。这些幼鱼监测站（船）应定期定点检查张网渔获物，进行生物学测定，并将结果定期上报省渔政局，以便对全省张网渔获物的组成情况进行综合分析，及时作出相应管理措施，使张网渔业的管理逐步走向合理化、制度化和科学化。

（8）专管与群管相结合。由于张网数量大，分布广的原因，张网渔业管理单靠数量有限的渔政专业队伍是困难的。为此，必须在管理体制上要有所改革，即要调动地方的积极性，实行专管与群管相结合。这样做既可发挥地方的积极性，又可促进渔政专业队伍有重点地对张网渔业进行全面管理。

3. 刺网渔具渔法管理

刺网是我国海洋渔业中分布最广、数量最大、种类最多的主要渔具之一。刺网捕捞对象有马鲛鱼、鲐鱼、鳓鱼、银鲳、燕鳐、鄂针鱼、大黄鱼、鮸鱼、黄姑鱼、舌鳎、鲷科鱼类、梭子蟹、对虾、龙虾等。远洋流刺网在南太平洋渔场，主要捕捞对象有长鳍金枪鱼、黄鳍金枪鱼、鲣鱼、旗鱼、鲨鱼、鲳鱼、鱿鱼等。刺网渔具渔法的优点是结构简单、操作技术不复杂、生产机动灵活、作业渔场广阔、捕捞对象品种多、渔获个体整齐质量好，对渔船和捕捞机械要求不高、投资少、成本低，是兼作的良好渔具，以刺挂捕捞时鱼体大小有一定选择性、适合于海域辽阔的海域作业等。但它也有不少缺点，以致影响它在公海作业。例如，以缠络性能捕捞鱼类时选择性差，除了主捕对象之外还可捕获海豚、海鸟以及其他海洋生物资源，严重影响海洋动物资源保护；作业中网具容易丢失，影响船舶安全航行，破坏海洋环境；在公海生产时易与沿岸国家渔船发生冲突。同时，摘取刺缠在网衣上的渔获费时多，鱼体易受损伤，而且捕捞集群性鱼类时产量不如拖网或围网。我国刺网产量占海洋总捕获量的6%，是海洋渔业中的重要渔具。我国刺网生产发展很快，特别是改革开放后由于生产体制改革，促使小型刺网大量发展。我国远洋刺网生产，现有少量渔船在北太平洋公海生产。我国台湾省远洋刺网发展速度更快，由于引进日本技术，目前已成为台湾省极为重要的渔县之一。

我国的刺网生产，自20世纪70年代后近海渔业资源衰退后，渔获个体出现低龄化和小型化，过去曾是主要经济鱼类摄食对象的黄鲫、斑鰶、青鳞等小型鱼类，2000年以后是成为刺网生产的开发对象。近年刺网捕捞对象从传统的经济鱼类到大宗的小型鱼类和蟹等，都有专用的刺网捕捞。本来刺网生产渔获物选择性较强，不存在对渔业资源造成威胁的问题，如今由于捕捞强度太大，网目逐年缩小，网目尺寸趋向通用化，渔获选择性大大降低，对渔业资源保护也造成了威胁。近年来各地又大量发展捕捞地方性小型鱼类的专用刺网，由于网目太小，作业于沿岸水域，在捕捞小型鱼类的同时必然会兼捕到同一水层的经济鱼类幼体，从而又对渔业资源造成严重威胁。

根据刺网渔业的现状和存在问题，近海刺网渔具渔法应限制使用，必须在网目尺寸、网具高度、网目类型、渔船数量与网列长度、禁渔期与禁渔区等方面进行管理。

（1）严格执行国家规定的各类刺网网目尺寸。因为刺网网目尺寸与捕捞对象的个体长度成正比，刺网网目不仅关系到捕捞效果的好坏，还涉及渔业资源的保护问题，所以各类刺网网目应以主捕对象的个体大小为依据。可是，近年来由于刺网生产发展速度太快，船、网大量增加，导致主要捕捞对象的马鲛鱼、鳓鱼、鲳鱼、鲐鱼等个体低龄化和小型化，网目改小的情况普遍存在。例如辽宁的鲐鱼刺网，以前网目尺寸一般都为 95 ~ 105 mm，而近年来减少到 74 mm，特别是沿岸 14.7 kW（20 马力）以下大量小船使用的刺网网目尺寸不到 45 mm，这样对渔业资源保护很不利。产生这种情况的根本原因是生产只顾眼前经济利益，片面追求产量，即使已有国家规定的网目尺寸，也没有很好执行。这将造成鱼类资源群体组成愈来愈小，资源量愈来愈低的局面。为此，各有关生产单位或个体生产者，必须适当放大刺网网目，严格执行国家规定的各类刺网网目尺寸。

（2）限制刺网网具高度。刺网网具高度必须根据主捕捞对象的栖息水层来确定。可是，多年来生产中刺网网具高度普遍高。例如辽宁的鲐鱼刺网、河北的青鳞鱼刺网、渤海的对虾刺网等都是个例。网具加高，虽然可以增加扫海面积，对提高产量有一定作用，但对其他鱼类的生长又带来影响。如渤海的对虾刺网，网高从 80 目增加到 200 目之后，对虾产量仅增加 10%，而兼捕到幼鲅增加了 60%。过去由于拖网捕虾拖速跟不上幼鲅而幸存下来的鲅鱼资源，如今被刺网捕获而破坏，这是一种不可取的办法。为了减少大量幼鲅被兼捕，渤海对虾刺网的高度必须受到限制。

（3）科学地制定各类刺网的缩结系数。刺网网目开关与主捕对象刺挂断面形状相适应，而网目形状决定于网衣的缩结系数，所以在确定主捕对象时除了规定网目尺寸之外，还要确定合理的缩结系数。如江苏的银鲳流刺网，由于银鲳体形侧扁，生产上使用的 0.47 缩结系数显然偏大，应该适当缩小，这样才能较有把握地捕捞主捕对象银鲳，而少捕一些其他鱼类特别是幼鱼。但是，在此必须提醒一句，即使规定了合理的网目尺寸和缩结系数，作业中也还会兼捕到其他鱼类的幼鱼，这里就必须有一个合理的兼捕比例，如果比例太大，那么还要采取别的措施加以限制。

（4）限制以缠络性能为主的重刺网。对以刺挂为主的刺网，捕捞对象的个体大小有一定的选择性，对资源保护有利，但以缠络为主的刺网，捕捞对象选择性很差，严重影响资源保护，应限制使用。生产中看到目前海洋生产中有用重刺网，如河北的三重刺网、福建的三重流刺网等都属缠络性质的刺网。这种刺网在福建、河北沿海分布很广，捕捞不同规格的各种鱼类，如大黄鱼、鲳鱼、鲻鱼、海鲶、马鲛鱼、鲥鱼、鲨鱼以及鳗鱼等，渔获种类选择性很差。生产者为了追求更高的经济效益，有盲目发展的趋势。为此，建议国家有关部门要采取措施，加以限制，否则将严重影响资源保护。

（5）限制刺网渔获量和网列长度。定额捕捞是渔业发展的必然趋势，这是保证渔业资源生态平衡和合理利用资源的具体措施，为此必须控制捕捞量。控制捕捞量，除了限制投产船数之外，还要限制每船所带的网片数量，也要限制网列长度。这些措施都必须由国家统一安排，各省有关部门要坚决贯彻和落实。实际上网列太长（如广东单船放网网列长度达19 000 m），不仅操作不方便，而且也容易丢失和堵塞航道，更容易引起与其他渔具纠缠，造成不必要的渔业纠纷。

（6）严格执行禁渔期和禁渔区规定。因为各种资源群体都有不同的活动规律，如果在主捕对象的群体到来之前或离去之后仍用主捕群体的网具，由于网目尺寸不适应，必须会捕到其他鱼类的幼体。例如使用网目尺寸为 56 mm 的主捕青鳞鱼的刺网，在不同的渔期可以捕到对虾的幼体。渤海秋捕对虾开捕期过早，也属这种类型。开捕期过早不仅对资源保护不利，而且也给经济上带来很大损失，因为渤海在这个阶段正是对虾迅速生产的时候，如果开捕期推迟10天到半个月，按照对虾正常生长情况，产量可增加2 000 t，产值达3 000万美元以上。至于禁渔区，规定就不能生产，所以必须在全面掌握各种经济鱼类的生长、繁殖、洄游的基础上，统筹安排各种刺网的生产汛期，制定禁渔区和禁渔期来保护渔业资源。

（7）严禁在航道上设置定置刺网。定置刺网生产灵活性差，受其他条件限制较大，但在有的狭窄水域还能发挥一定优势。近年有的地方，如浙江的鲳鱼定置刺网和青鳞鱼定置刺网等，为了寻找这一水域作业，而在航道位置设置定置刺网，或者是为了追求更高的经济效益，盲目发展这种作业，强占航道水域，把它作为定置刺网作业场所。为此，有关部门必须加强管理，合理安排定置刺网作业水域，严禁在航道上设置定置刺网，以免影响海上交通。

（8）保护海洋珍贵动物　海龟是海洋珍贵动物，是国家保护动物对象之一，经济价值很高。我国西沙群岛的海龟资源，是从澳大利亚、斯里兰卡、印度尼西亚、菲律宾，马来西亚一带，每年随西南信风进入南海，在南沙、西沙等岛屿产卵、繁殖，而后又随东北信风返回原地。近年来刺网生产有碰到海龟问题，如西沙群岛海龟资源已受影响，捕捞生产者必须注意，要保护这一海洋珍贵动物。

（9）对发展外海、远洋刺网应持慎重态度。1989年12月23日联合国44届第85次会议，通过关于禁止在公海使用大型流刺网的225号决议，我国代表投了赞成票，并宣布将不再在公海使用大型流刺网捕鱼。会议认为：流刺网捕鱼是一种破坏性活动，对有效保护渔业资源和海洋动物构成威胁，要求世界各国从1991年7月1日起禁止在南太平洋使用流刺网捕鱼，要求自1992年7月1日起在全世界范围内禁止在公海使用流刺网捕鱼。虽然，此决议并不包括发展中国家在沿岸水域小规模使用流刺网捕鱼，但决议也没有明确表示是否可以在外海发展流刺网捕鱼。今后流刺网捕鱼的去向如何有待国际社会对其兼捕海豚和影响海洋生物资源的评估来决定，所以我们以后对发展外海、远洋流刺网生产应该持慎重态度。

（10）了解日本对公海流刺网捕鱼的管理措施。联合国禁止在公海使用流刺网捕鱼的原因，大致有三个，其一是与沿海国家的利益严重冲突，因为公海流刺网捕鱼除了在北太平洋捕捞鱿鱼之外，大多数捕捞对象都属洄游性鱼类，损害沿海国家的利益；其二是流刺网发展速度太快，造成渔业资源衰退，许多国家把这种渔具称为“死亡之墙”、“破坏性渔具”。世界海洋生物学家忧虑这样将对海洋生物资源造成不可挽回的影响；其三是流刺网作业容易丢失，妨碍航行安全，危及海洋哺乳动物，破坏海洋环境。日本政府为应付国际舆论压力，对远洋流刺网捕鱼的管理，做了如下修订：

①总吨位在10 t以上的渔船，从事流刺网渔业应事先申报；

②从事流刺网捕鱼的渔船，依规定要填写渔获报告书；

③省（市）令规定，主管官署有权命令随时停止流刺网渔船捕鱼；

④考虑到流刺网渔民和船主进行补偿，为鼓励用其他渔法捕捞鱿鱼而继续提供资金。

日本政府还对远洋流刺网捕鱼采取具体措施，即降低流刺网作业高度，以减少海洋哺乳动物和海龟的捕获；在流刺网渔船中设置报废网衣焚化炉；网衣烧成灰后才可弃之；研究可溶性塑料代替以往在海洋中不易消失的化纤网衣。日本政府在1991年12月26日正式宣布，在1992年结束使用大型中、上层流刺网捕鱼。

4. 声光电渔法管理

由于声光电不能成为一种独立的渔具，而只是在其他渔具作业中起到一种捕鱼的辅助作用，因此对它的管理不能简单地认为是禁止还是提倡，而应该依实际情况而定，但总的来说是限制使用。实际上也是这样，例如音响配合敲罟作业捕捞大黄鱼，属伤害性捕捞，应该禁止，可是音响配合围刺网在岩礁水域作业起到其他渔具无法产生的作用，效果好，又不影响资源，就不能禁止。又如光诱配合机钓鱿鱼，各国都在使用，效果好，应该提倡；但光诱配合围网作业应该限制其数量和光强。再者，电力用于水库溢洪道拦鱼或引导鲑鳟鱼进入过鱼设施，效果很好，应该提倡；但电力用于自然水域捕鱼，由于电场强度和电击时间无法控制而造成滥捕，破坏渔业资源，应该禁止；而电力用在人工养殖水域作业，经渔政部门批准，就不能禁止，只要限制其电压、电流及其数量就行了。然而，有关这方面的管理措施报道很少。这里仅把作者在教学、科研中所积累的部分资料，谈一些粗浅意见，供大家参考。

（1）声渔法管理。这里比较突出的是有些声赶鱼和声诱鱼技术的应用需要及时进行管理。声赶渔法有些是可行的，如上述的围刺网作业，但有的对资源破坏极大，如敷网渔业中的敲罟作业。敲罟作业被禁止的要害部位不是网具，而是作业中罟棒敲击罟板时发出的声音含有次声成分。次声会使鱼内脏产生谐振，相互摩擦引起内出血，同时鱼受次声惊吓、驱赶而突然起浮，由于水压关系，鱼吐内鳔，双眼突出，最后逐渐死亡。但从声捕鱼效果的角度来看，敲击罟板发出的声音是不可忽视的。国外有些学者认为次声捕鱼是有前途的，如苏联 B. P. Протасов 曾在野外做过实验，证明次声能使鱼类起强烈的负反应，同时鱼类对次声的适应性比对一般音响的适应性来得慢，从而推论次声对控制鱼类行动的方法上以及作为驱赶、恐吓某些上层鱼类是很有前途的。至于声诱渔法的管理，应该贯彻禁渔区和禁渔期制度，因为这种渔法常用鱼类的摄食声和集群游泳声，这样不论成鱼或幼鱼都会被诱集，从而在捕捞中容易造成对幼鱼的伤害。作者在 1973—1976 年曾在南海北部湾用鱼类游泳扑食声来进行机钓鱿鱼试验时，经常看到幼鱼或成鱼都被诱集，结果常被周围群众渔船的网具捕获。苏联水库捕鱼条例中也曾规定，禁止使用音响和惊鱼篙击水（如用“克沃克”装置）来诱集鱼类（“克沃克”装置是模拟真鲇捕鱼时发出的声音来诱集真鲇的）。声诱渔法的管理，还要注意我国重点保护的水生野生动物白鳍豚的生存问题，为此建议长江渡轮的螺旋桨外围要加设保护罩，以免桨叶击毙白鳍豚，因为螺旋桨转动时所发出的声音能引诱白鳍豚趋向声源，螺旋桨不加设防护罩，白鳍豚会被旋转的桨叶打死。

（2）光渔法管理。光应用于捕鱼业上，比较成熟的是光诱渔业。这种渔业在世界渔业国家都有使用。但都碰到两个问题，即光诱渔业对近岸渔业资源是否有影响？集鱼灯功率与渔获效果的关系空间如何？众所周知，光诱渔业是捕捞趋光性鱼类，趋光性强的鱼相对比趋光性弱的鱼容易被捕捞。于是，这里就涉及幼鱼与成鱼哪种趋光性强。对此问题，20 世纪 70 年代中期，我国有关科研部门及高等院校曾对蓝圆鲹等主要捕捞对象进行了光梯度条件下的行为反应试验。试验结果表明，幼鱼或成鱼都在相对强的照度区内分布时间较长，而且幼鱼比成鱼分布时间更长。这种现象无疑是蓝圆鲹对光有积极反应的一种表现，显然幼鱼比成鱼的趋光性更强。但是，就光强的绝对值而言，并未发现随光强的增加而增加分布时间百分比的现象。同时试验中还看到群体趋势性比个体强。既然幼鱼趋光性比成鱼强，幼鱼群体趋光性又比个体稳定，那么在同等的条件下，幼鱼比成鱼更容易被网具捕获。光诱渔业，如果在幼鱼生长季节或在幼鱼保护区作业，那么将对幼鱼造成极大伤害，对资源保护很不利。从这里可以看出禁渔期或禁渔区对光诱渔业来说更具有重要意义。

关于集鱼灯功率与渔获效果之间的关系，通常都认为功率越大，诱鱼范围越广，渔获效果越好。于是就产生了集鱼灯功率无限增加的竞争，从而导致渔业经营上的不必要损失。例如日本政府虽然规定机钓鱿鱼集鱼灯功率不得超过 200 kW，棒受网集鱼灯功率不得超过 30 kW，但实际上都超过这个规定。后来日本有关学者对各台钓机上空的照度进行了测定和调查，发现同样船型的钓船若有 5 kW 以上的功率差距，就会产生较大的渔获差别，同时还认为 15 t 以下钓船平均每吨位的功率为 2.5 kW 时渔获最高，功率再增加，渔获效率逐渐下降。日本学者高桥淳等人曾对 80～200 t 级棒受网渔船集鱼灯发光强度与渔获率的关系进行了分析，认为两者没有明显关系，影响渔获率高低的主要因素是船舶吨位、主机功率、船舶性能、渔捞操作等，其次才是集鱼灯的发光强度。这就是说光诱渔业光强必须限制，不能简单地认为光强愈大愈好。实际上，集鱼灯在水中的照射范围，不仅与其功率大小有关，而且还与集鱼灯的分布和灯光的类型等都有关系。例如，用 500 W 的集鱼灯代替 15 W 的集鱼灯，则功率消耗增加了 33.5 倍，光通量增加了约 79 倍，诱鱼半径增加 1.6 倍，诱鱼体积仅增加 4 倍，则集鱼灯功率与诱鱼体积不成正比。如果一定要达到诱鱼体积的多少倍，那么光源的设备及投资就不经济了。但若使用几个功率较小的集鱼灯，彼此间距不小于诱鱼半径的两倍，则其诱鱼体积可以大大超过同样功率的大集鱼灯，如用 4 盏 100 W 的集鱼灯，间距为 92 m，其诱鱼体积相同于一盏 9 000 W 集鱼灯诱集沙丁鱼时的 1 563 400 m^3 体积，当然，集鱼灯盏数增多了，会给操作带来不方便。

（3）电渔法管理。电渔法是应用鱼类在电场中的行为反应特征来实现的，如电击渔法是应用鱼类昏迷反应的行为特征，电吸渔法是应用鱼类趋阳反应的行为特征，电赶和电拦渔法是应用鱼类感电反应的行为特征。这 4 种电渔法，特别要注意电击渔法，应该加强行政执法管理和技术管理，以免滥用电力捕鱼而造成渔业资源的破坏。实践中看到，滥用电力捕鱼对渔业资源影响是严重的，它不仅伤害幼鱼，而且被击毙的成鱼也有相当部分未被捞起而沉入水底造成极大损失。多年来，特别是福建沿海非法电渔愈演愈烈，不仅数量迅速增加，而且还向大型化方向发展，电渔机功率在 5 kW 以上，最大的达 10 kW。这些海船严重破坏了渔业资源和水域生态环境，也扰乱了渔业生产秩序，损害了广大渔民的合法权益，引起广大渔民的强烈不满。造成这种局面的原因是多方面的，其中有对非法电鱼行为处罚不当，不足以有效制止这一违法行为，同时个别地方的渔业行政主管部门的领导对电鱼的危害缺少正确认识，从而在一定程度上起到推波助澜作用。为此，国家必须加强渔政管理，严禁违章作业，切实做好《渔业法》的贯彻落实，对长期坚持非法电鱼的违规作业，不论单位或个人，一旦被发现都应从严惩处，决不手软。

然而，在严禁滥用电力捕鱼的同时也必须了解，鱼在水中受到一定时间和一定强度的电击之后，虽会出现昏迷，但不是死亡，一般仅需几秒或几分钟就会苏醒和恢复正常，但若电击时间或电场强度超过极限，那将导致鱼类死亡。在天然水域使用电击渔法，由于电击时间和电场强度很难管理，因此在天然水域必须禁止电力捕鱼。但在人工水域（如单位养殖场，经渔政部门批准）在选择好合理电参数后，电击是不会造成破坏资源的。在这方面，浙江淡水水产研究所曾经做过电击对鱼类成活、生长和繁殖的试验，试验表明，在合理选择电参数的条件下，电击渔法是不影响鱼类成活、生长和繁殖的。但这里必须强调，对于开展电击渔法的单位，必须经渔业（渔政）主管部门批准，而且只能在本单位养殖的水域使用，如果违背这个原则，那么渔政部门必须依法查处。总之，电渔法的管理必须限制使用，一方面渔政部门要强调管理，另一方面使用单位要自觉遵守渔业法律或法规，双方都抱着振兴我国水产事业的目的，就能做到既保护了渔业资源，又发展了捕鱼技术，从而促进我国渔业的繁荣。

二、淡水渔具渔法管理

我国淡水自然水域鱼类产量逐年下降，自20世纪70年代开始就出现这种情况，如今的情况更是恶化，像鄱阳湖、洞庭湖、太湖近年的鱼类年产量还不到 2×10^4 t，长江鲥鱼和蟹苗都逐年减产。造成渔业资源下降的主要原因是建闸设坝、围湖造田、水域生态环境破坏、水域污染以及酷渔滥捕等。建闸设坝，对促进工农业发展起着积极作用，但导致某些鱼、虾、蟹类洄游通道的堵塞，使降海、溯河洄游的鱼虾蟹类不能到达产卵场进行繁殖，同时也使幼鱼不能回归江河湖泊或海洋育肥生长。而且各地水工管理部门常在闸上挂网捕捞大量成鱼和幼鱼，更使亲鱼不能入江、下海，幼苗难于归程。围湖造田，缩小了水面面积，破坏了水生生态环境，阻隔了鱼类局部的洄游路线。围垦还破坏了鱼类摄食、产卵、栖息的良好环境，鱼类产卵场所也大幅度减少。同时还会使原来相通的江湖通道堵塞，割断了局部地区鱼类洄游通道，使相邻两地区鱼类区系组成发生变化。水域污染，主要是由于工矿企业排放大量废水和城市生活污水，水质污染会使部分水域鱼、虾绝迹，造成大批鱼类死亡，影响种苗、鱼类生长、渔场、产卵场以及洄游路线。而且对浮游生物、水生植物、底栖生物等造成严重危害，破坏了鱼类的食物链结构，同时也使鱼类产生异味，降低了鱼品质量，而且农药喷洒农田后污染水体流入水域，导致鱼类死亡。另外，还在血吸虫流行的地区，为杀灭钉螺直接在江岸旁喷洒五氯酚钠，导致附近江段鱼类中毒死亡。河道疏浚，对加强地区间的通航是有利的，但导致一些水草生长繁茂的良好场所遭受破坏，使产黏性卵的鱼类失去了产卵场，而且幼鱼也无隐藏躲避敌鱼的良好环境。除此之外，就是酷渔滥捕，主要表现在捕捞量太大，有害渔具渔法的使用，以及不合理的渔期和渔区。因为渔业资源应处于动态平衡状态，这样才能保证稳产、高产。如果只顾眼前利益，酷渔滥捕，必然造成渔业资源的大量破坏。然而，要了解我国淡水渔具渔法的管理情况，首先就必须知道我国淡水渔具渔法的现状，然后进一步讨论渔具渔法管理，这样才会使读者较好理解本节的内容。

（一）我国淡水渔具渔法现状

我国淡水渔具渔法与海洋渔具渔法相比，各有特色。但渔具分类上仍根据国家标准GB 5147—85《渔具分类、命名及代号》的规定，将渔具分为12类。这里由于篇幅有限，只介绍三重矮仔网、绞网、太湖银鱼拖网和弹竿钓4类渔具渔法。

1. 三重矮仔网

它属刺网类，三重型、定置式的渔具，是我国江河湖泊浅水区域作业的重要渔具之一。作业时是用短桩或碇石将网列固定在水层中，拦截鱼类，使其刺缠于网衣上，而达到捕捞目的。这种渔具广泛分布于各水系，如珠江水系的重刺网就是最主要的渔具之一。在广东的开平、四会、封开、英德、南海、三水等县普遍使用。主捕对象有鲤鱼、鲮鱼、赤眼鳟等底层鱼类。单船年产量约470～550 kg，现以广东开平的三重矮仔网为例，说明其渔具渔法。

（1）渔具。三重矮仔网主尺度为84.25 m×0.96 m，网衣由外网衣、内网衣和下缘网衣组成。外网衣，长511目，宽3目，2片，目大320 mm；内网衣长3 063目，高24.5目，1片，目大55 mm；下缘网衣，长3 063目，高0.5目，目大55 mm，纲索，有浮子纲、下缘纲、下纲，浮标绳；属具，有浮子、沉子和浮标。

（2）渔法。广东开平三重矮仔网的渔期，为每年11月至翌年3月，作业渔场在开平县潭江上游。渔船为0.5 t的木质小艇，主机功率3 kW（即4马力），作业人员2名，带网5片。作业时选择河面宽阔，水流平缓的河段。傍晚放网，放网时一人划船，一人放网，先把浮标绳与上纲的一端连接好，然后开始顺流放网。网列呈“之”字形，翌日早晨起网，起网时先拉起浮标绳，把网的一端拉到船上，然后并扰上、下纲，再把网具慢慢拉到船上。若网上有渔获，则用抄网把鱼和网一起捞到船上，然后再摘取渔获物，这样可以防上起网时刺挂在网上的鱼挣扎而把网弄破的可能。

2. 绞网

它属围网类，无囊型，多船式渔具，作业时3艘船同时放网，连成一个大包围圈，然后3艘船分别收绞跪纲至中心位置，缩小包围圈起网而达到捕捞目的。由于每船都装有绞车，故名绞网。此网具分布在安徽女山湖、江苏高邮湖、洪泽湖、湖北梁子湖等湖区。各地区渔具结构和操作方式略有差别。捕捞对象有青鱼、草鱼、鲢、鳙、鲤、编等大型鱼类。一年作业约100天，产量一般为12 000 kg。现以安徽女山湖的绞网为例，说明其渔具渔法。

（1）渔具。绞网是由多段长条形网片连接而成的长带形网具。每船一盘，上纲装有浮子，下纲不装沉子。网衣共有14段，每段由规格相同的6片组成。目大35 mm，每片宽198目，高70目。每6片编缝成1段，用以装配。纲索，主要有上纲、下纲、叉纲、跑纲等。上纲长38.82 m，共14条，每条对折使用，一半为上纲，一半为缘纲。下纲长37.12 m，共14条，每条对折使用。叉纲，分大小头叉纲，长度分别为5.64 m和4 m。跑纲，长100 m，1条。属具，有撑杆、浮子、浮筒、铁链、铁环、铁钩等，撑杆长1.2 m，1条，铁链重约1 kg，结在跑纲一侧网端的下纲上，作为沉子。

（2）渔法。安徽女山湖绞网，每年8月开始生产，直至翌年4月结束，其中12月至翌年2月为旺季。8月气温高，晚上作业，以后逐步转为白天作业。渔场，选择在水深2.5～3.5 m之间，湖底细砂硬泥，平坦、无流、鱼群较集中的水域，作业时需要载重4 t的渔船3艘，每船配5人，船到达渔场后，3船分别位于等边三角形顶点的位置，各船相距300 m，然后3船同时以顺时针方向按圆弧形航迹进行放网。从右舷先放出浮筒，再放出网衣和跑纲，直至前船浮筒的位置，将浮筒捞起，并缚于船舷。接着绞收跑纲，使相等两盘网靠拢，并将前船浮筒绳与本船小头叉纲联结，3盘网即形成一个大包围圈。然后3船边放距纲边向网圈中心靠拢，在到达中心后，2船以铁钩钩住另一船的铁环，开始绞收跑纲，并交送邻船的浮筒绳，解开钩环的连接处，各自起网。起网在右舷进行，从小头叉纲收起，1人掌船保持船向，2人收下纲，1人收上纲，1人理网和取鱼。起网时应保持一定速度，以免造成鱼群逃逸。每网次作业时间约1 h。绞钢作业示意，如图11－6所示。

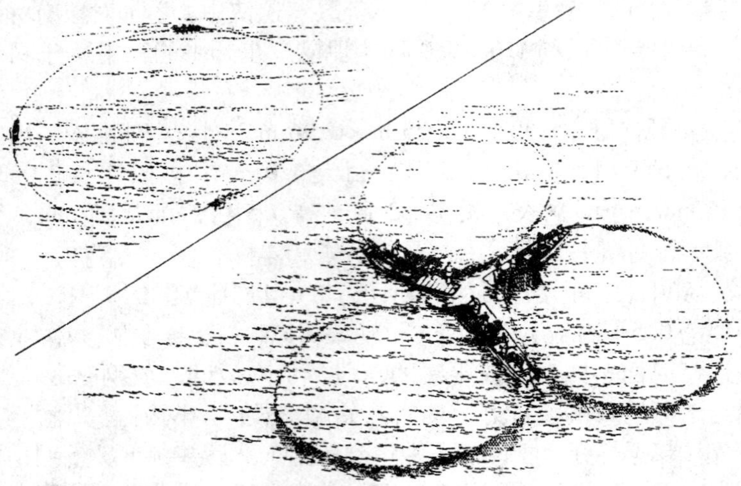

图11－6　安徽女山湖绞网作业示意图
（据《长江流域渔具渔法渔船调查报告》）

3. 太湖银鱼拖网

它属拖网类，有翼多囊（双囊）型，双船底层式渔具，为专捕银鱼的一种网具。作业时两艘同吨位渔船拖带两项单翼单囊组成的裤形网具，迫使拖道内的银鱼等进入网囊内而达到捕捞目的。此网在太湖已有近百年的历史，广泛分布于太湖四周的吴县、无锡、常州、宜兴和湖州等地，捕捞对象以银鱼为主。一对载重30 t的渔船，每汛期产量约1 000 kg。现以江苏太湖的银鱼拖网为例，说明其渔具渔法。

（1）渔具。由两个半顶网具连接而成，每半顶网具由一囊一翼组成。上纲装有两个浮筒，下纲无沉子装置。翼网和身囊网的网衣由内、外侧网、上下身网和囊网4部分组成。内侧网位于半顶网具的内侧，是决定网高的主要部分。外侧网位于半顶网的外侧，在上、下侧网上方的为上身网，下方的为下身网。囊网呈切角长方形。主要纲索有上下纲、上下缘纲、上下帮纲和叉纲、曳纲以及绷纲。其中曳纲长83 m，每船各1条。绷纲，作业时一端联结于曳纲上，另一端系在船尾的带缆桩上。主要属具有浮子、浮筒、网端撑竿以及中央撑竿等。其中网端撑竿是装在网具外侧两端，中央撑竿装在中央内侧网端，作业时用于连接两半顶网具。

（2）渔法：江苏太湖银鱼拖网的渔汛，每年5月下旬至6月，约40天，以芒种至小暑为旺季。渔场分布面较广，在近岸湖湾较集中，个体要看风力大小和风向来判断放网地点。渔船为载重10～30 t的两艘同吨位的船舶，分主船和副船。当船驶向渔场途中，边整理网具，边检查各部分的连接，待各种纲索连接好后，将网具依次堆放在船舷甲板上，同时连接好浮筒、浮标，最后将中央撑竿纵向置于网具的最上面。船抵渔场后，根据风向确定放网地点。主船发出信号，两船靠拢，副船将中央撑竿传递给主船后，即可放出网衣，并向下风驶离。同时，主船迅速把两根中央撑竿合并套入上、下帮纲的眼环中，根据作业水深，调整上帮纲在撑竿上结缚的高度，然后投入水中，并放出网衣。随后船首向右转，使左舷受风。网具放出后，两船放出曳纲和绷纲，直至放完，两船呈外“八”字形，间距约50 m，进行曳网。曳网时两船保持一定间距，顺风横行，航速保持在2.5 km/h左右。当风力变化时，要及时调整两船间距。当水深变化影响网具受力时，则要放出舢板到中央撑竿处，调整上帮纲在中央撑竿上的系结高度。曳行约2~3 h，便可取鱼。取鱼过程，两船轮流放出舢板，驶至囊网上方浮标处，捞起浮筒，拉上囊网，解开袋底绳，倒出渔获。然后再将袋底封好，放入水中，继续曳网。取鱼完毕，舢板回到大船处，当拖网接近岸滩或渔获物较少时，便可起网。起网时主船发出信号，两船减速，并放下舢板至网具中央撑竿处。先取鱼，后起网。待渔获物取毕，即解开中央撑竿的连接绳，拔出套在撑竿上的帮纲眼环，分成两个半顶网具，两舢板各负责半顶网。先拉中央撑竿，继把半顶网具按次序收进舢板内。此时，大船抛锚固定船位，拉上全部曳纲和绷纲。舢板回到大船舷侧，先把叉纲端递给大船，舢板边清洗网衣，大船边收进网具，并置于甲板上，直至拉到中央撑竿为止。将网衣悬挂于主桅顶部晒干，并将曳纲盘放在甲板上，用水冲洗。整个起网过程约需15 min。银鱼拖网的作业示意，如图11-7所示。

图11-7 江苏太湖银鱼拖网作业示意图

（据《长江流域渔具渔法渔船调查报告》）

4. 弹竿钓

它属钓具类，真饵单钩型，垂钓式渔具。一竿一钩，在钓线上部缚有弹销，作业时将钓竿插在岸边，在其前方另插一竹桩于水中，将钓竿弯成弓形，弹销卡在竹桩的插销下面，钩上装饵，沉至水底，当鱼食饵时，拉动钓线，使弹销滑出，钓竿随之弹起复原，将鱼拉出水面而达到捕捞目的。弹竿钩主要分布在四川沱江等大支流中，捕捞对象主要有鲤、鲶、鲫、赤眼鳟、中华倒刺鲃等鱼类，弹竿钓多与大小钓兼作，也有单独使用。全年生产，通常使用80~100竿，年产约500 kg，现以四川富顺的弹竿钓为例，说明其渔具渔法。

（1）渔具。弹竿钓由钓竿、钓线、钓钩等组成。钓竿，竹制，长2.9 m，富有弹性，弯曲时不易折断。钓线，长约1.77 m。钓钩，铁丝制，有倒刺，每竿1枚。弹销，竹片制，直径5 mm，长50 mm，每竿1只。竹桩，竹制，在顶端桠下斜向钻1孔，用于插竹销，下端削尖，便于插入水底。插销，小竹片制，长71 mm，宽2.6 mm，厚2 mm，每竿1个。

（2）渔法。四川富顺的弹竿钓，每年作业期为2—4月，主要钓捕鲶鱼和赤眼鳟，其余月份钓捕鲤鱼等。作业场所广阔，河流两岸均可作业，通常选择在底质为泥、泥沙、无水草或少水草、水流缓慢或静水的小河湾口生产，作业时用小船一艘，单人操作。作业前先装好饵料，大钩装山芋或玉米，小钩装麦粒或小虾，玉米、麦粒用前需浸泡1天，为便于装饵。装饵时钓钩横向穿过麦凹槽，每枚钩装5~6粒。玉米饵则要穿过中部，每枚钩装上2~3粒，虾钩在背部。每天傍晚出渔，选择作业地点，将钓竿插在岸边水线上，竹桩插入距钓竿约1.3~1.7 m左右的水中，拉弯钓竿，弯成弓形，使弹销斜扣于竹桩和插销之间，将钓线和钩抛入桩外水中。按同样方法设置其他弹竿钓具，两竿间距在3 m以上，以免作业船误碰钓线而使钓竿弹起伤人，子夜后检查一次，有鱼则取下，将弹起的钓竿重新设置。清晨起钓，取下被弹竿钓起的渔获，并将竹桩和钓竿收起。未弹起的钓竿，用左手按住顶端，右手将弹销从插销中拉出，再拔取竹桩和钓竿，收完全部钓竿后，置于船上，以便下次使用，弹竿钓作业示意，如图11-8所示。

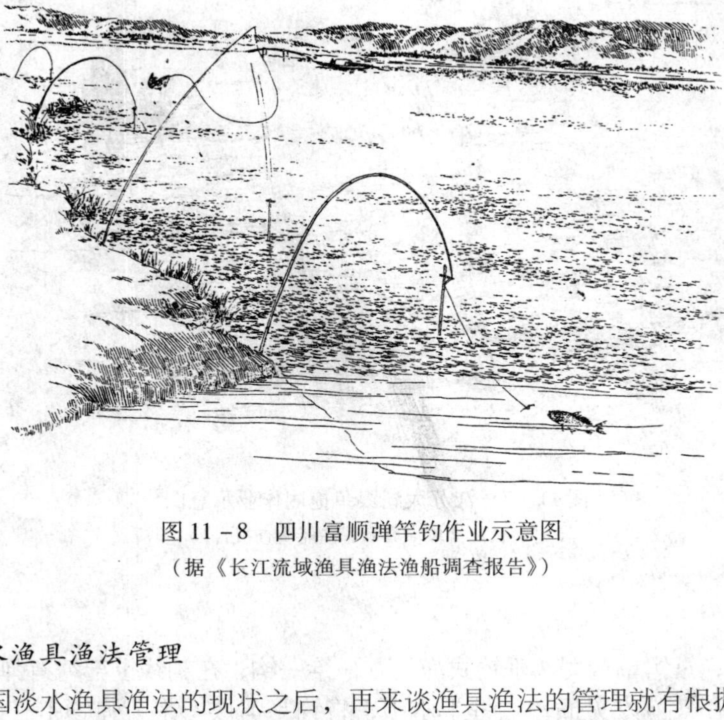

图11-8　四川富顺弹竿钓作业示意图

（据《长江流域渔具渔法渔船调查报告》）

（二）淡水渔具渔法管理

了解了我国淡水渔具渔法的现状之后，再来谈渔具渔法的管理就有根据了。由于内容水域受地理条件限制有明显的区域性，所以对其渔具渔法的管理一般都是以行政区划为主的原则。对于大型非增殖水面的渔具渔法管理，由省、市、自治区渔业主管部门负责，其捕捞船数的安排、渔具渔法的规定、禁渔区、禁渔期的划分等均由同级渔政机构负责实施。对于小型增养殖水面的渔具渔法，由县渔业主管部门负责管理，县、乡渔政机关共同负责实施。对于共管水域渔具渔法的管理，由两个行政区共同商定安排，或由上一级渔业主管部门仲裁解决。对于越界捕捞的渔船，要向当地渔业主管部门申请临时捕捞许可证，在得到批准并领取捕捞许可证后才能进行生产。淡水渔具渔法的管理，同样要根据其对渔业资源的影响程度来划分限制、淘汰和取缔3种类型的渔具渔法。限制的渔具渔法，如长江的蟹拖网、直流电捕鱼以及耙刺类的滚钩等；淘汰的渔具渔法，主要是指密眼网具（群众称为“绝种网”）如密眼丝网等。取缔或禁止的渔具渔法，一般指毒鱼、炸鱼、鱼鹰捕鱼以及滥用电力捕鱼等。淡水渔具渔法的管理，下面仅介绍江河湖泊渔具渔法管理和水库渔具渔法管理两方面内容。

1. 江河湖泊渔具渔法管理

我国江河湖泊渔具种类很多，渔法也各不相同，如安徽女山湖的绞网、江苏太湖的拖网、湖南源江的架子网、四川富顺的弹竿钓、广东增城的网簖等等，与海洋渔具渔法相比，有其独特的一面。为了发挥这些作业先进的一面和改选不足的地方，为了保护渔业资源和促进渔业生产，必须对现有江河湖泊渔具渔法进行行政上和技术上的管理。其具体措施如下：

（1）控制捕捞强度。目前就全国而言，不论是江河还是湖泊，渔船、渔具的数量都是有过之而无不及，如江河中捕捞鲥鱼、刀鲚、风鲚的流刺网，由于船只太多，以至要排队轮流下网。湖泊中的张网也是如此，充满各个渔场。又如洪湖的网簖，数量不断增加，但总产量逐年下降。多年来由于实行改革开放，江河湖泊沿岸的农民和城镇的居民，以捕鱼为副业，人数之多范围之广，都是历史上所罕见的，捕捞强度继续增加，严重影响鱼类资源。为此，必须控制捕捞强度，限制渔船、渔具数量。如在长江流域风鲚渔汛期间，可以实行捕捞许可证制度，限制渔船数量，控制捕捞强度。

（2）划定禁渔期和禁渔区。多年来不少地区常发现，在鱼类产卵场滥捕亲鱼，在索饵场滥捕幼鱼，甚至提前开捕，致使大量尚未产卵的亲鱼被捕捞。如长江的鲥鱼，每年4月下旬至7月底陆续由海入江上溯至赣江等产卵场，形成一年一度的鲥鱼汛，在这期间沿江的江苏、安徽、江西等省的渔民都不失时机地捕捞。据不完全统计，仅江苏省就有27个单位捕捞鲥鱼，整个江段有无数道网具拦捕即将产卵的鲥鱼。为此，必须在鱼类生长或繁殖季节，在有条件的渔区实行全江、全湖禁捕，待鱼、虾、蟹类型充分生长或过了自然生长季节后再开始捕捞，即对产卵繁殖的渔业资源划为禁渔期。有的湖区或江段也可以在同一季节划出一定水面作为常年保护区，投设鱼巢，改变水域生态环境，或者在鱼、虾繁殖季节，划出一定禁渔区，让其充分繁殖，不致大量被捕捞，而且幼体也可得到保护，这些都是保护渔业资源繁殖的有效措施。

（3）淘汰或改造落后渔具。这些渔具对经济鱼类的亲体或幼体有很大危害，其中密眼网具就是个例子。这种渔具由于对幼鱼危害极大，所以渔民把它称为“绝种网”。据调查，长江上游及其支流水系的密眼丝网和密眼缯较多，湖泊中密眼网簖也不少；长江下游及其河口区域的密眼张网，如密眼毫等也不例外。密眼网具对幼鱼危害极大的典型例子，如四川泸州的密眼大拉网，可捕获50 g以下的圆口铜鱼。这些结构落后的渔具必须及时地淘汰或改造。如对网目尺寸的规定，应该以主捕对象性成熟时的最小个体为界限，以优势组个体大小为制定网目尺寸的标准。同时还要规定未达到起捕标准的幼鱼在渔获中不得超过一定比例；在条件许可的情况下，不到起捕规格的渔获要求放回水域。对网簖，除了改进网目尺寸之外，还要限制数量、指定设置区域及捕捞期限。对于达不到起捕规格的幼鱼、幼蟹，要放回水域，必要时还要采取经济措施，来保证管理制度的执行。只有这样才有利于生产资源的保护。近年来有的地方已经取得成功的经验，如太湖改造鳗簖成功，使原有网簖兼捕幼鱼的比例，由80%下降到2.3%，鳗鱼产量由20%上升到80%，巢湖改造银鱼浮拖网成功，使渔获物中35 mm以下的银鱼，由76.5%下降到40.6%。

（4）取缔或禁止有害渔法。有害渔法一般指毒鱼、炸鱼、鱼鹰捕鱼以及滥用电力捕鱼。《水产资源繁殖保护条例》中早有规定，“严禁炸鱼、毒鱼等严重损害渔业资源的行为。”但几十年来炸鱼、毒鱼事件没有杜绝。其中，以长江中上游及其支流尤为严重，四川省就曾发现250 kg的中华鲟被炸死；湖北黄梅县一次炸死鱼类超过1 000 kg；湖南常德地区曾发生炸鱼事件，炸死9人，炸伤32人；衡阳地区湘江段曾因炸鱼造成死亡32人，炸伤35人，这样的例子很多。同时，在有炸鱼习惯的地方一般也常发生毒鱼事件，例如在20世纪末源陵县境内25 km的西江江段，有人用鱼藤精毒鱼，死鱼达500 kg，等等例子都不少。这些事件都充分说明炸鱼、毒鱼不仅大量危害渔业资源，破坏鱼类产卵场和越冬场，而且还污染水质和伤害人畜，因此必须依法取缔。

关于鱼鹰捕鱼，也应该取缔或禁止，因为鱼鹰捕鱼多为小鱼，而且本身食鱼量很大。每只鱼鹰年食鱼量高达200 kg。据有关统计资料报道，仅青海湖就有成年鱼鹰3 500对，每年繁殖幼鹰4 200只，成年鱼鹰和幼鹰每年分别有180天和90天在湖面上。如果每对成年鱼鹰和每只幼鹰每天吞食鳇鱼分别以0.5 kg和0.25 kg计算，则每年至少被吞食幼鱼410 t。鱼鹰在捕食过程中还伤害一些鱼类，造成一定数量鱼类自然死亡，此外，鱼鹰还是许多鱼类寄生虫的终身宿主，例如寄生在鲤鱼体内的寄生虫幼体，进入鱼鹰消化道后，发育为成虫，开始产卵、繁殖，虫卵随鱼鹰粪便到处传播。多年来青海省克鲁克湖以及西宁市等地养殖的家鱼也普遍发生寄生虫病，给渔业造成间接的危害。为此，1957年水产部就发布了关于限制并逐步减少鱼鹰捕鱼的规定。1983年《上海市水产养殖保护暂行规定实施细则》中也明确规定鱼鹰捕鱼属取缔的有害渔法。

关于禁止滥用电力捕鱼，即不加选择地使用电力捕鱼要禁止。从渔政管理角度出发，使用电力捕鱼主要是防止滥捕危及和人身安全，因为滥用电力捕鱼造成鱼类资源增生不及，形成资源下降，甚至造成破坏。在天然水域或无法控制的水域，要禁止使用电渔法。交流电捕鱼，除了在指定的养殖水域，或者为达到彻底清塘、消除敌害鱼类为目的而控制使用之外，在天然水域要禁用。因此，国务院在《水产资源繁殖保护条例》中规定要严禁滥用电力捕鱼。《上海市水产养殖保护暂行规定实施细则》中也明显规定滥用交流电捕鱼作为严重破坏水产资源论处，必须禁止使用。

（5）限制使用的渔具渔法。限制使用的渔具有长江蟹拖网、直流电捕鱼以及耙刺类渔具等。长江蟹托网被限制使用的理由是因为河蟹生长在淡水，每年秋、冬成熟的亲蟹洄游到长江口浅海产卵，而长江蟹拖网是利用河蟹的这一生态习性在长江和黄浦江捕捞河蟹的。如果大量捕捞，必然有害河蟹的资源繁殖。为此，必须限制这种渔具的使用，禁止捕捞春蟹。

至于直流电捕鱼，目前只允许在特定水域或在本单位养殖水域使用。电捕功率限定电压上限一般不超过300 V，具体功率大小取决于水的电导率。电导率大，则功率相对要大，如上海郊区水域含有海水成分，电导率较高，则功率在10 kW以上，电压上限控制在350 V；而电导率低的水域，功率只需几百瓦，但功率大小还要考虑电渔具的规模、电极系统以及经济效益。电渔法必须正确选择技术参数，以免滥用电力捕鱼。

长江流域中下游一带使用行钩等耙刺类渔具捕捞大中型鱼类，对珍稀水生动物白鳍豚、中华鲟等伤害严重，有的被钩伤致死。同时，这类渔具作业时，对水域环境（水草等）破坏也很严重，间接也起着破坏资源的作用。因此，耙刺类渔具要限制使用，据说有的省已将此列入禁用渔具。

2. 水库渔具渔法管理

我国水库捕捞较有代表性的是“赶拦刺张”联合渔法，即以刺网、拦网、张网和其他渔具联合作业的一种大型捕鱼方法。我国水库渔业发展较快，至今养鱼面积已达到200 $\times 10^4$ hm^2（3 000 万亩）以上，但长期以来水库捕捞存在着管理不够理想的现象。为了保护水库渔业资源、安全生产和水域生态环境，现根据国务院《保护水库安全和水产资源通令》和《水库资源繁殖保护条例》等法令的规定，提出如下两点管理措施。

（1）制定水库科学捕鱼的管理条例。此条例内容包括：禁止使用有害渔具渔法、规定禁渔期和禁渔区、控制捕捞强度、限定最小网目尺寸、制定主捕对象起捕规格以及奖惩制度等。

禁止使用有害渔具渔法，违规者除了没收渔具、渔获物之外，还要视其情节轻重进行教育、罚款，甚至追究刑事责任。如广东潮阳水库曾规定，严禁毒鱼、炸鱼、滥用电力捕鱼等严重破坏水产资源的渔法，违者没收渔具和渔获物，并赔偿水产资源损失费；检举者从罚款中提取50%予以奖励。

规定禁渔期和禁渔区，如山东峡山水库曾规定每年4 月15 日至5 月31 日，为鲤、鲫鱼产卵期，禁止入库捕鱼，并规定溢洪闸前400 m、电站进水口前围300 m、各灌溉放水洞和扬水站前围100 m、养鱼网箱周围50 m 为禁渔区，设立标志，禁止捕鱼。对违反条例者，由渔政管理人员扣留船只、网具、吊销驾驶证件，并视具体情况，决定赔偿损失或取消捕捞资格；对不听劝阻的交所在管辖区的公安派出所，报上级机关，按照《中华人民共和国治安管理条例》的有关规定，给予行政拘留、罚款或警告处分，情节严重造成重大损失的，依法追究刑事责任。

实行捕捞许可制度，如江西江口水库曾规定，沿库渔民必须向所在县水产局申请登记，经批准和领取捕捞许可证后，方可入库捕鱼。有证渔民每年要向水库管理局交纳鱼种费和管理费，无证渔民和无照渔船一律不准入库捕鱼。

规定最小网目尺寸，如广东潮阳水库曾规定，小船搬山网和拗综渔具要逐步淘汰，转变作业，不准扩大生产，一时未能转业的要放大网目，违反规定者，没收渔具、渔获物并罚款。

规定主捕对象起捕规格，如安徽滁肥水库曾规定，青、草、鲢、鲤、鲫、鳊、鲂、鳝、黄条等都要在一定重量以上起捕，捕捞时若不符合起捕标准的，必须边捕边放，少量不能放回的不准超过捕捞量的5%。

水库科学捕鱼管理措施，除了上述之外，还必须制定严格的奖惩制度，如广东高州水库制定的《渔业资源保护奖惩办法》、辽宁清河水库制定的《库区维护奖惩暂行办法》，以及河北岗南水库制定的“渔业管理处罚细则”等等，都是在生产实践中证明行之有效的科学捕鱼管理办法。

（2）使用多种渔具捕捞。这是因为每种渔具对鱼的种类及其体长组成都有相应的选择性和捕捞量，渔具的选择性捕捞才能合理利用水库鱼类资源。渔具的选择性捕捞是指为达到有选择的捕捞不同种类或规格的鱼类而采用合适渔具的捕捞方式，即渔具要从现存的鱼群中按鱼的种类、体长、性别等有选择地捕获一定数量鱼类的能力。在其他条件相同的情况下，选择性捕捞效果取决于鱼体最大断面周长与网目周长的一致性及被捕鱼群中鱼的数量。苏联水库捕捞曾使用二三十种渔具，对水库鱼类资源的利用效果较好。

苏联学者 A. N. 伊萨耶夫和 E. N. 卡尔波娃，曾在齐姆良等水库做了渔具选择性捕捞的各种试验，表 11－3 给出了各种渔具对不同鱼类组成的选择性捕捞试验结果。表中百分比大的数据表明这种渔具对某种鱼类有较高的选择性，如果要增加某种鱼类的捕捞量，就必须相应增多某种渔具的数量，例如要增加鳊鱼的捕捞量，就必须增加对拖网渔具的投产数量。

表 11－3　渔具对各种鱼类的选择性 （%）

渔具	上口鳊	野鲤	鲶鱼	狗鱼	梭鱼	鳊鱼	伏尔加白鲈	鳊鱼	小杂鱼
定置刺网	5	1	3	1	2	37	10	1	40
流刺网	—	—	—	—	3	86	2	7	2
地曳网	14	4	2	1	3	32	11	12	12
定置张网	—	—	12	7	2	26	12	5	36
对拖网	—	—	—	—	5	29	—	57	9
总渔获量	6	1	3	1	2	38	10	2	37

又如表 11－4 为同种渔具对不同鱼类组成的选择性捕捞试验结果，即随拖网网囊网目尺寸扩大，渔获中鱼类组成的变化情况。从表中可以看出，随着拖网网囊网目尺寸的扩大，鳊鱼、拟鳊、上口鳊和梅花鲈的产量下降，而鳊鱼、野鲤的产量上升，这是由于拖网网囊网目尺寸扩大后网具水阻力减小，拖速增加，从而有利于捕捞游速快的鳊鱼和野鲤，即提高了对游速较快鱼类选择性捕捞的效果。

A. N. 伊萨耶夫和 E. N. 卡尔波娃还做过鱼类性别组成的选择性捕捞试验、同种渔具对同一鱼类性别组成的选择性捕捞试验等。从试验结论中都可看出，生产中可以利用各种类型渔具对鱼的种类、体长、性别等作选择，从而可以组织有目的的专门捕捞，这样可以达到合理利用水库鱼类资源。

表 11－4　随拖网网囊网目尺寸的扩大渔获中种类组成的变化

鱼的种类	曳行 10 h 的渔获量（kg）网囊网目尺寸（mm）			鱼的种类	曳行 10 h 的渔获量（kg）网囊网目尺寸（mm）		
	14	24	30		14	24	30
鳊鱼	1 142	1 291	1 494	斜齿鳊	38	32	5
鳊鱼	709	91	—	狗鱼	42	32	36
拟鲤	429	289	207	梭鱼	35	22	22
上口鳊	82	67	51	野鲤	15	32	93
伏尔加白鲈	81	17	8	其他	23	19	19
梅花鲈	65	7	—	合计	3 740	1 910	1 953
白眼鳊	59	28	18				

第三节　捕捞许可证管理与渔获量限制管理

渔业捕捞许可证与渔获量控制，两者既有联系又有区别。两者联系的是捕捞许可证是控制捕捞作业船数，从而也就限制了渔获量。两者的区别是：捕捞许可证是持有人合法从事渔业捕捞生产的法律证明文件，在捕捞作业过程中行为人必须随船携带其捕捞许可证，积极配合渔政公务人员的现场检查工作，而渔获量限制是对渔业捕捞生产的产出实施控制，是一种间接限制捕捞量的管理方法。

一、渔业捕捞许可证管理

渔业捕捞许可证，是指从事水产捕捞活动的个人或单位依法向县级以上人民政府渔业行政主管部门或其所属机构提出申请，经批准后，由渔业行政主管部门或其所属机构核发的允许其从事水产捕捞生产的法律证明文件。在渔政管理实践中，渔政部门通常为船东的每一艘渔船核发一本渔业捕捞许可证。

这里先来了解捕捞许可证的由来，然后再谈捕捞许可证的管理办法。我国最早明确提出捕捞许可制度的法律文件是国务院于 1979 年 2 月 10 日发布的《水产资源繁殖保护条例》，同年 12 月 18 日原国家水产总局发布了《渔业许可证若干问题的暂行规定》，正式实施了捕捞许可制度。该规定明确提出“凡从事渔业（暂不包括养殖业）的单位，必须向渔政管理部门提出申请，经审查批准取得渔业许可证后，方准进行生产。”1987 年 10 月 20 日，经国务院批准，农牧渔业部发布了《渔业法实施细则》，第十五条规定“国家对捕捞业，实行捕捞许可证制度。”1989 年 4 月 13 日，农业部根据《渔业法》和《渔业法实施细则》发布了《渔业捕捞许可证管理办法》，并废止了原国家水产总局 1979 年发布的《渔业许可证若干问题的暂行规定》。根据第八届全国人大常委会 1996 年 3 月通过的《行政处罚法》，农业部又于 1997 年 12 月对《渔业捕捞许可证管理办法》进行了修订。2000 年 10 月 31 日第九届全国人大常委会第十八次会议通过了《渔业法》修正案。修正后的《渔业法》第二十三条第一款规定了捕捞许可证制度，进一步凸显了捕捞许可证制度在捕捞业行政管理中的重要地位，并且考虑到我国已经批准《联合国海洋法公约》，与海洋邻国签署渔业协定等新情况，对公海渔业也实施了捕捞许可制度，对在我国与海洋邻国共同管理区作业的渔船则实施了专项捕捞许可制度。根据修正后的《渔业法》，农业部于 2002 年 8 月 23 日发布了《渔业捕捞许可管理规定》，取代了 1989 年制定的《渔业捕捞许可证管理办法》。鉴于第十届全国人大常委会于 2003 年 8 月通过了《行政许可法》，农业部又于 2004 年 7 月对《渔业捕捞许可管理规定》进行了较大修订。

此外，享有地方立法权的一些地方立法机关、地方政府也根据《渔业法》、《渔业法实施细则》等法律法规，并参照农业部制定的《渔业捕捞许可管理规定》，发布了有关捕捞许可制度的地方性法规和地方政府规章。

（一）捕捞渔船和作业场所的分类

捕捞渔船类型和作业场所，是渔业捕捞许可的重要内容。为了统一管理全国捕捞渔船和海洋作业场所，审批船网工具指标和核发渔业捕捞许可证，《渔业捕捞许可管理规定》第二章第六、七条分别对捕捞渔船和海洋作业场所的分类做出了明确规定，目的是用于捕捞许可的管理。

1. 海洋捕捞渔船的分类

海洋捕捞渔船可分为大、中、小型 3 类：

（1）海洋大型捕捞渔船为主机功率大于等于 441 kW（600 马力）的海洋捕捞渔船。

（2）海洋小型捕捞渔船为主机功率不满 44.1 kW（60 马力），而且船长不满 12 m 的海洋捕捞渔船。

（3）海洋中型捕捞渔船为海洋大型和小型捕捞渔船以外的海洋捕捞渔船。

2. 内陆水域捕捞渔船的分类

内陆水域捕捞渔船的分类标准由省、自治区、直辖市渔业行政主管部门制定。

3. 海洋捕捞作业场所的分类

海洋捕捞作业渔场分为以下 4 类：

（1）A 类渔区。渤海、黄海、东海和南海以及北部湾等海域机动渔船底拖网禁渔区线向陆地一侧的海域。

（2）B 类渔区。我国与有关国家缔结的协定中确定的共同管理渔区、南沙海域、黄岩岛海域及其他特定渔业资源渔场和水产种质资源保护区。

（3）C 类渔区。渤海、黄海、东海和南海以及其他我国管辖海域中除了 A 类、B 类渔区之外的海域。其中黄渤海区为 C1、东海区为 C2、南海区为 C3。

（4）D 类渔区。公海。

（二）渔业捕捞许可证的种类

根据捕捞作业场所的不同，我国现行的渔业捕捞许可证可分为以下 7 种类型：

1. 海洋渔业捕捞许可证

此证适用于许可在我国管辖海域的捕捞作业，是我国公民和渔船在我国管辖海域范围内从事捕捞作业的基本许可证。

2. 公海渔业捕捞许可证

此证适用于许可我国渔船在公海的捕捞作业，但国际或区域渔业管理组织有特别规定的，须同时遵守有关规定。

3. 内陆渔业捕捞许可证

此证适用于许可在我国内陆水域的捕捞作业。

4. 专项（特许）渔业捕捞许可证

此证适用于许可在特定水域、特定时间或对特定品种的捕捞作业，包括在 B 类渔区的捕捞作业，与海洋渔业捕捞许可证或内陆水域渔业捕捞许可证同时使用。

5. 临时渔业捕捞许可证

此证适用于许可临时从事捕捞作业或非法从事的捕捞作业。

6. 外国渔船捕捞许可证

此证适用于许可外国渔船、外国人在我国管辖水域从事的捕捞作业。

7. 捕捞辅助船许可证

此证适用于许可为渔业捕捞生产提供服务的渔业捕捞辅助，从事捕捞生产作业辅助活动。

（三）渔业捕捞许可证核定许可的内容和作业限制

渔业捕捞许可证核定许可的内容主要包括捕捞作业类型、作业场所、作业时限、渔具数量和规格、捕捞品种等。政府渔业行政主管部门在发放海洋渔业捕捞许可证时，还在捕捞许可证上同时贴附与渔船主机功率相等的渔船主机功率凭证。

1. 作业类型

捕捞作业类型是指按照所使用的渔具种类划分的作业类型，生产者应按照渔业捕捞许可证核定的作业类型从事生产。我国捕捞作业类型可依据捕捞作业所使用的渔具种类划分为九种：刺网、围网、拖网、张网、钓具、耙刺、陷阱、笼壶和杂渔具（包括地拉网、敷网、抄网、掩网以及其他杂渔具）。根据《渔业捕捞许可管理规定》第十八条的规定，渔业捕捞许可证所核定的作业类型不得超过其中的两种，并应明确每种作业类型的具体作业方式；拖网、张网不得与其他作业类型兼作，其他作业类型不得改为拖网、张网作业。此外，非渔业生产单位的专业旅游观光船舶，不得使用除垂钓之外的其他捕捞作业方式；捕捞辅助船不得直接从事捕捞作业，所携带的渔具应捆绑、覆盖。

2. 作业场所

是指捕捞生产的作业水域范围。捕捞生产者必须在渔业捕捞许可证所核定的作业场所范围内从事生产作业。对于海洋捕捞作业，渔业捕捞许可证所核定的海洋捕捞作业场所要明确核定渔区的类别和范围，其中 B 类渔区要核定渔区、渔场或保护区和具体名称；公海要明确作业海域的名称。内陆水域作业场所要明确具体的水域名称。

作业场所核定在 B 类、C 类渔区的渔船不得跨海区界限作业。作业场所核定在 A 类或内陆水域的渔船不得跨省、自治区、直辖市管辖水域界限作业。但是，如果因传统作业习惯或资源调查，以及其他法定特殊情况，需要跨界作业，由申请人所在地县级以上渔业行政主管部门出具证明，按审批权限主管机关批准后，由拟作业水域的主管机关核发临时渔业捕捞许可证。其中跨海区作业的，由农业部审批。

3. 作业时限

是指渔业捕捞许可证核定的捕捞作业时间。捕捞生产者应在渔业捕捞许可证核定的作业时限内从事捕捞生产，并不得在休渔期、禁渔期进行生产。

4. 渔具数量和规格

渔业捕捞许可证在规定作业类型的同时，还对可使用的渔具数量规格进行规定，包括规定网渔具的最小网目尺寸和渔具主尺度等。捕捞生产者使用的渔具不得违反渔具数量和规格的限制。

5. 捕捞品种

在捕捞许可证中，应核定捕捞生产可捕捞的资源种类以及捕种类的可捕规格、幼体比例等限制条件，对于已实行捕捞限额管理的捕捞品种或水域，渔业捕捞许可证还应明确核定捕捞限额的数量。

（四）渔业捕捞许可证的申请

申请从事捕捞作业的单位或个人称为申请人，渔业捕捞许可证申请人应是渔船所有人，申请人获得批准后应成为持证人。申请捕捞许可证，首先应填写《渔业捕捞许可证申请书》，并附有关申请资料，根据所申请的捕捞作业许可的审批权限，向具有审批权的政府渔业行政主管部门提出申请。

1. 申请捕捞许可证应提供的基本资料

申请渔业捕捞许可证应提供两种资料，一种是基本资料；另一种是其他资料。前者如申请书、船舶检验证书等；后者如海洋大、中型渔船再次申请捕捞许可证的，应提供渔捞日志等其他资料。提供有关的基本资料包括以下几方面内容：

（1）渔业捕捞许可证申请书；

（2）企业法人营业执照或个人户籍证书复印件；

（3）渔业船舶检验证书原件和复印件；

（4）渔业船舶登记（国籍）证书原件和复印件；

（5）渔具和捕捞方法符合国家规定标准的说明资料。

2. 申请捕捞许可证应提供的其他资料

这种资料包括公海捕捞许可证、专项捕捞许可证、跨海区捕捞许可证等根据不同情况提供的其他资料，具体如下：

（1）如果申请海洋渔业捕捞许可证，除提供上述基本资料外，还需根据不同情况提供其他法定资料：首次申请和除作业方式变更而重新申请的，应提供渔业船网工具指标批准书原件；重新申请和换发捕捞许可证的，应提供原渔业捕捞许可证原件和复印件；海洋大型、中型渔船再次申请渔业捕捞许可证的，应提供渔捞日志。

（2）如果申请公海渔业捕捞许可证，除提供前述基本资料外，还需提供以下法定资料：农业部远洋渔业项目批准文件、海洋渔业捕捞许可证（专业远洋渔船除外）。若是首次申请公海捕捞许可证，还要提供渔业船网工具指标批准书。申请非专业远洋渔船公海捕捞许可证，须将已获得的海洋捕捞许可证交回原发证机关，交回的捕捞许可证由原发放机关暂存，回国后可继续使用。

（3）如果申请专项（特许）渔业捕捞许可证应具备海洋或内陆渔业捕捞许可证，因此除提供前述基本资料外，还需提供海洋渔业捕捞许可证或内陆渔业捕捞许可证原件和复印件。如果是承担教学、科研等项目单位申请专项（特许）渔业捕捞许可证，应提供项目计划、调查区域及上船科研人员名单；若是租用渔船进行科研、资料调查活动的，应提供租用使用协议。

（4）跨省或跨海区作业，按规定应当申请临时捕捞许可证的，除提供前述基本资料外，还需提供申请人所在地县级以上渔业行政主管部门出具的证明原件和复印件。

（五）渔业捕捞许可证的审批发放

它包括捕捞许可证审批、发放权限和捕捞作业场所的核定权限，具体是：

1. 捕捞许可证审批、发放权限

根据《渔业捕捞许可管理规定》第十九至二十一条的规定，我国对捕捞许可证的审批实行分级审批的管理制度。对于一些大型海洋捕捞渔船、特殊渔业资源和种质资源保护区作业、禁渔区和禁渔期以及国际关系的作业，则由农业部进行审批和发放。具体主要有下列 7 种情况：

（1）到公海作业的；

（2）到我国与有关国家缔结的协定确定的共同管理渔区、南沙海域、黄岩岛海域作业的；

（3）海洋大型拖网、围网渔船；

（4）跨海区界线作业的；

（5）到特定渔业资源渔场、水产种质资源保护区作业的；

（6）因养殖或其他特殊需要，捕捞农业部颁布的有重要经济价值的苗种或禁捕的怀卵亲体的；

（7）因教学、科研等特殊需要，在农业部颁布的禁渔区、禁渔期从事捕捞作业的。

属于上述情况的作业渔船申请渔业捕捞许可证时，应向省级政府渔业行政主管部门提出申请，省级政府渔业行政主管部门应当自申请受理之日起 20 日内完成审批，并报农业部审批；农业部应当自收到省级政府渔业行政主管部门报送的材料之日起 15 日内作出是否发放捕捞许可证的决定。但是，中央直属单位申请公海渔业捕捞许可证的，应直接向农业部提出申请，农业部应当自申请受理之日起 20 日内作出是否发放捕捞许可证的决定。

外国渔船、外国人在我国管辖水域从事捕捞作业的渔业捕捞许可证，由中华人民共和国渔政局审批发放，但申请程序及其他有关规定按照双边协议和国家有关规定执行。

在相邻交界水域作业的渔业捕捞许可证，由交界水域有关的县级以上政府渔业行政主管部门协商发放，或由其共同上一级政府渔业行政主管部门审批发放。

除上述之外的其他渔业捕捞许可证，由县级以上政府渔业行政主管部门及其所属渔政监督管理机构审批发放。具体办法由省、自治区、直辖市人民政府规定，送农业部备案。

2. 捕捞作业场所的核定权限

渔业捕捞许可证应明确核定捕捞作业场所，不同的作业场所其核定机关不同。其中，农业部的核定权限为 A 类、B 类、C 类、D 类渔区和内陆水域；各海区渔政局的核定权限为本海区范围内的 C 类渔区，农业部授权的为 B 类渔区；省级政府渔业行政主管部门的核定权限以在海洋为本省、自治区、直辖市范围内的 A 类渔区，农业部授权的 C 类渔区，在内陆水域为本省、自治区、直辖市行政管辖水域。特殊情况需要地（市）级、县级政府渔业行政主管部门核定作业场所的，由省级政府渔业行政主管部门规定并授权。

（六）渔业捕捞许可证的换发、重新申请、补发和注销

在渔业捕捞许可证有效期内，如果出现船名变更、作业方式变更、捕捞许可证损毁或因捕捞渔船报废等现象，应必须进行捕捞许可证换发、重新申请、补发或注销工作。具体情况如下：

1. 渔业捕捞许可证换发

在渔业捕捞许可证有效期内，如果出现船名变更，或船籍港变更，或渔船所有权共有人之间变更，或渔业捕捞许可证使用期满等情况，申请人应持《渔业船舶所有权证书》和《渔业船舶国籍（登记）证书》，向原发证机关申请换发渔业捕捞许可证。

2. 渔业捕捞许可证重新申请

在渔业捕捞许可证有效期内，凡发生渔船作业方式变更，或渔船主机、主尺度、总吨位变更，或因渔船买卖发生渔船所有人变更的，应按申请渔业捕捞许可证程序向原发证机关重新申请渔业捕捞许可证。发生海洋捕捞渔船买卖、主机功率和主尺度变更的，需事先根据规定重新申请船网工具指标。批准换发和重新发放渔业捕捞许可证的，应将原渔业捕捞许可证交回原发证机关。

3. 渔业捕捞许可证补发

在渔业捕捞许可证有效期内，凡出现捕捞许可证损毁无法使用，或捕捞许可证挂失的，需向原发证机关申请补发渔业捕捞许可证。

4. 渔业捕捞许可证注销

在渔业捕捞许可证有效期内，如果出现捕捞渔船报废或损毁不再继续从事许可的捕捞作业，或持证人自行终止许可的捕捞作业，持证人应将渔业捕捞许可证交回发证机关，并办理渔业捕捞许可证注销手续。

（七）渔业捕捞许可证的使用有效期和年审制度

海洋渔业捕捞许可证、内陆渔业捕捞许可证与其他种类的渔业捕捞许可证使用期限有所不同，而且渔业捕捞许可证在使用一年以上的都要实际年度审验，这是根据《渔业捕捞许可管理规定》而执行的。具体执行情况如下：

1. 渔业捕捞许可证的使用有效期　海洋渔业捕捞许可证和内陆渔业捕捞许可证的使用有效期规定为 5 年，其他种类的渔业捕捞许可证使用有效期应根据实际需要确定，但最长不超过 3 年。

2. 渔业捕捞许可证的年审　使用有效期一年以上的渔业捕捞许可证实行年度审验制度，每年审验一次，但公海渔业捕捞许可证的年审期为两年。年审由发证机关负责，也可由发证机关委托申请人户籍或企业所在地的县级以上政府渔业行政主管部门负责。年审合格的，由审验人签字、注明日期、加盖公章。不合格的，年审机关可责令持证人限期改正，再审验一次。经再审验合格的，其渔业捕捞许可证有效。

根据《渔业捕捞许可管理规定》第三十四条，渔业捕捞许可证年审合格必须具备以下条件：

（1）具有效的《渔业船舶检验证书》和《渔业船舶国籍（登记）证书》，持证人和渔船主尺度、主机功率、吨位未发生变更；

（2）渔船作业类型、场所、时限、注具数量与许可内容一致；

（3）按规定填写《渔捞日志》，未超出捕捞限额指标；

（4）违规案件中已结案；

（5）按规定交纳渔业资源繁殖保护费；

（6）其他条件符合有关规定。

（八）无效渔业捕捞许可证和无证捕捞

无效捕捞许可证是指不具备法律效力的捕捞许可证。根据《渔业捕捞许可管理规定》第三十五条规定，具有任何下列情况之一的，均为无效捕捞许可证：

（1）逾期未年审的或年审不合格的；
（2）证书载明的渔船主机功率与实际主机功率不符的；
（3）应贴附而未贴附功率凭证或功率凭证贴附不足或贴附无效功率凭证的；
（4）以欺骗或其他方法非法取得的；
（5）涂改、伪造、变造、买卖、出租，或以其他形式转让渔业捕捞许可证等。

其中，无效渔船主机功率凭证包括涂改、伪造、变造、买卖、出租或以其他形式转让的渔船主机功率凭证。对使用无效渔业捕捞许可证，或未携带渔业捕捞许可证从事捕捞活动的，都将视为无证捕捞。

（九）渔业捕捞许可证签发人制度

为规范渔业捕捞许可证的审批和发放，明确签发责任，《渔业捕捞许可管理规定》第五章明确规定了签证人制度。

签证人应对《渔业船网工具指标申请书》、《渔业船网工具指标批准书》、《渔业捕捞许可证申请书》和《渔业捕捞许可证》的内容进行审核，并对其真实性和合法性负责。上述文件和证书必须由签发人签字并加盖公章后才有效。签发人实行农业部和省级渔业行政主管部门两级审批制度。

签发人越权、违规签发，或擅自更改《渔业船网工具指标申请书》、《渔业船网工具指标批准书》、《渔业捕捞许可证申请书》和《渔业捕捞许可证》，或有其他玩忽职守、徇私舞弊等行为的，签发人和其所在单位应依法承担相应责任。越权、违规签发，或擅自更改的证书由其上级机关收回。

二、渔获量限制管理

渔获量限制管理实际上就是渔获量限制制度的实施。它也称为产出控制管理，即指渔业捕捞生产的产出实施控制，也就是通过控制渔获量来实现对捕捞努力量的限制和对渔业资源的管理，这是一种间接限制捕捞努力量的管理方法。渔获量限制制度可根据渔业资源的实际情况，直接对渔获量进行限制，从而能够维护渔业资源不受过度捕捞的危害。

我国的捕捞限额制度，是属于渔获量限制制度。2000 年修改后的《渔业法》明确规定了我国捕捞业实行捕捞限额制度。《渔业法》第二十二条规定："国家根据捕捞量低于渔业资源增长量的原则，确定渔业资源的总可捕量，实行捕捞限额制度。"

根据渔获量限制制度的理论与实践，这种制度可分为总可捕量制度和单船渔获量限制制度两种类型。

（一）总可捕量制度

这种制度习惯上简称 TAC 制度，是指在一定的期间，特定的区域内，对特定的渔业资源种类设定允许的渔获量最大值（即 TAC），一旦渔获量累计达到 TAC，就开始在当年全面禁止捕捞该种类的渔业资源。

总可捕量制度的目的是使其管理的渔业资源能持续地保持稳定，实现可持续开发利用渔业资源。这种制度一般根据渔业资源的再生能力及其能承受的捕捞强度，以资源对象的最大持续产量（MSY）为基础确定 TAC 的量值，或以综合考虑经济或社会因素的最大经济产量（MEY）、最大社会产量（MScY）等来确定 TAC 的量值。

1. 总可捕量制度的机理

在理论上，若TAC设定得合理，并在执行中得到严格遵守，则可直接有效地控制渔业资源的捕捞死亡量，使渔业资源得到有效保护和合理利用。因此，TAC制度的两个关键环节，一是要准确、合理地设定资源对象的TAC；二是保证实际渔获量被有效地控制在所设定的TAC范围内。

TAC的确定首先应有充分的科学依据，主要通过对有关的渔业资源调查和渔业统计数据的分析，对资源量进行必要的评估，提出TAC的初步意见，再由行政管理部门结合社会和经济等因素，通过行政措施加以确定。在各国的实践中，TAC一般以渔业资源的最大持续产量（MSY）为基础，根据渔业资源状况和捕捞生产情况，综合考虑以其为基础的经济和社会等因素，按照不同的管理目标进行确定。较为符合渔业资源实际情况的MSY往往依靠完善的渔业统计系统，以5~10年的渔获量和捕捞努力量资料为基础进行估算。事实上，TAC是一个动态的数值，在一定时间内或每年都需要根据自然环境和资源状况的变化进行必要的调整或修正。由于渔业资源量的变动存在着相当多的不确定因素，正确地确定TAC既应有系统的、确切的渔业统计资料和现场调查的数据，又应有正确的评估模式，还需充分考虑各种社会和经济因素。TAC确定得偏高或偏低，对渔业生产和管理都会带来不利的影响。在TAC制度的执行中，需要建立完善、有效的捕捞作业监督、监测系统，以保证TAC在执行中得到严格遵守。若从制度机理来看，TAC制度适合于洄游性较小的单鱼种渔业，而对洄游性较强、分布较广的鱼种以及多鱼种渔业，无论是确定TAC，还是对捕捞作业的监督、监测都是十分困难和复杂的。

2. 总可捕量制度的实施形式

在世界各国和国际渔业组织实施TAC制度的实践中，由于各国或各地区的渔业资源状况、渔业生产作业情况、渔业管理历史、渔业管理体制等情况的不同，总可捕量的实施在实际渔业管理过程中也呈现不同的形式。这种形式首先应根据总可捕量的分配与否，可将其分为自由竞争捕捞制度（FFOC）和配额管理制度（QM）；其次，在配额管理制度中，根据主体的不同，可分为渔业社区配额制度（CQ）和个体配额制度（IQ）；最后，在个体配额制度中，根据配额是否可以转让，又可分为IQ制度和个体可转让配额制度（ITQ）。由于在社区配额制度中，其配额一般仅限于在社区范围内，因此可以将其视为不可转让的。上述各种制度间的关系，见图11-9所示。

自由竞争总可捕量制度（FFOC），是指在一定的期间、特定的区域，对特定的鱼类资源品种设定总可捕量后，实行自由捕捞，并不将对该总可捕量分配给具体的捕捞主体（渔民），但对渔获物的上岸量实施监督，当上岸量达到总可捕量时，就在当年度关闭该渔业。在这种制度下，因采取自由捕捞，竞争程度比未实施该制度时更为剧烈，导致一些负面影响，如有明显的资金充斥，捕捞成本上升，同时又不能有效地防止对渔业资源的过度开展，以及采用这种制度管理的渔业出现盈利性降低等问题。

个体渔获配额（IQ）制度，是指在确定的时期和指定的区域内，赋予特定捕捞主体（如渔民、渔船或渔业企业）捕捞一定数量的鱼类品种的权利。IQ的拥有者每年享有捕捞总可捕量中的一定比例渔获量的权利。因为总可捕量每年都不尽相同，所以每年的实际渔获量配额也相应变化。IQ制度的最大特点是消除了在FFOC制度下的对渔获量的无序竞

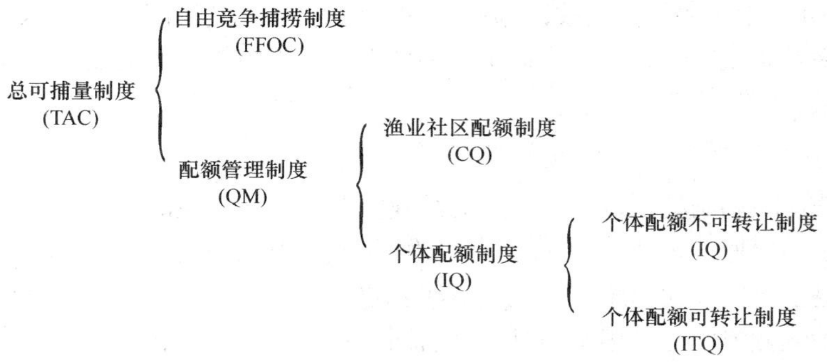

图 11－9　总可捕量制度实施形式间的关系示意

争，并促使渔民在相对长的时间里，根据市场和资源的状况进行捕捞，渔获物的供应相对均匀，渔业的经济稳定性和投资环境得到改善，降低了渔业投资的不确定性和风险性。同时也有利于渔民试图使他们的个体渔获量配额的价值达到最大，而会倾向于捕捞个体大价值高的鱼类，从而有利于保护幼鱼等。但在该制度的实施过程中也暴露出不少问题，如配额的初始分配问题、执行问题和如何保证渔民遵守配额限制问题等。

渔业社区配额（CQ）制度，是指将渔业社区作为一个特殊主体，在配额管理制度中以社区的名义分得相应的配额，然后由社区管理委员会或其他相应组织，对配额在社区内的分配和使用行使支配权，其核心理念是对公共渔业资源的使用权应授予依赖其生存的渔民群体。这种制度主要是利用渔业社区自身的社会资本，如信任、规模和网络等，以此来推动协调的行动，提高管理效率。因此，实施这种制度对政府部门来说，可以通过把相应有关权利下放到社区，实行分权管理，降低其管理成本，同时也可调动渔民的积极性，增强他们的主人翁意识和养护资源等的责任感。

个体可转让渔获配额（ITQ）制度，是指在 IQ 制度的基础上，允许渔获配额的转让而买卖。在这种情况下，渔获配额是一种财产，可以与其他财产一样转让、买卖或交换。然而，ITQ 制度的作用机制基本与 IQ 制度一样，所产生的问题也基本也 IQ 制度一样，而所不同的是，由于渔获配额可以转让或买卖，只有那些经营成本相对较低的捕捞生产者才可能在竞争中长期从事捕鱼生产。此外，配额的转让会使捕捞渔船数量会比 IQ 制度下的更少，渔业生产者也将在更为有利的作业条件下生产，生产安全性得到进一步提高，渔具丢失的现象减少。由于作业渔船减少，每年度的作业时间会延长，因此留在渔船上的渔民就业机会更稳定，收入也更实惠。由于配额可转让，配额就有其市场价值，这种配额拥有者等于拥有一定财产，因此这个制度就为渔业生产提供了极高的经济稳定性，减少了在渔业上投资的风险性和不稳定性。这种制度也可以进一步减少渔获物抛弃现象，虚报产量和渔具的冲突，渔具丢失现象也会进一步减少。但这种制度也会出现渔获配额垄断等问题，即有可能导致少数人或公司购买了大部分渔获物配额，从而形成了少数人或少数公司控制渔业生产和市场的状况。

（二）单船渔获量限制制度

单船渔获量限制制度（VCL）是指限制每艘渔船在一定时间（1 天、1 周、1 个月或1个航次）内的渔获物上岸量。其中，航次渔获量限制制度是限制每艘渔船每航次的渔获量上岸量，但不限制船数和航次数；每周（月、天）渔获量限制制度是限制每周（月、天）每艘船的渔获物上岸量，但不限制1年内或1个渔汛内的渔船数或每一渔船的作用周数（天数、月数）。

1. 单船渔获量限制制度的管理效果

在单船渔获量限制制度下，对于特定的渔业资源对象和特定的渔船，从短期来看，可降低总的渔获物上岸量及每航次（周、月）的捕捞努力量，一部分经营较差的渔船将会因无利可图而退出，从而使渔船队的规模减小。这在一定程度上降低了总的捕捞死亡率，起到一定的保护渔业资源的作用。同时这将有利于均衡全年的渔获物、渔获物上岸量和捕捞努力量的投入，降低无序的捕捞竞争。这样渔业生产者为获得最大经济价值，还会积极提高渔获物的加工水平。这种制度将使生产者倾向于使用小船，因此更有利于小型渔船生产者。但单船渔获量限制制度将容易导致渔民抛弃价值低的渔获物，并虚报渔获物产量；部分渔船的退出使就业机会减少。此外，这种制度的执行需要对每艘渔船都分别进行监测，因此执行成本提高，需要庞大、完善的渔船作业监测系统。

2. 单船渔获量限制制度的实践

在实践中，一般将单船渔获量限制制度和其他管理措施综合运用。主要有：将单船渔获量限制制度和许可证数量限制及作业航次限制综合运用，或将单船渔获量限制制度和捕捞努力量限制（天数或1年总天数）及许可证数量限制综合运用。这种综合运用在效果上都类似于IQ制度，但有所区别：这种综合运用限制了生产者在IQ制度下为达到最大利润而在一年中对渔获配额的随机分配，生产者无法根据市场、资源状况、天气等条件来调节生产，因此总收益比IQ制度差，但执行成本比IQ制度高。此外，将单船渔获量限制制度和最小网目尺寸、最小渔获物规格限制等综合运用可防止对渔业资源对象幼体的过度捕捞；将单船渔获量限制制度和禁渔区（期）合并运用，可更有效地养护渔业资源。欧美国家一般在20世纪70年代开始采用单船渔获量限制制度，20世纪80—90年代开始将其与其他管理措施综合运用。

第四节　渔业船舶管理与通信管理

渔业船舶与通信管理，是指为控制渔船盲目增加所采取的管理措施和专对渔业系统通信网络的管理。

加强渔业船舶的管理，进行限额捕捞，是达到合理利用和繁殖保护渔业资源的有效途径之一。渔业船舶管理的法律依据是《渔业法》第十八条规定："制造、更新、改造、购置、进口的从事捕捞业的船舶经渔业船舶检验部门检验合格，方可下水作业，具体管理办法由国务院渔业行政主管部门制定。"

渔业通信管理，主要是对渔政通信电台的管理。渔政通信，是渔业系统自行筹建专为渔政管理和渔业生产服务的通信网络。它的作用：一是搞好渔政管理、安全救助和生产指挥的重要工具，是指挥机关的耳目；二是为渔政船在海上执行巡逻检查任务中随时报告船只动态和处理违规渔船的有关情况，以及各渔船之间的沟通联络；三是为安全救助服务，避免和减少灾祸带来的生命财产损失；四是渔业情报、渔场调度、渔获处理、物资补给等方面也发挥重要作用。渔业通信电台管理的法律依据，主要有国家《无线电管理规则》、全国《渔业无线电管理条例》、全国《渔业通报规划》、全国《渔业超短波无线电话机管理规则》等。本节主要介绍渔业船舶管理和渔业通信管理两方面内容。

一、渔业船舶管理

渔业船舶的广泛涵义是，除了直接参与捕捞鱼类及其他水生经济动物的船舶之外，还包括进行水产品加工、运输、养殖、资源调查、渔业培训以及执行渔政任务的船舶，均称为渔业船舶，简称渔船。这里着重介绍渔业船舶的管理（如“三无”渔船管理、港澳流动渔船管理、远洋渔船的监督管理等），而一般船舶的管理（如船舶防污管理、船舶报废管理、船舶登记管理等）这里由于篇幅所限，而且这些知识在其他船舶书籍都有记载，所以不再重复。

（一）渔船的分级管理与整顿

渔船是从事渔业生产的重要工具，控制渔船的盲目增加，必须从多方面着手，如渔船的分级管理；更新、新造、引进渔船的管理；渔船证书的管理以及渔船的整顿等。加强对渔船的管理，是实施限额捕捞，达到合理利用渔业资源的有效方法之一。

1. 渔船的分级管理

我国对渔船实行分级管理的办法，一般是按渔船的性质，即国营企业和集体渔业社队（包括联户、个体户、下同）；或按渔船的种类、吨位、功率，分别由国家渔业行政管理部门或地方管理。各类渔船的管理权限如下：

（1）属国家渔业行政主管部门或指定的机关管理的。这种类型的渔船有大型拖网渔船（兼围网作业的渔船也按拖网渔船对待）和国营企业的拖网及其他捕捞渔船。上述渔船按隶属关系逐级上报渔业行政（渔政）主管部门审查后，报农业部指定的机关审批。

（2）属省、直辖市、自治区管理的。这种类型的渔船有渔业社队的集体、联户、个体的定置作业渔船、流网作业渔船，按隶属关系，经渔业行政（渔政）主管部门逐级审查后，报省、直辖市、自治区渔业行政（渔政）主管部门审批。围、钓作业的渔船，由省、直辖市、自治区渔业行政（渔政）主管部门审批，或委托下级渔业行政（渔政）主管部门审批。由省、直辖市、自治区渔业行政（渔政）主管部门及其委托下级渔业行政（渔政）主管部门审批的渔船，均要报中央农业部备案。

（3）属县渔业行政（渔政）主管部门管理的。这类渔船有风帆船，由县渔业行政（渔政）主管部门审批，报省、直辖市、自治区渔业行政（渔政）主管部门备案。

2. 更新、新造、引进渔船的管理

这里有更新、新造、引进渔船的涵义、原则以及申请与审批手续 3 个问题需要解决。

（1）更新、新造、引进渔船的涵义。更新渔船，系指原来在编制内的渔船，由于服役年限已到或其他原因报废或转做他用，建造新的渔船以取代之。更新渔船不增加新的渔船编制：新造渔船，系指原有没有编制的，新建造的渔船。新造渔船增加新的渔船编制；引进渔船，系指原来没有编制的，通过补偿贸易、合作经营、技术交流、购进等方式，从外国买进的渔船。引进渔船增加新的渔船编制。

（2）更新、新造、引进渔船的原则。更新渔船应区别海区的不同情况，符合调整作

业以及开发外海生产的方向，在得到渔业行政（渔政）主管部门批准后才能更新。新造渔船需持有渔政机关发给的渔业许可证，船舶管理部门才能发给许可证，引进渔船，不论何种作业方式，一律不得进入禁渔区线或军事禁戒线内生产。

（3）更新、新造、引进渔船的申报与审批手续。国营企业更新、新造渔船，需由国营捕捞企业单位预先填写由中央统一制发的《国营企业海洋捕捞企业更新（新造）渔船申请表》，经省（直辖市、自治区）渔业行政（渔政）主管部门同意后，由省（直辖市、自治区）渔业行政（渔政）主管部门报经农业部批准。国营海洋捕捞企业更新（新造）渔船申报表，如表 11 －5 所示。渔业社队更新、新造渔船，由渔业社队向县渔业行政（渔政）主管部门申请，经县渔业（渔政）主管部门同意后，由县渔业（渔政）主管部门报经省（直辖市、自治区）渔业行政（行政）主管部门批准，并报中央农业部备案。

表 11 －5　国营海洋捕捞企业更新（新造）渔船申请表

<table>
<tr><td>申请单位</td><td colspan="8">盖章　年　月　日</td></tr>
<tr><td rowspan="2">更新、新造渔船</td><td>船名号</td><td>作业类型</td><td>船型</td><td>船质</td><td>主机功率</td><td colspan="2">造船厂</td><td>申请理由</td></tr>
<tr><td></td><td></td><td></td><td></td><td></td><td colspan="2"></td><td></td></tr>
<tr><td rowspan="2">被顶替淘报废渔船</td><td>船名号</td><td>作业类型</td><td>船型</td><td>船质</td><td>主机功率</td><td>建造年月</td><td>许可证号</td><td>具体处理意见</td></tr>
<tr><td></td><td></td><td></td><td></td><td></td><td></td><td></td><td></td></tr>
<tr><td>省（市）水产厅（局）或中国海洋渔业总公司意见</td><td colspan="8">盖章　年　月　日</td></tr>
<tr><td>渔政渔港监督处理意见</td><td colspan="8">盖章　年　月　日</td></tr>
<tr><td>审批意见</td><td colspan="8">盖章　年　月</td></tr>
</table>

国营捕捞企业和渔业社队引进渔船，首先要由引进单位向省、直辖市、自治区渔业行政（渔政）主管部门提出申请，经省渔业行政（渔政）主管部门同意后，由省渔业行政（渔政）主管部门报经中央农业部和对外经济贸易部批准。

3. 渔船证书管理

这里要解决渔船证书发放的条件和不发放渔船证书的范围两个问题。

（1）渔船证书发放的条件。要满足两个条件，一是经批准持有渔政部门发给捕捞许可证的渔船，才能发给渔业船舶证书；二是新造、更新、引进的渔船，应持有渔政部门发给的渔业许可证，才能发给渔业船舶证书。

（2）不发给渔船证书的范围。这个范围，一是未经批准、私自建造、购买、引进及更新的渔船，船检部门不发给渔业船舶证书；二是转让或卖出的渔船，如未经注销船舶证书，则也不发给买主单位新的渔业船舶证书。

4. 渔船的整顿

这里要解决投产渔船的条件和渔船停产和转产两个问题。

（1）投产渔船的条件。它应具备 3 个条件：一是应持有渔政机关发给的捕捞许可证；二是应持有船舶机关发给的船舶检验合格证书、职务船员考核合格证书；三是应持有公安机关发给的船舶户口簿和出海渔民证。

（2）渔船的停产和转产。它有下列规定：一是未经批准的农副业队、农民个体或联产建造及购置的船只，可以从事养殖或运输，但不得从事捕捞生产，已投产的，应停产；二是从 1979 年后新增加的捕捞渔船，应限制转为其他用船，如确无其他出路，可根据资源状况，允许其从事钓业生产。

（二）对“三无”渔船的管理

“三无”渔船是指无船名船号、无船舶证书（无有效渔业船舶检验证书、船舶登记证书、捕捞许可证）、无船籍港的船舶。管理的重点对无船舶证书的渔业船舶。近年来，我国沿海一些地区，有不法分子利用一些违规渔船进行走私等犯罪活动，严重危害海上安全、妨碍生产和运输等正常进行。为打击违法犯罪活动，维护海上正常秩序，保护人民群众生命财产安全，必须坚决清理、取缔“三无”渔船，使管理纳入法制轨道。

1.“三无”渔船管理的法律依据

国务院下发了（1994）111 号《关于清理、取缔“三无”渔船通知》，《通知》内容如下：

（1）凡未履行审批手续，非法建造、改装的船舶，由公安、渔政、渔监和港监部门等港口、海上执法部门予以没收；对未履行审批手续擅自建造、改装船舶的造船厂，由工商行政管理机关处以船价两倍罚款，情节严重的可依法吊销其营业执照；对未核准登记注册、非法建造、改装船舶的厂、点，由工商行政管理机关依法予以取缔，并没收销货款和非法建造、改装的船舶。

（2）港监和渔政渔监部门，要在各自的职责范围内进一步加强对船舶进出港的签证管理。对停靠在港口的“三无”渔船，应禁止其离港，予以没收，并可对船主处以船价两倍以下的罚款。

（3）渔政渔监和港监部门，应加强对海上生产、航行、治安秩序的管理，海关、公安、边防部门应结合海上缉私工作，取缔“三无”船舶；对海上航行、停泊的“三无”船舶，一经查获，一律没收，并可对船主处船价两倍以下罚款。

（4）对拒绝、阻碍执法人员依法执行公务的，由公安机关依照《中华人民共和国治安管理处罚条例》处罚；构成犯罪的，移送司法机关依法追究刑事责任。

（5）公安、边防、海关、港监和渔政渔监等部门没收的“三无”船舶，可就地拆解，拆解费用从船舶残料变价款中支付，余款按罚没款处理；也可经审批办理必要手续后作为执法用款，但不得改作他用。

凡拥有“三无”船舶的单位和个人，必须在 × 年 × 月 × 日之前到当地港监和渔政渔监部门登记，听候处理。逾期不登记的，查扣后从严处理。

凡利用“三无”船舶进行非法活动者，必须在 × 年 × 月 × 日主动到公安机关投案自首，否则一经查获，依法从严惩处。

2.“三无”渔船的管理措施

这些措施包括宣传教育、清理登记、联合检查以及处理原则的落实情况等，现分别作简要介绍：

（1）加强宣传教育，清理、取缔“三无”船舶工作量大而广，政策性强，各地要运用广播、电视、报刊、标语等各种宣传工具，大张旗鼓地开展宣传教育活动，将这项工作深入到渔港、码头、渔村、渔船，做到家喻户晓，人人皆知，提高渔区广大干部群众对清理、取缔“三无”船舶工作的必要性和紧迫性的认识，促使其在自我教育中自查自纠，使拥有“三无”船舶的单位、个人在指定时间内自觉到有关部门登记，接受处理。

（2）清理和登记清理。登记的对象是无船名船号、无船籍港和无船舶证书（或三证不全）的渔业船舶。登记内容按通告附表规定的格式进行登记。为方便渔民，各级渔政、渔监、船检机构要密切配合，可在渔船集中点设立登记站，合署办公，统一受理渔船登记工作。在登记过程中，各级渔业行政主管部门，要调查掌握本辖区内的下列情况：

①停泊在渔港从事走私、抢劫的船舶；冒用渔业船舶船名船号进行走私抢劫的船舶；有走私、抢劫行为的渔船。

②船舶检验证书、船舶登记证书、捕捞许可证不齐全的渔船；非渔业单位和个人的捕捞船只；电鱼、炸鱼、毒鱼的船只；购置报废、超龄、旧船从事捕捞生产的船只等。

③各造船厂、点承造未经主管部门批准而擅自建造渔业船舶的情况。

（3）联合检查。渔政、渔监、船检部门要在各级政府和渔业行政主管部门领导下，加强与公安、边防、海关、工商、交通等部门的沟通和合作，采取“海上查，港内堵”的方法，多管齐下，综合治理，开展联合行动，集中打击，加强执法力度。

（4）合理原则。对在指定日期之前和之后主动来登记的，按下列不同的原则进行处理。

①对在指定日期之前主动来登记的，按下列原则处理：

A. 发现有走私、抢劫等违法犯罪行为的，移交海关、公安、边防部门处理；

B. 从事电鱼、炸鱼、毒鱼等非法捕捞作业的，应依法从严处罚，直至没收；

C. 冒用渔业船名船号的渔船，处船价10%以上至两倍以下罚款，直至没收；

D. 购置按规定应予报废的船舶，应予拆解；

E. 未经批准出海捕捞的机关、部队、厂矿、企事业等非捕捞单位和个人的船舶，依法按规定处罚后，责令限期转业，逾期不改的予以没收；

F. “三证”不全或有证不按期进行年审、年检的渔船，经检验审查合格后，由渔政、渔监、船检部门按有关规定在一定时间内补办证书，补收各项费用；

G. “三证”均无的船舶，经检验审查合格，并具备适航条件的，补充各项费用，还要处以船价5%以上至两倍以下罚款后，按有关规定在一定期限内补办证书；经检验不具备适航条件的，应予以扣留或没收；

H. 登记后未能及时处理有关证件的，应发给登记凭证，凭证有效期自登记之日起最多两个月。

②对在指定日期之前未来登记的，按下列原则处理：

A. 发现有走私、抢劫等违法行为的，移交海关、公安、边防等部门进行惩处；

B. 凡未履行审批手续非法建造、改装的渔船，由渔政渔监机关予以没收；

C. 渔监机构要加强对进出港的船舶签证管理，对依靠在港的“三无”船舶禁止其离港，予以没收，并可对船主处以船价两倍以下罚款；

D. 渔政机构要加强海上管理，对海上航行、生产的“三无”船舶，一经查获，一律没收，并可对船主处以船价两倍以下罚款；

E. 渔政渔监机构对船舶证书不全或船名、船号、船籍港不清的渔船，按有关规定给予处罚，并强制其按规定办理证书或刷清船名、船号和船籍港；

F. 对拒绝、阻碍执法人员依法执行公务的，移交公安机关依法处理；构成犯罪的，由司法机关依法追究刑事责任；

G. 渔政渔监机构没收的“三无”船舶，可就地拆解，拆解费用从该船残料变价款中支付，余额按罚没款处理；也可经审批并办理必要的手续后，作为执法之用，但不得改作他用；没有拆解价值的船舶，交渔政机构用于人工鱼礁；

H. 渔政、渔监、船检机构结合管理，取缔无证渔船工作，搞好渔船档案管理及验收工作。

总之，在清理、取缔“三无”船舶工作中，各级渔业行政主管部门要统一政令，统一步调，严格掌握政策界线，加强上级对下级的监督，正确处理好地区、部门间的关系，要做好工作总结，保证对“三无”船舶的管理工作能纳入法制管理轨道。

（三）对鲜销渔船的管理

鲜销水产品是改革开放后我国渔业系统水产品出口创汇的一个重要渠道，也是渔民的一条致富之路，但随着这项业务的拓展，也暴露管理工作中的一些问题。为此国家行文要加强对鲜销渔船的管理。

1. 对鲜销渔船管理的法律依据

鲜销渔船是指利用新鲜水产品直接向周边国家推销的渔船。对这类渔船进行管理的法律依据是1995年7月3日农渔发〔1995〕19号文——《农业部关于进一步加强国际鲜销渔业船舶管理的通知》。农业部渔业局曾多次行文，要求各级渔业行政主管部门加强对国际鲜销渔业船舶的管理，并于1995年6月初在山东省荣成市召开了鲜销渔业船舶管理工作座谈会。根据会议精神和近年对鲜销渔业船舶的管理经验和现阶段的实际情况，作了有关的管理通告。

2. 对鲜销渔业船舶管理的措施

该措施要求从事这项业务须经农业部批准，获批件后到省渔港监督局办理“渔业船舶国籍证书”，具体做法如下：

（1）从事国际渔业鲜销业务须经农业部批准，并根据生产和国内外市场情况实行总量控制。农业部每季度的最后一个月末审批一次。

（2）从事国际鲜销业务的单位，需经省或计划单列市渔业主管部门初审，初审合格后报农业部审批。报批时须附送下列材料或复印件：

①企业营业执照；

②国家有关部门批准成立中外合资、合作企业的文件或者具有水产品自营出口权的证明；

③鲜销渔业船舶的产权证明；

④船舶检验部门签发的Ⅰ类航区适航证书；

⑤船员名单及持证情况；

⑥鲜销渔业船舶及船员已参加保险的证明。

经农业部审批合格的申请单位，凭批件到省渔港监督局（处）办理“渔业船舶国籍证书”，同时组织船员参加外事纪律教育培训班；省渔港监督部门应定期将发证和办班情况报省渔业主管部门和农业部渔业局。

（3）船长对鲜销渔业船舶在境外的一切活动负责，应注意教育船员遵守我国及有关国家的法律、法规、国际惯例及外事纪律，避免不良涉外事件的发生。

企业每季度须把本单位的鲜销效益包括产量、产值和有关情况向上级渔业主管报告，最后由省渔业主管部门汇总后报农业部渔业局。

（4）农业部对国际鲜销渔业船舶从1995年10月起实行年审制度。

年审由省渔业主管部门负责实施，经省渔业主管部门初审合格后报农业部复核，合格者发给“国际鲜销渔业船舶年审合格证”。

（四）对香港、澳门特别行政区流动渔船的管理

香港、澳门特别行政区流动渔船是指持有香港特别行政区或澳门特别行政区船籍，并在广东省渔政渔港监督管理机构备案的渔船。根据《港澳流动渔船管理规定》，这些流动渔船只能在除北部湾以外的南海海域作业，而不能跨海区到东海、黄海、渤海海域作业，并事先应向农业部或广东省渔政部门申请船网工具控制指标，申办渔业捕捞许可证，获得的船网工具指标不得擅自出售、出租或以其他形式转让到祖国大陆。

港澳流动渔船应按照获得捕捞许可证的核定作业类型、场所、时限、渔具规格和数量及捕捞限额作业，依法缴纳渔业资源增殖保护费，按照广东省指定的港口入户和停泊，缴纳渔港费。渔船和船员应持有公安边防部门签发的《出海船舶户口簿》和《出海船民证》等证件，并接受公安边防部门的出入港查验和管理。

（五）对外海作业渔船的管理

外海作业渔船，是指在我国周边海域捕鱼生产等作业的我国渔船，以及在日本海、北太平洋海域作业的我国渔船。加强外海作业渔船管理，是为维护正常的作业秩序，防止和减少涉外渔业事件的发生。外海作业渔船必须按许可的海域、作业类型和渔期生产。

1. 外海作业渔船管理的法律依据

农业部于1984年11月9日的第十二次常委会议通过的《关于加强外海作业渔船管理的通知》明确规定，必须严格执行外海作业渔船的许可制度，并且必须经农业部批准领取捕捞许可证，在许可的领域、作业类型和渔期进行生产。

农牧渔业部于1987年6月15日颁发〔1987〕农〔渔政〕字第20号文《关于禁止我国渔船进入朝鲜民主主义人民共和国海域捕鱼作业的通知》，该通知主要内容：

（1）各级水产部门应充分认识到我国渔船非法越境捕鱼是一个严重的政治问题，并结合本地区的实际情况，主动采取有效措施，制止越境捕鱼的非法行为。

（2）进一步开展宣传教育工作，向广大渔民普及有关国际知识和我国政府的有关法律规章，使广大渔民知法、守法。

（3）渔政管理部门应加强海上巡逻、检查，渔港监督部门应加强港口监督检查，对违规渔船的职务船员，渔政监督部门可以根据情节给予扣留或吊销职务证书的处罚。

（4）对越境捕鱼的有关单位和个人，渔政管理部门应按规定给予经济处罚，包括罚

款、没收渔获物和渔具。

（5）由于越境捕鱼而被朝扣留、处罚以及在朝期间的一切费用，均由被扣渔船的人员自理。

2. 外海作业渔船管理的措施

包括外海作业渔船必备条件和必须遵守的有关规定，以及每天要向海区渔政报告，若发生涉外事件，还要及时报告省渔业主管部门等。

（1）外海作业渔船的必备条件：

①必须持有许可证、渔业船舶国籍证书及与作业航区相适应的船舶检验证书；必须在驾驶台上侧加挂船名标志牌，夜间船名灯完好。

②必须配齐职务船员和专业职务船员。上述人员须持有相应证书，熟悉海洋上有关安全、通信规则以及有关国家的海洋管理与渔业法规。

③必须携带本国国旗、国际信号旗及可能进入的他国国旗。

各级渔政渔监主管部门应加强对渔船进出口港管理，对不符合条件的渔船，一律不准出海作业。

（2）外海作业渔船必须遵守下列规定：严格遵守国际法、国际惯例、联合国有关决议和我国政府与有关国家签订的渔业协定，不得进入外国领海和我国认可的特定水域作业，批准到公海作业的渔船不得进入他国200海里专属经济区作业。

①渔船航行需要通过他国领海时，必须遵守有关国家规定。无害通过，航行不得中断，不得抛锚，渔船间不得过驳，不得有污染行为，更不得从事捕捞活动。

②需进入外国港口港湾避风、修理、急救的，应办理申请手续，严禁未批准擅自进入他国港口港湾锚泊。

在他国港湾锚泊时，应严格遵守他国的有关规定和当地风俗习惯，禁止与当地居民接触或易物，船间不得过驳，网具封存；获准锚泊时，必须离岸1 500 m以上；同时要按规定悬挂该国国旗和我国国旗。

③航行作业渔船除遵守《1972年国际海上避碰规则》外，作业渔船要主动相互避让，避开国外渔船密集区和定置网作业区。

（3）外海作业渔船必须每天要向本海区渔政局报告当日中午12时的船位。

（4）各单位应加强对外海作业渔船的管理，跟踪掌握动向。在外海作业渔船发生涉外事件时，必须按规定及时报告省（区、市）渔业主管部门和外事部门，同时报告农业部，一切外事活动必须事先请示。

（5）对违反国家通告各项规定的，渔政渔监管理部门应视情节依法予以通报批评、罚款、没收渔获物、扣留或吊销许可证等处罚。

（六）对我国渔船在海洋邻国管辖海域的渔业生产管理

我国与朝鲜、越南是海岸相邻的海洋邻国，与韩国、日本、菲律宾、马来西亚等国则是海岸相对的海洋邻国。实际上，我国渔民基本上是与这些海洋邻国的渔民在同一海域里（黄海、东海、南海）从事竞争性的海洋渔业生产活动。根据世界各国普遍接受的国际法，特别是1982年《联合国海洋法公约》确定的精神和原则，我国应和这些海洋邻国通过友好协商，公平地划分彼此之间的领海、专属经济区和大陆架界限，并共同承担责任，养护黄海、东海和南海的渔业资源，以实现各国海洋渔业的可持续发展。实际上，在《联合国海洋法公约》于1982年形成之前，我国就和朝鲜、越南、日本签署过双边渔业协定，对共同利用、养护黄海、北部湾、东海的渔业资源以及海上遇险、海难救助等问题达成了许多共识，做出了安排，建立了海洋渔业行政管理合作关系。

《联合国海洋法公约》已于1994年11月16日生效，并且中国、日本、韩国、越南都批准了《联合国海洋法公约》，正式认可了《联合国海洋法公约》确立的各项国际海洋法制度、国际海洋渔业管理制度，我国与日本、韩国和越南分别于1997年11月11日、2000年8月3日和2000年12月25日与上述三国签署了双边渔业协定，其中与越南还就北部湾水域两国间的领海、专属经济区、大陆架划界问题签署了协定，形成了我国首条大约500 km长的海洋边界线。

1. 对我国渔船在日本、韩国管辖海域的渔业生产管理

《中日渔业协定》和《中韩渔业协定》分别于2000年6月1日和2001年6月30日生效。这两个协定是我国与日本、韩国在无法就专属经济区和大陆架划界问题达成完全一致的意见，并签署划界协定之前，专门就渔业问题作出的临时性安排。从《中国渔业协定》和《中韩渔业协定》的内容看，缔约双方实际上认可了各自主张的部分专属经济区，并且根据互惠原则，按照双边渔业协定及缔约方国内有关法律，准许缔约另一方的渔民在其专属经济区从事渔业活动；在东海、黄海水域设立了“中日暂定措施水域”和“中韩暂定措施水域”，缔约双方为养护和合理利用海洋生物资源，应按照依据《中国渔业协定》和《中韩渔业协定》而设立的中日、中韩渔业联合委员会的决定，在暂定措施水域采取共同的养护措施和量的管理措施，对“暂定措施水域”内的渔业活动主要根据船旗国管辖压制原则进行管理。

因此，我国渔民经日本、韩国渔业主管机关核发入渔许可证后，可以在日本、韩国的专属经济区从事渔业生产。具体的入渔船数、作业水域、作业方式、捕捞配额和作业时间等，由依据中日渔业协定、中韩渔业协定分别设立的中日渔业联合委员会、中韩渔业联合委员会商定，一般一年一次。之后，由中华人民共和国渔政局通过农业部东海区渔政局和农业部黄渤海区渔政局将入渔渔船指标落实到沿海各省、直辖市，再逐级落实到具体船东。

在日本、韩国专属经济区生产的我国渔船应当遵守《中日渔业协定》、《中韩渔业协定》和日本、韩国的国内相关法律、法规，接受日本、韩国政府有关部门的管理。日本、韩国对我国渔船在其专属经济区作业的管理制度、措施类似。主要包括获得日方或韩方颁发的作业许可证、悬挂许可标志牌、进出水域通报、填写作业日记、填写渔获物每日报表等。对违反日本、韩国相关法律规定的我国渔船，处罚的类别主要是罚款、没收渔获物、没收渔具、没收渔船、扣押渔船和有关船员等。中日、中韩渔业协定水域示意图如图11－10所示。

2. 对我国渔船在北部湾越南管辖海域渔业生产的管理

《中越关于两国在北部湾海域、专属经济区和大陆架划界协定》是双方签署《中越北部湾渔业合作协定》的重要国际法依据之一。2004年4月29日双方签署了《中越北部湾渔业合作协定补充议定书》，就《中越北部湾渔业合作协定》第十一条规定的“过渡性安

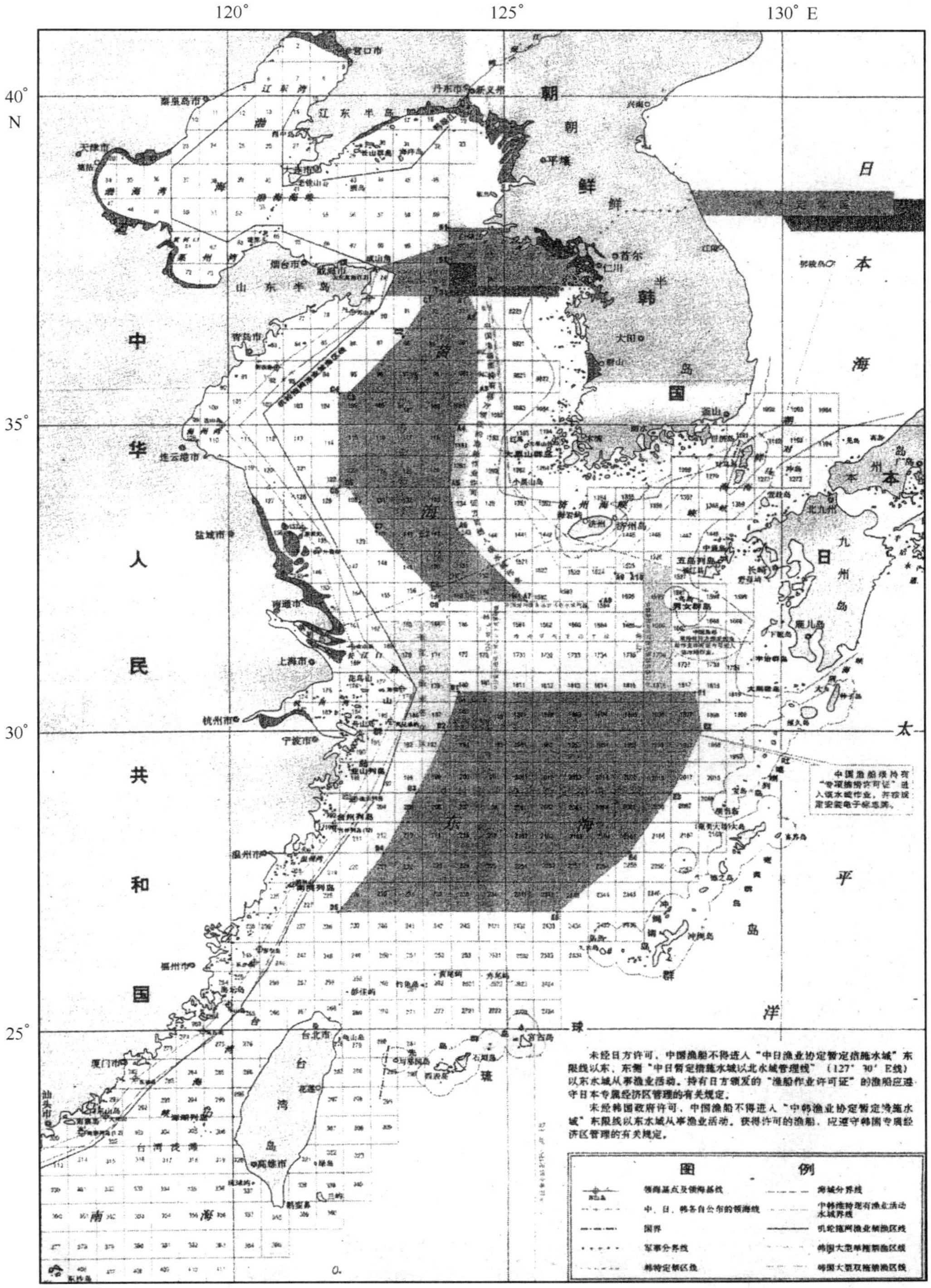

图 11－10　中日、中韩渔业协定水域示意图

（据农业部东海区渔政局编印，2009 年 5 月）

排”达成了协议。至此，我国与越南在北部湾水域设立跨越两国海洋界限的小型渔船缓冲区、过渡性安排水域和共同渔区问题以及互相入渔、渔业行政管理合作、共同养护北部湾水域生物资源、紧急避难等问题达成了完全一致意见（北部湾过渡性安排水域、共同渔区如图11－11所示）。《中越北部湾渔业合作协定》已于2004年6月30日生效。

在北仑河口水域设立小型渔船缓冲区的目的是为了和平友好地处理因小型渔船误入对方领海而引起的渔业纷争。两国渔民按规定不得进入对方领海从事渔业活动，但是双方的管理机关对小型渔船过界捕捞问题应当克制，只可以进行警告和责令离开，不可以扣留、逮捕、处罚或者使用武力。有关的渔业活动争议，由中越渔业联合委员会解决；渔业活动以外的争议，则依照各自的国内法解决。

过渡性安排水域，是指北纬20°以北、越南白龙尾岛15海里水域以外，由12个点顺序以直线连接成的跨界水域。双方进入该水域生产的渔船数量由中越渔业联合委员会决定，其中拖网渔船不超过35%，渔船总数量逐年减少25%。过渡性安排水域的有效期为4年。过渡期结束后，优先考虑对方入渔。过渡水域所属国负责发放捕捞许可证，并收取每船每年200美元的许可证发放费，并在各自的专属经济区内分别依据中越渔业联合委员会制定的《北部湾共同渔区渔业资源养护和管理规定》和各自的国内渔业法规对合法进入共同渔区的渔船和非法进入共同海区的渔船实施区分管理。作业渔船需要填写渔捞日志。2008年6月30日，过渡性安排已到期结束，此过渡水域已按照专属经济区制度管理，双方在尊重各自对其专属经济区的管辖权和渔民传统作业权的基础上，通过友好谈判、协商，根据该水域的渔业资源状况合理安排互相入渔。

共同渔区，是指北部湾封口以北、北纬20°以南，距离双方海洋边界线各30.5海里，由15个点顺序以直线连接围成的跨界水域。共同渔区面积约$3\times10^4\ km^2$，时限15年，并长期合作。双方进入该水域生产的作业渔船数量由中越渔业联合委员会决定，船旗国的渔业主管部门发放各自的捕捞许可证，并在各自的专属经济区内分别依据中越渔业联合委员会制定的《北部湾共同渔区渔业资源养护和管理规定》和各自的国内渔业法规对合法进入共同渔区的渔船和非法进入共同渔区的渔船实施区分管理。作业渔船应当填写渔捞日志。

（七）对外国渔船在我国管辖海域渔业活动的管理

根据《联合国海洋法公约》的有关规定以及我国与外国签订的双边渔业协定，我国允许其他国家的公民、渔船在我国管辖水域从事渔业生产活动以及海洋生物资源调查等科研活动。但是这些外国人、外国渔船必须接受我国渔政部门以及政府其他有关部门的管理，遵守我国相关的法律、法规，对维护我国管辖海域的渔业生产秩序，保护海洋环境和养护渔业资源等承担责任。

1. 对外国人、外国渔船实施管理的法律依据

渔政部门对外国人和外国渔船实施行政管理的国内法律依据，主要包括《领海及毗连区法》、《专属经济区和大陆架法》、《渔业法》以及农业部1999年发布的《中华人民共和国管辖海域外国人、外国船舶渔业活动管理暂行规定》等。《渔业法》第八条规定，外国人、外国渔业船舶进入中华人民共和国管辖水域，从事渔业生产或者渔业资源调查活动，必须经国务院有关主管部门批准，并遵守本法和我国其他有关法律、法规的规定；同

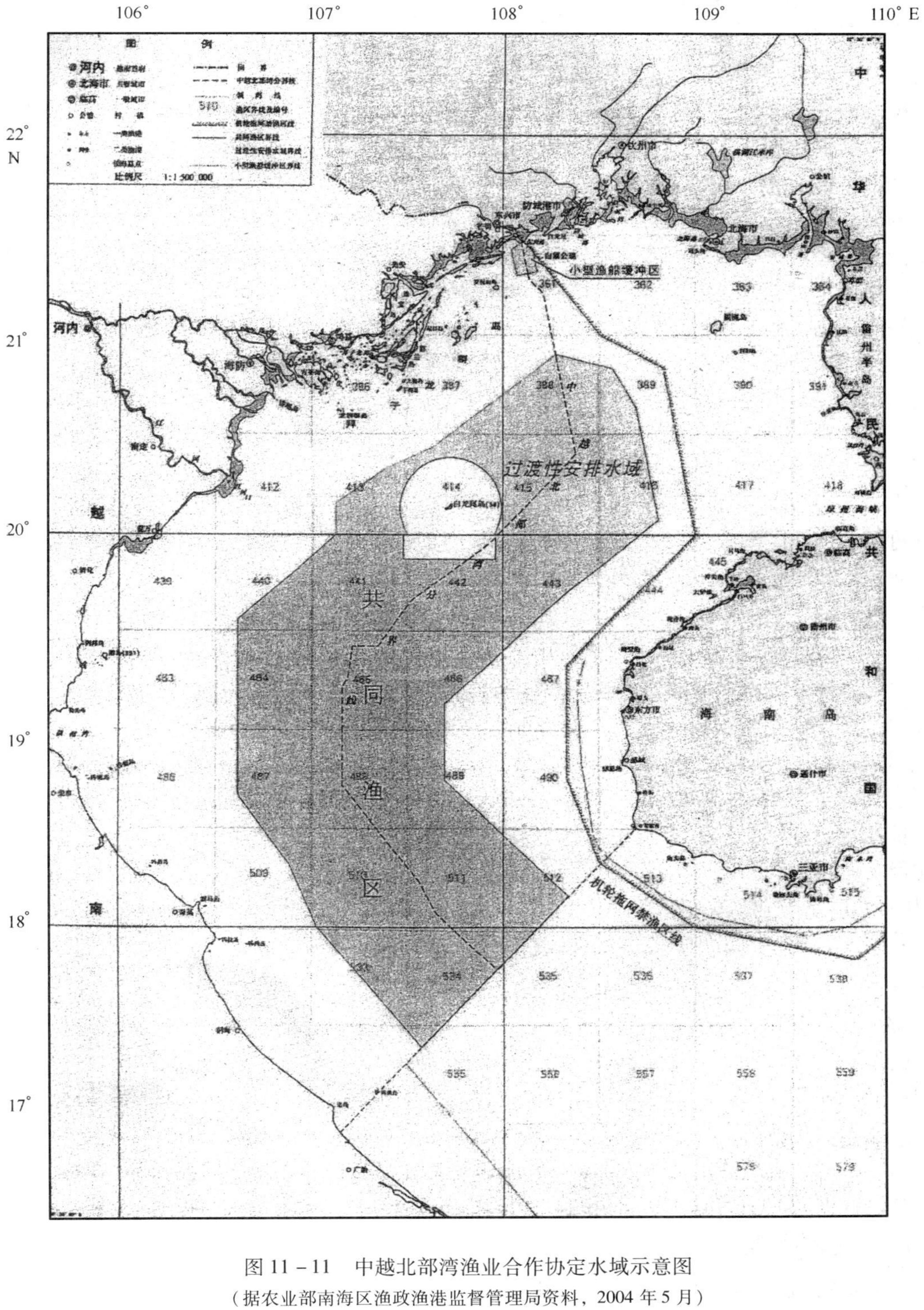

图 11－11　中越北部湾渔业合作协定水域示意图
（据农业部南海区渔政渔港监督管理局资料，2004 年 5 月）

我国订有条约、协定的，按照条约、协定办理。国家渔政渔港监督管理机构对外行使渔政渔港监督管理权。

2. 对日本、韩国、越南渔船的管理

根据中日、中韩渔业协定和渔业联合委员会商定的办法以及我国的渔业法规，在我国专属经济区从事渔业生产的日本、韩国渔船应当事先获得我国渔政局核发的渔业捕捞许可证。若许可证丢失、损毁、变更登记内容等，应重新申请发放或变更登记；若许可证被取消、损毁、到期自动终止、持有者死亡或变更、重新发放等，应交回原渔业捕捞许可证。在我国专属经济区水域生产的日本、韩国渔船，应当按核定的作业水域、作业时间、作业方式、捕捞鱼种、渔获配额等进行生产，并遵守有关船舶及人员证明文件、进出水域报告、捕捞日志、作业每日报告、作业季度报告、渔船标识、渔具规格和标准及存放方式、渔获或其他物资海上转载、进出我国港口、紧急避难等方面的法律规定。

由于《中越北部湾渔业合作协定》的国际法基础与中日、中韩渔业协定的国际法基础有较大区别，所以对在我国管辖的北部湾水域作业的越南渔船管理模式不同于对日本、韩国渔船的管理模式。具体说，在共同渔区我国管辖水域作业的越南籍渔船之渔业捕捞许可证由越南渔业主管部门发放，而对进入过渡性安排水域我国一侧的越南籍渔船之渔业捕捞许可证则由我国渔政部门发放，但是都必须由我国渔政部门根据我国渔业法规和中越双边渔业协定及中越渔业联合委员会制定的《北部湾共同渔区渔业资源养护和管理规定》实施管理。

3. 对外国渔船违法活动的处理

对涉及违反双边渔业协定和我国渔业法规的外国渔船，渔政部门应依据规定程序调查处理。主要包括巡航观察、立案、调查取证（即使用录像、登临检查、紧追、询问等方式）、扣押违法人员和渔船、形成和执行处理决定、释放违法人员及渔船、提交结案报告等环节（详见第十三章第九节，外国人外国船舶渔业违法案件办案程序）。

根据《渔业法》第四十六条，对于未经批准擅自进入我国管辖水域从事渔业生产和渔业资源调查活动的，渔政部门应责令其离开或者将其驱逐，并可以没收渔获物、渔具、处50万元以下的罚款；情节严重的，可以没收渔船；构成犯罪的，依法追究刑事责任。

外国人、外国渔船对我国渔政部门实施的渔业行政处罚不服的，可以申请行政复议或提起行政诉讼。

（八）远洋渔船管理

根据《远洋渔业管理规定》第二条，远洋渔业是中华人民共和国公民、法人和其他组织到公海和他国管辖海域从事海洋捕捞以及与之配套的加工、补给和产品运输等渔业活动。远洋渔业包括公海渔业和在他国管辖海域的过洋性渔业。

远洋渔业企业的法定代表人和远洋渔业项目的主要负责人，应当对远洋渔业项目的实行、经营管理、渔船的活动和船员的行为负责，并承担相应的法律责任。

1. 发展远洋捕捞业的意义

积极发展远洋捕捞业，对于提升我国的国际政治及经济地位，实现渔业经济、乃至国民经济的健康协调发展等都具有重要意义。具体说来，体现在下列5个方面。

（1）公海渔业资源是一种战略资源，公海捕鱼自由是《联合国海洋法公约》确认的一项国际法原则，发展公海渔业是维护我国国际政治权利和经济权利的具体体现，是行使国际法权利和履行国际法义务、参与公海渔业管理、与世界各国一道保护公海渔业资源的客观需要。

（2）发展在他国管辖海域的过洋性远洋捕捞业，对于增进我国与合作国家之间的友谊，促进合作国家的经济发展等可以发挥积极的建设性作用。

（3）发展远洋渔业对于增加国际、国内水产品市场供应，满足水产品消费者的需要，维护我国的国际贸易收支平衡等能够发挥积极作用。

（4）发展远洋捕捞业可以带动整个渔业产业链的发展，创造大量的就业岗位，对于促进沿海区域经济的繁荣，解决城乡经济发展不协调与失业问题等都具有现实作用。

（5）我国近海渔业资源长期以来衰退严重，渔业行业效益不高，发展远洋渔业对于减轻我国近海捕捞强度，恢复近海渔业资源，提高捕捞行业的经济效益，可以产生积极影响。

（6）发展远洋捕捞业能够促进我国海洋渔业科学与技术的进步，如渔船建造技术、网具生产制造技术、捕捞生产技术、海洋生物科学和海洋环境科学以及渔业管理科学等都是例子。

2. 远洋渔船的监督管理

农业部根据管理需要，制定了对远洋渔船进行船位和渔获情况监测的有关规定，远洋渔船应当根据农业部制定的监测计划安装渔船监测系统（VMS），并配备持有技术培训合格证的船员，保障系统正常工作，及时、准确提供真实信息。此外，农业部可根据有关国际组织的要求或管理需要向远洋渔船派遣政府观察员。远洋渔业企业和渔船有义务接纳观察员，承担有关费用，为观察员的工作、生活提高协助和方便。

远洋渔业企业、渔船和船员在国外发生涉外事件时，应当立即如实向农业部、企业所在地省级人民政府渔业行政主管部门和有关驻外使（领）馆报告，省级人民政府渔业行政主管部门接到报告后，应当立即核实情况，并提出处理意见报农业部和本省级人民政府，由农业部协调提出正式处理意见通知驻外使领馆。对海难和重大涉外事件需要国家紧急救助和对外交涉的，由农业部协调提出正式处理意见，与外交部商议后由外交部通知驻外使领馆进行外交交涉。而远洋渔业企业和所在地各级人民政府渔业行政主管部门应当认真负责、迅速、妥善处理涉外事件。

远洋渔业企业、渔船或船员有下列违法行为的，由省级以上人民政府渔业行政主管部门或其所属的渔政渔港监督管理机构根据《中华人民共和国渔业法》和有关法律、法规予以处罚。对已经取得农业部远洋渔业企业资格的企业，农业部视情节轻重和影响大小，暂停或取消其远洋渔业企业资格。具体如下：

（1）未经农业部批准擅自从事远洋渔业生产，或未取得《公海渔业捕捞许可证》从事公海捕捞生产。

（2）申报或实施远洋渔业项目时隐瞒真相、弄虚作假。

（3）不按农业部批准的或《公海渔业捕捞许可证》规定的作业类型、场所、时限生产，或使用禁用的渔具、渔法进行捕捞，或非法捕捞珍稀水生野生动物。

（4）远洋渔船未取得有效的检验、登记和其他船舶证书，或不符合远洋渔船的有关规定。

（5）违反本规定招聘或派出远洋渔业船员。

（6）妨碍或拒绝渔业行政主管部门监督管理。

（7）不按规定报告情况的提供信息，或故意报告和提供不真实情况和信息。

（8）拒绝接纳农业部派出的观察员或妨碍其正常工作。

（9）不按规定填写《渔捞日志》。

（10）发生涉外违规事件，造成严重不良影响。

（11）依法应予处罚的其他行为。

被暂停农业部远洋渔业企业资格的企业，整改后经省级人民政府渔业行政主管部门和农业部审查合格的，可自暂停之日起一年后恢复其远洋渔业企业资格。整改期过后经审查仍不合格的，取消其农业部远洋渔业企业资格。

二、渔业无线电通信管理

通信是社会的基础设施，也是发展经济的基本要素。在现代的社会中，信息是非常重要的资源，对信息的获取、传递和处理能力，标志着一个国家或社会各个行业的经济发达程度，保障渔业船舶通信的及时性、有新途径性和准确性，是实现渔业船舶安全航行、安全生产，保证渔业船员生命安全和财产安全的重要条件。依据通信原理和设备，渔业船舶通信包括视觉信号通信、音响信号通信和无线电通信。而无线电通信包括无线电报通信、无线电话通信以及全球海上遇险与安全系统。这里仅谈渔业无线电通信管理问题，具体包括渔政通信网和渔业电台管理两方面内容。

（一）渔政通信网

通信网是以一种或多种通信手段组成的纵横贯通的通信联络体系，它能保障各方面的通信，并可利用各个方面通信对象之间的通信线路或电路进行迂回通信。通信网按其范围可分为全国性的和地区性的；按其用途可分为公用和专用的。这里所要介绍的渔政通信网，包括海区级渔政通信网、省市级渔政通信网、县级渔政通信网、海空间联合通信网以及通信网络工作应注意的事项等。

1. 海区级渔政通信网

它是指在原海区渔业指挥部电台基础上改造扩建的，以岸台为主台，组成联络网，负责联系海区渔政局直属渔政船台、海区范围内各省市的渔政船台以及组织渔业安全通信网络。

全国分为3个海区，黄海区渔政局的岸台设在烟台市，负责辽宁、河北、山东省和天津市有关船、岸电台的通信联系；东海区渔政局的岸台设在上海市，负责江苏、浙江、福建和上海市有关船、岸电台的通信联系；南海区渔政局的岸台设在广州市，负责广东、广西、海南三省（区）有关船、岸电台的通信联系。例如，东海区渔政通信网。主台，为东海区渔政局岸台，开放两个网络，全时守听；属台，为东海区所属各渔政船电台。此外，东海区三省一市各渔业指挥部、渔业公司的有关岸台和生产指挥船台，以及沪水供油轮电台等也可参与工作，作为属台；通信方式，以报为主，报话结合，配以电子计算机和电传机组成。

2. 省市级渔政通信网

省和市级渔政通信网是渔政通信体系中的主体，以各省、市、自治区渔政通信主管部门为主组织筹建，负责渔政、渔业生产和安全救助3个方面的无线电通信网络。例如，上海渔政通信网，主台设在上海市，开发一个网络，定时联络，渔汛期间派出工作组在浙江省嵊山岛集中台开放一个分网络，担负现场指挥和转报任务。属台包括，为“中国渔政601”号轮、“中国渔政602”号轮、“中国渔政603”号轮，以及崇明、宝山、南汇、川沙、奉贤、金山等各县属生产渔船电台和收鲜运输船电台。通信方式，短波电台用报工作，超短波电台用话工作，配有单边带电台，报话两用，以话为主。

3. 县级渔政通信网

它是渔政通信体系中的基层单位，情况比较复杂。由于各县所处的地理条件差别很大，渔船数量相差悬殊，任务要求也不一样，通信网的规模就不可能取得统一。但一般是以县渔政部门或县渔政通信主管部门负责组建管理的。有的县设置岸台，开放专用通信电路，有的县不设岸台，指定带队船员负责沟通上级电台和各船台之间的通信联系。也有的县单靠小型无线电话机解决近距离的通信联络。例如，上海崇明县，主台，设在上海市崇明县水产局，渔汛期间开放，定时联络。属台，县属“中国渔政602”号轮电台，各生产渔船电台和收购运输船电台。通信方式短波电台用报工作，超短波电台用话工作。在南汇、堡镇等港设超短波无线电话岸台，担负港口调度通信和近距离作业渔船和通信联络。

4. 海空联合通信网

为了加强海上渔政监督检查，提高现场渔政检查效率，自1986年5月开始，当时的农牧渔业部各海区渔政局组织陆海空联合检查，陆上设工作组，海上派渔政船，空中有飞机，组成一个立体式的检查网络。由于飞机速度快，飞机参与渔政检查后，对通信联络提出了更高的要求。

国际无线电规则规定，为遇险、紧急和安全目的，与水上移动业务电台通信的任何飞机电台应能在50 kHz上发送和接收双边带调幅键控电报（AZA）或单边带全载波调幅键控电报（HZA）；或者在2182 kHz上发送和接收双边带调幅电话（A3E）或单边带全载波电话（H3E）；或者在156. 50 MHz（CH6）、156. 80 MHz（CH16）频率上发送和接收调频电话（F3E）。

国际无线电规则关于航空移动业务的特别规定中规定，为搜索和救助现场协作目的的移动电台，包括这些电台参与工作的陆地电台之间的通信，可以使用3 023 kHz和5 686 kHz两个航空频率，以及航空应急频率121. 54 MHz和航空辅助频率123. 1 MHz。

参加联合检查的渔政岸台、渔政船台和飞机电台应具备上述工作条件，配备相应的通信设备和技术力量。平时在执行渔政任务时，可采取如下通信联络手段：

（1）陆地各指挥机关之间，采用有线电通信方式，包括电话、电传和传真等。

（2）渔政船只之间的横向通信，远距离用短波电台联系；近距离用甚高频（VHF）无线电话联系。

（3）海空之间，即渔政船电台与飞机电台之间的通信联络，远距离由基地电台转接；近距离使用甚高频（VHF）无线电话直接沟通联系。

（4）海陆之间，使用短波电报或单边带（SSB）无线电话联系。

实践证明，以上几种通信方式配合使用，是能够满足海空联合检查的通信要求的。但重要问题是组织计划要周密和设备要配套。为提高通信时效，应由通信管理部门组织编写机上联络代号；在飞机起飞时间内，所有参加联合检查的电台，包括甚高频设备在内，都要保持长守听、通信要及时准确，随叫随应，直到飞机降落基地为止。

5. 通信网络工作应注意的事项

网络工作应包括主台工作和属台工作：主台是全网络工作的指挥中心，是搞好网络工作的关键所在。在主台工作的报务员、话务员或领导直接上机操作，均要求技术全面、熟练，能模范地执行通规通纪，工作中能突出重点，机动灵活，合理正确地指挥，保障网络中通信秩序正常。主台在网络中具体应该注意下列几点：

（1）模范地遵守各项通信规定和通信纪律，熟悉各属台担负的主、次任务和工作重点，做到心中有数，收发电报、通话联系和处理通信情况时，按先急后缓、先主后次原则，妥善办理。

（2）灵活地处理全网络各属台的呼叫或插叫，快抓、快辨、迅速回答。

（3）呼叫全网络属台用“CQ”或“各台”，呼叫部分属台用“CP”或直接呼叫被叫台的呼号。

（4）要热情耐心合理地指挥，无论报量多少，信号强弱，手法好坏，都应一视同仁，有秩序地工作，避免指挥不当，造成网络内的混乱。对工作量大，距离远，信号弱的电台，更要予以重视。联络时，可能有电台出来插叫，主台要注意守听，正确指挥。

（5）主台不仅要保护自已电报的及时传递，还要照顾属台之间来往电报的迅速。在属台之间横向的联络发生困难时，主台应主动给予协助，帮助转告或转报。

然而，属台在网络中必须做到：服从全局，照顾整体，听从指挥，主动协作，密切配合以及不抢叫干扰。具体工作中应注意下列几项：

①自觉地遵守通规通纪，服从主台指挥，无事不呼叫，不干扰他台工作。

②认真守听静默时间和规定的通播、约会时间。因故漏听时，要主动向主台询问，防止漏报而造成误事。

③主台发通播时，除有遇险或特别紧急情况外，属台不得盲目插叫干扰。收到的电报要及时主动给收妥通知，听到呼叫本台要迅速回答。在通报表中有本台呼叫时，须待通播结束后，主动与主台沟通联系。

④为保护主频工作顺畅，各属台之间横向联络的相互通信，应在主频上呼叫沟通后转到备频上工作。

⑤网络内各台要主动热情地帮助技术差、信号小的电台转报或转告。

（二）渔业电台管理

渔业电台管理除了上述的无线电通信管理的法律制度之外，这里着重介绍设置电台的申报手续和审批权限、渔业电台通信的规定和纪律以及无线电纠察3方面内容。

1. 设置电台的申请手续和审批权限

设置使用无线电台，必须办理报批手续，由设置使用单位书面申请，逐级上报有关机关审查批准，填写无线电台、站设备登记表，向无线电管理委员会申领电台执照，核定电台呼号、频率后才可架设备使用。申请内容包括：设台单位、台站名称、台站任务、使用期限及工作时间、电站详细地址、地理坐标、无线程序、增益、主向、主瓣角度、高度、数量、设备名称、型号、数量、出厂号码、功率大小、频率范围、工作频率及频带宽度、工作种类以及调制方式等。单独设置收信机者，由县级以上渔业行政机关批准，报有关的无线电管理委员会备案。

（1）岸台设置。要从全局出发，统筹兼顾、合理布局，避免对已经设置的无线电台产生有害干扰，充分发挥无线电设备的效能，以利各项建设事业的发展。具体要求如下：

①申请设台地址。设台地址必须符合城市无线电规则的要求。设在收发信区和电台保护区的电台，一般的保护要求是：从电台天线技术区边缘起，在100 m范围内不得新建房屋；在500 m范围内不得建造房屋群；在1 000 m范围内的建筑物高度，应不超过技术区边缘的仰角2.5°；在2 000 m范围内不得兴建拥有大量烟灰、腐蚀性气体和污水的工厂。收信台离各种干扰源的最小距离如表11－6所示。设台单位要按照上述要求，逐项写明申请内容和理由，报送省、市渔业主管部门审查，转报省、市人民政府批准，并抄报各级无线电管理委员会备案。

表11－6　收信台离各种干扰源的最小距离

干扰源名称	最小距离/km
3.5 V以下的输电线在一切方向	1.0
$3.5\times10^4\sim11\times10^4$ V的输电线在一切方向	1.0～2.0
11×10^4 V以上的输电线在一切方向	2.0
高压变电站	1.5
一般公路	0.3
汽车行驶繁忙公路	1.0
电气化铁路和电车道	2.0
装有电疗器械的医院	1.0
在接收方向的架空通信线	1.0
在非接收方向的架空通信线	0.2
工业企业、拖拉机站、大汽车场、汽车修理厂及有X光设备的医院	3.0
有高频设备的工厂	5.0

②台址批准后才能施工和开展各项工作。设置150 W以上的大型岸台，须待接到台址批准文后，才能进行设计施工，安装无线和各种通信设备，以避免因台址变动而造成浪费。对新设置的所有岸台，均要在收到批准文件后，认真填报“固定无线电台站设备登记表”，办理和领取电台执照，核定电台呼号、频率，才能开展工作，业经批准岸台的台址变更或增大发射功率，加高无线、扩大天线场地时，要重新申请办理使用手续。电台停用或撤除时，应及时向批准单位报告。

（2）船台设置。船台的设置手续比岸台要简单些。按照《无线电管理规则》第二章第六条规定：“凡按规定装配在船舶、机车、飞机上的制式无线电设备，不再办理设台审批手续，但要按第八条规定申领电台执照。”其申领办法如下：

①由船舶所在单位提出申请，逐级报告省、市渔业行政主管部门审查，书面上报有关无线电管理委员会核定电台执照和呼号。

②按规定项目填写“船舶无线电台设备核定表”一式4份，设备单位的通信管理部

门留存1份，交船台1份，上级主管部门和无线电管理委员会各1份存查。

③船舶电台撤销，要及时向上级主管部门报告，交回电台执照；设备变更时，要及时填写或再换“船舶无线电台设备核定表”。

(3) 小型便携式无线电话。此无线电话机是指2 W以下的无线电通信设备，包括无线电报话机和无线电话筒。其设置使用手续是：

①申请使用时，由使用单位将机器型号、功率大小、频率范围、联络对象和通信任务等通信资料书面报告县、局或相应机关批准。

②持批准文件，向无线电管理委员会领取《小型无线电设备使用证书》后，才可以使用。

③设备停用或撤除时，需及时向批准使用的机关备案，交加《小型无线电设备使用证书》。

2. 渔业电台通信的规定和纪律

电台通信的规定和纪律，是广大通信工作者的基本守则，包括值班制度、保密制度和通信纪律等方面。为了维护空中电波秩序，确保党和国家的机密安全，保证通信联络畅通，提高通信工作实效，所有通信管理干部和工作人员都要自觉地遵守各项通信规定和通信纪律。

(1) 值班制度。共有10条：第一，坚守工作岗位，不得迟到、早退和失约，不得擅离职守及私自调换班次；第二，自觉遵守各项规章制度，工作要求耐心、虚心、细心，态度和蔼，主动配合，坚持“先听后叫，多听少叫”的原则，保持通信畅通；第三，严格遵守静默时间和各项目通信联络规定，认真灵活守听，详记电台日志及各种登记，防止发生差错事故；第四，对各种电报应按先急后缓，先主后次的原则处理。急报可先传递后登记，做到及时、准确、安全、保密；第五，通信手续要简捷明了，收报译报清楚无误，不得臆测擅改，呼号要写全称。发报、通话要正规准确；第六，对遇险、遇敌、紧急或特殊通信，应优先传递，并及时准确抄收、记录，镇静处理和主动协助，详实登记，及时报告；第七，提高警惕，发现可疑电台时，即用识别信号查询，并及时报告领导；第八，保持报房内的肃静、整洁。值班时不做与通信工作无关的事项；第九，爱护通信、器材，按时保养，正确使用机器设备；第十，交接班要认真负责，通信中的有关事项须分条例明，交代清楚，并履行签名手续，明确责任。

(2) 保密制度有8条：第一，不得在公共场所、私人通信及无关人员谈论或泄露通信机密和电报内容；第二，严禁明密混用，切实做到“明来明去，密来密去”。不准用明码或无线电话传递机密事项；第三，值机人员发现电报内容泄密时，应及时提醒发报人修改，否则可拒绝拍发。不准擅自抄译他台的电报或任意扩大阅报范围；第四，通信机密文件和业务规定等，必须由专人领用，妥善保管，不得私自外带、摘抄、复印和随意存放，如有遗失、泄密，应立即上报，及时追查处理；第五，不得带领无关人员进入报房；第六，电台无人值班或值班人离开报房时，必须关窗锁门，钥匙不得交给无关人员。船只回港后，要及时将通信业务文件送交通信业务管理部门保管；第七，不准私编密语代号，要按时领取、使用、更换各种业务文件；第八，配发、收缴、送取通信业务文件和电报时，要严格履行登记签名手续，并认真清查核对，防止差错。

(3) 通信纪律有9条。第一，不得使用核定以外的频率与呼号；第二，不得与核定以外的通信对象联系；第三，不得冒用、伪造电台呼号或代号；第四，严禁在机上进行私人通话、开玩笑、相互指责、漫骂或干扰别台工作；第五，严禁召开无线电话会议；第六，不准私自拍发遇险、紧急、安全信号和脱险报告；第七，不准伪造通信情况、私自涂改工作日志和电报内容；第八，不准在报房内用收音机收听语言广播（收呼气象和核对时间例外）；第九，不准将通信设备、文件擅自外借或无故损坏、遗失。

3. 无线电纠察

无线电纠察是监督检查无线电通信工作中有无违反通规、通纪的重要手段。实施无线电通信纠察，对维护空中电波秩序、严格通信纪律，减少空中干扰，保障通信畅通，提高通信速度和通信质量，起着监督和保障作用。

（1）无线电纠察台。无线电纠察电台分专职纠察台和兼职纠察台，具体是：第一，专职纠察电台是指导专门从事空中纠察工作的电台。该电台一般只收不发，工作时间分全时收听或定时收听；第二，兼职纠察电台是指各种专业电台，在进行通信工作的同时，兼顾收听通信网络内各电台的工作情况，发现有违反通规通纪等情况，可立即予以制止，起到互相监督，互相纠察作用；第三，按照《渔业无线电通信规则》的要求，各海区渔政分局和各省、市、自治区的水产行政主管部门都应设立专职责或兼职的无线电纠察台，选派业务技术好，工作责任心强的无线电报务员担任无线电纠察员。目前，全国渔业系统只有辽宁省和福建省设立了专职的无线电纠察台，其他省、市、自治区和各国营渔业公司用兼职纠察的方法，从事无线电纠察工作。

（2）无线电纠察的内容。无线电纠察的内容可归纳为 8 个方面：第一，无线电报的通信情况；第二，无线电话的通信情况；第三，执行无线电通信规章制度的情况；第四，遵守通信纪律情况；第五，工作态度和相互之间协作配合情况；第六，工作频率的偏差和信号、发射情况；第七，在遇险、紧急、安全通信、网络内各电台的工作情况；第八，通信中其他异常情况。

（3）无线电纠察记录与处理。这个问题也可归纳为下列 3 点：第一，纠察人员应将收听到被纠察电台的呼号、频率和时间以及违反通信规则和通信纪律等情况详细记录下来，填写好无线电纠察表，发送给被纠察台的所属单位或通信管理部门；第二，通信管理部门收到《无线电纠察表》后，应认真核实，视具体情况，按情节轻重，给予批评教育或纪律处分，并将处理结果及时回复纠察台；第三，在通信中，如发现有害干扰或违章使用频率，或擅自拍发个人电报和与工作毫无关系的电报等情况，除向被所察台的所属单位或通信管理部门发送纠察表并进行严肃处理外，还应书面报告上级通信主管部门和当地无线电管理委员会。

本章思考题

1. 为什么渔业生产要对渔场进行管理？
2. 渔场的评价应根据什么标准？为什么？
3. 渔场管理应遵守哪些原则？为什么？
4. 我国海洋渔具渔法目前存在哪些问题？为什么？
5. 渔具渔法管理一般有几种类型？各有何特点？
6. 拖网渔具渔法管理一般采取哪些措施？为什么？

7. 张网渔具渔法管理一般采取哪些措施？为什么？

8. 声光电渔法是指什么？对这种渔法为何不采取一律禁止的措施？

9. 有害渔具渔法是指什么？

10. 为什么在自然水域要禁止滥用电力捕鱼？而在特定水域又不一律禁止电力捕鱼？

11. 什么是渔业捕捞许可证制度？此制度的目的何在？

12. 实行渔业许可证制度有何意义？

13. 渔业捕捞许可证有几种类型？各有何特点？

14. 核定渔业捕捞许可证应包括哪些内容？为什么？

15. 如何申请渔业捕捞许可证？

16. 对审批发放海洋捕捞许可证的权限如何分工？

17. 什么是无效捕捞许可证？什么是无证捕捞？

18. 总可捕量制度的涵义是什么？它的作用机理何在？

19. 实施总可捕量制度有几种方式？各种方式有何特点？

20. 渔获量限制制度的涵义是什么？你认为我国实施捕捞限额制度有哪些困难？为什么？

21. 渔船分级管理的意义何在？为什么？

22. 投产船应具备哪些条件？为什么？

23. 何谓“三无”渔船？为什么要对它进行严格管理？怎样进行管理？

24. 何谓“鲜销”渔船？如何对它进行管理？

25. 为什么要对港澳流动渔船进行管理？如何管理？

26. 为什么要对外海作业渔船进行管理？如何管理？

27. 如何对我国渔船在北部湾越南管辖海域生产进行管理？

28. 如何对外国渔船在我国管辖海域生产进行管理？

29. 发展远洋捕捞业有何意义？如何对远洋捕捞渔船进行管理？

30. 渔政通信网的涵义是什么？

31. 渔业通信网络工作应注意哪些事项？为什么？

32. 渔业电台的涵义是什么？如何做好渔业电台的管理工作？

第三篇

渔政执法办案

渔政执法办案，简称渔政办案，是渔政管理学的第三组成部分，由渔政办案概述、渔政办案程序（包括外国人外国船舶渔业违法案件办案程序）、渔业行政复议与诉讼以及渔政办案评析四部分组成。渔政办案是渔政监督管理的一项重要内容，是“以法治渔，依法兴渔”的重要手段，在渔政监督管理过程中起着重要的作用。

第十二章
渔政办案概述

渔政办案概述，是指有关渔政办案概念的论述。它包括渔政办案的地位、任务、特点、内容与要求；渔政办案的原则；渔政监督管理案件的管辖以及渔政办案的依据法律。渔政办案是一项既严肃又细致而且政策性又很强的工作，通过渔政办案惩处违反渔业法规的违法行为，保证党和国家关于渔政工作的方针政策和渔业法律法规的贯彻执行，以维护社会秩序、生产秩序，保护渔业生产者的合法权益，保障渔业生产和渔业管理工作的正常进行。渔政办案是渔业执法行为，它必须通过渔业执法机构予以实施。根据《中华人民共和国渔业法》第六条和第三十三条规定，我国渔业行政执法机构是县级以上人民政府渔业主管部门及其所属的渔政渔港监督管理机构。目前我国各级渔政渔港监督管理机构作为同级人民政府渔业行政主管部门的常设机构，在同极人民政府渔业行政主管部门的领导下，具体实施渔业行政执法任务，并依法行使渔政渔港监督检查权和渔业行政处罚权。

第一节　渔政办案的地位、特点与要求

渔政办案，是指对渔业行政违法案件的调整处理，即渔业行政主管部门或所属的渔政监督管理机构，对确有违反渔业法律、法规行为或嫌疑的单位和个人，依法进行调查处理的一系列具体行政行为。它是渔业行政主管部门或所属的渔政监督管理机构的一项经常性工作。渔政办案，就是我们经常所说的渔业行政执法行为。现就渔政办案的地位、任务、特点、内容及其要求分述于后。

一、渔政办案的地位

渔政办案是渔业行政管理的重要内容，是“以法治渔、依法兴渔”的主要手段，在渔业法制建设中占有十分重要的地位，对此，我们可以从下列几方面来理解：

（一）渔政办案是社会主义渔业法制不可缺少的重要环节

完善的渔业法制，应该是立法、执法、守法等构成一个整体。立法是执法的前提，执法是立法的延续和结果。如果没有有效的执法，立法便失去实际意义。只有通过有效的执法，才能使各项法律规范变成人们的行为。有效的执法，还有助于人们提高守法的自觉性，巩固和增强守法的意识，防止和减少违法行为的发生。渔政办案对违法者起着惩戒、教育作用，对守法者却起着保护和鼓励作用。由此可见，强化执法是健全法制的重要环节。

我国行政执法和司法是执法系统的两大系列，两者相辅相成，但又不能互相代替。从

目前的执法实际来看，大量的渔业法律、法规，主要是通过渔业行政执法来实现。当前，渔业法制建设的主要问题是有法不依、有法难依、执法不严和违法不究的问题。因此，能否重视和强化渔业行政执法，将直接关系到我国渔业法制建设的成败，关系到我国渔业能否真正沿着“以法治渔、依法兴渔”的正确道路健康持续地发展。

（二）渔政办案是渔业发展和改革开放的必然要求

这是因为渔业资源具有公有性的特点，它往往可以使人们对这种公有财产的开发利用越出人为的管理疆界，形成剧烈的竞争和争夺。因此，加强渔业行政执法，严格执行渔业资源保护的有关规定，合理利用渔业资源，使之永续不衰，是对有限公有渔业资源管理和渔业发展的必然要求。同时，渔业发展也十分需要一个良好的外界环境，这也必然要求强化渔业行政执法工作，以维护渔业的正常生产秩序，使渔业发展纳入法制管理轨道。实践证明，随着渔业的不断发展，改革的不断深入，更需要强有力的渔政监督管理，需要把渔业发展中的成功经验用法律的形式肯定下来，指导渔业发展，规范人们的行为，保障改革的顺利进行。

（三）渔政办案直接关系到政府的威望和执法队伍的建设问题

因为渔业行政执法是代表国家具体实施渔业法律法规的行为，它与渔业管理相对人的关系是最具体最密切的。广大渔民往往通过渔业行政执法来认识和评价政府。因此，渔业行政执法活动的好坏，将直接关系到政府的威望，关系到政府和人民群众之间的关系。同时，渔业行政执法行为主要是渔业执法机构单方意志的表现，又具有较大的自由裁量权。因此，也是一种容易产生行政纠纷和以权谋私等不正之风的行为。《行政诉讼法》和《行政复议条例》的颁布和施行，给渔业行政执法提出更高的要求，使渔业行政执法活动置于严格的行政监督和司法监督之下。为适应这种需要，减少和避免渔业行政诉讼和行政复议，它必然要求渔业行政执法必须严格依法进行，从而也有利于促进渔业行政执法队伍的自身建设问题。

二、渔政办案的任务

渔政办案的任务，是正确、合理、及时地处理渔业行政违法案件，惩处渔业违法、违规行为，教育违规者，保证国家渔业法律、法规的贯彻执行，维护国家和生产者的合法权益，保护水产资源，保障渔业生产和渔业管理的顺利进行。

三、渔政办案的特点

渔政办案的特点，根据《中华人民共和国渔业法》第三十三条规定，当事人对渔政监督管理机构作出的行政处罚决定不服的，可在 20 天内向人民法院起诉。但在海上作业的，必须先执行有关处罚决定。由此可见，渔政监督管理机构是根据法律的授权，是通过国家的立法和执法手段对渔业行政违法案件所实施的具体执法行为。因此，渔政办案具有下列四大特点：

（一）具有国家意志性

渔政办案是国家的一种行政执法行为，它以国家机关的名义进行，并体现国家的意志。

（二）具有法律性

国家各级渔政监督管理机构要严格执行“以法治渔，依法兴渔”，要求所有渔政监督管理机构及其办案人员，都要遵循法律所规定的条件、程序、范围、方式和方法等。

（三）具有强制性

渔政办案是国家的一种行政执法行为，体现国家意志，以国家的政权为后盾，并有法律保障，因此渔政办案对违规者来说具有强制性。

（四）具体特定性

渔政办案只能由国家各级渔业行政主管部门的监督管理机构行使，其他组织、个人不能取而代之，即渔政办案从立案、调查、取证、定性、执行都由渔政监督管理机构单独进行，它不同于司法机关办案是由公安、检察、法院三家各司其职、互相配合、互相制约，以保证准确和有效执行。

四、渔政办案的内容

渔政办案内容大致由两方面组成，一是对管理相对人是否正当行使权利和履行法定义务的情况进行监督检查；二是渔业行政执法机构依法作出决定，采取直接影响管理相对人权利和义务的措施。

（一）渔政部门立案处理的案件

渔政管理在具体办案过程中，凡违反下列内容者，均由渔政部门立案处理：

（1）生产渔船不持有有效渔业许可证、船舶航行证、船舶检验证书、职务船员证书、船舶户口簿和出海渔民证。

（2）违反禁渔区、禁渔期、保护区以及未经渔政部门批准跨界作业的。

（3）未经许可采捕重点保护的渔业资源品种以及渔获物中幼鱼超过规定比例。

（4）使用危害渔业资源的渔具、捕捞方法以及未经渔政部门批准采用电鱼和鱼鹰捕鱼等获取水产动植物的。

（5）用非法手段获取水产品。

（6）有暴力或其他方式阻碍、抗拒渔政检查。

（7）任意排放污水、污染物、废弃物危害渔业资源。

（8）外国人、外国渔船违反渔业法规者，除另有规定外，也按规定立案处理。

（二）报送司法机关处理的案件

在办案过程中，若遇有下列案件，渔政部门根据《渔业法》的有关条款，必须将立案处理的渔业违法案件移交司法机关处理，由司法机关追究刑事责任。

（1）炸鱼、毒鱼造成渔业资源严重损害或造成其他严重危害的。

（2）使用禁用的渔具、捕捞方法或在禁渔区、禁渔期内捕捞，造成渔业资源严重损害或屡次违反的。

（3）擅自捕捞或杀伤国家规定重点保护水生动物的。

（4）偷捕、抢夺他人养殖的水产品，破坏他人养殖水体，养殖设施造成重大经济损失的。

（5）聚众哄抢他人养殖水产品或破坏他人养殖水体、养殖设施的主要责任者。

（6）偷盗、哄抢他人捕捞工具、渔船、渔获物，或破坏捕鱼设施，造成重大经济损失的。

（7）抗拒渔政检查，辱骂、殴打渔政检查人员，寻衅报复，妨碍执行渔政检查任务，情节严重的。

五、渔政办案的要求

由于渔政办案具有上述特点，它就要求渔政监督管理机构及其办案人员，要高度重视办案质量，严格依法办案，以保证准确有效地制裁渔业违法违规行为，保护渔业生产者的合法权益。即要做到"事实清楚，证据确凿，适用法律法规正确，符合法定权限和程序，处罚得当，手续完备，文书齐全"。

（一）事实清楚，证据确凿

是指渔业行政执法机构在执法中收集和掌握的事实，足以证明自己作出的具体行为的前因后果以及行为的正确程度，而且这些事实必须符合法律、法规、规章规定的事实要件，并有确实的、充分的证据证明。事实清楚，证据确凿是保证渔业行政执法行为合法性的重要前提，也是执法行业最基本的要求。因此，渔业行政执法机构在作出每一具体行政行为时，必须要严格把握事实和证据这个关，只有真正把事实搞清楚，证据收集充分，才能为作出具体行政行为提供可靠的依据。

（二）适用法律法规正确

是指渔业行政执法机构作出具体行政行为所根据和引用的法律、法规、规章正确。不同的法律、法规、规章及其条文，是根据不同的情况和事实来确定的，是为了适用不同的情况和行为。渔业行政执法机构作出具体行政行为时，应严格遵循以法律为准绳的原则，正确适用法律、法规和规章，防止错、漏、避的现象。错，就是错误地根据和引用法律、法规、规章，例如应该根据《渔业法》的，却根据《野生动物保护法》；应该引用《渔业法》第二十八条的，却引用了第三十一条。漏，就是漏掉法律、法规条款，例如对偷捕他人养殖水产品者处以罚款，应根据《渔业法》第二十九条和《渔业法实施细则》第三十条。办案中往往把适用《渔业法》第二十九条遗漏。避，就是回避法律，应该适用法律、法规的，却适用其他规章或地方性规范文件。实际上，在渔业行政执法中适用法律、法规的错误，违背了以法律为准绳的原则，也是属于违法行为。

（三）符合法定权限程序

是指在渔业行政执法中作出具体行政行为的机构必须是有权作出该具体行政行为的行政主体，并且作出该具体的行政行为没有越出法定权限。如果该机构无权或者越权作出具体行政行为，那么该具体行政行为就不符合法定权限。例如，未得到法律、法规、规章授权的某个渔政管理站，以自己的名义对某炸鱼船只实施处罚，就是违反法定权限。符合法定程序，是指渔业行政执法机构作出的具体行政行为的过程要依照法律、法规、规章规定的程序办事。所谓程序，就是行为起始到终结的过程，构成这个过程包括行为方式和行为步骤。因此，符合法定程序就是符合法律、法规、规章所规定的行为必要方式和步骤。在渔政办案中，首先渔政监督检查的方式和步骤要合法；其次是调查取证的方式和步骤要合法；再次就是作出处理的方式和步骤要合法，要遵循“先取证，后裁决”的行政程序和法律、法规、规章所规定的方式、步骤和要求。例如，对违规当事人处罚要求填发行政处罚决定书，处以罚款及没收渔具、渔获物和违法所得的应开具罚没凭证等。实际上，法定程序是保证行政执法行为合法的基本条件和操作规程。违反法定程序，不仅有可能造成对行为实体内容的影响，而且还可能影响相对一方当事人的合法权益，一旦当事人提起诉讼，作出具体行政行为的渔业行政执法机构就可能要败诉。

（四）处罚得当、手续完备、文书齐全

渔业行政执法中对当事人的处罚不仅要合法，还要尽量做到恰当、合理、公平，要正确行使自由裁量权，反对和克服主观随意性，尤其要反对和制止以权谋私，随心所欲、敲诈勒索等滥用职权的行为。对于一些法定的处罚幅度较大，各省、自治区、直辖市渔业行政执法机构应根据本地的实际情况制定一些具体处罚办法和幅度，避免出现畸形畸重、显失公正的现象。渔业行政执法行为一定要完备手续和文书齐全，对当事人处以罚款，没收财物或扣押物品、证件的，除按规定填发处罚决定书外，还必须按规定认真开具统一印制的凭单、凭证。不要因人员少，时间紧，办案条件差或怕麻烦，一罚了事，而漏掉应具备的有关手续。健全和完备执法手续，不仅是保证办案质量的客观需要，而且对防止和杜绝渔业执法人员以权谋私、徇私枉法等违法、违纪行为的发生具有重要作用。

第二节　渔政办案原则

渔政办案的原则，是指能反映渔政办案的客观规律，对办案具有普遍指导意义的行为准则。探讨和明确渔政办案的原则，对理解渔业行政执法的基本精神，确保渔政办案的合法性、合理性，维护公民、法人和其他组织的合法权益，保障依法办案，都具有重要现实意义。

渔政办案是一种行政执法行为，它与司法活动一样，都是国家机关执行法律的活动。因此，司法活动中遵循的“以事实为依据，以法律为准绳”、“公民在适用法律上一律平等”、“相信群众，调查研究”等基本原则，在渔政执法中也必须遵循。这样，渔政办案就必须根据行政执法和渔政管理工作的特点，遵循下列基本原则。

一、有法可依、有法必依、执法必严、违法必究的原则

有法可依、有法必依、执法必严、违法必究是我国社会主义法制的基本原则，也是我国渔政监督管理工作的一项基本原则，在渔政办案中必须认真遵循。

1. 有法可依

是指在渔政管理中必须制定颁布和不断完善法律、法规。目前我国渔政管理已有渔业基本法——《渔业法》及其实施细则等渔业法律和法规，同时还相应地颁布了一些专项的法规和规章。基本上做到了有法可依，但还不够完善，特别是随着渔业生产和渔业管理的不断发展，还需要制定和颁布许多配套的法规，使渔政管理和渔政办案做到法制化和规范化。

2. 有法必依

是指法律、法规有明文规定的，必须不折不扣地依照法律、法规的规定执行，决不允许以权代示或以言代法。在遇到法律、法规没有明文规定的，也应参照有关规定执行，不能让已实施的对社会有危害的违法分子逃脱制裁。任何依人不依法，依权不依法的行为，法律都不允许。

3. 执法必严

是指执法机构及其工作人员，执行法律、法规必须严肃、严格、严明，执法如山，一丝不苟，以保证法律法规的全面执行。

4. 违法必究

公民在法律面前一律平等，在我国不管什么人违反了渔业法律、法规，都要依法追究其法律责任，决不允许超越法律之外，凌驾于法律之上的特权人物和特权行为的存在。

二、以事实为根据，以法律为准绳的原则

1. 以事实为根据

是唯物主义的反映，任何违法案件的事实都必然是客观存在的。只有查明事实真相，办案才有可靠的依据，运用法律才有正确的前提。因此，渔政监督管理机构及其工作人员在办案中，首先必须查清有关渔船或当事人，是否有违法事实，有多少违法事实，情节如何等等，以便掌握确定无疑的证据作为正确认定案件事实的根据。

2. 以法律为准绳

是指在办案时必须以渔业法律为准，做到定性准确，处理恰当，手续完备。离开渔业法律、法规去办案或随意乱抓乱罚，则办案必然失去法律依据，法律也就不可能正确实施。因此，办案时应正确区别一般违反渔业法律、法规行为与触犯刑律需要追究刑事责任的行为。实践证明，以事实为依据，是正确适用法律的条件；以法律为准绳，是正确实施办案的保障。两者既互相联系，又互相制约，不可偏废。

三、当事人在适用法律上一律平等的原则

公民在法律面前一律平等，是我国加强社会主义渔业法制所必需的。加强这方面的建设，必须使法律、法规有极大的权威，任何人都要遵守不得违反，在法律面前不允许有任何特权。如果不是这样，法律将推动威严，成为空话。因此，认真执行这项原则对于保护广大渔业生产者的合法权益，加强社会主义法制是很有意义的。

我国宪法第三十三条第二款规定，中华人民共和国公民在法律面前一律平等。《刑事诉讼法》、《民事诉讼法》、《行政诉讼法》也都把当事人在法律面前平等作为一项基本原则。公民在适用法律上一律平等的原则，有下列 3 种涵义：

（1）对任何公民，只要是法律所赋予公民的各项权利，国家都同样予以保护，只要是法律所规定的各项义务，都要认真履行，不能特殊。

（2）任何公民，平等地享有宪法和法律规定的权利，也平等地履行所享有宪法和法律所规定的义务。不允许只享受法定的权利，不尽法定的义务，或是只尽法定的义务而不

享受法定的权利。

(3) 任何公民的违法行为，都要依法追究法律责任，不能特殊，不能例外。

贯彻执行渔业法律、法规，是渔政监督管理部门的一项根本任务，同样要遵循在法律面前人人平等的原则。要做到对违反渔业法律、法规案件的当事人在适用法律上一律平等，就不能因违法者的社会地位、社会关系或所属地域的不同而有所区别。任何单位和个人违反渔业法律、法规都应受到追究。因此，在办案过程中，要反对感情用事，要敢于顶住压力，反对特权，刚正不阿，秉公执法，以维护渔业法律、法规的尊严和权威。

四、贯彻群众路线的原则

贯彻群众路线的原则，这是我国国家性质决定的。渔业行政主管部门及其渔政监督管理机构是我国渔业的执法机关，必须在工作中坚持群众路线。实践证明：在渔政办案过程中，只有深入到群众中去。开展认真细致的调查研究，才能弄清事实真相，取得真实充分的证据；只有注意对群众开展广泛深入的宣传教育，才能动员广大群众同一切违反渔业法律法规的行为进行斗争；只有注意倾听群众的意见，才能更好地集中群众智慧，不断完善渔业法制，促进渔业法制建设。

五、当事人有权起诉的原则

《渔业法》第三十三条规定：“本法规定的行政处罚，由渔业行政主管部门及其所属的渔政监督管理机构决定，当事人对行政处罚决定不服的，可以在接到通知之日起三十天内向人民法院起诉。”这一规定使每个当事人都有向人民法院起诉的权利。渔业行政主管或其渔政监督管理机构的工作人员，在处理违反渔业法律法规案件时，当事人对行政处罚决定不服的，可以向人民法院起诉。只要人民法院受理当事人的起诉，那么作出行政处罚决定的渔政监督机构就成为行政诉讼中的被告。作为被告的机关，如果发现所作出的处罚在适用法律上是不当的，则应主动承认，争取原告的谅解。若认为是正确的，则在应诉时可用事实、法律程序以及实体反驳原告的请求，也可否定原告所提出的证据等，以维护渔业法规的尊严和权威。当事人有权起诉的决定，对于保证准确有效地惩处渔业违法行为，维护渔业生产者的合法权益，都具有十分积极的作用。同时也有效地促进渔政监督管理机构严格执行渔业法律、法规，提高渔政办案人员素质和依法办案的水平，加强渔政队伍的廉政建设。

六、回避的原则

我国行政诉讼法和民事诉讼法都对审判人员等规定了回避的制度。为保证对违反渔业法规案件的公正处理，在渔政办案中实行“回避”原则是完全必要的。它是当事人在适用法律上一律平等原则的补充。

在审理渔业违法案件时，办案人员如遇有下列情况之一的，必须自行回避，这些情况是：

(1) 是本案当事人或当事人近亲的；

(2) 本人或其亲属与本案有利害关系的；

(3) 担任过本案的证人和鉴定人的；

（4）与本案有其他关系，可能影响对案件公正处理的。

第三节　渔政监督管理案件的管辖

渔政监督管理案件的管辖，是指国家各级渔业行政主管部门或其所属的渔政监督管理机构在渔业行政案件受理范围上的分工，即对某一渔业行政案件应由哪一级和哪一个机关受理查处的问题。

国家对渔业的监督管理，是按行政区域来划分管辖，其实质是对案件调查审理职权的具体划分。我国渔政管辖的基本出发点是：①有利于实现渔政监督管理的任务，充分发挥各级渔业行政主管部门或其所属的渔政监督管理机构各自的职能作用；②方便当事人参加诉讼活动，有利于渔业生产；③依法保护国家和人民的合法权益，有利于维护国家主权。

根据渔业法律、法规的明文规定，渔政监督管理的范围是在中华人民共和国内水、滩涂、领海以及我国管辖的一切其他海域从事养殖和捕捞水生动植物等渔业生产活动中所发生的渔业行政案件。

一、渔政监督管理案件管辖的意义

渔政监督管理案件的管辖，是渔业立法和执法必须明确的问题，确立正确的管辖制度对健全社会主义渔业法制，保证行政诉讼活动的顺利进行具有下列3点意义：

（1）可以保证各级渔政监督管理机构依法行使权力，充分发挥广大渔政管理工作保护渔业资源和与违法行为作斗争的积极性和责任感。

（2）按照管理范围受理案件，有利于互相配合、互相制约，防止互争管辖和相互推诿；有利于及时对案件的查清和结案，保证办案质量。

（3）有利于当事人的控告和检举渔业违法行为，保证行政诉讼活动的顺利开展。

二、渔政监督管理案件管辖的种类及其内容

管辖是各级和同级渔业行政主管部门或其所属渔政监督管理机构受理案件范围的分工与权限。管辖可分为级别管辖、地域管辖、移送管辖以及指定管辖，它们都有各自的涵义与内容。

（一）级别管辖

它是划分上下级渔业行政主管部门或其所属渔政监督管理机构之间受理和查处渔业行政案件的职权范围。它有级别管理的确定和级别管辖的种类之别。

1. 级别管辖的确定

渔业法及其实施细则均做了明确规定，国家对渔业的监督管理，实行统一领导，分级管理。

国务院制定的“机动渔船底拖网禁渔区域”外侧，属于中华人民共和国管辖海域的渔业，由国务院渔业行政主管部门及其所属的海区渔政管理机构监督管理；“机动渔船底拖网禁渔区线”内侧海域的渔业，除国家另有规定者外，由毗邻海域的省、自治区、直辖市人民政府渔业行政主管部门监督管理。

内陆水域渔业，按照行政区划由当地县级以上地方人民政府渔业行政主管部门监督管理；跨行政区域的内陆水域渔业，由有关县级以上地方人民政府协商制定管理办法，或者由上一级人民政府渔业行政主管部门及其所属的渔政监督管理机构监督管理；跨省、自治区、直辖市的大型江河的渔业，可以由国务院渔政行政主管部门监督管理。

重要的洄游性的共同渔业资源，由国家统一管理；定居性的小宗的渔业资源，由地方人民政府渔业行政主管部门管理。

“机动渔船底拖网禁渔区线”内侧海域的渔业，由有关省、自治区、直辖市人民政府渔业行政主管部门协商划定监督管理范围；划定监督管理范围有困难的，可划叠区或共管区管理，必要时由国务院渔业行政主管部门决定。

2. 级别管辖的种类

国家渔政监督管理机构，管辖全国范围内有重大影响的渔业行政案件；海区渔政监督管理机构，管辖本海区及省际间有影响的渔业行政案件；省、自治区、直辖市渔政监督管理机构，管辖本辖区的渔业行政案件；市（地）县级渔政监督管理机构，管辖本辖区的渔业行政案件。但渔业行政案件的查处，必须根据法律法规规定和主管部门授权委托的管辖范围，适用“谁查获谁处理”的原则。

（二）地域管辖

它是划分同级渔政监督管理机构之间受理和查处渔业行政案件的职权范围。我国渔政监督管理机构的辖区与行政区划完全一致，因此根据渔政监督管理机构的行政区域划分渔业行政案件范围就称为地域管辖，也称区域管辖。如果说级别管辖是解决上下级渔政监督管理机构之间的纵向分工，那么地域管辖就是解决同级渔政监督管理机构之间的横向分工。地域管辖应注意下列3个问题：

（1）违法案件的查处，一般由违法行为发生地的渔政监督管理机构查处。

（2）对违抗检查而逃至另一区域的渔船或当事人，可跨区追至结案，所经往的渔政监督管理机构应予以协助处理。

（3）对两个或两个以上的渔政监督管理机构都有管辖权的。同一个案件，由最先查获的渔政监督管理机构受理该案。当事人无权选择，必须服从。

（三）移送管辖

它是指渔政监督管理机构对已经受理的案件，发现无权受理，转交给另外有管辖权的渔政监督管理机构查处，或者将自己有管辖权的案件，转交给别的更适宜的渔政监督管理机构查处。移送管辖实际包括案件移送和管辖权转移两种情况。这两种移送的渔政监督管理机构都应作出移送的裁定。移送管辖可以发生在同级渔政监督管理机构之间，也可以发生在上下级渔政监督管理机构之间。

1. 同级渔政监督管理机构之间的移送

这主要是案件的移送，发生这种移送的前提，必须是无管辖权的渔政监督管理机构已经管理了该案，而受移送的渔政监督管理机构确有管辖权。同级渔政监督管理机构之间的移送又有两种情况，其一是管理的渔政监督管理机构自行移送，被移送的渔政监督管理机构不得再行移送；其二是上级渔政监督管理机构指定移送，指定对于移送渔政监督管理机构和受理渔政监督管理机构均有约束力。因此移送渔政监督管理机构不得再行移送。但确实移送错误的，即应根据上一级渔政监督管理机构指定管辖。

2. 上下级渔政监督管理机构之间的移送

这种移送可以分为下列几种情况：

（1）上级渔政监督管理机构提审下级渔政监督管理机构受理的渔业行政案件。上一级渔政机构对下一级渔政机构作出的处罚决定，有权予以撤销或变更决定。

（2）上级渔政监督管理机构将自己受理的渔业行政案件移送下级渔政监督管理机构查处。

这两种情况，均由上级渔政监督管理机构作出裁定，下级渔政监督管理机构必须服从，当事人不得提出异议。

（3）对管辖不明或者案件复杂的渔业行政案件，可以报送上一级主管机关查处，上级主管机关查获的或下级机构报送的渔业违法案件，可以授权或指定下级机构查处。

对违反渔业法规情节严重或拒绝、阻碍渔业执法人员依法执行职务须由公安、司法机关追究责任的及不属于渔政监督管理机构管辖的案件，应移送有关机关处理。移送案件应当从查获之日起 15 天内完成，并通知当事人。

案件的移送和管辖权的移送是不同的。它们之间的区别在于：前者是无管辖权的渔政监督管理机构，将不属自己管辖的案件移送给有管辖权的渔政监督管理机构。一般在同级渔政监督管理机构进行，受移送案件的渔政监督管理机构必须接受；后者是管辖权的渔政监督管理机构，将案件的管辖权及案件材料一起转移给没有管辖权的渔政监督管理机构，使之有权查处案件，这一般是在上下级渔政监督管理机构之间进行。

（四）指定管辖

它是指上级渔政监督管理机构根据法律规定和实际情况，指定某个下级渔政监督管理机构，对某个案件行使管辖权，指定管辖采取裁定形式，发生指定管辖的有下列两种情况：

（1）有管辖权的渔政监督管理机构由于某种特殊原因，不能行使管辖权，由上级渔政监督管理机构指定另外的渔政监督管理机构行使管辖权。

（2）两个渔政监督管理机构之间，由于区域界限不清，或者对案件理解不同，对管辖权发生争议，由争议双方协商解决，协议不成的，由各自的上级渔政监督管理机构协商；再协商不成的，由共同的上级渔政监督管理机构指定一个行使管辖权。这里的争议，既包括互相推诿不管，也包括相互争夺管辖，各不相让，无法自行解决。

指定管辖在渔政监督管理和渔政办案实践中具有重要意义。它可以明确管辖权，解决争议，或者使没有管辖权的渔政监督管理机构获得管辖权，从而有效地维护国家、集体和公民的合法权益，上级渔政监督管理机构指定的管辖，下级渔政监督管理机构必须执行，不得推诿。如果有不同意见，可以向上级渔政监督管理机构提出，但不得停止对本案的查处。

当事人对案件的管辖有不同意见的，可以向受理的渔政监督管理机构提出，受理的渔政监督管理机构应就此作出裁定，送达当事人。当事人对裁定不服的，可以向上一级渔政监督管理机构申请复议，或向人民法院诉讼。

第四节 渔政办案的法律依据

渔政办案的法律依据，是指渔政监督管理机构在查处渔业行政违法案件中，对管理相对人违法行为的检查、确认和处理必须遵循的法律。渔政办案作为一种行政执法行为，同其他行政执法一样，其依据的法律是行政法规范，而行政法是我国法律体系中一个重要的独立的法律部门，是在宪法统帅下，与《刑法》、《民法》一样的基本法之一，是有关国家行政管理的法律规范的总和。由于行政管理内容十分广泛，若按行政管理实际内容划分，那么行政法可分为经济行政法、政治行政法、文教行政法等，而经济行政法按其不同内容又可分为若干具体部门行政法，如农业行政法、林业行政法、渔业行政法等。可见，渔业行政法作为一个部门的行政法，是经济行政法的一个组成部分，即渔政办案的依据法律是渔业行政法律规范。渔业行政法律是指有关国家渔业行政监督管理的法律规范的总和，它可调整渔业监督管理中产生的各种社会关系。然而，渔业行政法律具有两重性，一方面保证渔业行政管理机构对渔业实行有效的管理，为这种管理提供法律手段，以排除行政故障，从而促进渔业的持续稳定发展；另一方面也要保障国家和渔业生产者的合法权益不受行政行为的侵犯，保障渔业的顺利进行。本章围绕渔政办案的依据法律，着重介绍渔政办案依据法律的种类、特点和体系内容，供读者参考。

一、渔政办案法律依据的种类

渔政办案的法律依据，是渔业行政法律规范，而渔业行政法律按制定和发布的机关性质和层次的不同可以划分为：全国人大及其常委会制定和颁布的单行法律、国务院批准发布的渔业行政法规、国家渔业行政主管部门发布的规章、省级人大批准发布的地方性渔业法规、地方政府发布的渔业规章等几种类型。

（一）渔业法律

是指由全国人民代表大会或其常委会制定、颁布的有关渔业的规范性文件。目前我国专门为调整规范渔业活动而制定的法律只有《中华人民共和国渔业法》。它是我国渔业的基本法，是渔业行政执法的最主要的法律依据。与渔业相关的法律有《中华人民共和国野生动物保护法》、《中华人民共和国海洋环境保护法》等，这些法律中涉及渔业的有关规定，也是渔业行政执法的法律依据。法律的地位与效力，仅次于宪法，高于中央行政机关和地方国家机关的所有规范性文件。因此，它也是国家行政机关实施管理和制定法规和规章的依据。

（二）渔业行政法规

是指由国务院制定、发布，以及经国务院批准由国务院渔业行政主管部门单独与其他部门联合发布的关于渔业管理的规范性文件。如《中华人民共和国渔业法实施细则》、《水产资源繁殖保护条例》、《渔业资源增殖保护费征收使用办法》、《中华人民共和国国务院关于渤海、黄海及东海机轮拖网渔业禁渔区的命令》及其补充规定、《中华人民共和国渔港水域交通安全管理条例》、《东、黄、渤海主要渔场渔汛生产安排和管理的规定》、《国家重点保护野生动物名录》以及《国务院关于保护水库安全和水产资源的通令》等。

渔业行政法规是渔业行政执法的主要依据之一。与渔业相关的行政法规，有《中华人民共和国关于领海的声明》、《中华人民共和国石油勘探开发环境保护管理条例》、《防止拆船污染管理条例》等法规。这也是渔业行政执法的法律依据。行政法规是行政法的主要表现形式，是其他行政管理规范性文件制定的依据。它与法律一样，具有约束力和强制力，其法律效力低于宪法和其他法律，高于地方性法规及规章。

（三）地方性渔业法规

是指省、自治区、直辖市人民代表大会或其常委会依法制定、颁布的关于渔业管理的规范性文件。还有由省、自治区人民政府所在地的市和经国务院批准的较大的市人民代表大会或其常委会制定，并经省、自治区人民代表大会或其常委会批准的关于渔业管理的规范性文件。如《广东省渔业管理实施办法》、《海南省实施〈中华人民共和国渔业法〉办法》等。地方性法规的效力低于宪法、法律和行政法规，并不得与其相抵触，仅在本行政区域内有约束力。由于地方性法规是根据法律和行政法规结合地方具体情况制定的，因而对地方行政管理活动更具有针对性和适用性，在其效力范围内能更好地保证法律和行政法规的具体实施。然而，相关的地方性法规，与渔业行政执法相关的法律规范，在其行政区域内，也可作为渔业执法的法律依据。

（四）部门渔业规章

它是指国务院渔业行政部门依法制定、发布的关于渔业管理的规范性文件，如农业部发布的《渔业捕捞许可证管理办法》，农业部、国家物价局联合发布的《黄渤海、东海、南海区渔业资源增殖保护费征收使用暂行办法》、《南海区关于违反渔业法规行政处罚规定》、《渔业行政处罚程序规定》、《黄渤海区对虾亲虾资源管理暂行规定》等规章。与渔业相关的部门规章，如财政部发布的《关于罚没财物和退回赃款赃物管理办法》、国家环保局发布的《关于批准“渔业水质标准”为国家标准的通知》等规章。上述部门规章中适用于渔业行政执法的有关规定，只要不与宪法、法律、行政法规相抵触，也可作为渔业行政执法的法律依据。

（五）地方政府渔业规章

它是指省、自治区、直辖市人民政府，或省、自治区人民政府所在地市和经国务院批准的较大的市人民政府依法制定、发布的关于渔业管理的规范性文件。如山东省地方行政规章有《山东省南部海域亲虾管理规定》、《山东省重点保护野生动物名录》，以及青岛市人民政府批准发布的《青岛市海洋渔业管理规定》等。地方政府规章及与渔业相关的地方政府规章中与渔业行政执法有关的规定，只要不与宪法、法律、行政法规、地方性法规相抵触，在其地方行政区域内可以作为渔业行政执法依据。

行政规章的地位及法律效力又低于法律、行政法规。根据行政诉讼法和最高人民法院有关规定，人民法院审理行政案件时，在没有法律、法规规定的情况下，判决时可以参照行政规章的规定，但不能把规章作为处理行政案件的主要依据。因此，在渔政执法及办案中，务必要坚持依法办事，只要有适用法律、法规，就要依据法律、法规行使职权，在法律、法规尚未规定的情况下，可适用行政规章，但行政规章不得与法律、法规相抵触，否则不具有法律效力。

（六）国际渔业条约

它是指国际法主体间所缔结的相互权利义务关系的书面协议。我国一向信守国际义务，凡我国缔结或参加的国际条约，除我国公开声明保留的条款外，其他条款对国内的国家机关、公职人员、其他社会组织和公民均有约束力，与国内法律具有同等效力。

我国目前缔结或参加的国际渔业条约及与渔业有关的国际条约主要有：《中华人民共和国和日本国政府间渔业协定》、《中华人民共和国政府和美利坚合众国关于美国海岸外渔业协定》、《中华人民共和国政府和澳大利亚政府渔业协定》、《中华人民共和国和朝鲜民主主义共和国关于共同繁殖保护利用水丰水库鱼类资源的协定》、《国际捕鲸公约》、《联合国海洋法公约》、《1972 年国际海上避碰规则》等，这些国际条约也是我们渔业行政执法的依据。

（七）自治条例

它是指民族自治地区的人民代表大会依照当地民族自治的政治、经济和文化的特点制定的自治条例和单行条例等法律规范。自治区的自治条例和单行条例，报全国人民代表大会常务委员会批准后生效。自治州、自治县的自治条例和单行条例，报省或自治区的人民代表大会常务委员会批准后生效，并报全国人民代表大会常务委员会备案。自治条例在其行政区内也可作为渔业行政执法的依据。

（八）法律解释

它是指国家立法机关、司法机关或国务院及其有关行政主管部门对有关渔业行政法律规范及其有关法律规范的含义、概念、术语所作的立法解释、司法解释和行政解释。如全国人大常委会对《渔业法》所作的立法说明或解释，农业部对《渔业法实施细则》所作的行政解释等。法律解释也是行政法的表现形式之一，也可以作为渔业行政执法的依据之一。

二、渔政办案法律依据的主要特点

渔政办案法律依据的主要特点，是指它与《民法》、《刑法》等其他法律相比较，与其他社会规范相比较，甚至与其他行政法律相比较，所具有的自身特点。

（一）与《民法》、《刑法》等法律相比较

作为行政法律部门组成部分的渔政办案依据的法律，与民法和刑法等其他法律相比较，具有下列特点：

1. 表现形式的多样、分散和多层次性

由于渔业管理内容广泛，渔政办案所依据的渔业行政法律规范就只能表现在各种单行法律、法规和规章中，从而造成渔业行政法律法源的多样和分散的特点。同时，由于制定和发布渔业行政法律规范的机关性质和级别的不同，使其他所制定和发布渔业行政法律规范的法律效力具有不同等级，因而使渔业行政法律规范的各种表现形式具有不同层次。若按法律效力和等级来看，宪法处于最高的法律层次，其次是全国人民代表大会及其常委会制定的其他法律，下面依次是行政法规、地方性法规、部门行政规章、地方政府规章。

2. 内容的广泛性

渔业生产和管理内容广泛，涉及面广，既包括渔业资源、水域环境保护和渔场、渔船、渔获物、渔具等的监督管理，又包括渔业生产秩序及安全生产等管理，涉及环保、公安、海关、工商等部门。渔业管理的内容涉及面广，决定了渔业行政法律内容的广泛性。

3. 对象的确定性

虽然渔业行政法律的内容广泛，但它调整对象和范围是确定的，这就使它与其他法律相区别，并使它成为一个部门的行政法。

4. 实体内容与程序内容的兼容性

若与刑法或民法相比，渔业行政法律的实体内容和程序内容往往作为一个整体，体现在一个法律中，加上它们所调整对象的复杂，所以从总体上看，较为笼统和原则，就不像《刑法》或《民法》等基本法那样详细和具体。这有待于它在实体内容上的不断充实，程序规定方面的不断完善，以适应渔业生产和管理发展的需要。

（二）与其他社会规范相比较

渔业行政法律与其他社会规范相比，它具有国家意志性、强制性、普遍性和相对稳定性的特点。

1. 国家的意志性

渔业行政法律是国家立法机关和行政机关制定和认可的，是国家管理渔业活动意志的体现。因此，它与其他法律一样具有国家的意志性。这是法律与其他社会规范的重要区别之一。

2. 国家的强制性

渔业行政法律作为管理从事渔业活动的行为规范，是一种强有力的社会规范，是以国家强制力为后盾来保障实施的，不管任何人的主观愿望如何，人人都必须遵守法律，否则将导致国家的干涉，受到相应的法律制裁。

3. 效力的普遍性

渔业行政法律作为国家法律体系中的组成部分，具有普遍的约束力，在国家权力管辖范围内和渔业行政法律规范的界限内，任何人的合法渔业权益都无一例外地受到法律的保护，任何违反渔业法律的行为，只要行为人具有一定责任能力，都必须受到法律制裁。

4. 相对稳定性

我国渔业行政法律作为国家管理和发展渔业的意志体现，是国家渔业发展和管理实践的科学总结。它是遵循渔业发展和管理的客观规律，把我国渔业发展和管理的正确方针和成功经验，通过立法途径，以法律形式固定下来的规范性文件。它不是针对特定的人和事的行政措施，而是广泛和反复适用的行为准则，所以它具有相对稳定性。当然，随着渔业的发展，渔业行政法律的内容也会有所变化，但其内容的更动必须由立法机关或行政机关依照立法程序才能进行。

（三）与其他行政法律相比较

渔业行政法律与其他行政法律相比，必须反映下列渔业发展中的各方面特点。

1. 所调整的渔业行政关系相对复杂

渔业行政法律所调整的对象是在渔业行政管理过程中所涉及的各种社会关系。由于渔业生产是一个复杂的社会化商品生产过程，涉及面广，制约因素多，这就决定了渔业行政法律调整关系的复杂性。

2. 必须反映渔业生产发展的客观规律

渔业生产是以渔业资源为基础、渔业水域为基地、水域动植物为经营对象的商品活动。同时，渔业生产发展有其自身的不以人们意志为转移的客观规律，所以只有按客观规律办事才能有效地利用自然资源，才能获得持续、稳定、协调的发展。渔业行政法律作为人们从事和领导渔业生产的行为准则，是以规范和强制方式来指导人们的渔业生产活动，因此渔业行政法律必须反映渔业生产发展的客观规律，体现客观规律的要求。只有这样才能达到以法治渔和依法兴渔的目的。

3. 必须建立在科学技术成果的基础上

因为渔业的发展离不开科学技术的进步，这就决定渔业行政法律不仅要反映渔业发展的客观规律，同时还必须建立在广泛的科学技术成果上，体现渔业发展的要求。只有这样才能达到科技兴渔的目的。

4. 必须得到社会各方面的支持

由于渔业资源具有公有性、洄游性的特点，渔业资源生存的水域又牵涉多方面的利益。因此对涉及其有资源保护利用的法律规范，必须得到资源共有地区、水域共用部门以及国家的支持，共同采取措施，才能有效地执行。

三、渔政办案法律依据的体系

新中国成立以来，特别是改革开放以来，我国渔业立法得到了很大的发展，初步形成了较为完整的渔业法律法规体系，基本上符合我国渔业发展的形势需要，也适应了国际渔业法规的发展趋势。据不完全统计，目前我国已经制定和颁布的全国性和地方性涉及渔业的法律、法规和规章约近千项，内容涵盖了渔业管理的各个方面，涉及渔业生产管理、渔业资源养护、渔业水域环境保护和管理、渔业船舶管理、渔港与渔业通信管理、水产种苗管理、水产品经营与流通管理、渔业行政执法监督管理、远洋渔业管理、水产养殖质量安全管理、水生野生动植物保护和管理、对外国人和外国渔船在我国从事渔业活动的管理等众多渔业管理领域以及与渔业相关的领域，初步形成了层次结构完备、内容较为全面的渔业法律法规体系，对我国渔业的持续、健康发展发挥了重要作用。下面按照渔业法规的内容和调整对象，简要介绍我国当前全国性的渔业法规体系。

（一）渔业基本法

《中华人民共和国渔业法》（1986 年发布、已经 2000 年和 2004 年两次修订）是我国渔业法规体系中的基本法，其内容涉及我国渔业发展基本方针、水产养殖业、水产捕捞业、渔业资源保护和增殖、渔业管理监督等渔业生产和管理各个方面，是我国渔业生产发展和渔业管理最重要的法律依据，也是后文中所介绍的各种渔业法规所涉及的渔业资源养护和合理利用、渔业水域生态环境保护、渔业生产管理、水生野生植物保护、渔业监督管理、渔业船舶检验、渔港监督和渔业船舶管理、外国人外国渔船在我国管辖水域从事渔业活动等方面内容的最主要的依据。《中华人民共和国渔业法实施细则》（1987 年发布）是国务院根据《中华人民共和国渔业法》制定的行政法规，具体规定了执行和实施《中华人民共和国渔业法》的有关事项。

（二）有关渔业资源养护和合理利用的法规

除了《渔业法》有关渔业资源养护和合理利用的规定外，1979 年国务院发布的《水产资源繁殖保护条例》规定了我国重点保护的水生动植物种类、水生动植物采捕的基本原则、禁渔区禁渔期制度、渔具渔法限制、水域环境维护、渔业许可制度等重要内容，是我国渔业资源保护和合理利用方面的重要法律依据。其他有关渔业资源养护和合理利用的法规主要有：

（1）1955 年国务院发布的《关于渤海、黄海及东海初轮拖网渔业禁渔区的命令》和 1957 年水产部发布的《关于转知 <国务院关于渤海、黄海及东海机轮拖网渔业禁渔区的命令> 的补充规定》。以上法规建立了我国海洋机轮拖网禁渔区制度。

（2）1981 年《国务院决定设立幼鱼保护区》和 1988 年农业部发布的《关于国务院批准设立东海产卵带鱼保护区的通知》。这些法规建立了我国海洋渔业保护区制度。

（3）1998 年国务院批准农业部、财政部和国家物价局联合发布的《渔业资源增殖保护费征收使用办法》，这是我国渔业资源增殖保护费制度的重要实施依据。

（4）1998 年农业部发布的《关于在东、黄海实施伏季休渔制度的通知》、1999 年农业部发布的《关于在南海海域实行伏季休渔制度的通知》以及其后在实施海洋伏季休渔制度过程中农业部发布的其他有关海洋伏季休渔的若干通知。这些都是农业部通知建立的海洋伏季休渔制度。

（5）2002 年 1 月 5 日农业部发布的《关于在长江流域实施春季禁渔制度的通知》，由此建立了长江流域春季禁渔期制度。

（6）2004 年农业部发布的《渤海生物资源养护规定》（农业部曾在 1991 年发布了《渤海区渔业资源繁殖保护规定》，已废止）。该规定是关于渤海生物资源养护区域协调性管理规定，内容涉及渤海生物资源养护监督管理的基本原则和体制、渤海水产养殖被捕捞的监督管理、渤海生物资源增殖管理、渤海生物资源保护管理、渤海渔业水域环境保护管理等诸多方面，还在附件中具体规定了渤海渔业资源重点保护品种及其最低可捕标准、渤海捕捞作业网具最小网目尺寸、渤海禁渔期等，是目前我国区域性海洋渔业资源养护与管理方面内容较为全面、完整的部门规章。

（7）2006 年国务院印发的《中国水生生物资源养护行动纲要》，该纲要虽然不是约束性法律文件，但提出了相当一段时期内我国水生生物资源养护工作的指导思想、基本原则、目标以及重点行动和保障措施，是一份具有很强的纲领性、指导性和宣示性的政府文件，对于外国渔业资源养护与管理都具有重要的指导意义。

（三）有关渔业水域生态环境保护和管理的法规

1989 年《中华人民共和国环境保护法》、1982 年制定并于 1999 年修订的《中华人民共和国海洋环境保护法》以及 1984 年制定并于 1986 年、2008 年两次修正的《中华人民共和国水污染防治法》，是我国渔业水域生态环境保护的基本法律依据。除此之外，其他有关渔业水域生态环境保护和管理的法规主要有：

（1）1983 年《中华人民共和国海洋石油勘探开发环境保护条例》、《中华人民共和国防止船舶污染海域管理条例》和 1985 年《中华人民共和国海洋倾废管理条例》，以及

1990 年《中华人民共和国防治陆源污染物污染损害海洋环境管理条例》、《中华人民共和国防治海岸工程建设项目污染损害海洋环境管理条例》。这些都是我国海洋环境保护的具体实施条例，其中也涉及渔业水域生态环境的保护与管理。

（2）1989 年发布并于 2000 年修改的《中华人民共和国水污染防治法实施细则》，这是实施我国内陆水域防治污染的基本法律的行政法规，其中也包括渔业水体的污染防治。

（3）1989 年国家环境保护局批准农业部制订并发布的《中华人民共和国国家标准渔业水质标准》（GBI1607—89）。这是专门针对渔业水质的国家标准，是我国渔业水域环境监测和保护的重要依据。

（4）1996 年农业部发布的《水域污染事故渔业损失计算方法规定》和 1997 年农业部发布的《渔业水域污染事故调查处理程序规定》以及 2000 年农业部发布的《渔业污染事故调查监定资格管理办法》等。这些管理规定是目前我国渔业水域污染事故处理的具体法律依据。

（四）有关渔业生产管理的法规

渔业生产管理方面的法规主要涉及渔业生产许可、水产品质量监督管理、渔业生产安全管理等方面的内容，主要有：

（1）2002 年农业部发布的《渔业捕捞许可管理规定》，该规定于 2002 年 12 月 1 日起施行，后经 2004 年修订（1983 年原农牧渔业部曾发布《海洋捕捞渔船管理暂行办法》；农业部曾在 1989 年发布《渔业捕捞许可证管理办法》，并于 1997 年修订。这些管理办法已废止）。

（2）2001 年农业部发布的《水产苗种管理办法》，该办法于 2001 年 12 月 8 日起施行。后经 2004 年修订（农业部曾于 1992 年发布《水产种苗管理办法》，并于 1997 年修订，该管理办法已废止）。

（3）1996 年农业部和国家工商行政管理局联合发布的《水产品批发市场管理办法》。

（4）2003 年农业部发布的《水产养殖质量安全管理规定》。

（5）1998 年农业部发布的《水产原、良种审定办法》和 2001 年农业部制定的《水产原、良种生产管理规范》。

（6）2003 年农业部发布《远洋渔业管理规定》（农业部曾于 1997 年发布《农业部远洋渔业企业资格管理规定》，1999 年发布《远洋渔业管理暂行规定》。两个规定已经废止）。

（7）1983 年农牧渔业部发布的《渔业作业避让暂行条例》。

（8）1999 年卫生部发布的《水产品卫生管理办法》。

（五）有关水生野生动植物保护与管理的法规

《中华人民共和国野生动物保护法》（1988 年发布，2000 年修正）和国务院批准林业部和农业部联合发布的《国家重点保护野生动物名录》（1989 年发布，2000 年修订）是我国有关水生野生动植物保护的重要法律依据。1993 年国务院批准农业部发布的《中华人民共和国水生野生动物保护实施条例》是专门关于水生野生动植物保护的主要法规。此外，《中华人民共和国渔业法》、《中华人民共和国环境保护法》、《中华人民共和国海洋环境保护法》有关水生野生动植物保护的条款，也是水生野生动植物保护的法律依据。

其他有关水生野生动植物保护和管理的法规还有：

（1）1988 年全国人民代表大会常务委员会《关于惩治捕杀国家重点保护的珍贵、濒危野生动物犯罪的补充规定》。

（2）1989 年农业部发布的《关于贯彻执行 <野生动物保护法>，加强珍贵濒危水生野生动物保护工作的通知》。

（3）1990 年农业部、林业部、经贸部、海洋总署、国家商检局、中华人民共和国濒危物种进出口管理办公室联合发布的《关于加强珍稀野禽、野味和观赏野生动物出口管理工作的通知》。

（4）1990 年最高人民法院、最高人民检察院、林业部、公安部、国家工商行政管理联合发布的《关于严厉打击非法捕杀、收购、倒卖、走私野生动物活动的通知》。

（5）1991 年国务院发布的《关于加强野生动物保护，严厉打击违法犯罪活动的紧急通知》。

（6）1991 年农业部发布的《关于加强海洋水生野生动物保护管理工作的通知》。

（7）1994 年国务院发布的《自然保护区条例》。

（8）1996 年农业部发布的《关于加强水族馆、表演、驯养繁殖、科研利用水生野生动物管理有关问题的通知》。

（9）1997 年农业部发布的《中华人民共和国水生动植物自然保护区管理办法》。

（10）1999 年农业部发布的《中华人民共和国水生野生动物利用特许办法》。

（11）2000 年财政部和国家计划委员共同发布的《水生野生动物资源保护费征收标准》。

（12）2000 年公安部发布的《关于严厉打击破坏野生动物资源违法犯罪活动的通知》。

（13）2006 年国务院发布的《中华人民共和国濒危野生动植物进出口管理条例》。

（六）有关国家行政监督管理的法规

《中华人民共和国行政诉讼法》（1989 年）、《中华人民共和国国家赔偿法》（1994 年发布，2009 年修订）、《中华人民共和国行政处罚法》（1996 年）、《中华人民共和国行政监察法》（1997 年）、《中华人民共和国行政复议法》（1999 年）、《中华人民共和国行政许可法》（2003 年）等基本行政法律，是我国政府渔业行政主管部门及渔业行政执法机构实施渔业监督管理的重要法律依据。农业部发布的《农业行政处罚程序规定》（1997 年发布、2006 年修订，其适用范围包括渔业行政处罚）是我国渔业行政处罚程序方面的主要依据。而专门用于渔业行政监督管理的法规有以下 3 个：

（1）1979 年国家水产总局发布的《渔政管理工作暂行条例》。

（2）1998 年农业部发布的《渔业行政处罚规定》（农业部曾于 1990 年发布《黄渤海区关于违反渔业法规行政处罚规定》、《东海区关于违反渔业法规行政处罚规定》、《南海区关于违反渔业法规行政处罚规定》，已经废止）。

（3）2000 年农业部发布的《中华人民共和国渔业行政执法船舶管理办法》。该办法于 2001 年 1 月 1 日起生效。原 1979 年国家水产总局发布的《渔政船管理暂行办法》同时废止。

（七）关于渔业船舶检验的法规

1993 年《中华人民共和国船舶和海上设施检验条例》是我国渔业船舶检验的重要法律依据。1999 年农业部发布的《中华人民共和国渔业船舶法定检验规则》是我国渔业船舶检验的主要技术法规。其他有关的法规主要有：

（1）1996 年农业部发布的《中华人民共和国渔业船舶监督检验管理规定》。

（2）2000 年中华人民共和国渔业船舶检验局制定的《中华人民共和国渔业船舶验船师资格考评管理规定实施办法》、《中华人民共和国渔业船舶检验机构认可与管理规定》。

（3）2001 年中华人民共和国渔业船舶检验局制定的《远洋渔业船舶验船师任职管理规定》。

（4）2002 年中华人民共和国渔业船舶检验局制定的《渔业船舶验船师管理规定》。

（八）关于渔港监督和渔船管理的法规

我国关于渔港监督和渔业船舶管理的法规主要有：

（1）1982 年农牧渔业部发布的《中华人民共和国渔业船员证管理使用规定》。

（2）1988 年农业部渔政渔港监督管理局发布的《渔港通报制度》。

（3）1989 年国务院发布的《中华人民共和国渔港水域交通安全管理条例》。

（4）1990 年农业部发布并于 1997 年修订的《中华人民共和国船舶进出渔港签证办法》。

（5）1991 年农业部发布并于 1997 年修订的《中华人民共和国渔业海上交通事故调查处理规则》。

（6）1994 年农业部发布的《内河渔业船舶船员考试发证规则》和 1995 年农业部发布并于 1997 年修订的《中华人民共和国海洋渔业船舶船员考试发证规则》。

（7）1995 年农业部发布的《中华人民共和国渔业船舶水上交通事故统计、报告规定》。

（8）1996 年国家无线电管理委员会和农业部联合发布的《渔业无线电管理规定》。

（9）1996 年农业部发布并于 1997 年修订的《中华人民共和国渔业船舶登记办法》。

（10）1998 年农业部发布的《渔业船舶船名规定》。

（11）1998 年农业部发布并于 2004 年修订的《中华人民共和国渔业船舶普通船员专业基础训练考核发证办法》。

（12）1999 年农业部发布的《渔业船舶航行值班准则》。

（13）2000 年农业部发布的《中华人民共和国渔业船舶港航监督行政处罚规定》。

（14）2004 年农业部发布的《港澳流动渔船管理规定》。

（15）2007 年农业部发布的《关于加强老旧渔业船舶管理的通知》。

（九）关于外国人、外国渔船在我国管辖水域从事渔业活动的法规

《中华人民共和国领海与毗连区法》（1992 年）、《中华人民共和国专属经济区和大陆架法》（1998 年）是我国对外国人、外国渔船在我国管辖水域从事渔业活动进行管辖的基础法律依据。

此外，1999 年农业部发布的《中华人民共和国管辖海域外国人、外国船舶渔业活动管理暂行规定》是专门关于对外国人、外国渔船在我国管辖水域从事渔业活动进行管理

的部门规章；中华人民共和国渔政渔港监督管理局发布的《专属经济区渔政巡航管理规定》(2000 年发布，2005 年修订)，是我国渔业行政执法机构开发专属经济区渔政巡航管理，有效实施双边渔业协定，维护专属经济区的正常渔业生产秩序重要规范性文件。

除上述全国性渔业法律法规和有关部门制定的渔业行政规章外，地方人民政府和海区渔政局还制定了一系列与国家有关法律法规配套或适应地方特殊需要的渔业地方性法规、规章和其他法律性文件。所有这些法律、法规和规章共同构成了我国的渔业法律体系。

本章思考题

1. 渔政办案有何意义？它的主要任务是什么？
2. 渔政办案有何特点？办案的内容涉及哪些方面？为什么？
3. 渔政办案有何要求？为什么？举例说明。
4. 渔政办案要依据哪些原则？为什么？
5. 渔政监督管理案件中的管辖是什么意思？案件管辖有何意义？
6. 渔政案件管辖有几种类型？各种类型有何特点？
7. 渔政办案中的案件移送与管辖权移送有何区别？为什么？
8. 渔政办案法律依据有几种类型？它们之间的法律地位有何不同？
9. 渔政办案法律依据与《民法》、《刑法》、社会规范以及其他行政法律法规相比较有哪些特点？为什么？
10. 渔政办案法律依据的体系是指什么？这个法律体系应包括哪些法律法规？
11. 有关渔业资源养护和合理利用的法规主要有哪些？
12. 有关渔港监督和渔船管理的法规主要有哪些？

第十三章

渔政办案程序

渔政办案程序，是指渔政监督管理机构，对相对人违反渔业行政法律行为依法查处所必须遵循的方式、步骤和过程的总和，即渔政办案的操作规程。渔政办案程序，与其他部门办案程序一样，都是“以事实为依据，以法律为准绳”为原则，主要程序包括取得案件的客观事实和按法律标准量罚的两大部分内容（当然，在具体的办案过程中处罚主体还必须向被处罚对象出示有证件、必须主动、严肃地向被处罚人说明处罚理由和程序、必须听取被处罚人对所指控的事实或所适用法律的意见等），不按程序或忽略程序办理的案件，就难以达到“执法必严”、“违法必究”的目的。由此可见，规定合法、恰当的办案程序，是确保渔政办案合法性、公正性和民主性的客观需要，亦是保护公民组织的合法权益，促使办案质量和办案效能提高的客观要求。所以渔政办案程序的实施是很有意义的。

根据我国渔业法规及行政诉讼法的要求，以及渔政办案的实践经验，本章着重介绍：渔政办案程序的特点与类型、办理立案登记、调查取证、确定违法事实和行为性质并提出处理报告、依法作出处罚决定、送达与执行、结案与归档以及渔政办案文书几方面内容。

第一节　渔政办案程序的特点与类型

渔政办案程序的特点与类型是分不开的，因为各种类型的程序都具有自己的特点，而且这些特点都是相互关联的。

一、渔政办案程序的特点

如上所述，渔政办案程序是实施渔业行政处罚行为所必须遵循的方式、步骤及其形成过程的总和，因此它必然与渔业行政处罚行为的内容相对应，为此它具有如下的主要特点：

（1）渔政办案程序是针对渔业行政处罚行为而言的，没有渔业行政处罚行为，也就无法谈论渔政办案程序。

（2）渔政办案程序是作为实施渔业行政处罚过程的行政行为。

（3）渔政办案程序是由渔业行政处罚方式和步骤构成的。

这里所谈的方式，是指行为过程的空间表现形式。例如，渔业行政执法机构依法作出渔业行政处罚决定，需要进行渔政监督检查、调查取证、听取当事人陈述等等。这些活动就是渔业行政处罚行为过程中的一个个方式，整个渔业行政处罚行为过程就是由这些方式联结而成的。所谓步骤，是指行为过程的时间表现形式，即各种方式之间的时间顺序，以及各种方式的时间限制、渔业行政处罚行为的各种方式按照一定步骤联串起来就形成渔业行政处罚的全过程，即构成渔政办案程序。

二、渔政办案程序的类型

根据有关法律、法规的要求和渔政办案的实践，最常见的办案程序是一般程序和立案程序，这也是本章重点介绍的两个办案程序。对此，也有人认为渔政办案程序还应包括简易程序、特别程序及听证程序，这些程序也有各自的特点。

（一）简易程序

此程序也称为当场决定程序。它的适用条件是：①案情简单，即违法事实确凿并有法律依据；②处罚轻微，即警告，或对公民处予50元以下、对法人或其他组织处予1 000元以下罚款。

在执行简易程序时必须注意的事项是：执法人员当场作出行政处罚决定的，应当向当事人出示执法身份证件，填写预定格式、编有号码的行政处罚决定书。行政处罚决定书应当场交付当事人。行政处罚决定书应当载明当事人的违法行为、行政处罚依据、罚款数额、时间、地点以及行政机关名称，并由执法人员签名或者盖章。执法人员当场作出的行政处罚决定，必须报所属行政机关备案。当事人对当场作出的行政处罚决定不服的，可以依法申请行政复议或者提起行政诉讼。

（二）特别程序

是指渔政监督管理机构在依照渔政办案的一般程序和行政复议程序进行办案时，出现使案件暂时无法结案的两种情况（即一种是当事人不服行政处罚决定在法定期限内向人民法院提起诉讼，或者当事人对上一级的渔政监督管理机构的复议决定不服再向人民法院提起诉讼；另一种是违反渔业法律、法规而受到行政处罚的当事人，在法定的期限内既不申请复议也不起诉又不履行的），从而使案件必须依照行政诉讼程序或者申请人民法院强制执行程序处理所应遵循的方式和步骤。

（三）听证程序

这种程序适用的情况是：①拟吊销捕捞许可证；②拟对相对人处以较大数额罚款（海区局执法办案时较大数额的标准：对公民处以3 000元、对法人或其他组织处以30 000元及以上罚款；各省较大数额的标准由各省的有权机关规定）；③责令停产、停业。

听证程序的特征是：①局部性，即并非所有的行政处罚案件都要经过听证程序；②选择性，即听证与否的选择权在相对人手中；③准司法性，即听证主持人地位超脱、程序严密、追求公平目标等都具有司法性（但作为事前监督又是其非司法性的一面）。

听证程序的功能是：①保护，即保证相对人充分参与程序，维护相对人利益；②监督，即相对人（包括其代理人）的参与是对行政的监督与制约；③教育，即听证的过程对相对人和公众而言也是一种法制教育的过程。

（四）一般程序

它是指在特定的条件下，按简易的方法、步骤在违法行为发生地当场裁决渔业违法案件的过程和顺序。它是相对立案程序而言的程序，在渔政办案中习惯称为现场查处的案件。实践证明，凡属事实清楚，证据确凿，案情简单，现场可作出处罚决定的，都适用一般程序。适用一般程序裁决的违法案件，其程序有下列5个步骤：

（1）现场查获，调查取证，填写现场笔录；

（2）根据违法事实依法作出处罚决定；

（3）向被处罚人当场送达处罚决定书，要求被处罚人签收；

（4）执行处罚决定；

（5）事后进行登记，结案归档。

执法实践中看到，渔政管理机构在实施例行检查任务时，在现场查获的渔业违法案件，大部分是发生在野外、水上，如用普通程序，一律都采用立案办法，不仅难于做到，而且也不切合渔业执法实际，势必会影响办案的效能，不利于有效制止和惩处渔业违法行为，所以要设立一般程序。一般程序不同于普通程序，而类似于简易程序，但又不是简易程序。一般程序规定了一些必要的步骤，具有现场取证方便，当场裁决不经审批的特点。这样的程序规定，既具有必要的法定步骤，又符合水上执法的实际简易可行，有利于提高办案效率。一般程序要求渔业执法人员在管理相对人在场时当场调查取证，证据的真实性强，如果有异议当场可对管理相对人的辩解作出回答，因此在一般情况下很少产生行政争议，管理相对人能较自觉地服从裁决。

（五）立案程序

是指渔政监督管理机构及其渔政检查人员对有严重违法、违规行为或有违法、违规重大嫌疑，但在执法现场未能依法作出处理，或者上级交办、下级报送、其他部门移送以及举报的，按管辖权限及时进行审查，认为有违反渔业法规行为，需要查实后给予渔业行政处罚的，均需立案查处的案件程序。立案案件应及时办理登记手续，填写“渔业违法（规）案件立案登记表”，经渔政监督管理机构领导或渔业行政主管部门领导批准。立案后组织人员深入调查取证，同时应在规定期限内（一般为45天）查处完毕，因特殊情况需要延长期限、中止或终止调查、审理的均应写出书面报告，说明原因，由有关渔政监督管理机构或渔业行政主管部门领导审批。渔业行政违法案件适用立案程序的六个步骤是：

（1）办理立案登记；

（2）调查取证：

（3）确定违法事实和行为性质，提出处理报告；

（4）依法作出处罚决定；

（5）送达处罚决定书，执行处罚决定；

（6）结案，归档。

适用立案程序除了现场查获未作出决定的案件之外，都属交办、移送或举报的案件，这样的案件情况比较复杂，难度也较大，为此，立案程序的具体内容由下列几节详细介绍。

第二节　办理立案登记

立案，是指执法机构对违法或有违法嫌疑的案件，经初步审查认为有进一步调查、追究法律责任的必要，而作出继续查究决定的程序。立案是办案的最初阶段，也是案件受理的开始，立案要解决两个问题：一是什么样的违法案件必须立案；二是立案的程序和内容是什么。

一、立案的条件

在渔政办案中，并不是所有的渔业违法行为的查处都要立案，但对下列几种渔业行政违法案件应予立案。这些案件是：

（1）在执法现场未能作出处罚决定的。

（2）有送部门移送的属于本机构管辖的渔业违法案件，经初步审查确有进一步查究必要的。

（3）上级渔业行政执法机构交办的。

（4）下级渔业行政执法机构报请的，属于本机构管辖，经初步审查确有进一步查究必要的。

（5）群众及有关组织举报、控告，经初步审查确有违反渔业法律、法规重大嫌疑，又属于本机构管辖的。

（6）重大的渔业行政违法案件。

二、立案的程序与内容

立案应填写立案登记表，经渔业行政执法机构主管领导审批。立案后应组织渔业执法人员深入调查取证，在规定的期限内查处完毕。因特殊情况需要延长期限或中止调查审理的，均需写出书面报告，由渔业行政执法机构主管领导审批。立案登记表如表 13－1 所示。立案登记表应包括下列内容：

（1）案由和案件的来源；

（2）案件当事人的基本情况；

（3）查获或接收案件的时间；

（4）立案的时间；

（5）经办人的意见；

（6）主管领导审批的意见；

（7）结案的时间。

表 13－1　渔业违法（规）案件立案登记表

违法单位			法人代表				
违法违规人		性别		年龄		职业	
违法人所在单位或住址							
查获或举报单位（船）人				时间			
查获（举报）的违法事实							
承办人意见							
领导审批意见							
立案时间				结案时间			
备注							

第三节 调查取证

调查取证，是指执法机构及其执法人员通过各种合法手段，运用各种方法，获取证明案件事实证据的活动。渔政实践认为，查明违法行为的过程，实际上就是搜集、判断和利用证据认定违法事实的过程。因此，调查取证是渔政执法办案中必不可少的关键环节。只有掌握确实充分的证据，才能正确认定违法事实，并在此基础上准确运用法律、法规做出正确的处理，从而达到准确有效地打击违法行为，保证渔业生产者的合法权益，保证法律、法规的实施。

在查处渔业违法案件中，认真做好调查取证工作是十分必要的，因为任何行政行为的作出，都必须遵循一定的行政程序，即遵循一定的步骤和方式。调查取证是整个行政程序中的基本步骤。证据是否确实充分，直接关系到作出行政行为的正确性。如果没有确实、充分的证据，行政行为就失去客观基础。而且调查取证也是“先取证，后裁决”的行政程序规则的必然要求，“先取证，后裁决”是行政程序的一个普遍公认的程序规则，也可以视为法定的程度规则。这一程序规则是“以事实为根据，以法律为准绳”的司法原则和“实事求是”思想路线在行政程序中的具体体现，也是对任何行政执法机关行使行政执法权的基本要求。《中华人民共和国行政诉讼法》明确规定：“被告对作出的具体行政行为负有举证责任，应当提供作出具体行政行为的证据和所依据的规范性文件”，“在诉讼过程中被告不得自行向原告和证人收集证据”。《中华人民共和国行政诉讼法》的这些规定，要求作为行政执法体的渔政监督管理机构在作出具体行政行为或行政处罚时，必须做到事实清楚，证据充分。否则，就不能证明自己作出的具体行政行为的合法性，一旦在提起行政诉讼时就要承担败诉的责任。调查取证可分为证据种类、证据收集、证据审查与判断以及证据的固定与保全四种情况。

一、证据的种类

凡能证明案件真实情况的一切客观事实都是证据。证据应具有客观性、相关性和合法性。客观性是指证据是客观存在的事实；相关性是证据与案件实质有联系的事实；合法性是指证据的收集、举证以及举证时间要符合行政诉讼法的要求。适用于渔业行政执法的直接和间接证据，主要有下列八种类型。

（一）书证

是指文字、符号、图画等书面材料，内容涵义能够证明案件真实情况的证据。它包含：当事人的有关证件，如捕捞许可证、船舶检验证书、职务船员证书等；当事人收购或出售水产品、苗种的单据和收据等；航海捕捞记录；当事人或代理人签署的违反渔业法律、法规的承认书等。

（二）物证

是指以外部形状、结构、质量、规格等特征来证明案件的真实情况，它包含：违法行为所侵害的客体，如违法捕捞的获物，国家规定重点保护的水生野生动物等；证实违法行为所使用的药物、渔具、工具（像炸药、雷管、导火线、农药、电鱼机）等。

（三）视听资料

是指以声音和图像证明案件真实情况的证据。如录像或录音磁带、电子计算器记录储存的资料、信息、图像、数据等。资料作为一种办案证据是现代科技发展成果在法律上应用的一种表现，是办案取证中比较科学有效的一种证据。

（四）证人证言

是指知道案件真实情况的人向执法机关所作的陈述。在办案中要对违法案件的目睹者或知情人提出要求，讲明责任并做好思想工作，解除顾虑，使其做出符合实际的证言，严禁逼供、诱供、恫吓或施加压力。

（五）当事人的陈述和查问当事人的笔录

当事人的陈述，是指当事人对案件情况所作的陈述或对违法行为人的承认。当事人的陈述应做好笔录，笔录要求字迹清晰不失原意。笔录应经本人核对（无阅读能力的，可向他宣读），如有遗漏或差错允许他提出补充或改正。当事人确认笔录无误后应签名盖章或押指印（不肯签名的应注明情况），也可以同时使用录音、参加查问的人也应在笔录上签名，并记载时间、地点，必要时办案人员可以要求当事人用书写陈述材料。

当事人是一种广泛应用的证据形式，但由于当事人与案件结果有直接利害关系，对他们的陈述，既要看到真实和具有证明价值的一面，又要注意可能存在的片面性和虚假的一面。因此，办案时不能单凭当事人陈述定案，必须结合其他有关证据，才能正确定案。对于违法事实的认定，只有当事人的承认而没有其证据，不能认定。相反，如果已取得充分确实的证据，而当事人拒不承认，仍可认定。

（六）勘验笔录

勘验，是指审判人员或行政执法人员为了查明一定的事实，对与案件有关的现场、物品进行勘察、检验、测量、拍照、绘图的行为。勘验笔录，是指审判或执法人员对现场、物品勘验时所作出的笔录。依法定程序制作的勘验笔录，是行政诉讼中的一种独立证据。它是书面材料，但不是书证。书证是同案情有关的由审判人员或执法人员收集的客观存在的书面材料，而勘验笔录则是由审判人员或执法人员制作的一种特殊的书面材料，是一定客观事实的记录。

勘验检查物品和现场时，应通知当事人或其成年家属到场，当事人或其成年家属拒不到场的，不影响勘验的进行。勘验检查情况和最后结果，审判或执法人员都要制成笔录。参加勘验检查的审判或执法人员都要在勘验笔录上签名或盖章（不应少于 2 人）。审判或执法人员制作勘验笔录时应客观如实地记录和反映勘验检查的实况，不能参入勘验人员的主观分析和判断。

（七）鉴定结论

也称鉴定意见，是指鉴定人运用专门知识或技术，对办案人员不能解决的专门事项进行鉴定后所作出的结论，如死鱼原因等。鉴定意见是办案证据之一，使用时必须同对待其他证据一样，要进行审查判断。用作证据的鉴定结论应当告诉当事人，如当事人提出申请，可以补充鉴定或者重新鉴定。鉴定不能作为定案的唯一依据，必须与其他证据结合起来进行审查，互相补充，才能作为定案依据之一，鉴定人应在鉴定结论上签名。

（八）现场笔录

是指国家行政执法机关在实施具体行政行为时，对有关的事项当场所做的笔录，例如，渔政监督管理机构对于现场查获的渔业违法行为人进行处罚所制作的笔录就是现场笔录。现场笔录必须经相对一方当事人核对认为无误，并在笔录上签名或盖章（或押指印），以及有关执法人员（不少于2人）签名或盖章，才能作为证据材料。现场笔录是以其内容来证明一定的案件事实，在行政诉讼中被确定的一种独立的新的证据，是最适合渔业行政处罚中所要求的，并能够收集到的一种证据。

现场笔录的特征，主要表现在下列几方面：①制作主体，即国家行政机关及其工作人员；②反映内容，即是制作主体对相对人进行处罚或处理时对现场状况的一种表现，反映的是实施行政管理过程中的当时当地的情况；③形成过程，即是在行政管理活动过程中。

现场笔录是渔业执法机构在查处渔业违法案件时，当场对违法行为有关事项所作的记录，是作出行政处罚决定的依据，也是渔业执法机构参加行政诉讼的重要的举证材料。《现场笔录》的格式，如表13－2所示 。

表13－2　现场笔录格式

现场笔录

（　　）____渔____录字第____号

笔录时间：____年____月____日____时　　笔录人____、____

笔录地点：______________________________

笔录相对人：____________________________________

单位（或船主姓名）及地址：______________

船名船号：____主机功率____核定作业类型____

渔业许可证号：____船舶证书号____

违规时间：____年____月____日____时　违规地点（或经纬度____

违规行为的情节和后果：________________）

以上笔录我已看过（或已向我宣读过），属实无误

管理相对人（签名）：____

笔录人（签名）：____

现场笔录制作的内容是：①笔录的时间、地点和笔录人；②相对人的基本情况；③违规时间、地点及违规行为的情节和后果；④相对人确认笔录真实无误；⑤相对人、笔录人签名。

制作现场笔录的要求是：现场笔录制作的格式应该规范化（应按照农业部统一规定的格式），填写内容与违法行为表现是相关联的，必须如实、充分反映行为性质、情节和后果，并经查证属实，符合客观、全面、真实的要求，同时要求笔录的文字通顺、语言精练、简明易懂，正确使用标点符号。

二、证据的收集

发现与收集证据，对查明案件事实和正确处理案件，都具有十分重要的意义。但如何准确有效地收集证据，并不是一件轻而易举的事。渔政管理实践中看到，大量的渔业违法案件

都发生在海上或内陆水域，取证条件差，同时作案的现场及有关证据随时可能发生转移、变化，甚至消失。这些都给取证带来一定困难。所以收集证据是一项艰苦而细致的工作，执法人员在办案过程中务必要积极主动，深入细致地调查，及时全面地收集与案件事实相关的各种证据。根据有关法律规定和渔政执法的实践，收集证据应做到下列几方面要求。

（一）积极主动及时取证

执法人员要充分发挥主观能动作用，运用一切手段积极主动地收集证据。办案实践中常出现这种情况，即违法当事人在查获现场对违法事实供认不讳，好话说尽，而事后又否认，全盘推翻。因此，作为执法人员切不可过分相信违法当事人的承认而忽视对证据的收集，切忌怕麻烦而简单从事。该收集的证据没有及时收集，一旦提起诉讼就无法拿出证据。

收集证据是一项时间性很强的工作，必须分秒必争，把握时机，适时地把一切可以收集的证据收集起来，特别要先把主要证据收集齐全，切忌错过时机。事后一旦感到证据不足再去收集，往往因时过境迁而无法收集。例如，对违反禁渔区规定而进行捕捞的行为，在查获现场必须适时把握时机，首先测定船位，及时准确地收集违法当事人进入禁渔区捕捞的确实船位证据。否则，渔船一旦离开原来位置就取不到准确证据。再如，对水质污染投毒所造成鱼类死亡，务必及时按规定采集水样，并请专家或专门机关对人质及死鱼原因进行鉴定，取得结论性材料。延误时机，则影响鉴定结果，甚至无法鉴定。

（二）实事求是全面客观

证据是一种客观事实，所以收集证据务必实事求是，防止有任何主观随意，更不能以假定、想象、推测来代替客观事实，或者偏听偏信，断章取义，随意取舍，不允许歪曲编造，只有这样才能保证收集到的证据具有可靠性，从而对案件做出符合客观事实的结论。

收集证据要做到完整、全面，凡能证明违法行为的基本要件、特定要件和情节的证据，都要认真收集。根据渔政执法实践，在实际办案时应根据不同的违法行为，分别收集以下有关证据。

（1）违法的时间和地点；

（2）违法的行为人及其有关的基本情况，包括姓名、年龄、职业、住址等；

（3）违法事实及其情节、原因、动机、造成的后果。包括：有无具备捕捞许可证及其他有关证件；有否违反禁渔区、禁渔期规定；有否使用禁用的渔具、捕捞方法；有否污染渔业水域；有否偷窃、抢夺他人水产品、破坏养殖水体和设施；有否捕捞国家保护的水生野生动物以及违反渔业资源保护的其他规定等；

（4）违法行为人使用的渔船、渔具和其他作案工具及有关基本情况和特征；

（5）渔获物及其他违法所得的有关情况，包括品种、数量、幼鱼比例等；

（6）与案件有关的其他证据。

（三）手续合法方法得当

渔政人员调查取证时，务必要依照有关法律法规进行，以确保合法。渔政执法人员取证时一般由两人以上进行，并要流动出示渔政检查员证件，取证应围绕与案件有关的内容进行，不得随意检查生活设备和用具，确实需要取证时应有当事人或见证人在场。对于需要进行搜查的，务必要报请公安机关批准和配合，不要超越渔政职权擅自进行，关于案件查证的方式和手续，可以参照下列 3 点做法。

（1）发涵调查证明材料时，要拟定调查提纲，并统一使用加盖公章的“函调证明材料”，由县级以上渔政监督管理机构签发。

（2）派员外出调查必须由渔政人员两人同行，凭加盖公章的“调查证明材料介绍信”进行。外出调查人员应提出外调要求和内容、地点、时间，经县级以上渔政监督管理机构领导批准。

（3）调查材料要注明来源和出处，由被调查人签名或盖章证明日期，由单位提供或摘抄材料的，要由提供材料的单位盖章。

但是，在查问当事人或向证人调查时，必须注意：查问当事人或证人时，应事先熟悉案情和当事人证人的情况，并做好询问提纲，要有计划有准备地进行。如有几个当事人或证人应分别进行查问，同时要讲究方法，严禁逼供、诱供、威胁及其他不正当的方法。调查或询问时除了认真做好笔录外，有条件的还应录音。当渔政执法人在调查处理违法案件时而当事人或被询问人拒绝签名盖章的，不影响案件证据和对案件的认定。

根据有关法律法规规定和渔政执法的实践，收集证据时应该特别要注意下列几种情况：①没按捕捞许可证关于作业类型、场所、时限和渔具数量的规定进行捕捞的；②买卖、出租或者以其他形式非法转让捕捞许可证；③违反国家关于北部湾渔业生产安全管理规定的；④中外合资、中外合作经营的渔业企业、未经国务院有关主管部门批准、从事近海或沿岸捕捞作业的；⑤渔政检查人员玩忽职守或者徇私枉法的，等等。

三、证据的审查与判断

审查证据与判断证据是紧密联系的，因为审查证据是判断证据的基础，判断证据是审查证据的继续，两者是不可分割的。

（一）证据的审查

关于证据的审查，根据《刑事诉讼法》、《民事诉讼法》和《行政诉讼法》的规定，证明必须经过审查落实才能作为认定事实的根据。因此，渔政办案也不例外。审查证据是渔政办案的一个重要环节，是为判断和运用办案证据作准备。审查案件的证据是渔政监督管理机构及其渔政执法人员对收集来的证据进行分析研究，确认其真实性的办案活动。但是，审查证据时应注意下列几方面工作：

1. 审查证据来源

各种证据都有自己的来源，审查证据首先要看其出处的合法性和可靠性。例如，出证要看其制作的单位是否有权制作，是否可靠，是否合法。

2. 审查证据内容

证据内容是否真实，是证据的重要问题，也是审查的重要方面。例如证人证言要看其反映的内容是否确有其事，与本案是否有联系等，只有得到肯定的答复才能认为这个证据是真实的。

3. 审查证据特点

因为各种证据都有自己的特点。其可靠性往往与这些特点有联系，因此必须根据这些特点才能做好审查工作。例如，当事人对案件的许多情况是熟悉的，最了解案情，同时当事人又是渔业行政案件有关系的人，案件如何认定，他们极为关心。为此有可能提供对自己有利的证据，隐瞒对自己不利的证据，甚至扩大、缩小、歪曲、假造证据。因此，既要积极收集当事人的陈述和承认，又要认真审查当事人的陈述和承认。

（二）证据的判断

至于证据的判断，是渔政监督管理机构及其渔政执法人员的办案活动之一，而判断证据与审查证据是紧密联系的。审查证据是判断证据的前提和基础，是对证据真实性的认定。判断证据是审查证据的继续和完成，是对证据的认定。审查证据，主要是解决证据的真实性和可靠性，审查证据是否合法、可靠，能否作为认定本案的事实根据。判断证据，主要是解决证据的关联性和证明程度如何，判断审查属实的办案证据与本案是否有联系，证明程度有多大，能否证明本案的特征事实。审查证据和判断证据有时是交叉进行的，判断证据是在审查证据的基础上进行。对于不真实的证据，无需判断。对于真实的证据，必须判断，并认定其证明程度的大小，然后才能运用，作为定案的根据。至于判断证据的具体办法，从渔政办案的角度主要有下列4种：

1. 区别

是指对收集的证据统一地进行审查，辨别真伪和确定其证明程度高低的方法。它是分析判断证据的第一道工序，是对已有证据的第一次筛选。

2. 比较

是对两个或两个以上具有可比性证据加以辨别，区别异同点，寻找和发现问题，确定真伪，借以判断现有证据证明程度的方法。通常可以把比较看做是分析判断证据的第二道工序。在实际工作中，它与区别方法经常交叉运用，既可在比较中区别，又可在区别中比较。

3. 综合

是指综合分析，作为分析判断证据的方法。有两层意思，其一是在使用间接证据证明时，对若干间接证据综合分析，判断他们之间是否存在客观联系；其二是对收集的证据进行科学的整理。

4. 取舍

是指渔政办案人员对全案证据进行全面的分析后把真正能够证实案件的证据挑选出来，组织整理，作为提供案件事实的依据。

四、证据的固定与保全

有关证据的固定与保全，首先要明确证据固定与保全的概念，然后再了解各种证据的固定与保全方法。各种证据，这里着重对物证、书证以及询问相对人和询问证人等，具体分述如下：

（一）证据固定与保全的概念

证据固定与保全是指以一定手段将有关的场所情况、物品、痕迹、证人证言等，加以提取、固定或记录，妥善保管，使其证明作用保存下来的行为。这种作法主要是因为证据有灭失的客观可能性和证据有时候难以取得的情况。证据的固定与保全是收集证据的一个重要环节。已发现的证据，如不及时进行证据的固定与保全，随着时间的过去就可能被毁掉或自然灭失，从而达不到收集证据的目的。

（二）各类证据的固定与保全方法

各类证据，这里只介绍物证、书证以及询问相对人和询问证人等。具体是：

1. 物证

提取原物，或采用勘验笔录、制作说明笔录、绘图、拍照、录像等方法。因查处现场违规情况的证据事后难于再取得，以及渔获物难于保存的特点，对这类证据的保全，应采用填写《现场笔录》的方法予以保全；对实物证据，违规作业的渔具等，一般采用保存原物的保全方法。

2. 书证

提取原件，或制作说明笔录、抄录、印制、拍照等。

3. 询问相对人、询问证人

对人证可采用制作笔录或录音、录像的方法。笔录最后要经陈述人核对，记载错误或遗漏的地方，要允许陈述人更正或补充，更正或补充的地方要由陈述人盖章。

暂扣渔业行政相对人证件的，应开具《证件暂扣证明》，如表 13 – 3 所示。该表的备注如下：

（1）若涉及捕捞许可证、船舶证书、无线电证照、船员证书等证件暂扣的，凭本单可在____天内继续作业或驶往____接受处罚。

（2）当事人应在 30 天内持本证明到该局，如中国渔政南海总队（地址：广东省广州市海珠区新港东路 77 号）接受处理，逾期，该机关将按有关规定处理暂扣物品。

处罚机关，如农业部南海区渔政渔港监督管理局（盖章）

渔证船：__________

执法人员：__________

____年____月____日

当事人签名：__________　　____年____月____日

（共两联）第一联交当事人，第二联存档

表 13 – 3　渔业行政处罚暂扣证明

当事人（姓名、住址或单位名称、地址）：________

扣留原因：____________________

扣留地点：____________________

	名称	数量	备注
扣留物品清单			

第四节　确定违法事实和行为性质，提出处理报告

确定违法事实和行为性质，是指在查明案件事实和证据的基础上，依据有关的法律、法规、规章准确地认定案件的违法事实和案件当事人的行为性质。即对已查明的案件事实和当事人的行为作出判断；对没有违法事实的，或构不成违法行为的，应及时作出撤销案件的决定；对违法事实确实证据不足的，也应作出撤销案件的决定；对确有违法事实的，应依据有关法律、法规、规章准确认定其构成何种违法行为。如果发现当事人同时违反国家其他法律、法规或触犯刑律的，应报请有关执法机关处理。提出处理报告，是指在确认违法事实之后，办案人员应以认定的违法事实，依照法律、法规、规章的有关条款确定其违法行为的性质，拟出定性处理报告，并附上证据等有关材料报单位领导审批。

一、确定违法事实和行为性质

确定违法事实，是案件正确定性的前提条件，是渔政办案中至关重要的环节。确定违法行为的性质，是案件处理的重要基础，只有正确认定违法行为的性质，才能正确运用法律、法规并作出正确处理。反之，就会导致运用法律、法规的错误和行政处理决定的错误。因此，在办案中要做到定性准确，必须认真学习、全面理解渔业法律、法规的精神实质与内容，遵循“以事实为根据，以法律为准绳”的原则。为此，确定违法事实时必须注意下列几方面工作。

（一）要全面理解深刻领会渔业法律法规

对违反渔业法律法规的每个具体行为的内容和特征，要真正弄通、弄懂，切忌一知半解，或各取所需。对不构成违法行为的，不要随意认定。例如，要认定某渔船构成“未按规定取得捕捞许可证进行捕捞”的行为，必须要具备两个基本特征，其一是未按渔业法规规定取得捕捞许可证或虽然已取得捕捞许可证，但未按渔业法规规定，是非法取得的；其二是正在或已经实施捕捞的。两者缺一不可，否则不能构成该种违法事实。

（二）要正确区分一般渔业违法行为与触犯刑律的犯罪行为

在确定违法行为时，要严格区分一般违法与犯罪。对造成渔业资源严重破坏的，已触犯刑法的渔业违法行为，应坚决主动移交司法机关追究刑事责任，切忌从本单位的局部利益和经济利益出发“以罚代刑”，一罚了事。当然，要正确区分一般违法与犯罪并不是一件容易的事，特别是有关违反渔业法律、法规而构成犯罪的具体标准不够明确的情况下更是如此。因此，对一些情节后果严重的，对渔业资源造成严重危害的，或者屡教不改，一犯再犯以及聚众违法的为首者等，涉及有犯罪嫌疑的，应积极主要地与有关司法部门联系，以取得他们的配合和支持。对依法应追究刑事责任的，应坚决地移交司法机关查处。

（三）要认真把握违法行为的内容与特征，正确认定违法行为

由于有些渔业违法事实内容、特征比较相似，因此在办案中必须认真把握每个违法行为的内容和特征，正确认定违法事实。例如：“违反禁渔区规定进行捕捞”与“违反捕捞许可证核定的作业场所”的；“违反禁渔期进行捕捞”与“违反捕捞许可证核定时限”；“从事外海生产的渔船擅自进入近海捕捞”与“违反捕捞许可证核定场所”等等。这些行

为特征有相似之处，在办案中必须抓住每个行为的基本特征，以法律、法规为准绳，准确地加以认定。

在办案实践中，经常遇到一种行为同时违反两个以上法律条款的情况。对这种情况应如何认定其违法行为？在国家渔政监督管理机构尚未做出具有法律效力的行政解释及规范性规定之前，可根据“重行为吸收轻行为”的原则，来确认其主要违规行为。例如，其渔船未领取捕捞许可证，又从事电鱼，宜认定其主要违法行为是用电力捕鱼；违反禁渔区规定进行捕捞，同时又违反捕捞许可证核定的作业场所进行捕捞，宜认定其主要违法行为是违反禁渔区规定进行捕捞。

（四）要全面分析切忌偏见

认定违法行为的性质时，要实事求是，客观公正，不能有片面性，更不能带有任何主观偏见。对违法当事人的行为性质，要从主观客观诸方面作全面细致的分析。例如，公民张某对养殖户马某怀有成见，对马某承包鱼塘养鱼心怀不满，为发泄私愤，利用对稻田进行喷药的机会，故意将农药水倒入马某承包的养鱼鱼塘，造成鱼塘中少量的鱼死亡。对张某的行为，如果不从主观客观诸方面作全面的分析，往往就会被其表面现象所迷惑，认为张某的行为是毒鱼行为。其实不然，因张某平时对马某有成见，尤其是对马某承包鱼塘心怀不满，他向鱼塘倒入农药水的目的是为了发泄私愤，并不是为了获取渔获物。因此，张某的行为应构成破坏他人养殖水体的行为，而不构成毒鱼行为。

（五）违法行为的名称要规范

违法行为名称的确定，要依照渔业法规的规定内容，既要简明扼要，又能反映违法事实的基本特征，不宜脱离法规内容，随意确定，或断章取义，主观臆断，或用不规范的名称等。例如，在办案中有的将“未按规定取得捕捞许可证进行捕捞”写成“无证”、“无证作业”等；把“违反捕捞许可证关于作业场所的规定进行捕捞”写成“越界作业”、“超越场所”等，都是不妥的。

然而，在认定违法行为性质的同时，还应同时认定违法行为的人，违法行为人包括公民、法人和其他组织。在办案中对一位违法行为人的认定是否做到事实清楚，不仅包括违法行为的时间、地点、原因、情节、后果等要素是否查清，而且还包括违法行为主体是否清楚，即该违法行为应由谁来承担法律责任。在办案中如何认定违法行为人，实际上就是如何确认处罚对象的问题。就海洋捕捞业而言，当前渔业管理面临的对象是大量分散生产、分散经营的数以千计的小渔船。其经济类型，既有国营、集体，也有个体、合股、租赁、承包等多种形式。因此，在办案中务必要根据渔船的所有人、经营管理人及行为人等具体情况，正确认定违法行为人。

二、提出处理报告

在认定违法事实和行为性质之后，办案人员应拟出定性处理报告，并附上证据等有关材料，报单位领导审批。其中对有重大影响的案件应经过集体研究后审批。定性处理报告应包括下列几方面内容：

（1）案件的来源；

（2）违法当事人的基本情况；

（3）查证认定的主要违法事实；

（4）造成损失或后果；

（5）接受查处的态度；

（6）处理的法律依据；

（7）定性处理意见。

案件的定性处理报告，按规定权限审批后，由负责查处的渔政监督管理机构发出《违反渔业法规行政处罚决定书》，通知违法当事人。

第五节　依法作出处罚决定

在认定违法事实和行为性质之后，对于一般违反渔业行政法律的行为，应准确地适用渔业法律、法规或规章，然后根据罚没处理审批权限，做出恰如其分的处理，即经立案的须由办案人员提出处理报告，经审批后依法作出渔业行政处罚决定；对适用一般程序的可直接依法作出渔业行政处罚决定。对情节严重触犯刑律的违法行为，要移送司法机关追究刑事责任；对偷窃、哄抢或破坏渔船、渔具、渔获物等违反《治安管理处罚条例》行为的，应移送公安机关查处；对有关触犯其他法律行为的，则应移送有关职能部门处理，切忌超越渔政职权处理案件，以确保执法行为的合法性。这里围绕本章的主体内容，介绍渔业行政处罚应具备的条件、正确作出渔业行政处罚决定应注意的问题，以及填发渔业行政处罚决定的三个问题。

一、渔业行政处罚应具备的条件

渔业行政处罚应具备的条件，是指渔业行政执法机构在何种情况下符合哪些条件才可以作出渔业行政处罚决定。为此，根据《行政诉讼法》的要求和渔业行政执法的实践，在实施渔业行政处罚时提出如下应具备的条件：

（一）有明确的违法行为人

如上节所述，违法行为人是构成行政违法不可缺少的条件之一，只有查明违法行为人，才能依法追究行为责任人的行政法律责任。如果连谁是真正的违法者都不清楚就草率作出处罚决定，必然导致处罚对象的错误。对此，一旦提起行政诉讼，将会引起撤销处罚决定的后果。

（二）有具体的违法事实和证据

渔业行政处罚行为是一种直接影响渔业管理相对人权利和义务的行政行为，必须有充分的事实根据。因此，只有在查清行为人的具体违法事实，并掌握充分证据的情况下才可对行为责任人实施渔业行政处罚，否则将导致渔业行政处罚无效。

（三）有法律法规规定的违法行为

实施渔业行政处罚时，除了必须具有充分事实根据之外，还必须有明确的法律依据，即哪些行为应受到渔业行政处罚和受到何种处罚都必须有法律、法规明确规定。因此，对法律、法规、规章没有规定应给予渔业行政处罚的行为，都不得实施处罚决定。

（四）属于主管机构的管辖权限

这里所谈的主管机构管辖权限，是指渔业行政执法机关系统内部，各级和同级渔业行政执法机构处理渔业行政处罚案件的权限划分。渔业行政执法机构依法享有渔业行政处罚权，但不是每一个享有渔业行政处罚权的渔业行政执法机构，对所有渔业行政处罚案件都享有管辖权。管辖权是指哪一级渔业行政执法机构或某一地区的渔业行政执法机构所具有的处理哪些案件的权限。渔业行政处罚权是管辖权的前提。凡依法不属于渔业行政执法机构行使处罚权的案件，渔业行政执法机构不具有管辖权。而管辖权则是渔业行政处罚权的进一步落实，渔业行政处罚权只能通过管辖权来行使和体现。即哪个渔业行政执法机构对某一具体渔业案件必须享有管辖权才可依法行使渔业行政处罚权。对不属于本渔业行政执法机构管辖的案件，则不得实施处罚。

二、正确作出渔业行政处罚决定应注意的问题

行政处罚是特定的国家行政机关和职能部门对违反国家行政管理法律法规的当事人所给予的行政法律制裁。渔业行政处罚决定正确与否，关系到能否真正惩处违法行为、保护合法权益和保证国家渔业法律法规贯彻实施的问题，若有偏差就容易引起行政争议和诉讼。因此，决不可草率从事。作出渔业行政处罚决定，除了要依照上面所述的渔业行政处罚应遵循的原则之外，还必须注意下列问题：

（一）提高执法人员政治思想素质

渔业执法人员应努力提高政治思想素质，忠于职守，秉公办案，不徇私情。这是正解做出渔业行政处罚决定的基础。

（二）坚持依法行政，防止和纠正某些错误倾向和做法

渔业行政处罚作为渔业执法机构的一种重要的行政行为和执法手段，是渔业执法机构基于行政管理权的单方表现，不能调解和协商，必须严格依法实施。执法中应根据当事人违法事实和情节，严格依照适用渔业法律法规所规定的原则和处罚标准，恰如其分地作出渔业行政处罚决定。例如，在渔政办案中要克服下列几种错误倾向和做法：

（1）用讨价还价的办法来确定行政处罚的标准；

（2）随意降低行政处罚标准，甚至以违法当事人现场能交出款物多少来确定罚款标准；

（3）以违法当事人态度好坏为由，随意加重或降低处罚标准；

（4）对不同对象，采用不同的处罚标准。即对本地违法者处罚从轻，对外地违法者处罚从重等；

（5）在查处违法行为时，不按办案程序，不填处罚决定书，不开具罚没收据。有的甚至还允许当事人在缴纳一定罚款后，可在一定区域继续违法生产。

为准确适用渔业法律、法规和正确作出行政处罚，办案中可参考违反《渔业法》及其实施细则的处罚一览表，如表13－4所示。

表 13－4　违反《渔业法》及其实施细则的处罚一览表

序号	违法事实	违反条款	罚则条款
1	未按《渔业法》规定取得捕捞许可证擅自进行捕捞	《渔业法》第十六条	《渔业法》第三十条，实施细则第三十一、三十四条
2	未按捕捞许可证规定的作业场所、作业类型、作业时限和渔具数量作业	《渔业法》第十七条	《渔业法》第三十一条，实施细则第三十二、三十四条
3	从事外海生产的渔船擅自进入近海捕捞	实施细则第十五条，第二条	《渔业法》第三十一条，实施细则第三十二、三十四条
4	涂改、买卖、出售或其他形式非法转让捕捞许可证	《渔业法》第十六条，第二条	《渔业法》第三十二第，实施细则三十三、三十四条
5	炸鱼、毒鱼	《渔业法》第二十条	《渔业法》第二十八条，实施细则二十九、三十四条
6	违反禁渔区（禁渔期）规定进行捕捞	《渔业法》第二十条	《渔业法》第二十八条，实施细则二十九、三十四条
7	擅自捕捞国家禁止捕捞的珍贵水生动物	《渔业法》第二十七条	
8	敲罟作业	《渔业法》第二十条，实施细则第二十条	《渔业法》第二十八条，实施细则第二十九、三十四条
9	未经批准使用电力捕鱼	《渔业法》第二十条，实施细则第二十条	《渔业法》第二十八条，实施细则第二十九，三十四条
10	未经批准使用鱼鹰捕鱼	《渔业法》第二十条，实施细则第二十条	《渔业法》第二十八条，实施细则第二十九、三十四条
11	使用小于规定的最小网目尺寸的网具进行捕捞	《渔业法》第二十条，实施细则第二十条	《渔业法》第二十八条，实施细则第二十九、三十四条
12	中外合资、中外合作经营的渔业企业，未经国务院有关主管部门批准，擅自从事近海捕捞	实施细则第十六条	实施细则第三十六条
13	外国渔船（外国人）未经国务院有关主管部门批准，擅自进入我国管辖水域从事渔业生产或渔业资源调查活动	《渔业法》第八条	实施细则第三十七条
14	未按《渔业法》及其实施细则的有关规定采取保护措施造成资源损失	《渔业法》第二十一条第二款，第二十二、二十三条	实施细则第三十五条
15	未经批准围垦沿海滩涂	《渔业法》第二十四条	实施细则第三十五条
16	围湖造田	《渔业法》第二十四条	实施细则第三十五条
17	偷捕（抢夺）他人养殖水产品，破坏他人养殖水体（养殖设施）	《渔业法》第十条第三款	《渔业法》第二十九条实施细则第二十条

注：其他违反《渔业法》及其实施细则，依法应由司法机关或县级以上人民政府实施处罚或责令赔偿损失的行为，不列入本表。

三、填发渔业行政处罚决定书

根据《渔业法》及其实施细则，渔政监督管理机构进行处罚时，应于当地发放行政处罚决定书。渔业行政处罚决定书是一种反映案件结果的重要法律文书，是渔业执法机构代表国家对渔业行政违法行为行使行政管理权的一种重要方式，也是渔业执法机构执行行政处罚决定的依据。因此，渔业执法机构在作出处罚决定时，必须根据法定要求认真填发渔业行政处罚决定书。

（一）渔业行政处罚决定书的格式

《渔业行政处罚决定书》（以下简称“处罚决定书”），它是行政处罚文件，是由渔政管理机构及其派出、授权、委托的组织制作，具有国家意志性。《处罚决定书》是渔业执法机构对违反渔业法律规范公民、法人和其他组织实施处罚的书面决定。《处罚决定书》一式四份（存根、裁决机关、主管机关、被处罚人各一份）。《处罚决定书》的格式如表13 –5 所示。

表 13 –5　渔业违法案件渔业行政处罚决定书

（　　）　渔　　罚字第　　号

<table>
<tr><td rowspan="3">当事人</td><td>姓名</td><td></td><td>船舶号码</td><td></td></tr>
<tr><td>作业类型</td><td></td><td>许可证号</td><td></td></tr>
<tr><td>主机功率</td><td></td><td>地址</td><td></td></tr>
<tr><td rowspan="2">违法事实</td><td>违规时间</td><td></td><td>违规地点</td><td></td></tr>
<tr><td colspan="4">当事人于________年________月________日在________实施了________
违反了《中华人民共和国渔业法》第________条________款《渔业行政处罚规定》第________条，《水生野生动物保护法》第________条
上述事实，证据充分，予以认定</td></tr>
<tr><td>处罚依据</td><td colspan="4">根据《中华人民共和国渔业法》第________条________款　《渔业行政处罚规定》第________条，《水生野生动物保护法》第________条</td></tr>
<tr><td>执行情况</td><td colspan="4">对你船（单位）作出如下处罚：
1. 罚款（大写）________（　　）元，2. 没收________3. 实交款额（大写）________（　　）元，尚欠________（　　）元
于________年________月________日前汇寄××市××路××号中国渔政××总队执法室收，邮编号码：　　，银行账号________</td></tr>
<tr><td rowspan="2">执法人员</td><td>姓名</td><td></td><td></td><td rowspan="2">处罚机关（印章）
年　　月　　日</td></tr>
<tr><td>证件号码</td><td></td><td></td></tr>
<tr><td>告知事项</td><td colspan="4">1. 当事人应立即改正其违规行为。
2. 当事人应在收到本处罚决定书之日起 15 天内持本决定书到________银行缴纳罚款（也可以及向执法人员缴交罚款），逾期则按罚款数额 3% 加处罚款。
3. 当事人如对本处罚决定不服，可在收到本决定书之日起 60 天内向________申请行政复议或在收到本决定书之日起三个月内向人民法院提起诉讼，但是在海上作业的必须先执行有关处罚决定。
4. 当事人不履行行政处罚决定的，本机关将申请人民法院强制执行或依法强制执行。</td></tr>
</table>

收件人（签名）　　　　________年　　月　日

（二）渔业行政处罚决定书制作

处罚决定书的制作包括决定书的主要内容和制作决定书的要求，两方面内容。具体如下：

1. 渔业行政处罚决定书的内容

①被处罚人的基本情况；②查获违法行为的时间、地点及违法行为的情节，案件的性质、危害程度，当事人的态度（指接受检查的态度）和适用法律、法规；③裁决认定的事实、理由和适用的法律；④裁决结果；⑤被处罚人不服提出复议（起诉）的期限和机构；⑥处罚决定书应由渔业执法人员签名和执法主体加盖印章。

2. 制作处罚决定书的要求

总的要求是格式规范、符合法律、叙述事实清楚；结论准确，正确适用法律、法规；文字通顺、语言精练，简明易懂，正确使用标点符号。处罚决定书由首部、事实、理由、裁决和结尾部分组成，其中，事实、理由、裁决是决定书的中心内容。

（1）首部依次写明下列事项：

第一，在处罚决定书的右下方写明案号。即（　　）________渔________罚字第________号。案号中的“（　　）”写年度，应用阿拉伯数字全数表示。如：（2011），不要只写后两位数字，即“（11）”；也不要用汉字书写为“二〇一一年度”，“（　　）”后面应先写省、自治区、直辖市的简称，如广东省用“粤”表示，海南省用“琼”表示，广西壮族自治区用“桂”表示，接着以执法机构名称的第一个字，以表示处罚决定书制作单位，如广东省汕头渔政支队，要写成“粤汕”。接下来“渔”后面的空格是以案件分类填写，如渔政的案件，空格中写“政”字；渔港监督的案件，空格中写“监”；渔业水域环境污染案件，空格中写“环”字。这样便于案卷的分类归档。具体如何分类由各单位按案卷管理分类来定，下面的案号可按流水顺序编写。

第二，被处罚人的基本状况。在处罚决定书中只要求被处罚人的姓名、住址，因为其他情况在现场笔录中或调查笔录中都有记录。因此，在处罚决定书中就不再重复。被处罚人是企业或事业单位的，应写明单位全称和所在地址。而“当事人”栏分别填写好姓名、船名船号、主机功率、作业类型、许可证号码、地址等。

（2）事实部分：事实是确认被处罚人是否违反法律、法规和造成一定危害的依据，是正确裁决渔业行政违法案件的基础。因此，处罚决定书首先要把案情事实，简洁明了的叙述清楚。这个事实必须是经过渔业执法人员调查取证后所确认的事实，在处罚决定书中事实的要求，就是简要写明违法行业发生（或查获）的时间、地点及其行为性质和后果。如：违规时间，一般系指查获时间，但有时违规时间与查获时间是不同的，制作时应具体写明年、月、日、时；违规地点，在海上应具体写明经纬度和作业渔区，在内陆水域应写明江段、陆上附近位置或河口、港口等。明确行为性质和后果就是违反法律、法规的第×第和第×款第×项。行为后果，是指违法行为造成的危害、无证捕捞的违法行为所造成的是渔业资源的损害、对已经实施的违法捕捞的渔获物是其造成的直接后果，其数量多少，对事实情节的认定是不可忽视的内容，这在处罚决定书的事实部分中必须有所反映。

（3）理由和决定：理由是处罚决定书的重要组成部分，它是为处罚提供道理上和法律上的依据。这里包括以下几方面内容：

第一，因……行为性质的确定和处罚的理由，即渔政执法人员根据违法事实和证据的认定，阐明行政主体的结论性意见，也就是确定违法行为的性质，如无证捕捞，这种违法行为是违反了《渔业法》第二十三条规定。

第二，根据……处罚适用的法律和根据违法行为的性质，依据实体法的条文应承担的法律责任。因此，要实施处罚必须是法律法规所规定的。能够引用法律条文的，都必须准确地引用法律条文。例如，无证捕捞是违反了《渔业法》第二十三条规定，这种违法行为根据《渔业法》第四十一条可以作出没收渔获物及违法所得，并处罚款的处罚，情节严重的还可以没收渔具和渔船。在引用法律条文时，应按条、款、项的顺序采写。

第三，决定给予……是行政主体根据已查明的事实、证据和法律、法规的有关规定，对违法行为人所作的处理决定，处理决定的要求必须"准确、具体"。所谓"准确"就是决定要正确适用法律依据；所谓"具体"就是决定的事项必须具体的而不是抽象的，有实在的意义。例如，没收渔获物，处以罚款等都必须有具体的定量表示。

（4）结尾部分应写明以下内容：第一，"告知事项"栏，一般已经打印好，交待复议、起诉权，被处罚人对处罚决定不服的，可以申请复议或向人民法院起诉，告知被处罚人在规定期内不申请复议或不起诉，又不履行处罚决定的，作出处罚决定的机关有权申请人民法院强制执行。第二，作出处罚决定的机构加盖印章并标明日期，"执法人员"栏签名并填写执法证件号。最后有备注栏，填写还有其他需要告知当事人的事项。这里表述的内容主要是对被处罚人当场未能全部履行处罚决定事项的执行，渔政管理机构对被处罚人责令限期继续履行的通知。其中交到……下面应详细填写单位名称和地址。

第六节　送达与执行

送达，即渔业行政处罚决定书的送达。是指渔业行政执法机构依法将行政处罚决定书送交违法当事人的行为。执行，即执行渔业行政处罚决定，是指渔业行政执法机构将已经发生法律效力的渔业行政处罚决定的内容和要求付诸实施的活动。送达与执行，就是指渔业行政执法机构及其渔政执法人员将《违反渔业法规行政处罚决定书》送交给违法当事人，并执行处罚决定的具体作法。这里要明确处罚决定书的特点、意义以及送达的方式；执行行政处罚应具备哪些条件，执行的特征、意义、程序及手续等。

一、渔业行政处罚决定书的送达

（一）渔业行政处罚决定书送达的主要特点

送达主体是作出行政处罚决定的渔业行政执法机构，送达对象是违法当事人，送达内容是渔业行政处罚决定书，而且送达必须按照法定的程序和方式进行，否则就不产生预期的法律效力。渔业行政处罚决定书一经送达，就产生一定法律后果。送达后送达人和受送达人应分别在行政处罚决定书上的有关栏目中签名、盖章或押指印。收件人拒绝签名或盖章的，应在该栏目中说明事由和情况。至于在海上作业的案件，行政处罚决定书一经送达，就立即发生法律效力，而且必须先执行处罚决定。

对于立案案件裁决的处罚决定书，应当及时派人直接送达被处罚人，送达必须由被处罚人在送达回证上签名或盖章或押指印和收到日期，被处罚人拒绝接收处罚决定书的，送达人应当邀请有关组织到场见证，并注明拒收事由和日期，由送达人、见证人签名后，把处罚决定书留在被处罚人住处，即视为送达。不能直接送达被处罚人的，可交与其同住的成年家属签收。直接送达有困难的，也可以邮寄送达。被处罚人已向主管机关指定代收人的由指定代收人签收。

（二）行政处罚决定书送达的意义

第一，它是行政处罚裁决文书生效的必要条件；第二，在申请听证、申请行政复议和提起行政诉讼等的开始时均与行政处罚法律文书的送达有直接关系。

（三）渔业行政处罚决定书送达的方式

有直接送达、留置送达、邮寄送达、委托送达、转交送达以及公告送达等几种方式，现分述于后。

1. 直接送达

是指渔政监督管理机构及其执法人员直接将行政处罚决定书给受送达人（即违法当事人）的送达方式。直接送达迅速可靠，是一种主要的送达方式，也是渔政执法中普遍使用的一种送达方式。

2. 留置送达

是指受送达人拒绝收受行政处罚决定书时，送达人可邀请有关基层组织的负责人、代表或其他证人到场，说明情况，把行政处罚决定书留在受送达人的住处，由送达人证明事由和日期，并由送达人、见证人签名、盖章（或押指印），即视为送达。留置送达与直接送达都具有同等的法律效力。

3. 邮寄送达

是指渔政监督管理机构通过邮局，将行政处罚决定书挂号寄给受送达人的送达方式。受送达人收件的日期，即视为送达日期。

4. 委托送达

是指作出处罚决定的渔政监督管理机构在直接送达有困难时，委托其他渔业行政执法机构或有关单位代为送达的方式。委托送达时，应将委托事项和要求以书面形式明确告知受委托的单位，以便准确及时地代为送达。

5. 转交送达

是指受送达人是军人的，通过其所在部队团以上单位的政治机关转交。受送达人被监禁或被劳改教养的，通过其所在监所、劳改单位或劳动教养单位转交。

6. 公告送达

是指在受送达人下落不明或用其他方式无法送达的情况下，可用张贴公告、登报或其广播等方式将需要送达的文书有关内容向社会公告的送达方式。渔政监督管理机构采用公告送达要具体地证明公告送达的原因，发布公告的形式和经过，并存档备查。

二、执行渔业行政处罚决定

渔业行政处罚决定的执行，是渔政监督管理机构及执法部门的一种重要的具体行政行为，渔业行政执行的主要特征是：①行政执行是行政主体的一种具体的行政行为；②行政执行的目的，是为了使管理相对人在渔业法规中所规范的义务得以实现；③行政执行对象具有广泛性；④行政执行过程中不允许执行和解；⑤行政执行以相对人自愿履行义务为主。而渔业行政执行的意义，概括起来主要是：保证实现行政处罚的效果，维持正常的社会秩序；维护法律的严肃性以及通过执行和宣传社会主义法制达到法制教育的目的。至于渔业行政处罚决定执行应具备的案件和注意事项以及行政执行的程序和手续。详见后述。

（一）执行渔业行政处罚决定应具备的条件

违法当事人收到行政处罚决定书后，在申诉期限内不提出申诉的；违法当事人收到行政处罚决定书后，在申诉期限内提出申诉，经上一级渔政监督管理机构复议，违法当事人收到复议决定后在规定期限内不提出起诉的；违法当事人收到行政处罚决定书后，在申诉期限内提出申诉在复议期间具体行政行为不停止执行的。

渔业行政处罚决定书依法送达违法当事人后，就产生一定的法律后果。对于在海上作业的当事人，处罚决定书一经送达，就立即产生法律后果，必须先执行有关处罚决定，渔政监督管理机构及其执法人员必须按处罚决定书的内容和要求认真地执行，违法当事人拒不履行有关处罚决定的，可依法采取必要的强制措施，或依法申请人民法院强制执行。但在执行有关处罚决定时要防止和纠正由于违法当事人不履行义务，就采取协商、和解或随意改变处罚决定内容，或降低处罚标准的错误做法。因为行政处罚决定是一种重要的单位行政行为，一经产生法律效力，就具有确定力，即非经法定程序不得随意变更行政处罚决定的内容，如果确需改变的，必须经过与作出其决定相同的程序，并记录在案。在执行渔业行政处罚决定的过程中下列几种情况必须注意：

（1）对破坏渔业资源、超越许可规定的场所作业，影响航运畅通或军事设施正常工作的网具设置，必须当即拆除。违法当事人不在场的，可按无主网具先执行后告之。

（2）对正在进行的违反渔业法规的行为，在没有作出处罚决定之前，可采用暂扣其生产工具等措施，以制止其违法行为的继续。

（3）在执行过程中，当事人若确无给付能力或因不可抗拒力及其他特殊情况短期内无法执行，或当事人下落不明的，可中止执行。

（4）当事人愿意接受处罚，而经济上确有困难，提出申请要求减免罚款的，承办人员应征求所在单位或上一级渔政监督管理机构意见，经过集体研究，按案件审批权限批准后给予减免。

（二）执行渔业行政处罚决定应遵循的执行程序和手续

在执行渔业行政处罚决定的过程中，必须完备执行程序和有关手续。执行程序包括送达处罚决定书、通知相对人履行义务以及相对人自动履行义务。同时必须遵守程序规则。而完备执行有关手续，是指渔政监督管理机构及其执行人员对违法案件在实施执行过程中必须完备的各项手续。如按规定开具罚没款收据等。具体内容如下：

1. 执行程序

包括下列几个程序：①送达处罚决定书即处罚决定书是发生法律效力的法律文书，它不仅是渔政管理机构执行的根据，也是管理相对人履行义务的依据。因此，送达处罚决定书是执行开始的第一步，也是开始执行的必经步骤。没有送达处罚决定书，就不得进入执行阶段，所以送达行为也是执行行为的有机组成部分；②通知相对人履行义务，对渔业法律、法规直接规定相对人的义务应由其履行时，渔政执法人员应根据法律、法规的规定，通知相对人履行义务。这种通知行为是执行开始的标志，从而进入执行程序；③相对人自动履行义务，相对人对上述送达或通知受领后，即应当按规定主动履行义务。

然而，在执行过程中渔政执法人员应遵守以下程序规则：①告知相对人应有的权利和义务，以及注意的事项；②认真听取相对人的不同意见，必要时应记入笔录；③将相对人履行义务的基本情况记录在案；④按规定完备各项手续。

2. 执行手续

完备执行有关手续也是渔业行政执法的具体要求之一。因此，渔政监督管理机构及其执法人员在具体执行渔业行政处罚决定时，应按规定开具各种收据。具体是：

（1）开具罚没款收据。对当事人处以罚款及没收违法所得的款，必须开具财政部门统一制发的《罚没款收据》，渔政机构不得自行印制罚没款单据，不得开具其他收款收据或白条收取罚没款。开具《罚没款收据》时，应注意下列事项：

①严格按《罚没款收据》规定的内容填写。“填发机关”栏写明具体单位全称，并要在四联单上全部盖章。

②罚款全额要大写，并注明货币种类，如人民币、美元、港元、台币等。若有涂改应加盖经手人私章或指印。

③现场收款人（或单位收款人）要在收据中的“经收人”栏签名盖章，收款人不负责填写收据。而通常是由具体经办的渔政检查员填写，同时应在收据上签名或盖章。姓名不宜用代号，也不能只写姓不写名等。

④收据凭证的单据应盖上该渔政执法单位的财务专用章。

⑤非特殊情况，不要预先在空白的收款收据上盖公章。

（2）开具实物没收收据。处罚决定需没收渔具、渔船、渔获物以及作案工具等实物时，应由两名以上办案人员与当事人当面点清，并要依照规定开具《实物没收收据》，此收据由财政部统一制发，不许擅自开具其他单据或白条，更不许不开收据。在开具《实物没收收据》时应注意下列事项：

①严格按收据规定的内容填写，没收的实物名称、型号、规格、单位、数量要写明，并一律采用法定计量单位填写，如公斤、米等。

②实物在现场清点时，验收人（保管人）验明品种、数量，需要表明实物特征时可在备注中注明。

③当事人和验收人要在收据上签名或盖章，如果当事人拒绝签名，则应在凭证上注明理由。

④违规渔船的安全设施、生活用品、娱乐用品不宜没收。

（3）开具物品暂扣凭单。渔政监督管理机构及其检查人员，依法执行行政处罚决定，对当事人必须现场履行而拒不履行或部分履行有关处罚决定而依法扣留捕捞许可证、渔具、渔船的，应开具《物品暂扣凭单》，不许开白条。如果物品不是执行处罚决定，而是实施处罚决定的一种重要措施，其目的是促使当事人执行处罚决定。当事人一旦依照规定时间执行处罚决定时，应如数退还扣留的物品，但决定给予没收的除外。开具物品暂扣凭单时应注意下列事项：

①严格按照“凭单”规定的内容填写。

②扣留渔具、渔获物等实物的品名、规格、法定计量单位、数量，务必要证明，数量要大写。实物原有损坏、残缺或有其他特征的，应在备注栏注明。

③“凭单”中的“物主姓名”一栏，要由物主签名或盖章、押指印，物主不签名、不盖章的，应注明原因，并由现场见证人签名作证。

④扣留实物的具体时间及限期，履行义务的具体时间要详细记明。

⑤“凭单”由渔政检查人员负责填写，实物的保管人员不要填写。

⑥被扣留的证件、物品的时限为30天，逾期被处罚人不来接受处罚的，扣留的证件由发证单位予以注销，扣留的物品按无物主处理。

（4）开具实物变价凭证。依法没收的渔获物及时交指定的收购部门收购，对没收的渔具、渔船及作案工具等实物要及时交单位专人保管。做好标记、登记造册，需要作价处理时，由单位领导研究审批，不许办案人员擅自作价处理。渔政监督管理机构依法扣留的渔具等实物，在法定起诉期满当事人不申请复议或起诉，又拒不履行处罚决定的，经领导批准可作价处理。实物作价处理必须开具由省渔政管理机构统一制发的《没收违法案件实物变价凭证》。

（5）禁用渔具的处理。对禁用的渔具、物品如电鱼机等，必须及时处理。需要销毁的物品，应由保管人员列出清单提出销毁意见或作他用的意见，经单位领导按审批权限审批后处理，处理清单应存档备查。对于易燃、易爆和剧毒物品，如雷管、炸药、氰化物等，应及时移交公安机关处理。

第七节　结案与归档

结案，是指案件处理的终结。归档，是指将处理案件过程中有关的材料整理、立卷、归入档案的活动。结案归档是渔业行政执法机构处理渔业案件的最后一个步骤，也是渔政办案中不可忽视的一个环节。渔政执法实践证明，建立健全渔业案件档案及其管理制度有许多好处：系统保存渔业行政违法案件的历史资料，便于对屡犯不改者准确定案处理；集中、完善地保存有关证据材料，便于渔业行政执行机构系统了解和掌握渔业行政违法案件情况及其规律，有利于渔业行政执法工作的更好开展；科学地管理资料，便于提高工作效率；保存完善的案例，便于经常分析、研究，有助于提高渔政办案的水平。

（一）结案

结案，它包括对构不成行政违法或因主要证据不足而撤销的案件，以及依法实施了具体的渔业行政处罚决定等两种情况。对上级交办、下级报送或其他部门移送的渔业案件结案后，具体处理的单位应将处理情况及结果向原单位通报。对适用于立案程序处理的渔业案件，在结案后，应根据一案一档的原则，将案件的有关材料整理成册，立案存档。立案存档的案件材料应全面、真实、系统。案卷应包括以下内容和材料：

（1）卷宗封面，按分类要求编写号码经，地区（市）、县、乡镇类别，材料目录等。

（2）立案登记表；

（3）现场笔录；

（4）其他证据材料，包括询问笔录、当事人陈述、视听资料、有关物品照片、书证等与案件有关的证据材料；

（5）处理报告；

（6）有关的审批文件：

（7）渔业行政处罚决定书副本或复印件；

（8）罚没等各种单据、凭据；

（9）其他有关材料；

（10）卷宗封底。

（二）归档

对适用一般程序处理的渔业案件的卷宗可以简化。但现场笔录、渔业行政处罚决定书、罚没有关单据、凭证等主要材料必须俱全，以处理时间的先后顺序装订成册，并附备查目录。

案件材料一经装订编号成卷，就成为正式档案，装订线处贴封盖章，任何人不得自行拆散。同时，经复议的有关材料也应装订成册，作为原案案卷的附册。案卷的保管期限，立案程序处理的渔业案卷，应保存5年或10年，有条件的可以永久保存；一般程序处理的渔业案卷，应保存1年至3年。超过保存期限的案卷，由保管人员列出目录，注明标题和页数，经单位负责人审批后由两人监销，目录由承办人员和单位负责人签名后存档。

第八节　渔政办案文书

渔政办案文书，是指渔政监督管理机构在依法查处渔业行政违法案件中所制作的文书。渔政办案文书是渔业行政执法机构的喉舌，其内容的政策性、法律性、权威性、现实性都很强，影响面也比较大。从某种意义上说，它不仅关系到渔政监督管理机构的形象和声誉，影响办案质量和渔业法律法规能否正确贯彻执行，而且还涉及渔政队伍廉政建设等问题。正确制作渔政办案文书，可以全面、准确反映渔政办案的内容，保证渔政办案顺利进行。相反，如果忽视渔政办案文书制作或制作中不合要求，就必然影响办案质量，甚至影响到办案工作的顺利开发。本节围绕渔政办案文书的主题，介绍渔政办案文书的特征、作用、制作以及种类等几个问题。

一、渔政办案文书的特点

渔政办案文书是渔业行政执法专用的文书，与其他法律文书相比较，有其共同的特点，但又有不同之处。例如，它不同于一般的公务文书，也不同于一般纪实文书。渔政办案文书的主要特点是：

（一）具有很高的法律性和时间性

渔政办案文书是渔业行政执法机构在执法和诉讼过程中制作的法律文书，具有很强的法律效力和法律意义。所谓法律效力，是指具有约束力、确定力和执行力；所谓法律意义，是指在法律上有作用或引起某些法律后果、法律关系的产生等等。例如，渔业行政处罚决定书一经制作送达，则将产生法律效力，代表国家的强制力。渔政办案文书还具有很强的时间性，超过法定的时限，将承担文书规定的义务或导致无效。例如，渔业行政管理相对人对行政处罚不服的，必须在接到行政处罚决定书之日起 15 日内向上一级主管机关申请复议或在接到行政处罚决定书之日起 30 日向人民法院起诉。期满不申请复议、不起诉、又不履行处罚决定的，作出处罚的行政机关可依法申请人民法院强制执行。超过法定期限提出复议申请或提起诉讼的，均为无效申请。

（二）具有客观的真实性和严肃性

客观真实和严肃是法律文书与一般文学作品的显著区别之一。一般文学作品在不违背社会生活本质的前提下，作品中的材料不受真人真事的限制。而渔政办案文书是渔业行政执法机构适用法律的结果，是执法活动的具体表现，因此，渔政办案文书必须客观全面地揭示案件事实的本来面目，所以用的材料必须客观真实，适用法律法规不仅要慎重、准确，而且还要严肃、认真，认定的事实和适用的法律法规要一致，不能矛盾或抵触。就是说，渔政办案文书的制作要高度准确，记事要实事求是，准确无误；处理意见的表达只能有一种解释，不能含糊其辞，要恰当地表达文义；认定的事实必须与适用渔业法律法规一致，不能有任何歧义，以保证文书的有效实施。

（三）具有特定的格式和规范

一般的公务文书有一定格式，而法律文书格式的规范性比其他文书更严格，渔政办案文书是依法制作的，其内容不仅有一个总的规范化要求，而且每一种渔业执法文书的主要内容和具体事项又有其特有的规范化要求。例如，渔业行政执法机构现场查获违规渔船应制作现场笔录。国家渔业行政主管部门对现场笔录统一制定了文书格式，各省也可根据具体情况经请示部局同意采用全省统一的格式，以便在全国或全省统一使用，以保证其内容的完整、准确和有效。

（四）具有法律规定的合法性

渔政办案文书制作必须符合法律规定，《渔业法》规定，渔业行政处罚由渔业行政主管部门或其所属的渔政监督管理机构决定。因此，《渔业行政处罚决定书》等的制作必须由渔业行政执法人员按照国家渔业行政主管部门统一规定的格式按程序规定填写，还必须履行一定的法律手续才是合法。例如，“渔业行政处罚决定书”制作后要由在场的两名渔业行政执法人员签名才是合法。

二、渔政办案文书的作用

渔政办案文书的根本作用在于保证渔业法律、法规的具体实施，在渔业行政执法中起着明法传令的重要作用。渔政办案文书的作用，概括起来有下列几方面。

（一）实施渔业法律法规的重要工具

渔业法律法规的制定与颁布，其目的在于实施。渔业行政执法中可以看到，现场处理渔业违法案件时，首先按程序规定取得可证实违法行为性质和情节的各种证据，并填写现场笔录，作为认定事实的依据，接着根据认定的事实依法作出行政处罚决定。这就是说，渔政监督管理机构必须先经过渔政办案文书的制作，再落实其文书处理的结果。此法律文书明确表述管理相对人违反了哪一条法律、法规，应当受到怎样的处罚。由此可以看出渔政办案文书是具体实施渔业法律法规的重要工具。如果执法部门不按程序规定制作必要的渔政办案文书，不发挥其重要作用，必将影响渔业行政执法的效能，甚至还将承担一定的法律责任后果。

（二）渔业行政执法活动的原始记录

渔政办案文书是渔业行政执法机构在处理渔业违法案件过程中依照程序规定制作的，它是每一案件处理过程的文字凭证。例如，对现场查获的违法案件，从调查取证、现场笔录、处罚决定书的制作，一直到送达和执行处罚决定，每一环节都必须制作相应的执法文书。案件处理结束后，还要按时间顺序登记、结案、归档。通过案件一系列的执法文书，不仅能了解整个案件的活动过程和处理情况，而且还可在一旦产生争议或提出诉讼时，执法文书便可为诉讼提供真实的文字凭证。

（三）渔业法制教育的好教材

渔政办案文书是在办案现场制作的，记录违法情节和适用法律、法规的有关条款。渔业执法人员可以通过渔业执法文书的制作，对违法当事人进行法制宣传教育，使其明白自己的行为违反了哪些法律、法规的规定，按照渔业法律规范应当受到怎样的处罚，使违法当事人受到一次惩戒教育，而且渔业执法机关可以通过这些典型的案例，采取多种形式开展宣传教育，使广大渔民群众引以为戒，增强法制观念，自觉遵守法纪，进而保障渔业法律法规的有效实施。

（四）衡量渔业执法人员的重要尺度

渔政办案文书的制作是按程序规定记录有关证据、现场笔录、违规情节以及适用渔业法律规范，这就要求渔业执法人员既要有渔业专业知识，又要熟练应用渔业法律、法规，而且还要有一定的文化水平。如果渔业执法人员的渔业专业知识不全面，对渔业法律、法规不熟悉或不能应用，那么由他（她）制作的执法文书很难达到“依法制作的要求”。如果渔业执法人员文化水平低，没有写作能力，则由他（她）写的执法文书可能词不达意或用词不当，从而不能发挥执法文书的重要作用。同时，渔政办案文书的质量还可反映执法人员的观察、分析和处理问题的能力。所以说渔政办案文书的制作是衡量渔业执法人员执法水平的重要尺度。

三、渔政办案文书的制作

渔政办案文书的制作 ，是渔业行政执法活动中的重要环节之一。能否正确地制作，关系到执法质量和执法能否顺利进行。因此，渔政办案文书制作必须注意下列几个问题。

（一）必须坚持以事实为依据和以法律为准绳的原则

渔业行政执法的重要原则之一是“以事实为依据，以法律为准绳”。因此，制作文书时必须尊重事实，符合法律要求。尊重事实就是对违法情节必须实事求是，恰如其分地反映客观存在的真实情况，而且要有确凿的证据，不能随意发挥、引申、歪曲事实真相。符合法律要求就是在制作执法文书时必须严格依照渔业法律法规的规定。比如，制作处罚决定书要针对违法事实和情节，正确运用渔业法律法规的有关条款，罚款的标准不能超出自由裁量范围而与法相悖。

（二）必须条理严密用词严谨，主题鲜明取舍恰当

条理严密，是文书要有严密的逻辑和结构关系，如对违法事实的时间、地点、行为

人、原因、情节、结果等事实要素及因果关系要表达清楚，不要造成逻辑上和结构上的混乱，而且层次结构要精心安排，避免因条理不严而出现遗漏等现象。主题鲜明取舍恰当，是指文书内容明确，主题突出，如对调查笔录、询问笔录等调查取证的材料要抓住主要事实和情节，去粗取精，取舍恰当，对与案件事实有关的材料，要如实记录，而对与案件无关的材料大胆舍弃。

（三）必须固定格式用语规范

不同的文书内容有不同的表达形式，但要有固定的格式，以便办案人员填写，及时有效地发挥办案文书的作用，提高办案效率和质量。要有固定格和内容，逐栏、逐项地依次填写，不能将应填写在本栏的事项占用下一行或上一行栏目的空当，以免内容混淆不清，影响执法文书的效力。用语要规范，不用口头语、地方语，用语要恰当确切，如“渔获物”，不能写为“鱼货”，罚款数额不能与资源损失赔偿费混淆等等。文体工整，不用自造字或不规范的字。注意词义的轻重，不用描绘性或情感性的词语等。

四、渔政办案文书的种类

根据渔政办案内容和程序的要求，以及渔业执法实践，渔政办案文书主要有下列几种：

（1）渔业违法案件立案登记表；
（2）查处渔业行政违法案件登记表；
（3）渔业行政处罚案件现场笔录；
（4）渔政调查笔录；
（5）渔政询问笔录；
（6）渔业行政处罚处理报告；
（7）渔业行政处罚审批表；
（8）渔业行政处罚决定书；
（9）渔业行政案件复议申请书；
（10）渔业行政案件复议决定书；
（11）送达回证；
（12）宣布笔录；
（13）法定代表人身份证明书；
（14）授权委托书；
（15）强制执行申请书（一）、（二）、（三）；
（16）诉讼答辩状；
（17）移送案件通知书；
（18）提取物证笔录；
（19）违反渔业法规承认书；
（20）申请执行书；
（21）送达起诉书副本通知。

上述渔政办案文书的式样，除了本章内容中已列出的之外，其他的文书式样参阅书后附录。

第九节　外国人、外国船舶渔业违法案件办案程序

要做好外国人外国船渔业污染案件的办案程序，首先就要明确我国渔政船在专属经济区的巡航管理工作，因为外国渔船的侵渔事件是渔政船在巡航中发现的，同时在查处外国违规渔船时，必须严格按照《中华人民共和国管辖海域外国人、外国船舶活动管理暂行规定》（农业部第18号令）和《关于外国人外国船舶海上违法案件具体处理程序的通知》（国渔政〔1999〕11号文）的规定执行。因此，对渔政船上的渔业执法人员素质要求也特别高。为此，本章着重介绍：专属经济区渔政巡航管理规定、查处外国人外国船舶渔业违法案件操作的规定和具体处理程序，以及渔政船登临检查外籍渔业船舶的程序规定等内容。

一、专属经济区渔政巡航管理规定

为确保我国的渔业权益，渔政船在执行巡航任务时，遇到下列情况应立即报告海区局：

（1）发现外国渔船侵渔事件；

（2）发现渔船发生海损事件；

（3）发现海上重大渔事纠纷；

（4）在共管水域与他国政府公务船发生执法冲突；

（5）渔政船自身发生故障和事故；

（6）需要改变原巡航计划；

（7）其他特殊或紧急情况。

渔政船执行巡航任务期间，对查获的渔业违规案件实行“谁查获，谁处理”的原则。在查处外国违规渔船时，必须严格按照《中华人民共和国管辖海域外国人、外国船舶渔业活动管理暂行规定》（农业部第18号令）和《关于外国人、外国船舶渔业违法案件具体处理程序的通知》（国渔政〔1999〕11号文）的规定执行。

二、查处外国人、外国船舶渔业违法案件操作规定

为规范专属经济区渔政管理的查处外国人、外国船舶渔业违法案件工作，根据《中华人民共和国渔业法》及有关法律、法规的精神，查处时要求做到以事实为根据，以法律为准绳，着装整齐，文明执法，事实清楚，证据确凿，适用法律准确，程序完备，规范填写各种法律文书。具体规定如下：

（一）及时报告

发现外国人、外国船舶渔业违法案件时，应迅速向省（区）渔政管理部门报告，同时报海区局渔政渔港监督处，报告内容包括：船舶位置、国籍和船名号。

（二）做好取证

使用摄像机、照相机对违法现场的过程进行拍摄。

（三）登船检查

主动出示证件；检查船上渔具、渔获物，必要时抽样作物证；进入渔民卧室检查时注意按国际惯例。

（四）查检记录

检查完毕后，应将有关情况记录在案，并立即向海区局渔政渔港监督处报告船舶的基本情况，内容包括：船籍港、船体材料、船体长和宽、吨位、主机功率、人数、作业类型及违禁物品（武器装备、炸药、雷管等）。

（五）进行询问笔录

询问内容一般包括下列情况：

（1）询问人情况。即询问时间、地点、询问人（姓名和所在机关）、记录人、翻译人员。

（2）被询问人基本情况。即姓名、性别、年龄、国籍、文化程度、职业、工作单位、职务、住址。

（3）船舶基本情况。即船名号、国籍、船主姓名、船上人数、船体材料、船体长和宽、吨位、功率、作业类型、渔具情况，是否有我国批准的证件（如有证件要对照证件的许可内容）。

（4）违法情况。即作业地点（经纬度）和时间，当时进行捕捞情况，渔获物情况，什么时候从哪个港口出发，已经进行违法捕捞了多久，是否有炸鱼、毒鱼、电鱼等违法事实，是否有国家重点保护的水生野生动物，进入了中华人民共和国管辖海域的哪个区域（如内水、领海、毗连区、专属经济区或禁渔区、保护区等）进行捕捞，被我某渔政船的渔政检查员当场查获。

（5）说明。注明“上述内容渔政检查员已经对本人宣读过”，承认全部情况属实，侵犯了我国的海洋渔业权益，破坏渔业资源，愿意接受处罚等，并盖指模。翻译人员签名。此外，还要附录船上人员的姓名、年龄、国籍、住址、文化程度、职业、职务等。

（6）移交监护。将船、人都押解到指定的港口，没收渔获物和渔具，交公安边防部门监护。必须在押船进港前把计划押到的港口、进港时间预先通知所在省级渔政管理部门，以便省级渔政管理部门与当地省级公安边防部门联系。

将外国渔船交公安边防部门时，应办理交接手续，交接手续应包括：船名号、国籍、船舶基本情况、船员名单及基本情况、查获海域、违法事实、交接人等。

押解外国渔船，必须考虑到人和船的安全。在押解途中，如遇特殊情况确需要放弃时，必须报告海区局批准，渔政船回港后24小时内将《查处外国人、外国船舶渔业违法案件报告书》上报海区局渔政渔港监督处。

（7）作出处罚决定。对照有关法律条文进行定性、量罚，作出处罚决定前应填写好《渔业违法案件处理意见书》，并将处罚意见报省级渔政处和海区局渔政渔港监督处。

处罚决定批准后填写《渔业行政处罚决定书》，填写时统一使用农业部渔业局规定的格式《渔业行政处罚决定书》，《渔业行政处罚决定书》的填写处罚理由应包括以下内容：

①被处罚人。

②单位及地址，包括：船名号、国家、省、县、村或港口等。

③违规时间及地点。

④违规内容。当事人在上述时间、上述地点非法进入中华人民共和国管辖海域的哪个区域（如内水、领海、专属经济区或禁渔区、保护区等）进行捕捞。如果使用了炸鱼、毒鱼、电鱼等违法作业方式或捕获有国家重点保护的水生野生动物等，必须注明违反了中华人民共和国有关法律和条文。

⑤处罚依据：《中华人民共和国渔业法》第四十六条。

⑥处罚决定内容，包括罚款、没收渔获物、渔具等。

（8）结案报告。查处的外国人、外国船渔业违法案件结案后5天内，负责查处的机关将案件执行情况填写成《外国船外国人渔业违法案件结案报告书》，并《询问笔录》、《渔业行政处罚决定书》一起报所在省级渔政管理部门，同时上报海区局。抄报同级人民政府外事管理部门。

三、外国人、外国船舶渔业违法案件具体处理程序

关于外国人、外国船舶渔业违法案件的具体处理程序问题，根据有关文件的通知，其程序包括在查处案件时、作出正式处罚前、在处罚执行完毕后以及违法案件结案后负责查处的渔政机关及其执法检查人员应做的工作和要求的几个工作过程。具体内容如下：

（1）各级渔政渔港监督管理机构及其检查人员在查处外国人、外国船舶渔业违法案件时，要做到事实清楚、证据确凿、适用法律准确、程序完备，要规范填写《现场笔录》和《渔业行政处罚决定书》等法律文书，按《暂行规定》予以处罚。登船检查时应着装整齐，并主动出示证书。

（2）所有查处外国人、外国船舶渔业违法案件时，必须在查处现场及时将被查处的船名号、国籍、船长姓名、船上人数量、查处地点、违法事实等有关情况，通过电台（电话）逐级报至中华人民共和国渔政渔港监督管理局（即国家渔政渔港监督管理局，下同）。

（3）省级以下渔政渔港监督管理机构对外国人、外国船舶渔业违法案件作出正式处罚之前，负责查处的机构必须将侵渔或违法事实和处罚意见，报省级渔政渔港监督管理机构同意后，方可正式实施处罚。超出省级机构行政处罚权限时，应逐级上报海区渔政渔港监督管理局批准。必要时应报国家渔政渔港监督管理局批准。

（4）各级渔政渔港监督管理机构对外国人、外国船舶违法案件处罚执行完毕后，要及时将《查处外国人、外国船舶渔业违法案件报告书》、《现场笔录》和《渔业行政处罚决定书》等法律文书复印件，报所在海区渔政渔港监督管理局，并同时抄报国家渔政渔港监督管理局。

（5）所有查处的外国人、外国船舶渔业违法案件，原则上要带回港内处理，涉案人员和船舶按外交部《关于处理涉外案件若干问题的规定》（外发〔1995〕17号），交由公安边防部门监护。因特殊情况必须在现场处罚的，必须征得所在海区渔政渔港监督管理机构同意后方可执行，并于渔政船回港后24小时内将《查处外国人、外国船舶渔业违法案件报告书》、《现场笔录》和《渔业行政处罚决定书》等法律文书复印件，报所在海区渔政渔港监督管理局。

（6）查处的外国人、外国船舶渔业违法案件结案后，负责查处的机关应在上报情况

的同时，将案件情况抄报同级人民政府外事管理部门。

对重大案件或在特殊情况下，应将案件查处进展情况随时报上级主管机关和有关外事管理部门。

四、渔政船登临检查外籍渔业船舶程序规定

渔政船登临检查外籍渔船的程序规定，其内容包括：总则、渔政船登临检查人员组织、外籍渔船登临检查程序、渔业执法保海，并附有中华人民共和国外籍渔业船舶行政检查报告单的格式，具体分述如下：

（一）总则

第一条　根据《中华人民共和国渔业法》、《中华人民共和国管辖海域外国人、外国船舶渔业活动管理暂行规定》以及《专属经济区渔政巡航管理规定》，为进一步加强涉外渔业执法的领导，规范我国渔政船对外籍渔业船舶的执法行为，提高涉外渔业执法的质量和效率，制定本规定。

第二条　本规定适用于中华人民共和国渔政渔港监督管理局认可的，在我国管辖海域具有执法主体资格和管理权限的渔政船及其渔业行政执法人员。

本规定所指外籍渔业船舶是指在中华人民共和国管辖海域内从事渔业生产、生物资源调查等涉及渔业有关活动的非中华人民共和国国籍船舶，不包括台湾、港澳地区渔业船舶。

第三条　中华人民共和国渔政渔港管理局是我国管辖海域内外籍渔业船舶的主管机关，中国渔政指挥中心组织各海区渔政渔港监督管理局以及沿海各省渔政渔港行政主管部门负责具体执法检查和行政处罚。

第四条　渔政船对在我国管辖水域从事渔业活动的外籍渔业船舶原则上要进行登船检查。

（二）渔政船登临检查人员组织

第七条　参加专属经济区渔政巡航的渔政船应成立外籍渔业船舶检查行动领导小组（以下简称领导小组），领导小组由船长、大副、渔政检查员领队、渔政检查员组成。

第八条　领导小组的任务：

1. 负责组建本航次渔业执法登临检查小队（以下简称执法小队）；
2. 宣布航次任务；
3. 决定是否登临渔船；
4. 下达登临渔船命令；
5. 协调登临小队和渔政船间的通讯联络；
6. 接受执法小队的请示，并指导执法小队的现场检查；
7. 向上级报告渔业执法情况，并请求是否扣押渔船；
8. 向上级建议违法渔船被扣押港口；
9. 根据权限和请求，决定是否对渔船实行处罚，并通知渔业执法小队执行；
10. 填写渔业执法总结报告。

第九条　参加专属经济区渔政巡航的渔政船应建立渔业执法登临检查小队（以下简

称执法小队），由渔业执法领导小组根据船员、渔政检查员的实际情况，结合渔政船航次任务以及登临检查任务组建。一般情况下，渔政船应成立1至2支执法小队，执法小队由4~5人组成。

第十条　执法小队的任务：

1. 观察海上外籍渔业船舶活动情况；
2. 确认外籍渔业船舶是否在我国管辖海域或者有关协定水域合法生产；
3. 驾驶执法艇登临检查渔船；
4. 向执法领导小组报告检查渔船现场情况；
5. 根据现场检查情况，向领导小组建议是否对渔船实行扣押；
6. 负责押送渔船；
7. 根据权限分工，根据领导小组指示，开具渔业行政处罚决定书；
8. 执行渔业行政处罚；
9. 填写渔业执法检查总结报告，通知渔船检查结果。

第十一条　执法小队的分工：

1. 执法装备的准备和检查；
2. 通知被检查渔船做好接应执法艇的准备；
3. 驾驶执法艇；
4. 执法小队和渔政船之间的通讯联络和检查情况；
5. 渔业船舶有关证件的检查；
6. 有关表格填写内容的检查；
7. 渔具、网具的检查；
8. 渔业船舶舱体、安全和防污设施方面的检查；
9. 渔获量的检查；
10. 执法现场的警戒。

领导小组组建执法小队时，应将上述任务分解到每一个执法小队队员，并任命一名执法小队队长，负责指挥登临后执法小队的行动。

（三）外籍渔业船舶登临检查程序

第十二条　渔政船巡航时发现外籍渔船作业，执法小队成员应迅速判断该渔船所在水域的法律属性，观察渔船的标识和渔船船名，通过相关技术支持查询该船是否经过我许可入渔以及是否经过入渔通报，观察该渔船的作业状态、作业类型。

第十三条　领导小组根据执法小队的观察汇报，决定是否登临检查并制定登临方案。

决定登临检查的，由渔政检查员领队或船长向执法小队下达登临动员令，执行小队应在短时间内完成执法登临渔船准备。

渔政船决定登临外籍渔业船舶的同时报告海区渔政渔港监督管理局，海区局无充足证据一般应同意登临并做好接应或支援准备。

第十四条　登临渔船之前，渔政船应与外籍渔业船舶进行沟通，要求其为渔政艇提供必要的云梯、登临位置等方便措施。

第十五条　船长下达执法艇下水命令，大副现场指挥操作，执法小队放下执法艇并登艇出发。

第十六条　执法小队离开渔政船后，执法艇应做到：

1. 执照渔政船船长指挥航行；

2. 各执法小队队员各尽其职、相互配合，优先保证安全和通讯通畅；

3. 随时将海况、航行和登临检查情况向渔政船报告。

渔政船应做到：

1. 渔政船驾驶室应加强瞭望，密切注意小艇及人员的动态，发现问题及时向船长反映；

2. 驾驶室应保持和小艇的通讯畅通，并根据小艇的提示，向船长反映小艇的现场情况；

3. 船长应根据小艇报告的以及现场的情况，配合小艇行动，必要时调整渔政船的行驶状态并给予行动指导意见；

4. 渔政船应做好应急支援措施准备和小艇返回时的接应措施准备。

第十七条　执法小队登临渔船后，应首先确认渔船船长，主动向对方出示渔业执法证件，依法对渔船实施检查：

1. 控制通讯设备；

2. 检查有关渔业船舶证件，包括外籍渔业船舶的捕捞许可证、船舶国籍簿、船员证、电台执照等，须同时注意内容、格式的正确性；

3. 检查渔船舱位图，并对比现场船舱，判断两者是否有出入；

4. 检查渔捞日志、作业日报表和船上渔获物，判断两者是否有出入，检查填写格式是否符合有关渔业协定的规定；

5. 确认被查渔船显示的船位；

6. 检查网具、测量网具网目大小；

7. 检查渔船标志是否符合有关协定内容；

8. 检查各类消防、安全、防污设施等；

9. 填写渔业执法检查报告。渔船检查后，填写“中华人民共和国外籍渔业船舶行政检查报告单”（见附件），如各项检查内容均符合有关规定，在检查报告单上加盖“检查合格，中国渔政×××号”字样的章，执法小队队长签字，交给被检查渔船以备后查，如有检查内容不符合有关规定，执法小队立即报告渔政船领导小组，并将检查报告单留存备案。

第十八条　对违规渔船，渔政船领导小组应在执法小队报告后迅速做出处理决定，执法小队应在领导小组指示处理决定后方可采取行动。

第十九条　对违规船舶，渔政船领导小组应尽快将检查情况和处理建议报至海区渔政渔港监督管理局，经海区局同意后，按《关于外国人、外国船舶渔业违规案件具体处理程序的通知》规定的程序处理。

第二十条　涉嫌违规渔船抗拒登临检查或开车逃跑，渔政船应立即将情况报告主管部门请求，同时对渔船进行监控、追赶，必要时强行登临检查。

第二十一条　在检查渔船时发生不配合或者暴力抗拒等情况，执法小队立即报告渔政船，渔政船应及时靠帮支援，同时报告省、海区渔政部门，省、海区渔政部门应立即组织有关方面力量，随时支援，以防万一。

第二十二条　当作出扣船指示后，执法小队应分成二组，一组人员负责扣押渔船上非船长的职务船员和有关渔业证件并由小艇带回渔政船；另一组人员（驾驶、机舱及其他人员）留在渔船上，负责渔船随同渔政船进入指定的港口。留船执法人员如发现异常情况，应及时向渔政船通报。渔政船应注意对渔船的瞭望，发现异常情况及时同执法人员联系，一旦失去联系，应立即靠帮支援。

（四）渔业执法保障

第二十三条　渔政船应建立渔业执法管理信息系统。渔业执法管理信息系统内容包括：

1. 许可入渔我国专属经济区外国渔船查询系统；

2. 渔业协定内容查询系统；

3. 外国渔船入渔通报信息交换系统；

4. 我国入渔他国通报信息交换系统；

5. 暂定措施水域许可渔船查询系统。

第二十四条　执法的通讯保障

1. 确保每一个执法队员能使用无线对讲机；

2. 驾驶室必须监听执法队的无线电信号；

3. 定时对对讲机等通讯设备充电，确保执法时电池处于充足状态。

第二十五条　执法队成员工作要求

1. 定时检查执法器材的保养情况，按照保养规定进行定时充电、除湿、除尘、暴晒等。各渔政船主管机关负责制定执法器材保养办法，落实专人负责，并纳入船员职责中。

2. 海上巡航时，执法队员应着渔政服（渔政工作服，包括适合登临船舶的皮鞋，各类微标装饰整齐），随身携带执法身份证件（执法授权证书）。

3. 执法人员应熟悉渔政执法器材的储存地点。渔政执法器材应放置在便于执法人员存取的地方。船长应确保随时应渔业执法的需要开启储存点提取器材。

4. 储备一定量的，携带方便的食物和水。冬季时渔政检查人员应着保温救生衣。

第二十六条　执法小队队员基本装备

救生衣、无线对讲机、强光电筒、文件包（包括办案文书），多功能工具刀、网具测量仪器、船舱测量仪器、照相机。

第二十七条　执法队员应具备的知识

1. 有关国际法知识；

2. 渔业资源及渔业资源的养护知识；

3. 船舶安全知识；

4. 通讯信息工作知识。

附件

中华人民共和国外籍渔业船舶行政检查报告单

渔船名号：____，船籍港：____，船长：____，船长国籍：____

船主：______，船员：______人，该渔船于______年______月______日______时____分，在经纬度：______接受了中国渔政______号的检查。

	检查项目	是	否	备注
检查结果	是否有我国专属经济区捕捞许可证			
	是否符合许可作业的区域			
	是否符合许可作业的网具			
	是否符合许可作业的时间			
	是否有船舶登记证书（或国籍证书）			
	许可作业的船舶申请登记的船长是否和渔船的登记船长一致			
	作业使用的网具的网具规格和尺寸是否符合规定			
	渔船的许可标识是否符合规定			
	捕捞日志填写是否正确			
	是否转载了渔获物			
	如果转载了渔获物是否向我国管理部门进行了申请			
	渔船的累计产量是否超过了捕捞配额			

经检查，确认你船行为______（填符合或不符合）有关法律法规

船长签名：______渔政检查员：1 ______2 ______。

______年______月______日

本章思考题

1. 渔政办案程序的涵义是什么？它在渔政办案中有何意义？
2. 渔政办案程序有何特点？为什么？
3. 渔政办案程序有几种类型？最常见的办案程序有几种？它有何特点？
4. 渔政办案程序中的一般程序与简易程序区别在哪里？海上渔政执法时对违规案件的处罚应采用哪种办案程序？为什么？
5. 何谓立案程序？对哪些案件需要立案处理？为什么？
6. 渔政办案中的调查取证有何重要性？为什么？
7. 渔业案件中的调查取证的证据有几种类型？各种证据有何特点？
8. 渔政办案中的证据收集应做到哪些要求？为什么？
9. 为什么对渔政办案中的证据要进行审查和判断？如何进行审查和判断？
10. 渔政办案中证据的固定和保全有何意义？如何进行固定和保全？
11. 渔政办案中如何确定违法事实和行为性质？举例说明。
12. 渔政办案中的定性处理报告应包括哪些内容？为什么？
13. 渔业行政处罚应具备哪些条件？为什么？
14. 正确作出渔业行政处罚决定应注意哪些问题？为什么？
15. 为什么在渔业行政处罚中要填写处罚决定书？
16. 渔政办案中处罚决定书的送达有几种方式？各种方式有何特点？
17. 渔业行政办案中的行政执行有哪些特征？为什么？
18. 执行渔业行政处罚决定应具备哪些条件？为什么？在执行中应注意哪些问题？
19. 执行渔业行政处罚决定应遵循哪些程序和手续？为什么？
20. 渔政办案中的结案与归档有何意义？为什么？
21. 渔政办案文书有何特征和作用？为什么？

22. 渔政办案文书制作应注意哪些问题？为什么？

23. 渔政船在执行巡航任务时遇到哪些情况要立即向海区局报告？在查处外籍违规渔船时应按照哪些文件执行？

24. 渔政船在专属经济区内查处外籍违规渔船时应做到哪些规定的要求？为什么？

25. 渔政执法人员填写外籍违规渔船的处罚理由应包括哪些内容？

26. 参加专属经济区渔政巡航的渔政船所成立的外籍渔船检查行动领导小组的任务有哪些？渔业执法登临检查小队的任务又有哪些？

27. 执法小队登临外籍违规渔船后，依法对该船实施哪些检查？

28. 渔政船在查处外籍违规渔船时应建立哪些渔业执法管理信息系统？

29. 渔政船在专属经济区查处外籍违规渔船，执法人员应具备哪些知识？为什么？

第十四章

渔业行政复议与诉讼

渔业行政复议，是指管理相对人不服渔政监督管理机构作出的具体行政行为，依法向该行政管理主体的上级行政机关或法律、法规规定的其他机构提出申请，由受理机关依法对原具体行政行为进行审查并作出裁决的一种活动。渔业行政诉讼，是指管理相对人对渔业行政执法机构作出的具体行政行为不服，或对渔业行政复议裁决不服，依法向人民法院提起诉讼请求，要求人民法院保障其合法权益，由人民法院依法进行审理并作出裁决的各种活动。

在渔业执法过程中可以看到，管理相对人对管理主体作出的具体行政行为而引起种种纠纷。这种纠纷，一方面由于涉及违法案件量多面广，情况复杂，而且具体实施行政行为的执法人员素质水平、法律意识存在着差异，执法中难免会出现这样或那样的违法及不正当行政行为；另一方面由于渔业执法中的许多具体行政行为，尤其是渔业行政处罚和渔业行政强制措施直接影响到相对人的权益，因此相对人也不可能完全服从渔业行政执法机构作出的行政决定，即使具体行政行为是合法合理的，有的相对人也会在法律意识及切身利益等因素的支配下，作出错误的认识和判断而表示不服。这样，只要相对人对渔业执法中作出的具体行为产生异议，就必然产生行政争议，而行政争议的发生对渔业执法机构和管理相对人都有一定影响。如何解决这种争议呢？根据《渔业法》第三十三条规定：“当事人对行政处罚决定不服的，可以在接到通知之日起 30 日内，向人民法院起诉。”《行政诉讼法》第三十七条规定：“对属于人民法院受案范围行政案件，公民、法人或其他组织可以向上一级行政机关或法律、法规规定的行政机关申请复议，对复议不服的，再向人民法院提起诉讼，也可以直接向人民法院提起诉讼。”于是，解决这种争议的方式，目前主要采用渔业行政复议和渔业行政诉讼两种制度。下面就围绕这个解决渔业行政争议的两种制度，介绍其特点、原则以及具体的程序等。

第一节　渔业行政复议

行政复议制度，国外称为“诉愿”制度。它在世界不少国家的法律体系中占有极为重要的地位。我国行政复议制度从 20 世纪 50 年代就开始了，自党的十一届三中全会以来，行政复议制度得到了进一步的重视和发展。

建立健全行政复议制度，对于促进行政组织依法行使职权，防止和纠正违法或不当的具体行政行为，保护公民、法人和其他组织的合法权益，都具有十分重要的意义。同时，也是及时妥善处理渔政办案中的行政争议和实行政策把关的重要环节。由于渔政监督管理工作涉及面广、政策性强，对渔政办案的许多问题到底处理的正确程度如何，终究是渔政监督管理机构或渔业行政主管部门的职责。因此，渔政办案中引起的行政争议，由上一级的渔政监督管理机构或渔业行政主管部门负责复议，确实很有必要。

实行渔业行政复议制度的好处是：对渔业行政执法机构有一定的制约作用，促进行政机关依法行政，减少争议的发生；有利于发挥渔业行政主管部门及其所属的渔政监督管理机构内部的监督作用，可及时发现渔业行政执法过程中导致争议的主要矛盾，积极采取有效措施，改进与提高渔业执法水平；可以迅速有效地解决行政争议、维护行政管理相对人的合法权益。此外，通过行政复议解决争议，行政管理相对人不必到法院提起诉讼，从而大大减轻了人民法院的负担。然而，渔业行政复议作为一种制度，它的特点、原则和具体的程序，有必要在这里介绍。

一、渔业行政复议的特点

渔业行政复议是管理相对人请求矫正渔业违法和不当的行政行为的一种重要救济手段，是渔业行政法制监督的一种重要救济手段，是渔业行政法制监督的一种重要方式。因此，渔业行政复议制度有其自身的特点，这些特点主要反映在以下几方面：

（1）提出渔业行政复议申请的，必须是其合法权益受到损害的行政相对人，而不是原渔业行政执法机构的上一级主管机关主动提出的。因此，没有行政相对人的申请，渔业行政复议也就无从谈起。

（2）渔业行政复议是对引起争议的具体行政行为进行审查的内部监督活动。复议机关应当事人的请求，对具体行政行为是否合法，适当进行审查，如果发现原具体行政行为违法或不当，将给予纠正。所以说渔业行政复议是上级机关对其下级渔业行政执法机构行政行为的内部监督。

（3）渔业行政复议适用行政复议程序进行，是“准司法活动”，也就是说渔业行政复议不是终局程序，当事人如果对复议裁决不服，在规定的时间内还可以向人民法院提起诉讼。

（4）渔业行政复议的机关是作出引起行政争议的具体行政行为的渔业行政主体的上级主管机关。

（5）行政复议是渔业行政复议机关的一种具体行政行为，行政复议决定是针对特定的人和事的一次性效力，而不适用于普通的人和事。行政复议的全过程是在行政系统内部进行，适用的是行政程序。行政复议的这一特点与行政诉讼有区别，因为行政诉讼所表现的是人民法院对具体行政行为的司法监督，它是人民法院的司法行为，适用的是司法程序。

（6）渔业行政复议的结果是由受理的渔业行政复议机关作出行政复议决定。复议机关受理复议申请之后，通过审查，必须对原具体行政行为作出明确的行政复议决定，否则行政复议就失去应有的作用和存在的价值。

二、渔业行政复议的基本原则

渔业行政复议是行政复议的一种，行政复议的基本原则是由法律、法规规定的对行政复议活动具有普遍指导意义的行为准则，当然也是渔业行政复议必须遵循的原则。根据《行政复议条例》规定，渔业行政复议应遵循的基本原则有以下几方面。

（一）复议机关依法行使职权不受其他机关、社会团体和个人非法干预的原则

复议机关受理复议申请后，应当严格按照法定权限和法定程序审查复议案件，在复议过程中必须贯彻“以事实为根据，以法律为准绳”的精神，对具体行政行为进行全面严格的审查，依法作出复议决定。复议机关依法受理复议案件具有相对的独立性，它只对法律和本行政机关首长负责，不受其他机关、社会团体和个人的非法干预。上级行政机关、司法机关和国家权力机关只能依法对复议决定进行监督，同样不能干预。只有当复议机关的复议活动出现违法情况时，上级行政机关才应当依法予以纠正。复议机关及其工作人员对于非法干预，特别是对那些利用职权或利用各种关系走后门等手段的非法干预，应当敢于抵制，以保证复议活动依法顺利进行。

（二）复议机关依法对具体行政行为是否合法和适当进行审查的原则

复议关对复议申请的审理，既要对具体行政行为的合法性进行审查，还要对具体行政行为的适当性进行审查。合法性是指具体行政行为是否事实清楚、证据确凿，适用行政法律规范是否正确，是否符合法定权限和程序；适当性是指具体行政行为是否合理，自由裁量权是否适度和公正。通过复议机关的审查，对合法、合理的具体行政行为予以维持，对违法或明显不当的具体行政行为予以撤销或变更。这样才能使行政复议起着维护和监督行政主体依法行使职权，防止和纠正违法或者不当的具体行政行为，保护公民、法人和其他组织的合法权益的作用。

（三）行政复议不适用调解的原则

调解是指行政机关、人民法院或其他第三人主持同纠纷双方协商解决纠纷的一种活动，是解决民事纠纷的一种常用方式。民事纠纷所涉及的双方当事人享有平等的民事权利，双方当事人对自己享有的民事权利在法律允许范围内有自由处分权，这是适用调解方式的前提。行政复议是解决行政纠纷的一种行政活动，行政纠纷的一方是作出引起复议申请人不服的具体行政行为的行政管理主体，争执的焦点是行政管理主体作出的具体行政行为是否合法、合理，而行政管理主体依法作出的行政行为是不能自己随意处分或放弃的。因此，行政复议案件不能适用调解，只能作出维持、撤销或变更的行政复议决定。

（四）行政复议应当遵循合法的原则

所谓合法的原则，是指复议机关必须严格遵守并执行法律的有关规定，真正做到依法复议，确保行政复议活动履行主体合法、依据合法以及程序合法的原则。

履行行政复议职责的主体合法，是指复议机关应当是依法成立并享有法律、法规赋予的复议权的行政机关或法定组织。复议机关受理并审理的复议案件，必须是依法有管辖权的复议案件，不属于其管辖的复议案件无权审理。

审理复议案件的依据合法，是指复议机关审理复议案件所依据的法律、行政法规、地方性法规、民族自治地方的自治条例、单行条例、规章以及上级行政机关制定和发布的其他行政规范性文件，对所审理的复议案件必须是现行有效的。法律规定尚未公布或虽已公布但尚未开始施行的；法律规定已经失效或被明令废止的；以及法律规定与上一层次的法律规定相抵触的，均不能作为审理的依据。

审理复议案件中的程序合法，是指复议机关审理复议案件应当严格按照《行政复议条例》和有关法律、法规规定的具体复议程序进行，即审理案件的步骤、方式、顺序、

期限必须符合有关法律、法规、规章的规定和要求。

（五）复议机关应遵循及时、准确、便民的原则

在处理渔业行政案件中，复议机关必须依法履行职权，以事实为根据，以法律为准绳，对行政相对人的复议申请按法定程序，合法、公正、及时地受理和审查复议案件，并在规定的期限内作出处理决定，而且处理决定要符合事实，定性要准确，适用行政法律规范也要准确，在复议活动中尽可能为申请复议的当事人提供各种方便条件。

及时的原则，是指复议机关应及时查明案件事实，迅速解决行政纠纷。即受理复议申请应及时，案件审理应及时，而且还应及时准确作出复议决定，及时执行复议决定。

准确的原则，是指行政复议机关通过行政复议应准确查明案件事实，准确认定事实性质，准确适用法律规定，从而作出准确的复议决定。

便民的原则，是指行政复议活动应做到方便复议申请人（既方便于管理相对人），不使管理相对人因复议活动而受到更大的拖累。为此，在审理复议案件时应尽可能实行书面审理方式，尽量不采用其他的审理方式，使相对人少花时间，方便于民。

（六）行政复议期间具体行政行为不停止执行的原则

此原则是保障国家行政管理的效能，维护社会公共秩序和公共利益，维护国家行政权应有的尊严所必须的。行政主体作出的具体行政行为是实施国家管理权的结果，是国家管理活动的一部分，具有国家强制力和执行力，行政管理相对人不能自行否定。即使是具体行政行为违法或不当，但在违法或不当行政行为被撤销或变更之前，不能因相对人不服复议的行政行为而影响其执行。但考虑到行政管理的复杂性，在某些情况下不停止执行会给相对人的合法权益造成不必要或难以弥补的损失，因此《行政复议条例》也规定停止执行有下列 4 种情况：①被申请人认为需要停止执行的；②复议机关认为需要停止执行的；③申请人申请停止执行，复议机关认为其要求合理，裁决停止执行的；④法律、法规和规章规定停止执行的。

三、渔业行政复议程序

渔业行政复议程序，是指渔业行政复议机关通过行政复议解决行政纠纷过程中所遵循的方式和步骤。渔业行政复议程序是保证渔业行政复议活动合法、高效的重要制度。根据《行政复议条例》的规定，渔业行政复议应遵循复议申请、复议受理、复议审理以及复议决定 4 个阶段。

（一）复议申请

根据《行政复议条例》的规定，当事人对行政处罚决定不服，申请复议的期限是在接到通知之日起 15 日内提出。超过 15 日期限的，复议机关不予受理。因不可抗力或其他特殊情况耽误申请期限的，在障碍清除后的 10 日内，可以申请延长期限，是否准许，由有管辖权的行政复议机关决定。复议申请要解决两个问题，一是申请复议应具备的条件；二是要递交复议申请书。

1. 申请复议应具备的条件

公民法人或其他组织认为渔业行政执法机构作出的具体行政行为侵犯其合法权益，有权依照规定向有管辖权的渔业行政复议机关提出复议申请。根据《行政复议条例》规定，

申请复议应符合以下6个条件，而且是同时具备这些条件，缺一不可。

（1）申请人必须是认为具体行政行为直接侵犯其合法权益的公民、法人或其他组织。即作为渔业行政复议案件的申请人，必须是渔业行政执法机构作出引起行政争议的具体行政行为的相对人。这一条件是对申请人的主体资格和要求。

（2）有明确的被申请人。渔业行政复议的被申请人是作出引起复议申请人不服的具体行政行为的渔业行政执法机构。被申请人是行政复议案件不可缺少的复议参加者。如果被申请人不明确，那么复议机关就无法开展复议活动。

（3）有具体的复议要求和理由。行政复议是以解决行政争议为目的，而行政争议是相对人不服具体行政行为而产生的，所以复议申请人提出复议申请时必须明确提出通过复议要解决的问题和要达到的目的，并提出理由。

（4）属于申请复议范围。申请复议的案件，必须属于法律、法规规定的受案范围，否则不得申请复议。这些复议范围是：①《行政诉讼法》列举的可以提起行政诉讼的具体行政行为；②单行法律、法规规定可以提起行政诉讼的具体行政行为；③《行政复议条例》及其他单行法律、法规规定可以申请复议的具体行政行为。

（5）属于受理复议机关管辖。它是指复议申请人必须向对该复议案件有管辖权的复议，而不能向别的机关申请复议。根据《行政复议条例》第十五条规定，相对人对渔业行政执法机构作出的具体行政行为不服，应向作出引起行政争议的具体行政行为的渔业行政执法机构的上级主管行政机关复议。

（6）申请人尚未向人民法院提出诉讼。解决行政争议，相对人可选择行政复议，也可提起行政诉讼，但两种程序不能同时进行。相对人一旦选择行政诉讼，则表明相对人已放弃行政复议的权利，因此不得申请复议。

2. 递交复议申请书

复议申请人应当向复议机关递交复议申请书，申请人书写有困难的，可到复议机关口头申请，由复议机关工作人员笔录，申请人签名盖章。复议申请书应载明下列内容：

（1）复议申请人的基本情况，即申请人的姓名、性别、年龄、职业、住址等；法人或其他组织的名称、住址、法定代表人姓名和职务；

（2）被申请人的名称、地址；

（3）申请复议的事实和理由，以及复议申请的要求；

（4）提出复议申请的时间；

（5）其他材料以及应提供的证据。

（二）复议受理

复议机关收到复议申请后，应对复议申请进行审查，并自收到复议申请书之日起10日内，对复议申请书分别作出如下处理：

（1）复议申请符合复议申请条件的，应予以受理；

（2）复议申请不符合申请条件之一的，复议机关可裁决不予受理，并将不予受理的理由通知复议申请人；

（3）复议申请书不符合上述复议申请规定内容之一的，如：申请人或被申请人地址不详，未写明申请复议的要求和理由，或者要求不明确、理由不充分的，复议机关应当把复议申请书退还申请人，限期补正。过期不补正的，视为未申请或申请已被驳回。

（三）复议审理

是指行政复议机关依法对复议案件进行审查分清是非的活动。复议审理是行政复议过程中的实质阶段，复议机关通过对复议案件的全面审查，为复议决定做好准备。复议案件的审理实行书面复议制度，但必要时也可以采用组织辩论等其他方式受理。复议案件审理的期限为两个月。复议审理的一般作法如下。

1. 发送复议申请书

复议机关对复议案件受理立案后，应当在受理之日起7日内将复议申请书副本发送给被申请人。

2. 作出答辩书

被申请人在收到复议机关送达的复议申请书副本后，应当在收到复议申请书副本的10日内，向复议机关提交引起行政争议的具体行政行为的有关材料或者证据，并提出答辩书。答辩书是被申请人针对复议申请人的复议要求和理由进行回答或反驳的一种文书。提出答辩书是复议被申请人的一种权利，也是行政复议程序中重要的步骤之一。复议被申请人应珍惜和正确行使自己的权利，认真制作答辩书，按时提交复议机关，以利于案件的审理。如果复议被申请人不按规定时间提出答辩书，只能意味着对答辩权利的放弃，并不影响复议案件的审理决定。答辩书的内容应全面阐明答辩人的要求和主张，以及这种要求和主张的理由和根据，有理有据地反驳申请人的要求和主张。答辩书首先要介绍答辩人的名称、地址和联系方式，接着说明答辩人的要求及其主张的理由和依据，并把行政争议发生的事实经过、争议焦点实事求是地提出充分有力的证据，反驳申请人的要求和主张，最后写明答辩书致送复议机关的名称、答辩时间，并加盖答辩人的印章。

3. 复议案件审理

复议机关收到审议申请书和被申请人的答辩书以及案件有关材料后，应组织人员审阅案件有关资料，认真调查研究，依照有关规定对案件进行全面审查。复议机关对复议案件审查的范围，既包括必须对具体行政行为是否合法，同时包括对具体行政行为所依据的事实和规范性文件进行全面的审查。具体应包括下列几方面：

（1）具体行政行为所依据的事实是否清楚，认定是否准确；

（2）具体行政行为在法定的自由裁量和范围内是否有明显的不妥；

（3）具体行政行为所运用的法律、法规、规章等规范性文件是否准确无误和有效；

（4）被申请人作出具体行政行为的程序是否符合法定要求；

（5）被申请人有否超越职权或滥用职权；

（6）有否遗漏及未处理的问题；

（7）扣罚手续是否完备。

（四）复议决定

它是行政复议基本程序的最后阶段。在这一阶段里，行政复议机关通过对案件的审理，在查明和认定案件事实的基础上，于法定期限内作出复议决定。

1. 依法作出复议决定

根据《行政复议条例》规定，复议决定应区分不同情况，作出决定维持具体行政行为、决定被申请人补正、决定撤销或变更并责令被申请人在限期内重新作出具体行政行为、决定被申请人限期作出具体行政行为等决定。

（1）决定维持具体行政行为。复议机关通过审理，认为具体行政行为事实清楚，适用法律、法规、规章和具有普遍约束力的决定、命令正确，而且符合法定权限和程序的，应当作出维持具体行政行为的决定。

（2）决定被申请人补正。复议机关认为具体行政行为事实清楚，适用法律、法规正确，只是在程序上有不足之处而且并未直接影响申请人合法权益的，应当决定被申请人限期补正。

（3）决定撤销、变更，并可责令被申请人在限期内重新作出具体行政行为。复议机关认为具体行政行为的主要事实不清或没有事实依据；或者错误适用法律、法规和规章的；或者违反法定程序影响申请人合法权益的；或者超越职权，滥用职权的；或者具体行政行为明显不当的，应作出撤销、变更该具体行政行为。

撤销具体行政行为有两种情况：一种是完全否定具体行政行为，彻底免除复议申请人对这一具体行政行为所承担的义务；另一种是撤销该具体行政行为后可责令被申请人就同一问题重新作出具体行政行为。但被申请人不得以同一事实和理由作出与原具体行政行为类似的具体行政行为。变更具体行政行为的，变更之后，被变更的具体行政行为即告废止；如果部分变更，则被变更部分废止。

（4）决定被申请人限期作出具体行政行为。复议机关认为被申请人不作为没有履行或者拖延履行法定职责而引起的行政行为复议案件，被申请人是一种失职行为，应当决定被申请人在一定期限内作出相应的具体行政行为。

复议机关经过审查，发现有争议的具体行政行为所依据的规章或具有普遍约束力的决定、命令与法律、法规或者其他规章和具有普遍约束力的决定、命令相抵触者，在复议机关职权范围内的，依法予以撤销或变更；复议机关无权处理的，应报上级机关或由上级机关提请有关机关依法处理。处理期间，复议机关应停止对案件的处理，上报处理的时间亦应排除在复议案件的法定期限之外。

2. 制定复议决定书

根据《行政复议条例》规定，复议机关作出复议决定，应当制作复议决定书。复议决定书应载明以下事项：

（1）申请人的姓名、性别、年龄、职业、住址。如果申请人是法人或其他组织，应写明名称、住址、法定代表人的姓名、职务；

（2）被申请人的名称、地址、法定代表人的姓名、职务；

（3）申请复议的主要请求和理由；

（4）复议机关认定的事实、理由，适用的法律、法规、规章和具有普遍约束力的决定、命令；

（5）复议结论；

（6）不服复议决定向人民法院起诉的期限；

（7）作出复议决定的年、月、日；

（8）复议决定由复议机关的法人代表署名，加盖复印机关印章。

复议决定书是反映复议机关审理复议案件结果和复议决定内容的一种法律文书，是复议机关或作出具体行政行为的行政执法机构执行复议决定的依据。它一经送达复议申请人，即发生法律效力。

3. 复议决定的送达

复议决定书可采取直接送达或挂号邮寄等方式，直接送达时必须持送达人回证，直接送达受送达人，由送达人在回证上签名、盖章或押指印，并写明送达日期。如果受送达人不在家，可交其同住的成年家属或者所在单位签收。受送达人拒绝接受复议决定书的，送达人应当邀请有关人员到场，说明情况，在送达回证上说明拒受事由和日期，由送达人、见证人签名、盖章，把复议决定书留在受送达人的住处或者收发部门，即视为送达。若复议决定书是挂号邮寄的，即挂号回执上注明的收件日期为送达日期。

4. 复议决定的执行

复议决定具有确定力、约束力和执行力，已经送达即发生法律效力，复议申请人和被申请人都必须履行复议决定所确定的义务和责任，不得违反。如果复议决定维持原具体行政行为，复议申请人在法定期限内，不履行复议决定，又不向人民法院起诉的，复议机关或原作出具体行政行为的行政机关可向人民法院申请强制执行；如果复议决定做出撤销或变更具体行政行为的，被申请人必须予以落实。被申请人逾期不予落实的，复议机关可直接或建议有关部门依法追究其法定代表人的法律责任。

第二节　渔业行政诉讼

行政诉讼制度是现代国家的一项重要法律制度，是解决行政争议的一种诉讼制度。由于各国法律对如何解决行政争议的规定不同，以及人们对法律规定的理解不同，因此行政诉讼有广义和狭义之分。

广义的行政诉讼，是指国家行政机关之间，国家行政机关与社会团体、企事业单位之间，国家行政机关与公民之间，因行政纠纷而依法由行政机关或司法机关予以处理的一种诉讼活动。它既包括司法机关解决行政争议的判决，也包括行政机关对行政争议的裁决。

狭义的行政诉讼，是指行政争议发生后，仅由法院依照司法程序审理的诉讼活动。在我国，行政诉讼是指人民法院审理和解决行政案件中的活动，也就是人民法院行使国家的审判权，依法审判行政案件和当事人为保护自己的合法权益所进行的活动。

具体地说，渔业行政诉讼，是指在渔业执法过程中，管理相对人对渔业行政执法机构作出的具体行政行为不服，或对复议机关作出的行政复议决定不服，在决定的期限内向人民法院起诉。人民法院受理时，作出具体行政行为的渔业行政执法机构或复议机关就成为被告。渔业行政执法机构一旦成为行政诉讼的被告，应依照行政诉讼的程序和有关规定参加行政诉讼。这就是说，渔业行政执法必须接受严格的司法监督。渔业执法接受司法监督，不仅是保证渔业行政执法机构严格依法行政的主要措施，同时也是调整渔业行政执法机构与广大渔业生产者关系的主要法律保证。在渔业行政诉讼过程中，人民法院既要保障和支持行政管理主体依法行政，有效地行使国家的行政权，又要切实保护相对一方当事人特别是广大公民享有宪法和行政法律规定的各种合法权益，从而使国家的行政管理工作在依法行政的轨道上正常运行。渔业行政诉讼与渔业行政复议相类似，也有其自身的特点、原则以及审理程序等。

一、渔业行政诉讼的特点

渔业行政诉讼，实际上是针对渔业行政案件引起的诉讼，即当事人对渔业行政执法机构作出的具体行政行为不服，或对渔业行政复议裁决不服的，依法向人民法院提起的诉讼。渔业行政诉讼具有下列特点：

（1）提出渔业行政诉讼的原告是对渔业行政执法机构作出的具体行政行为不服，或对渔业行政复议机关复议裁决不服的管理相对人；被告是渔业行政执法机构或渔业行政复议机关。即原告只能是管理相对人，被告只能是行政管理主体。渔业行政诉讼也是“民告官”的诉讼。

（2）渔业行政诉讼的中心内容是确认行政主体作出的具体行政行为是否合法、适当，也是对渔业行政执法机构行政管理活动的司法监督。人民法院通过对渔业行政案件的审理，一方面维持合法、适当的具体行政行为，维护渔业行政执法机构依法行使职权；另一方面也可撤销、变更违法或不当的具体行政行为和责令侵权的渔业行政执法机构给予行政相对人赔偿的裁决。即渔业行政诉讼的标的是对行政主体作出的具体行政行为是否合法进行的审查。

（3）渔业行政诉讼在程序上适用《行政诉讼法》的各项规定。渔业行政法由于种种原因，难免发生争议，一旦出现争议，行政相对人有权采取向人民法院起诉的方式来解决争议。在行政诉讼中，渔业行政执法机关就成为被告。因此，各级渔业行政主管部门及其所属的渔政监督管理机构的执法人员要努力提高政治素质和业务水平，以免工作失误，减少行政争议，还要学习掌握《行政诉讼法》，认真参加行政诉讼，一方面接受严格的司法监督；另一方面也可以利用诉讼的机会向社会广大群众宣传渔业法律、法规，激发和提高广大群众的法律意识。即使在诉讼中败诉，也可以从中吸取教训，总结经验，引以为戒，从而更好地推动和促进执法水平的提高，更好地完成执法任务。

二、行政诉讼的基本原则

行政诉讼的基本原则是宪法和法律规定的，当然对渔业行政诉讼具有普遍的指导意义。它是人民法院和行政案件当事人以及其他诉讼参加人都必须遵循的基本行为准则。我国行政诉讼的基本原则分两大类，一类是基于诉讼的共性，不仅为行政诉讼，也是刑事诉讼和民事诉讼的基本原则，如：人民法院对行政案件独立行使审判原则，以事实为依据，以法律为准绳原则、辩论原则、适用民族语言进行诉讼原则以及人民检察院有权对行政诉讼实行法律监督原则等。另一类是基于行政诉讼自身特点和规律，反映行政诉讼特殊的原则。这些原则是：

（一）当事人在行政诉讼中法律地位平等的原则

《行政诉讼法》第七条规定：“当事人在行政诉讼中的法律地位平等。”实行这一原则有利于树立法律面前人人平等的观念。在行政管理活动中，行政机关是领导，管理和行使处罚权，而行政相对人只是被管理的对象。但在行政诉讼中行政机关和行政管理相对人分别处于被告和原告的地位，都是当事人的一方，双方法律地位平等。这样，有利于人民法院平等地使用法律和公正地解决争议。

（二）人民法院对行政机关具体行政行为的合法性实施司法审查的原则

《行政诉讼法》第五条规定："人民法院审理行政案件，对具体行政行为是否合法进行审查。"这一原则确定人民法院在行政诉讼中，只能对行政机关具体行政行为的合法性进行审查和确认，而对具体行政行为的适当程度，应由行政机关自行审查和确认，但只有在行政处罚显示公正的条件下，人民法院才可能作出变更判决。这体现了行政诉讼固有的特点。而民事诉讼和刑事诉讼都不涉及审查行政机关具体行政行为问题。

（三）不适用调解的原则

《行政诉讼法》第五十条规定："人民法院审理行政案件，不适用调解。"这一原则规定人民法院审理行政案件，只能在查明事实，分清是非的基础上，依法作出裁决，不适用调解的办法。因为行政诉讼的标的是被诉讼机关的具体行政行为是行政管理主体代表国家依法作出的，不能随意处分或放弃。因此，人民法院审理行政案件时不适用调解，不能要求行政主体依法作出的具体行政行为作出让步。人民法院只能就具体行政行为是否合法作出裁决。但关于侵权赔偿的行政诉讼可适用调解是个例外。对此《行政诉讼法》第六十七条第三款作了专项规定。

（四）被告负有举证责任的原则

《行政诉讼法》第三十二条规定："被告对作出的具体行政行为负有举证责任"。第三十三条规定："在诉讼过程中，被告不得向原告和证人收集证据。"这就是说，被告举出的证据主要应是在行政执法程序中获得，在行政诉讼开始后就不能继续向原告和证人取证来证明自己作出的具体行政行为的合法性。在刑事诉讼中，举证责任在原告一方，被告一方并无特别义务证明自己有罪或无罪。民事诉讼中，谁主张、谁举证。在行政诉讼中被告行政管理主体负有举证责任，如果被告举不出足以证明其具体行政行为合法性的事实依据和法律依据，则被告要承担败诉责任。

（五）诉讼期间不停止具体行政行为的原则

《行政诉讼法》第四十四条规定："诉讼期间，不停止具体行政行为的执行。"这一原则是由国家行政管理的特点决定的。国家行政管理具有公共性和连续性，如果行政机关的具体行政行为要经行政诉讼程序后才能执行，那么势必妨碍国家正常的行政管理活动，造成混乱和无政府状态，损害国家和社会的整体利益，对行政相对人的利益也会造成不良影响。但如果出现下列情况：被告认为需要停止执行；原告申请停止执行，人们法院认为该具体行政行为的执行会造成难以弥补的损失，并且停止执行不损害社会公共利益的；以及法律、法规规定停止进行的，在诉讼期间应停止具体行政行为的执行。

（六）行政复议选择前置相结合的原则

《行政诉讼法》第三十七条规定："对属于人民法院受案范围的行政案件，公民、法人或其他组织可以先向上一级行政机关或者法律、法规规定的行政机关申请复议，对复议不服的，再向人民法院提起诉讼；也可以直接向人民法院提起诉讼。"这一原则表明国家鼓励管理相对人选择先行申请复议，但又不限制相对人的诉讼权，使其按自己的意愿寻求公正。

三、渔业行政诉讼的范围

渔业行政诉讼的范围，是指人民法院受理渔业行政案件的范围。根据《行政诉讼法》关于人民法院受理行政案件范围的规定，结合渔业行政法的实际，渔业行政执法中可能引起渔业行政诉讼的案件主要有下列几种类型。

（一）不服渔业行政执法机构作出的行政处罚决定的案件

《渔业法》及其实施细则规定，渔业行政主管部门及其所属的渔政监督管理机构对违反渔业法律、法规的，有权决定给予行政处罚，包括没收渔获物和违法所得、没收渔具、责令赔偿损失、处以罚款、吊销捕捞许可证等。以上行政处罚是渔业行政执法机构单方面作出的惩戒性行为，也是最容易引起争议的行政行为，如果被处罚人对处罚不服，向人民法院起诉，则就构成不服渔业行政执法机构作出行政处罚决定的渔业行政诉讼案件。

（二）不服渔业行政执法机构行政强制执行措施的案件

根据《渔业法》及其实施细则等有关规章规定：在海上、湖上作出的必须先执行处罚决定。拒不执行或者现场执行有困难的，渔政检查人员有权扣押捕捞许可证或者渔具、渔船；对违法设置于航道上的张网、障碍物予以强行拆除，对逾期缴纳资源费的，征收滞纳金等，均属行政强制行为。强制执行措施虽然是以强制手段促进管理相对人履行其应尽的义务，但相对人如果不服，向人民法院起诉，则就构成不服渔业行政执法机构行政强制执行措施的案件。

（三）不服对水面、滩涂所有权和使用权处理决定的案件

《渔业法》第十二条规定："全民所有制单位之间、集体所有制单位之间以及全民所有制与集体所有制单位之间的水面、滩涂所有权和使用权的争议，由当事人协商解决。协商不成的由县级以上地方人民政府处理。当事人对有关人民政府的处理决定不服的，可以在接到通知之日起30日内向人民法院起诉。"这类案件，《渔业法》明确规定由人民法院受理。

（四）认为渔业行政执法不履行法定职责的案件

监督检查渔业法律、法规、规章的贯彻执行是渔业行政执法机关的法定职权，也是一种法定的职责和义务。渔业行政执法机构应积极认真履行。凡应该履行而拒不履行的行为，实质上就是失职行为。如果相对一方当事人认为渔业行政执法机构不履行其法定职责行为，影响其合法权益，可以向人民法院起诉，例如某渔民依照规定向某渔港监督机关领取职务船员证书，而该渔港监督机关不予答复的；又如某渔民的渔具受到他人破坏，向某渔政监督管理机构报案，而该渔政监督管理机构不予受理而又没有告之理由的。那么，相对一方当事人向人民法院起诉，则就构成渔业行政机关不履行法定职责的行政诉讼案件。

（五）认为渔业行政机关违法要求其履行义务的案件

《渔业法实施细则》第七条规定："渔政检查人员有权对各种渔业及渔业船舶的证件、渔船、渔具、渔获物和捕捞方法进行检查。"如果被检查的单位和个人认为渔政检查违法或不当，可向人民法院起诉。又如，渔业法律、法规还规定，从事捕捞生产的单位和个人应该交纳渔业资源增殖保护费和渔港建设基金，这是纳费人应尽的义务，如果纳费人认为

该项费用的征收标准不合理、不合法，也可以向人民法院起诉，从而形成渔业行政机关违法要求其履行义务的行政诉讼事件。

（六）认为渔业行政机关不履行颁发证照职责的案件

《渔业法》第十六条规定：“从事内水、近海捕捞业，必须向渔业行政主管部门申请领取捕捞许可证。”《渔业法》第十条规定：“县级以上地方人民政府根据国家对水域利用的统一安排，……核发养殖使用证、确认使用权。”渔业许可证是渔业执法机构根据相对人的申请，依法准许相对人从事某种渔业活动的权利和资格的行政决定，是一种具有法律意义的具体行政行为，直接关系到相对人的权利。因此，也是容易引起行政诉讼的一种渔业案件。如果公民、法人或其他组织认为自己符合颁发证照的法定条件，而主管机关拒绝发给或者对其申请不予答复，那么公民、法人或者其他组织向人民法院提起诉讼。从而就形成渔业行政机关不履行颁发证照职责的行政诉讼案件。

四、渔业行政诉讼的被告

渔业行政诉讼的被告，是指原告指控以具体行政行为违法侵犯其合法权益，并由人民法院通知应诉的国家行政机关。即与原告处于相对地位的行使国家渔业行政执法权或渔业行政复议的权构。在渔业行政诉讼中，渔业行政诉讼的被告有其自身的特征和地位。

（一）渔业行政诉讼被告的主要特征

所谓原告、被告，是法律上的一种称呼。原告是指起诉的一方，被告是指被人所告的一方。渔业行政诉讼的被告，不同于民事诉讼和刑事诉讼的被告，它有自身的特征，其主要表现是：

1. 被告必须是作出了被诉的具体行政行为

只有作出经相对人指控侵犯其合法权益的具体行政行为的渔业行政执法机构，才可能当行政诉讼的被告，如果渔业行政执法机构没有作出被诉的具体行政行为，则不能成为行政诉讼的被告。

2. 渔业行政诉讼的被告，只能是渔业行政执法机构

这是因为渔业行政诉讼是渔业管理相对人不服渔业行政执法机构作出的具体行政行为而引起的。另外，渔业行政执法机构是通过其工作人员来实施具体行政行为的，但作为渔业行政诉讼的被告，只能是渔业行政执法机构，而不是其工作人员，因为行政执法机构的工作人员实施的具体行政行为是代表渔业行政执法机关，是以渔业行政执法机关的名义行使的，其行为后果自然是由其所代表的渔业行政执法机构承担。渔业行政诉讼被告的这一特点明显区别于民事诉讼的被告。民事诉讼的被告，可以是行政机关，也可以是企、事业单位、社会团体、组织及公民。

3. 渔业行政诉讼的被告始终处于被告的地位，不具有反驳权和撤诉权

渔业行政诉讼是由管理相对人提起的，作为被告的渔业行政执法机构，具有应诉的权利和义务，应诉主要是为证明自己作出的具体行政行为是合法正当的，但它不能处分自己的行政职权。因此它不具有反诉权和撤诉权。这一特点也明显区别于民事诉讼的被告。民事诉讼的被告，可以反诉。

4. 渔业行政诉讼的被告必须以渔业行政执法机构的名义应诉

在渔业行政诉讼中，作为原告的公民、法人或其他组织，针对渔业行政执法机构所作出的具体行政行为，向人民法院提起诉讼；而作为诉讼当事人一方的被告，必须以作出具体行政行为的渔业行政执法机构的名义进行应诉。出庭应诉人员，可以是渔业行政执法机构的负责人，也可以是本机构的工作人员，但他们都不是以个人的名义参与应诉。他们的一切诉讼活动，都应看做是渔业行政执法机构的诉讼活动。

（二）渔业行政诉讼被告的确定

在渔业行政诉讼中，被诉的具体行政行为的作出者是被告，即被诉的具体行政行为是由哪一个渔业行政执法机构作出的，就由哪一个渔业行政执法机构承担作出这一具体行政行为的一切法律后果。然而，由于作出具体行政行为的情形不同，则确定被告也应不一样。根据《行政诉讼法》和最高人民法院《关于贯彻执行（行政诉讼法）若干问题意见（试行）》的规定，渔业行政诉讼的被告，可以根据下列具体情况分别确定：

1. 未经复议的渔业行政诉讼案件，作出被诉具体行政行为的渔业行政执法机构是被告

例如：渔业行政执法机构以自己名义单独作出具体行政行为的，该渔业行政执法机构是被告；由渔业行政执法机构委托的下级或相关的渔业行政执法机构及其他有关单位作出具体行政行为的，委托的渔业行政执法机构是被告，受委托的单位不是被告；由渔业行政执法机构的派出机构作出具体行政行为的，该渔业执法机构是被告，派出的机构不是被告，但法律、法规对派出机构有授权的除外。

2. 经过行政复议的渔业行政诉讼案件，应依照具体情况确定被告

例如，原机关维持原具体行政行为，作出原具体行政行为的渔业行政执法机构是被告，因为作出原具体行政行为的渔业行政执法机构是直接处理公民、法人或其他组织机关；复议机关改变原具体行政行为的，复议机关是被告，因为复议机关已成为直接处理公民、法人或其他组织的机关；复议机关在法定期间不作复议决定的，作出原具体行政行为的渔业行政执法机构是被告，因为复议机关在法定期满仍不作出复议决定，对作为渔业管理相对人的公民、法人或其他组织的权利和义务发生约束力和执行力的仍然是原具体行政行为。

五、渔业行政诉讼的应诉

渔业行政诉讼的应诉，是指渔业行政执法机关或法律、法规授权的组织作为行政诉讼当事人参与行政诉讼的活动。在渔业办案中，当事人对渔政监督管理机构作出的行政处罚不服，或对上一级的渔业行政主管部门作出的复议裁决不服，在法定的期限内向人民法院起诉，人民法院依法受理时，渔政监督管理机构或渔业行政主管部门就成为被告。渔政监督管理机构或渔业行政主管部门一旦成为被告，依法必须出庭应诉，出庭应诉前必须做好准备工作，然后才好出庭应诉，同时还应注意参与行政诉讼中的几个问题。

（一）出庭应诉的主要准备工作

首先，应当在收到起诉状副本之日起的10日内向人民法院提交作出具体行政行为的

有关材料，如原始记录材料、案卷等，经过行政复议的行政案件，还应将两级渔政监督管理机构或渔业行政主管部门的案卷或其他有关材料移送人民法院。移送的材料应能反映作为被告的行政机关的具体行政行为的事实根据和法律运用情况。其次，应在收到起诉状副本之日起10日内向人民法院提交答辩状。答辩是被告的一项诉讼权利。答辩状内容可分为人民法院无管辖权答辩和反驳答辩。无管辖权答辩内容主要对送出起诉状副本的人民法院提出无管辖权的答辩。反驳答辩可以就程序方面进行答辩，也可以就实体权益方面进行答辩。所谓程序方面的答辩，就是被告提出一定的事实说明原告起诉条件不符合规定，从而请求人民法院确定诉讼程序的发生是不正确的。如果人民法院查明这一答辩是正确的，那么就应该作出相应的裁定，予以解决。所谓实体权益方面的答辩，是被告提出一定的事实和法律来说明自己作出的具体行政行为是符合事实及有关行政管理法规的，从而反驳原告提出诉讼请求及其理由，达到驳回原告通过人民法院提出的全部或部分的请求。如果人民法院通过开庭审理查明被告的答辩是正确的，就应该判决原告全部或部分败诉。再次，就是出庭应诉人员。被告可以由作出具体行政行为的渔政监督管理机构或渔业行政主管部门法定代表人出庭应诉，也可委托1~2名本机关案件承办人或聘请律师作为委托代理人出庭应诉。出庭应诉人员应熟悉案情和开庭审理程序以及诉讼权利、义务，并根据案情及有关法律、法规拟好辩护提纲。

（二）出庭应诉

在渔业行政诉讼中，渔政监督管理机构或渔业行政主管部门的法定代表及委托代理人与违法当事人法律地位平等，享有平等的诉讼权利。因此，在出庭应诉时不应以势压人，而应摆事实，讲道理。在辩论时应针对案件的实质性问题进行辩论，如案件的事实是否存在，证据是否充分；运用法律、法规是否正确；原告的请求是否成立等。辩论结束后，由原告、被告双方发表最后的陈述意见和要求，并查阅笔录，签名认可。

（三）行政诉讼中应注意的问题

首先，渔政监督管理机构或渔业行政主管部门在收到人民法院的应诉和开庭通知后，其法定代表或者诉讼代理人应按时出庭应诉；无正当理由拒不到庭的，人民法院可以缺席判决；

其次，法定代表或者诉讼代理人出庭应诉是要自觉遵守法庭规律，不要妨碍诉讼活动，否则要承担法律责任。人民法院可以根据情节轻重，予以训诫，责令其写悔过书或处以1 000元以下罚款、15日以下拘留；构成犯罪的，依法追究刑事责任。

再次，渔政监督管理机构或渔业行政主管部门作为被告对所作出的具体行政行为负有举证的责任，应当提供作出该具体行为的证据和所依据的规范性文件。在法庭上，如果被告举不出充分或主要证据，则要承担败诉责任。在诉讼过程中，被告不得自行向原告和证人收集证据。但在人民法院依职权要求其补充证据时，被告可以补充，不过这种补充证据的行为必须依法进行。

六、渔业行政诉讼的审理程序

行政诉讼中的审理，是人民法院对行政案件实质性的审查活动。审理是人民法院对行政案件正确裁判的基础。人民法院审理行政案件必须依照规定组成合议庭，公开进行审理

（但涉及国家机密、个人隐私和法律另有规定的除外）。人民法院审理行政案件实行两审终审制，第一审程序是基本程序。

（一）第一审程序

第一审程序包括：开庭前准备、审理开始后次序、法庭调查、法庭辩论、合议庭评议以及宣告判决，共6个阶段。

1. 开庭前准备

包括：开好合议庭预备会议，确定开庭审理的时间和地点；写好审理提纲；通知当事人和其他诉讼参与人到庭参加诉讼；发布公告，便于群众参加旁听。

2. 审理开始后次序

包括：查明当事人和诉讼参与人是否到庭；宣布法庭纪律；审判长宣布合议庭组成人员和书记员；告知当事人的诉讼权利和义务；询问当事人是否申请回避。

3. 法庭调查

第一要询问当事人和当事人陈述。先原告，后被告。有第三人参加诉讼的，应在被告人陈述后对他提出的事实、理由、证据进行询问；第二是询问证人，告知证人的权利和义务，宣读未到庭的证人证言；第三是询问鉴定人，宣读鉴定结论；第四是出示书证、物证和视听资料；第五是宣读勘验笔录。经法庭调查过的事实和证据才可以作为人民法院裁判的基础。

4. 法庭辩论

指诉讼当事人、第三人和诉讼代理人就争议问题充分阐述自己的主张和证据，对于对方提出的主张进行反驳、答辩的诉讼活动。辩论顺序是先原告及其诉讼代理人发言，后被告及其诉讼代理人发言，然后双方互相辩论。

5. 合议庭评议

合议庭在法庭辩论终结之后，全体成员暂时退庭进行评议。就该案经开庭审理，事实、证据是否清楚、确凿，如何适用法律，对该案的具体处理意见和诉讼费用的负担作出判决。合议庭评议实行少数服从多数的原则，对不同意见，必须如实记入笔录。对于重大疑难案件，报请院长提交审判委员会讨论决定，审判委员会的决定，合议庭必须服从。

6. 宣告判决

行政案件的判决，是指人民法院在行政案件审理终结后，根据查明的事实和有关的法律规定，对行政机关作出的具体行政行为是否正确，作出具有强制性的判决。至于判决的种类，可根据《行政诉讼法》第五十四条规定，一审法院可根据不同情况，分别作出判决维持、判决撤销、判决变更以及要求被告履行义务的判决。

（1）判决维持。它是指人民法院对具体行政行为事实清楚，证据充分，适用法律法规正确，符合法定程序的，依法作出维持原具体行政行为，驳回原告诉讼请求的判决。然而，在审判过程中有时可能会发现这种情况，即行政管理主体作出的具体行政行为证据确凿，适用法律、法规也基本正确，但在引用法律条文时，有个别字句有失误。对这种情况，一般是予以维持。同时在判决书中要求行政管理主体予以补正。

（2）判决撤销。人民法院通过审理，对于被诉行政管理主体作出的具体行政行为有下列情况之一的。判决撤销或部分撤销，并可以判决被告重新作出具体行政行为。

A. 主要证据不足。主要证据就是能够足以证明具体行政行为是合法的证据。主要证据是对具体行政行为起决定性作用的证据，主要证据充分就可以定案。

B. 运用法律、法规错误。这里有一种情况，其一是应该运用这个法律、法规，而使用了那个法律、法规；其二是在一个法律、法规中应该适用这个条款而使用了那个条款；其三是适用已经失效、废止或尚未生效的法律、法规。渔业执法中，虽然事实认定正确，但适用法律、法规错误，同样是一种违法的行政行为。

C. 违反法定程序。这是指具体行政行为违反法律、法规规定的行政程序。对渔政办案来说，主要是审查对违法行为的处罚，是否经过调查取证，填写并送达行政处罚决定书等程序，调查手段、方法是否合法等。如果未取得充分证据，就确认违规事实，并进行处罚，或者是先确认违规事实，并进行处罚，然后再补充取证，均属于违反法定程序。对违反法定程序的行为，应予以撤销。

D. 超越职权。它是指行政管理主体所作的具体行为超越其职权范围。超越职权作出的具体行政行为是违法的，应予以撤销。如在渔政办案中，渔政管理机构对民事案件、走私案件的处理，就超越渔政机构本身的职权。

E. 滥用职权。它是指行政管理主体在职权范围内违反法律的目的和原则，以及考虑一些与法律不相关的条件而作出的具体行政行为。例如，假公济私，以权谋私等。滥用职权也是一种违法行为，应当予以撤销。

（3）判决变更。它是指人民法院对被告所作的行政处罚行为，认为其显示公正，从而对处罚决定在内容上作改变的判决。根据《行政诉讼法》规定，人民法院审判行政案件一般不能变更，但对行政处罚显失公正的，可以判决变更。

（4）要求报告履行义务的判决。它是指人民法院对被告拒不履行或者拖延履行法定职责，依法令其在一定期限履行的判决。例如，发放捕捞许可证是渔政机构的职责，其渔政机构对依法申请、符合有关规定的申请人应依法核发捕捞许可证，对故意不发放或拖延发放的，法院可以判决某渔政机构在期限内履行职责，核发捕捞许可证。

（二）第二审程序

是指上级人民法院对下级人民法院，就第一审行政案件所作的判决，再其发生法律效力之前，由于当事人的上诉，引起对案件进行审理的程序。第二审程序并不是每个行政案件的必经程序，如果一个案件经过第一审程序，当事人在上诉期限内没有上诉，一审判决就发生法律效力，就不会引起第二审程序的发生，当然就不需要经过第二审程序。第二审程序与第一审程序，虽然居于两个审级不同的程序，但两者有着密切的联系，这是因为：第二审程序和第一审程序是对同一法律关系案件的审判，而不是审理另一新的案件；第一审程序是第二审程序的前提和基础，第二审程序是第一审程序的持续和发展。第二审程序发生后，上一级人民法院就要继续行驶国家赋予的审判权，全面审查第一审人民法院的判决、裁定在认定事实和适用法律上是否正确，最终解决当事人之间的行政争议。在谈论第二审程序时，必须明确上诉与上诉条件、上诉案件审理两个主要问题。

1. 上诉与上诉条件

所谓上诉，就是指当事人不服第一审法院的裁判，行使法律上赋予的上诉权，依照法定程序和权限，提请上一级人民法院对案件进行审理的一种诉讼制度。所谓上诉程序，是指由于当事人上诉，上级人民法院对下级人民法院就第一审案件所作出的裁判，在其发生法律效力之前，对案件进行审理的程序。上诉程序是由当事人提起上诉而开始的。由于人民法院通过上诉程序对案件进行审理后所作的裁判是终审裁判，当事人不得再上诉，因此上诉程序又称终审程序。然而，行政诉讼当事人行使上诉权，提起上诉，必须具备一定的条件：

（1）必须是法定的上诉人和被上诉人，即第一审诉讼的当事人。这就是说，凡第一审程序中的原告、被告和第三人及其法定代理人、指定代理人、法人的法定代表人，都是有权提起上诉。

（2）必须有法律允许提起上诉的对象。所谓上诉的对象，就是当事人不服并依法行使上诉权，请求上一级人民法院予以纠正的判决和裁定。能够成为上诉对象的，只能是地方各级人民法院第一审未发生法律的判决和裁定。最高人民法院的判决和裁定，不准上诉。

（3）必须是在法定期限内提起上诉。《行政诉讼法》第五十八条规定："当事人不服人民法院第一审判决的，有权在判决书送达之日起15日内向上一级人民法院提起诉讼。当事人不服人民法院第一审裁定的，有权在裁定书送达之日起10日内向上一级人民法院提起上诉。逾期不提起上诉的，人民法院的第一审判决或者裁定发生法律效力。"

（4）必须提交上诉状。所谓上诉状，是指当事人不服第一审法院的裁判而请求上一级法院撤销或变更该裁判的诉讼文书，上诉状是当事人提起上诉的根据，没有上诉状就难以判明当事人是否行使上诉权。上诉状不但要求对自己权益的确认，而且要求撤销或变更第一审裁判。当事人提起上诉，必须递交上诉状，并且应按对方当事人的人数提交上诉状副本。

上诉4个条件，必须同时具备，上诉才能成立，才能引起上诉程序的发生。当事人依法提起上诉时，第一审人民法院的判决、裁定不发生法律效力。

2. 上诉案件审理

原审人民法院在收到上诉人提起的上诉状或者第二审人民法院移交的上诉状后，应当将上诉状副本送达给对方当事人。对方当事人在接到上诉状副本后，应当提出答辩状。对方当事人在法定期限内不提出答辩状的，不影响第二审人民法院的审理。原人民法院收到答辩状后，应连同全部案卷和证据尽快报送第二审人民法院。第二审人民法院收到全部案卷、书状和证据后，认为符合法律规定条件的，应当立案审理。《行政诉讼法》第六十条规定："人民法院审理上诉案件，应当在收到上诉状之日起两个月内作出终审判决。有特殊情况需要延长的，由高级人民法院批准，高级人民法院审理上诉案件需要延长的，由最高人民法院批准。"上诉案件的审理也应该组成合议庭审理。《行政诉讼法》第五十九条规定："人民法院对上诉案件，认定事实清楚的，可以实行书面审理。经过审理以判决或裁定的方式结案。"根据《行政诉讼法》第六十一条规定，判决或裁定的方式有：

（1）维持原判。第一审人民法院的判决、裁定认为事实清楚、适用法律、法规正确的，判决驳回上诉，维持原判。

（2）依法改判。第一审人民法院的判决，如果认定事实清楚，但适用法律、法规错误的，上诉审理的人民法院可以直接改判；第一审人民法院的判决如果事实不清，证据不足或者违反法定程序可能影响案件的正确处理的，上诉审理人民法院在查清事实后也可以直接改判，包括部分改判或全部改判。

（3）发回重新审理。原判决认定事实不清，证据不足，或者由于法定程序可能影响案件正确判决的，可以裁定撤销原判，发回原审人民法院重审。发回重审的案件，属于第一审的案件，当事人如果对重审案件的判决、裁定不服，仍可以提起上诉。

此外，《行政诉讼法》第六十二条还规定，对发生法律效力的判决、裁定，当事人认为确有错误的，可以向原审人民法院或上一级人民法院提起申诉，但申诉期间不停止判决、裁定的执行。

本章思考题

1. 渔政办案中的渔业行政复议有何意义？为什么？
2. 渔业行政复议有何特点？
3. 渔业行政复议应遵循哪些基本原则？为什么？
4. 渔业行政复议应遵循哪些程序？各种程序有何特点和要求？
5. 渔政办案中渔业行政诉讼有何意义？为什么？
6. 渔业行政诉讼有何特点？
7. 渔业行政诉讼应遵循哪些基本原则？为什么？
8. 渔业行政诉讼的范围是指什么？渔业行政诉讼案件有几种类型？各种类型有何特点？
9. 渔业行政诉讼的被告是指哪一方？它有何主要特征？
10. 如何确定渔业行政诉讼的被告？
11. 如何作好渔业行政诉讼的应诉工作？
12. 渔业行政诉讼的审理是指什么？审理程序又是指什么？第一审程序与第二审程序有何区别？
13. 渔业行政诉讼中的第一审程序应包括哪几个阶段？
14. 渔业行政诉讼中的判决有几种类型？各种类型有何特点？

第十五章

渔政办案案例评析

渔政办案案例评析，是指渔政监督管理机构及其工作人员，为总结渔政执法经验和提高渔政办案质量，对渔政执法中比较典型的渔业违法案例进行的评论和分析。从渔政执法的实践中可以看到：如何做好现场勘验和调查研究，周密地搜集各种证据；如何正确运用法律、法规，实事求是地进行分析，准确认定案件性质；如何依照法定程序及完备的手续办理案件等，都是很有学问的。渔政办案案例评析，是从众多的渔业违法案件中挑选出比较典型的例子。这些案例不论是过去的还是现在的（判断案例的价值主要是看其能否反映案件的特点、实质而不是时间迟早），都是很值得认真研究，因为它能使广大渔政干部从中学习和掌握案件办理的时间技能，特别是对于学习渔业管理专业的青年学生来说，阅读了这些案例，好像自己亲身经历了执法现场，印象深刻，容易理解。为此，我们必须不断地总结经验，提高执法水平，推进渔政理论研究，为切实做到有法必依、执法必严、违法必究、严格依法办案的要求，为建设一支思想好、业务精、作风正的渔业执法队伍，以适应我国社会主义渔业法制建设的需要。根据目前我国渔业违法案件的实际情况，可以把渔政办案案例划分为：破坏渔业资源方面的案例、侵犯渔业生产者合法权益方面的案例以及违反渔业行政管理规定方面的案例三种类型。

第一节　破坏渔业资源方面的案例

破坏渔业资源方面的案例，内容比较广泛，有违反禁渔区、禁渔期规定作业的；有违反收购幼鱼的；有捕捞中幼鱼超规定比例的；有违法使用最小的网目尺寸规定的；有违反滥用电力和鱼鹰捕鱼的，有违法毒鱼、炸鱼以及违反捕捞许可证管理方面的等等案件。这些违法行为有用主案程序、复议程序以及诉讼程序处理。内容丰富，很值得一读和研究。

一、屡犯禁渔区规定的案例

（一）案情

1990 年 8 月，山东省某县渔业公司所属的鲁××渔××××、××××号拖网渔船，主机功率 136 kW（即 185 马力），在禁渔区内进行拖网捕鱼，被中国渔政××号船发现后又企图逃跑。追获后，查明该船有渔获物 5 000 kg，所持捕捞许可证上已载明该船同年内有两次违反渔业法规，但鲁××渔××××、××××号渔船并未从中吸取教训，再次违规作业，进入禁渔区捕鱼，属屡犯，情节严重。据此，渔政检查人员根据有关法律法规，决定对该船给予没收渔获物 5 000 kg，没收拖网一顶，罚款 30 000 元，吊销捕捞许可证 6

个月的处罚。

（二）评析

为保护近海渔业资源，维持渔民的长远利益，国务院于1955年颁布了《关于渤海、黄海及东海机轮拖网渔业禁渔区的命令》，命令规定：凡机轮拖网渔船不得在禁渔区（后改为机动渔船拖网禁渔区）内作业。国务院办公厅1957年又以国办发（1987）19号文转发了《关于东海、黄、渤海主要渔场、渔汛生产安排和管理的规定》，文中规定："北纬34°以北水域自7月1日起至8月31日，146 kW（即199马力）以下的拖网渔船一律禁止拖网作业。"农业部（1989）农（渔政）字第22号文《关于批转（黄渤海区关于违反渔业法规行政处罚规定）的通知》中第四条第一、四款分别规定："一年内违反渔业法规三次（含三次）以上；逃避、抗拒、阻碍渔政检查人员依法执行职务的应从重处罚。"本案行为人不仅违反了机动渔船底拖网不得在禁渔区线内作业的命令，还违反了北纬34°以北的水域，146 kW（即199马力）以下拖网作业渔船实行休渔区的规定，情节严重，而且本案行为人一年内三次违反渔业法规，被查获时又企图逃避渔政检查，其违法的性质是恶劣的，对此确应从重处罚。因此，根据《渔业法》第二十八条规定：违反禁渔区、禁渔期规定进行捕捞的，没收渔获物和违法所得，处以罚款，并可没收渔具，吊销捕捞许可证。情节严重的，依据《刑法》第一百二十九条的规定对个人或者单位直接责任人追究刑事责任。《山东省实施（渔业法）办法》第三十一条规定：违反禁渔区、禁渔期规定进行捕捞的，分别给予没收渔获物和违法所得，没收渔具，处以罚款，吊销捕捞许可证等行政处罚；构成犯罪的，依法追究刑事责任。海洋机动渔船的罚款数额根据主机功率大小和情节轻重确定：88.5 kW至146.4 kW（即120马力至199马力）的处以1 500元至15 000元罚款。所以渔政检查员对鲁××渔××××、××××号渔船的从重处罚是正确的。

二、违反禁渔期规定的案例

（一）案情

1998年7月12日，正当浙江省某县浙×渔01011号渔船在长江口鸡骨礁东北2 n mile处进行张网作业（4顶网具）时，被上海市渔政机构发现，经查：该船共捕获幼带鱼、幼鲳鱼约5 000 kg。同时还了解到，该船同年6月24日、7月2日也曾在该海域张网作业时被查处。为此，渔政检查人员依据1980年4月1日上海市人民政府批转的《上海市水产局关于加强水产资源繁殖保护的通知》有关禁渔期的规定，认定浙×渔01011号船的行为是违反禁渔期规定的行为，并根据《渔业法》第二十八条，《渔业法实施细则》第二十九条的有关规定，予以没收渔获物2 500 kg、罚款500元的处罚。当渔政检查人员按规定程序令其执行处罚决定时，该船船长卢××带头起哄，并唆使船员谩骂、推打渔政检查人员。据此，渔政检查人员又决定对该船加处没收4顶张网。

（二）评析

《上海市水产局关于加强水产资源繁殖保护的通知》规定，每年6月22日至8月22日为沿海禁渔期。在这一期间，一律停止捕捞作业。从本案案情来看，该渔船的行为属违法行为是无疑的。但在如何认定其行为性质时有两种不同意见：一种意见认为，该船在上海市管辖水域内作业，没有取得上海市渔政监督管理机构核发的捕捞许可证，属于跨界无证违法捕捞的行为，同时该船又在上海市规定的沿海禁捕期内作业，又构成违反禁渔期规定的行为。因此，认定该船有两种违法行为。另一种意见认为，该船的行为是违反禁渔期规定的违法行为。因为它是在上海市管辖的海域张网作业的时间是依法明令禁止捕捞的时期，不存在向上海市渔业行政主管部门申请领取在禁捕期里实施捕捞的捕捞许可证问题。在禁渔期内上海市渔业行政主管部门是不可能核准发放捕捞许可证的。因此，在这一特定的禁渔期内就不存在无证捕捞的违法行为。只有当该渔船在禁捕期时限以外的时间，未持有上海市渔业行政主管部门核发的捕捞许可证而实施捕捞时，才能认定为跨界无证捕捞的违法行为。对此，东海区渔政局认为后一种意见是正确的。但在此案的处罚决定上，东海区渔政局认为有明显不妥之处：①根据《渔业法》第二十八条规定，对违法禁渔区、禁渔期规定进行捕捞的行为，可以没收渔获物和违法所得。这里所指的没收渔获物是指没收违法所得的全部渔获物，但渔政检查员仅没收其 5 000 kg 的一半 2 500 kg，这里显然是错误的。另外，依据《渔业法实施细则》第二十九条规定，对违法禁渔区、禁渔期规定进行捕捞的，可处 500 元至 5 000 元罚款。渔政检查人员对该船仅处以 500 元罚款，虽然合法，但对该渔船违法性质和情节来看，显然是偏低的。②该渔船船长对渔政检查人员的处罚决定不但不执行，而且唆使其船员谩骂、推打渔政检查人员执行职务。对于这一行为应依照《渔业法实施细则》第三十九条规定，拒绝、阻碍渔政检查人员依法执行职务的，由公安机关依照《中华人民共和国治安管理处罚条例》的规定处罚，但渔政检察人员却对此加处没收渔具 4 顶张网，这一做法是不妥的，而应移交公安机关处理。

三、幼鱼捕获量超过规定比例的案例

（一）案情

1989 年 8 月 23 日，上海市渔政监督管理机构根据 1987 年国务院办公厅颁发的第 19 号文件中有关 7 月 1 日至 10 月 31 日伏休期，国营渔轮必须认真执行保护幼鱼和接受幼鱼比例检查的规定，对其海洋渔业公司所属 18 对渔轮所捕的渔获物进行了例行检查。通过对渔获物的抽样测定，并查阅渔轮的捕捞日记，核对渔获物销售的码单等，确认 18 对渔轮中有 12 对渔轮的幼鱼超过比例。这 12 对渔轮的航次总产量为 1 215 000 kg，各品种产量是：带鱼 850 000 kg，其中幼鱼占 27%；鲳鱼 100 000 kg，其中幼鱼占 31%；大黄鱼 100 000 kg，其中幼鱼占 28%；小黄鱼 5 000 kg，其中幼鱼占 30%；其余为虾、蟹等。根据 1987 年 6 月 24 日东海区渔政局颁布的《幼鱼比例检查工作实施办法》的有关规定，市渔政监督管理机构决定没收该公司 12 对渔轮超比例部分的幼鱼 23 550 kg（其中幼带鱼 17 000 kg，幼鲳鱼 600 kg，幼大黄鱼 300 kg，幼小黄鱼 250 kg），并按当时的市场销售价格，折合人民币 16 530 元。同时向某海洋渔业公司送达了处罚决定书，处罚决定书上写明："12 对渔轮幼鱼超比例，根据东海区渔政局颁布的《幼鱼比例检查工作实施办法》的有关规定，决定没收全部超比例的幼鱼（折合人民币 16 530 元），没收的渔获物折价款应于 1989 年 9 月 1 日前交市渔政监督管理机构。"

（二）评析

本案中 12 对渔轮航次捕捞的同类品种鱼种幼鱼超比例，对于这一违法行为，市渔政监督管理机构进行了取证检查，在案情清楚，认定违法事实无误之后，依照有关的渔业法律、法规，作出处罚决定是正确的。但市渔政监督管理机构在向某海洋渔业公司送达的处罚决定书中，只写了没收12对渔轮超比例的幼鱼折合人民币16 530元，没有写明超比例幼鱼的具体数量和折算人民币的单价，这显然是不够完整的。正确的应该在处罚决定书中写明每对渔轮超比例幼鱼的具体数量以及幼鱼市场销售价格，以此作为折合没收鱼价款的依据。至于市渔政监督管理机构是否可以向渔轮所属的渔业公司送达处罚决定书的问题，应该是可以的，因为国营渔业公司是法人，公司对其所属的部门或个人，在为自己从事经济活动时所产生的民事后果，应承担法律责任。为此，本案中某海洋渔业公司12对渔轮幼鱼超比例所受到的处罚后果，应由其所属的公司承担法律责任。市渔政监督管理机构将处罚决定书送达渔轮所属公司是正确的。

四、违法毒鱼的案例

（一）案情

2001年××月××日，中国渔政××号执法人员在南沙群岛美济礁海域查获正在进行毒鱼的台山××船。经调查取证，台山××船渔民在美济礁坪海域毒鱼，采用潜水喷洒毒药将鱼毒昏后再将其捞上来的方法，捕捉经济价值较高的鱼类，其投毒药有有机氯（俗称山埃）2 kg，捕获石斑鱼150 kg。查明事实真相后，渔政执法人员根据台山××船虽属初犯，但该行为对美济礁海域生态环境造成较严重后果。依据《渔业法》第三十条和《南沙渔业生产管理规定》第五条关于处罚毒鱼行为的规定，作出对该船罚款10 000元，没收渔获物石斑鱼150 kg，毒药20 kg，吊销《南沙专项捕捞许可证》的处罚。

（二）评析

所谓毒鱼，是指违反国家保护水产资源的法律、法规，在渔业水域投放毒品或用毒物质，致使鱼、虾中毒死亡而易被捕捞的行为。有毒物质是指有汞、镉、砷、铝、黄磷、有机氯、有机碳等剧毒成分的固体或液体。

构成毒鱼的违法行为具有下列特征：①行为人主观上是故意的，即目的是为了捕鱼；②行为人的行为是携带有毒物质准备，正在实施或实施完毕的毒鱼行为。

本案行为人明知国家三令五申禁止毒鱼，但他为了谋利视国家法律于不顾，擅自携带毒品，在礁坪上毒鱼，其主观上是故意的。

《渔业法》第三十条明确规定禁止炸鱼、毒鱼，按《渔业法》规定，只要行为人在主观上具有投毒取鱼的目的，在客观上实施了违反保护水产资源的规定，向渔业水域投放毒性药物的行为，无论渔获多少，均属毒鱼行为。本案中台山××船当事人在珊瑚礁中用有机氯（俗称山埃）毒鱼，有机氯是一种毒药，而且毒性较大，喷洒毒物时，因水流的关系，四处飘荡的药水对周围海域的生态环境破坏极大，并且是灭绝性的。种种迹象表明毒鱼是造成礁坪珊瑚大量死亡的主要原因。因此，本案中当事人的行为已构成毒鱼行为，应依法处罚。当然，在处罚过程中必须根据毒鱼行为危害大小来决定具体处罚事项。中国渔政××船的执法人员正是综合了上述各方面的情况，而对台山××船当事人作出较重处罚，所以执法人员对本案的处理是正确的。

如果此案毒鱼行为对渔业资源造成严重破坏，那么该案就构成非法捕捞水产品罪，渔政执法人员就应该报请渔船所在地公安、司法机关对个人或渔船的直接责任人追究刑事责任，如果行为人出于投毒获鱼为目的，不顾人畜安危，向供饮用的河流等水域投放毒药，严重危害公共安全，造成人畜死亡或使公司财物遭受重大损失，则该行为构成投毒罪。

五、违法电鱼行为应受处罚

（一）案情

2003 年××月××日，惠来××船在 313 渔区使用电力网捕鱼，被广东省某市渔政支队中国渔政××船执法人员发现。在检查过程中，该船故意将电线放入海底，假装正常拖网模样，当渔政执法人员令其起网接受检查时，船长陈××又称起网机损坏，不能起网等有意与执法人员对抗。后经执法人员再三做工作才将渔网拖上来。经检查发现船上有电网两个，电线约 200 m，渔获约 200 kg。执法人员对违法作业当事人作询问笔录后，作出罚款 20 000 元，没收电鱼工具及渔获物 200 kg 的处罚。但在填写处理意见书和处罚决定书时均写明“刚要电鱼”。

（二）评析

所谓电鱼，是指未经渔业行政主管部门批准，擅自在渔业水域使用电力渔具，捕捞被电击昏的水生动物。

电力捕鱼一般是指采用直流、交流或脉冲电通过电极（装配有二极管、功率放大器等电气元件组成）在水中形成电场，将鱼类击昏致死后，用其他网具捞取。电力捕鱼是一种对渔业资源损害非常严重的捕鱼方法，它不仅危机各种大小鱼类，而且还会对水域内的贝类、藻类造成危害，对水域内的生态环境破坏极大。为此，《渔业法》第三十条严格规定，禁止使用电鱼等破坏渔业资源的方法进行捕鱼。

从本案情况来看，惠来××船显然是在滥用电力捕鱼，而不是“刚要电鱼”。因此，可依法对当事人进行处罚，执法人员对当事人作出的处罚是合理的。但渔政执法人员在意见书和处罚决定书中均填写“刚要电鱼”是不妥的。本案处理的所谓事实根据是“刚要电鱼”。“刚要电鱼”的说法，从时间上看正是出于违法的准备阶段，而无实际的电鱼行为。那么像这种情况渔业法规有无相应的处罚规定呢？结论是没有的。有关渔业法规只是对未经批准使用电力捕鱼的行为加以禁止（但经批准的除外）。为此，本案的定性是错误的。同时，在检查的过程中执法人员还要做好取证工作，这样才能对违法案件的处理有根据，才不会在处理时处于被动地位。

六、违法炸鱼的案例

（一）案情

2002 年×月×日，正在南沙某礁执行守礁与渔政管理的中国渔政××船执法人员突然听到海上传来一声巨大的爆破声，执法人员立即驾驶快艇赶到现场。到达现场时，看到琼海××船上渔民正在捕捞渔获物，同时发现船上有炸药 2 包，雷管 20 个和死鱼一批。执法人员马上进行拍摄取证工作。经询问，琼海××船船长许××承认了自己炸鱼的事实，但辩解该船的作业方式是刺网，他们炸获的小鱼，是为船上的渔工准备钓鱼用的，所以认为不是违法行为。对此，渔政执法人员借此对许××进行教育和批评，并确认琼海××船是违反了《渔业法》第三十条和《南沙渔业管理规定》第五条的规定，已构成违法行为。依照有关规定决定对许××作出没收渔获物 30 kg、炸药 30 kg、雷管 90 条，罚款 5 000 元的处罚，并吊销《南沙专项捕捞许可证》。

（二）评析

《渔业法》第三十条和《南沙渔业生产管理规定》第五条均明确规定，在渔业水域禁止炸鱼。本案中琼海××船的作业方式虽然是刺网、钓具作业，但该船渔工在礁旁炸鱼被现场查获，事实清楚，证据确凿，已构成违法行为。当事人许××所持的理由也是不成立的，炸鱼本来就是一种违法行为，不存在炸大鱼、小鱼之分。经调查，该船的炸鱼行为属初犯，虽然破坏了渔业生产秩序，并对资源造成一定损害，但尚未构成犯罪。对此，渔政执法人员依据《渔业法》第三十八条和《南沙渔业生产管理规定》第八条第二款规定，没收渔获物 30 kg、炸药 30 kg、雷管 90 条、吊销《南沙专项捕捞许可证》、罚款 5 000 元是正确的。

七、捕捞网具网目小于规定尺寸的案例

（一）案情

1989 年 6 月 3 日，江苏省某县苏×渔××××号渔船（该船持有捕捞许可证，并于 1989 年 4 月经核准在某海域进行鲳鱼定置单片刺网作业）在作业时，该县渔政检查人员令其起网接受网目检查。经测量，该船所使用的定置单片刺网网目尺寸 95 mm，比法律规定 127 mm，小了 32 mm，对此，渔政检查人员认定该船的行为违反了《渔业法》第二十条规定，依照《江苏省实施（渔业法）办法》第三十六条及其罚款规定，对该船予以没收鲳鱼 90 kg、罚款 200 元的处罚，并责令其此定置单片刺网网目要变更换位 127 mm，才能用于生产。

（二）评析

《渔业法》第二十条规定，不得使用小于规定的最小网目尺寸的网具进行捕鱼。江苏省水产局《关于公布我省重点保护的渔业资源品种及其最低可捕标准、主要渔具网目规格和禁渔区、禁渔期的通知》中也规定，鲳鱼定置单片刺网的网目规格应大于 127 mm，国家之所以要规定某种渔具网目尺寸的目的，是为了在捕捞中提高幼鱼的逃逸率，保护幼鱼成长，合理利用渔业资源。本案构成违反网目尺寸规定的违法行为有如下特征：①行为人所使用的某种网具是未经核定的或其网具的网目小于渔业法规所规定的尺寸；②行为人的行为是正在或实施完毕的捕捞行为，本案行为人所实施的鲳鱼定置单片刺网作业是经核准的，但它所使用的网目尺寸不符合规定，网目尺寸仅 95 mm，比规定的 127 mm 小了 32 mm，这样就大大增加了捕捞密度，增大了鲳鱼幼体的捕获量，破坏了鲳鱼资源。因此，渔政检查人员依照《江苏省实施（渔业法）办法》第三十六条规定，凡违反渔业法律、法规的所获取的渔获物和其他违法所得应予没收，造成资源损失应予赔偿。同时依照其罚款规定，关于在海洋使用小于网目规格的，处 200 元至 1 000 元罚款规定，所以渔政检查员对该船的处罚是正确的。

八、无证捕捞的案例

（一）案情

1992年3月5日，山东省某县渔民刘××驾驶一艘功率为8.82 kW（即12马力）的渔船。在石岛渔场禁渔区线内侧进行流刺网生产，被山东省渔政××××号船查获，经检查人员询问，刘××自称：1991年9月购买了渔船后，一直未按《渔业法》规定申领捕捞许可证，6个多月来从事流刺网生产共获利1 500元，检查发现，该船共携带流网20张，还有捕捞的杂鱼150 kg。渔政检查人员认为：刘××未取得捕捞许可证擅自进行捕捞生产，违反了《渔业法》和《山东省实施（渔业法）办法》第十四条、第十六条的规定，依照《渔业法》第十三条和《山东省实施（渔业法）办法》第三十一条和三十三条规定，决定给予刘××以下处罚：没收渔获物150 kg，没收违法所得的1 500元，罚款1 000元，赔偿资源损失费500元。

（二）评析

渔业捕捞许可证是国家批准从事捕捞生产的证书，凡从事捕捞生产的单位和个人，都必须向县级以上渔业行政主管部门提出申请，取得渔业捕捞许可证，才能进行生产。刘××未取得捕捞许可证擅自进行捕捞生产，逃避了渔业行政主管部门的监督管理，不仅违反了国家渔业法律、法规，而且破坏了渔业资源，理应受到国家法律的惩处。《渔业法》第三十条规定："未按本法规定取得捕捞许可证擅自进行捕捞的。没收渔获物和违法所得，可以并处罚款。"《山东省实施（渔业法）办法》第三十条和第三十三条也分别规定："未取得捕捞许可证进行捕捞的，海洋机动渔船的罚款数额根据主机功率（千瓦、马力）大小和情节轻重决定，14 kW（即19马力）以下的，处200元至3 000元罚款；凡对渔业资源造成损失的，还应根据损失程度交纳渔业资源损失赔偿费。"因此，山东省渔政×××号船渔政检察人员对本案行为人刘××的行政处罚是正确的。

九、非法买卖捕捞许可证的案例

（一）案情

1987年，湖南省某县渔民王××依法申请领取了由县渔政监督管理机构核发的内河捕捞许可证。半年后，他转而从事养殖业，于是将自己的捕捞许可证和捕鱼工具一起卖给该县农民张××。1987年底，该县渔政站在对捕捞许可证进行年审时，发现张××并非法定持证人。经调查，张××承认1987年7月底在向王××购买捕鱼工具时，另外又以150元的价格从王××处购得捕捞许可证，并持王××的捕捞许可证捕鱼近5个月，先后捕鱼200 kg，出售后得款500元，对上述事实，王××也承认属实，但辩称自己在领取捕捞许可证时按规定向县渔政站交纳了当年度的渔业资源增殖保护费300元，因自己只捕捞了半年，还有一半应由张××承担。县渔政站据此依据《渔业法》第十六条确认，张××、王××的行为是非法买卖捕捞许可证的违法行为。依据《渔业法实施细则》第三十三条规定，对王××予以没收违法所得150元、罚款100元、吊销捕捞许可证的处罚；对张××予以没收违法所得500元的处罚。

（二）评析

《渔业法》第十六条第二款规定："捕捞许可证不得买卖、出租和以其他形式非法转让，不得涂改。"持证人转产时，应将捕捞许可证交还发证机关；若持证人拟将渔船出卖时，应向主管机关办理船舶和捕捞许可证的过户手续，由发政机关办理过户登记，变更持证人。买卖捕捞许可证是指以货币或以物代款的方式将国家依法核发的捕捞许可证非法卖给他人的行为。这种行为违反了国家捕捞许可证的管理制度，因此是违法行为。本案行为人王××为了谋利，将捕捞许可证作为商品以150元卖给张××，让其从事捕捞生产，这是违法的。另外，王××以收取张××150元作为抵消所交全年渔业资源增殖保护费的一半为由，回避买卖许可证的事实是十分错误的。征收渔业资源保护费是国家为了保护渔业资源的一项重要政策，是取之于渔，用之于渔的一项有力措施，对于我国渔业的发展具有重要意义。按规定交纳渔业资源增殖保护费是渔业生产者应尽的义务，因此，王××以补偿渔业资源增殖保护费为由，为其非法买卖捕捞许可证的行为辩护是不能成立的。县渔政站根据《渔业法实施细则》第三十三条关于买卖捕捞许可证的，没收违法所得，吊销捕捞许可证，并处100元至1 000元罚款的规定，对王××所作的处罚是正确的。

十、不遵守作业类型、场所、时限和渔具数量规定的案例

（一）案情

1992年9月15日，山东省某县一对58.8 kW（即80马力）渔船，在82海区进行拖网作业，起网时被中国渔政×××号船查获，经检查发现：该船捕捞许可证核定的作业类型为流刺网，而这两艘船却进行拖网作业，两船共捕获杂鱼150 kg，渔政检查人员认定，该对船违反了《渔业法》的规定，决定给予没收渔获物、罚款1 000元、赔偿渔业资源损失费500元的处罚。

（二）评析

作业类型是指捕捞所使用的渔具种类和作业方式。《渔业法》第十七条规定："在内水、近海从事捕捞业的单位和个人，必须按照捕捞许可证关于作业类型、场所、时限和渔具数量的规定作业。"作业类型一经核定，捕捞者必须遵守。构成未按作业类型规定作业的违法行为具有如下特征：①行为人在主观上是故意的；②行为人所实施捕捞的作业类型是未经核定或超过核定范围的。本案行为人持有的捕捞许可证上核定的作业类型为流刺网，实际实施的是拖网作业，显然违反了《渔业法》的规定，因此，该对船是无视渔业法律法规，擅自改变作业类型。根据《渔业法》第三十一条规定："违反捕捞许可证关于作业类型、场所、时限和渔具数量的规定进行捕捞的，没收渔获物和违法所得，可以并处罚款：情节严重的，可以没收渔具，吊销捕捞许可证。"和《黄渤海区关于违反渔业法规行政处罚规定》第十条第二款规定："海洋机动渔船处50元至3 000元罚款"以及《山东省实施（渔业法）办法》第三十三条规定："凡对渔业资源造成损失的，须按损失程度交纳资源损失赔偿费。"所以，中国渔政×××号船对该船作出的行政处罚是正确的。

十一、跨海区捕捞的渔船未依法申请领取捕捞许可证的案例

（一）案情

1987年6月16日，山东省某县海洋渔业公司所属鲁×渔××号渔轮在东海区近海进行底拖网作业时，被正在执行巡逻检查任务的渔政船查获。在接受渔政检查时，该渔轮船长出示了由山东省某县渔政站核发的捕捞许可证，但无东海区作业捕捞许可证。于是，渔政检查人员责令其到就近渔港接受进一步调查。经渔政监督管理机构多方核实，确认该渔轮是从日本引进的大型底拖网艉滑道渔轮，单船主机功率735 kW（即1 000马力）。该渔轮自1987年2月17日以来，在无东海区作业捕捞许可证的情况下，擅自进入东海区近海渔场进行底拖网作业4次。据此，渔政监督管理机构认定该渔轮属无捕捞许可证跨海区擅自捕捞，依法对该渔轮作出如下处罚：①没收本航次渔获物16 869 kg；②罚款10 000元。

（二）评析

《渔业法》第十六条规定："从事内水、近海捕捞业，必须向渔业行政主管部门申请领取捕捞许可证。海洋大型拖网、围网作业的捕捞许可证，由国务院渔业行政主管部门批准发放。"1987年国务院办公厅颁布的《关于东、黄、渤海主要渔场渔汛生产安排和管理的规定》中规定："辽宁、河北、天津、山东到东海禁渔区线以东，外海线以西海域生产，安排183.75 kW（即250马力）以上机动底拖网渔船150对……由黄渤海区渔政分局会同渔船所在省（市）渔业行政主管部门审批，以东海区渔政分局核发的捕捞许可证。"根据上述规定，山东省渔船如果要进入东海区近海捕捞生产，必须经黄渤海区渔政分局会同山东省渔业行政主管部门审批，取得东海区渔政分局签发的捕捞许可证后才能进行捕捞，否则就属非法捕捞行为。本案鲁××渔××号渔轮却无视国家对跨海区作业的渔船的有关规定，未申请领取由东海区渔政分局签发的捕捞许可证，就擅自进入东海区近海进行捕捞作业达4次之多。这种行为严重扰乱了国家对渔场的管理秩序，破坏了国家对渔业资源的保护和合理利用，增加了东海区渔场的捕捞强度，情节较为严重。根据《渔业法》第三十条规定："未按本法规定取得捕捞许可证擅自进行捕捞的，没收渔获物和违法所得，可以并处罚款；情节严重的，并可以没收渔具。"《渔业法实施细则》第三十一条规定："依照《渔业法》第三十条规定需处以罚款的，海洋渔业机动渔船，处200元至20 000元罚款。"为此，渔政监督管理机构对该渔轮没收本航次渔获物16 869 kg，罚款10 000元的处罚是正确的。

第二节　侵犯渔业生产者合法权益方面的案例

侵犯渔业生产者合法权益方面的案例，大部分是破坏水产养殖业方面的违法行为，如破坏他人养殖水体、养殖设施、偷捕、抢夺他人水产品，破坏他人渔具、渔船，水域污染造成渔业生产的损失，以及外籍渔船进入我国管辖水域从事渔业生产等。虽然案例内容的范围比较窄，但分布面广，我国内陆各省均有类似案件出现。由于我国水产养殖业的产量占全国水产总产量的大部分，因此管好水产养殖业是提高我国水产品产量的重要保证。为此对这方面的案例不可忽视，应该不断地总结经验，提高办案质量，提高渔政管理水平。

一、破坏他人养殖水体的案例

（一）案情

1987年，江苏省某县青年木工顾××托人向同村女青年梅××说媒，但因梅××不同意而未成。1988年中秋，梅××与鱼塘承包户陆××结婚。对此顾××心中十分不快。一天深夜顾××将一瓶滴滴涕农药偷偷倒入陆××承包的鱼塘中，致使鱼塘内10.5 kg 鳊鱼中毒死亡。事件发生后，陆××立即将情况报告了县渔政站。经多方查实发现是顾××所为。渔政站认定顾××的行为是破坏他人养殖水体的违法行为，并依据《渔业法》第二十九条和《渔业法实施细则》第三十条规定，责令顾××赔偿陆××的鳊鱼损失费和清塘损失费300元，并罚款150元。

（二）评析

养殖水体是指适合于养殖的，并依渔业法律法规规定，核发养殖使用证或确认了所有权的水面、滩涂等水体。这些水体可以是沿海的浅海水域、滩涂，也可以是江河、湖泊、沼泽、沟渠、池塘、水库等。养殖水体、滩涂的使用权和所有权一经确定，受法律保护，任何个人和单位不得侵犯。根据《渔业法》第二十九条规定，破坏他人养殖水体、养殖设施的，由渔业行政主管部门或其所属的渔政监督管理机构责令赔偿损失，并处以罚款，数额较大，情节严重的，依照《刑法》第一百五十一条或者第一百五十六条的规定对个人或者单位直接责任人追究刑事责任。本案行为人顾××因恋爱不成，忌恨于陆××，为了泄愤竟用剧毒农药滴滴涕投入鱼塘致使水质污染，造成鳊鱼死亡，其行为违反了《渔业法》第二十九条规定，侵犯了陆××的合法权益，所以县渔政站依照《渔业法》责令顾××赔偿鳊鱼损失费和清塘费共300元，并依照《渔业法实施细则》第三十条规定，处以150元罚款是正确的。然而，对顾××的行为不以毒鱼的违法来认定，是因为顾××所实施的行为具有毒鱼行为的某些特征，但顾××使用农药投入鱼塘的目的是为了破坏陆××的养殖水体，毒死养殖的鱼，以此来泄私愤。而毒鱼的违法行为人其主观上的目的是为了取得渔获物，并不是以破坏他人养殖水体为目的。因此，对顾××的行为以破坏他人养殖水体来论处是正确的。

二、破坏他人养殖设施的案例

（一）案情

1984年和1985年，福建省某县农民杨××承包了本乡的鱼塘，但在两年的承包中，因经营管理不善，未完成承包合同规定的应交金额，因此乡领导在1986年将鱼塘交由张××承包。张××承包后，放足鱼种，精心饲养，经济效果较好。杨××知道后，认为张××抢了他的承包权，故对他怀恨在心。1986年10月20日晚，杨××伙同邻村的郑××、林××一起将张××承包鱼塘出水口的拦鱼设施扒开，致使所养的鱼随水流出，损失成鱼500 kg，经济损失2 000多元。1986年11月15日，县司法机关依法对杨××等予以逮捕。受害人张××同时向法院提起民事诉讼，要求杨××赔偿损失，县人民法院以刑事附带民事赔偿审理了此案，经审理，县人民法院以故意毁坏公私财产罪判处主犯杨××有期徒刑3年，同案犯郑××、林××分别被判处有期徒刑2年零6个月；另判处被告杨×

×赔偿原告张×× 1 000 元，郑××、林××各赔偿原告张××500 元。

（二）评析

《渔业法》第二十九条规定，破坏他人养殖水体、养殖设施的，由渔业行政主管部门或其所属的渔政监督管理机构责令赔偿损失，并处罚款；数量较大，情节严重的，依照《刑法》第一百五十一条或者一百五十六条的规定对个人或者单位直接责任人员追究刑事责任，对于本案杨××等人的行为，人民法院依照《刑法》第一百五十六条的规定，以故意毁坏公私财物罪判刑是正确的。本案的构成要件是：①客观上行为必须有毁灭或损坏公私财物的行为；②主观上是故意的，其故意的目的是在于毁坏公私财物，而不是非法占有；③构成本犯罪的必须是情节严重。本案行为人杨××因自己对承包的鱼塘经营管理不善，没有履行承包合同。被取消承包权后，竟迁怒于他人，并肆意毁坏张××承包的鱼塘的养殖设施，使鱼随水流失。从这一行为的目的来看，杨××并不是为了占有他人所养的鱼，而是为了泄私愤。从客观上看，由于杨××采用了破坏养殖设施的手段，使鱼塘里的鱼随水流失约 500 kg，造成养殖户经济损失 2 000 元，损失数额较大，因此，杨××的违法行为属情节严重，依法追究其刑事责任是正确的。

三、偷鱼案例

（一）案情

1992 年 10 月 1 日晚，山东省某县农民张××趁该县某养殖场无人值班之机，携带农药潜入养殖场。将农药倒入鱼塘中，约 1 小时后死鱼泛起，张××用自带网具将死鱼全部捞起，运回家中，其价值 500 多元。次日晨，张××在集市上出售被毒死的鱼时被查获。县渔政站在处理这一案件时有不同看法，一种意见认为使用农药毒鱼，违法了《渔业法》第二十八条，应按毒鱼处罚；第二种意见认为，张××是趁养殖场无人看管时，将集体所有的鱼毒死偷走，是偷窃行为，但尚未构成犯罪，应由渔政部门依照《渔业法》第二十九条规定对其进行处罚；第三种意见认为，张××既是毒鱼，又是偷鱼，应合并处罚，一次执行；第四种意见认为，张××的行为已构成盗窃罪，应移交司法部门追究其刑事责任，经综合研究最后定性为偷鱼行为，移交司法部门处理。

（二）评析

应该认为张××的行为属偷鱼，因为毒鱼是捕捞者在无明确物主的自然水域，或虽有明确物主，但捕捞者在具有合法的捕捞权益的水域用投毒下水的方法捕鱼。而本案当事人是在具有明确物主的养殖水域，趁无人看管的机会实施毒鱼行为，毒鱼只是手段，盗窃集体所有的鱼是他的目的。因此，张××的行为应认为是偷鱼。同时，张××毒鱼是为了达到偷鱼的目的而实施的，可作为一个情节来考虑，应以偷鱼定性对他从重处罚，而不能并罚。张××的行为构成盗窃罪。所谓盗窃罪，是指以非法占有为目的，秘密窃取数额较大的公私财物的行为，盗窃罪有如下特征：①在客观上行为人必须具有秘密窃取公私财物的行为；②在主观上行为人必须意识到他们窃取的是公共财产或私人财产，同时对被窃取的财物具有占为己有的目的。张××的行为完全符合上述特征，所以对张××行为的定性是偷鱼，移交司法机关处理是正确的。

四、聚众哄抢他人养殖水产品的案例

（一）案情

1986 年 11 月 11 日，浙江省某县和孚水产村渔民在其拥有 100 hm^2（即 1 500 市亩）的水域进行捕鱼之前，镇政府、公安、渔政等部门就派出 6 艘汽艇和工作人员 40 多人，维持起捕的现场秩序，以防止哄抢事件再次发生。当天上午 7 时许，当和孚水产村渔民捕捞下网起捕时，水面上出现了钞田桥等 5 个村和 20 艘农用船，并逐步增加到 200 余艘。中午，当渔网收拢时，有 100 余人开始在岸滩处抢鱼，在场维持秩序的镇政府、民警和渔政检查人员无法制止。少数哄抢者还公然向民警泼水、掷泥块，并殴打和孚水产村的干部和渔民，致使多人受伤。下午 2 时左右，钞田桥等几个村的村干部又驾船围位网箱，以所谓集体名义带头抢夺鲜鱼 200 kg。案发后，县人民政府组成了由公安、检察、法院、水产、渔政等部门参加的调查组。经过 20 天的调查核实，认定该事件是聚众哄抢养殖鱼，侵犯渔业生产者的合法权益的违法行为。依据《渔业法》第十条、第二十九条的规定，根据哄抢者违法情节，分别对参加哄抢的村民予以赔偿和罚款的处罚，公安机关对 5 名为首者予以行政拘留。县人民政府对带头参加哄抢的 5 名村干部予以政纪处分。

（二）评析

《渔业法》第十条规定："水面、滩涂的所有权和使用权受法律保护，任何单位和个人不得侵犯。"而钞田桥等 5 个村少数村干部和村民无视国家有关保护渔业生产者合法权益的规定，以水面使用权不合理为理由聚众哄抢和孚水产村所养殖的鱼，侵犯了渔业生产者的合法权益。这种行为在主观上具有非法占有他人财物的故意，在客观上表现为趁水产村渔民起捕之机聚众哄抢，已构成了抢夺他人水产品的违法行为。《渔业法》第二十九条规定："偷捕、抢夺他人养殖的水产品的，破坏他人养殖水体、养殖设施，由渔业行政主管部门或者所属的渔政监督管理机构责令其赔偿损失，并处罚款；数额较大，情节严重的，依照《刑法》第一百五十一条或一百五十六条的规定对个人或者单位直接责任人追究刑事责任。"本案违法情节严重，渔政等有关部门为维护渔业生产者的合法利益联合对哄抢者进行处罚是正确的。

五、侵犯他人合法权益的案例

（一）案情

1987 年 4 月 19 日凌晨 4 时左右，浙江省某市农民杨××与其丈夫、儿子一起在承包户珍珠养殖场，趁看管人不备，抢夺了珍珠蚌 85 个，三角小蚌（即三角帆蚌的幼体）64 个，装在竹筐和蛇皮袋内扛回家，并将珍珠蚌隐匿在自己的麦田及育珠塘等处。案发后，有关部门责令杨××等交出所抢夺的珍珠蚌，但杨××只交出少量赃物，其余的仍隐匿不交。对此，市渔政站依照《渔业法》第二十九条和《渔业法实施细则》第三十条的规定，责令杨××将抢夺的珍珠蚌全部归还，并罚款 200 元。

（二）评析

《渔业法》第十条规定，全民所有制单位使用的水面、滩涂，集体所有制的水面、滩涂和集体所有制单位使用的全民所有的水面、滩涂，可以由集体或个人承包，从事并生产。水面、滩涂的所有权和使用权受法律保护，任何单位和个人不得侵犯。浙江省《淡水渔业生产和资源保护暂行规定》第二十二条规定："渔业专业户，经济联合体的合法权益受法律保护。任何单位和个人不得干涉其经营自主权，不得侵犯、破坏其渔业水域、生产设施和产品。"本案行为人杨××无视国家关于保护渔业生产者合法权益的法律规定，明知抢夺承包户的珍珠蚌是侵犯渔业生产者合法权益的行为，却明知故犯，在主观上具有非法占有他人财物的故意，在客观上表现为趁看管人不备，抢夺珍珠蚌，案发后又拒不交出赃物。市渔政站根据《渔业法》第二十九条规定，并结合本案行为人抢夺他人水产品数额较小尚未构成犯罪的具体情况，对杨××所作出的处罚是正确的。

六、偷窃破坏渔具渔获物的案例

（一）案情

1991 年 12 月 19 日，山东省牟县居民曲××等两人乘舢板到某渔业公司的张网作业地点，偷窃该公司由此网捕捞的渔获物，并将该网具割断，漂在海中，被公司巡逻人员发现。巡逻人员一面观察曲××等人的活动，一面向县渔政站报告。渔政站检查人员立即乘摩托车赶到公司。正值曲××等两人携带渔获物摇舢板上岸时，被渔政检查人员和公司巡逻人员当场查获。渔政检察人员认定曲××等两人偷窃他人渔获物，各罚款 1 000 元，所偷渔获物交回渔业公司，并赔偿该公司的网具。曲××等两人当即同意接受处理。事后，未向渔政交纳罚款和赔偿给公司的网具，也不申请复议或向人民法院起诉，处罚决定书送达当事人 30 天后，渔政站向县人民法院申请强制执行。经人民法院审理认为：渔政站认定的事实确凿，但适用法律、法规不当。经县人民法院院长批准，决定不予立案，并将申请强制执行书退还渔政站。渔政站最后将曲××等两人的违法案件移送公安机关处理。

（二）评析

县人民法院审理后认为：渔政检查人员认定曲××偷窃他人渔获物是正确的，但对曲××等作出的行政处罚决定无法律依据。《渔业法实施细则》第三十九条第二款规定："偷窃、哄抢或破坏渔具、渔船、渔获物的，由公安机关依照《治安管理处理条例》的规定处罚，构成犯罪的，由司法机关追究刑事责任。"因此，县人民法院退还渔政站强制执行申请是正确的。渔政站再次对照渔业法律、法规，根据《渔业法实施细则》的有关规定，将本案移送公安机关处理也是恰当的。

七、污染渔业水域的案例

（一）案情

1980 年 9 月以来，山东省莱州湾毛蚶大量死亡，直接影响沿岸渔民的生活，渔民多次向各级政府和渔业行政主管部门反映，要求上级迅速调查处理。对此，山东省水产局和省环保局于 1987 年 1 月在寿光县召开《毛蚶死亡原因研讨会》。5 月下旬，省水产局和环保局有关单位共同组织污染调查组，多次进行海上、陆地、空中现场调查，并请科研、教学单位的有关专家作技术咨询。最终查明：1986 年 10 月至 1987 年 4 月，莱州湾局部海湾毛蚶大量死亡的原因，主要是胜利油田的石油污染造成的。据此，省环保局根据《海洋环境保护法》的有关规定，责令胜利油田给予经济补偿133万元，一次性拨给山东省莱州湾毛蚶管理委员会，用于毛蚶增殖和渔民生活困难的补助，并负担技术仲裁费2万元；同时要求胜利油田加快环保设施建设，防治污染事故再次发生。

（二）评析

《海洋环境保护法》第十二、十三、十四条分别规定："对勘探开发过程中使用的油料、残油、废油应当予以回收；含油污水，油性混合物，含油工业垃圾不得排放入海。"根据现场调查、鉴定证实，胜利油田确已违反上述规定，造成莱州湾局部水域污染，导致毛蚶大量死亡。山东省环保局依据《海洋环境保护法》第四十一、四十二条规定："凡违反本法造成或者可能造成海洋环境污染损害的，本法第五条规定的有关主管部门可以责令限制治理，缴纳排污费，支付消除污染费用，赔偿国家损失。因海洋环境受到损失的单位和个人，有权要求造成污染损害的一方赔偿损失"的规定，责令胜利油田给予经济补偿，用于增殖毛蚶资源和渔民生活困难补助，并承担技术仲裁费是正确的。

八、煤矿排污污染水域的案例

（一）案情

1987年山东省某县堡子乡养殖场利用××煤矿塌陷地20 hm^2（即300市亩）进行养殖生产，当年投放鱼苗44.3万尾，并在县工商局办理了营业执照。3月27日，鱼苗突然全部死亡。事故发生后，养殖场向县渔政站报案，县渔政站会同环保局进行调查鉴定，发现鱼苗全部死亡是××煤矿向塌陷地水体倾倒污水、煤矿石等，使养殖水体污染所致。渔政站召集双方协商、调解未达成协议。养殖场即向县人民法院提起诉讼。经法院审理核实养殖场投入鱼苗的数量、时间、喂养情况的记录，同时查看死亡鱼苗数量、规格后，判决××煤矿赔偿养殖场经济损失132 263.6元，并承担案件受理费950.4元；养殖场承担案件受理费407.3元；判决书送达10日内执行。被告××煤矿不服一审判决，在限期内向市中级人民法院提出上诉。上诉理由是：1985年该矿对塌陷地已做经济补偿，养殖场未办理水面适用手续，损失后果应自负。经市中级人民法院审理认为：养殖场利用塌陷地进行养殖是合法的，但鱼苗死亡双方均有责任。二审法院再对双方进行调解，仍未达成协议。对此，二审法院做出如下判决：××煤矿赔偿养殖场经济损失85 000元，承担二审案件受理费1 357.7元；10日内付清。判决后，双方未提出申诉，限期内各自履行义务。

（二）评析

1987年养殖场利用××煤矿塌陷地发展水产养殖业，并向县工商局领取营业执照，按核定的经营范围，从事生产经营应当受到法律保护。该场发现死鱼事故后，向县渔政站报案。经县渔政局、环保局查明：鱼类全部死亡是由于水体污染造成的。渔政站召集双方协商解决经济损失赔偿问题是正常管理活动。双方未达成协议，受损害一方有权向县人民法院起诉。二审法院认为：养殖场所养鱼类全部死亡是事实，其原因是双方造成的。二审法院撤销了一审法院判决重新宣判，双方未提出异议，各自履行了法律义务。《渔业法》是在1986年7月1日实施的，养殖场应按《渔业法》规定向县人民政府申请办理养殖使用证，确认使用权。该乡虽在工商局领取了营业执照，但只取得出售所养鱼类的营业许可，而没有取得水面使用权。另一方面，××煤矿虽已支付了塌陷地补偿费，但堡子乡已利用这一塌陷地进行水产养殖，不应再向塌陷地倾倒污水、煤矿石等。《渔业法》第十二条规定："全民所有制单位与集体所有制单位之间对水面所有权、使用权的争议，由当事人协商解决，协商不成的由县以上人民政府处理。"同时还规定："所有权、使用权争议解决前，任何一方不得破坏养殖生产。"据此，××煤矿继续向有争议的水面排污，实属违法行为。二审法院分清双方责任，判决是正确的。

九、外籍渔船进入我国管辖水域从事渔业生产的案例

（一）案情

1991年6月21日，某渔政监督管理机构所属的中国渔政×××号船，根据海军提供的情况，在北纬37°15′、东经122°40′查获某国渔船进入我国黄海禁渔区线内从事捕捞生产，并企图逃跑。追获后，经渔政检查人员检查，该船非法捕获鳐鱼150 kg。据此，渔政检查人员将其押回山东省某渔港进行处理，并向该船指出，其行为不仅违反了《渔业法》第八条的有关规定，也侵犯了我国领海。并依照《渔业法实施细则》第三十七条的规定，对该渔船予以处罚：没收渔获物150 kg，没收单船底层单囊拖网网具，罚款10 000美元。

（二）评析

《渔业法》第八条规定："外国人、外国渔业船舶进入中华人民共和国管辖水域，从事渔业生产或渔业资源调查活动，必须经国务院有关部门批准，并遵守本法和中华人民共和国其他有关法律、法规的规定……"其国渔船在我国管辖水域从事渔业生产，不但未经我国渔业行政主管部门批准，而且擅自侵入我国领海实施拖网捕捞生产，这种行为不但严重破坏我国近海渔业资源的情况，侵犯我国渔业权益，而且也侵犯了我国的领海主权。为此，渔政检查人员为维护我国领海和渔业权益，依照《渔业法实施细则》第三十七条的规定："外国人、外国渔业船舶违反《渔业法》第八条规定，擅自进入中华人民共和国管辖水域从事渔业生产或者渔业资源调查活动的，渔业行政主管部门或其所属的渔政监督管理机构应当令其离开或者将其驱逐，并可处以罚款和没收渔获物、渔具"的规定。这里也要明确，在查处外国人、外国渔业船舶的渔业违法案件时，必须及时报告，做好取证，适用法律、法规正确，程序完备。为此，我国渔政检查人员对某国渔船进入我国管辖水域从事渔业生产所作出的处罚是正确的。

第三节　违反渔业行政管理规定方面的案例

违反渔业行政管理规定方面的案例，主要内容有三种，一是当事人违反《渔业法》规定，拒绝、阻碍渔政检查；二是渔政检查人员执法违反管理规定作出违法或不妥的行政行为；三是水产食品加工业管理方面的违法案件。这些内容都是渔政执法中最基本的条件，特别是渔政人员执法中违法更要引起重视，同时水产食品加工中的一些案例，目前还未引起渔政部门的足够重视，这给人民健康和水产品出口创汇带来不利影响。

一、拒绝、阻碍渔政检查的案例

（一）案情

1989年8月28日，浙江省浙×渔××号船，主机功率294 kW，未经领取捕捞许可证

就擅自出海进行底拖网作业，第二天凌晨，当他正准备将非法捕捞的渔获物送上市场，被某渔政站渔政检察院章××和边防大队警士吴××发现。当执法人员准备登船检查时，该船船长王××百般阻挠，拒不接受检查，而且还伙同大副等人，强行将章××、吴××扣下，并将其随船带到该渔船的港口。第三天，某渔政站和边防大队在渔船所在县的渔政站和边防大队的配合下，对该渔船的违法行为进行了调查。经查实，该渔船违反了《渔业法》第十六条规定，决定予以：没收该船渔获物 2 542 kg 及违法所得 8 000 元；罚款 7 000 元；扣留渔船 15 天。另外，该县公安局依据《治安管理处理条例》第十九条的规定，对该渔船船长王××予以行政拘留 13 天，对大副予以行政拘留 10 天的处罚。

（二）评析

《渔业法》第十六条规定：“从事内水、近海捕捞业，必须向渔业行政主管部门申请领取捕捞许可证。”本案渔船未依照《渔业法》规定申领捕捞许可证，擅自出海从事底拖网作业，其行为是违法的。根据《渔业法》第三十条规定：“未按本法规定取得捕捞许可证擅自进行捕捞的，没收渔获物和违法所得，可以并处罚款，情节严重的，并可以没收渔具。”以及《渔业法实施细则》第三十一条规定：“依照《渔业法》第三十条规定需处以罚款的，海洋渔业机动渔船，处 200 元至 20 000 元罚款。”某县渔政站对该渔船予以没收渔获物 2 542 kg 和违法所得 8 000 元，并罚款 7 000 元的处罚，无疑是合法的。另外，本案行为人由于违法渔获物和违法所得数额较大，当他违法行为被发现后又百般阻挠拒不接受检查，并强行开船逃跑，其情节是严重的。根据《浙江省渔业管理实施办法》第四十九条规定，无捕捞许可证进行捕捞作业，情节严重的可以扣留渔船。所以渔政站在对违法行为人没收渔获物和进行罚款的同时，并扣留渔船 15 天的处罚也是合法的。监督检查渔业法规的执行和实施，是国家赋予渔政检查人员的职责。抗拒、阻碍渔政检查人员履行职务，情节严重的将依照《刑法》第一百五十条规定，以妨害公务罪追究行为人的刑事责任。妨害公务罪具有下列特征：①行为人在主观上是故意的；②行为人必须采用暴力、威胁的方法阻碍国家工作人员依法履行职务。从本案行为人的表现来看，该渔船船长王××明知渔政检查人员正在依法执行任务，不但拒绝接受检查，还伙同大副强行开船逃跑，并带走渔政检查人员。因此，其行为在主观上是故意拒绝渔政检查人员执行职务；客观上又具有拒绝检查的行为。但在其拒绝检查的逃跑过程中，尚未采用暴力、威胁的方法，因此尚未构成妨害公务罪。根据《沿岸管理处罚条例》第十九条规定，拒绝、阻碍国家工作人员依法执行职务，未使用暴力、威胁方法的，尚不构成刑事处罚的，处 15 天以下拘留，20 000 元以下罚款或者警告。据此，某县公安局对该船船长王××行政拘留 13 天，对大副行政拘留 10 天的处罚是正确的。

二、持枪威胁渔政人员的案例

（一）案情

1989 年 4 月 8 日浙江省某县发生一起持枪威胁渔政人员执法的违法案件，案件经过是这样的：在当天的晚上，该县渔民朱××伙同邻县农民王××、邵××等人借用他人小船在新安江水域以电击方法非法捕鱼时，被正在水上巡逻的某县渔政分站站长李××和渔政检查员方××、严××发现。李××等向他们宣布了渔业法的有关规定，并决定和扣留小船及电鱼工具，令他们次日到渔政站接受处理。然而，朱××不仅拒不接受，而且还用猎枪威逼渔政检查员方××。朱××关闭渔政巡逻船的发动机，并对李××进行威胁，强行将已扣留的电渔具抢走，更严重的是朱××在上岸后竟用猎枪对着已离开的巡逻船连开两枪，其中一枪击中李××左臂。案发后，朱××于第二天到某公安局投案自首，后经县人民法院审理，以妨害公务罪依法判处朱××有期徒刑2年。

（二）评析

妨害公务罪是指以暴力、威胁的方法，阻碍国家工作人员依法执行职务的行为。妨害公务罪，行为人必须在主观上是故意的，客观上必须具有采用暴力、威胁的方法阻碍国家工作人员依法履行职务的行为，本案行为人朱××违反渔业法规，在新安江水域电鱼，被渔政检查人员查处时，他明知渔政检查人员是代表国家行使职权，查处违反渔业法规的行为是渔政检查人员应尽的职责，但他为了逃避处罚，实施了阻碍渔政人员执行公务的行为，这说明他在实施违法行为时主观上是故意的。同时朱××采用了猎枪威胁强抢已被扣留的电鱼工具，以及开枪射击等一系列方法，都是针对正在依法执行检查任务的渔政检查人员的。他实施的这些方法不是一般的拒绝或者消极抵制渔政人员执行职务，而是属于暴力或暴力相威胁的方法迫使渔政人员停止对他违法行为的处理。因此，朱××的行为完全符合妨害公务罪的构成条件。依据《刑法》第一百五十七条规定，以暴力、威胁方法阻碍国家工作人员依法执行公务的，处3年以下有期徒刑、拘役、罚金或者剥夺政治权利。人民法院依照上述规定，同时考虑到朱××有自首的情节，依法判处其有期徒刑2年是正确的。

三、拒不履行行政处罚决定的案例

（一）案情

1987年12月8日，湖北省某市发现炸鱼违法案件被处罚，但违规者不履行处罚决定，最后法院采取强制执行。具体案情如下：湖北省某市农民石××伙同他人擅自制作炸药包2只，在陈××承包养殖的水库中炸鱼，共炸获鱼15 kg。案发后，市渔政监督管理机构根据《渔业法》第20条规定，对石××作出如下处罚决定：①赔偿渔业资源400元；②罚款200元，并于1988年1月8日将处罚决定书送达石××。石××以家庭生活困难为由，拒不履行处罚决定。后来，市渔政监督管理机构申请人民法院强制执行。人民法院经调查查明，石××家中确无现款，但石××有1台旧的手扶拖拉机闲置在其岳父家中，人民法院遂将拖拉机变卖得现款750元，将其中600元交给市渔政监督管理机构作为赔偿费和罚款，50元作为法院执行费，其余100元退还石××本人。

（二）评析

《渔业法》第三十三条规定："当事人对行政处罚决定不服的，可以在接到通知之日起30日内，向人民法院起诉；期满不起诉又不履行的，由作出处罚决定的机关申请人民法院强制执行。但是，在海上作业的，必须先执行有关处罚决定。"这条规定包括以下几层含义：①当事人如果对渔政监督管理机构的行政处罚决定不服的，可以向所在地人民法院起诉，依法保护自己的合法权益；但是当事人的起诉必须在法定期限内提出，即在接到渔政监督管理机构处罚决定书之日起30日内提出，若超过了这一期限再起诉，人民法院不予受理；②如果当事人在法定期限内起诉的，在起诉期间，不一定必须履行渔政监督管理机构的处罚决定。但是，在海上作业的，必须先执行有关处罚决定。③当事人对渔政监督管理机构的处罚决定在法律规定的诉讼时效的，既不履行又不起诉的，渔政监督管理机构有权申请人民法院强制执行。

本案当事人石××是在水库实施非法炸鱼行为，因此不适用“在海上作业的，必须先执行有关处罚决定”的规定，他必须在收到处罚决定书之日起30日内履行或向人民法院起诉。但石××在这一期限内没有向人民法院起诉，并以家中生活困难为由拒不履行处罚决定。因此，市渔政监督管理机构在期满后有权向人民法院申请强制执行。渔政监督管理机构在申请强制执行时，也必须遵守法律规定的申请期限，只有在法律规定期限内申请的，人民法院才接受。如无正当理由而逾期申请的，人民法院可以拒绝受理。根据《中华人民共和国民事诉讼法（执行）》第一百六十九条规定：“申请执行的期限，双方或者一方当事人是个人的为1年；双方是企事业单位、机关、团体的为6个月。”本案当事人中一方是石××个人，因此根据规定，市渔政监督管理机构申请人民法院强制执行的期限为1年。也就是说在1年的期限内，市渔政监督管理机构有权在任何时候申请人民法院强制执行。

《中华人民共和国民事诉讼（执行）》的规定，人民法院采取的执行措施有以下几种：①扣留，提取被执行人的储蓄存款或劳动收入。②查封、扣押、冻结、变卖被执行人财产。③强制支付法律文书指定支付的财物或者票据。④强制搬出房屋或退出土地。⑤强制执行法律文书指定的行为。⑥划拨和转交企事业单位、机关、团体的存款。

人民法院根据本案的具体情况，采取变卖石××个人财产的措施，强制其履行市渔政监督管理机构的处罚决定是正确的。

四、“以罚代刑”的案例

（一）案情

1987年9月，浙江省某县网箱养鱼专业户余××利用网箱养鱼之便，多次偷捕国营企业放养在水库中的青、草、鲢、鳙等鱼，被县渔政站巡逻艇抓获。虽然余××经批准在该县大型水库从事网箱养鱼，同时该水库也是某国营企业的养殖水域，国营企业每年投放水库的青、草、鲢、鳙等鱼种达50×10^4 kg，价值人民币100万元。按照“谁放养，谁得益”的原则，该县规定：青、草、鲢、鳙等家鱼，只准投资放养的经营单位捕捞，其他任何单位或个人不得捕捞。但余××利用网箱养鱼之便，多次偷捕国营企业放养的家鱼，经查实先后共偷捕1 551.7 kg，价值1 024.5元。县渔政站决定按其违法所得的8倍令其赔偿资源损失8 196元。

（二）评析

县渔政站对余××以渔业资源损失的8倍令其赔偿，想通过加倍收取资源赔偿费的方法达到对当事人惩罚的目的，这种做法是不妥的，因为，渔业资源损失费是当事人违反渔业法规而造成渔业资源损失的，其本身不具有惩罚性；而罚款、没收渔具等是渔政监督管理机构对违反渔业法规的当事人进行处罚的。实际上，余××的行为已构成盗窃罪，应该依法追究其刑事责任，因为，从客观方面来看，余××的行为是秘密窃取公私财物的违法行为。该县大型水库中，除网箱中的鱼是余××所有之外，水库中的其他家鱼均是他人放养的，所有权归投资放养的经营单位所有，其他组织和个人不得捕捞。而余××却利用网箱养鱼之便，并以此为掩护，趁机偷捕他人放养的家鱼，这种行为是违法的。从主观方面来看，余××有非法占有他人养鱼的目的，余××明知水库中的家鱼有明显的物主，其他人不得捕捞，但他却以秘密手段偷捕 1 551.7 kg 的家鱼并非法占为己有，所以其主观故意是明显的，同时，余××偷捕的数量较大，偷窃公私财产数额较大，是法定的构成盗窃罪的主要条件。所以余××的行为已构成盗窃罪。根据《渔业法》第二十九条规定，偷捕他人养殖水产品的，由渔业行政主管部门或者所属的渔政监督管理机构责令赔偿损失，并处罚款；数额较大，情节严重的，依照《刑法》第一百五十一条或者一百五十六条的规定对个人或者单位直接责任人员追究刑事责任。县渔政站应依照上述规定，将此案移交司法机关追究余××的刑事责任。然而，县渔政站却以行政处罚来解决此案，显然是以行政处罚代替了刑事处罚，这是不正确的。

五、处罚主体不明白案例

（一）案情

1987 年 2 月，官××与湖北省某市农民乔××签订了购置河蚌的协议。协议规定由乔××自行收购河蚌，收购的河蚌无论多少均由官××买入。此后，乔××通过关系取得市水产局运输河蚌出境的证明后开始收购河蚌。渔政站获悉后立即赶到现场调查，并当场对乔××收购的 1.31 万个河蚌予以扣押，3 月 13 日，官与乔一同来到渔政站，官××提出河蚌是乔××为他收购的，渔政站不能扣押，3 月 16 日，渔政站以官××作为处罚对象，决定将河蚌全部没收。对此，官××不服，向市人民法院起诉，第二年 3 月 18 日，经市人民法院一审判决，撤销渔政站的处罚决定，并由渔政站赔偿官××因诉讼所造成的经济损失 515.2 元，承担诉讼费。

（二）评析

根据《渔业法》和《湖北省渔业管理暂行办法》的规定，作为重要的水产资源的河蚌，经合理开发利用，禁止无证捕捞和无证贩运。本案行为人官××擅自与乔××签订购置河蚌协议，违反渔业法规的有关规定，因此签订的协议是不能成立的。但渔政站在下达处罚决定书前，官××尚未获得河蚌所有权，所以他还不是违法主体，渔政站不能对他进行处罚，这是因为官××与乔××签订的是买卖河蚌的协议，根据协议乔××应先自行收购河蚌，然后再由官××买入。乔××收购的河蚌在专卖给官××之前，河蚌的所有权应属乔××。只有当乔××将河蚌转卖给官××后，其所有权才发生转移，即属官××所有，这时官××才成为违法主体。从本案过程来看，当渔政站在收购点查获非法收购的河蚌，并将其扣押时，这些河蚌的所有权是属乔××的，因此在处罚上应以乔××为主体。但当官、乔两人一同到渔政站时，官××提出河蚌是乔××为他收购时，渔政站在未经认真查实的情况下，将官××定位处罚对象，并对其作出处罚决定，这是不妥当的。另外，渔政站的处罚决定侵犯了官××的合法权益，根据《民事通则》第一百二十一条规定："国家机关或国家机关工作人员在执行职务中，侵犯公民、法人的合法权益造成损失的，应当承担民事责任。"人民法院在撤销渔政站处罚决定的同时，判决渔政站赔偿官××所受经济损失也是正确的。

六、渔政执法人员写错违法作业地点的案例

（一）案情

1989 年 8 月 18 日，广东省×市“3460”号渔船，船主杨××，持有南海区机动渔船底拖网禁渔区线外侧作业的捕捞许可证，违反渔业法律规定，进入南海区禁渔区线内侧的 421 渔区作业，被中国渔政××号船渔政人员发现，并令其立即起网受检，但该渔船起网后却加大马力向东逃跑。渔政船紧追，并于 422－2 渔区将该渔船截获开始查处。在查处中违法当事人杨××称：“我是在 422－2 渔区被渔政船截获的，违规地点应该写为 422－2 渔区，这样我才受处理和交罚款。”当时，在办理此案的何××等渔政检查人员认为，反正你船是违规作业，愿意接受处理就可以了，于是就同意了违法当事人杨××的要求，在处罚决定书上写明：“在 422－2 渔区，78 m 水深处违规作业，依照《渔业法实施细则》第二十九条规定，罚款 2 000 元。”杨××也在处罚决定书上签名，并当场交纳罚款 2 000 元，事后，杨××驾船回到所在港通过当地的渔民协会写信到广东省渔政处，要求解释：在 422－2 渔区，78 m 水深作业是否算违法？该不该罚款？而提出要求行政复议。省渔政处经过调查了解，发现渔政检察员何××等人在办理该案时违法作业地点确实写错，于是决定撤销这一处罚决定，责令某渔政站将罚款 2 000 元退还当事人杨××。

（二）评析

422－2 渔区位于南海区机动渔船底拖网禁渔区线外侧，“3460”号船依法可以在此进行底拖网作业。因此，以其在 422－2 渔区作业而实施处罚，显然是错误的。本案中当事人杨××故意设下圈套，渔政人员何××等人因业务水平不高，原则性不强，也缺少经验而被其误导，我们应该从中吸取教训。在渔政执法中，类似这种违反禁渔区规定的案件，就广东省来说每年都有数千案，在处理上确定违规地点就显得特别重要，这涉及处罚实施依据能否成立的大问题。作为违规的当事人为逃避渔政机构的处罚，在定位问题上往往与渔政人员发生争议，这是不奇怪的，也是可以理解的。但作为渔政执法人员绝对不能在事关违规案件能否成立的作业场所确认的问题上无原则地迁就违规当事人。另一方面渔政人员必须加强业务学习，掌握一定的专业知识。如果作为一名渔政检查员，在自己经常执勤的海域中，连什么地方是禁渔区线内海域，什么地点是禁渔区线外海域都不清楚，那是不合格的。

七、渔政检查人员拘禁违规当事人的案例

（一）案情

1998 年 7 月 31 日，某市渔政站检察人员在执行巡逻检查任务时发现，在某渔业水域有 10 多名当地渔民正在驾船违规作业。渔政检查员邱××当即喊话，要求违规作业的渔船向渔政船靠拢接受处理。然而，这些渔民不但不听接受查处的命令，反而各自驾船分头逃跑。事后根据调查，渔政站通知所有违规作业渔民到渔政站接受处理。当违规作业渔民接到通知来到渔政站后，渔政检查员邱××以“让这些人深刻反省”为由，用绳子将他们捆绑并锁在办公室内（其中 1 人被关、绑了长达 3 天 3 夜）。事发后，邱××被司法机

关依法逮捕，并经市人民法院审理，以非法拘禁罪判处邱××有期徒刑6个月。

（二）评析

非法拘禁罪是指违反法律规定、拘留、监禁他人或者以其他方法剥夺他人人身自由的行为。我国法律明文规定，公民的人身自由不受侵犯。任何公民，非经人民法院决定或者人民检察院批准不受逮捕。即使犯了罪需要拘留或者逮捕的，也必须由司法机关依照法律规定，进行扣留或者逮捕。然而，渔政人员邱××以“让这些人深刻反省”为由，对被查获的违反渔业法规的10多名渔民采取了捆绑、拘留的方法，其中1名竟被关押了长达3天3夜，使被害人失去行动自由，侵犯了公民的人身自由权。邱××身为国家渔政执法人员，对于被查获的违反渔业法规的渔民，理应依照有关渔业法规给以相应的处罚，但邱××却依仗权利以捆绑、扣留的手段非法拘禁他人，其行为已构成犯罪。因此，人民法院根据《刑法》第一百四十三条规定：“严禁非法拘禁他人，或者以其他方法非法剥夺他人人身自由，违者处以3年以下有期徒刑，拘役或者剥夺政治权利。具有殴打、侮辱情节的，从重处罚。”所以，渔政人员邱××被人民法院判处有期徒刑6个月是正确的。

八、违反水产食品加工物料及其卫生管理规定的案例

（一）案情

2009年，我国一些加工对虾出口的水产品加工企业，出口对虾产品到美国，被美国FDA组织扣留。1999年我国也有一些加工对虾出口的水产品加工企业出口对虾产品到国外，因盛装对虾原料的容器泡沫保温箱反复使用，造成微生物超标，被罚款。两起案件给经济造成很大损失。

（二）评析

美国FDA扣留我国对虾产品有以下几种原因：产品中含油硝基呋喃，是不安全的；产品中含有沙门氏菌，是一种有毒有害物质，对人体有害；产品中含有不安全的食品添加剂或含有新兽药及其衍生产物，根据美国相关法规的规定，都作为不安全产品。同时，产品中含有2种或更多种成分，但标签没有全部标明。

企业要评审物料供应商的经营状况，供应商的生产能力、技术能力、管理制度、质量管理。出境养殖水产品的加工原料必须来自经检验检疫机构备案的养殖场。评审物料供应商的方式有：实地考察、样品确认或其他书面证明资料（如营业执照、生产许可证或卫生许可证、检验报告等）。而且所有进厂生产的原料、辅料，都要经品管部的品管员，依照《检验控制程序》进行检查，检验合格后才能进仓，并保持记录。同时还要明确要求各出口的水产品加工企业要熟悉美国等国家的食品添加剂、食品包装标签等相关法和出口水产品安全卫生检测监控的项目。

对于盛装对虾原料容器反复使用造成微生物超标的案例，必须明确容器反复使用，是因为没有认真按食品接触面的清洗消毒程序，而造成微生物超标。为此，盛装对虾原料的容器泡沫保温箱与食品接触面，要认真按照食品接触面的清洗消毒程序，这个程序包括：①清扫：用刷子等清除设备、工器具表面的食品颗粒和污物；②预冲洗：用洁净的水冲洗器具表面，除去清洗后遗留的微小颗粒；③清洗剂：用清洁剂清洗器具表面进一步去除污物；④冲洗：用流动的洁净水去除食品接触面上的清洁剂和污物，要求接触面要冲洗干

净，不残留清洁剂和污物，为消毒提供良好的表面；⑤消毒：对清洗干净的食品接触面进行消毒除去或抑制潜在的病原微生物；⑥清洗：消毒结束后用洁净的水对被消毒对象进行清洗，尽可能减少消毒剂的残留。

九、违反水产食品加工设备运行的案例

（一）案情

1999 年 10 月，某水产加工企业发生平板冻结机的冻结板发生爆裂事故，大量制冷剂（氨）泄露，造成车间人员冻伤；1985 年 9 月，某水产食品罐头厂在生产过程中，锅炉出现故障，不能提供蒸汽，密封水产食品罐头不能及时杀菌，造成很多罐头损失。

（二）评析

这是由于制冷压缩机操作人员不熟悉制冷压缩机的操作规程，当上批水产食品冻结完成出柜后，没把冻结板的制冷剂（氨）抽回到制冷压缩机里，又接着冻结下批水产食品时，制冷压缩机的吸气阀没有开启，就开制冷压缩机，冻结板压力大，造成冻结板发生爆裂。为此，生产单位要组织设备操作人员认真学习设备操作规程，设备专业人员要向操作人员进行规程内容的讲解和辅导。同时，设备操作人员须经厂级组织的规程考试及实际操作考核，合格后才能上岗。

至于罐头厂生产过程中锅炉出现故障，不能提供蒸汽，造成罐头不能及时杀菌而损失很多罐头的案例一事，首先要明白水产食品罐头生产的主要工序是：前处理、盐水浸渍、预热、装罐、排气、密封、加热杀菌、冷却。水产食品罐头厂适用蒸汽的主要部分有：预热、煮调味液、杀菌、保湿、设备和管道消毒以及车间清洁卫生的用气等。根据生产过程中的空间组织、时间组织，水产食品罐头在生产过程中的全部工序都要提供蒸汽，如果锅炉出现故障不能及时修复，必然就不能提供蒸汽，密封的水产食品罐头当然就不能及时杀菌，罐头必然就会损失。那么，应该采取临时应急措施，即应把生产过程的加热杀菌以前工序的原料、半成品全部放进冷藏库低温保存。

十、生产含有农药的咸鱼干的案例

（一）案情

2004 年 6 月某水产食品加工企业含有农药的咸鱼干出现，此事被媒体曝光后，受罚款，给水产干/腌制品行业带来极大震动，顾客群不断流失，生产企业面临市场萎缩，企业名声和经济效益造成重大损失。

（二）评析

在加工咸鱼干的过程中，部分水产品加工企业是利用露天日晒咸鱼，由于水产品品味浓郁，很容易吸引苍蝇“老顾”。被苍蝇产卵的鱼又最容易生虫，于是这些水产品加工企业就用腌咸鱼时加入农药敌敌畏的办法，以防苍蝇来犯，结果导致有农药的鱼干出现。

如何解决这种违反国家法律法规的恶劣行为呢？这里首先要使企业自觉遵守国家的法律、法规，并要有社会观念，要通过科技管理，研究针对各种水产品特性的太阳能干燥装备的干燥工艺和技术，研究干/腌海产品安全管理体系等，形成干/腌海产品食品安全标准化的生产工艺，节能提高经济效益及科技含量，使干/腌海产品质量安全和营养卫生。

本章思考题

1. 渔政办案案例评析有何意义？你看了这些案例后最深刻的印象是什么？

2. 破坏渔业资源方面的案例主要有几种类型？为什么？

3. 侵犯禁渔区、禁渔期方面的案例，为什么是属于破坏渔业资源方面的案例？

4. 在违法行为中，情节严重案件与情节一般案件的主要区别在哪里？在处理这些问题时执法人员还应特别注意哪些事项？

5. 执法人员如何结合违法者的行为及时教育、宣传渔业法律、法规？举例说明。

6. 对每一宗案例进行评析，应该说清哪些问题？为什么？

7. 毒鱼、炸鱼、滥用电力捕鱼，对渔业发展有何危害？如果你在执法中遇到这类案件时，你应该怎样去教育违法者？

8. 为什么捕捞生产者要向渔业生产主管部门申领捕捞许可证？为什么捕捞生产者生产中要遵守作业类型、场所、时限等规定？

9. 从侵犯渔业生产者合法权益的案件中，你对“张××的行为构成盗窃罚”一案的定性有何看法？

10. 如果出现污染渔业水域的案件。执法人员怎样进行案件的调查取证工作？

11. 渔政执法人员写错违法作业地点的这一案例，说明了什么问题？我们应该如何提高执法人员的思想素质和业务素质？

12. 从美国扣留我国出口对虾的案例中，我们应该吸取哪些教训？我国出口水产品到国外，如何做好产品及其容器等的卫生工作？

13. 含有农药的咸鱼干案件出现，说明一些食品企业的管理工作存在哪些问题？今后如何避免类似的案件出现？

国外渔政管理概况

国外渔政管理概况，是渔政管理学的第四组成部分，由国外渔业主要国家的渔政管理概况和国外渔政管理的类型、特点与评析两章内容组成。介绍国外渔政管理概况，是为适应我国渔业行政体制改革和发展渔业的需要，了解和掌握国外主要渔业国家的渔政管理，借鉴他们的成功经验。这是因为渔政管理的具体内容，随着国家性质和国情的不同而不同，即使在同一个国家的性质情况下，也由于所处的不同历史时期而有区别。

自20世纪70年代以来，随着许多沿海国家建立200海里专属经济区海洋新体制，都把发展海洋渔业的重点放到本国沿海200海里水域内，从而对渔业生产的管理发生了重大的战略转变。当今世界渔业生产从任意开发渔业资源的时代逐步走向依靠严格法制实行科学管理的新时代。许多先进的渔业国家依靠强有力的法制管理，使其渔业走上稳步持久的发展道路，这些都是值的我们借鉴的经验。

第十六章 国外主要渔业国家的渔政管理概况

在改革开放的新形势下，发展我国渔业生产，并与世界各国进行渔业合作，不仅需要了解世界各国的渔业发展情况，而且更需要了解各国的渔政管理状况。特别是自20世纪50年代以来，世界各沿海渔业国家大量建造渔船，迅速发展助渔、导航设备，不断提高捕捞技术，使捕捞能力大大超过渔业资源的再生能力。与此同时，工业的加速发展造成了海洋的污染，使渔业资源遭受严重的破坏。因此，许多渔业国家，特别是渔业发达的国家，纷纷对渔场、渔期、渔船、渔具等实行严格的限制，不允许自由造船和自由捕捞，他们都非常重视渔政管理，其中比较典型的如：亚洲的日本、韩国；美洲的加拿大、美国；欧洲的挪威、英国等。

第一节 日本渔政管理概况

日本是我国重要的海洋邻国，有人口1.28亿（2008年统计数据），其陆地包括北海道、本州岛、四国和九州岛四个大岛和数千个小岛，领土面积约$37.78\times10^4\ km^2$，海岸线长约$2.96\times10^4\ km$，领海面积约$43\times10^4\ km^2$，专属经济区面积约$405\times10^4\ km^2$。日本是高度发达的工业化国家，2006年的GDP值为4.4万亿美元。但包括渔业在内的农业GDP值仅占1.5%。由于粮食自给率低（2007年为40%）和传统的饮食习惯，渔业在日本国民经济和社会生活中始终占重要地位。日本是世界主要的水产品生产国和净出口国，它的渔政管理情况，可以从下列几方面反映出来。

一、日本渔政管理的体制与机构

日本的渔政管理，有两个系统承担，一是主管具体业务的“渔业管理委员会”（下简称渔管会）；二是中央和地方政府中的渔政部门、法院、警察和海上保安厅。渔管会负责制定管理计划、起草和宣传渔业法规、对重大渔政问题作出建议和答辩、对渔业纠纷实施仲裁、监督渔业法规的执行并采取检查手段等，但渔管会对违法行为并无直接的取缔和判罚权。渔管会是日本政府管理渔业最重要的参谋机构，也是日本渔业管理最具有特色之处。而且日本的中央和地方政府中的渔政部门、法院、警察和海上保安厅，其作用是作为渔管会的后盾，以法律和行政手段保证渔管会的管理措施得以贯彻。

根据现行渔业法规定，日本沿海每一海区均设主海区渔管会，共计66个。海区渔管会由15名委员组成，其中9名为渔民推选，被选者既可是个人，也允许是法人，但必须是当地的渔业经营者；其余6名由省级行政长官（都道府县知事）任命，这6名中4名为专家代表，2名是地方公益代表。委员长由委员互选，如互选有困难时，由知事从6名政府任命的委员会中选任。知事认为有必要时，可另外任命专家担任委员会顾问，专门调查审议某一重要事项，向委员会提供咨询。委员会还可设书记或辅助人员，海区渔管会的委员不允许兼任地方协会议员。渔管会的选举采用无记名投票，任期4年，期满之前无正当理由不得辞职。渔管会必须有半数以上委员出席才能开会，提案以简单多数通过，委员长必须将会议的记录公布于众，以防营私舞弊。为了处理涉及两个海区的问题或出于特定目的，日本渔业法还规定可以设立联合海区渔管会，海区渔管会和联合海区渔管会负责处理其所管辖范围内有关渔业的事项，其权限和机能有3个方面，一是作为咨询机构，二是作为提案机构，三是作为仲裁和指导机构。此外，渔管会出于工作需要，又有进行测量、调查、检查、向行政部门反映情况的职权。

日本渔业法规定，除地方各级渔管会之外，还设立中央渔业管理审议会，以审议渔业法的执行情况和渔业制度的整体方针、政策等。中央渔业管理审议会的法律属性是农林大臣的咨询机构，拥有重要的监察调查权。中央渔业管理审议会和3个常设联合海区渔管会属国家机构，在法律上是水产厅的附属机构。各海区渔管会则属于地方政府的执行机构。

日本渔业法规定淡水渔业的管理，由内陆渔场管理委员会负责，其职能、性质相当于海区渔管会。每一都道府县均设立内陆渔管会，其委员人数原则上为10人，均由知事选任，渔民代表与专家的比例无法律规定。

除了各级渔管会之外，据1952年颁布的农林水产省组织令，水产厅内部设立渔政部，下设5个科，即渔政科、计划科、合作社科、水产流域科以及渔业保险科。水产厅为了渔业管理的需要，还在地方上设置6个分机构，称为渔业管理事务所。它只分管与渔政管理有关的事务，如水产资源的保护与管理、取缔违法行为，以及对渔业的合理经营进行指导等。

二、日本渔业法律法规的渊源

虽然《日本国宪法》第四十一条规定，国会是国家唯一的立法机关，但是日本的内阁、农林水产省也享有行政立法权，可根据有关的渔业法律制定渔业法规，发布内阁令、省令和公告等规范性文件，以便执行渔业法律，地方自治团体也可基于法定自治权和有关渔业法律的明确授权制定条例和规则。因此，日本渔业法规的表现形式是多样化的，现根据其主要内容，可分为以下几种类型（包括日本签署与渔业有关的国际协定、条约等）。

（一）建立渔业行政管理和资源保护基本法律制度的法律法规

主要包括《渔业法》（1949）、《海洋生物资源保护与管理法》（1996）、《水产资源保护法》（1951）、《关于强化金枪鱼资源保护与管理特别措施法》（1996）、《关于在专属经济区行使渔业等主权权利法》（1996）、《外国人渔业活动规制法》（1967）等。

（二）关于水产业振兴与发展战略的法律法规

主要包括《水产基本法》（2001）、《沿岸渔业改善资金助成法》（1979）、《沿岸渔场整顿开发法》（1974）、《海洋水产资源开发促进法》（1971）、《渔业再建整顿特别措施法》（1954）、《关于因缔结国际协定导致渔业者转产转业的临时措施法》（1977）、《产业出口振兴法》（1954）、《持续性养殖生产确保法》（1999）、《珍珠养殖事业法》（1969）、《娱乐性游钓业规范化法》（1988）等。

（三）关于渔业金融和灾害保险救济的法律法规

主要包括《中心渔业融资保证法》（1952）、《农林渔业信用基金法》（1987）、《农水产业协同组合储蓄金保险法》（1973）、《渔业近代化资金助成法》（1969）、《农林渔业金融公库法》（1952）、《关于应对水产加工品贸易与原材料供给变化的改良加工业设施的资金贷款的临时措施法》（1997）、《渔业灾害补偿法》（1964）、《受灾农林渔业者资金通融暂定措施法》（1955）、《渔船损害等补偿法》（1952）、《渔船船员工资保险法》（1952）、《渔船再保险及渔业共济保险特别账户法》（1937）等。

（四）关于渔船与船员管理的法律法规

主要包括《渔船法》（1950）、《渔船检查规则》、《渔船特殊规则》、《小型渔船安全规则》、《船舶法》（1950）、《船舶吨位测量法》（1950）、《船舶安全法》（1950）、《船舶职员法》（1951）等。

（五）关于渔港建设、安全管理和海岸带开发的法律法规

主要包括《渔港法》（1950）、《关于促进农村山村渔村休闲度假设施建设的法律》、《海上交通安全法》（1905）、《港湾法》（1950）、《公有水面填埋法》（1921）、《海岸法》（1889）等。

（六）关于渔业生态环境保护的法律法规

主要包括《因水银等毒物污染水产动植物遭受损失的被害渔业者的资金融通特别措施法》（1973）、《濒危野生动植物种保护和保存法》（1992）、《关于对捕获国内特定种事业实行许可手续的命令》（1993）、《环境基本法》（1993）等。

（七）关于渔业行政管理机构和水产业经营组织的法律法规

主要包括《农林水产省设置法》（1949）、《农林水产省组织令》（1952）、《农林水产省组织规定》（1985）、《水产业协用组合法》（1948）、《渔业协同组合合并援助法》（1967）、《渔业生产调查组合法》（1961）等。

三、日本渔政管理方法

日本的渔业管理方法，简言称之为法治民主的管理。所谓法治，就是渔业生产的批准、监督、奖罚条例都以法律形式公布，事事有法可依。违反渔业法，由渔政管理部门向法院提起公诉，经法院审理后量刑定罪。渔业法以及其他渔政法规必须由国会通过，以国家名义公布。据此定出的实施条例以中央政府有关部委或地方政府最高行政首长的名义颁布。比如，日本的一些主要渔业种类，都冠以“知事许可”、“大臣许可”等字样，中央和地方政府在处理渔业纠纷时，必须以法律为准绳，不得随意妄断。

民主管理是日本渔业管理的一大特色，实行民主管理的基础，是海区渔业管理委员会和中央渔业管理审议会，由于海管会由渔民代表、专家代表和公益代表三方组成，故能较充分反映大部分渔民的意见和利益，并能使管理措施带有科学性，有利于消除渔业利益与整个社会利益的矛盾。渔管会虽然在性质上是政府的咨询机构，但其决议和意见具有相当权威性。渔业法规定，中央或地方政府在出台重大渔业管理措施或发放渔业生产执照时，必须听取渔业管理委员会的意见。各级渔管会在作出决议或提案以前，都应按照法定程序

与有关部门协商讨论，并按照少数服从多数的原则实行表决。

（一）对海水养殖和群众性捕捞业的管理方法

无论个人或渔业合作社，凡欲经营此类渔业者必须先取得“渔业权”，也即渔业的经营执照。渔业权分为三类，从事定置网渔业的称为“定置渔业权”。另一种称为“划界渔业权”，在滩涂敷设土石竹木等材料或圈出一定范围进行水产养殖，上述两种渔业权的申请者多数是个体渔民。第三种是“共同渔业权”，其申请对象为渔业合作社而非渔民个人。由于大部分渔业是一户以上的渔民公共利用同一水域进行生产，因此让个人独占水域的使用权是不合理的。其解决办法就是使用者结成合作社，对水域使用权进行集体管理。“共同渔业权”根据渔法和渔具分为五类，即“第一种共同渔业”至“第五种共同渔业”。

《渔业法》采用了有计划的渔场利用制度，规定在批准渔业权之前，首先对渔场的利用方式进行充分的调查研究和技术分析，再以渔民的要求为基础制订渔场利用计划，据此发放渔业权申请书。都道府县知事对各申请者的条件审查后排出优先顺序。凡不按照法定程序提出的申请一概不予受理。

《渔业法》第十一条规定，都道府县知事在其管辖水域范围内发放渔业执照（即批准渔业权）前，必须从水面的综合利用角度制订渔场利用规划，以利于渔业生产力的持续发展。同时要听取渔业管理委员会的意见，确定执照的申请期限，执照生效时间、各种渔业的渔场位置及界限、预期等，公告于众，以利公平竞争。渔业执照的发放不能损害社会公益或给渔业管理工作制造麻烦。

渔业管理计划是渔业权制度的基础，同时也是出发点。规划的合理是否直接影响到渔民的生活，因此法律规定政府部门必须对渔场规划给予足够的重视。《渔业法》第十一条第二款规定，对新开辟的渔场必须在执照生效前3个月，对已经利用的渔场须在执照到期的三个月之前制订出渔场利用规划。规划的制订须以渔业管理委员会的意见为基础，但同时应有渔民积极参与，并得到渔民理解。为此地方政府应该事前了解渔民的要求，并充分收集有关水域的各种资料，包括自然条件、社会条件和技术条件。在三大类渔业权中，“共同渔业权”的牵涉面最广，涉及大多数渔民的利益，所以常从“共同渔业权”的规划着手。

《渔业法》第十一条第六款规定，海区渔业管理委员会可以就渔业权的内容、期限、地区等问题向知事提出建议。在陈述这些建议前，必须以通告、广播等形式宣布何时何地举行意见听取会，广泛听取有利害关系的各方人士意见。渔管会的意见在法律上虽然只是对地方政府的建议，但实际上是政府颁布命令的依据。第十四条规定，如渔管会投票结果有三分之二以上委员反对，知事不予批准渔业权。

渔民申请渔业权执照，必须在规定时间内向所在地的政府提交申请书，由地方政府转交知事。个体户的申请书须附有以下材料：①履历表；②居住地点及养殖场名称等；③经营内容及计划；④凡需要借用他人之水面或土地者，需有同意借用的证明或法院认可证书。以合作社名义申请时需附以下材料：①合作社全体会议议事录抄件及合法结社证书；②经营该渔业的合法性证书；③凡需借用他人土地或水面者，需有同意借用的证明或法院认可证书。

知事收到渔民申请后，即根据海区渔管会的意见对申请者进行资格审查。各类渔业权均有法定的许可基准，据此裁定申请者是否有资格获得渔业权。定置渔业和划界渔业的申请书，属于以下任何一种情况的均被认为不适合申请：①海区渔业管理委员会的投票结果，有2/3以上委员认为该申请者缺乏遵守劳动法令的精神或有阻碍渔村民主化的行为；②海区渔业管理委员会的投票结果，2/3以上委员认为该申请者从事的渔业有可能受到不合条件者的幕后操纵。

“共同渔业”的渔业权并不给予个人，而是授予渔业合作社，由合作社制订渔业权行事规则，指导社员行使。几种特殊的划界渔业（珍珠和牡蛎养殖、网箱养殖、滩涂竹木架式养殖等）也归入此类。共同渔业权的申请者须符合下列条件被认为合格：①申请从事渔业的场所之一部分或全部位于居住地；②合作社的性质是区域性的，而非行业性的；③2/3以上的合作社社员（以户为单位）为当地渔民，并且一年内有90天以上从事沿岸渔业。

为了保护不符合上诉条件的合作社和当地非合作社社员的正当利益，渔业法规定了以下措施：①凡不具有申请资格但具有一定条件的合作社，可以向具备资格的合作社要求联合申请或渔业权共有。后者如无正当理由不得拒绝前者的要求。所谓一定条件，是指该合作社有成员在当地居住，而且一年有90天以上从事沿海渔业；②非合作社社员可以自由申请加入合作社，享受渔业经营权；③合作社的参加是自愿性质的，不愿加入者可由海区渔管会根据法律作出具体指示，保护其从事渔业的权利。

通过资源审查后，再按申请者的具体情况排定具有渔业权的优先顺序。取得定置渔业权的优先顺序如下。

属第一顺序者：①本地渔民中有70%以上户数参加或本地渔民的表决权及投资数额超过半数的渔业合作社；②由本地渔民组成的法人（除渔业合法社）且符合以下各项条件者：成员中有70%以上是本地渔户；经营从事渔业的渔民中有1/2以上是该组织成员；成员均有一票表决权；作为成员的本地渔民占表决权及投票额的一半以上。

属第二顺序者：符合以下全部条件的法人（公司或集体）：以渔业为主要经营目的；有本地渔民7人以上在职；公司（或集体）成员中的一半以上曾在该地区从事过该种渔业或正在从事该种渔业；成员的2/3以上经常从事渔业；该定置渔业从事者的一半以上是其成员；定置渔业从事者的投资额超过一半；成员各有一票表决权。

属第三顺序者：普通的个人或公司。决定第三顺序内先后次序的标准时：①渔民优先于非渔民；②曾经从事过该渔业的渔民优先于其他渔民；③曾在该海区从事过渔业的渔民优先于未在该海区经营过的渔民。

取得划界渔业权的优先顺序大致依据定置渔业权第三顺序内的先后标准。共同渔业权是共同利用海面，故无优先顺序可言。

渔业权将给予优先顺序中排列首位的团体或个人。对渔业权的取得者，由知事发给渔业执照并张榜公布，对未被批准者也必须尽可能及时发出通知。

渔业权是一种财产权，但占有时间过长会导致事实上的水面私有化，阻碍生产力的进步。渔业权不能买卖、转让或用作担保、抵押等，但共同渔业权或特定划界渔业权可以通过合同的行使部分地转移，即不拥有渔业权的合作社在征得拥有渔业权的合作社同意并签约后，也可进入渔场生产，这称为“入渔权”。取得“入渔权”的对象仅限渔业合作社。双方在“入渔权”问题上发生纠纷，例如要求取得“入渔权”者虽有正当理由却遭到拒绝时，可以向海区渔管会申请仲裁。渔业法允许申请“入渔权”者向渔业权拥有者支付一定费用，但金额需在合理范围内，主要用于渔场的保护管理和申请渔业权所需的开支。

都道府县知事在发出渔业权执照后，发现有以下6种情况者，可注销其执照，即取消渔业权：①从执照生效之日起连续一年不从事渔业，或领取执照后虽曾从事渔业，但此后已连续两年停业者；②领取执照后情况发生变化，已失去经营该种渔业资格；③领取执照后，渔业经营权实质上被他人把持，且该把持者显然不具备最优先取得渔业优先权的条件；④因公用事业施工、船舶航行、敷设水底电缆或渔业管理之需要，必须停止该水域渔业；⑤违反渔业法；⑥错发执照。

知事在采取注销执照的措施前，必须充分听取海区渔管会的意见。

渔业权或“入渔权”的取得、转移、变动、注销等事项，可由当事者申请，到专司登记事务的“登录厅”（行政机构）办理登记手续。

（二）对群众性海洋捕捞业的管理条例

为了保护水产资源，使海洋得到有计划地合理利用，日本政府对群众性的海洋捕捞实行许可制度。许可分两种。

第一种称为“法定知事许可渔业”，含下列渔业：①5～40 t（指渔船总吨位）不同的围网渔业；②15 t以下的机动船拖网作业；③濑户内海内5 t以上的机动船拖网渔业；④30 t以下的鲑鳟鱼机动船流网渔业。

凡从事上述四类渔业的渔船，必须全部经都道府县知事批准，主管大臣认为有必要时，可以对有关水域内的船舶总数、总吨位或总马力数的最高限度作出规定。但作出此项规定前需听取有关都道府县知事的意见。

第二种是一般的“知事许可渔业”。根据《都道府县渔业管理条例》规定，凡渔船吨位或马力对捕捞力量有很大影响者，必须与“法定知事许可渔业”一样逐船进行批准，其他则按渔业法给予许可。被“都道府县渔业管理条例”列为知事许可渔业的有以下11种渔业：①5 t以下的围网作业；②机船拖网及濑户内海内5 t以下的动力船拖网作业；③吾智网（一种由单片网衣制成的袋装拖网）渔业；④非动力渔船的底曳网渔业；⑤非固定式的刺网渔业；⑥潜水采捕业；⑦鲯鳅诱捕渔业；⑧非动力船拖网渔业；⑨固定式刺网渔业；⑩大拉网渔业；（11）章鱼诱捕业。

不论是法定知事许可渔业或者一般的知事许可渔业，都必须向知事提出申请，在获得许可后才能经营。申请时根据渔业法和都道府县渔业管理条例规定，要以船为单位或以渔法为单位填写申请书。例如同一人经营双船围网，需为每艘船填写一份申请，但灯船、运输船、探渔船等附属船只不必提出申请。又如同一条渔船既从事底拖网渔业又从事吾智网渔业，则必须分两种渔法分别填写申请。提出申请的时间一般无专门规定，随时可以申请。但知事对经营人数或船数有最高限额的渔业，须在规定时间内提出申请。申请书须填明渔业种类、作业区域、渔获物种类、作业时间、渔业基地、渔具的种类及数量、渔船名字、吨位、主机种类及光力，有无探鱼仪等。有灯船的须注明光源种类及光力，用潜水器的要填写潜水器的种类、型号及氧气装置，还需附有申请理由书和若干证明材料。

许可的有效期为3年，但知事出于保护资源或渔业管理的需要，在征得海区渔业管理委员会同意后，可以缩短这一期限。

获得许可的证件是以知事名义颁发的渔业许可证。生产时必须由负责人随身携带许可证，遗失或损坏时必须申请办理补发手续。

对知事许可渔业限制最严的是渔法、作业区、作业期、船舶总吨位及马力等5个方面。凡是许可证中限定的内容不相容的作业，均属于违禁作业。许可证禁止转让、借用、违者将受到处罚。

（三）对主要机轮渔业的管理

机轮渔业是日本海洋渔业的主力，其经营者一般都是渔业公司，而非个体渔民或合作社。

机轮渔业在日本称为“指定渔业”，意为由政府政令指定，必须得到农水大臣许可才能经营的各种渔业。“指定渔业”包括外海底拖网渔业、以西（东海、黄海）底拖网渔业、远洋底拖网渔业、北洋（北令海、鄂霍次克海等）延绳刺网渔业、母船式拖网渔业、大中型围网渔业、大型捕鲸业、母船式捕捞业、远洋鲣鱼和金枪鱼渔业、近海鲣鱼和金枪鱼渔业、母船式鲣鱼和金枪鱼渔业、中型鲑鳟流网渔业、母船式鲑鳟渔业、母船式蟹渔业、白蝶珠贝等采捕业。从事上述渔业的渔船必须全部得到农水大臣的批准。

已获得渔船使用权者，可以直接申请许可证。尚未获得渔船使用权者，可在取得使用权之前预先向农水大臣申请开业认可。渔业法中列入这条规定是为了减少申请者的风险，使之能先得到允许开业的认可后再投资造或租赁渔船。事先得到开业认可后再取得渔船使用权者，如无特殊情况一般都能得到批准。

“指定渔业”的标准为：①申请者能遵守有关渔业法令和劳动法令（劳动保险、安全、劳资关系法令）；②申请许可证的船舶符合主管大臣制定的条件；③申请者具有经营该种渔业的足够资本；④申请者必须是名副其实的该项渔业经营者，而不受其他无资格经营者的操纵。

农水大臣在制定船舶许可基准时，必须听取中央渔业管理审议会的意见。此外，为了做到利益的平等分配，避免生产权的不合理集中，农水大臣对超过合理限度的申请（例如一家公司对某一种渔业拥有大量生产权）可以不予批准。

“指定渔业”的批准采用公告方式，农水大臣对准备批准或认可开业的船舶数、吨位、作业区、申请期限等有关内容必须事先公布周知。除特殊情况外，申请期限自公布之日起不得短于3个月，使申请者有一定的时间做准备。但对某些需紧急处理的许可则不在此例，特别是远洋渔业，往往在政府间谈判结束后，渔期很快开始，无法等待3个月。中央渔业管理审议会有权对公布的内容等向农水大臣陈述意见。规定事先公布的目的，是为了增加透明度，防止行政部门滥用职权，随意决策。同时有利于申请者事先了解可以批准的数量，判断申请获准的可能性。

只要申请的内容与公布的内容不矛盾，且申请者又符合前述4项条件，农水大臣原则上必须许可。但当申请的船数超出公告中的限额时，至少需参照以下3点未裁定是否给予许可：①已在从事该种渔业且拥有船舶很少的，应优先考虑。目的是扶持其发展，适当扩大渔业公司的规模，避免“一条船公司”的大量出现，以提高生产效率，减少管理经费，达到经营的稳定和合理化；②从资源保护和渔业管理角度出发，希望某种渔业转向“指定渔业”的，应在政策上实施导向，鼓励其转向“指定渔业”；③对长期从事所申请的渔业经营者，应优先考虑。

这3点允许有所侧重，如有必要还可增加其他考虑因素，但大臣在确定这些标准时必须听取中央渔业管理审议会的意见。获得许可的渔船如在许可有效期内发生沉没、损坏或因设备老化等原因需报废时，可以申请使用“代船”。只要“代船”的吨位、生产场所和时间等与原始一致，农水大臣应予许可。

从已取得许可者处以各种方式（借用、转让、归还、继承等）获得渔船使用权者，如该渔船属于农水大臣许可从事“指定渔业”的渔船，且符合以下情况之一者，可以向农水大臣申请许可或开业。

（1）已取得许可者为了经营的稳定或合理化，改变经营组织，吸收他人共同经营或从个体经营扩大为合资公司、有限公司、渔业合作社等，即所谓“经营法人化”。被吸收者可以申请使用已取得许可的船，只要申请的内容与原先一致，一般均应批准。

（2）取得许可者用于生产的船舶吨位较小，低于许可证中规定的最低吨位时，可以借用其他船舶，所谓二船抵一船或多船抵一船，加起来的吨位允许达到许可中规定的上限。

（3）已取得许可者所从事的“指定渔业”因资源保护原因，需要转向其他“指定渔业”时，允许继承其他“指定渔业”的生产权。

（4）从事某“指定渔业”的船员（必须是出海生产的船员）单独或合作成立公司从事该“指定渔业”时，允许继承已获许可的船。

“指定渔业”的许可证有效期一般为5年。如因保护资源或渔业管理需要，中央渔业管理审议会可以建议主管大臣缩短有效期。获得“指定渔业”许可者如欲增加船舶总吨位或改变渔场、渔期、渔法时，必须得到主管大臣的批准。这称为许可内容的“变更”。变更有两种情况，一是因资源保护、渔业管理、船舶航行、敷设海底电缆等公益需要或许可证持有者违反了渔业法令时，由主管大臣提出变更。这种变更需要履行一定手续，如向利益关系人公开征询意见、对渔民实施赔偿（因违反法令而被要求变更者除外）等。二是由许可证持有者主动申请变更，报主管大臣批准。这种变更仅限于与许可内容不相抵触的范围内，否则必须作为新的许可申请案件处理，例如已取得许可的某艘渔船，如其吨位低于规定的下限，只需办理变更手续便可加以改造，扩大吨位，但欲废弃该船而以新船或其他船代替时，则必须重新申请使用“代船”的许可，同时申请扩大吨位。

取得许可的渔船有下述情况之一者，许可失效：①该船已移作他用；②该船沉没或损坏；③该船被出售、出借、归还等，失去使用权。

（四）对淡水渔业的管理

淡水渔业的管理完全委托渔业合作社，渔业权全部批准给合作社，由其实行管理和资源增殖。《渔业法》规定，除了少数贝藻类的采捕外，无论何种淡水渔业在取得渔业权时都必须承担增殖义务。渔业合作社在申请渔业权时必须承担增殖义务。渔业合作社在申请渔业权时必须提出具体的增殖计划。合作社既有使用水域的权利，又必须承担资源保护的义务。都道府县知事认为渔业合作社对资源增殖执行不力时，可以根据淡水渔场管理委员会的意见制订增殖计划，命令其执行。对不服从命令者可以取消其渔业权。在必要场合，主管大臣可以指示都道府县知事发出上诉命令。

取得渔业权的合作社将水面用于游乐场所时，必须制定规章制度，报都道府县知事批准，其内容须包括：①对娱乐渔业的限制范围；②对游乐渔业的收费标准及收费方法；③开放游乐渔业时必须遵守的事项；④游乐渔业入场证中的规定事项；⑤其他有关事项。

都道府县知事受理申请后必须听取淡水渔业管理委员会的意见，如申请内容不违背法令应予批准。

与海区渔业管理委员会相并行，各都道府县同时设立淡水渔场管理委员会，在主管大臣及都道府县知事的监督下工作。其职能与海区渔管会基本相同，但增加了资源增殖的计划管理。淡水渔场管理委员会的委员一般为10名，也可由主管大臣根据实际情况决定。全部委员均由知事聘任。委员包括该地区的渔民代表和专家，组成比例没有明文规定。

四、对违法行为的处罚办法

1978年修改后的日本渔业法，对渔业违法行为制定了一系列罚规。违反渔业法者，最高可判处3年以下徒刑或20万日元以下罚款，或两者同时科处。

1. 适用最高刑罚的违法行为

（1）无照经营。未取得渔业权或入渔权而擅自经营定置渔业及划界渔业者。虽有渔业权而实际经营内容与执照上规定的范围不同或超过范围者，等同于无照经营。

（2）违反制约条款。不论何种渔业，在取得渔业权或许可证时均需接受附加的制约条款，这些条款不是规定渔场、渔期等主要经营内容，而是经营方法的实施细则以保证所批准的经营范围得到严格遵守。

（3）不服从停业命令。因施工、航行、渔业管理等原因接到停业通知，或因违反法令而受到停业处分者，如不服从命令继续从事渔业的，属于违法行为。

（4）无许可证擅自经营“指定渔业”。从事“指定渔业”的每艘船舶，每位经营者都必须得到主管大臣许可，未获许可而擅自经营渔业的，属于违法行为。

（5）违反规定的经营内容。“指定渔业”的经营者虽已获农水大臣的许可，但实际经营内容与规定内容有异，如船舶超吨位、作业区超出许可范围等，亦属违法行为。

（6）无许可证擅自经营“法定知事许可渔业”。未获知事颁发的许可证而擅自经营中型围网、小型机轮底拖网等“法定知事许可渔业”，属于违法行为。

对违反都道府县知事根据渔业管理委员会意见发布的命令者，根据情节判处1年以下徒刑、5万日元以下罚款或两者并科，或处以拘留、小额罚款。

2. 有以下行为者，判处6个月的徒刑、3万日元以下的罚款或两者并科

（1）违反禁止出租渔业权的规定。

（2）妨碍、拒绝、逃避渔业监督公务员的监查，不答复其询问或弄虚作假。

（3）土地或土地附着物的所有者，未经知事许可擅自改变土地的性质或损坏、收走附着物。

（4）当农水大臣或知事因公务需要，要求经营者提供与渔业有关的报告时，该经营者采取拖延态度或对报告内容弄虚作假，或逃避、拒绝、妨碍有关当局对渔场、渔船的监查。

（5）农水大臣或知事因渔业管理等需要而派员对个人的土地进行测量、检查或搬移障碍物时，该人对此进行阻碍或拒绝、逃避检查。

3. 有下列行为者，处2万日元以下罚款：侵犯渔业合作社社员经营渔业的正当权利有以下行为者，处1万日元罚款

（1）取得渔业权或“指定渔业”经营许可者不按规定申报即擅自歇业；

（2）不服从知事关于设置渔场标记或渔具标记的命令；

（3）擅自移动或损坏渔场、渔具标记。

对任何违反渔业法的犯人所持有的渔获物、制品、渔船及渔具，均可依法予以没收。无法没收时可以折价追征。对轻微的违法行为，例如不遵守法律规定的义务，但并未造成对社会公益的直接危害时，可以处以罚款，这种罚款不同于前述的刑罚或罚款。如《渔业法》规定，合法继承渔业权或“指定渔业”经营者，必须在继承后及时申报，否则处以 1 万日元以下罚款。

日本《渔业法》第六十五条规定，主管大臣或都道府县知事出于渔业管理的需要，可以遵照渔业法的精神，根据本地区渔业的实际情况，以行政命令颁布渔政管理实施细则，例如设定禁渔区、禁渔期以及限制水产品的采捕、销售、加工等。凡违反部颁命令者可处以两年以下徒刑、5 万日元以下罚款、拘留或小额罚款，也可并科。违反地方政府条例者，可处以 6 个月以下徒刑、1 万日元以下罚款、拘留或小额罚款，也可并科。

对违法者所持渔获物及渔船、渔具或加工品，应予没收，无法没收时则折价追征。

除《渔业法》外，1978 年修改后的《水产资源保护法》中也附有 6 条罚规，具体是：

（1）有以下行为者处 3 年以下徒刑或 20 万日元以下罚款：①使用炸药捕鱼（但海兽不在此例）；②使用毒药造成水产动植物昏迷或损坏，使用毒药采捕水产动植物；③销售以上述方法采捕的水产品。

（2）有以下行为之一者判处 1 年以下徒刑、5 万日元以下罚款或拘留：①未经批准在保护水域内填海造田、疏浚或进行可能导致水道、河流之流量、水位改变的工程；②未经许可在溯河性鱼类的通路上放置物体，影响鱼类溯河；③在溯河鱼类的溯河通路上放置物体时，不服从农水大臣要求改建鱼道或采取方法保护鱼类溯河的命令；④不服从农水大臣要求拆除溯河道路内物体的命令；⑤未获许可在河流内擅自捕捞溯河鲑鱼。

（3）对违法者持有的渔获物、渔船或渔具可以没收。

（4）根据情节可以并科徒刑及罚款。

（5）有以下行为之一者，可以处 6 个月以内徒刑、1 万日元以下罚款或拘留：①在溯河鱼类的通路上设置物体时，不按照农水大臣的命令制定解决洄游通路问题的规划；②从事水产动植物苗种采捕、销售者，不按规定向农水大臣申报或申报失实；③当农水大臣出于保护水产资源需要而要求渔业经营者提供渔获量、生产时间、渔法等必要情况时，该经营者不予合作或提供假报告。

（6）法人的代表、雇员或经营者的代理人有上述违法行为时，除行为者本人受规定的处罚外，对法人或经营者另外处以各条所规定的罚款。

1983 年日本国会修订了渔业法及水产资源保护法，为了适应经济情况的变化，有效地防止违法现象的产生，将原订的罚款金额分别提高 10 倍。

五、渔政管理的检查与取缔

日本《渔业法》第七十四条规定，主管大臣或都道府县知事从所部职员中任命渔业监督官或渔业监督员，专门负责检查渔业法令的执行情况。

渔业监督官属国家公务员，由农水大臣从其部的职员中任命。渔业监督员系地方公务员，由都道府县知事从其所部的职员中任命。渔业监督官员的编制，一般放在水产厅管辖的“渔业调整事务”和地方水产部局的“渔业调查课”。渔业监督公务员是渔政管理的执法者，主要负责监督渔业法令（不含渔船法）的实施，检查有无违法行为，检举违法者并采取行政措施。

日本的渔政检查并不限于水域，渔业监督官员认为有必要时，可以进入渔场、船舶、企业、办公室、仓库等任何有关地方检查现场，查看账册、文件等其他物件，并可向有关人员调查情况，如有拒绝、逃避、妨碍检查者或对渔业监督官员的调查拒不作答甚至弄虚作假者，可以处6个月以下徒刑、5万日元以下的罚款。

根据1963年农林省第5号令，对大中型机轮的管理作了如下规定：渔业监督官为了履行其职责，在其认为有必要时可以命令船长或生产指挥者停船，以便调查该船是否违反法令。无论是有或没有许可证的渔船，在接到渔业监督官认为有必要时，还可搭乘从事“指定渔业”的渔船实施调查或监督。都道府县的渔业管理条例中，对渔业监督员的职权作了类似的规定。

此外，日本海上保安厅法规定，除海上保安法令外，对触犯其他有关法令的行为，海上保安厅也有权取缔和制止，因此海上保安官在发现违法渔船时也可根据渔业法命令令其停船。

渔业监督官员在执行任务时必须随身携带证件，如被检查者有要求时应予出示。但万一在执行任务时未携带证件，并不影响其职务权限。

日本渔业法并规定，渔业监督官或监督员经其主管部门负责人与当地检察院院长协商后，可被制定担任司法警察的职务，在处理渔业违法案件中拥有刑事诉讼法中赋予的司法警察权限。作此条规定的目的，是为了利用渔业监督官员对渔业法令所具有的知识和工作经验，使之比一般的司法警察更易判断和检举违法事实。当然，对与渔业无关的犯罪行为则不具有搜查权。

这里的问题是行政权限与司法权限的关系。执行司法权限时，被嫌疑对象有权保持沉默，但作为行政监督时，嫌疑对象如拒绝回答则有被判处6个月以下徒刑和5万日元以下罚款的可能。为了避免混淆两种权限，在一般的渔政检查中行使行政权限，而在调查渔业犯罪、审讯嫌疑犯时按刑事诉讼法规定的手续办案，施用司法权限。

渔业监督官与渔业监督员的渔政检查权限完全相同，但监督员在性质上属地方公务员，只能在其所管的都道府县内行使行政警察或司法警察的职权。例外的情况是，如在自己所管的都道府县内发现违法生产的渔船，而该渔船逃出管辖海域时，监督员可以跟踪追捕，此时仍保持司法警察的地位。因此违法者若抗拒逮捕，仍构成妨碍执行公务罪。

渔业法是国会通过的法律之一，违法即是犯罪。因此对渔业违法的取缔机关不限于渔政监督部门。海上保安厅、警察署和检察院在发现明显的渔业法罪行为时，也可采取逮捕措施。这些机构在性质上是公安机构，除了抢劫、防火等一般概念上的犯罪行为外，对违反非刑事法令的行为也负有取缔之责。这些机构的分工是，公海上的监视由海上保安部专管，领海之内由海上保安部和地方警察合作监管。但1971年警视厅与海上保安厅签署了一个内部协定，警察主要负责陆地上的犯罪搜捕。

根据日本刑事诉讼法，公民对正在实施犯罪行为者有权加以逮捕并引渡给公安部门。

因此，渔民如发现有严重地违反渔业法律的行为，也可以逮捕，并送交公安部门处理。但对于只能判拘留或8 000日元以下罚款的违法行为，除犯人的姓名、住所不明或有逃跑之可能的情况外，不能加以逮捕。由于公安机关的主要任务不是取缔渔业违法行为，不可能以大量精力来负责渔政检查，而专职的渔政监督官员人数很少，能发现的违法行为只是一小部分。现在，日本有很多县是渔民自发地进行渔政监督管理。渔业合作社为了保护合作社的渔场不受偷捕之害，由合作社长任命“渔场管理员”，或称“渔场监督员”。例如在岩手县已出现了一支由1 000多人组成的渔场管理员队伍。当然，合作社任命的监督员在性质上只是纠案，而不是警察，其权限也只限于监督、通报和劝告。

六、日本渔政办案的行政和法律程序

日本的渔政管理制度类似于资本主义政治的议会制。对渔政管理员有直接责任的是海区渔业管理委员会。《渔业法》第六十七条规定，海区渔业管理委员会或联合海区渔业管理委员会为了保护水产动植物的繁殖、合理行使渔业权或入渔权、防止和解决渔场利用纠纷等，在其认为必要时可指示有关人员限制或停止捕捞、要求限制经营人数、限制使用渔场。这一规定实质上是将渔业法令的解释权和实施监督权赋予渔业管理委员会，由渔管会担负法律实施时的协调者的作用。渔管会可以对任何事项作出指示，只要这些指示与渔政管理有关。而且劝告的对象不限于渔民，必要时可对任何有关人员作出劝告。因此，渔业法律上未作明文规定，或虽有规定而十分原则的事项，均可通过渔管会的指示来加以补充。

渔管会对当事人劝告的方法，是通过普通或挂号邮件将意见告诉当事人，也可直接交给本人。不针对特定个人的指示，应在政府公告栏内张贴，并通过广播、报纸、告示牌等广为宣传。从法律上讲，渔管会的指示纯属劝告，并无法律约束力。故渔管会的指示必须以知事的名义作为行政命令发出才能在法律上生效，因为对违反行政命令者可以实施处罚。

但是，如当事人对渔管会的指示不予理会，渔管会有权建议知事发布命令，要求当事人遵守该项劝告。知事在收到渔管会的提议后，必须通知当事人，当事人可在15天内提出不服。如超出规定期限不提出异议或者有异议但无充分理由，知事应命令当事人遵守渔管会指示。知事发出的命令具有法律效力，违反者要依法受罚。

濑户内海、有明海及玄海这3个联合海区渔管会的对口行政领导是农水大臣，由农水大臣发布命令。其他跨二县的联合海区渔管会，可分别建议本县知事在各自管辖的水域内发布命令。

渔管会的劝告只有以知事或大臣的命令形式发出才能在法律上生效，但知事或大臣的命令内容实质上即是渔管会的意见。因此渔管会的指示或劝告能充分完成渔政管理的任务。然而，为了防止渔管会意见的不当，知事或大臣具有形式上的最后决定权，在必要时可否决渔管会的意见。

被处分者对大臣或知事的处分不服，认为该处分违反法令时，可以向法院起诉，要求取消处分。渔业法第一百三十五条第二款规定，被处分者可以根据“行政不服诉讼法”起诉，但这种起诉必须经过审查和裁决之后才能进行。例如，对知事作出的吊销执照的处分不服者，应向上级主管部门即农水大臣请求审查。受理请求的部门应填充审理，予以裁决。如认为申请人的请求并无理由，可驳回其申请，反之则应采取措施使申诉人达到目的。为了保护当事人的合法权益，中央和地方长官宣布处分时应告知当事人有申诉的自由以及向何处申诉、申诉期限等。如申诉后经3个月尚无裁决，申诉人为了避免接受处分造成损失，在必要时可不经裁决即向法院起诉。

农水大臣和知事执行的处分内容，主要有吊销养殖业执照和机轮作业许可证，不准分割、转移、变更养殖水面的占有权；命令设置渔场或渔具标志等。

至于海区渔管会或淡水渔场管委会的指示或仲裁，不是法律意义上的处分，因此不能对其申诉或起诉。

七、日本渔政官员的资格及职权

这里的渔政官员，是指渔政机构专职从事执法的渔业监督官员，而不是一般的干部，更不是渔管会的官员。渔政官员的职权是监督检查渔业法令的执行。现分述于后。

（一）渔政官员的资格

如上所述，日本的渔政官员分为渔业监督官和渔业监督员。渔业监督官属国家公务员，由农林水产大臣从农林水产省的职员中任命。渔业监督员属地方公务员，由都道府县知事从所部的职员中任命。监督官和监督员的编制一般都放在水产厅下属的渔业调整事务所及地方水产局内的渔业调整课或渔政课。

根据《渔业法》第二十七条规定，渔业监督官和监督员必须符合下述各项条件之一才具备任职资格：①从事贯彻执行渔业法令工作的时间累计1年以上；②从事渔业行政事务工作的时间累计2年以上；③本科大学、大专、中专或水产大学校（大专级）、水产讲习所（旧水产专科）的毕业生（限法律或水产专业毕业生）。简言之，必须从事过一年渔政管理工作或2年渔业行政工作，或是水产、法律专业毕业的学生。

渔业监督官员受任命后，即发给证书。证书除写名官职、姓名、发证日期外，并附有《渔业法》第一百四十一条及七十四条条文，分别陈述渔业监督官员的职责和权限及妨碍渔业监督官员执行公务者的罚规。渔业监督官员在执行公务时，必须随身携带证件，对方有要求时应予出示。

（二）渔政官员的职权

日本渔政官员的工作特点，首先是无海上陆上之分。他们最主要的工作任务是监督和检查渔业法令的执行。这些法令包括渔业法、水产资源保护法、农林水产省制订的实施细则及各都道府县制订的管理条例。为了保证其履行职责，允许渔政官员进入渔场、船舶、企业、办公室、仓库等现场实施检查和调查，并可调查账册、文件等有关资料。在海上执行任务时，可以随时对有违法行为嫌疑的渔船发出停船命令，有权令其停止生产接受检查。因此，渔政官员的监督权限并非限于海上，只要有必要就可进入任何现场。

其次是渔政官员可以具有司法警察的权限，其上级行政长官（指农林水产大臣与都道府县知事）与该渔政官员工作地区的地方监察院长协商后，可以赋予该渔政官员司法警察的权限。根据刑事诉讼法，司法警察可以搜捕犯人，审问嫌疑犯并向法院起诉。

第二节　韩国渔政管理概况

韩国也是我国重要的海洋邻国，韩国的渔政管理体制和方法有些像日本，但又有区别。为了更深入地了解韩国的渔政管理概况，这里着重介绍其渔政管理机构、渔业管理方法以及渔业管理法律等方面内容，具体介绍如下。

一、韩国的渔政管理机构

韩国的渔政管理机构，最高机构是在中央政府中的水产厅，重要管理条例或命令均以水产厅长名义发布。水产厅长将部分权力下放给省级行政长官（韩国的省级行政区划称为“道”，还包括汉城特别市和釜山市）。凡法律规定可由地方颁布条例或命令的，均以地方长官名义发布。渔政管理条例或命令不是以渔政部门的名义，而是以行政长官名义颁布，这一点与日本相同。当然，处理具体事务的并不是水产厅长或地方长官本人，而是水产厅和地方水产局中的渔政处和渔政科。同时，作为渔政管理的咨询机构，水产厅和地方政府中都设有渔业协调委员会。1963 年韩国国会通过一项关于修改水产业的法案，其中一项就是成立“水产审议委员会”，其性质与日本的“中央渔业审议会”类似，充任水产厅长的咨询机构，专门负责渔政管理、渔业纠纷和渔业补助等问题。1972 年，韩国国会又通过水产业修正法案，规定在水产厅内设立“中央水产协调委员会”，在市、道设立地方水产协调委员会，分别作为水产厅长和道知事的咨询机构，处理有关渔业管理、渔业索赔和仲裁等事项。委员会由水产专家、水质环保专家及对这两个领域有丰富经验的人组成。

韩国的渔政官员都直属水产厅和地方水产局，负责监督、检查渔业管理条例的执行，取缔违法现象。经地方检查院长批准的渔政公务员还兼有司法警察权限，可以搜捕和审问渔业违法分子。对外国渔船的监督管理，除渔政人员外还动用了海洋警察队，实施海上巡逻、检查和取缔等。

二、韩国渔业管理方法

韩国的渔业管理方法主要包括的内容：从事渔业必须申请执照或许可证、渔业权问题、政府的渔业管理措施、渔业索赔和补贴以及罚规等。具体内容介绍如下。

（一）从事渔业必须申请执照或许可证

韩国的渔业管理方法与日本有许多相似之处，但规定的线条较粗。无论是养殖业或捕捞业均须得到水产厅或省级行政长官的批准才能经营，这种管理制度与日本基本相同。渔业的类型分为 4 类。

1. 第一类是群众性杂渔业

主要包括：①养殖渔业；②定置渔业；③淡水藻类采集渔业；④第一种共同渔业（占用一定海面采捕贝类、海藻类及其他由政府指定的定着性水产动植物的渔业）；⑤第二种共同渔业（占用一定水面，用地拉网、地槽网、船拉网、滩涂拉网、“挥罪网”、光诱抄网或提网进行捕捞的渔业）；⑥第三种共同渔业（在一定水面以上述之外的渔网和钓具进行捕捞的渔业)；⑦在内陆公共水域中划一定水面进行捕捞或采集水产动植物的渔业。

“共同渔业”的水源及水面的界限由总统令决定。从事上述各项渔业必须经地方行政长官（道知事、汉城特别市长及釜山市长，下同）批准，领取执照。如渔场范围分属两个以上地方长官管理，或难以确定属谁管辖时，应向水产厅长申请执照。在必要时水产厅可以调查地方长官对渔场的管辖范围。

如从事上述渔业的水域属于公有水面，管理法第三条指定的港口或国土建设综合计划法第六条第二款指定的区域或航道，则地方长官在发放渔业执照前必须先上报水产厅，由水产厅长与建设部长或交通部长协商确定能否批准。

“共同渔业”的渔业权只授予渔民合作社等集体，目的是使居住在一定区域内的渔民在渔业经营上增进共同利益。合作社的社员在该合作社享有的渔业权范围内，根据合作社章程规定各自从事渔业。

2. 第二类是大中型机轮渔业

主要包括：①机船底拖网渔业；②拖网渔业；③捕鲸渔业；④第一种旋网（动力船使用旋网进行捕捞的渔业)；⑤机船钓渔业；⑥母船式渔业；⑦第一种船拖网渔业（靠动力船拖网或直接拖网进行捕捞的渔业)；⑧第一种流刺网渔业（动力船使用流网、刺网进行采捕的渔业)；⑨第一种鮟鱇网渔业（动力船使用鮟鱇网进行捕捞的渔业)；⑩机船舷缯网渔业；⑪贝类采捕渔业；⑫潜水器渔业。从事上述渔业必须经水产厅长的许可。

3. 第三类是中小型捕捞渔业

主要包括：①第二种流刺网渔业（用流网或刺网捕捞的渔业)；②第二种鮟鱇网渔业（用鮟鱇网捕捞的渔业)；③帆船底拖网渔业；④帆船桁拖网作业；⑤第二种旋网渔业（无动力船使用旋网、“石缲网”、“杨缲网”进行捕捞的渔业)；⑥机船延绳渔业；⑦机船单钓渔业；⑧海兽渔业；⑨第二种船拖网渔业（无动力船使用拖网捕捞的渔业)；⑩海藻采集渔业；⑪投网渔业。从事上述渔业须获得地方行政长官的许可。

4. 第四类是远洋渔业

主要包括：①凡以外国港口为主要基地的本国渔业；②母船式渔业；③水产厅长规定的其他远洋渔业。远洋渔业必须得到水产厅长的许可才能经营。获准经营远洋渔业者，应按农业水产部的规定向水产厅长申报渔船的作业动态及渔获物的销售等情况。

除了上述四类渔业之外，中央政府出于保护水产资源或进行渔业管理的需要，可以以总统令的形式，规定某种渔业需获得许可才能从事生产。渔民从事上述四类之外的渔业，也必须向地方行政长官提出申请。申请有效期为3年，地方长官可决定是否受理申请，一旦受理后应发给执照。

第一类渔业的执照自发放之日起有效期5～10年，期满后渔民可以申请延期，如无特殊情况一般允许延长期限。所谓特殊情况是指：①执照有限期间管理不善或经营无方，导致生产成绩不佳，②取得渔业权后未充分利用或完全不利用，渔场闲置；③政府因公益需要而必须停止该渔场生产；④经营期间有违法行为。

当政府出于渔业管理的需要或考虑到保护公共利益时，可以在发放执照或许可证的同时附加限制条件。有以下情况之一者，政府可收回、限制或取消已发的执照或许可证：

①因增殖或保护水产资源的需要；②因国防及其他军事上的需要；③因船舶航行、停泊、抛锚、埋设水下电缆或其他公益上的需要；④违反水产业法或其他有关条例，限制措施等；⑤发现执照或许可证被他人利用、或经他人操纵时；⑥领取渔业执照或获得许可证之日起连续一年以上不从事该项渔业；⑦违反韩国与外国的渔业协定及其他水产法令时。

政府发放渔业执照或许可证不得过度集中于同一申请人。领到渔业执照的渔民欲暂时停业时，必须向政府有关部门申请批准并确定休业期限，但连续停业时间不得超过两年。在经批准的停业期满之前又要求重新开业的，也必须尽早向有关部门申请说明理由。在甲渔民申请停业期间如有乙渔民申请从事这项渔业，政府应予准许。

（二）渔业权问题

韩国与日本一样，获得第一类渔业执照的渔民在法律上对限定的水面拥有占用权，这种占用权称为渔业权。执照期满后渔业权也自动失效。渔业权属于物权，使用土地权的有关规定。但渔业权不能用于抵押、典当。政府为了保护渔民的渔业权，可以将某一水面划为保护区，并制订保护条例。同一人在同一渔期内只能取得一种渔业权，但以法人名义申请的集体渔业不在此例。

政府发放渔业执照的优先顺序如下：第一顺序是对申请从事的渔业或同类渔业有经验者；第二顺序是对沿岸渔业或其他渔业有经验者；第三顺序是其他人员或组织。在同一顺序中，对曾在申请从事的渔业的渔场内有生产经验者，予以优先考虑，如上述顺序均相同，再考虑下述条件：①劳动条件；②当地渔民对该项渔业的参加程度；③申请者经营该渔业的经验、资金及经营能力；④经营者在生活上对该渔业的依赖程度。

为了维护渔场所在地渔民的共同利益，如果渔民愿意组织成立合作社且符合以下条件者，该集体组织的次序可列为第一位。①该组织主要从事渔业；②半数以上的成员对申请从事的渔业或同类渔业有经验；③1/3 以上的成员以该项渔业为主要职业；④以该项渔业为主要职业者的投资额占总资本的 1/3 以上；⑤单个成员的投资额不超过成员平均投资的 3 倍；⑥每个成员有一票表决权。在上述第②点中所谓的经验，是指本人是水产技术员或在申请执照前有 5 年以上经营或从事该渔业的经历。如申请执照的合作社不止一个，且为渔业权发生矛盾时，优先照顾渔村渔民的合作社。渔业权禁止出售，也不能分割和变更。“共同渔业”的渔业权在法律上禁止转移或用作担保。其他渔业权在取得执照一年之后，经地方长官批准才能转移。用作担保也必须经过一年之后。渔业权的共有者未经其他共有者的同意不得将自己的一份渔业权擅作处理。若其他共有者因地址不详或其他原因而无法联系时，应按照规定进行公告。从公告之日起 30 日内无人提出异议，被看做是同意。

渔业权允许继承，继承者应在 6 个月内向地方长官申报，如地方长官认为该继承人不能经营渔业或属于前述 6 种应取消执照的情况者，可要求其转让渔业权，否则即取消该渔业权并予公告。领得渔业执照者对水域作充分利用，如发现渔业权水域长期闲置（一年以上）或利用效率很低时，地方长官可以部分变更甚至取消渔业权。地方长官作出吊销渔业执照的处分后，应及时通知受处分人。

“共同渔业”渔业权拥有者应该允许按惯例在渔场从事渔业的人（以下称为“入渔者”）继续生产，但可以适当征收捕鱼费。征收捕鱼费需报请地方长官批准。为了保护水产资源、维护渔业生产秩序，当事双方可以就渔业管理措施进行协商。双方在渔场、渔法、保护区、渔业权、范围等方面发生争执时，可请求地方长官仲裁。地方长官对违反协议或管理措施的一方作出处分，包括限制渔业、停止直至吊销执照。“共同渔业”渔业权的附加限制条款及有效期当然也适用于“入渔者”。而有关渔业权的取得、转让、变动、取清、处分以及允许“入渔者”生产等事项都要详细登记入册，由政府机关保存。

（三）政府的渔业管理措施

韩国政府为了进行渔业管理，水产厅长和地方长官可以采取下列措施：①限制或禁止采捕、养殖水产动植物；②限制或禁止渔获物及其制品的卸货、买卖、处理；③限制或禁止适用某种渔船、渔具；④有关环保方面的措施；⑤渔民的人数及资格；⑥限制或禁止“共同渔业”权的行使；⑦限制或禁止渔业权保护区内的生产；⑧限制或禁止适用某种水产品包装或容器；⑨与涉外渔业协定或条约有关的事项；⑩对违反条例者的处罚，颁布必要的条例。

政府在采取上诉管理措施时，要考虑到渔业资源的现状、渔民的实际人数及自然条件、社会条件等因素。地方长官制订的渔业管理条例，需得到水产厅长的认可。水产厅颁布的条例规定，机动底拖网渔业（总吨位30～50 t、功率70～120马力）和潜水器渔业的作业区域、额定生产规模都做了具体规定。政府禁止使用炸药、毒药或电流捕鱼，但经水产厅长或地方长官批准的不在此例。同时禁止出售违反这一规定所捕得的水产动植物。地方长官为了结合开发和利用所管辖的水面，可以制订渔场开发利用规划，但该规划必须得到水产厅长的认可。同时，地方长官应在开发利用规划的范围内发放渔业执照。凡渔业执照失效后未能得到延期许可的经营者，有义务拆除渔场内的设施，但如果经营者提出申请且地方长官认为没有必要拆除时，可避免该项义务。被免除义务者对渔场内的原有设施失去所有权。

为了保护溯河鱼类和洄游水道畅通，水产厅长认为有必要时可以限制或禁止在某一水域建造设施或安放设置。如设施或设备已经存在并妨碍鱼类洄游时，可令其主人拆除。进行溯河鱼类的人工孵化放流时，需向水产厅长申报：①实行人工放流的公有水面范围；②人工放流地点、时间及放流尾数。但政府试验研究机构及教育机构实施放流时不必申报。政府可以命令渔民设置渔场、渔船或渔具的标志，可以指定某一水域为保护区。保护区的设置由地方长官申请，水产厅决定。水产厅长认为有特别必要时，即使没有地方长官的申请也可根据总统令宣布保护区。保护区的管理由提出申请的地方长官承担。如保护区涉及两个地区时，水产厅长可以指定其中之一的地方长官负责或由自己直接管理。凡在保护区（不含港湾区）内施工、疏浚、造地者，要与水产厅长或地方长官协商。保护区内的渔业限制措施由农业水产部颁布条例。韩国政府在养殖业方面也有具体措施，如为了防止养殖水域发生病虫害，水产厅长和地方长官在必要时可以命令经营者转移或拆除养殖水域内的设施、收走养殖对象、采取必要的防病措施或者停业。养殖业经营者应聘用水产增殖技术员，以妥善管理和防止病害发生。哪些养殖场应聘用技术员及技术员的资格等事项由农业水产部制订条例规定。

取得渔业执照或渔业许可证的经营者，有义务向水产厅长或地方长官报告生产情况、渔获量、销售量等数据，具体规定由水产厅制订。渔政官员在履行渔政管理职务时，有权到有关现场（包括渔场、船舶、作业点、办公室、仓库及其他场所）检查账册、文件资料及其他物品，并有权向有关人员进行调查或命令渔船停航、返航。渔政官员认为有必要时，可以进入他人的土地进行测量、检查，并有权拆除妨碍测量或检查的物体。渔政官员在履行职务时应携带身份证件，被检查者要求出示证件时，应出示身份证件。渔政官员认为对水产资源的增殖保护有利时，可以命令违法捕捞者将渔获物放回原水域。被命令者应立即进行放流。渔政官员经其所属部门长官及该地区检查厅长协商并经检察厅长任命，可以兼行司法警察职权，但仅限于对渔业违法行为的搜捕、审问等。

政府批准外国人或外国法人经营水产业时，必须讲明条件并经国会同意。对于据韩国法律设立的法人，如外国人或外国法人的投资过半数或决议权过半数时，也作为外国人或外国法人处理。韩国的水产业法将水产加工业也列入管理范围，规定凡从事以下行业者必须得到水产厅长的许可：①水产品罐头加工业；②鱼肝油加工业；③琼胶加工业；④水产冷冻业。经营上述以外的水产加工业，需向地方长官申报，取得许可。许可的标准有内阁令规定，包括设备标准和技术员标准。

（四）渔业索赔和补贴

引起渔业索赔的原因主要可分为两类，一类是因公益上的需要由政府或地方组织出面对渔业实施限制或禁止措施，造成渔民的实际损失。二类是产业公害造成渔场污染从而危害渔业。根据水产法规定，公益上的需要包括：①水产资源的保护和增值；②国防或军事上的需要；③船舶航行、疏浚航道；④保持鱼类溯河通道畅通；⑤渔政官员在测量、检查等需要而拆除、移动他人土地上的物件、设备。政府因上述原因而采取限制或取消渔业权的措施并对渔民造成实际损失时，渔民可向政府提出赔偿要求。但若有关措施是出于地方自治团体的需要而采取时，渔民可向地方自治团体要求赔偿。相反，对于因限制渔业而获益的一方，政府或地方自治团体可要求其在受益限度内负担赔偿费用的一部分或全部。

产业公害对渔业造成的损失主要有以下几个方面：①工厂或企业排放废水污染水域；②油船在运输途中漏油导致水质污染。渔民由此遭受损失时，可以向公害的发生者要求赔偿，如该类企业在生产时经常产生污染，则接受转让者也有承担责任。地方长官对赔偿金额的决定，要征询市级或省级水产协调委员会的意见。如无法与渔民达成协议而必须修改赔偿金额时，也要听取协调委员会的意见。特别是公害对渔业的危害，在索赔问题上易发生纠纷，这时要通过水产协调委员会的调查审议来进行裁决。审议事项包括：①水质污染的原因及危害程度；②损失金额的估算；③赔偿金额的估算；④作为污染源的企业有2名以上经营者的责任分担；⑤其他有关事项。而地方长官在必要时可要求经营者出席协调委员会的审议会或要求提供资料，也可派员到有关企业进行调查。渔民对地方长官作出的决定不服，或渔业受害区域属于2个以上地区管辖时，由水产厅长听取有关地方长官的意见，并经中央水产协调委员会的审议进行协调。政府为了鼓励水产业的发展，必要时也可发放渔业补助金。

（五）罚规

根据韩国水产业法规定，对违反该法的行为者可判处10年以下徒刑或处以140万韩国元以下的罚款。具体法规定：违反政府因国防或军事上需要而作出的限制或取消渔业权的命令者，可判处10年以下徒刑、140万韩国元以下罚款。

对有以下违法行为之一者，处2年以下徒刑或70万韩国元以下罚款：①未领取执照或许可证擅自经营政府规定的一、二、三类渔业；②未获得许可擅自经营一、二、三类渔业之外的渔业，而该渔业已由地方长官规定，经许可才能从事；③未经水产厅长许可擅自经营远洋渔业；④已申请暂时停业并获批准者未履行申报手续擅自重新开业；⑤以欺骗手段取得渔业执照或生产许可；⑥使用炸药、毒药或电流捕捞水产动植物（海兽除外）或销售以这些方法捕得的渔获物。

对有以下违法行为之一者，处1年以下徒刑或10万韩国元以上、50万韩国元以下罚款：①违反渔业执照或许可执照或许可证的附带限制条款；②水产加工厂违反水产业法的限制条款或农业水产部颁布的有关条例；③水产加工厂以违法捕得的渔获物为原料进行生产或准备进行生产；④违反政府因公益需要对渔业作出的限制或停业命令；⑤在禁止设置物体的溯河鱼类洄游通道上施工或放置设备，或接到政府命令后仍不拆除物件和设备。

对以上各类违法行为者所持的渔获物、渔船、渔具、制品和犯罪工具可以没收，无法没收时可以折价追征。

对有以下违法行为之一者，处1年以下徒刑或5万韩国元以下罚款：①将渔业权出租谋利；②未经政府许可擅自转让渔业权或将渔业权作担保之用；③违反关于共同渔业权不得转移或用作担保的条例；④未经行政官员的检查或调查，或有弄虚作假行为；⑤拒绝、妨碍、回避渔政官员的检查或调查，或有弄虚作假行为；⑥将“共同渔业”的渔业权任意供人使用；⑦无正当理由而拒绝出席“水产协调委员会”要求参加的会议，或拒绝向“水产协调委员会”提供资料、回答调查。

有以下违法行为之一者，处3万韩国元以下罚款：①经营第一、二、三类渔业之外渔业之前，未向地方长官申报；②渔业权拥有者无理拒绝按惯例在该渔场生产的人继续生产（当事人不起诉则不在此例）；③不服从政府关于投置渔场标志的命令。

对于违反农业水产部颁发的命令者，可判处6个月以下徒刑，30万韩国元以下罚款及拘留，并可全部或部分没收违法者的渔获物、制品、渔船、渔具，无法没收时可折价追征。不论单位、组织或个人，当其代理人、雇员、家庭违反水产业法或政府颁布的有关命令时，除处罚违法者本人外，该单位、组织或个人应负连带责任，缴纳相应罚规中规定的罚款。渔业技术人员违反水产法或政府根据水产业法发布的命令时，水产厅长或其他地方官可以向主管部门要求停止或吊销技术执照，主管部门应负责作出答复。

三、韩国的渔业管理法律法规

韩国有关渔业管理方面的法律，主要有水产业法、渔业资源保护法、渔船法、水产品检查法和水产业协同组成法等。其中水产业法是渔业管理的根本大法，其主要内容已在前面作了介绍。现着重介绍其他几种法律。

（一）渔业资源保护法

此法颁布于1956年，已作过多次修改。主要内容为：①划定水域为资源保护区；②在上诉资源保护区内进行渔业需得到水产厅长的许可；③对未经许可擅自到资源保护区内作业者，判处3年以下徒刑、监禁或50万韩国元以下罚款，并没收渔船、渔具、渔获物、养殖物及其制品；④资源保护区内的巡逻搜查由海军及其他可履行司法警察职务的公务员承担。巡逻人员认为有必要搜查时，可命令违法船舶返航。对有违法嫌疑者，不仅可以命令其停船，还可进行其他必要的搜查。

近年韩国的资源保护区范围稍有变动，同时加强了对外国渔船的取缔。韩国指定济州岛南面和顺港及小里山岛3海里以外的海域为紧急避风港，声称对“随便侵犯韩国领海或渔业资源保护水域内作业的船舶”要拘留和扣押，“禁止在韩国领海内或渔业资源保护水域内的一切作业行为”。同时要求外国渔船在紧急避难之前要用无线电联络申请，并对中国避风渔船规定了如下注意事项：①不可在海上无目的地开船徘徊；②集体避风时决不可单独开船离开；③禁止与韩国人接触及买卖东西；④禁止用电子仪器测量；⑤禁止拍照和绘制地图；⑥禁止接近韩国渔船；⑦禁止海上污染；⑧遵守其他有关法律。避风前后一定要用无线电向韩国海洋警察队长申报。

（二）水产品检查法

该法最早制订于1950年，1962年重新制定过一次，后来又修改过几次。制定水产品检查法的目的，是为了保证水产品的质量，统一规格，以利生产和流通，其主要要求如下：

（1）凡属冷冻品、干制品、盐藏品、调味加工品、罐头制品、瓶装制品、鱼肝油、鱼油（包括鲸油）、鱼粉、鱼肥、海藻制品，洋粉的水产品，必须按水产品检查法接受检查，但用于试验研究或不作商品流通的制品以及政府规定可以免检的制品不在此例。

（2）检查内容包括原料、质量、干燥、调制、规格、容量、重量、包装、生产过程以及其他明文规定的事项。

（3）在水产厅下设立中央检查所，专门负责水产品检查。中央检查所可在检查所各地设立办事处或工作站。

（4）产品经检验后，要表明检验结果并由中央检查所发给检验证书。不标明检验结果的制品或检验结果不合格的制品均不得出售或出口，但得到水产厅长许可后可以出售。

（5）中央检验所长有权派所属职工到加工厂、渔船或其他场所进行调查或检查。

（6）水产加工厂或制品所有人违反水产品检查法，从事检验的公务员有权命令停止生产、搬运或采取其他必要措施。

（7）中央检验所认为有必要时，可以按照水产厅的规定要求有关单位或个人提供必要的报告。

（8）凡接受产品检验或重新检验时，必须交纳手续费，手续费不退还。

（9）有属检验对象的水产品逃避检验，出售或出口没有检验结果表示、检验不合格的制品，以不正当手段接受检验或合格制品施加不正当手段，包装、产品说明与检验内容不符或弄虚作假等之一者，处100万韩国元以下罚款。

（10）属无理拒绝中央检验所派遣的检验员的调查，或对调查问题提供虚假回答者；当检验员认为加工厂或制品所有人违反水产品检查法或有关命令而作出停产等指示时，被指示者拒不执行；当中央检验所按照水产厅的规定要求提供报告时，被要求者拒绝提供或提供假报告之一者，处50万韩国元以下罚款。

（11）法人或个人的代表、代理人、雇员等在从事有关业务时如违反水产品检查法，除处罚违法者本人外，对该法人或个人也处以罚规中规定的罚规。

（三）渔船法

韩国渔船法制订于1977年，专门规定渔船的建造、登记、检验等事项。其主要要求如下：

（1）渔船的定义是“专用于渔业的船舶”，包括捕捞船、冷藏加工船、渔获物运输船、渔业调查船、渔政船及实习船。

（2）为了保护水产资源、进行渔业管理及其他公共利益，水产厅长认为有必要控制渔船建造时可以规定各种渔业的渔船规模、数量等基准。

（3）渔业经营者建造或改造渔船，必须根据水产厅规定向水产厅长或地方长官（道知事、汉城特别市长、釜山市长）申请许可，要变更已得到的许可的内容时也须报请批准。

（4）凡属因渔业管理或公益上需要而不宜发给许可，未经港湾厅长的认可把渔船改造成商船者，不发给许可。

（5）得到许可者违反有关规定时，水产厅长或地方长官可取消其许可证。

（6）水产厅长或地方长官认为有必要时，可以派员到建造场所或渔船上进行检查。

（7）渔船所有者必须到管辖该船港湾的地方长官处注册渔船。申请注册时应先向地方长官提交申请书。凡符合注册条件的渔船，由地方长官根据渔船登记法分别发给船舶国籍证书、船籍证书或注册证书。

（8）已注册的渔船发现有渔船的用途变化，用于与渔船不相称的目的；注册时弄虚作假或采用不正当手段；已丧失韩国国籍或因沉没、损坏、老化等原因不能当做渔船使用时；6 个月以上去向不明；船主死亡或船主的公司被解散时，地方长官有权取消其注册。

（9）根据总统令规定，水产厅长或地方长官对渔船实施定期检查（初次航前及此后的定期仔细检查）；中间检查（二次定期检查之间的简单检查）；特别检查（临时有特殊用途时进行的简单检查）；临时检查（上述各种检查之外，水产厅长认为有特别必要时进行的检查），但 5 t 以下的无动力船例外。

（10）新船在建造过程中，应接受水产厅长或地方长官的检查。

（11）对定期检查合格的渔船，由水产厅长或地方长官发给合格证书，载明渔业种类、额定乘员及检查结果。对通过特别检查的渔船发放特别检查证。对第一次定期检查合格的渔船发给渔船检查手册，记录有关检查事项。

（12）渔船检查合格证的有效期为 4 年，但水产厅规定的小型渔船的监察证有效期在 4 年以内，由水产厅长规定期限。

（13）凡中间检查或临时检查不合格的渔船，原合格证停止生效，直至检查合格为止。

（14）设立“韩国渔船协会”，从事渔船及其设备的检查；为提高渔船性能的调查研究及技术开发。

（四）水产业协同组合（合作社）法

韩国此法最早制定于 1960 年，迄今已经过多次修改。此法适用于各种渔业合作社和水产加工业合作社（统称“水产合作社”）。该法主要要求如下：

（1）水产合作社具法人性质。

（2）国家或地方公务员不得加入合作社或担任负责人。

（3）除关税和物品税外，对合作社的业务和财产免除国家或地方自治团体的税收。

（4）渔民发起成立合作社需得到水产厅长认可。有成立合作社的手续或业务计划内容违反法令；从业务量来看，合作社经营非常困难之一者，不予认可。

（5）合作社应有明确章程，记载成立目的、合作社名称、社员资格、财务处理、业务种类、人事制度等事项，并有发起人签名盖章。

（6）合作社的成员应是当地具有住所或事业场的渔民，一年中从事渔业的天数在60天以上。每个社员应出资一股，最高不得超过平均股数的2倍。

（7）合作社的最高权力机构是“社员总会”，重大问题必须由总会讨论表决，社员总会每年定期举行一次，由社长召集，如有必要，社长可召开临时总会。

（8）合作社设立理事会，理事会由社长及理事长组成，社长主持召集。

（9）合作社负责人不得经营与合作社有竞争的事业，否则应事先辞职。

（10）允许合作社开展与经营目的相称的业务。

（11）合作社为了社员的共同利益，可以经营渔业及其附带事业，但应得到三分之二以上社员的同意和水产厅长的承认。

（12）设立水产业合作社中央会，目的是指导监督全国水产业合作社的业务，促进合作社的健康发展。中央会在汉城设总部，在其他必要的地方设分支机构。全国各地区的水产业合作社均可入会。中央会的常设机构是总会，中央会会长任总会主席，并负责召集。总会每年召集一次，必要时由主席召开临时总会。

（13）中央会下设立议员会，会长任议员会主席。议员由合作社的代表担任，根据章程规定选出。中央会下设经营委员会，由中央会会长及以下8名委员组成：水产厅长、财政部长官、韩国银行总裁有4名；由会议员选举5名，其中2名是水产业或渔业经济专家。经营委员会在法令、章程规定的范围内，决定关于中央会业务经营及管理的基本方针，中央会会长可担任经营会主席。

第三节　加拿大渔政管理概况

加拿大早在1868年就成立了海洋和渔业部，并在同年颁布了第一部渔业法，加强沿岸和内陆渔业管理。从20世纪60年代起，为了保护本国的渔业，不断扩大近海的管辖权，直到1977年宣布200海里专属渔区，并加强了对外国渔船捕捞的限制和管理。加拿大不仅是世界最大的水产品出口国而且海洋渔业研究水平也得到国际公认的高度，同时在严格保护和管理渔业资源方面也居世界领先地位。它不仅建立了健全的渔业管理体制和完善的渔业法律体系，而且有科学的管理方法、严格的管理措施和现代化的监测手段。此外，在渔业资源增殖、渔业环境保护以及对外国渔船的管理等方面也都积累了丰富的经验。这里着重介绍其渔政管理的地位、内容、原则、目标；组织机构及其职能；渔业法规体系；科学的渔业管理计划；渔政管理方法；渔政管理的监督检查；渔业办案及惩罚；现代化的管理手段和检测设备；渔政官员的素质与培训，以及渔政管理的国际合作等几方面内容。

一、加拿大渔政管理的地位、内容、原则和目标

加拿大的渔政管理地位与管理内容、管理原则以及管理目标之间的关系是紧密相连的，其最终目的是合理利用渔业资源和稳定发展渔业生产。具体的含义如下：

（一）渔政管理的地位与内容

渔政是渔业生产发展到一定阶段的产物。加拿大的渔政管理是从19世纪60年代开始

建立和发展完善起来的，渔政管理是整个渔业工作的重要方面，在加拿大的全部渔业管理中居于举足轻重的地位。尤其是渔政与渔业生产是密不可分的，即离开了管理就谈不上持续稳定地发展渔业生产。加拿大的渔政管理机构，属于国家行政管理部门之一，是国家上层建筑的一个组成部分，也是国家领导和管理渔业的重要工具，国家授予它行政执法权。加拿大的渔政管理是运用国家赋予的行政权力，以科学理论为指导，以渔业法规为准绳，并以国家的强制力为保证，对渔业生产活动和所管辖的渔业水域实施监督管理和法制约束，维护国家和渔业生产者的合法权益，维护渔业生产秩序。

加拿大渔政管理工作的主要内容有：①监督检查国家渔业法规的贯彻执行，查处违法行为；②控制捕捞强度，通过实行渔业许可制度和限额捕捞，调节捕捞能力与渔业资源之间的矛盾，使捕捞能力适合于资源的再生能力，保护、增殖和合理利用渔业资源；③开展渔业资源科学研究，对鱼类资源进行监测和评估，提出开发利用意见；④加强对200海里专属渔区内的外国渔船的管理，监督检查国际渔业协定的执行，维护本国渔业权益；⑤维护渔业生态环境，对渔业水域环境进行监测和评价，以及鱼类增殖、渔捞技术开发、渔港的监督管理、渔船和设备的质量检验、鱼产品的质量监测和为渔民服务等多项内容。

（二）渔政管理的基本原则

因为加拿大的渔政管理是属国家行政管理中的一个组成部分，所以它的渔政管理同样要遵循以下原则。

1. 国家集中统一管理的原则

加拿大是联邦制国家，全国分设10个省和两个地区，除育空和西北两地区由联邦政府直接管理外，各省的自治权力很大，但是全国渔业资源的管理和开发利用权直属联邦政府。早在1867年宪法的第91（12）条款中，就明确规定联邦议会在“海洋和内陆渔业”方面拥有专门的立法权。后来虽然有些省特别是内陆省争得了淡水渔业管理权，但全国的海洋渔业仍由联邦政府集中统一管理，各省无权干扰。联邦政府的统一管理通过渔业海洋部派驻各地的7个区域渔业管理机构执行。

2. 依法行政原则

加拿大强调国家行政管理活动必须以宪法和法律为依据，把依法行政看做是国家行政领域必须遵守的一个重要原则。渔政管理既然是国家行政管理中的一部分，当然也必定坚持“依法行政”。为此，首先建立了完善的渔业法规体系，制定了一系列的渔业法规，使各项管理工作有法可依，有章可循。另外还要有一个强有力的执法机构，严格依照法律规定办事，并监督检查法规的执行情况，做到有法可依，执法必严，违法必究。这样就能履行好渔政管理的神圣职责，捍卫法律的尊严。

3. 严格保护和合理开发利用渔业自然资源的原则

在开发利用渔业自然资源的过程中，资源是物质基础，是起决定性作用的生产力，资源的状况如何，直接关系到渔业生产的发展。因此，严格保护和合理开发利用渔业自然资源也是加拿大渔政管理必须遵循的原则。加拿大严格保护因盲目开发、过度利用而衰退的鱼类资源，使其逐渐恢复，并能长盛不衰，永续利用。

（三）渔政管理的目标

加拿大渔政管理总目标是控制多种因素，合理利用渔业资源，稳定发展渔业生产，保证其为加拿大提供可能的、长期的、最大的利益。这个管理目标主要有：①创建繁荣兴旺而稳定的渔业工业，使其成为加拿大工业的重要组成部分，向所有参加者提供稳定可靠而又得益的生计；②为加拿大后代国民的利益保护和管理好海洋渔业资源及其生态环境。近期内要控制捕捞力量，使其与资源水平相适应，尽量恢复主要的鱼类资源，远期目标则要达到保证资源的最适利用；③维护海洋及其资源的主权，加强对200海里专属渔区内的渔业管理，适期内要逐渐削减外国渔船的捕捞量，增加本国的渔获量；长远目标是实现由加拿大全部利用近海的所有鱼类资源，由加拿大捕捞在加拿大渔区内全部可得到的渔获量。

为了实现上述的管理目标，加拿大在监督实施体系、资源管理、科学研究、捕捞、鱼品加工、产品销售、渔民及其团体等方面都采取了一系列的战略措施。

二、加拿大渔政管理组织机构及其职能

早在1867年，加拿大的宪法就授予联邦政府在渔业方面的总控制，明确规定渔业资源的管理和开发利用归联邦政府，因此加拿大联邦政府一直设有渔业管理机构，遵循国家对渔业资源实行集中统一管理的原则，形成了中央集权的垂直领导管理模式。加拿大最早的海洋和渔业部建立于1868年，由内阁级的部长领导，负责沿岸及内陆渔业管理。1930年，旧的海洋和渔业部改成渔业海洋部。随着渔业管辖范围扩大到200海里，急需更强大的国家管理，加拿大议会授予属于内阁成员的新的渔业海洋部部长4个明确的职权：①监督管理沿岸及内陆渔业；②监督管理渔港及游钓港口；③监督管理渔业海洋科学及水道测量；④协调渔业海洋政策和规划。

加拿大新的渔业海洋部设立后，为了适应渔业发展的新形势，不断调整机构，充实提高。下设的分部（总局）由原先的4个现已增至6个，先后增设了管理与服务、政策与规划两个分部，还增设了一些综合局及其他机构。对派驻在各区域执行渔业管理的机构也进行了部分调整。

现在的加拿大渔业海洋部是1979年4月成立的，1985年共有雇员6 200人。总部设在首都渥太华。该部分为渔业和海洋两个部分，其中渔业部门约占整个组成的四分之三，海洋部门占四分之一。渔业海洋部是联邦政府对渔业实施管理的政策机构，主要内容是调查研究和评估渔业资源；分配捕捞限额，并监督检查限额捕捞的执行情况，保障资源的合理利用；管理全国大小共2 300个渔港；制定和执行渔业法规；检验鱼品质量；促进水产品的出口、销售；谈判和签订国际渔业条约；每年向联邦政府申请本部及直属各区域渔业管理与研究机构所需的人员编制、装备设施及经费等。

渔业海洋部设部长1人，系内阁成员，随政府改组而更换；副部长1人，掌管实际业务工作，可代部长行使职权；副部长帮办1人（实际上是第二副部长），协助副部长主管全面工作；副部长助理6人，按其分工主管实际业务工作。总部下设6个并行分部（或称为总局），它们是：经济开发与销售、太平洋和内陆渔业、大西洋渔业、渔业海洋科技、管理与服务、政策与规划，分别由6位副部长助理主管（实际上起着总局长的作用）。另外，还设有法律服务、渔港、审计、人事、宣传等5个综合局，由6位副部长助理直接负责。其中部长和副部长是政客，是由竞选产生的，因此受政治的冲击和影响较大，容易变化。而副部长助理一般受政治因素影响较小，这样可以保证政策的稳定性和连续性。

直接从事渔政管理工作的主要有两个分部。其中大西洋渔业分部负责加拿大东海岸的

渔业管理，它除了在渥太华设有两个专业局外，主要在大西洋派驻了4个处理大量管理活动的区域渔业管理局。其中纽芬兰区域局监督管理纽芬兰和拉不多沿海的渔业；海湾区域局监督管理圣伦斯湾；斯科舍－芬地区域局控制乔治浅滩、芬地湾及斯科舍陆架；魁北克区域局监督魁北克沿海的渔业。太平洋和内陆渔业分部负责加拿大中央部和西部的渔业管理，机构设置与大西洋渔业分部相似，它除了在总部设有两个专业局外，把大多数人设置在3个直属的区域渔业管理局，即太平洋区域局（大不列颠哥伦比亚省及育空地区）、西部区域局（内陆省份及西北地区）和安大略区域局。

各区域渔业管理局的机构设置基本相似，现以处于东海岸美国－加拿大结合处重要位置的斯科舍－芬地区域渔业管理局为例说明如下。该区域局由掌管7个部门的区域局长领导，1988年，整个编制为1 348人，拥有10艘海洋船舶。其7个部门是：实施工作处（负责实际的渔政管理）、渔业开发处（负责渔捞技术的开发）、小船港口处（负责港口设备）、资源处（负责鱼类资源的科学研究和生物学报道）、经济处（负责经济研究和计划开发）、管理服务处（负责内部的服务）、人事处（负责工作人员）。其中工作人员最多、预算最大、对渔政管理负首要责任的处是实现工作处，1980年有工作人员525人，预算为1 352.7万美元。该处下设4个科，保护科负责发放渔业许可证给国内外渔船并实施监督管理；检查科负责检测产品、设备及渔船并从事与产品质量、储藏和处理有关的多种科学研究；渔民服务科管理联邦的援助计划，如渔船保险和渔船补助金计划等；资源分配科从保护科接过限额管理职责，负责咨询并帮助制定限额管理计划。

实地的渔政管理通过派驻在渔港口岸：圣安德鲁（新不伦瑞克省）、雅茅斯（新斯科会省）和悉尼（新斯科会省）的渔业管理站进行。每个管理站都设有检查官员（负责质量控制和设备检查）；保护官员（负责实施监督管理）；计划官员（负责管理各种援助计划）和社会服务官员（负责渔民与政府之间的联络）等。

三、加拿大渔业法规体系的建立

渔业法规体系的建立，包括该体系的形成与作用、渔业法规分类以及渔业法法规的内容等。

（一）渔业法规体系的形成与作用

加拿大十分重视渔业立法工作，法律是加拿大渔业管理的唯一依据。早在1868年制定的第一部《渔业法》和1869年通过的《沿海渔业保护法》至今仍然是加拿大渔业管理的基础。加拿大的渔业立法是随着渔业的发展而发展的。加拿大联系政府渔业机构设有专门起草法案、条例和解释法律的服务部门。依据宪法中所确认的基本原则制定的法案必须报经议会通过和授权。凡是经议会通过的法案，各省、各部门都要执行。条例是根据议会已通过的法案新制定的具体规定，由渔业部长批准实施。到1992年为止，加拿大议会通过和经渔业部长批准的渔业法规共有17个法案、54个条例，共2 500多条款。此外，各省也在允许的领域内制定了一些地方渔业法规。渔业法规在执行过程中，根据需要通过一定时期还要进行修正，使之更趋完善。以上这些渔业法规按照一定的形式和结构组成了有机联系的统一完整的加拿大渔业法规体系。

加拿大政府在宣布实施200海里专属渔区的同时，还颁布了《沿海渔业保护条例》、《外国渔船捕捞管理条例》、《加拿大渔区（四、五区）法令》和《加拿大渔区（六区）

法令》，从立法上根本保证了200海里专属渔区的顺利实施，使外国渔船在加拿大近海任意捕捞的现象成为历史，近海渔业资源得以逐渐恢复，渔业生产比较稳定。加拿大的实践证明，渔业法规的制定、颁布和实施，对于调整渔业经济关系，保障渔业经济活动客观经济规律和自然规律，保护渔业资源，维护渔业生产秩序，维护国家和生产者的合法权益，提高经济效益，促进渔业发展等，都有十分重要的意义。

（二）渔业法规分类

加拿大的渔业法规体系是多层次、多门类、多形式而等级少的结构。从层次和形式看，除宪法中有关渔业管理的内容外，有议会制定的具有原则性和全面性特点的法律、法令，有渔业海洋部长发布的具有具体性和针对性等特点的条例、规章，还有省级权力机关颁布的具有补充性和灵活性等特点的地方性法规。但由于议会授予渔业海洋部长执行渔业管理的权利，故部长发布的条例与议会通过的法案具有同等的法律效力，致使渔业法规的等级相对较少。从法律的适用范围看，有适用于全国性的法律和适用于某一地区的地方性法规。从法律调整方式看，有综合性的调整，也有专项性的调整。从门类角度上看，渔业法规的名目多，内容广。若按其功能，大致可分为管理方面的，管辖权的及促进渔业发展的3个范畴。现将其全国性的主要渔业法规按其所属功能范畴分类如下。

1. 具有管理功能的渔业法规

有下列几种：《渔业法》（1868年）、《沿海渔业保护法》（1869年、1953年）、《渔业和游钓港口法》、《鱼品检验法》、《沿海渔业保护条例》（1976年）、《外国渔船捕捞管理条例》（1976年）、《渔业法》修正案（1977年）、《大西洋渔业条例》、《太平洋渔业条例》等。

2. 属于管辖权和管辖范围方面的渔业法规

《领海和渔区法》（1964年）、《防止北极水域污染法》（1970年）、《领海和渔区法》修正案（1970年）、《加拿大渔区（一、二、三区）法令》（1971年）、《加拿大渔区（四、五区）法令》（1977年）、《加拿大渔区（六区）法令》（1977年）等。

3. 属于促进渔业发展方面的法规

《渔业发展法》、《渔业改进贷款法》、《渔业价格支助法》、《腌鱼法》等。

其他与渔业有关的法规主要有：《加拿大航运法》、《加拿大水法》、《防止油类污染法》、《海洋倾废法》、《大陆架法》等。

此外，加拿大在渔业方面还签署了一些较重要的国际公约和渔业协定。

（三）渔业法规内容

加拿大的渔业法规名目繁多，内容广泛，不可能逐一详细介绍，现仅将主要法规的主要内容及确定的管理职权略加介绍。

《渔业法》和《沿海渔业保护法》是加拿大渔业管理的基本法，前者是国内渔业管理权力的巨大来源，后者是国外捕捞管理权力的主要来源。

《渔业法》在控制鲑鱼捕捞、龙虾捕捞、捕海豹、鱼道建造、资料报告和渔船安全设备等方面都制定了许多细节规章条款，而在管理处理权方面却只有3个原则性的规定。即在其第7节允许渔业部长用其绝对的处理权颁发捕捞租契和许可证；第33节禁止在鱼类栖息地放置有害的物质，但什么物质应被认为是有害的处理权交给内阁；第34节授予加拿大内阁在以下 13 个领域中管理的处理权限：①管理沿岸和内陆渔业；②保护鱼类资源；③鱼类的捕捞、装载、上岸、装卸、运输及处理；④渔船的操纵；⑤渔具和渔捞设备的采用；⑥发放或取消捕捞许可证和租契；⑦许可证或租契的条件；⑧鱼类栖息地的阻碍物和污染；⑨产卵场的保护；⑩鱼品的出口；⑪鱼类的省之间运输及贸易；⑫联邦雇员的职责；⑬委派有权改变任何禁渔期或捕捞限额的联邦行政官员。

《沿海渔业保护法》授权加拿大内阁控制外国渔船进入加拿大渔区作业的条件，并授权执法官员可以登上在加拿大水域中的渔船进行检查及处理违规行为。根据本法和《渔业法》的第 34 节第 7 条款，内阁还颁布了《外国渔船捕捞管理条例》及《沿海渔业保护条例》。前者详细规定了外国渔船在加拿大渔区内的分品种捕捞限额以及对网目规格、禁渔区和禁渔期、附带性渔获物和色体大小等的限制。后者具体规定了外国渔船申请许可证的程序及许可证的限制条款和条件等。

《渔业和游钓港口法》授权渔业海洋部长颁发渔港的管理规章，同时授权财政援助港口修理和建设。《鱼品检验法》授权内阁管理鱼品质量，从包装要求到运输的所有方面。

几个促进渔业发展的法规授予渔业直接的财政援助。《渔业发展法》授权渔业海洋部长开发新渔业、新产品、更好的渔船和设备、更好的处理和加工、更好的效率等。《渔业改进贷款法》提供渔民保证贷款，用以改进渔船、装备和沿岸设施。《渔业价格支助法》授权渔业价格支助部门以其所定的价格购买鱼货或者付给渔民在部门所定价格和市场实际价格之间的差额。

1964 年制定的《领海和渔区法》规定了 3 海里领海和毗邻的 9 海里渔区。1970 年加拿大对 1964 年的立法进行了修改，用 12 海里领海取代了原来的 3 海里领海加 9 海里渔区。同年还制定了《防止北极水域污染法》，宣布了北极水域中的 100 海里“防止污染区”。在那里，加拿大严格地管理航迹，驶进航运安全管理区域的船舶必须符合该法所规定的有关标准。任何人的污染责任都是绝对的。并不依靠过失或疏忽举证。根据《领海和渔区法》，加拿大政府还先后颁布了 3 项渔区法令，详细规定了本国渔区的范围和界线，1977 年 1 月 1 日加拿大在大西洋和太平洋实施了 200 海里渔区，1977 年 2 月 24 日又在北极水域依照执行 200 海里渔区，完成了渔区扩大。

四、加拿大科学的渔业管理计划

保护和管理渔业资源是渔政管理的主要任务和中心内容，因此加拿大渔业管理十分重视对渔业资源的调查研究和评估，并将制定渔业管理计划作为渔政管理的重要手段。加拿大对每一种主要经济鱼类都制定了渔业管理计划。渔业管理计划的主要内容是：首先确定各种渔业年度的总允许渔获量，然后在其中先确定国内渔业的总允许渔获量，再从剩余量中确定给予外国的允许渔获量并以此为依据进行捕捞限额的分配，管理计划中其他内容有描述该项资源过去和现在的开发利用程度，评估目前和将来的资源状况、提出保护、管理措施及目标；还包括作业海区和渔场、作业渔船数量、渔业管理费用，从渔业获得的利益、本国的鱼品加工能力和数量以及对渔业生态环境可能造成的影响等。加拿大渔业管理计划有下列几方面特点。

1. 科学性

每种渔业管理计划都是根据渔业研究单位提供的资源评估研究报告及大量的调查研究

资料进行综合分析研究而制定的，具有坚实的科学依据。鱼类资源评估是渔业管理的基础，为了提供可靠的资源评估资料，研究部门特别重视对渔业资源进行连续的常规调查，研究其生理生态，掌握其变动规律，进行长期和短期的评估。渔业资源评估研究是管理活动的重要组成部分，加拿大仅用于资源评估的经营就占全部渔业研究经费的 70%，如 1989 年加拿大鳕鱼科学研究基金增加了 80%，以保证获得更好的研究数据来管理好这一重要渔业。

2. 开放性

制定管理计划过程中，通常要举行多次评议座谈会，接受社会公众的评论意见而修改计划内容。此外，制定和审议管理计划的各种顾问委员会的成员，除了政府渔业管理部门的官员外，还包括研究单位的专家学者、渔民团体、加工者团体和企业的代表，具有广泛的公众和社会基础。计划内容绝非少数政府官员所能决定的，经开放讨论的结果，能使计划更趋完善。

3. 妥协性

由于管理计划制定须经开放讨论，吸收各界意见，但各界的利益往往互相冲突，产生矛盾，须经过反复协调，因此渔业管理计划，不仅是为了达到资源管理之目的，而且还是具有政治性和社会性妥协的产物。经广泛的协商和合理的妥协结果，能融合各界的利益，使管理计划达到最大的整体利益。

4. 可鉴性

管理计划的指定是否合理，在当时及事后均可获得明确的鉴定。由于管理计划内容在各方面均有极为详细的说明，因此不仅拟定的计划草案在繁复的审定过程中，须经过社会各界的审议，而且在计划密布付诸实施后，其执行成果是否如预先所料，亦可由详尽的计划内容得到印证。

五、加拿大的渔政管理方法

渔政管理方法有行政管理方法、经济管理方法和法律管理方法，这 3 种方法是彼此相辅相成、相互制约的，都必须反映客观规律的要求。加拿大渔业立法比较完善，用法律方法管理渔业占有重要地位，许多渔业管理工作的内容都在渔业法案中体现出来。法律方法是行政方法和经济方法的准绳和保障。离开行政方法和经济方法的配合、协调和具体运用，渔业法案的规定也将成为一纸空文。因此在加拿大的渔政管理实践中，在以法律方法为主的同时，也有效地运用了行政方法和经济方法，并将三者正确地有机结合起来。只有这样，才能真正地把渔政管理工作搞好，实现经济效益、社会效益、环境效益和生态效益的统一。以下是加拿大在渔政管理中综合运用上述 3 种方法的几项主要管理措施。

（一）实行渔业许可证制度

这种制度是渔政管理中一项极为重要的法律制度。其基本内容是：凡欲经营渔业者必须事先向渔业主管部门提出申请，经审核批准，核定作业许可量以后发给许可证方准从业。加拿大队国内外渔船都实行渔业许可证制度，但对外国渔船区别对待，需按照《沿海渔业保护条例》的规定，另外颁发许可证。许可证由渔业海洋部长或由其制定人员颁发，以船为发放对象。渔业海洋部长还有权吊销违规作业渔船的渔业许可证。

根据《沿海渔业保护条例》，外国渔船的许可证均受到21条入渔条件的限制。许可证上具体规定了外国渔船在加拿大渔区内进行捕捞作业的允许区域、允许时间、可捕鱼类品种、可用渔具类型等。还规定所有领取渔业许可证的外国渔船必须在进入加拿大海区的24小时之前以及撤离该渔区的72小时之前通知加拿大当局。并要求外国渔船在捕捞作业期间，用无线电报告每天的船位及活动等情况，每周一次报告渔获量。用这种方法，掌握每一艘外国渔船的动态，以便监督管理。

加拿大在国内实行渔业许可证制度也很严格，从1959年开始就在太平洋实行大麻哈鱼的渔业许可证制度，1977年颁布200海里专属渔区法案后，又全面实行渔业许可证制度和限额捕捞的办法。由于限制了渔船数量和捕捞数量，当时渔船过剩的矛盾较为突出，特别是对捕捞单一品种的太平洋大麻哈鱼渔船，1969年核发渔业许可证的有6 000艘，为了提高经济效益，根据资源情况，只能容纳4 500艘渔船。但为保证渔业许可证制度的实施，对过剩的渔船和渔民生活出路，政府只好用买下来的办法解决。他们认为，对过剩的渔船不从实际上采取措施减少船数，渔业许可证制度就不可能得到保证和实施，也不能实现其保护渔业资源的目的。

（二）实行限额捕捞

实行渔业许可证制度是对渔业投入量的限制，而实行限额捕捞则是限制渔业的输出量。根据总允许渔获量进行限制捕捞是加拿大现代化渔业管理的又一重大措施，既针对本国渔船作业，又针对外国渔船作业，但对外国渔船要求更为严格。加拿大每年都要根据海区渔业资源状况，先确定每个品种资源的总允许渔获量，再从中规定本国和外国的总可捕量，本国的总可捕量按渔船大小和作业类型进行分配，外国的总可捕量则按国家进行分配落实到每艘船上。各生产单位达到分配的限额后即应停止捕捞。

加拿大在《外国渔船捕捞管理条例》中，对在其专属渔区作业的每一个国家都规定了限额表，表中包括可捕鱼种的渔获配额和具体的作业区域。要求各国渔船严格按照条例中所规定的限额进行捕捞。对没有规定限额的品种，作为附带性渔获物每航次兼捕的数量不得超过2 500 kg，或不能超过总渔获量的10%。

目前，加拿大的经济鱼类全部实行了限额捕捞。在大西洋沿岸大约有43种底层鱼类资源在根据限额进行管理。加拿大本国的总可捕量被分配在5种基本渔船类型中，即长19.81 m以下用定量渔具的渔船；长19.81 m以下，用定量渔具的渔船；长19.81～30.48 m，用定量渔具的渔船；长19.81～30.48 m，用流动渔具的渔船；长度在30.48 m以上的渔船。各级渔船的总限额按照制定渔业管理计划的程序确定。渔业海洋部自1984年起还正式实施了大西洋的“企业配额计划”，该计划乃确保那些拥有长30.48 m以上渔船的公司获得特别之底层鱼类捕捞配额。各渔业公司间可将年度内部分配额相互借让，自行调度。该项方案实施前曾实验执行两年，结果令人满意，深获渔业界的支持。在此配额计划下，各渔业公司避免了不必要的捕鱼竞争，从而降低了工业成本，提高了鱼品质量。

（三）征收渔业许可证费

征收渔业费是一项用经济手段和法律手段管理渔业，宏观控制渔业生产的有效措施。其作用之一是使国家得到大量的收入，为保护增殖渔业资源，为帮助那些淘汰的渔业劳动力重新开发其他生产提供资金。加拿大自1978年开始实行征收渔业许可证费制度。有关渔业法规中规定凡获准在加拿大水域从事捕捞作业的渔船获得许可证都应交付渔业许可证费用。并规定外国渔船许可证费用应从接到通知单即日起的 45 天内交纳。加拿大一般按渔船吨位大小和在渔场停留时间长短计算收费。但对外国捕捞金枪鱼渔船的收费方法不同。按规定除法国和美国以外的船旗国的渔船，每总吨收费 1 美元，另外再加在渔场每天每总吨收费 0. 13 ~ 0. 19 美元（按捕捞品种而定）。而捕捞金枪鱼的外国渔船（法国和美国渔船除外）的付费标准是每船一次总付金额 2 439 美元。船旗国的渔业辅助船也按吨位征收许可证费，为每总吨 1 美元。对加拿大或美国有物质上利益的从事渔业研究的科学和研究渔船免缴许可证费。此外，修正许可证费用为 203. 3 美元（美国渔船除外）。

六、加拿大渔政管理的监督检查

渔政检查是渔业管理的一个重要组成部分，是提高渔政管理效能的关键手段。加拿大的渔政监督检查由渔业海洋部全面负责，组织实施。在划定 200 海里专属渔区后，为了能够切实有效地管理好新渔区，加拿大政府比以往投入更大的人力、物力和财力，并号召各个部门之间密切配合，协调行动。在渔业海洋部的要求下，每年签订协议由国防部的海军和空军及交通运输部的海岸警备队参与协助，派出一定的舰船和飞机进行巡逻、监察。1985 年，加拿大全国有渔业执法官员 550 名，渔政检察员 1 000 人，各种渔政检查船艇 752 艘。加拿大渔业执法检查人员都是由渔业部长直接任命的，要穿统一的制服，佩戴由女皇批准的标志，该标志是法律的象征。渔业执法监查人员要对部长负责，他们分布在各渔场港口和渔政巡逻船上，以监督检查各项渔业法规的贯彻执行，维护渔业水域的生态环境，制止和处理违法行为。渔政检查的形式可分为水上检查和陆地检查两个方面。

（一）水域的渔政检查

海洋是渔业生产的主要场所，也是渔业法规实施的主要场所。渔政对禁渔区、禁渔期、渔业许可证、外国渔船的活动及生产作业情况等监督都是在生产现场进行的，因此搞好海上检查是至关重要的。

1. 观察员的监督

《沿海渔业保护条例》规定，凡进入加拿大专属渔区作业的外国渔船都要受加拿大派驻的观察员的监督，并要承担观察员的一切开支和费用，包括提供膳宿和给予工作方便等。对国内渔船则是有选择地在部分船上设置观察员。其任务主要是调查、了解、反映情况和问题，记录检查渔船的作业活动、网具状况及渔获情况（捕鱼种类、大小、数量等）。这种观察员制度，不仅严格控制外国渔船的生产动态，同时也收集了大量的渔业资源情况。虽然观察员并无一般渔业执法检查人员的权利，如搜索、检查、处罚、扣留、逮捕等，但对于涉嫌违法情节，可随时联络邻近的巡逻船前往检查，并且其观察的记录及报告亦可作为违法情节的证据材料。

2. 舰船及飞机的巡查

加拿大自建立 200 海里专属渔区之后，舰船的海上巡逻日增加了 1 倍，太平洋区已达 500 天，而大西洋区超过 1 500 天。平均每天有 1 ~ 2 艘舰船在太平洋巡逻，大西洋则有 4 艘，其中每年在大西洋区用 12 艘海军驱逐舰运行渔业巡逻各达 50 天，在太平洋区用 4 艘驱逐舰巡逻各约 45 天，平均每天都有 2 艘驱逐舰在巡逻。此外，冬季在大西洋沿岸还有破冰船监督管理冬季捕鱼约150天。飞机在空中巡逻飞行小时也增加了1倍多，每年达4 000小时以上，其中大西洋区为3 750个飞行小时，太平洋区为480个飞行小时。巡查监察的飞机全部由空军提供，在大西洋使用了15架Tracker型飞机和12架Argus型飞机；在太平洋使用了3架Tracker型飞机和6架Argus型飞机。这些飞机至少每周一次巡查加拿大近海渔区的全部水域，查明和识别在其中作业的每艘渔船，并且对外国渔船活动集中的渔区和捕鱼边界线穿过富饶渔场的关键区域保持更严密的监视。其目的主要是查缉非法捕鱼，尤其是外国渔船的非法入渔，空中巡逻一旦发现海上有未经许可的外国渔船或可疑的活动，即通知舰船上的执法人员登船检查。

3. 登临渔船检查

法律规定了渔业执法检查人员可登临在加拿大渔业水域内的任何渔船检查。水域巡逻监督的增加使加拿大的渔业执法官员能够每个月至少登临1/3的外国渔船和1/6的加拿大渔船检查，每年受渔业执法官员登临检查的渔船有1 200~1 500艘。登临检查一般是针对可能涉及违法作业的船只，待检查渔船在接获巡逻船的通知后（一般以电讯方式），船长即应遵照其要求，降低船速或停船，以便渔业执法官员能够安全地登上船进行检查。执法人员有如下权利：①检查渔船的任何部分；②对船上的任何货物进行检查和取样，打开船上的任何容器；③要求船长出示船上的任何书籍、航海日志或其他文件和材料供检查；④要求船长出示渔船有关的任何设备和渔具供检查；⑤对渔船的任何部分、船上的货物、设备和网具以及船上的任何书籍、航海日志或其他文件和材料进行照相。执法人员认为检查过的渔船上的设备或渔具符合条例时，发给船长一份检查证书，列出检查的日期和所检查的设备或渔具的说明，并在检查过的设备或渔具上打上或盖上已验证号码标记或印章。在检查中若发现有违章者，执法人员有权依法予以惩处。

（二）陆地的渔政检查

其范围包括港口检查、销售市场检查以及海产品质量追踪检查等，具体内容如下：

1. 港口检查

渔港或口岸是各种作业渔船和渔获物集散的地方，是对渔船的作业形式及其渔获物组成情况进行全面检查的重要场所。港口检查的主要内容有：①控制捕捞限额；②审核检查渔业许可证及渔船的其他各种证件；③检查渔获品种、数量、鱼体大小及幼鱼比例；④检查渔具，测量网目大小；⑤审核捕鱼时间是否符合规定等。对于国内渔船的非法作业，大多是在港口检查时发现的。在海上检查时如认为该渔船涉嫌有较为严重的违法情节。亦可命其进入国内港口进行确认检查。

2. 销售市场检查

市场是销售水产品和网具的场所，违法捕获的鱼类常会通过市场反映出来，进行市场检查是对水域检查和港口检查的主要补充。市场检查的主要内容有：①检查销售水产品种类及幼鱼比例；②检查渔具，测量网目大小等有关事宜。经常对市场进行检查，可以减少以至杜绝禁捕鱼类和禁用网具的销路，迫使生产者减少或停止生产，有助于防止非法捕鱼。

3. 海产品质量追踪检查

加拿大海产品在国际市场具有良好的地位，但也深受冰岛和挪威生产的高质量鱼产品的威胁。因此，加拿大政府实施了强制性的鱼品质量管制，严格执行检查。这项由渔获开始至经销商为止的全面质量管理包括渔船、码头、运输车辆以及加工厂的追踪检查。主要内容包括渔获物于码头起货后立刻分级、制定价目；渔船执照的核发必先作船上冷藏设备的合格检查；制定渔获物处理规范；工厂鱼品质量管制计划；商品的分级等。这些措施无非是保证外销产品的质量，以对付国际市场的竞争。

七、加拿大渔政办案及惩罚

这里包括渔政人员的权利、渔政办案的程序以及渔政办案中对违规者的惩罚，具体叙述如下。

（一）渔政办案人员的权力

加拿大的渔业执法官员和所有法院对违反渔业法规的行为都有司法权。法律规定，渔业执法官员在执行公务时是代表内阁部长的身份进行执法的，所以权威很大。渔业执法检查人员可以随时登上在加拿大渔业水域内发现的任何渔船进行搜索和检查；可以随时扣押有充分理由认为犯法的任何渔船及货物；可以扣留违法捕捞的渔具和渔获物以及有关违反渔业法规的其他任何证物；甚至在无拘捕证的情况下，有权逮捕违法的任何人。渔业执法官员对违规渔船和犯有违法行为的人可以依法当即裁决处罚，如果违规者不服裁决，执法检查人员有权扣船或令其返港，并向法院起诉，申请法院审判。

（二）渔政办案程序

渔政办案时，首先要查明事实，分清是非。而查明和确认违规事实，就需要借助于证据。因此做好海上执法的现场取证工作，是渔业执法检查人员在办案过程中的关键步骤。

加拿大渔政管理的办案程序大致如下：①搜查；②检查证件，如渔业许可证、船舶登记证等；③取证，可分为现场取证、办案过程中取证和事后取证；④确立违规事实，确定何种渔业法规已经或正在受到违反；⑤现场当即裁决处罚；⑥扣押违规渔船或逮捕违法者；⑦向法院起诉；⑧法院审判。渔政办案一般离不开这些程序，但在渔政管理中，办案的过程是复杂的，可能会出现种种问题，因此在办案过程中，还需要灵活运用。

（三）惩罚

加拿大对于违规渔船和违法者的惩罚，依其情节轻重而定，有罚款、监禁和没收等。《沿海渔业保护法》规定，凡违反规定或没有合法理由而进入加拿大渔业水域的渔船船长；在渔船上拒绝回答执法检查人员向他提出的任何问题者；在巡逻船发出停船信号后，把船上货物、备件或设备的任何部分抛出船外或将其毁坏的人；拒绝或粗暴地阻挠执法人员履行其职责的人等均构成犯罪。渔业执法检查人员对这些人可以当即裁决处以不超过2 000美元的罚款或不超过 1 个月的监禁，或两者兼有。如果违法者不服裁决，执法检查人员可向法院起诉，并要加重惩罚。根据起诉后的法院判决，则要处以不超过 10 000 美元的罚款或不超过 1 年的监禁，或两者兼有。对违法捕鱼的人，执法检查人员可以当即裁决处以 5 000 美元以内的罚款或两年以内的监禁，或两者兼有。

法院除了判决罚款和监禁等惩罚外，还被国家授权可判决没收任何犯法渔船，没收船上的任何物品，包括渔获物、渔具、船具和货物等，被判决没收的渔船、物品或收入都归加拿大政府所有。法律还规定，对侵犯渔业执法检查人员人身自由的要给以重罚，根据不同情况直到判以重罚。

1977 年，大约 1 000 次在海上或港内对外国渔船的检查采用了执法权力。在单一的指控上最大的罚款是 25 000 美元，其他可能的惩罚是没收渔获物、渔船和捕捞许可证，徒刑达到两年。对外籍违规渔船的处理，除按规定罚款或判刑外，还根据不同情况，提出充分的正当理由，通过外交途径减少其捕捞配额，甚至取消渔业协定。

实施 200 海里专属渔区后，加拿大修改了它的《渔业法》，其中增加了更严厉的处罚条款。这些新的条款包括：没收非法渔获物和从事非法捕捞的渔船；对所有的污染违法行为增加罚款；此外，还提出了一个称为“传票”的革新修正，对较轻微的违法行为避免法庭出面，而罚款 100 美元或更少的罚款。

1989 年，为了防止逮捕金枪鱼渔业资源，加拿大渔业海洋部决定对非法捕捞新斯科舍西南沿海金枪鱼者采取强硬措施，渔民可以到渔政部门或打长途电话检举违法捕捞者。被定为非法捕捞金枪鱼的渔民要处以 5 000 美元罚款，吊销捕捞许可证或船舶登记证，甚至没收渔船。

八、加拿大现代化的渔政管理手段和监测设备

加拿大的渔政管理手段和技术装备比较完善而且先进，除了有现代化的管理系统之外，还有先进的技术装备，如电子计算机管理系统和多种渔政巡逻船舰等，具体情况简介如下。

（一）电子计算机管理系统

电子计算机的应用是渔政管理现代化的标志之一。自 20 世纪 70 年代起，加拿大就将电子计算机广泛应用于渔业管理的许多方面。电子计算机具有许多独特的性能，这是过去任何工具所不及的。主要的特性有：运算和处理速度快、存贮量大、具有逻辑判断的能力、准确程度高等。因此随着计算机应用的发展和深入，加拿大的渔政管理手段发生了质的飞跃，极大地提高了渔政工作的效率和管理水平。

为了收集、处理和保存大量的有关在加拿大水域捕捞的外国渔船的情报信息资料，加拿大在渥太华建立了代号为 FLASH 的电子计算机管理系统，同时在几个地方安装了电脑终端。该系统是有效机实施捕捞限额管理和监督外国渔船在加拿大 200 海里专属渔区内活动的重要得力手段。当获得渔业许可证的外国渔船进入加拿大渔区的报告时，FLASH 即开始接受有关该船的资料输入，包括来自该船的无线电报——关于它每天的船位、活动状况作业或航行）和每周的分品种渔获量、渔获物出售量等的报告；以及对该船进行的所有观测和检查而取得的有关信息，从而建立了每艘入渔的外国渔船的生产和活动情况档案。FLASH 自动累计每艘船在各渔场的分品种质量，并以数据库的方式存放在计算机系统内。在每天结束时，FLASH 将向加拿大当局提供一份全部入渔渔船活动情况的最新纪录资料。该系统将告之：没有按时作出报告的船、在最近日子里已不被监视所看到的船、在最近几周内已为受检查的船、累计渔获量将达或已经达成限额的船以及违反加拿大法规作业的任何渔船。这样，加拿大当局通过电脑对每艘外国渔船进行监测，可以相当准确地获悉外国渔船的行动情况，由于国防部派出飞机和舰船配合电脑进行工作，更加强了电子计算机化的情报系统，提高了监督管理效率。飞机和舰船得到由该系统提供的海上作业渔船及其动态资料，进行巡逻和侦察时，可以迅速地在加拿大渔区内的任一地点找到任何一

艘外国渔船。比一直跟踪要节约大量燃料和时间。

（二）先进的渔政技术装备

如上所述，加拿大除了建立现代化的电子计算机管理系统外，目前共有各种渔政巡逻舰艇750多艘，其中长30 m以上较大型的渔政巡逻船10艘（太平洋和魁北克区域2艘，纽芬兰和斯科舍－芬地区域各3艘）；还有供执法检查用的能适应在各种沼泽、沙滩、山地行驶的汽车近400辆。纽芬兰区域的“CAPE ROGEP”号是加拿大建造的最大的巡逻船，性能优良，具有多种功能，价值1 200万美元。该船长62.5 m，宽12.2 m，有1 255总吨，最大航速达17 kn。船上备有各种精密电子仪器外，并有直升机。该船具在冰封的水域中航行的能力，有安装在上层建筑中特殊的防冰除冰设备，能在严峻的恶劣天气环境中工作。该船除了巡逻外，其装备还可从事渔业研究、海洋学和水文学调查、防除航道中的油污染、进行海滩救助、在海上给其他船输送燃料等项工作。“CAPE HARRISON”号是加拿大的第一艘铝质渔业巡逻船，造价300万美元，船长38.4 m，动力由两台2 400马力柴油机发动，最大航速超过20 kn，它是渔业巡逻船队中最快的船，目前同样的船有两艘。

渔业管理系统的通信设备齐全，形成网络。渔业海洋部、各区域渔业管理局、各渔港口岸管理站（点）以及海上执行任务的渔政巡逻船等整个管理系统都已建立起完整的有线、无线电话、电传、数据传输通信和电脑处理信息系统，可以保证及时地沟通、了解情况和处理问题。每位渔业执法检查人员都配有警棒、武器、无线电对讲机等，随时可以同渔政管理执法部门联系。

此外，加拿大渔业海洋部还同国防部密切联系，每年签订协议由海军和空军分别派出舰艇和飞机进行海上渔政检查。这无疑是一种很好的方式，飞机巡航范围大，时效高，机动性强，发现目标及时，准确，与渔政巡逻船配合，不仅能提高监督检查的效能，而且对违规渔船的威胁作用也较大。

九、加拿大渔政官员的素质及培训

以保护和管理渔业资源为主要任务的渔政监督管理工作是个社会性的“系统工程”，涉及面广，政策性、科学性、理论性、实践性、执法性都很强，需要有一批具有较高素质的渔政官员，才能担负起有效地进行监督管理的责任，保证各项渔业法规的实施。加拿大的渔政官员即渔业执法检查人员是由渔业部长直接任命的，他们是代表国家利益的执法者，是渔业法规的保卫者，他们的职责是神圣的，没有较高的素质，很难胜任这项工作。

渔政官员的素质高低，主要看他的政策水平、文化素养、业务能力、办事效率以及思想素质等，其内容包括：懂得管理理论和原则；掌握渔业法规，并能在监督检查中熟练地运用；具有扎实的文化基础，既有水产专业和管理专业知识又有法学基础知识，不仅熟悉专业的业务知识，还有比较广博的其他知识；掌握渔政管理办案程序规律，办案的实际能力强，效率高；忠于职守，不滥用职权，不谋求私利，秉公办事，严格执法，维护渔业法规的严肃性和权威性等。

为了培养渔政官员具有较高的素质，以适应现代渔政管理的需要，加拿大十分重视对渔政官员的培养训练。渔政官员都要经过两年严格的业务训练之后，还要在加拿大皇家警察学校训练一年，才能安排执行任务。训练期间，学习的内容大致有渔政检查，渔政办案、监测技术等渔政管理业务知识；有国内的渔业法规、国际法及一般法律等法学知识；有渔业资源、生物学、捕捞知识、渔业经济、渔业环境保护等水产专业知识；其他还有政治以及社会学、心理学、公共教育和国际关系等方面的知识。此外，加拿大政府还对国内一些渔业企业中的有关人员进行短期培训，已被临时雇用派往外国渔船充当观察员。加拿大当局认为目前这批经过训练的渔政官员是渔业管理部门和渔民之间的桥梁和联络员，是联邦政府在渔业管理工作上的好干部。

十、加拿大渔业管理的国际间合作

渔政管理的国际合作内容，包括为保护本国渔业资源的国际合作和为保护国际渔业资源的国际合作。因为渔业资源是渔业生产的物质基础，是渔政管理的主要目标。具体的国际间合作，简介如下。

（一）为保护本国渔业资源的国际间合作

加拿大在渔业资源保护方面，特别是对200海里专属渔区内的资源保护，一直在努力争取国际合作。在实施200海里专属渔区前后，加拿大曾先后与苏联、挪威、美国、葡萄牙、罗马尼亚、保加利亚、日本等16个国家签订了双边渔业协定。加拿大允许这些国家的渔船在加拿大水域中捕捞剩余量，但必须严格按照规定的限额进行捕捞，并要求这些国家的渔船必须购买和帮助加工加拿大渔民捕捞的渔获物。1986年加拿大又与古巴、欧洲共同团体、丹麦（法罗群岛）、法国、民主德国、日本、挪威、波兰、西班牙及苏联等国家和地区签订了双边渔业协定。协议规定外国在加拿大大西洋沿岸的总捕捞配额为264 165 t，占该海域总捕捞量的16%，这些配额主要包括：红大马哈鱼、马台鲽、毛鳞鱼、银无须鳕、鱿鱼和一些其他鳕鱼类。加拿大政府还规定，1986年国外渔船在加拿大西海岸只能捕捞太平洋无须鳕，捕捞配额为23 464 t，由波兰、苏联渔船在温哥华岛的西海岸捕捞作业。此外，同年加拿大渔船卖给外国的渔获量达301 470 t，加拿大从中得到466余万美元的收益。

加拿大不但加强对专属渔区的管理，还致力于在200海里专属渔区以外由西北大西洋渔业委员会管理的资源保护工作施加影响。由于加拿大纽芬兰大浅滩和新斯科舍浅滩两个主要渔场都跨在200海里渔区线上，为防止外国渔船在200海里渔区外继续滥捕，加拿大要求西北大西洋渔业委员会作出相应的保护规定。同时对要求进入加拿大渔业水域捕捞剩余资源的外国渔船，在遵守保护纽芬兰、新斯科舍渔场资源的规定方面进行合作，否则加拿大将限制这些国家的渔船进入加拿大水域捕鱼和拒绝提供港口设施等方面。

（二）为保护国家渔业资源的国际间合作

许多海洋渔业资源存在于国家管辖权以外的大洋水域中，是几个国家或全人类共同享用的国际性资源，为此必须加强国际间的渔业合作，才能合理地开发利用。实践表明，缔结国际条约并成立相应的管理机构已成为国际渔业管理、保护共享资源的最主要方式。长期以来，加拿大参与签署了以下8个区域性或有关国家政府间的渔业协定，并参与了不相应的渔业管理机构。例如，20世纪50年代，加拿大和美国、日本在东京签订了《北太平洋公海区国际渔业协定》（1978年4月作了修改），根据协定建立由三国组成的国际北太平洋渔业委员会；后来，加拿大和美国在渥太华签订了保护北太平洋和白令海庸鳕资源的协议，根据协议建立了国际北太平洋鲽鱼委员会；1957 年加拿大和美国、苏联、日本签订了《保护北太平洋海狗暂行协定》，成立了太平洋海狗捕猎委员会；1930 年加拿大和美国签订了保护大马哈鱼的协议，成立了国际太平洋鲑鱼委员会（在此之前，加拿大还与美国、英国、挪威、冰岛、西班牙等国签订了西北大西洋国际捕鱼协定，成立了西北大西洋国际捕鱼委员会）。到 1974 年已发展到 16 个成员国，由于 1977 年加拿大和美国规定了 200 海里专属渔区，这就有必要重新研究以前的协议，于是在 1978 年 10 月 24 日又签署了西北大西洋渔业多边合作协定，并在此基础上建立了西北大西洋渔业委员会。1966 年 3 月加拿大和法国、南非、美国、日本等国签署《保护大西洋金枪鱼国际条约》，成立国际大西洋金枪鱼资源保护委员会，现已发展到 23 个成员国。1983 年加拿大和美国、丹麦、欧洲共同体、冰岛、挪威、瑞典、芬兰签订了《北大西洋鲑鱼保护公约》，成立了国际北大西洋鲑鱼保护组织。

上述这些渔业协定和管理机构对特定海区一些生物品种的保护，在一定历史条件下都起了一定的作用。此外，加拿大还参加了国际海洋考察理事会，该机构创立于 1902 年 6 月 22 日，是世界上历史最久的国际渔业管理咨询机构，成员国达 18 个，包括了北大西洋的全部沿海国家，它不仅对这些国家的渔业管理政策产生重大影响，同时也直接左右了世界渔业管理的理论及其发展。

第四节　美国渔政管理概况

美国渔政管理的目标，在渔业法中有下列 7 项规定：①保护和管理措施应使每一种渔业持续达到最佳产量，同时又防止过度捕捞；②保护和管理措施应建立在最佳的科学技术和情报资料的基础上；③应把一个种群的整个生命过程视为一个整体，至相关联的种群也应作为一个整体或将它紧密联系起来进行管理；④保护和管理措施平等的适用于各州的公民。捕鱼权的分配应是公正和平等的，能促进资源保护，不能使任何团体获得过多的捕鱼权；⑤保护和管理措施应提高渔业资源的利用效率，不能把经济上的分配作为唯一的管理目标；⑥保护和管理措施应考虑到并允许渔业资源和捕捞量之间的变动，应考虑到变动的偶然性；⑦保护与管理措施应使管理费用降至最低，避免不必要的重复。

1976 年美国建立 200 海里渔业保护区后，渔业管理机构的权责发生了很大变化，渔业管理更加复杂。一般来说，美国的渔业管理机构，联邦级主要是商务部的国家海洋渔业局（NMES）和内政部的美国鱼类和野生动物局（USFWS）；州级的机构各州自治，则依各州而已。除此之外，还设置了 8 个地区渔业管理委员会。若粗略划分业务管辖范围，国家海洋渔业局管理全国商业性渔业和海洋游钓渔业，着重在 3 海里至 200 海里的渔业保护区内；鱼类和野生动物局则主要管理内陆淡水鱼类、特殊鱼类和溯河性鱼类，以及游钓渔业。州政府负责 3 海里以内水域的海洋渔业和各州境内的淡水渔业。8 个地区的渔业管理委员会为半官方组织。各种渔业的管理计划，应采取的管理措施，本国和外国渔船年度的捕捞量和分配限额，一般都由地区渔业管理委员会组织制定和审议。本节内容着重介绍美国的渔业管理机构设置及职能、渔政管理方法、渔政检查、资源环境保护、游钓渔业管理以及对外国渔船的管理。

一、美国渔业管理机构设置及职能

美国的渔业管理机构主要有：国家海洋渔业局、鱼类和野生动物局、渔业管理委员会、州级渔业管理机构以及海岸警备队，其具体的职能如下。

（一）国家海洋渔业局及其职责

国家海洋渔业局隶属于商业部国家海洋大气局，该局下设5个局，分别是国家海洋局、国家气象局、国家环境卫星咨询局、海洋与大气研究局以及国家海洋渔业局。这5个局各设助理局长一人，而局长和助理局长一般都是通过提升或考试竞争任命的，受党政和派别的影响很小，任期一般都很长，这样就保证了管理工作的持续性。而部长由总统和参议院根据政治需要而任命，主要是一名政治官员，对业务大多数都是外行，任期也很短。这样各部的工作，主要依靠各下属部门的负责人完成。

国家海洋渔业局系统共有2 000多人，总部设在首都华盛顿，约230人，下分渔业资源管理和科学技术两个大部门，另设有3个幕僚单位，分别负责政策研究、组织事务和预算管理。渔业资源管理部门在总部设有渔业管理处、工商服务处、国际渔业开发处、生物和栖息地保护处和执法处。此外，还在全国各地设有东北、东南、西北、西南和阿拉斯加5个地区办公室。科学技术部门在总部设有资源调查处、加工利用研究处、情报资料管理处和数据统计处。此外，还在全国各地设置东北、东南、西北和阿拉斯加、西南4个渔业研究中心。其下属共有20个研究所。

国家海洋渔业局有如下职责：①统管全国商业性渔业以及海洋游钓渔业有关管理、研究和服务的计划；②负责审核和协助全国八个地区渔业管理委员会拟议的渔业保护区内渔业经营管理计划，并检查和评估该计划的效益；③和国务院共同负责国际性渔业政策的制定和协议。

地区渔业办公室有如下职责：①协助审查所属地区渔业管理委员会制订的各种渔业管理计划，并负责执行该计划；负责3～200海里水域渔业管理并取得各州的协作；负责组织协调所辖各州的渔业发展和管理工作。②负责执行联邦各种渔业法规，对违法渔业进行处理。地区渔业办公室的法律实施处是一个法律咨询部门，在地区渔业管理委员会制订管理计划时，为委员会和办公室提供法律咨询，同时它又是一个不同于法院的执法部门，负责裁决违捕事件的处理，如触犯刑律的或暴力事件则要提交法院解决。③负责对沿岸警备队进行渔政管理方面的培训，并派人直接参加和指导海岸警备队的工作。④负责管理渔船和设备的贷款基金和渔具损害基金，为渔民提供渔场、渔业情报和技术服务。⑤负责所辖海区鱼类栖息地保护和环境保护工作，监测环境污染对渔业的危害。

（二）鱼类和野生动物局及其职责

1939年设立渔业局和生物调查局，1956年两局合并为鱼类和野生动物局，隶属于内政部。该局设局长（由总统直接任命）和副局长，下设助理局长和助理局长帮办各5名，分管该局全部5个方面的业务，即保护地管理，渔业孵化场管理和技术培训，鱼类和野生动物的环境保护和濒危物种保护，政策、预算、行政，对外事务等，总共设有23个处室和8个地区办公室。

美国鱼类和野生动物局在渔业方面的任务是管理、保护、开发、利用内陆淡水鱼类资源、特殊鱼类资源和溯河性鱼类资源，管理淡水游钓业，投资经营鱼苗孵化、鱼种培育和人工放流工作，主持研究计划以保护濒临灭种的鱼类。而鱼类和野生动物局及其 8 个管区，共有工作人员 7 500 人，负责管理分布在全国各地的 450 个野生动物保护区，88 个国内鱼类孵化场，13 个鱼类和野生动物研究所，1 所渔业学院。

8 个地区办公室负责所辖各州的渔业管理工作，各区办公室的组织机构大同小异，但均设有负责管理渔业资源的单位，内设渔业组和工程组，因为水产养殖必须由渔业生物和渔业工程相配合。区办公室的主要职责是：①参与 Dingell - Johnson 联邦援助计划，提供 75% 的经费补助，给各州渔政单位从事娱乐性鱼类（包括海水鱼和淡水鱼）的管理和资源增殖；②协助各区域中的联邦鱼类孵化所的工作与维护；③负责跨州界（或大河流域）鱼类资源的保护和恢复工作；④负责对属联邦所有和印第安人居住土地的资源管理；⑤协调、指导各州的科研工作。

（三）渔业管理委员会及其职责

1977 年根据《渔业保护和管理法》的规定和各海区的渔业特点，美国把海区划分为 8 个渔业区并设立各海区的渔业管理委员会。该委员会为半官方组织，不属于政府编制，成员 60% 以上为渔业界的民间人士组成。委员会的职责有 4 项：①对其管辖区内的各种渔业组织制定并向商业部长提交渔业管理计划；②提出本国和外国渔船的年度可捕量，并做持续的检查；③举行公听会，让渔业有关人员发表意见；④建议所使用的管理条例。

委员会由有表决权的代表和无表决权的代表组成。有表决权的代表一般 7 ~ 19 人，无表决权的代表 3 ~ 5 人，有表决权代表包括各州主管渔业的官员，国家海洋渔业局地区办公室主任、渔业专家、捕鱼业代表、加工业代表和消费者代表（任期 3 年）。无表决权代表包括鱼类和野生动物局地区办公室主任、海岸警备队地区指挥官和渔业管理委员会执行主任。委员会有一个常设的办事机构，通常由 4 ~ 8 名渔业专家和 2 ~ 4 名工作人员组成，负责接待来访的渔民，深入基层了解情况，组织起草各种渔业管理计划以及委员会的日常工作。委员会有权决定其组织机构，规定为履行其职责所应进行的活动和程序。委员会还下设科学技术和统计委员会以及顾问小组。科学技术和统计委员会为渔业管理计划提供有关科学、统计的数据并进行咨询。顾问小组由渔业界专家组成，负责为管理计划的拟定和执行提供咨询。

（四）州级渔业管理机构及其职责

美国是个联邦政府体系的国家，各州有各州的法律，组织机构也各异，负责渔业的机构随各州渔业对其经济的重要性而不同，机构名称也五花八门。一般来说，州政府中主管事务的单位以厅为主，厅下设局。除华盛顿州设有渔业厅和缅因州设有水产资源厅外，大多数的州政府均设渔业局，相当于局的单位。有 20 个州的渔业局隶属于自然资源厅，14 个隶属在渔猎厅，其他的分别隶属于鱼类与野生动物厅、环境保护厅、资源保护厅等。沿海各州管理渔业的单位，海洋渔业和淡水渔业往往分别由两个不同单位来负责。如华盛顿州的渔业厅只负责海洋渔业，负责淡水渔业的单位则为隶属于猎狩厅下的渔业管理局。而沿岸带和港口又由隶属于自然资源厅的海洋土地管理局管理。又如乔治亚州的渔政单位设于自然资源厅之下，主管海洋渔业的是沿海资源局，主管淡水渔业的是渔猎局。

在权责方面也依各州而异，如缅因州的水产资源厅设有 4 个单位，分别负责渔业研究、市场促销、推广服务以及渔产品检验，除管理一般渔业外，还兼管理渔产品标准的制订及执行。一般渔业管理包括执行渔业法律、核发渔业执照、规定禁渔期和禁渔区（主要是蟹、牡蛎、虾、贝壳、溯河性鱼类和近海鱼类）、污染水域的禁捕、渔具限制、渔获量限制、鱼类资源的调查以及经营孵化场等。各州渔政机构把权利下放到各郡市，各郡市为其地方的利益或政治的目的，制订的渔业法规和执行方式更不统一，无形中成了全国渔业整体发展的绊脚石。

（五）美国海岸警备队及其职责

海岸警备队是联邦政府的海事执行机构，负责执行美国可航行水域和海上的所有法规。一类是海岸警备队单独负责的海上交通安全法规；一类是为其他政府机构负责的法规，包括关税、走私、贩毒、移民、鱼类和猎物保护、环境保护等法规。第二类法规是由联邦政府的其他机构主管。海岸警备队负责海上执行的任务，主要是巡逻、探测、监视、逮捕、送有关主管部门处理等。而渔业法规的海上执行情况，主要由海岸警备队监督和检查，包括对本国和外国渔船进行巡逻、监视、检查，并有权扣留、逮捕任何违法渔船和违法者，送有关主管部门处理。

海岸警备队属运输部领导，总部设在华盛顿，总部司令官是该机构的最高负责人。在运输部长的领导下履行职责。总部下设大西洋方面司令部和太平洋方面司令部。并把全美国划分为 12 个海岸警备区。太平洋方面司令部管辖 5 个管区，大西洋方面司令部管辖 7 个管区。两个方面司令部下面都设执行部、通信管理部、军备部、检查部和情报部等。海岸警备队是一支准军事单位，有 3.83 万名现役军人，0.56 万名文职人员，还有一支由 1.2 万名预备役与 4 万名志愿人员组成的后备队。和平时期进行海上安全管理、执法和服务工作，战争或紧急时刻则根据总统的命令执行指定的军事任务。

二、美国的渔政管理方法

美国渔业形成一套完整的管理体系是在《马格纳森渔业保护和管理法》制订、实施以后。这个体系包括：日趋完善的、且有法律效力的渔业保护和管理法，一套健全的渔业管理机构，一支为渔业管理服务的雄厚的科研力量。美国自推选这套渔业管理体系以来，渔业资源得到有效的科学管理。对外国渔船在 200 海里渔业保护区捕鱼活动的限制，使外国渔船数大大减少，本国渔业生产得到了保证。美国渔政管理主要采取以下方法和措施。

（一）制订渔业法规，通过立法管理渔业

美国是一个法治国家，渔业也不例外。美国渔业管理的最大特点是通过立法来管理渔业。政府部门和各项管理措施，或以法律形式公布于众，或以法律允许的范围内制订实施。联邦政府负责制订全国性的渔业法规，各州根据本地的情况制订各州的渔业法规。美国渔业的立法特点是因时、因地制宜，要解决什么问题，就专为这个问题立法。立法在前，采取各种管理措施在后。各项重要渔业法规均以国家法令形式公布。凡违反渔业部门制订的各项规定，即作违法论处，由渔政部门或地方法院根据有关法律进行处理，制订的法规很详细，甚至包括有关政策、执行方案和执行机构、经费来源、各有关利益集团或私人的权利和义务等。

美国渔业立法从 19 世纪就已开始，至 1992 年联邦公布的渔业法已有百余种，其中最全面、最重要的渔业法为《马格纳森渔业保护和管理法》，该法在 1976 年开始实施以后每年都作修改。该法第一次确定了美国对 12 海里以外 200 海里以内的专属经济区管理权，明确规定了渔业保护和管理的 7 项国家标准，联邦和州的管辖权，区域渔业管理委员会的组织机构和职责，渔业管理计划的内容及执行程序，以及外国渔船在渔业保护区内捕捞的有关规定。其他比较重要的联邦渔业法规有：1934 年《渔业合作法》；1947 年《太平洋渔业资源开发、调查、发展和保护以及渔业工业法》；1956 年《鱼类和野生动物法》、《大湖渔业法》、《联邦援助渔业恢复条例》；1958 年《鱼类水稻轮作养殖计划条例》；1964 年《商业鱼类研究及开发条例》；1965 年《溯河鱼类法》、《溯河鱼类保护法》、《黑鲈条例》；1966 年《海狗保护条例》，《美国野生动物保护管理法》；1967 年《渔民保护法》、《河口保护法》、《哥伦比亚河流域渔业发展条例》；1972 年《沿岸带管理法》、《海洋哺乳动物保护法》、《海洋生物鱼礁保护法》、《海洋保护研究和禁渔区法》、《近海虾渔业法》、《濒临绝种鱼类法》；1980 年《美国水产养殖法》、《美国渔业促进法》；1989 年《河流和港口法》，等等。

（二）主要渔业或捕捞对象的渔业管理计划

美国对主要渔业和重要捕捞对象，实行分开管理制度，单独制订详细的渔业管理计划。对每种渔业的各项管理措施都体现在该渔业的管理计划中，而且有些渔业管理计划可直接通过立法来实施。这是美国进行渔业保护和管理的主要手段。具体如下。

1. 管理计划的制订

渔业管理计划一般由地区渔业管理委员会负责起草制订；特别情况下商业部长也可以直接制订管理计划。制订的计划经地区渔业管理委员会多次的审议、修改，并举行公听会，广泛听取各界人士的意见。通过后送交商业部长审批，即成为具有法律性质的正式文本，公布在《联邦注册公报》上，由国家海洋渔业局地区办公室会同海岸警备队组织实施监督执行。近年，8 个地区的渔业管理委员会已制订实施了 22 种主要渔业和重要捕捞对象的渔业管理计划，预计还将有 60 种渔业制订渔业管理计划。

2. 管理计划的主要内容

按照《管理法》的要求，制订每一种渔业管理计划都应遵守《管理法》规定的有关国家标准，都应包括下列 5 项内容：①既适于外国又适于本国渔船捕捞的保护和管理措施；②该渔业允许的作业船数，渔具种类和数量、捕捞对象及区域、管理费用、从渔业获得的实际和潜在收益、游钓者的利益、外国捕捞的性质和限度及印第安人的捕捞权益；③评估目前和将来的资源状况，提出最大持续产量和最适产量；④根据最佳产量原则，确定美国渔船每年的可捕限额，外国渔船的许可渔获量，美国水产品加工厂对本国渔船捕捞部分的加工能力和数量；⑤提供给商业部长的有关渔业资料。

3. 管理计划的特点

此特点主要有：①每项管理计划均以大量的资源调查研究资料为基础，美国渔业研究的主要目标就是保证充分提供资源管理与保护所需要的科学资料；②管理计划的拟订过程中，通常经过数次的公听会，接受社会大众的评论意见而修改计划内容；③由于计划的拟订须经开放讨论，接受各界意见，是政治性与社会性妥协的产物、合理的妥协结果，能使计划达到最大的整体利益。

（三）在年度总可捕量限额内，实行自由入渔制度

美国虽然是最早实行限额捕捞的国家之一，但到20世纪90年代末，对国内渔船还没有像欧洲国家那样实行单船配额制度，配额到船。而是在规定了总可捕量、渔期、渔具和鱼类捕捞长度后，在开捕期内实行自由入渔，对单船产量不加限制。在达到总可捕限额后，则无论是否在可捕期内，被管理的渔区马上关闭、禁捕。

这一管理方式容易造成渔民为追求产量，在可捕期内捕捞力量高度集中，种群中某些年龄组的鱼类的捕捞死亡率过大，造成资源的衰退。同时，在短时期内渔获量过大，也没有足够的冷藏能力保藏渔获物。在渔民就业方面，由于在总可捕量不变的情况下，捕捞力量的日益增长，使可捕期会变得越来越短，容易造成渔民在休渔期的就业问题。为解决这一矛盾，有些渔业管理委员会把总可捕期分成若干可捕期，一年中的可捕期和禁渔期交替进行，以延长作业期。美国太平洋鲽鲽渔业成功地采取了上述管理方式。

年度总可捕量由地区渔业管理委员会确定，地区渔业办公室负责检查、统计和控制总可捕量。

（四）实行渔业许可证制度

凡是从事渔业的美国渔船，都必须向商务部长领取渔业许可证，并缴纳许可证费。许可证主要注明船主名、吨位、马力、所使用的渔具和数量等。许可证费一般只收取工本费，对渔民的收费通过税收手段进行。地区渔业办公室负责发放许可证。由于美国人不愿从事艰苦的商业性渔业，加上有些渔业资源开发不足，所以美国政府鼓励人们从事商业性渔业。除过度开发的种类外，一船对许可证的数量不加限制。

（五）对保护渔业实施各种管理措施

地区渔业管理委员会根据某种渔业开发状况，资源调查和评估结果制订的渔业管理计划中，除了规定总可捕量外，还详细规定了该种渔业的禁渔区、禁渔期、所使用的渔具、可捕品种、最小可捕尺寸、渔获物的性比和混捕渔获物的比例。

美国1896年国会通过的阿拉斯加鲑鱼法中，就规定在产卵场建立禁渔区和禁止夜间以及周末捕鱼。太平洋鲽鲽渔业，在1932年就在两个幼鱼索饵场建立了常年的鲽鲽渔区，直到1960年才开放这两个渔场。1967年白令海东南部的一个区域被宣布为幼鱼类索饵场，并开始常年禁渔。

美国有些渔业禁渔期的长短决定于总可捕量。禁渔期的时间并不是固定不变的，只要被管理渔区或种类的总渔获量一达到规定的总可捕量，渔区就马上关闭、禁捕，例如在太平洋鲽鲽渔业中，某渔场1980年的可捕期为20天，1981年却只有13天，其他时间为禁渔期。

（六）运用税收手段调节捕捞努力量

美国对渔业管理的经济手段主要是通过税收调节捕捞努力量。美国渔业和其他行业一样，渔民要定期向国家交纳税金。税额主要取决于渔民固定资产的价值、可捕种类的产值和附带渔获物的产值等。对捕捞过度的渔业资源，通过提高捕捞该资源的税率，使该资源的捕捞力量逐渐减少。对某些开发不足的资源，通过降低税率的办法鼓励渔民增加该资源的捕捞努力量。税率降低，渔民的生产成本也随之降低，捕捞该资源的利润就会提高，这

样就会吸引渔民增加对该资源的投资。而对附属渔获物征收特别税，也是为了控制渔民捕捞非指定鱼类的比例。渔民为了追求利润，就会尽量减少附属渔获物的比例。

（七）赋予渔政执法人员充分的权力

按照美国渔业法规定，任何被授权的渔政执法人员在执行渔业法规时，不管有无拘票或其他手续，都有下列权力：①逮捕任何人，如果有足够的理由，认为某人触犯了渔业法所规定的禁止行为；②可依据渔业法规定，登上任何渔船进行检查或搜索；③扣留违反渔业法规规定的任何渔船、渔具、船上设备等；④对于违反渔业法规所捕捞或持有的鱼货，无论在何处发现均予以扣留；⑤扣留与违反渔业法有关的任何证据；⑥执行法院的判决结果。

（八）对违法者的惩罚

这种惩罚依其情节轻重，可分为警告通知、民事罚款、民事没收和刑事处分几种。

1. 警告通知

它是针对轻微或技术性的违法，分口头警告和书面警告两种方法。口头警告不予记录，书面警告是以书面形式通知违法者的违法行为，并警告违法事项已被记录（留存渔业处），如以后再犯，将处以较严厉的处罚。

2. 民事罚款

它是针对国内渔民比较严重的犯罪行为，处以 25 000 美元以下的罚款。在确定罚款数额时，除了考虑违法程度外，还要考虑违法者有无违法的历史以及支付能力。对于持续性犯罪，每天均予以个别的处分，要累积计算。民事罚款由执法官员针对犯罪事实提出调查报告和有关的证据材料，提交所属地区渔业办公室法令执行负责人，然后由法律顾问核定处罚金额，以书面形式通知受处分人。受处分人如不接受该处分，可于 30 天内与该法律顾问商议更改罚款数额或者申请举办公听会。如对重新决定的处分仍然不服，可向联邦地方法院申请作最后的判决。

3. 民事没收

它是针对较为严重或重复的犯罪行为，针对用于犯罪的渔船（包括船上的渔具以及其他装载物品）和非法所得的鱼货（或其等值的金钱）予以没收的处分。该项处分由地方法院判决及执行。

4. 刑事处分

它是针对阻挠执法官员执行公务（如妨碍阻挠、拒绝执法人员登船检查、搜索、依法扣留、依法逮捕等）和外国渔船非法入渔、违法作业等所作的处分。对本国人最高可判处 5 万美元的罚款或半年以下的监禁，也可以两者兼而有之。对外国人可判处 10 万美元以下罚款。对违法时使用危险武器，或造成执法官员身体上的伤害，或对执法人员进行人身威胁的人员，处以 10 万美元以下的罚款或 10 年以下的监禁，也可以两者兼有。该处分也由地方法院判决执行。对于拒不缴纳民事和刑事罚款者，除了由有关的地区法院执行外，还可以吊销、暂时吊销或修改其作业许可证，甚至在未来数年禁止给予作业许可。

除了上述处分外，吊销或暂时吊销违法人员的作业许可证也是经常采取的惩罚措施。渔政部门有权对将要实施或已经实施的民事罚款，作出减少、修改或免除的决定。

三、美国的渔政检查

美国的渔政检查可分为海上作业巡查和陆上渔获检查，前者由海岸警备队执行，以检查外国渔船为主，后者由国家海洋渔业局执行，各州政府协助，以检查本国渔船为主。

（一）海上作业巡查

有观察员的监视、船舰及飞机的巡查、登船检查等形式。

1. 观察员监视

凡在渔业保护区内作业的外国渔船，均由该船主付费设置一名美国观察员（仅少数情况例外，如在区内作业时间极短，或船上空间设备不佳，对设置观察员不便或不安全等）用以监视、记录及报告外国渔船在保护区内的作业活动、渔获情况等。对国内渔船只在特殊情况下派遣观察员。虽然观察员并无一般执法人员的权力（如搜索、检查、逮捕等），但对于涉嫌违法，可随时联络邻近巡逻船前往查缉。观察员的记录、报告也可作为违法情节的证据材料。

2. 船舰及飞机巡查

对专属经济区的空中和海面巡查主要由海岸警备队执行。海岸警备队拥有庞大的巡逻船队和飞机，其责任除了查缉非法捕鱼（尤其是外国渔船非法入渔）外，更重要的任务是海上安全救护、查缉毒品走私等，因此并非所有巡逻船（机）上均有渔业官员，但海岸警备队依渔业法规定有单独执行渔业管理的权力，另外渔业局也可自行拥有或租用船只，查缉非法捕鱼。

3. 登船检查

这种检查一般是针对可能涉及违法作业的船只。渔船在接到巡逻船的通知后（一般以电讯方式）应立即遵照其要求，使巡逻船接近并让执法人员顺利上船检查渔获物、渔具、加工、贮藏等情况。

（二）陆上渔获检查

这种检查由国家海洋渔业局执行，本国渔船的海上检查不怎么严格，主要依赖于岸上检查。对于本国渔船的非法作业，大多是靠陆上渔获检查时发现。岸上检查主要采取两种手段，一种是在港口、码头对鱼货的检查；一种是对加工和运销业者实行检查。由于美国渔政检查人员有限（如东北地区管辖10个州，只有24名渔政检查官员），难以对每艘船都进行实地检查，所以通常采取的方式是检查渔船卸货时的称重记录单和详细的捕捞作业记录（有时也直接检查鱼货和渔具）。称重记录单是在鱼卖出时买主或经纪人付给渔民的购货收据。记录单上有购买日期、船名、船主、所捕鱼种、渔获规格大小、渔获重量和船上交货价。买主和经纪人必须向渔政官员提交每天或每周的称重记录单，渔政检查人员只要检查称重记录单，就能了解每艘船的作业情况，例如是否有违法作业，渔获量是否超过配额数量。为了防止漏检的非法捕鱼，美国政府规定违法捕捞的鱼类的运输、销售、购买、持有、进出口等均系违法行为，因此对运销及水产品加工业者也实行检查制度。

四、美国的渔业资源环境保护

美国是对环境保护比较重视的国家，渔业水域的环境保护是与国家的环境保护政策紧密相连的。联邦政府在1956年就将《防止水源污染法》正式付诸实施。但联邦政府真正开始重视并做了大量工作的是在20世纪70年代尼克松签署的《国家环境政策法》实施以后。随着该法的实施，美国在渔业污染的防治方面也取得了明显的效果。美国五大湖和许多河流湖泊经过长期治理资源已有恢复，淡水商业性渔业产量从20世纪70年代开始呈现上升趋势。美国渔业水域的环境保护主要采取下列措施。

（一）及时制定并严格执行环境保护条例和法规

美国早在1899年颁布的《河流和港口条例》中就河流和港口的污染问题做了有关规定。1924年国会通过了《防止石油污染法》以解决石油污染问题，1956年的《防止水源污染法》、1969年的《美国环境政策条例》、1972年的《沿岸带管理法》和《水质净化条例》，对控制环境污染，保护渔业资源起到了重要作用。在这些法规中，规定向水体排放污染物的工厂必须获得许可证，按规定要求排放，排放前必须对污水进行二级处理，工业设备必须遵守规定的标准指标。污水中毒物含量如超过规定标准，则不许排放，否则轻者罚款，重者判刑。1972年颁布的《联邦环境保护控制使用农药条例》，对农药的使用作了规定，减轻了农药对水生生态系统的危害。

（二）建立国家水质监测网和部分河流自动监测网

全国性的水质监测网有：①国家河流水质统计网，现有345个监测点，属内政部的地质调查局；②国家水质警戒系统，有70对监测点，归环境局负责。除了全国性的监测网外，一些主要河流和海区都设有水质监测系统，实行定期取样，定期监测。工厂废水排放的监测是根据“国家对污染物排入的规定”进行，工厂的排污许可证中对该厂污染物的排放标准都有具体规定。

（三）查清污染对渔业的危害情况

从1960年起联邦政府要求各州对污染所造成的鱼类死亡情况提供年度报告。平时发现死亡情况随时报告。美国环保局每年发表13种有关这方面的材料，出版全国贝类登记册，规定因污染而禁捕的海区。除此之外，联邦政府还组织全国性的调查，对危害渔业的污染物种类、污染源、污染程度、持续时间、对人类健康造成的影响、对渔业造成的经济损失等都进行统计、研究和预测，并提出相应的防治办法。

（四）建立濒危物种的栖息地保护区

根据法律规定，要制订计划把濒危物种种群恢复到在自身的基础上足以生长繁殖的状态。为此，美国国家海洋渔业局、鱼类和野生动物局专门设有负责此事的濒危物种和栖息地保护处。为保护濒危物种，在全国共建立450个国家野生动物保护区，同时各州也建有各州的保护区。目前联邦政府已公布的濒危物种有580种，分为一类和二类保护。其中包括鱼类、海洋动物、两栖爬行动物、昆虫和植物。如果某野生动物区因工程开发受到危害，也可由国会拨款买下土地，成为保护区。

（五）在建造水利工程时修建过鱼设施

美国的法律规定，凡在有洄游鱼类通过的河流建造水利工程，都必须考虑建造过鱼设施，如过鱼设施达不到应有的效果，建设部门要负责建立人工孵化场来弥补损失。如果水利工程对环境影响很大，可以不允许工程上马。在工程动工前要成立环境影响鉴定机构，讨论如何建造过鱼设施或保护鱼类资源以及如何避免和减少影响生态平衡等问题。美国的过鱼设施工程主要是采用鱼梯、鱼闸、厂房集鱼系统、机械提升装置和幼鱼下行安全装置。其中鱼闸因过鱼效果不理想，在20世纪60年代后已停建或关闭使用。

五、美国对游钓渔业的管理

游钓渔业是美国渔业资源的主要利用形式之一。美国的海洋渔业由商业性渔业和游钓渔业两部分组成，淡水渔业主要为游钓业服务。联邦政府和各州政府都十分重视对游钓渔业的管理，制订了一系列的法规条例和管理措施。这方面，归纳起来主要有下列3点。

（一）全面深入的调查和统计工作

联邦政府对游钓渔业的调查统计工作从20世纪60年代就已经开始，详细地进行统计是从1978年开始。调查统计的主要内容是：游钓人数、游钓天数、游钓船数、游钓产量（按种类、数量、个体大小进行统计）、游钓地点、游钓费用、渔获物利用情况等。上述情况联邦政府每年都有详细的统计资料，这样有助于联邦和州的管理机构去满足游钓者的需要和最有效地利用渔业资源。

（二）实行游钓许可制度

美国政府规定，游钓者每年要向政府购买钓鱼许可证，才允许从事钓鱼活动，并收取一定的许可证费。许可证的收费标准因州而异。如在田纳西州购买一张游钓证，需付10美元，而在五大湖则每张游钓证为30～45美元。政府收取的许可证费主要用于鱼类资源的保护、管理、科研和增殖工作。1990年联邦政府资助各州用于鱼类保护的资金有1.8亿美元。

（三）规定禁钓区、可钓总重量和可钓总尾数

为了保护资源，各州根据自己的资源情况，规定禁钓区（如产卵场）、每人可钓的总重量或总尾数（如纽约州），根据渔业法规定，游钓者每人每天最多不得超过25 kg，尾数不得超过50尾，多钓的鱼要主动放入水中，违者按规定罚款，以确保资源不被破坏。

六、美国对外国渔船的管理

美国在1977年实施《马格纳森渔业保护和管理法》后，才对进入渔业保护区的外国渔船制订了严格的管理制度。对外国渔船的管理，主要采取以下六方面的措施。

（一）签订指导性的国际渔业协定

外国渔业船要想进入美国专属经济区捕鱼，首先必须与美国国务院缔结“指导性的国际渔业协定”（而不是一项条约），每一项协定都应承认美国的专属渔业管理权，包括外国渔船应遵守的法规和应尽的义务；允许渔政官员随时检查渔船；安装必要的通讯和导航设备；允许美国观察员登船检查，并提供观察员在船上的一切费用；对外国渔船引起美国公民的任何损失承担赔偿责任；一年中捕捞产量不得超过给该国的配额。

（二）对外国入渔实行许可证制度

与美国缔结了指导性的国际渔业协定的国家，要想在美国渔业保护区内从事捕捞，必须每年为每艘渔船向国务卿申请入渔许可证。许可证申请书应说明：①申请许可证渔船的

名称；②渔船的吨位、货舱容积、航速、加工能力、使用渔具的类型和数量以及商务部长可能要求的其他有关资料；③从事何种渔业；④估计的总渔获量；⑤打算在海上购买美国渔船捕捞的渔获吨数（如果有的话）；⑥捕捞海区和捕捞季节。

国务卿在收到符合上述要求的申请书后，应迅速把申请书以及他的意见和建议转送给商务部长、主管海岸警备队的部长和有关的地区渔业管理委员会。商务部长在收到申请书后应同国务卿协商，并就执行事宜同主管海岸警备队的部长协商。协商后商务部长确信申请书所述要求符合美国法规，可批准这一申请书目，并应迅速把申请书的副本及有关规定案件和限制送交国务卿以转交有关的国家、主管海岸警备队的部长、有关的地区渔业管理委员会和参众议院。如该国接受美国规定的条件和限制，并按规定缴纳一定的许可证费后，商务部长通过国务卿把该国有关渔船的许可证发给该国。

（三）对外国渔船配额的分配原则

美国在渔业资源的分配上，首先满足本国渔民，分配给外国的捕捞配额是在开放海域的最适可捕量（MEY）中，扣除本国渔民可能捕捞的产量，剩余部分才是外国渔船的可捕量，外国渔船的总年度配额由地区渔业管理委员会决定。每个国家的配额是由国务卿和商务部长协商作出决定。对首次申请入渔的国家，第一年只分配给该国配额量的50%，是否继续配给要视该国对美国法规的遵守情况而定。美国分配给每个国家的配额是根据7项原则来决定：①该国对美国的渔业产品进口在多大程度上设有关税堡垒；②该国同美国的渔业贸易的合作程度；③该国是否遵守美国的捕捞法规；④渔获量是否用作国内消费；⑤能否促进美国捕鱼业的发展；⑥是否在传统上从事该种渔业；⑦与美国在渔业研究和资源调查方面的合作情况。

（四）向外国渔船派遣观察员

为了及时了解外国渔船的生产情况，监督外国渔船是否遵守美国的渔业法规，美国对外国渔船实行派驻观察员制度，即对每一艘外国渔船派驻一名美国视察员，随时记录检查网具情况、所捕种类、大小和产量等。如果需要，观察员还要配合研究部门进行资源调查工作。观察员一般为临时雇佣人员，而非渔政官员，观察员的职责主要是进行监督、资源调查、反映情况和问题，没有法律的权力。观察员的费用，包括观察员在外国渔船上的生活费用，均由美国政府提供，在财政部内设有专门的观察员基金。此基金的主要来源是征收外国渔船的观察员附加费。

（五）对外国渔船征收入渔费

经核准允许在美国渔业保护区内作业的外国渔船（加拿大除外），必须支付下列费用：①许可证费。根据每艘渔船的吨位计算；②渔获量费。按鱼的种类和渔获量收费；③观察员费。观察员在外国渔船上的全部费用；④特别附加费。该项资金用来赔偿美国渔民在保护区内作业时由于与外国渔船发生冲突而造成的渔业和渔具的损失。

（六）对违法外国渔船的制裁

按照美国《管理法》的规定，对未经许可进入渔业保护区内作业的外国渔船，以及获得许可证后有违法作业行为的外国渔船，均处以10万美元以下罚款。同时考虑下年度是否中止或减少该国的捕捞配额。对违法行为的处罚裁决由美国地方法院执行。对拒不缴纳或过期未付罚款的外国渔船，可以吊销或暂时中止该船的许可证，严重者甚至取消以后几年的捕捞配额。

第五节　英国渔政管理概况

英国是世界上主要的海洋水产品生产国和净进口国，2008 年有海洋捕捞渔船 6 573 艘，总吨位 207 423 t，捕捞水产品 58.8 × 10^4 t，价值约 6.29 亿英镑，进口水产品 78.1 × 10^4 t，出口 41.6 × 10^4 t。这里着重介绍英国的渔政管理机构、渔业法规、捕捞执照和特许捕捞权制度、捕捞配额制度、水产品一手交易登记制度、渔区与渔船经济联系证明制度、捕捞渔船退役赎买以及欧盟共同渔业政策。

一、英国的渔政管理机构概况

英国有 4 个海洋渔业行政管理部门：在英格兰为英国政府的环境食品和乡村事务部，在苏格兰为乡村事务与环境部，在威尔士为乡村部，在北爱尔兰为农业和乡村发展部。这 4 个部门之间是伙伴关系，非领导与被领导或指导与被指导的工作关系。但是，只有英国政府的环境食品和乡村事务部有权在国际渔业事务中代表英国。而苏格兰政府有时也可在欧盟共同渔业政策事务中代表英国，这是因为英国绝大多数的渔获是由苏格兰渔船捕捞的。

根据 1966 年《海洋渔业调整法》和若干执行性的法规，英国设立 12 个海洋渔业委员会，负责管理在英格兰和威尔士沿岸 6 海里水域 12 个渔区内的渔业活动及环境保护工作，委员会有权制定适用于各自渔区的渔业法规和任命渔业官员。苏格兰水域以外之英国外海水域的渔业执法活动，由英国皇家海军渔业保护大队负责。在苏格兰，乡村事务与环境部下的苏格兰渔业保护局独立负责苏格兰水域的海洋渔政管理工作，设有海上监管部和沿岸监管部，在主要渔港设立 18 个办事机构。

除了政府部门外，英国的一些非官方公共机构（如海洋渔业促进会）、渔业合作组织（如渔业生产者组织）、渔业协会以及渔业联合会等也可以管理一些渔业公共事务。促进会的根本任务是支持海洋食品行业的可持续发展、保证其具有可赢利的未来。促进会的决策机构是一个由不超过 12 人组成的理事会，其成员由英国四位渔业部长共同任命，设主席和副主席各 1 名。而渔业生产者组织，主要是按欧盟共同渔业政策的要求，在成员国政府的扶持下，由渔民自愿组建的组织。主要目的是协调生产，保证市场供求平衡和价格稳定，提高产品质量，促进市场营销标准化，保证生产者获得公平的收益等。

二、英国渔业法规的渊源

英国是普通法系的代表性国家，其四个地区之间有独立性较强的分权式政治安排，其海洋渔业基本上是由欧盟共同渔业政策调整的。因此，英国的渔业法规根据立法机构可分为三大类：英国立法机构制定的渔业法规、欧盟机构制定的渔业法规以及经欧盟法院和英国法院裁决的有关渔业的判例法。

（一）英国立法机构制定的渔业法规

依据立法机构的不同，英国立法机构制定的渔业法规有下列 8 类。

1. 英国议会制定的渔业法律

这些法律被称为基本法，一般需要英国上院和下院参加会议的过半数议员支持以及女王在形式上的赞同。与海洋渔业密切相关的主要有10部：①1976年《渔区法》；②1966年《海洋渔业调整法》；③1967年《海洋鱼类（养护）法》；④1967年《海洋渔业（甲壳类）法》；⑤1968年《海洋渔业法》；⑥1987年《渔业法》；⑦1983年《英国捕捞渔船法》；⑧1992年《海洋渔业（野生生物养护）法》；⑨1992年《海洋鱼类（养护）法》；⑩1995年《商业船舶运输法》以及依据此法制定的若干法规，对捕捞渔船的建造、丈量、登记和航行安全等事项作出了规定。

（2）女王枢密院令。这些院令主要有关渔区界限的法令。其中，依据女王保留权力制定的属基本法，依据英国议会基本法明确授权而制定的属委托立法。命令完全是政府部门拟定的，女王和枢密院的介入仅仅是形式。

（3）环境食品和乡村事务部根据英国议会法律的授权而制定的渔业法规。英国议会通过的法律多是授权性的，详细的规定则需由环境食品和乡村事务部制定渔业法规。这些法规数量众多，其立法程序主要是依据1946年的《法规制定法》和具体的议会法律。此外，根据1972年《欧盟共同体法》第二节之规定，英国政府部门也可直接依据欧盟法律制定执行性质的法规。实际上，英国绝大多数的渔业法规都是为了执行欧盟共同渔业政策而制定的。从名称看，这些法规可分3类：条例、命令和办法。其中，办法的目的比较单一，主要是为了明晰捕捞渔船拆解补偿问题而制定的；命令主要是宣布渔业部长的行政决定；条例相对比较复杂，主要是调整某些渔业活动。例如，宣布议会渔业法律生效的法规、有关捕捞许可的法规、执行欧盟管制措施的法规、禁渔的法规等多是以命令的形式发布的；有关水产品销售、渔业产业结构基金申请、船舶登记及安全、环境保护的法规等多以条例形式发布。

（4）在英格兰和威尔士沿岸水域设立的12个海洋渔业委员会制定的仅适用各自渔区的渔业法规。根据1966年《海水渔业调整法》第七节以及1985年《海洋渔业（区域性法规）条例》的规定，这些区域性渔业法规应得到食品环境和乡村事务部和威尔士国民大会的确认才可生效，主要是对捕捞方法、捕捞渔具、捕捞季节、鱼体规格、甲壳类生物海床保护、海洋环境保护等作出细致的规定。与渔业部门法规相同，法院对区域性渔业法规有司法审查权力。

（5）根据《苏格兰法》（1998年），海洋渔业属于分权事务，苏格兰议会可自行制定渔业法律，适用苏格兰。

（6）苏格兰部长根据苏格兰议会法律的授权而制定的渔业法规。

（7）威尔士国民大会制定的有关渔业法规。

（8）北爱尔兰国民大会制定的有关渔业法律规则。

（二）欧盟机构制定的渔业法规

欧盟渔业法规包括两类，即欧盟基本法中有关渔业的条款、次级渔业法。欧盟基本法包括创立欧盟的条约、修正性条约和新成员国的入盟条约等。例如《建立欧共体条约》的第三十二条至第三十八条为欧盟共同渔业政策提供了最直接的法律基础。新成员国的入盟条约一般都会对其适用共同渔业政策问题作出特别规定。例如，英国、丹麦和爱尔兰加入欧共体条约（1972 年）规定了平等入渔和配额制度推迟到 1983 年才正式施行。

根据欧盟法律的适用性和内容，欧盟条约规定了 3 种次级立法形式：条例、决定和指令。“条例”，其综合性相对较强，可以直接适用于各成员国，自动构成成员国法律之一部分，不需要成员国采取进一步的立法行动；“决定”，通常只处理个别成员国事务，因此只适用于个别成员国，也是可以直接适用的，不需要成员国采取进一步的立法行动；“指令”，既可以用于处理全体成员国事务，也可以用于处理一个或多个成员国事务，但需要成员国在规定时间内采取立法措施，实现共同体的政策目标。因此，欧盟条约中有关渔业的条款、欧盟渔业条例和决定是英国渔业法规的一部分，可为英国渔业执法部门和法院直接引用，而欧盟渔业指令则要求英国在规定时间内制定国内渔业法规贯彻之。

（三）欧盟法院和英国法院裁决的有关渔业的判例法

英国是普通法系的代表性国家，判例拘束理论在英国法院系统处于核心地位。从理论上说，判例法包括两类，即纯判例和法律解释性判例。纯判例，是最早的渔业法律形式，大多涉及滩涂和海床的所有权以及私人捕捞权利等，许多纯判例支持大众有权在河流的潮汐段、河口、海湾和英国领海自由捕鱼，除非国王（或他人）已经获得了排他性产权或者议会已经限制了大众普通法下的捕鱼权。19 世纪以来，特别是英国于 1973 年加入欧共体以来，成文法越来越多，现代渔业法规基本都是以成文法为表现形式的，纯判例对海洋渔业已基本没有重大影响，因此，渔业判例法大多是法律解释性判例。鉴于英国海洋渔业主要是由欧盟共同渔业政策调整的，而英国法院在涉及欧盟法律问题时，应当向欧盟法院申请初裁，并且必须遵从欧盟法院的裁决，因此有关渔业的重要判例法多是由欧盟法院和英国法院先后做出的。

三、英国海洋渔业的主要管理制度

英国海洋渔业主要是由欧盟共同渔业政策调整的，相关的法律制度、政策、管理措施很多。这里只介绍捕捞执照与特许捕捞权、捕捞配额、水产品一手交易登记、渔船与渔区经济联系证明、捕捞渔船退役赎买五项制度。

（一）捕捞执照与特许捕捞权制度

为了管理海洋渔业，英国 1967 年《海洋鱼类（养护）法》授权渔业部长可对其实行捕捞执照制，但是直到 20 世纪 70 年代末才在部分渔业实施，并且没有严格的数量限制。由于渔业资源不断衰退，特别是欧共体于 1983 年全面实施共同渔业政策，英国的捕捞执照制度日趋严格，逐步过渡到只发给历史上曾从事捕捞活动的人。根据 1992 年《海洋鱼类捕捞执照令》以及其他渔业法规，除下列渔船之外的其他捕捞渔船都必须持有捕捞执照：①捕捞大马哈鱼或者洄游性鲑鱼的小渔船；②娱乐捕鱼；③在马恩岛和海峡群岛 12 海里以内捕鱼的船；④总长等于小于 10 m 且仅捕欧洲鳗鲡的渔船；⑤总长等于小于 10 m 的非机动渔船。

目前，在英国申请捕捞执照必须符合两项基本条件，第一，渔船已在海事与海岸警卫局之船舶运输与海员登记处登记，并且应每 5 年重新登记一次，否则将被注销；若超过 6 个月没有捕捞执照，登记也将被注销。第二，从已持有捕捞执照的渔船获得特许捕捞权，只有在渔船买卖、沉没、报废以及因其他合法理由而注销等情形下才十分艰巨产生，并且船东必须在 5 年内主张其享有的特许捕捞权（自 2009 年 1 月延长为 5 年，此前为 3 年），否则视为永久放弃。特许捕捞权的价值，主要是渔船的吨位和主机功率，这两项能反映渔船捕捞能力的参数来衡量的。

英国捕捞执照类型有 3 类以及一些专项捕捞执照。第一类执照又包括 4 种：①适用 10 m 以上渔船，可捕捞实行配额管理所有资源以及数量上有限制的中上层资源；②适用 10 m 及 10 m 以下的小船，可捕捞所有渔业资源；③适用范围在海峡群岛登记的渔船，可在第 7 渔区捕捞所有资源；④适用中上层拖网船、围网船和冷藏船，可捕捞实行配额管理的所有资源和不受限制的捕捞中上层渔业资源。第二类执照，适用 10 m 以上的渔船，可有限捕捞实行配额管理的资源，有限捕捞中上层资源。第三类执照，适用 10 m 以上的渔船，可捕捞实行配额管理以外的其他资源以及有限的中上层资源。而专项捕捞的执照，主要适用一些特殊安排的渔业，而且在某些情况下还需要交回国内的主捕执照，如大西洋—斯堪的纳维亚鲱鱼渔业、克莱德海峡湾鲱鱼渔业等等。捕捞执照有效期为两年，总长 10 m 以上的渔船为 4 月 1 日至两年后的 3 月 31 日。总长 10 m 以下的小渔船为 7 月 1 日至两年后的 6 月 30 日。在英格兰、威尔士和北爱尔兰，捕捞执照到期后自动更新，而在苏格兰则需要履行重新申请程序。

在英国，捕捞渔船和特许捕捞权可以依照规定的条件分开，独立转让，也可继承，若捕捞渔船的吨位、功率增加，则需要从其他持有执照的渔船获得特许捕捞权。这些条件包括：①总长 10 m 以上的渔船与总长等于以及小于 10 m 的渔船之间可转让，总长 8 m 以下的渔船也不可聚集和转让给 8 ~ 10 m 之间的渔船；②多个特许捕捞权聚集、转让后，总长 8 m 以下的渔船最多不能超过 100 kW，8 ~ 10 m 之间的渔船不能超过 150 kW；③多个捕捞执照赋予的特许捕捞权可聚集为一艘渔船的执照特许捕捞权，反之亦然；④除了少数例外的情形，多个执照的特许捕捞权聚集、转让所产生的特许捕捞权，一般将自动丧失 5% 的吨位和主机功率，以减轻捕捞强度；⑤由上述 3 种类型不同类别的捕捞执照特许捕捞权聚集、转让而产生的捕捞执照，将是其中最低级别的捕捞执照；⑥对于桁拖网、扇贝渔业、甲壳类渔业等，只有相同的捕捞执照之间的捕捞权才可聚集或分裂转让，所产生的新捕捞执照类别不变；⑦多个特许捕捞权聚集、转让后，北海（第四渔区）的桁拖网渔船最多为 150 kW，超过 1 500 kW 的，只能是一对一转让，而不能由多个特许捕捞权聚集转让。

为了解决捕捞渔船与特许捕捞特许权（实为吨位和主机功率两个指标）匹配困难问题，便利捕捞权的流转，英国渔业部门也规定了一定范围内的灵活性。对于总长等于或小于 10 m 的渔船，偏差可以是 1 t 或 5 kW；对于船长大于 10 m 的渔船，偏差可为 2 t 或 10 kW，但至少应有一个参数相等。

（二）捕捞配额制度化

这种制度是欧盟共同渔业政策之资源养护政策的主要内容之一，目前已有 130 多种渔业被纳入配额管理制度。为此，欧盟委员会应在征求生物学家、经济学家、渔业界以及其他相关者建议的基础上向欧盟渔业部长理事会推荐每种渔业的年度（或两年）总可捕量，由欧盟理事会在每年的 12 月作最终决定，并依照“相对稳定”原则（主要是尊重历史渔获情况）在成员国之间分配，然后再由各成员国自行分配其获得的年度总可捕量。

1999 年以前，英国主要是根据每艘渔船前 3 年的渔获记录来分配捕捞配额。为了提高渔业生产的稳定性，简化分配方法，提高效率，便利配额的交换、赠与、出租和转让，英国于 1999 年引入了“固定不变的配额分配”方法，即把 1994—1996 年的渔获记录全部转换为配额单位，渔船持有的配额单位数自此保持不变，以后每年则根据渔船持有的固定不变的配额单位数分配年度渔获配额，而不再每年都追踪该渔船前 3 年的渔获情况。在实践中，配额分配包括 3 个群体：渔业生产者组织的渔船、船长超过 10 m 但未加入生产者组织的渔船、船长等于小于 10 m 的渔船（沿岸渔业）。在初期，为了便利渔业生产者组织内部协调，英国渔业部门还给予了相当于该生产组织所享有配额单位总数 2.5% 的所谓公共配额单位数。船东若改变其渔船所属的生产者组织，其享有的配额单位数也随之转移。每个渔业生产者组织在得到各自的集体配额后，有权决定如何分配管理其集体配额，但应保证其成员生产的总渔获不超过所分得的集体配额，渔政部门仅监视渔业生产者组织集体配额的完成情况。对于未加入渔业生产者组织的渔船和 10 m 以下的渔船，则通常在其捕捞执照上注明月度渔获上限。为了及时监视配额的完成情况，英国规定公开透明的渔获周报和月报制度。

（三）水产品一手交易登记制度

为了根治非法捕捞问题，更好地实施捕捞配额制度，保护渔业资源，欧盟要求成员国对水产品一手交易活动实行严格管制。为此，英国于 2005 年对一手水产品的卖方、买方、拍卖场所和交易行为实施了登记制度。根据《水产品买方和卖方登记以及拍卖点指定条例》，一手水产品的卖方、买方和拍卖场应符合一定条件，经渔业行政管理部门核准，并以适当方式公告，从未持有捕捞许可证的渔船购买一手水产品，是违法行为；经登记的卖方和买方应保存其每笔交易记录 1 年以上，供渔政检查人员核查；未登记的水产品购买者，若每天购买的一手水产品不超过 25 kg，并能证明只供自己消费，则不受此限。

交易记录的信息，主要包括销售（或购买）的日期和地点；销售（或购买）每种水产品的数理；销售（或购买）各种水产品的价格；卸载水产品之渔船的名称以及在其船籍港的编号；买方（或卖方）的姓名、地址和登记号；销售合同或凭证的编号等。为了便利交易各方，提高渔政管理效率，2008 年欧盟又对一手水产品交易行为做出了新的规定，要求年营业额超过 40 万欧元的买方和卖方，应提供电子销售凭证，以取代纸制的凭证，年交易额不满 40 万欧元也可自愿选择此方式。

（四）渔船与渔区经济联系证明制度

为了解决由外国人（主要为西班牙人及荷兰人）实际控制的英国籍捕捞渔船与英国沿海渔区没有多少经济联系的问题，经过与欧盟委员会协商，英国于 1999 年 1 月 1 日实施了捕捞渔船与渔区经济联系证明制度，作为合法使用捕捞执照的一项条件。为此，所有在英国登记、总长超过 10 m、每年利用英国配额 2 t 以上的渔船，都必须证明其与英国渔区保护着经济联系。

船东可以下列 4 种方式之一证明：①以重量计，在英国渔港卸载至少 50% 的渔获（若未完成的数量不超过 10%，可在下一捕捞年度卸载弥补，以增加制度的灵活性）；②雇佣的船员至少 50% 为英国沿海的居民；③在英国沿海地区购买商品、服务等业务开支达到一定水平；④通过其他方式（含混合的上述方法）使依赖渔业的沿海渔区人口和相关产业充分受益。所有的船东应在每年 7 月底前提交合法证明材料，否则无权再利用英国的捕捞配额，因违反捕捞执照条件会被起诉。

（五）捕捞渔船退役赎买制度

在英国，利用政府公共财政基金和欧盟渔业基金赎买渔船，使过多的捕捞渔船退役已成为常规性的渔政管理制度。这一方面可以有效地削减捕捞强度、捉住渔业资源，另一方面也有助于提高渔业行业的经济效益。

申请退役的渔船必须符合一些基本条件，如捕捞执照类型、船长、作业方法、作业水域、适航、每年从事捕捞生产的情况等。为了保证渔船退役的公平性，尽可能地发挥公共资金的效益，赎买渔船的价格一般是通过投标方式确定的。渔业部门主要依据船龄、吨位、拆船价格等规定上限，并考虑退役渔船对渔业资源的影响等因素，申请人投标越低，获得批准的可能性越大。退役的渔船一般将被拆解或因其历史、艺术、技术或者科学上的价值而被捐赠给博物馆，使之永久性地不能再用于捕捞生产。船东必须注销所有的船舶证书，放弃捕捞执照和特许捕捞权，但可转让其享有的配额。

另外，渔船退役得到的赎金在本质上视同出售所得，一般应依法纳税，但是如果船东用全部或者部分补偿金支付雇员工资，则视具体情况可申请退税中；若船东的渔船在过去曾利用了渔船改造或现代化的公共资金，则所得的退役赎金将被相应减少，以保证投标的公平性。如果有证据表明申请人提供了任何虚假的文件，未遵守批准时的条件或者违反了所做的承诺，渔业部门有权随时终止支付退役赎金，并退回已经支付的赎金。

四、欧盟共同渔业政策

在介绍欧盟共同渔业政策之前，先要了解其历史的发展过程，然后再介绍其具体政策的内容，因为这两者是有密切相关的。

（一）欧盟共同渔业政策的历史发展

欧盟共同渔业政策的雏形源自于欧共体六个创始国（联邦德国、法国、意大利、荷兰、比利时和卢森堡）于 1970 年制定的两个条例。这两个条例确立了共同渔业政策最重要的基本原则（即在共同体水域平等入渔），为欧盟批准有关渔业资源养护措施（如总可捕量、一些技术措施和减船计划）提供了法律基础，并且通过渔业结构政策和水产品市场措施引入了对渔业的财政支持机制。在随后爱尔兰、英国、丹麦和挪威的入盟谈判中，共同渔业政策被指责是 6 个创始国专门为申请者设计的，因为 6 个创始国享有的渔业水域比较小，而申请入盟的四国则享有的渔业水域广阔。最后妥协的结果是共同渔业政策被推迟了 10 年，到 1983 年才完全实施。为了回应国际海洋法的发展趋势，欧盟于 1976 年 11 月通过了海牙协定，宣布自 1977 年 1 月 1 日实施 200 海里专属经济区制度。

1983 年，欧盟通过了 3 个条例全面实施共同渔业政策，将资源养护作为根本目标，确立了总可捕量和配额制度，明确了平等入渔和相对稳定的配额分配原则，并承认在沿岸水域的历史性渔业权，对渔业实行补贴、实现渔船现代化等。在实施 10 年后，欧盟于 1992 年对共同渔业政策做了修改，着重处理渔船数量和可捕资源量之间严重的不平衡问题，并将生产养殖正式纳入了共同渔业政策的调整范围。2002 年欧盟对共同渔业政策进行了第二次大调整，主要是建立了长期的渔业资源管理办法，保证各利益方更好地参与渔业政策的制定，加强管制和执法，实行新的渔船政策，除了安全方面外，不再对渔船现代化予以补贴，而是鼓励拆船、赎买渔业权等。

（二）欧盟共同渔业政策的主要内容

根据2002年2371号欧共体条例的第1条规定，共同渔业政策应当在下列领域规定一致的措施办法：①水生资源的养护、管理和开发；②捕捞对环境影响的限制；③入渔条件；④结构政策和船队捕捞能力管理；⑤管制与执法；⑥水产养殖；⑦共同市场组织；⑧国际渔业关系。

1. 欧盟水域渔业资源的分配问题

资源养护政策是共同渔业政策的基石，直接涉及欧盟水域渔业权的分配问题。条例规定，成员国在其沿岸6海里水域享有完全的排他性渔业权，在6~12海里水域只承认部分成员国享有历史性权利，而12海里以外则遵从平等入渔原则。原因是1964年的《伦敦渔业公约》确认了6~12海里内的历史性渔业权利。此外，考虑到地区经济对渔业的严重依赖性，设立了设得兰渔区（苏格兰的设得兰群岛水域）和爱尔兰渔区（爱尔兰西海岸50海里以及爱尔兰和布理斯托海峡），只有苏格兰、法国和少量比利时以及德国渔船可以在设得兰渔区捕鱼，在爱尔兰渔区则规定了西班牙和葡萄牙渔船最高限限额，两国渔船也不可进入北海捕鱼。两国曾提起多次诉讼，要求重新分配渔业配额，但都以失败告终，然而在后来获得了较多的欧盟基金以减少渔船。

虽然平等非歧视入渔是欧盟渔业政策的根本原则，但是捕鱼必须享有配额，欧盟委员会首先根据渔业科技和经济委员会以及国际海洋开发委员会之渔业管理咨询委员会的科学建议，向欧盟部长理事会提出年度配额，经批准后根据“相对稳定”的原则在成员国之间分配。也就是说，相对稳定就是尊重捕捞历史，历史上捕捞多的国家分得了较多的配额。在实践中，选择了1973—1978年为历史参照时期。另外，配额分配也考虑了“海牙优惠”原则和“管辖损失”问题，即对那些严重依赖渔业的成员国以及由于第三方扩大专属渔区而使成员国遭受较大损失的成员国适当照顾，结果是爱尔兰、英国、德国和格陵兰（丹麦的高度自治省，1973年1月随丹麦入盟，经全民公决后于1985年1月退出欧盟）得到了一些优惠配额。

2. 结构政策

共同渔业中的结构政策和捕捞能力管理直接影响着渔业权的实现和资源养护，其最初目标是帮助企业实现渔业现代化，并使渔船的捕捞能力和可捕资源量相适应，防止过度捕捞。事实上，这是一个多少有些矛盾的目标，一方面欧盟提供补贴帮助企业改造渔船，另一方面也提供补贴帮助捕捞行业减船，鼓励把渔船卖到欧盟以外的地区、拆船或捐赠给博物馆等。

截止2002年，欧盟已制定了4个多年度指引计划，要求成员国削减渔船。在每个计划中，欧盟都要求成员国制定各自未来4~5年的减船目标，报欧盟委员会批准，并提供欧盟基金予以支持（成员国也必须相应投入）。1994年，欧盟统一了捕捞渔船吨位标准，但预留一个过渡期，到2003年年底所有渔船都应重新测量登记。为了增加减船力度，2003年的共同渔业政策规定了一个简单的入渔—退出机制，更多地强调成员国的责任，除了用于提高海上生产安全和改善工作条件外，逐步取消对捕捞业的补贴。

3. 与非欧盟国家的渔业协定

根据《欧共体条约》第一百三十三条，欧盟委员会负责与第三国进行渔业谈判，并签署国际渔业协定。这些渔业协定构成了欧盟共同渔业政策的重要内容，基本上可分为3类：互换配额、相互入渔协定，主要是与北欧国家（挪威和冰岛等）签署的；给予财政补贴和商业利益的协定，主要是与欠发达的加勒比海、非洲、印度洋、太平洋国家签署的，与格陵兰的协定也属此类；组建合资企业，从而获得了配额。在欧盟以外水域获得的配额，一般也是根据“平等入渔和相对稳定”原则在成员国之间分配的。购买在第三国的入渔权，是欧盟共同渔业政策中最大的一笔预算支出，船东通常仅支付很少的费用，如捕捞许可证费等。另外，入渔费是欠发达国家非常重要的财政收入，而渔业协定不是简单的“花钱买入渔权”，往往还包含各种定向援助计划。

4. 监管与执法

贯彻和履行欧盟法律的根本义务在成员国，因此成员国的渔政管理部门和司法机构承担在其管辖领域执行欧盟共同渔业政策的积极义务，而欧盟委员会和欧盟法院则享有最终的执法权力。这主要包括海上执法监察和陆地监察，涉及网具标准、捕捞鱼种和规格与数量、作业水域、捕捞日志、卸货申报、进出特定渔区报告、渔船捕捞能力（吨位及功率等）、水产品运输、市场销售、专项补贴使用等方面。处罚种类包括罚款、没收渔具、渔获或渔船、暂时禁止捕捞或吊销捕捞许可证以及限制人身自由等，但各国的具体情况差异很大。

为了缩小各国法律之间的差异，欧盟于1999年第1447号条例罗列了一系列的渔业违法行为。欧盟的渔业观察员有权对成员国的渔船和渔业企业进行检查。欧盟委员会对违法的成员国可提出警告，减少其配额，也可起诉至欧盟法院，由法院予以财政处罚，甚至终止其某些权利。例如，欧盟法院于1991年曾裁决法国因在市场上出售不合规格的幼鱼而违反了欧盟法律，但是法国没有采取有力措施履行法院判决，继续出售幼鱼，2002年再次被欧盟委员会起诉到欧盟法院，欧盟法院于2005年7月12日裁决对法国实施惩罚性罚款2 000万欧元，并处周期性罚款，每6个月5 776.125万欧元，直至法国履行法院判决。

为了强化各国执法的一致性和有效性，欧盟部长理事会于2005年4月决定设立欧共体渔业管制局。为了增加透明度，还设立了公示板，对各国执法情况进行年度公示。

5. 水产品共同市场

水产品共同市场组织成立于1976年，主要目的是稳定市场，保障供给和需求平衡，维护消费者和水产者的利益，包括4项内容：在产品的质量、规格、等级、包装和标签等方面执行共同的营销标准；渔业生产者组织；通过干预而稳定水产品价格机制以及与第三国贸易规则。

在成立的最初3年，生产者组织可申请到逐年递减的欧盟财政扶持，数额取决于组织的运行费用以及其产品市场价值。欧盟和成员国政府赋予了生产者组织很多权利，可以申请欧盟及成员国财政补贴，制定和实施一些市场营销策略、生产计划及提高产品质量计划等，只有生产者组织会员才可以申请到财政补助，发展生产。市场干预机制，意味着在水产品价格低于撤出价格（由欧盟委员每年确定）时，欧盟可以向生产者组织提供财政补贴，继而会员再向生产组织申请补助，以此稳定市场，保护渔民的最低收益。欧盟是世界上最大的水产品消费市场，成员国需要遵守共同水产品贸易规则。

6. 水产养殖

由于水产养殖与捕捞业密不可分的联系，1992 年实施的欧盟共同渔业政策把水产养殖业正式纳入到了其调整范围。另外，其他一些欧盟法律也涉及水产养殖，主要包括共同市场营销标准、生产者组织、兽医、国际贸易竞争、消费者保护、环境保护（如环境影响评价和养殖用水质量保护）等方面。

第六节 挪威渔政管理概况

挪威位于欧洲北部，是一个传统的渔业国家，也是世界上第一个成立渔业部和建立渔政管理机构最早的国家之一，它的渔政管理根本目的是合理开发与利用渔业资源，最大限度地将鱼类用于人类的消费。这里着重介绍其渔政管理体制、渔业立法、渔政管理内容与目标以及渔政管理的检查等几方面内容。

一、挪威渔政管理体制概况

挪威政府对渔业历来都很重视，1900 年就建立了渔业管理局，1946 年成立了渔业部；并根据国际海洋法和实施 200 海里经济区及渔区的需要，1977 年又成立了属于国防部的海岸警备队，执行经常性的海上检查任务，对违反渔业法规的行为进行处理。

（一）渔业部的机构设置及其职能

渔业部编制 70 人，其中渔业部长 1 人，附设国务秘书 1 人，部长私人秘书 1 人；总经理办公室设总经理 1 人，秘书 1 人及其他。总经理办公室下设：沿岸事务署、管理署、经济预算署、研究署、捕捞署、国际计划署、出口贸易署、加工署、养殖置等 18 个单位。渔业部的主要任务是发放捕捞许可证、决定捕捞量、拨款及发放补贴等。

（二）渔业管理局的机构设置及其职能

设在卑尔根的渔业管理局编制 900 人，下设 5 个处和 1 个中央实验室，它既是渔业部的技术顾问，又是一个具体进行管理的机构。

渔业管理局作为执行机构，履行法律、法规规定的条文，解决渔业部门年度预算及分配所涉及的问题；作为咨询机构，负责解决与渔业有关的所有问题，并进行科学研究。另外，还负责收集渔业统计资料，并由一个经济专家小组受雇分析综合资料的数据。鱼品质量的控制、给渔民提供信息和资源服务以及解决海洋污染有关的问题都是渔业管理局的重要活动内容。

（1）管理处，负责本身共同事务。

（2）法律事务及捕捞处。负责研究各种渔业法规、国际渔业协定、发放渔业执照并监督执行。

（3）渔业经济处。设有计算机中心，负责提出有关渔业经济方面的报告；随时统计国内外渔船的捕获量，以便限额捕捞的执行。

（4）质量检验处。有 166 个质量检验员，3 个现代化检验所，对鱼类加工产品、渔船、工厂卫生设备以及渔具是否符合规定进行检验，对鱼类及加工产品取样进行微生物学、化学、物理学分析。

（5）科技处。设有3个科：基建技术科、机械设备科和化学技术科。

（6）中央实验室。设有3个实验室：化学分析实验室、理化实验室和微生物实验室。

为了渔民及渔业工业保持密切的接触，渔业管理局设有几个地方代表分布在沿海一带。这些代表受雇执行不同的任务：①咨询服务。管理局雇用9名地区首席顾问，55名地方上的顾问（市政府一级），他们分布在沿海县市；②渔业监督。由于渔业季节性的波动，有必要找出一些方法来调节渔具的适应性，保证给不同的捕捞方法以充足的渔场。挪威有两个主要的监督机构由监督官负责，并配有几个较小的监督单位；③质量控制。指定质量控制检查员并以必要的职员在沿海检查不同鱼类产品及其加工过程的质量，执行有关条令的规定。

（三）挪威渔民协会

该协会成立于1932年，其前身为"挪威渔民联合会"。1935年，在斯特文哥大会上，挪威渔协通过了第一个工作大纲，把组织销售和扩大生产作为自己的主要目标，并改进了渔业计量方法，同时也注意解决了与政府的合作问题。后来，政府制定了一个决定性计划：为渔业提供特别资助，减低渔业银行利率和渔业加工贷款的保险金。1936年政府和协会又达成了一项协议，即最低鱼价将得到政府的担保。被组织起来的渔民渐渐地看到了协会的工作成绩。作为渔民的代言人，挪威渔民协会日益显示出其重要性。

渔民协会的主要任务为：①资源分享及保护；②鲜鱼法的提出；③文化教育和职业训练。

挪威是一个传统的渔业国家，过去历史上一直由海军执行护渔任务，1977年1月1日挪威实施200海里经济区以后，其拥有主权的海域面积由6×10^4 km^2增加到100×10^4 km^2。为适应新形势下的护渔任务，经过挪威政府各部之间的反复协商，决定成立隶属于国防部的海岸警备队。将海岸警备队置于国防部之下，这是由于以下两点考虑：其一，在100×10^4 km^2海区内执行巡航任务需要大量的人力、物力、通讯、辅助设施和维护设施，只有国防部才能满足这些要求；其二，海军已有70年的护渔历史，国防部有管理一支护渔队伍的经验。海岸警备队的经费由政府"带帽"下达给国防部，舰船维修和后勤设施与海军共用一套。

海岸警备队的主要任务有3项：一是日常巡视和监督挪威200海里经济区、大陆架和两个渔业保护区；二是监视和管理渔业法规的执行情况，包括根据双边或多边渔业协定在挪威200海里经济区内从事捕鱼的外国渔船的活动；非拖网作业区和定置网保护区，为渔民提供辅助的海上服务等；三是检查和报告在挪威大陆架发现的未经许可的科学调查活动。除此之外，海岸警备队还负有监视海洋污染、协助海难、救助海上救灾及协助警察、海关执行海上任务。

二、挪威渔业立法

挪威海洋渔业有近千年的历史，在长期发展渔业的过程中，认识到了渔业立法和以法治渔的重要意义。因而早在1929年就有了出售冬鳍鱼的法规，1938年制订了出售鳕鱼的法令；1951年12月14日颁布《鲜鱼法》，该法的颁布对挪威渔业产生了重要影响；1951年制订了《拖网法》；1972年制订了《捕捞参与法》。后来又陆续制订了《网目法》、《鱼类可捕标准》、《渔区的开放关闭时间》、《双重捕捞规划》、《关闭特殊渔区》，同时各地区也制订了相应的渔业规则。1977 年 1 月 1 日建立 200 海里经济区，1985 年 6 月 14 日颁布关于鱼类、贝类的《养殖法》。近年来还颁布了一些有关渔业的法律法规。

完善的渔业法规，使渔业管理有法可依、有章可循，为发展渔业生产，维护渔业生产者、经营者的合法权益起着重要的保障作用。

挪威的渔业法规名目繁多，有全国性的渔业法规、地方性的渔业法规；有限定在特定时期内实用的渔业法规，还有专门为外国渔船在挪威经济区内捕鱼制定的法规等。

（一）鲜鱼法

1951 年颁布的被称为“渔民宪法”的挪威《鲜鱼法》规定，所有的鲜鱼交易都要经过 13 个销售组织进行。该法适用于鱼类也适用于贝类，适用于本国也适用于外国船只和进口的鲜鱼。销售组织有它自己的经营条文，任何人从销售组织购买鲜鱼或通过销售组织从渔民那里购买鲜鱼都必须得到该组织的认可并遵守该组织的规定。如果市场需要，销售组织还可以做出某种鱼在某个时期的禁捕令或限捕令，也可对某种网具、某种渔船发出这种指令。当然，销售组织主要目的是使渔民得到最大的实惠，保证渔业的顺利发展，保证市场供应等。

（二）拖网法和捕捞参与法

由于大量拖网船投入作业而产生了强大的捕捞能力竞争，同时也导致了和渔民的传统生产网具间的渔场竞争，1951 年制订的《拖网法》规定，拖网渔船必须获得捕捞许可证才能进行拖网作业。它不是以资源协定为依据，而是以不同网具的竞争为依据制定的。与之相反，1972 年制定的《捕捞参与法》却是以资源衰退背景提出来的。由于对网围网能力、渔船数目及平均载重的不断增加，人们愈来愈关心鱼类资源的衰退问题。该法规定：大于或等于 90 英尺或于等于 150 t 的对网围网船，必须依法领取许可证方可进行捕捞。从 1973 年以来，挪威没有发放新的对网围网船的捕捞许可证，但可更新或报废新造，仍是一证一船。然而，人们在更新渔船时，总是力求造更高级一些的渔船。例如，有的渔民想造对网围网船，就去买一只旧船及其捕捞许可证，然后更新或大马力的现代化渔船。这样，虽然渔船的数量没有增多，但捕捞能力增加了许多。

（三）养殖法

鱼类养殖是挪威渔业工业的一个新兴的重要行业。为了适应这种形势，政府于 1985 年 6 月制订通过了关于鱼类、贝类的《养殖法》。该法适用于淡水、咸淡水及海水养殖，它规定了养殖许可证的发放条件、范围、许可证内容，还规定了养殖业与农业部门、环境部门、海岸管理部门之间矛盾的解决途径。其目的是保证这个新兴产业的平衡发展，尤其是因其发展所产生的弊病必须得以控制、产品质量必须优良等。渔业部执行养殖法主要是发放一定数量的养殖许可证，以维护养殖场的规模与其所需要的基础条件所适应；同时也考虑到养殖场产品的市场行情及其地理分布等情况。目前，渔业部只发放鲑鳟鱼的养殖许可证。

（四）外国渔船捕鱼法

根据 1976 年 12 月 17 日挪威皇家颁布的命令，挪威建立 200 海里经济区，并于 1977 年 1 月 1 日生效，1975 年 5 月 13 日发布《外国渔船在挪威经济区捕鱼法》，该法令对外国渔船在挪威经济区内的捕鱼活动作了详细规定。根据规定依协议进入挪威经济区的外国船只必须持有执照，其捕捞能力适应其捕捞定额，并且每周上交一次（份）捕捞报告。

三、挪威渔政管理的内容与目标

由于渔业在挪威国民经济中占有很重要的地位，政府对渔业历来都十分重视，为了发展生产、保护渔业资源，维护国家海洋渔业权益，颁布了许多渔业法规；划定了12海里专属渔区（领海为4海里）和200海里经济区和渔区；同邻国签订了许多渔业协定；规定了禁渔区、禁渔期，捕捞限额等，并进行严格管理。挪威是世界上第一个成立渔业部的国家，也是建立渔政管理机构最早的国家之一。

（一）渔政管理的内容

挪威于1977年1月1日建立200海里经济区，同年5月13日公布《外国渔船在挪威经济区捕鱼法》，规定原有在挪威海域从事捕捞活动的渔船，均应向挪威申请捕鱼许可证和配额，并将有关情况定期向挪威报告。

1979年1月15日宣布建立斯伐尔巴德群岛的200海里渔区；1980年5月23日宣布建立杨马廷岛的200海里渔区；1978年1月11日与苏联签订有关巴伦支海划界的《灰色协议区》；挪威已与共同体、苏联和法罗群岛签订了双边捕鱼协议；与瑞典、芬兰签订了关于瑞、芬在挪威海域捕鱼的邻国协议；与东德、波兰、葡萄牙、西班牙签订了关于四国在挪威海域超量捕鱼问题的协议；与丹麦、瑞典签有三国在斯卡格拉克和北部卡特格特海域捕鱼的长期协议。

挪威保护渔业资源的最根本内容是控制渔船的发展和限额捕捞。建造一艘渔船要经渔业管理局批准，建造拖网船、大型捕虾船要报经渔业部长批准，而且捕鱼要领有渔业管理局发放的捕捞许可执照。为了使捕捞能力和资源状况相适应，自20世纪70年代政府就决定不再新造大型渔船，而且现有的要减少15%。由于执行得比较严格，多年来除了更新渔船之外没有新增一只渔船。同时由于政府采取补贴政策，渔船的数量每年都在减少。

捕捞限额的决定是在海洋研究所通过大量调查研究，取得科学依据的基础上，由科学家提出各种鱼类可捕量的方案，报给渔业管理局，渔业管理局从中选择最合适的方案，同时考虑全国的加工能力，渔民就业等社会经济因素，提出一个限额意见，发至渔民协会、加工部门、研究所等单位，并召集他们出席咨询会议讨论，然后再由渔业管理局集中各方面意见，修改后报渔业部批准。限额批准后，渔业管理局首先扣除游钓渔业可能捕捞的数量（实际上不加限制），余下的数量在报纸上登告示，要求渔民在两三周内，将拖网、围网渔船数量报告渔业管理局，由渔业管理局按照船只大小确定比例，通过渔民协会分配给有执照的渔船。

为了保护幼鱼，对各种网具的网目和各种鱼类的幼鱼标准及幼鱼占渔获量的最大比重都做了明确规定，同时规定沿海4海里范围内禁止拖网作业，科学家在调查中发现4海里以外局部海域刚够捕捞标准的幼鱼密集，立即通过渔业管理局报告渔业部，建议将这一区域划分为临时禁渔区，禁渔3个月，这一建议得到渔业部的批准。

渔政管理保护资源与渔民利益问题统一考虑是行之有效的方法。挪威政府和渔民有个协议，规定渔民1年正常收入要相当于其他工业的收入水平，差额部分由政府补贴。补贴的数额每年谈判一次，补贴的钱用于渔民的社会福利。渔业管理局为政府提出精确的技术上的和实际可行的谈判资料。

挪威政府已把保护渔业资源作为重点工作来抓，不仅渔业部门在做，有关部门也密切配合、分工合作。海上的监督管理由国防部海岸警备队负责，其任务是监视和控制挪威主权范围内海域的一切活动，对负有上述活动职能的政府部门提供协助。其中最经常和最直接的是渔业监督，包括对国内外渔船执行渔业法规或协定情况的检查。

陆上检查主要由渔业管理局负责，分别在检查站或各渔港检查鱼类及产品质量、控制捕捞限额，检查鱼体长度是否达到可捕标准、网具大小及捕鱼时间是否符合规定等。

（二）渔政管理目标

挪威西北沿海地区许多小村落的人们完全以渔业为生。由于受地理环境、交通通信、气候条件的限制，没有别的职业可供选择，但是保护这些地区有人群居住，有着重要的政治和军事意义。所以政府给予财政补贴，保证渔民的年收入不低于其他工业制造业的水平，以维护该地区这一高成本的重要行业。

渔业管理的根本目的就是合理开发与利用渔业资源，最大限度地将鱼类用于人类的消费。20 世纪 50 年代末至 60 年代初鲭鱼的衰退与枯竭使人们认识到海洋渔业资源的有限性，同时也认识到渔业应从经济观点出发，用最有效的方法来指导，把渔业资源量维持在最大允许捕捞量水平上。

四、挪威渔政管理的检查

挪威的渔政检查，包括水域检查和非水域检查。水域监视的范围主要有捕捞方面、网具方面和渔船方面，由海岸警备队负责，非水域检查主要对鱼类的产品质量、执行控制捕捞限额情况，以及鱼体长度、网目尺寸等，由渔业部渔业管理局负责。

（一）水域检查

挪威渔业部通过海岸警备队在海上对各项渔业法规的执行情况进行监督。海岸警备队配备有 13 艘监视船和 3 架中型直升机，其中 3 艘监视船也载有直升机，还有 20 只小型监视船，专门监视海洋定置网具。另外，雇用渔船若干艘，参与渔业法规的监督检查。海岸警备队所有船只和飞机都执行经常性的巡逻检查任务，并对违反渔业法规的行为进行处罚。监视的范围主要包括下列几方面。

1. 捕捞方面

主要指：①没有捕捞配额而进行非法捕捞的；②不执行现行渔业通告的；③不提交捕捞报告或捕捞日志残缺不全的；④非法捕捞保护品种以及捕捞低于可捕标准的鱼类及其副产品的。

2. 网具方面

主要指：①使用非法网具及网目尺寸不符合法律规定的；②拖网上或拖网内设有非法附加设备和在囊网中附加其他网具的；③随意抛弃废旧网具的。

3. 渔船方面

主要指：①渔船标志不全，无船名船号及注册号码的；②通讯信号有误差的；③不悬挂国旗的；④驾驶室内时钟不准或扶梯不牢的；⑤不遵守沿海警戒令的；⑥乱用危险遇难信号的；⑦不执行捕捞规定的。

沿岸警备队的监视船对上述各项违反渔业法规的行为可给予警告，违规严重的渔船送到指定港口，交由警察局处理。

海岸警备队以北纬65°为界将沿海分布南北两个管区。北部管区有舰船9艘，南部管区有舰船4艘，中型直升机3架，空中飞机3架。南部管区又分为4段，4艘船每艘各管一段。每次执行任务前，海岸警备队从计算机终端得到由捕捞限额管理系统提供的当时在挪威200海里经济区作业的外国渔船及其动态资料，然后用飞机大面积地巡视各自分管的海区，一旦发现未申报的外国渔船或可疑渔船的活动，立即通知舰船登船检查。检查内容主要有捕捞日记、网具、渔获品种及规格等。

（二）非水域的检查

挪威渔业法规的检查，在陆地由渔业部渔业管理局负责。该局在卑尔根、突勒松、斯浮伐尔伐、特罗毋瑟4个地区设有检查站，任命180名检察官，分别在检查站或各个渔港工作。主要检查鱼类及产品质量、执行控制捕捞限额情况，检查鱼体长度是否达到可捕标准，网具的网目尺寸和捕鱼时期是否符合规定等。如发现不符合规定的，不许出海，超过捕捞限额、多收入的款项没收上交国库，严重者交警察局处理。

五、挪威的渔政办案

挪威海岸警备队的监督船及渔业部渔业管理局的检察官如果发现某渔船在捕捞、网具、渔船方面有违章现象，将根据有关法令做出如下处理：口头警告、书面警告、没收渔具和没收渔获物、罚款、交警察局处理、驱赶出渔场等。

违规情节轻微的处以口头及书面警告，一般在渔场上完成。受到第二次书面警告将被严惩，一般处以罚款、没收渔具、渔获物等。如果两年内没有重犯，从记录中撤销原书面警告。监督船抓获的违规严重的渔船要向有关当局提交报告，说明违规渔船的详细情况及被抓的理由和送达港口等。当送达该港口时，监督船即向警察局报告，警方立即将违规渔船及其网具、渔获物等全部扣押并通知船长。船长有权请法律顾问，并通知船主或其所属单位。如果船长拒绝扣留，此案马上交由法庭审判。在法庭未做出是否扣留的裁决之前，该违规渔船必须停止一切捕鱼活动。在两天的时间内，警察局进行必要的审讯和调查工作（包括审讯船长）之后，由警方决定是否对违规渔船进行扣留和罚款。罚款数额因情况而定，无固定标准，一般在1万~100万克朗之内。若船方不服，可在5日内上诉。如果船方无力付清罚款，必须有一家挪威银行出示资金担保，否则继续扣押渔船及网具；如果船方拒付罚款，警方将提交当地法院，作为一般刑事犯罪处理，但需要几个月的时间才能解决该案。

对违反渔业法规的渔船，在违规事件起诉之前，常处以吊销渔业许可证的处罚，渔业许可证被吊销时间的长短，取决于其违反渔业法规的严重程度，一般吊销6个月。但吊销渔业许可证之前必须由渔业管理局通知违规渔船，以便使其能有申辩的机会。

六、挪威的渔政信息处理与管理

挪威建立的渔业管理信息系统是一个既经济又实用的系统。目前开发的有捕捞限额管理、渔捞日志管理、鱼货经销合作社记录管理、文件管理（渔捞统计管理）、经济统计分析、渔船注册登记、渔民登记、办公室自动化等几个信息管理系统。

（一）捕捞限额管理系统

该系统于 1977 年 4 月开始运行。它是针对按双边或多边渔业协定进入挪威经济区水域作业的渔船进行管理的系统。挪威把整个经济区水域分成南、北部经济区和白令海的斯伐尔堡岛、简马因岛周围两个渔业保护区。

法令规定任何进入挪威经济区水域的外国渔船必须事先通过挪威沿岸无线电台向挪威渔业管理局报告何时进入、据何协议进入、进入哪个渔区进行捕鱼作业，以后在同一协议区内活动时每 7 天用电报报告其船位、作业方式、捕捞品种和产量、当时的活动状况（捕鱼或航行）。海岸电台通过电传把电报送发设在卑尔根的渔业管理局，然后由专职的操作员在计算机终端前以填写标准格式报表的方式送入计算机，从而建立外国渔船活动和生产情况档案。

捕捞限额管理系统自动累计各船在各分协议区按鱼种分类的实际渔获量，并以数据库的方式存贮在计算机系统内。渔政人员可按照日期、分协议区、国别、船名、船舶登记号、无线电呼号、渔区号、正在捕鱼作业或航行等逻辑关系，查询出各国渔船、在某渔区、某时期正在作业或航行的船只、协议有效期、可进入的船只数、可同时进行捕捞的船只数、规定的捕鱼天数、每个鱼种的捕捞限额、所用的渔具渔法、已捕捞的产量、船队头船的船名、各船的船名、船舶登记号、无线电呼号、总吨位、船体主尺度、船员定额、船长姓名、允许使用的渔具、是否在作业；作业的协议依据、每种鱼的捕捞限额，当前渔获量和迄今的累计产量；上次报告作业（或航行）的时间、上次报告的船位；在协议区内已作业的天数、违章记录、查获违章的监督船呼号以及查询各类别的通报等。

（二）鱼货经销合作社管理系统

挪威渔民为了维护自身的经济利益，制止鱼商任意压低收购价格，在全国沿海自发组织了 13 个鱼货经销合作社，并规定所有渔获都须经过鱼货经销社（以下简称合作社）销售。鱼商通过合作社向渔民买鱼，由合作社确定鱼价，一旦成交，买卖双方签署合同票据。票据上详细填写买卖双方的情况、鱼种、加工方法和鱼货状况（去头、去内脏等）、供货数量、地点、作业渔区和渔具等。各合作社都在计算机终端，并通过计算机中心系统，把每天所有成交的单据通过终端存储起来，供日后核对之用。渔业管理局在建立渔业管理系统时充分利用了这一现成数据来源，从数据中心索取所有销售记录的磁带并将所载的信息送入本部门的计算机进行数据检查和更新，掌握本国渔船的实际捕捞活动，以便为渔捞统计、资源评估和经济统计分析提供所需的准确数据。

（三）渔捞日志管理系统

为了正确地获得各种渔捞数据，规定所有渔船都须送交渔捞日志。然而渔捞日志数据信息量非常大，如全部输入计算机所耗用的人工费用太昂贵，也影响效率。因此只将对渔业资源影响最大的 100 t 以上拖网船的渔描日志数据全部输入计算机系统，但本国渔船都必须交送渔捞日志，对其他渔船的渔捞日志只进行抽查或供检查核对之用。

渔业管理局收到渔捞日志后，由渔捞日志管理系统工作人员将要输入的内容以填表方式经键盘输入计算机，由计算机处理成标准格式，然后工作人员对计算机提供的第一错误进行改正；计算机再将数据和销售记录通过重量转换（将各种去头、去内脏或盐加工等重量转换成新鲜整重量）进行核对，列出第二种错误信息表。这种错误也是因为渔民卖鱼时贪图省事而致，如对于产量小的兼捕鱼种可能几个航次才卖一次，这就产生了渔捞日志上有产量而销售记录上无数量的情况，当然也有相反情况，即网产量少渔捞日志上反映不出来，而实际销售数量大。这类错误必须有专门人员进行识别，确认其是否正确。然后，计算机对所有认可以后的数据制作成两种文件，一是按航次分渔区、分鱼种的产量记录，供统计用；另一种是按期进行分鱼种产量记录。

渔捞日志管理系统不仅用来有效地管理挪威本国渔船的活动，而且对于外国渔船的管理也很有效。如果对外国渔船的作业报告有怀疑，可将在同一渔区作业的挪威渔船渔捞日志对比，大体上就能判断外国渔船报告的真实性。

（四）渔业管理统计

该系统共有四名工作人员，主要工作是出版统计刊物，提供资源评估所需数据，制定法规，包括决定捕捞供对外谈判和国内制订资源保护的法规。其数据来源包括鱼货经销站数据、外国渔船报告（来自捕捞限额管理系统）和渔捞日志。此外还进行包括含氮量、含脂量、灰分等测定的鱼货质量检查以及体长组成统计。

（五）经济统计分析系统

如前所述，挪威是一个渔业占重要地位的国家，在一些边缘地区渔业是唯一可以从事的行业。因此，政府制订合理的政策，避免渔业人口向大城市集中而使边远地区人口过于稀少，这无论在经济上还是国家安全上都是至关重要的。为此，挪威政府采取给予北方等边远地区渔民一定的补贴，使专业渔民数量稳定，从而使全国人口分布保持合理的结构。此外，为了保护渔业资源，鼓励多种作业以及从渔民的福利考虑，政府也给予各种经济补贴，包括鱼价补贴、延绳钓饵料补贴，远海生产补贴和老年退休、渔民休假补贴。每年11月份，政府都要和渔民协会协商谈判，讨论下一年度的补贴预算。为此，渔业管理局专门有一个经济统计分析系统，对渔民每年的成本、鱼价、政府补贴详细地进行经济统计分析，以分析数据向谈判双方提供仲裁咨询。

此外，为谈判提供咨询的专家委员会和秘书组，每年要求本国渔船提供全年经济核算资料，对于提供资料的渔船分别给予400挪威克朗（大船）和200克朗（小船）的奖励。每年只有25%的渔船上报，但通过渔捞日志和经销合作社记录的核对，发现渔民上报的材料基本上都是正确的。

经济统计分析系统的信息来源还包括向渔民了解和向贷款银行了解渔民的成本等经济情况的素材。

（六）渔船登记注册系统

在挪威所有的渔船都有“户口”，要建造一艘新船须事先申请许可证。过去这些渔船的文字档案存放在档案柜里，占据空间大、查阅很困难。现在挪威的26 000艘各类渔船档案都已存入计算机系统，根据船名或船舶登记号，亦可用无线电呼号随时将船舶档案调出，包括船舶主尺度、建造年月、船体材质、主机型号、类别、缸数、马力、主机建造厂、船主、所持有的捕鱼许可证执照等各种内容。

（七）渔民登记注册系统

挪威现有渔民（包括专业渔业、以渔业为主和以渔为副的渔民）3.4万人，与渔船登记系统一样，挪威全国渔民的档案均存入计算机，包括渔民的基本情况（姓名、出生年月、住址等）以及和渔业有关的情况（拥有的渔船、所持有捕鱼许可证执照等）。

（八）国际合作及对外渔船管理

联合国第三次海洋法大会上，通过了200海里经济区的基本原则，挪威接受这一原则，并于1977年1月1日建立挪威200海里经济区。

根据1976年12月17日的挪威王国布告，经济区应从挪威大陆算起。1977年6月15日在北部白令海的斯伐尔堡岛周围建立了鱼类保护区，1985年5月29日在西北简马因岛周围建立了鱼类保护区。

外国渔船原则上禁止在挪威经济区捕鱼，但是外国可与挪威达成协议在挪威水域内进行正规捕捞或者调查海洋生物资源活动。当时挪威已与苏联、欧洲共同体、冰岛等国达成了互惠协议，其目的是为了发展一种合理的互惠的捕鱼权力。因为大多数挪威水域中的重要鱼群不是挪威专属的，有的和苏联分享（在北部经济区中），有的和欧共体分享（在南部经济区中），因此，有必要与苏联及欧共体进行合作以管理这些种群资源。挪威同时也给其邻国如瑞典、芬兰的渔民以捕鱼方便；对德国、波兰、西班牙也有协议，同意他们在挪威经济区中捕捞一些过剩的鱼类；挪威与冰岛也有协议，可以到冰岛周围水域捕捞过剩的鱼类。

1977年5月13日挪威王国发布《外国渔船在挪威经济区捕鱼法》，该法规定外国渔船必须持有执照，只允许外国渔船在12～200海里水域内按协议中的限额进行捕捞（瑞典、丹麦除外），同时也制订了一些管理措施。

许可证只能用于指定渔船，不得转让，必须随船携带；每艘渔船必须申请并交规定式样的捕捞计划。许可证条件包括渔船的捕捞限额，允许的渔区和渔具，许可证的有效期，允许捕捞的鱼种。当船旗国捕捞限额一满，许可证终止使用。渔船必须持有识别标志，并悬挂国旗，禁止渔获物在挪威沿岸上市。外国渔船必须接纳挪威检察官，允许其在船上逗留，并向其提供食宿、协助，允许其自由出入储藏舱位，使用无线电或电传设施等，费用由该船承担。

外国渔船捕捞作业开始和结束前24小时用电话或电传通知卑尔根渔业管理局，渔船在北纬65°以南捕捞时，必须通知每次暂时进入和离开的时间。协助捕捞的渔船每次进入和离开海区时要通知渔业管理局，渔业管理局可以要求渔船在通过边界线到统计区时发出通知。外国渔船必须交海区渔获报告，报告内容包括：捕捞天数、渔获吨数、每个种类的鲜鱼重量及规定的统计区域。供应船应提交关于从各捕捞船收到的各种鱼类产品的数量。按船旗国规定，每周末报告该周每天的情况，通过船旗国当局每月将作业或有关情况报告一次。

本章思考题

1. 了解国外渔政管理的目的何在？
2. 日本的渔政管理体制和机构有何特点？

3. 日本渔业法律法规的种类有几种类型？这些类型我们能否借鉴？为什么？
4. 日本如何对海水养殖和群众性捕捞业进行管理？
5. 日本对渔政官员的资格和职权有何规定？
6. 韩国的渔政管理机构由哪些组成？管理方法有哪些措施？
7. 韩国的水产业合同组成法有哪些特点？哪些方面我们可以借鉴？为什么？
8. 加拿大渔政管理有何特点？哪些方面值得我们借鉴？
9. 加拿大渔政管理的基本原则有哪些？它的管理计划有何特点？
10. 加拿大的渔政管理人员是怎样培养的？
11. 加拿大的渔业管理为何要强调国际间的合作？
12. 美国的渔政管理方法有几种类型？各种管理方法有何特点？
13. 美国游钓渔业如何管理？为什么美国对这种渔业那么重视？
14. 美国对外国渔船管理有哪些手段？管理效果如何？
15. 英国的渔业法规有几种类型？各种类型有何特点？
16. 英国海洋渔业管理机构有何特点？管理制度有几种类型？
17. 欧盟共同渔业政策的内容主要有哪些？
18. 挪威的渔政管理体制有何特点？哪些方面我们可以借鉴？
19. 挪威渔政检查有何特点？它与日本相比有何不同？
20. 挪威对外国渔船如何进行管理？它的国际渔业合作有何特点？

第十七章 国外渔政管理的类型特点与评析

国外渔政管理的主要类型，概括起来大致有三类，即日本型、美欧型和苏联型。日本型是指日本与韩国的渔政管理体制及运行机制基本上是一个模式。美欧型是指美国、加拿大与欧洲主要渔业国家的渔政管理，虽各有特点，但基本上是一种类型。苏联型是指苏联的渔政管理，由于国家制度的不同必然有另一种的管理模式。了解国外渔政管理的类型、特点和评析的目的，是为了更好地理解国外主要渔业国家渔政管理的状况，以便我们更确切地吸取他们成功的经验来发展我国的渔业。

第一节　国外渔政管理的主要类型

国外渔政管理主要类型，是指该国的渔政管理及运行机制，如渔政管理的体制及运行、渔业立法和法律、渔政管理和检查、渔政办案和法律程序以及渔政处罚等。

一、日本型的渔政管理体制及运行机制

日本和韩国的渔政管理体制及运行机制基本上是同一个模式，如日本和韩国的渔政部门，在中央政府中最高是农林水产省的水产厅，地方政府中为各都道府县的渔业课。又如行使渔业执法权限的部门并不局限于渔政部门，警察、法院及海上保安厅也协助渔政部门从事执法活动。具体情况简介如下：

（一）渔政管理的体制及运行

日本型渔政管理，远洋和近海渔业实行中央和地方分区、分种类管理；沿岸渔业则实行渔业合作社自治管理的制度。在渔政机构设置上，遵循渔政部门行政管理与渔民组织民主管理相结合，以渔政部门管理为主，其他部门配合管理的原则，管理的行使权掌握在农林大臣和都道府县知事手中。而渔政的民主化管理，是日本型渔政管理的一大特色。日本和韩国的渔政管理由两个系统承担，一个系统是中央和地方政府中的渔政部门，另一系统是法院、警察和海上保安厅。渔政部门并不主管具体的业务，只具有执法的职能。对渔政管理具有直接、具体责任的是渔业管理委员会。这种管理制度类似于资本主义政治的议会制。渔管会是半官方组织，其成员主要由渔民代表和专家组成。渔管会的职权包括：制订渔业管理计划，起草、宣传、解释和实施渔业法规，对重大渔政问题作出建议和答辩，对渔业纠纷实施协调和仲裁，监督渔业法规的执行，如限制经营或生产，指示开放、使用渔场等；采取各种检查手段施行检查等，但渔管会对渔业违法行为并无直接的取缔和判罚权。它是政府管理渔业最重要的参谋、咨询机构，是渔民参与渔政管理、政府对渔业实行

民主化管理的重要途径。

日本和韩国的渔政职责与我国有所不同，这两个国家的渔政是指渔业行政事务，日本水产厅下属的渔政部门并不负责渔政管理，而是负责水产行政规划、水产业的经营流通、渔船保险、渔业灾害补偿、水产品流通及消费以及水产厅内的行政事务等。对渔政管理具体行使职权的是水产厅下属的振兴部和海洋渔业部，如振兴部和沿岸课主管沿岸渔业的管理，近海负责近海渔业的管理，海洋渔业部的远洋课负责远洋渔业的管理，渔船课负责渔船的管理。而在管理范围上，日本和韩国对全国海域实行分海区管理。日本海域共分成66个海区，每个海区的地方政府负责所辖海区的渔政管理，每个海区均设有渔业管理委员会。在管理种类上，国家和地方政府实行分工管理原则，但地方政府的管理要受到国家管理的约束。水产厅负责由国家管理的渔业，这些渔业一般通过法律形式规定，称为"指定渔业"——主要是近海渔业和远洋渔业。地方政府管理的渔业主要为沿岸渔业和部分近海渔业。地方政府管理的渔业分为两类，一类是农林大臣指定，由县知事颁发许可证的渔业。另一类是县知事自由颁发许可证的渔业。然而，除了政府部门之外，日本和韩国对部分沿岸渔业是实行渔业合作社自治管理制度。渔业权是指在一定的公共水域，从事特定种类渔业的独占和专有的权力。渔业权一般由县知事授予（沿岸渔民组成的）渔业合作社，由渔业合作社行使管理权限，实行自由管理制度，在经过协商和征得合作社成员同意的情况下，由合作社来划分每位渔民的作业范围、规定渔汛和各种管理措施。政府对合作社的事务一般很少干预。日本和韩国几乎所有渔民都参加了渔业合作社。据有关资料报道，日本约有2 500个左右的渔业合作社，并按照自己创造的管理制度进行管理。自主管理体制是日本成功管理沿岸渔业的主要原因之一，也是日本型渔政管理的一个重要特点。

日本型的渔政管理，行使渔业执法权限的部门并不局限于渔政部门，警察、法院及海上保安厅也协助渔政部门从事执法活动，每一部门的职责和权限在法律中都有明确规定。日本、韩国的渔政官员除特别许可外，无司法警察的权限，一般无权逮捕违反渔业法的人员，无权扣留违法渔船、渔具的渔获物，也无权进行现场处罚。这一点与美欧型和苏联型的有所不同。上述执法行为均由渔政检查人员报告警察署或海上保安厅，由警察署或海上保安厅派人员履行上述职权。对违法人员的判罚（包括罚款）必须通过法院进行。

（二）渔业立法与法律

日本现行的国家级的渔业法规有400余种。其中，渔业制度、水产资源保护方面的近150种。日本是世界上渔业法规最多、最完善的国家之一，其渔业法规的特点是门类多、层次多、形式多和等级多。有国会通过的具有原则性和全面性特点的法律、法令，有渔业部门发布的具有具体性和针对性等特点的条例、规章，有各都道府县知事颁布的具有补充性和地方性特点的地方性法规或实施细则。

日本和韩国的渔业管理条例或命令，不是以渔政部门的名义颁布，而是以农林大臣或水产厅长的名义颁布，以显示其渔业法的权威性。地方政府有权在其管辖范围内颁布本地区的渔业管理条例。地方渔业条例以都道府县知事的名义颁布。各都道府县渔政部门在制订渔业管理条例时，必先听取渔业管理委员会的意见，有时甚至由渔业管理委员会负责起草渔业管理条例，然后报知事批准，以知事名义颁布。

日本和韩国渔业的基本法是渔业法，日本的第一部渔业法诞生于1901年，并在实践中不断完善。现行的渔业法于1949年在国会通过，至今已修改过几次。渔业法中规定了日本渔业生产的基本管理制度，渔政管理的职能部门、权限、相互间关系、各级渔管会的组织形式、选举方法、任职资格及限制、机能与权限、与政府行政部门的关系等。《水产资源保护法》和《水产协同组合法》也是日本渔业的重要法律。其他渔业法规都以上述3个法规为基础。例如，日本的《渔船法》、《渔港法》、《沿岸渔业振兴法》、《沿岸渔场整顿开发法》、《海洋水产资源开发促进法》、《公害对策基本法》等。除此之外，农林大臣或都道府县知事可以遵照渔业法精神，根据本地区渔业的实际情况，以行政命令颁布渔业管理实施细则，例如设定禁渔期、禁渔区及限制水产品的采捕、销售和加工等。

(三) 渔政管理与检查

渔政的管理与检查两者是紧密相连的，管理是指法治和民主的管理，检查是指提高渔政管理效能的手段，两者紧密配合才能达到管理的预期目标。

1. 渔政管理

日本和韩国的渔政管理，分工明确，管理科学，即做到“法治加民主”的管理。所谓法治，就是渔业生产的批准、监督、奖罚条例都以法律形式固定公布，事事有法可依，违反渔业法就是犯法，渔政管理部门向法院提起公诉，经法院审理后量刑定罪。渔业法以及其他渔业法规必须由国会通过，以国家名义公布，据此定出的实施条例则以中央政府有关省厅或地方政府最高行政首长的名义颁布。日本的一些主要渔业种类，都冠以“知事许可”、“大臣许可”等字样。所谓民主管理，就是一切管理方案的出台都需经过民主协商、公开听取意见及渔管会讨论批准等规定的程序。由于渔管会是由渔民代表、专家代表和公益代表三方组成，能够充分反映大部分渔民的意见和利益，并能使管理措施具有科学性，有利于减少渔业利益和社会利益的矛盾。

日本和韩国对渔业是实行分类管理的，日本第一类是海水养殖业和以小型渔具捕捞的杂渔业。这类渔业必须取得“渔业权”并领到执照才能经营。渔业权的批准和执照的发放均需通过海区渔管会调查、审批，最后以知事名义公布。第二类是群众性的海洋捕捞业，实行捕捞许可证制度，比较正规的拖网和围网渔业，每艘船必须经知事批准，发给许可证，称为“法定知事许可渔业”。其他各种杂渔业则按渔法进行许可，属于一般的“知事许可渔业”。第三类是机轮海洋渔业，经营者一般都是渔业公司，这类渔业是日本海洋渔业的主力，称为“指定渔业”。这类渔业必须由政府政令指定，得到农林大臣许可才能经营。从事“指定渔业”的每一艘船必须经过农林大臣批准。农林大臣根据有关海区渔管会的意见，制定“指定渔业”的允许条件、船数和吨位限额、渔场范围、申请期限等。新造渔船按其类型和大小，分别向农林大臣或都道府县的知事提出申请，经批准后才能建造。

与美欧类型不同，日本型的管理并不实行捕捞配额制度，日本对捕捞力量的控制基本是通过“吨位增长”制度来实现的，即政府通过许可证的颁发来限制一定吨位的渔船数和渔船总吨位，如有必要也可限制渔场、渔具、渔期、渔具数、网具尺寸、马力等。日本的“吨位增长”制度虽然远没有直接控制渔获量来得有效，但在资源评估的技术水平不很高的情况下，这是一种有效的管理方法。从渔政管理的角度来看，控制渔船数和总吨位远比控制每艘船的捕捞量来得容易。而韩国的渔政管理与日本的渔政管理是一个模式，但规定的“线条较粗”。韩国渔业分为四类，第一类是群众性杂渔业，主要是养殖业和各种小型渔具捕捞业，从事这类渔业必须经省级行政长官批准，领取执照；第二类是大中型机轮渔业，必须得到水产厅的许可；第三类是中小型捕捞渔业，须获得省级行政长官的许可；第四类是远洋渔业，必须得到水产厅长的许可。

2. 渔政检查

它是渔政管理的重要组成部分，是提高渔政管理效能的关键手段。日本型国家的渔政检查，主要分为陆上渔政检查和海上渔政检查两部分。分工明确，检查细致，并以陆上检查为主，结合海上检查。陆上检查主要采取两种手段，一种是在港口、码头对渔船和鱼货的检查；一种是对加工和运销业者进行检查。日本由农林大臣或都道府县知事任命渔业监督官或渔业监督员，执行有关渔业法令和任务。渔业监督官员在实施检查时拥有很大权力，在必要时可以进入渔场、船舶、企业、办公室、仓库等任何有关的地方，有权查看账册、文件并向有关人员调查情况，在必要时可令其停止生产。日本和韩国的渔业监督官员在经过当地检察院院长批准后，可兼有司法警察的职务，拥有司法警察的权限，如逮捕犯人，审讯犯人等。作此条规定的目的，是为了利用渔业监督官员的渔业法令以及渔业管理方面的知识和工作经验，使之比一般司法警察更容易判断和检举违法事实。而海上检查主要采取船舰、飞机的巡查及登船检查两种方式。海上巡查由渔政监督部门与海上保安厅共同负责。海上保安厅对触犯渔业法令的行为也有权取缔和制止。登船检查一般是针对可能涉及违法作业的船只，检查渔船、渔具、渔获物和各种日志，如拒绝、逃避、妨碍检查者或弄虚作假者，可处徒刑或罚款。除渔政部门和海上保安厅的海上检查外，日本对渔业权渔业涉及的水域采取渔民参与监督、管理的方法。许多渔业合作社为保护本合作社的渔场，由合作社长任命“渔场监督员”，如在岩手县已出现了一支由 1 000 多人组成的渔场监督员队伍。当然，合作社任命的监督员在性质上只是纠察，而不是警察，其权限也只限于监督、通报和劝告。

（四）渔政办案与法律程序

日本、韩国的渔管会对渔政具有极大权力。为了保障渔民经营渔业的正当权益，防止和解决渔业纠纷，渔管会对当事人作出指示或劝告的方法，是通过邮件将意见告诉当事人，也可直接交给本人。不针对特定个人的指示，则在政府公告栏内张贴，并通过新闻媒介广为宣传。从法律上看，渔管会的指示纯属劝告，并无法律约束力；渔管会的指示必须以知事名义作为行政命令发出才能在法律上生效，因为对违反行政命令者可以实施处罚。但如当事人对渔管会的指示不予理会，渔管会有权建议知事发布命令，要求当事人遵守该项指示。知事在收到渔管会的提议后必须通知当事人，当事人可在 15 天内提出不服，如超出规定期限不提出异议或虽有异议但无充分理由，知事应命令当事人遵守渔管会指示。知事发出的命令具有法律效力，违反者要依法受罚。为了防止渔管会的意见不当，知事在必要时可以否决渔管会的意见。被处分者对知事的处分不服，可以向法院起诉，但这种起诉必须经过农林大臣的审查，被裁定起诉恰当后才能实行。渔管会无直接的取缔和判罚权，对违反渔业法规的违法行为，都必须交给警察和法院处理。其渔政办案的程序是：①渔业监督官员的检查；②取证（可分为现场取证、办案过程中取证和事后取证）；③确立违规事实，确定违反何种渔业法规；④引渡给警察署或海上保安厅；⑤由警察署或海上保安厅向法院起诉；⑥法院审判。

（五）渔政处罚

日本和韩国的渔业法规种类繁多，制订得很详细，执行非常严格，对违反渔业法规的人处罚比较严厉，并规定了详细的处罚标准。日本对违反渔业法规的人最高可判处 3 a 以下徒刑或 200 万日元以下罚款，或二者并科。最高刑罚的运用范围很广，对违抗检查、弄虚作假、无照经营、违反制约条款、不服从停业命令、无许可证擅自经营“指定渔业”、违反规定的经营内容、无许可证擅自经营“法定知事许可渔业”、炸鱼、毒鱼及销售以上述方法采捕的水产品的违法行为，均适用于最高刑罚。而日本对违反国家颁布的命令和违反地方政府条例的行为，规定不同的处罚标准。凡违反国家颁布命令者可处以两年以下徒刑、5 万日元以下罚款、拘留或小额罚款，也可并科。拒绝、逃避、妨碍检查者，或弄虚作假者，可处 6 个月以下徒刑、5 万日元以下罚款。违反地方政府条例者，可处以 6 个月以下徒刑、1 万日元以下罚款、拘留或小额罚款，也可并科。

除刑事处分外，罚款也是经常采用的方式之一。罚款一般是针对轻微的违法行为，例如不遵守法律规定的义务，但并未造成对社会公益的直接危害时，如对侵犯渔业合作社社员经营渔业的正当权利者，可处 2 万日元以下罚款。对擅自移动或损坏渔场、渔具标记者，可处 1 万日元以下罚款。对违法者所持渔获物及渔船、渔具或加工品应予没收，无法没收时则折价追征。对违法所得渔获物的贩运者、出售者也一视同仁，严惩不贷。韩国的罚规中规定有连带责任，不论单位、组织或个人，当其代理人、雇员、家属违反水产业法或政府颁布的有关命令时，除处罚违法者本人外，该单位、组织或个人应负连带责任，缴纳相应罚规中规定的罚款。

二、美欧型的渔政管理体制及运行机制

与日本型的相比较，美欧型的渔政管理虽然各国都有自己的特点，但基本上是属同一样类型。这里也像前节一样，分别从管理体制与运行、渔业立法与法律、渔政管理与检查、渔政办案与法律程序以及渔政处罚 5 个方面进行论述。

（一）渔政管理体制与运行

以美国为代表的美欧型渔政管理类型，与日本型、苏联型的有明显不同，其体制与政治采用三权分立制和联邦制管理一样，也实行渔业立法、执法和司法三权分立和联邦制管理的原则。一般渔业立法权属于议会，渔业法规的起草工作由渔业管理委员会负责，渔政部门只有执法的功能，不主管具体的管理事务。渔业司法权属于法院。联邦制管理的特点，是渔政管理大权集中在中央职能部长手中，也赋予地方政府一定的渔业自治权。联邦政府与地方政府各自独立分管不同的海区，如美国和澳大利亚，联邦政府只行使沿海 3～200 海里范围内的渔业管理权。各州政府对沿岸 3 海里以内的水域和内陆渔业拥有独立的管理权。联邦对 3 海里以内水域的管理无权干涉，各州的渔业法规不受联邦渔业法规的约束。

美欧国家以海洋渔业为主，渔政部门对淡水渔业的管理主要侧重于珍贵鱼类资源和溯河性鱼类资源的保护。其海洋渔业和淡水渔业由不同的部门分管。美国的海洋渔业由商务部的国家海洋渔业局主管，淡水渔业由内务部的鱼类和野生动物局主管。两个渔政部门虽然业务上相互协助，但行政上各自独立。在加拿大，海洋渔业的管理由渔业海洋部负责，

淡水渔业的管理则由农业部负责。然而，美国把3海里之外的水域划成几个海区，每一海区均设有联邦政府渔政部门的派出机构和渔业管理委员会。各海区的联邦渔政机构和渔业管理委员会负责所辖海区的渔政管理事务，并协调各州的渔业纠纷和各州的渔业管理工作。国家海洋渔业局在全国沿海设有5个地区办公室，负责各海区的渔政执法工作，并协助各海区渔业管理委员会完成渔业管理工作。加拿大在大西洋沿岸派驻了4个处理大量事务的区域渔业管理局，在太平洋沿岸派驻3个区域渔业管理局。

（二）渔业立法与法律

美欧国家都十分重视渔业立法工作，渔业法规是美欧各国渔政管理的唯一依据，联邦制定联邦渔业法规，各州根据本州的情况制定州一级的渔业法规，联邦政府和州政府的渔政部门中都设有专门起草法案、条例和解释法律的服务部门。加拿大在1868年就制定了第一部渔业法，至20世纪90年代末议会通过的和经渔业部长批准的计有17个渔业法律、54个渔业条例，共2 500多条款。美国渔业立法从19世纪就已开始，至20世纪90年代末联邦公布的渔业法规已有百余种。1976年颁布的《渔业保护和管理法》是一部综合性的重要渔业法。其他法规还有《鱼类与野生生物条例》、《美国环境政策条例》、《海洋保护、研究和禁猎区条例》、《美国水产养殖条例》等，各州的渔业法规更是不计其数。

美欧国家渔业立法的特点，是从经济学和生物学观点出发，以渔业管理计划为基础，各项渔业法规都体现在渔业管理计划中。渔业管理计划一般由部长令发布，通过立法实施，与议会通过的法案具有同等法律效力。立法因时、因地制宜，要解决什么问题，就专为这个问题立法。立法在前，采取管理措施在后。各项渔业法规均以国家法令形式公布，凡违反渔政部门制定的各项规定，即作违法论处。制订的法规、条例很详细，甚至包括有关政策、执行方和执行机构、经费来源、各有关集团或私人的权利和义务等。美欧许多国家属联邦制国家，各州自治。在渔业上各州有独立的渔业立法权，如美国和澳大利亚，联邦只负责3海里以外的渔业立法，各州的立法权与联邦立法权无任何联系，甚至州法与联邦法有时存在相抵触，但在这种情况下，以联邦法为准。

（三）渔政管理与检查

美欧型国家的渔政管理是采用渔获量配额的方法实行管理，而渔政检查是由渔政部门和海岸警备队或海军共同负责的办法。

1. 渔政管理

渔获量配额制度是美欧型国家渔政管理的一个特点，其配额方式通常采用两种方法，一种是规定总可捕量，让渔民在这一限度内自由竞争（如美国、加拿大）；另一种是规定每一单船的限捕量，配额到船（如挪威、澳大利亚）。前一种方法虽然便于管理，但不利于渔业协调发展，因为渔民为了保持或增加总可捕量中享有的份额，会不断扩大他们的捕捞能力。澳大利亚的某些渔业实行个人可转让配额制度，加拿大渔业海洋部自1984年起正式实施了大西洋的“企业配额计划”，把总可捕捞量在渔业公司之间分配，各渔业公司间可将年度配额相互借调，自行调度。美欧型国家渔政管理的另一特点，是对主要渔业实行计划管理和分品种管理，对每一个品种单独制订渔业管理计划，对渔业的各项管理措施、法规都体现在渔业管理计划中，渔业管理计划直接通过立法实施。管理计划一般由渔业管理委员会负责制订，渔政部门和渔业界人士也参加。计划的拟订须经公开讨论，广泛吸收各界意见。计划拟订后，报主管渔政部门的部长批准，以部长令发布，具有法律效力。

各国管理计划的主要内容包括：评述该项渔业资源过去和现在的开发利用程度，评估目前和将来的资源状况，提出保护、管理措施，根据最佳产量原则，确定国内渔船的年度可捕限额、外国渔船的许可渔获量、该渔业允许的作业船数、渔具种类和数量、捕捞对象及区域、管理费用及渔业获得的收益等。近年，加拿大对每一种主要经济鱼类都制订了渔业管理计划。澳大利亚的近海渔业已安全制订并执行渔业管理计划。这样不但及时地保护了鱼类资源，而且在渔业发展初期就控制了捕捞力量的增长。美国目前已对60种捕捞对象制订了管理计划，其中对22种实施了渔业管理计划。

2. 渔政检查

美欧型国家的渔政检查由渔政部门和海岸警备队或海军共同负责，因渔政部门的力量有限，主要负责陆上渔政检查，而海上渔政检查由海岸警备队或海军负责，渔政部门派人员协助。陆上检查主要通过两种途径，一种是在码头、港口对渔船和鱼货的检查；一种是对水产品加工企业、运输业和市场进行检查。由于美欧国家的渔政检查人员很少（如美国东北地区管辖10个州，只有24名渔政检查官员），海上检查又有海岸警备队或国防部队负责，所以渔政部门主要通过陆上检查监督管理渔业。由于渔政检查人员有限，港口检查时难以对每艘渔船进行实地检查，所以通常采取的方式是检查渔船卸货时的称重记录单和详细的捕捞作业记录（有时也直接检查鱼货和渔具）。在澳大利亚，当渔船在码头或海上卸货时，要求船上当事人填写一式三联的渔获量报告单，报告单的首联要记录渔获量的估计量、送往的加工资料等。船上当事人在卸鱼后24 h内，负责将渔获量报告单首联交给码头的渔政官员。渔获量报告单的第二联（黄色）必须和渔获物一起交给加工单位。加工单位在接收渔获物后，在黄色渔获物报告单上填写渔获物的实际重量并将报告单交给渔政管理人员。这样渔政检查人员只要检查渔获量报告单，就能了解每艘渔船的作业情况。澳大利亚法规规定，出售没有正规记录的渔获物，或接收没有黄色渔获量报告单的渔获物均属违法。

除了渔政部门的检查外，美欧国家的海岸警备队或海军在渔政检查上也发挥很大作用。这些国家的专属渔区的空中巡查和海上检查主要由海岸警备队或海军执行。海岸警备队拥有监督、管理渔业水域的权力。国家渔政部门和地方渔政部门协助海岸警备队执行海上监督任务。美国国家海洋渔业局地区办公室负责对海岸警备队进行渔政管理方面的培训，并派人直接参加和指导海岸警备队在渔业方面的工作。加拿大渔业海洋部每年与国防部签订协议，由海军、空军及运输部的海岸警备队，派出一定的舰船和飞机对专属渔区进行巡逻、监察。这里必须提到的是，观察员制度也是美欧型国家渔政管理的一个特点，尤其对进入其专属渔区的外国渔船，均须派驻本国的观察员进行监视。特殊情况下在国内渔船上也要设置观察员。观察员的主要任务是调查、了解、反映情况，记录被检查渔船的作业活动、网具状况及渔获情况。但观察员无一般执法人员的权力（如搜索、检查、逮捕等），而对于涉嫌违法，可随时联络邻近巡逻船前往查缉。观察员的记录、报告也可作为违法情况的证据材料。

（四）渔政办案与法律程序

美欧各国的法律制度各有不同，但渔政办案的程序却大同小异，一般都经过如下程序：①搜查；②检查证件和捕捞日志（如渔业许可证、船舶登记证等）；③取证，可分为现场取证、办案过程中取证和事后取证；④确立违规事实，确定违反何种渔业法规；⑤由渔政官员现场当即裁决处罚或送交渔政部门裁决处罚；⑥扣押违规渔船或逮捕违法者；⑦向法院起诉；⑧法院审判。

挪威海岸警备队的监督船及渔政官员如发现渔船的违法现象，将根据有关法令做出以下处理：口头警告、书面警告、没收渔具和渔获物、罚款、交警察局处理、驱赶出渔场等。监督船抓获的违规严重的渔船要向有关当局提交报告，说明违规渔船的详细情况及被抓的理由和送达的港口等。当送达港口时，监督船即向警察局报告，并在两天之内，警察局进行必要的审讯和调查工作，决定是否对违规渔船进行扣留和罚款。若船方不服，可以在5日内上诉。如果船方无力付清罚款，必须有一家挪威银行出示资金担保，否则继续扣押渔船及网具。如果船方拒付罚款，警方将提交当地法院，作为一般刑事犯罪处理。

美国和加拿大渔政执法人员在执行渔业法规时，可以随时登上任何渔船进行搜索和检查有关证据，甚至在无拘捕证的情况下，有权逮捕违法的任何人。加拿大渔政执法人员可以对违规渔船和违法人员依法当即裁决处罚2 000美元以下的罚款或不超过1个月的监禁，或两者并科。如果违规者不服裁决，执法人员有权扣船或令其返港，并向法院起诉，申请法院对其进行审判。美国和澳大利亚的渔政执法官员对渔业违法行为只拥有口头警告和书面警告权，并无现场处罚权。美国的民事罚款执法官员针对违法事实提出调查报告和有关的证据材料，提交所属地区渔业办公室法令执行负责人，然后法律顾问核定处罚金额，以书面形式通知受处分人。受处分人如不接受该处分，可于30天内与该法律顾问商议更改罚款数额或申请举办公听会，如对重新决定的处分仍然不服，可向联邦地方法院申请作最后的判决，渔政部门有权对将要实施或已经实施的民事罚款，作出减少、修改或废除的决定。美国、澳大利亚对违法渔船的处罚包括罚款、没收渔具、渔获物，对当事人的刑事犯罪的处分，均由联邦地方法院判决执行。

（五）渔政处罚

美欧国家对违反渔业法规行为的处罚，依其情节轻重，分为民事违法与刑事犯罪两类分别处理。民事违法的处罚一般分为警告、罚款、吊销许可证、没收渔船渔具和渔获物。处罚标准各国都在渔业法规中作了明确规定。对刑事犯罪的处罚，罚款一般不超过50 000美元，监禁不超过6个月，或两者兼科。美国和挪威对轻微或技术性的违法处以警告处分，分口头警告和书面警告两种方式。口头警告不予记录，书面警告留存渔政部门，如以后再犯，将予以较严厉的处罚。在挪威，如果受到第二次书面警告将被严惩，一般处以罚款、没收渔具渔获物等。如果两年内没有重犯，从记录中撤销原书面警告。而罚款是对比较严重的违法行为的处罚。美欧各国的罚款数额和标准不一，一般对外渔船的罚款数额比国内渔船要高得多。如美国对国内渔民的罚款额为25 000美元以下，外国渔船为10万美元以下。澳大利亚对国内渔船的最高罚款额为10 000澳元，对外国渔船非法入渔的最高罚款额为250 000澳元。在挪威，罚款数额由警察局决定，数目在100万克朗以下。在加拿大，对非法捕鱼的人，执法检查人员可以当即裁决处以5 000美元以内的罚款或3个月以内的监禁，或二者兼科，如违法者不服裁决，执法检查人员可向法院起诉，并要加重惩罚，起诉后的法院判决，则要处以25 000美元以内的罚款或两年以内的监禁，或二者兼科。除罚款之外，没收也是美欧国家普遍采用的惩罚措施。民事没收是针对较为严重或重复的犯罪行为，没收违法的渔船、渔具和非法所得的鱼货。这种处罚，美欧国家一般都授权法院执行。

刑事犯罪处分是美欧国家对渔业违法行为采取的最为严厉的惩罚。美欧各国因资源开发情况不同，其刑事犯罪的起诉标准和罚规也不尽相同。美国对国内渔民的刑事处分只是针对阻挠执法官员执行公务（如拒绝执法人员登船检查、搜索、依法逮捕、依法扣留等）和外国渔船非法入渔、违法作业等所作的处分。对本国人最高判处5万美元以下的罚款或半年以下的监禁，或二者兼科。对外国人可判处10万美元以下罚款，对违法时使用危险武器，或造成执法官员身体上的伤害，处以10万美元以下罚款或10年以下监禁，或二者并罚。加拿大对拒绝捕捞执法人员履行公务，毁坏违法证据的行为，均以刑事犯罪论处。如果违法者不服裁决，执法人员可向法院起诉，法院可判处1万美元以下罚款或1年以内监禁，或二者并罚。

三、苏联型的渔政管理及运行机制

由于前苏联（后述中称苏联）的国家制度与西方国家相比有所不同，所以它在渔政管理方面也有区别，这对于我国渔政管理可能更有参考价值。下面就其管理体制与运行、立法与法律、管理与检查、办案与程序以及渔政处罚，分别简介如下。

（一）渔政管理的体制与运行

苏联的渔政管理实行的是中央集权的垂直领导体制，渔业管理权主要集中在中央渔业部长手里。渔业管理还带有社会性和公有性的特点。苏联强调资源的流动性和公有性，对渔业资源实行集中统一管理。渔业部的鱼类资源增殖保护和渔业调整总局（简称渔政总局，由4个业务局组成），全权负责全国的资源增殖、渔业环境监测、渔业资源预测评估和渔业的许可管理。地方渔政部门在本地区内虽有一定的自治权限，但在业务上要接受渔政总局的统一指挥、统一领导。渔政总局在渔业部领导下，基本上独立行使职权。渔政总局的干部任免由渔业部负责，但渔政总局的经费由国家银行直接拨给。而渔政总局的活动受苏联法律、各加盟共和国法律、苏联部长会议决议和命令、渔业部各项法令法规的领导和约束。渔政总局对全国渔业资源的管理实行划区管理。划区管理以自然资源分布特点为原则，不以行政区域划分。渔政总局下设两个中央局，在全国设有41个区域渔政管理局，各区域渔政局根据需要在其管辖区内设有若干渔政站，形成监督管理网络，国家对渔业的管理都通过区域渔政局和其下属渔政站具体实施。区域局的基本任务与总局相仿，只是工作范围局限在其管辖区内。区域局的局级干部由总局直接任免，区域局的组织结构、规模、管理活动范围由总局确定，经费、设备、基本建设由总局统一规划下拨。中央总局与区域局上下对口，原则和工作上下保持一致。

前苏联渔政部门的职能并不限于执法，而是集渔业资源保护、资源增殖及资源科研工作三位一体，这也是苏联型渔政管理的一大特点。各级渔政机构中都设有资源预测评估和增殖部门，把渔业科研作为立法和管理的基础，把增殖作为直接增加资源的手段。苏联渔政部门的权限包括：起草并监督执行各种渔业法规；对渔业资源进行预测和评估，提出开发利用意见，并进行协调；进行鱼类增殖和移殖驯化；改善渔业环境，对200海里经济区、大陆架水域和内陆水域的生物资源进行保护，实行捕捞许可制度，实施配额捕捞；加强对外国渔船的监督管理、维护本国渔业权益。苏联为了渔政管理具有必要的社会基础，增强全民参与管理的意识，在专职渔政监督官员之外，还设有非专职的渔政检查人员，称为“鱼类保护社会监督员”。鱼类保护社会监督员的主要职责是听取群众意见，宣传渔业法规、条例，参与制定和讨论鱼类繁殖保护措施，协助处理违规事件，检查渔业企业、渔民遵守渔业法规情况，监督水域状况，防止水质污染，并采取相应的管理措施。鱼类保护社会监督员是从社会及单位中工作积极的人员中挑选，不脱产，无报酬。但工作出色者可获奖励。社会监督员的工作由渔政总局鱼类保护检查机构组织、领导。边防部队也参加领海、经济区和大陆水域渔业的检查和保护。苏联为了鼓励渔政人员的工作积极性，对各级渔政人员建立了严格的奖惩制度。各区域渔政把没收的渔具、渔船、渔获物出售的资金、各类罚款、赔偿费等收入的30% ~50%作为奖励基金，用于奖励努力工作，成绩突出的渔政人员（包括社会监督员），对违反工作章程的渔政人员，根据区域局局长的命令，可以取消奖金或给以行政处分。

（二）渔业立法与法律

与日本、美欧国家不同的是，苏联渔业法规的起草工作主要由渔业部门承担。除一些基本渔业法规需要最高苏维埃批准通过之外，大部分是以部长会议令或渔业部长令的方式公布的行政性渔业法规、规章、条例。苏联的渔业法规种类较多，按公由级别分 4 种：①由最高苏维埃制定并通过的基本渔业法；②由部长会议发布的渔业行政法律、规定和决议；③以渔业部长令发布的渔业管理的实施细则、条例；④由各加盟共和国、边区、州政府发布的具有地方特点的地方性渔业法规。地方性渔业法规不得与国家渔业法规相抵触。

苏联早在 1918 年有关土地法令中就提出了鱼类资源保护的法律原则，制定了有关保护水域空间的措施。后 30 年来的各种渔业法令、法规就有 100 多种，主要侧重于渔业资源保护——渔业管理和渔业调整方面。按其内容可分为以下几类：①保护鱼类资源、调整渔业的法规，如 1969 年颁布的《关于公海区渔业调整的规定》；②保护水质、防止水域污染的法规，如 1979 年颁布的《关于国家检查水的利用和保护的规定》；③有关渔业管理机构、任务和权力的规定，如 1971 年颁布的《区域渔政管理局和总局鱼类保护检查机构的权力》；④关于渔业管理一些具体方法的规定，如 1984 年颁布的《确定渔获物中混捕幼鱼百分比的规定》等等。

（三）渔政管理与检查

苏联的渔政管理以法制为主，结合行政的、经济的方法进行综合管理。苏联渔业的一切报表、统计、对资源损失赔偿费的计算等，都有法律规定并由统一的公式化和格式执行，用法律形式和手段来管理渔业资源。违法者按法律规定受惩罚。苏联渔政管理的方法主要有：规定捕捞原则，实行限额捕捞，实行捕捞许可制，保护生物资源的栖息环境、繁殖条件和洄游路线；建立长年禁渔区和国家保护区；加强宣传工作，用各种方法来宣传保护鱼类资源的必要性。苏联的渔业法规的执行工作由鱼类保护组织、渔政总局、区域局、自治共和国、边区、州的鱼类保护检查机构、区域检查机构、海洋检查机构、协会渔猎区检查机构以及边防部队等负责。全苏联 2 万多名专职渔政工作人员，其中国家监督员为 5 000 多名；另外，还有数量众多的非专职渔业管理和监督检查人员，其中，社会监督员 6 万名左右，还有 10 万多名共青团员和 6 000 多个青少年组织起来的“海洋巡逻队”。这是一支苏联型特有的强大的渔业管理和监督检查队伍。渔政部门备有渔政船 4 000 多艘，渔政车 2 500 辆以及其他现代化工具。

苏联政府给予渔政部门极大的支持和权力，对各级专职渔政人员的要求非常严格，规定必须具有中等以上学历，有较多的专业知识，懂 1 ~ 2 门外语，能独立工作，并能掌握政策，秉公办事。渔政总局定期举办各种类型的培训班、现场参观，有计划地提高渔政干部的业务水平和素质。国家从法律上保证渔政人员的人身安全和人格受到尊重，凡抗拒渔政人员执行公务的，均以刑事犯罪论处，处分非常严厉。苏联的渔政检查是渔政工作的重要任务。它有陆地检查和海上检查两个方面。渔政人员主要从事检查的组织领导工作。海上检查主要依靠边防军。渔政人员乘渔政船驶向捕捞作业场，登渔船或其他船只进行检查和取证。可以检查渔获物、渔具、渔法、运输工具；也可以出入收购地点、鱼品加工厂、冷冻厂、市场和其他保藏、销售场所，甚至可以检查有关的水利建筑工程和渔业保护设施。

（四）渔政办案与法律程序

苏联对违反渔业法规、条例的违法人员的处理非常慎重，其处罚程序在法律上都有严格的规定。渔政违规事件必须由高级或区域国家监督员主持审理，违规者必须填写违规登记表一份，破坏国家保护和珍稀动物者要填写两份。违规者按报表上指出的日期、时间出席审理过程。违规者缺席时，可缺席审理。在审理过程中应查明：违规者是否有行政过失，是否应负行政责任，在违规过程中是否有犯罪行为。如有犯罪行为，则提交法院审理。对内陆水域的行政违法，渔政部门有权处以 300 卢布以内的罚款，而对 300 卢布以上的罚款要交法院判决。对 200 海里经济区内的行政违法，渔政部门有权处以 10 000 卢布以下罚款，10 000 卢布以上的罚款由法院判决。渔政部门审理或司法部门的审理须经上一级部门的审查或核准后才能执行。而行政违规事件的处理要在审理后立即公布，抄件在 3 天内直接交给或挂号寄给当事人。如当事人不服，可向上级主管部门或区、市人民法院申诉。如法院维持原判，当事人在接到否决通知后必须在 15 天内交纳罚款，如逾期不交，则在其工资中扣除。

（五）渔政处罚

苏联对违法行为的处罚分 3 种形式，即行政处分、经济处分和刑事处分。苏联型渔业管理的行政处分具有特殊的内容，即行政处分有 4 种：①警告（口头警告不算处分）；②行政罚款；③没收许可证，剥夺渔业生产权；④没收违法渔获、渔具和渔船。行政罚款额较小，一般公民为 10 卢布，领导干部为 50 卢布。严重违法者则一般公民为 50 卢布，领导干部为 100 卢布。经济处分是违法人应负的法律责任的特殊形式，在对鱼类资源造成损失时，苏联的经济处分较为严厉，以全部赔偿损失为原则，经济处分不取决于违法者是否受到刑事或行政处分。对非法捕捞珍贵鱼类和海洋哺乳动物，则处罚更为严厉。如非法捕捞 1 尾鲸鱼，罚款 50 000 卢布；捕捞 1 尾黑龙江鳇鱼，罚款 400 卢布。违法者造成重大损失或严重损失的要处以刑事责任，并处以 10 万卢布以上的罚款。与美欧国家不同，苏联的刑事违法包括的范围较广，对大规模捕捞经济鱼类，使用有害渔具、渔法以及在产卵场禁渔区内捕鱼（包括捕捞幼鱼）等行为均以刑事犯罪论处。俄罗斯刑法规定，这类严重违法者可剥夺自由 1 年，或罚款 100 卢布，没收其渔获物、渔具、运输工具等（有时也可不没收），重犯者可剥夺其自由 4 年。而苏联对妨碍渔政官员执行公务的行为均给以严厉处罚，如抗拒国家监督员和社会监督员执行公务者，可剥夺自由3年或劳改1年或罚款600卢布；侮辱国家监督员和社会监督员者，处以劳改1年或罚款100卢布；威胁或以武力威胁鱼类保护监督员者，剥夺自由1年或劳改1年。

第二节　国外渔政管理的特点

国外渔政管理，除了上述的主要渔业国家如日本、加拿大、美国、挪威之外，还有英国、冰岛、丹麦、韩国以及苏联都很发达。这些国家对渔政管理都十分重视，不仅先后建立了渔业监督管理机构，而且还制定了一系列强制性的渔业法规，大力整顿渔业的无政府主义状态，以确保渔业资源的生息繁衍。我们了解国外渔政管理特点的目的，是为了借鉴他们的成功经济来引导发展我国的渔业。当然，对待外国的经验，我们不能照搬照抄，因为各国的渔业资源状态、经济发展状况、科技水平高低、法律健全程度、人民群众法律观念的高低，以及社会制度、地理条件等有所不同，所以我们只能根据本国国情，有分析、有步骤地吸收他们成功经验的一面，并在此基础上还要有所创新，这样才能发展我国的渔业。这里仅归纳国外一些先进渔业国家的渔政管理内容，大致有下列几方面特点。

一、各项渔业法规均以国家正式法律形式公布

各国这样做的目的，是对违反渔业法规者严厉追究其法律责任，以保证渔业法规的贯彻执行。例如：

日本的各项渔业法规均由国家颁布，早在1875年日本就宣布了《海面官有宣言》，1910年公布了《渔业法》，此外还制定了《水产资源保护法》、《渔船法》、《渔港法》、《渔场法》、《沿岸渔业振兴法》、《渔业水域暂定措施法》、《海洋水产资源开发促进法》等，都是经过国会批准的法律。另有经过内阁批准的政令，如《渔业法施行令》、《渔业登记令》、《渔业资源保护法施行令》等。再就是政府主管部门中的一个或几个联合签署后才能生效的省令，如《渔业法施行令规则》、《渔业登记施行规则》等。

美国的渔业立法，其总的意图是把捕捞量控制在最适限度，减少外国渔船的捕捞量，保护本国商业性捕捞和游钓渔业。1976年4月13日美国历史上最重要最全面的渔业法令——《马格纳森渔业保护和管理法》，经参众两院通过后以第94届国会“美国公法94265号”法令颁布。此外，美国在1956年颁布了《鱼类和野生生物条例》，1958年颁布了《鱼类和野生生物调整条例》，1966年颁布了《美国野生生物管理条例》，1972年颁布了《沿岸地带管理条例》、《珍贵稀有生物品种保护条例》和《海洋哺乳动物保护条例》，1973年颁布了《海洋保护研究和禁猎区条例》与《濒临绝种生物条例》、1980年颁布了《美国渔业促进法》和《水产养殖条例》等等。

加拿大具有全国性的主要渔业法规，若按其功能可分为：具有管理功能的，如1868年颁布的《渔业法》、1869年颁布的《沿海渔业保护法》、1976年颁布的《渔业和游钓港口法》、《鱼品检验法》、《沿海渔业保护条例》、《外国渔船捕捞管理条例》以及《大西洋渔业条例》和《太平洋渔业条例》等；具有管辖权的，如1964年颁布的《领海和海区法》，1970年颁布的《防止北极水域污染法》、《领海和渔区法》以及1971—1977年颁布的《加拿大渔区（一、二、三区）法令》、《加拿大渔区（四、五区）法令》、《加拿大渔

区（六区）法令》等；具有渔业发展方面的，如《渔业发展法》、《渔业改进贷款法》、《渔业价格支助法》等。其他方面的有关法规，如《加拿大水法》、《防止油类污染法》、《海洋倾废法》等等。到目前为止，加拿大会议通过和渔业部长批准的渔业法案有17个，条例54个，共2 500多条款（这里补充几句：拉美沿岸国家渔政管理中的有关渔业法规、条例也都是以国家法律形式颁布，由渔业主管部门和司法部门结合执行）。

冰岛的渔业法令必须经议会通过，渔业部长才有权制定具体的条例或规定。冰岛目前的渔业法规有：《领海、经济区和大陆架法》、《捕鱼区条例》、《保护区条例》、《青鱼捕捞条例》、《贝类捕捞条例》、《各种鱼类最小尺码捕捞条例》、《鳕鱼网捕捞条例》以及《拖网捕捞条例》等。

丹麦的渔业法令，也是由议会通过的。丹麦目前的渔业法规有《捕鱼领域法》、《海洋渔业法》、《淡水渔业法》、《渔船法》，以及内陆水域禁止使用拖网等的规定。

英国是普通法系的代表性国家，渔业法规根据立法机构可分为三大类：英国立法机构制定的渔业法规、欧盟机构制定的渔业法规以及经欧盟法院和英国法院裁决的有关渔业的判例法。英国议会制定的渔业法律被称为基本法，一般需要英国上院和下院参加会议的过半数议员支持以及女王在形式上的赞同，与海洋渔业密切相关的主要有10部：1976年的《渔区法》、1967年的《海洋鱼类（养护）法》、1967年的《海洋渔业（甲壳类）法》、1968年的《海洋渔业法》、1981年的《渔业法》、1983年的《英国捕捞渔船法》、1992年的《海洋渔业（野生生物养护）法》、1992年的《海洋鱼类（养护）法》、1995年的《商业船舶运输法》等，这些渔业法律都是议会制定通过的。

苏联为了管好和利用好渔业资源，部长会议制定了包括实行200海里专属渔区在内的一系列渔业法令或条例，如1958年部长会议通过了关于繁殖和保护苏联内陆水域鱼类资源的决议，批准了《关于保护苏联水域鱼类资源和调节捕鱼的条例》；1969年部长会议通过了《关于加强保护苏联水域鱼类资源的措施》的决议；1974年颁布的《苏联大陆架保护条例》和《加强防止对人类和海洋生物有害物质污染海洋的决定》；1976年最高苏维埃主席团颁布了《有关保护邻接苏联沿岸海区生物资源和管理渔业的临时措施》的命令等等，都是以国家正式法律形式公布的。

二、有一整套国家集中管理制度和渔政管理机构

为了加强渔政管理，有些渔业发达国家采用中央集权管理制度，并建立完整的渔政管理体系，例如：

美国的渔政大权集中在商务部长手里，其权限范围为：①审查批准各海区渔业管理理事会的渔业管理计划；②与国务卿商讨外国渔船的捕鱼问题，会同海岸警备队实施海上管理条例；③必要时可以接管任何渔业，直接对该渔业进行管理；④制定渔政工作有关的科研计划；⑤对违法作业的渔船和个人提出处罚意见并确定罚款数额等。美国把全国管辖海域划为八大海区，各成立渔业管理委员会，各大州对辖区内的海洋渔业拥有管辖权。理事会的任务是：①制定管辖区内各种渔业的管理计划；②对外国渔船的捕鱼申请提出意见；③公开举行意见听取会；④审查修订其管辖海区内各种渔业的最适渔获量和外国渔船总允许渔获量。

加拿大的海洋渔政管理权全部集中在中央，地方各省只负责浅海滩涂养殖场和内陆渔

业水域的管理。加拿大政府设有渔业海洋部，下设“渔业海洋科技”、“太平洋和内陆渔业”、“大西洋渔业”、“销售与国际关系”、“财务与行政事务”、“政策与规划”等6个部门。另外还设人事、宣传、渔港、审计、法律服务等5个综合局。渔业海洋部派驻外地的渔业管理机构有5个沿海地区的渔业管理局和两个内陆渔业管理局，而渔业管理局均设有渔政管理处。以大西洋渔业管理局为例，该局共设5个处，即“小型渔船渔港处”、“渔业发展处”、“经济处”、“财务处”和“渔政管理处”。渔政管理处下设4个科，即“资源保护科”、“渔民服务科”、“检查科”、“资源分配科”，还有3个直属渔政站，配置3艘200马力以上的大型渔政船。加拿大全国共有渔业执法官员约900人，配置各种渔政巡逻艇、船约500艘，还配置了能在各种沼泽、沙滩、山地行驶的汽车400余辆。每位渔业执法官员均配有警棍、无线电对讲机等。他们有权对加拿大渔业水域内的任何渔船进行登船检查，有权扣押其有充分理由认为违法的任何渔船和货物，甚至在无拘捕证的情况下有权逮捕犯有违法行为的任何人。

日本掌握渔政管理大权的是农林大臣，大中型渔业的每艘渔船均需经过农林大臣许可，领取许可证后才能生产。各种渔业的总渔获量、总吨位、总功率、作业时间和渔场等，均由农林大臣预先规定。至于沿岸渔业，不论捕捞还是养殖均需得到所在地区知事的许可，获得渔业权后才能生产。同时也有渔获量、渔船、渔具等项限制。新建渔船，则根据其类型和大小分别向农林大臣或都道府县知事提出申请，经批准后才能建造。日本水产厅设有渔政部，下设渔政科、计划科、合作社科、水产流通科、渔业保险科。农林大臣某自负责管理渔业执照和渔船建造申请，发放许可证，以农林省命令的形式规定渔业规模。还设立了与此相平行的中央渔业调整审议合作为参谋咨询机构。

韩国的渔政管理是中央的水产厅，重要的管理条例或命令均以水产厅长名义发布。水产厅长将部分权力下放给省级行政长官（韩国的省级行政区划称为“道”，还包括汉城特别市和釜山市），凡法律规定可由地方颁布条例或命令的，均以地方长官名义公布。渔政管理条例或命令不是以渔政部门的名义，而是以行政长官名义颁布。同时，作为渔政管理的咨询机构，水产厅和地方政府中都设有渔业协调委员公。1963年韩国国会通过一项关于修改水产业的法案，其中一项就是成立“水产审议委员会”，其性质与日本的“中央渔业审议会”类似，充任水产厅长的咨询机构，专门负责渔政管理、渔业纠纷、渔业补助等问题。1972年韩国国会又通过水产业修正法案，规定在水产厅内设立“中央水产协调委员会”，在市、道设立地方水产协调委员会，分别作为水产厅长和道知事的咨询机构，处理有关渔业管理、渔业索赔、仲裁等事项。韩国的渔政官员都直属水产厅和地方水产局，负责监督、检查渔业管理条例的执行，取缔违法行为。经地方检察院长批准的渔政公务员还兼有司法警察权限，可以搜捕和审问渔业违法者。对外国渔船的监督管理，除渔政人员外还动用海洋警察队，实施海上巡逻和检查等。

英国海洋渔业属于分权事务，它有4个海洋渔业行政管理部门：在英格兰为英国政府的环境食品和乡村事务部；在苏格兰为乡村事务与环境部；在威尔士为乡村部，在北爱尔兰为农业和乡村发展部。这4个部门之间是伙伴关系，非领导、被领导或指导、被指导的工作关系。但是，只有英国政府的环境食品和乡村事务部有权在国际渔业事务中代表英国。根据《海洋渔业调整法》和若干执行性的法规，英国设立了12个海洋渔业委员会，成员分别来自环境食品和乡村事务部、地方市政会和环境署，负责管理在英格兰和威尔士沿岸6海里水域12个海区内的渔业活动及环境保护工作，委员会有权制定适用各自渔区的渔业法规，任命渔业官员。英格兰水域以外之英国外海水域的渔业执法活动，由英国皇家海军渔业保护大队负责。在苏格兰、乡村事务与环境部下的苏格兰渔业保护局独立负责苏格兰水域的渔政管理工作，设有海上监管部和沿岸监管部。英国渔业管理机构除了政府部门之外，还有一些非官方的公共机构（如海洋渔业促进会、一些渔港监督机构）、渔业合作组织（如渔业生产者组织）、渔业协会以及渔业联合会等也可以管理一些渔业公共事务。

苏联的渔业水域由渔业部提请部长会议批准进行统一划分，对具有全国意义的水域，由渔业部直接管理；属加盟共和国的水域，由加盟共和国渔业部（或渔业总局）管理。苏联鱼类资源保护机构根据部长会议批准的《苏联水域内鱼类资源保护和渔业管理条例》进行工作，各地再根据条例制定《渔捞规则》。渔捞规则规定，新渔具渔法均须经渔业总局许可才能使用，同时对管辖海区、沿岸区、湖区的界限，以及禁渔区、禁渔期、禁用渔具渔法、网目尺寸、最小可捕体长、渔具数量、准许渔获量等都做了明确规定。苏联渔业部下设有各种性质的渔业管理总局，其中地区性的有5个，即远东、北部、西部、亚速海、黑海、黑海的渔业管理总局；专业性的有30个局、处，与渔政管理有关的，如“鱼类资源繁殖保护和渔业布局管理总局”、“渔船航海安全和港口监督国家检查总局”等。上述机构在其下均设有相应的分支机构，如“鱼类资源繁殖保护和渔业布局管理总局”在全国设立数十个地区检查局，局下又设若干个检查站，共有6万多名检查员，负责监督渔业资源繁殖保护条例的执行和所辖地区的鱼类资源繁殖保护工作。与此同时，还建立了中央渔业保护协会，全国各地共有渔业保护协会1 500多个，组织了10万多名共青团员和学生组成6 000多个“海洋巡逻队”，检查有关破坏渔捞规则事件。

三、渔业法规规定了严厉的惩处制度

美国对违反渔业法规行为做了十分具体的惩罚规定，并从严处罚，其目的在于有利渔业法规的贯彻执行。美国规定违法行为分民事违法和刑事犯罪两类分别处理，还规定对每一天所犯的连续性违法行为应作为单独违法事件处理。民事违法的罚款在2.5万美元以下。至于拒绝检查，对检查人员进行威胁、殴打、干扰耽误或妨碍时，对违法者进行逮捕或拘留。对外国渔船违反规定，构成刑事犯罪，依情节轻重分为两种，一种是罚款5万美元以下，监禁6个月以下，或两者兼科；二是罚款10万美元以下，监禁10年，或两者兼科。凡违法捕鱼的渔船、装备及渔获物等，均由政府没收。

加拿大对违规渔船和违规者的惩罚，依《沿海渔业保护法》规定：凡违反规定或没有合法理由而进入本国渔业水域的渔船船长；在渔船上拒绝回答执法检查人员向他提出的任何问题者；在巡逻船发出停船信号后，把船上货物、备件或设备的任何部分抛出船外或将其毁坏的人；拒绝或粗暴阻挠执法人员履行其职责的人等均构成犯罪。渔业执法检查人员对这些人可以当即裁决处以不超过2 000美元的罚款或不超过1个月的监禁，或两者兼科。如果违法者不服裁决，执法检查人员可向法院起诉，并要加重惩罚。根据起诉后的法院判决，则要处以不超过10 000美元的罚款或不超过1年监禁，或两者兼科。对非法捕鱼的人，执法检查人员可以当即裁决以5 000美元以内的罚款或3个月以内的监禁，或两者兼科。而起诉后的法院判决，则要处以25 000美元以内的罚款或2年以内监禁，或两

者兼科。法院除了判决罚款和监禁等惩罚之外，还被国家授权可判决没收任何违法渔船，没收船上任何物品，包括渔获物、渔具、船上设备和货物等。法规还规定，对侵犯渔业执法检查人员人身自由的要给予重罚，根据不同情况直至判以重刑。

日本渔业法在1978年修订后，对渔业违法行为制订了一系列罚规。违反渔业法者，最高可判处3年以下徒刑或20万日元以下罚款，或两者兼有。适用最高刑罚的违法行为如无照经营、违反制约条款、不服从停业命令；无许可证擅自经营"指定渔业"；违反规定的经营内容、无许可证擅自经营"法定知事许可渔业"；对任何违反渔业法的犯人所持有的渔获物、制品、渔船以及渔具，均可依法没收。除了渔业法之外，1978年修改后的"水产资源保护法"中也附有以下6条罚规：

（1）有以下行为者处3年以下徒刑或20万日元以下罚款：①使用炸药炸鱼（但海兽不在此例）；②使用毒药造成水产动物昏迷，使用毒药采捕水产动植物；③销售以上方法采捕的水产品。

（2）有以下行为之一者判处1年以下徒刑，5万日元以下罚款或拘留：①未经批准在保护水域内填海造田、疏浚或进行可能导致水道、河流之流量、水位改变的工程；②未经许可在溯河性鱼类通道上放置物体，影响鱼类溯河；③在溯河鱼类的溯河通道上放置物体时，不服从农水大臣要求改建鱼道或采取方法保护鱼类溯河的命令；④不服从农水大臣要求拆除溯河通道内物体的命令；⑤未获许可在河流内擅自捕捞溯河鲑鱼。

（3）对违法者持有的渔获物、渔船或渔具可以没收。

（4）根据情节可以兼用罚款与徒刑。

（5）有以下行为之一者，可以处6个月以内徒刑、1万日元以下罚款或拘留：①在溯河鱼类通道上设置物体时，不按照农水大臣的命令制定解决洄游通道问题的规定；②从事水产动植物苗种采捕、销售者，不按规定向农水大臣申报或申报失实；③当农水大臣出于保护水产资源需要而要求渔业经营者提供渔获量、生产时间、渔法等必要情况时，该经营者不予合作或提供假报告。

（6）法人的代表、雇员或经营者的代理人有上述违法行为时，除行为者本人受规定的处罚外，对法人或经营者另处以各条所规定的罚款。

1983年日本国会修订了渔业法及水产资源保护法，为了适应经济情况的变化，有效防止违法现象的产生，将原订的罚款金额分别提高10倍。

冰岛渔业法规定，对违法捕捞的渔船可处以罚款、没收渔具和渔获物。如果船长无力交纳罚款，则渔船本身或渔船价值的一部分被没收。对于任何人引导渔船在冰岛渔业管辖区进行非法捕鱼或帮助有罪的人逃避惩罚，按每个人（包括船上全体人员）平均处以2 000～14 000金克朗的罚金，屡次违反渔业法规的船长，除处罚金之外，将判处6个月以下监禁。

苏联对违反渔业法规者的处罚，是根据违法性质、情节轻重、分清责任，按法律规定分别给予行政的、刑事的和经济的处罚。行政处罚，行政过失是行政处罚的依据，行政罚款一般公民为10卢布，领导干部为50卢布；严重违法者一般公民为50卢布，领导干部为100卢布；行政过失的渔获物、渔具、运输工具一般没收归公。刑事处罚，对大规模捕捞经济鱼类，采用有害的渔具、渔法，在产卵期、禁渔区捕鱼，捕捞幼鱼，采用严重损害鱼类资源的禁用渔具。俄罗斯加盟共和国刑法规定，这种严重违法者剥夺自由1年或劳动改造1年，或罚款100卢布，没收其渔获物、渔具、运输工具等，重犯者则剥夺自由4年。经济处罚，根据1969年12月10日关于加强苏联水域鱼类资源保护措施的决定中规定，鱼类保护机构有权向国家企业、组织、机关、集体农庄、其他合作社和社会组织提出起诉，要求赔偿对鱼类资源造成损失的罚款，例如：非法捕捞1尾格陵兰鲸、蓝鲸、长须鲸罚款50 000卢布；捕捞1尾黑龙江鳇鱼罚款400卢布。非法加工鲟科鱼类或鲑科鱼卵的，以高级鱼卵加工品零售价的3倍罚款。

四、渔业法规由渔业部门和司法部门共同执行

美国的渔业法令由商务部长和海岸警备负责人共同实施，两个部门可通过协商共同使用人员、办事机构、飞机和船只设备，以及其他联邦机构（包括国防部队）和州机构的设备。受权实施渔业法令的官员，有权登上渔业法令管理的任何渔船进行搜索和检查，有权在具备或不具备许可证或其他手续条件下逮捕违法者。地方法院对违反渔业法令的案件或争议，拥有唯一的裁判权。

加拿大渔业法规定，海军、空军有义务为渔业管理部门服务，海军每年提供30天服务，空军提供540个飞行小时，主要用于对付外国渔船的捕鱼活动。加拿大的渔业执行官必须经过两年严格的专业院校训练，毕业后还要到皇家警察学院训练1年，才能安排执行任务。1年后经考核合格，才可以成为正式的渔政检察官。

日本的渔业监督官和渔业监督员，由农林大臣或都道府县知事任命，代表政府执行任务，经规定手续后，可兼有司法警察的职权。

冰岛渔业法规定，在其水域内捕捞作业的监督检查任务，由海岸警备队和海洋研究所推荐的特别检查船共同负责，依法判处的罚金以及变卖没收违法财产的收益，划做海岸警备队的基金。

苏联部长会议于1977年2月25日批准了《苏联沿岸海区保护鱼类和其他生物资源的决定》，在200海里海区内由边防军和渔业保护机构执行检查任务。执行公务人员有权阻止和检查在该海区捕鱼的任何渔船，扣留违法作业船只，提出处理意见，采取行政措施，并整理严重违法者的材料，送司法部门处理。

五、渔政管理机构吸收科研人员和基层代表参加

为了使渔政管理有科学理论的指导，使之建立在科学管理基础上，一些发达的渔业国家十分注意广泛听取意见，发挥科研部门在渔政管理中的重要作用。

加拿大的渔业海洋部设有渔业资源研究处，每个区域渔业管理部门都设有渔业海洋中心。在渔业海洋部从事海洋和渔业科研的人员约有2 500名，占总人数的40%，其中渔业科研人员约1 184名，占科研人数的47%。渔业研究单位负责渔业资源的调查和评估工作。它们必须在1年前正式提出本海区渔业资源情况的研究评估报告，经区域渔业研究顾问小组委员会评审后报海区渔业海洋研究顾问委员会审定，最后送渔业海洋部部长批准执行。

美国规定八大海区渔业管理理事会，设立科学统计委员会和专门顾问小组，制定为实施渔业保护和管理法等渔业法令所需的渔业科研计划，收集和分析有关统计学、生物学方面的资料，为制定渔业管理计划提供科学依据。

日本的渔业管理权，虽然掌握在农林大臣和都道府县知事手里，但各项管理措施均须听取中央渔业调整审议会和各级渔业调整委员会的意见，各级委员会中有一定比例的渔业单位代表和科研人员参加。

苏联在渔政管理系统中，设有许多鱼类观察站，负责收集所在水域的鱼类学资料，分析研究渔业资源状况，观察渔业资源保护条例的实施效果，并随时提出改进意见。

第三节　国外渔政管理的评析

依法治渔，加强渔政管理，是当前世界主要渔业国家发展渔业生产的重要途径和必然趋势。然而，由于各国国情和社会经济制度的不同，因而在实施渔政管理方面也存在着许多相同与不同之处。为此，我们对世界渔业主要国家在渔业行政管理机构、渔业法制建设、渔政管理政策、渔业资源管理方式以及渔政执法权限等诸多方面进行评析，这无疑对我国的渔业发展会起着推动作用。也就是说，对国外渔政管理的评析，能更好地理解国外主要渔业国家渔政管理的特点，使我们能更确切地吸取他们成功的经验，促进我国渔政管理体制不断健全和渔业生产的持续发展。

一、主要渔业国家渔业行政管理机构评析

渔业行政管理机构的设置模式，是渔业管理体制的重要内容。这个机构设置形式如何，不仅反映了本国渔业管理的基本纵横格局，也体现着渔业在本国国民经济中的地位。

（一）渔业行政管理机构设置的几种模式

目前世界主要渔业国家的渔业行政管理机构设置，归纳起来有复合模式、归口模式、单列模式和分散模式。这些模式各有特点，从而反映了各国国情的不同。

1. 渔业行政机构的复合式模式

这种形式是指中央或地方政府中把渔业与相关产业复合在一起组成多产业的管理机构。这种设置形式以渔业与农业、林业、海洋、食品等部门有机复合较多，以体现这些行业或部门之间的联系。例如：日本的国家渔业管理机构是农林水产省，在农林水产省下设水产厅；英国的国家渔业管理机构是农业渔业食品部，在农业渔业食品部下设渔业管理司局级机构；加拿大联邦政府的渔业管理机构是渔业海洋部，在渔业海洋部下设有关渔业海洋方面的6个部局。

2. 渔业行政机构的归口式设置模式

这种形式是指在中央或地方中把渔业作为某个产业部门的有机组成部分，而在其系统内部设置有关渔业分支机构。例如：希腊，在农业部内设立渔业司；泰国，在农业部下设渔业厅主管渔业。这些国家是把渔业作为农业的一个重要部门，在农业部下设置渔业机构；澳大利亚，在初级产品工业部下设置水产局；罗马尼亚，在食品工业部下设置海洋淡水渔业与加工中心（该中心负责协调组织全国渔业生产），作为政府渔业管理机构；西班牙，在运输部中（以前还曾隶属过贸易和海运部）设渔业局，而地方的渔业行政管理局却又掌握在海军的港务部门中，也有一些国家是在外贸或运输等部门中设置渔业管理机构；菲律宾，主管渔业的自然资源部，该部下属渔业局、渔业工业发展委员会、渔市场署

等部门，即这些国家在自然资源管理保护部门下设有关渔业行政管理机构。

3. 渔业行政机构的单列式设置模式

这种形式是在中央或地方政府中把渔业作为一个独立的产业部门，单列设置其行政机构，以此来实施渔业管理。例如：苏联最高渔业管理机构是渔业部，主管国营渔业企业，在渔业部内分设主要业务机构和行政管理机构两大类，其中主要业务机构有资源繁殖保护总局、工业捕鱼、内陆水域养鱼与捕鱼局、船队运营与港务局，而主要渔业行政机构有科学技术局、鱼品生产与新技术局、计划经济局、建设规划与投资局等。但是，在苏联的渔业行政管理上，除了单列式设置机构主管国营渔业企业之外，在农业部中也设置渔业管理机构，管理有关集体渔业和国营农业的渔业生产组织。突尼斯等，为了加强对渔业的领导，曾于1979年新建了渔业委员会，渔业管理从以前有关部门中分离出来，组成一个新的机构，并由一名委员长领导国家渔业局工作以及其他一般性的渔业行政工作。

4. 渔业行政机构的分散式设置模式

这种形式是在中央或地方政府中根据渔业自身的特点和管理需要，把渔业行政管理机构分散设置于若干行政机构中。例如：美国联邦政府的渔业管理机构按海洋与淡水分别设置，其中海洋渔业划归联邦政府商业部海洋大气署国家海洋局管理，掌握全国商业性渔业和海洋游钓业；淡水渔业又分属两个部领导，有关淡水商品鱼生产属美国农业部渔业管理局领导，有关游钓渔业的管理（包括鱼类的人工孵化与人工放流）属美国内政部鱼类与野生生物保护局管理。这种分散式的设置模式，在世界渔业国家中为数不多，美国是个典型国家。

（二）制约渔业行政机构设置的若干因素

不同国家的渔业行政机构的构筑形式，既有相同又有差异，其原因与各国国情有关，其中最主要的制约因素有下列几方面。

1. 发展渔业的地理位置、自然环境、资源状况以及渔业在本国经济中所处的地位

例如，日本、冰岛都属岛屿国家，内陆土地面积有限，农业条件不好，畜牧业不甚发达，而渔业资源丰富，历史悠远，政府为了保证向国民提供足够的动物蛋白质，把重心目标放在发展海洋渔业上，渔业在本国国民经济中占有重要地位。因此，设置以海洋渔业为主的复合式行政管理机构或单独设立渔业行政管理机构就比较符合本国国情。

相反，一些水域面积小，或渔业对本国经济所起的作用不大的国家，就可以不设强有力的渔业管理机构。例如，美国有高度发达的农业生产，可以充分供应居民高质量的动植物食品，海产品的捕捞和加工被当成是次要的部门。实际上，美国按人均计算每人鱼产品消费的平均水平大约是日本的1/6，而这些鱼类产品在消费的蛋白中的比重仅占3.3%。1980年美国渔业产值为18.54亿美元，仅占国民生产总值的0.09%。渔业的贡献与其他产业部门相比是微不足道的。

澳大利亚政府也不把捕捞工业的发展作为区域经济发展的主要手段之一。虽然北部地区政府和塔斯马尼亚州对于渔业在经济发展中的作用还是十分强调的，但澳大利亚把渔业管理机构设置在主要产业部门以下，不单设渔业行政机构，这也是符合本国国情的。

2. 不同的社会制度设立不同的管理机构

若从渔获物总产量来看，苏联和美国都算得上渔业大国，似乎应在机构设置上有相同

或相似之处，但事实上这两个国家的渔业管理机构完全不同。苏联的渔业管理在农业系统，美国的渔业管理在商业系统。因为苏联政府是直接管理生产，渔业的生产活动若放在商业系统自然就不妥当，而美国的企业是私营的，政府部门不直接管理生产，渔业放在商业部之下也就可以了。

3. 渔业管理机构因政府管理方式的不同而有所差别

由于西方各国政府对社会各方面事务一般是采取宏观、综合方式进行管理，因而在政府职能机构设置上一般都不设具体专业性部门而只有综合性部门，反映在渔业管理上都不单独设渔业管理机构。例如，加拿大联邦政府的渔业海洋部概括起来有七大方面的内容：海运、海洋服务、资源开发与管理、主权国家与海洋法律、北方海区的开发及工业发展、海洋渔业科学与技术的发展。这是一种宏观管理，微观搞活，行业自主的管理方式。

4. 不同历史时期渔业资源开发和管理程度不同，渔业管理机构也会发生不同变化

例如：日本政府为了适应形势的需要，发展水产增养殖业，曾将农林省改为农林水产省，并将所有的行政机构作了相应变动。加拿大联邦政府的渔业管理机构名称也曾多次变动。起初，渔业曾两次与林业部合并为渔业林业部，1926 年环境部合并为渔业环境部，现在又改为渔业海洋部。美国联邦政府的海洋渔业局，1983 年初也曾发生过改组，这一改组旨在减少国家海洋渔业管理局的一般管理费用，加强内部联系，平衡责任与权限，切实有效地掌握计划进展情况，减少管理环节，更有效地利用渔业资源。上述这些渔业行政管理机构的变动与改组，它与各个历史时期对渔业管理的重视程度有密切关系。

二、主要渔业国家渔业法制评析

渔业法是管理渔业的重要手段，世界主要渔业国家都十分重视渔业法的建设，并通过渔业法明确规范各种渔业关系。其中，在对外和对内立法方面有很多共同性表现，然而在同一发展时期与不同历史阶段又存在不少差异性的表现。

（一）渔业法规调整渔业关系的共同性表现

综合一些渔业国家的渔业法规，尽管名称各异内容纷繁，但在规范渔业关系上具有许多相同或相似之处，具体表现在下列两方面。

1. 涉外渔业立法方面

各国对建立 200 海里渔业区都有一部新的渔业法，规定在专属经济区或专属渔区内的捕捞权利和职责。如美国的《马格纳森渔业保护和管理法》、加拿大的《沿海渔业保护条例》、新西兰的《专属经济区（外国渔船）管理条例》、《专属经济区（外国渔船许可证收费）条例》、日本的《渔业水域临时措施法》、印度尼西亚的《生物资源管理法》、英国的《1976 年渔业范围法》、苏联的《苏联水域鱼类资源保护和渔业管理条例》，等等。这些涉外渔业法规所载的内容主要有：①把海洋法公约确认的国际义务列入本国渔业法规，确定剩余资源量及其分配办法，允许其他国家进入本国渔场开发剩余资源；②在国籍准则方面一般倾向于仿效商船所采用的国籍标准；③签订进入本国渔场的协定，颁发许可证，或者两者同时采用；④根据渔船总的登记吨位、发动机功率，按在本国渔场的作业时间和实际渔获量，规定收费标准。费用中一部分是渔业管理费，另一部分是特权费或其他

费用；⑤掌握外国渔船船队捕鱼活动的统计资料，要求填写捕捞日志和作业记录，定期报告船位、渔获量，渔汛结束后也要报告渔获量；⑥为了使外国渔船船队遵守协定和控制措施，建立一些控制外国渔船船队的技术和机构，尽可能让外国渔船自己管理自己，记好捕捞日志，定期进行报告。沿海国对这些报告和记录予以验证，并为此规定一些惩罚和制裁办法；⑦在几个国家毗邻的海区，对第三者进入渔区一般采取地区性合作；由地区联合颁发许可证，共同商定开发的条件，设置联合性执行机构；⑧在毗邻海区的国家或地区之间，一般采取联合经营或联合开发的办法；⑨与渔业有关的科研活动，主管的国际机构以及各国的主管部门要受到公约某些条款和条件的保护，但在领海、专属经济区内、大陆架上进行科研活动时必须取得该沿海国的同意。

2. 对内渔业管理方面

各主要渔业国家都规定有关政策和标准，以及授权予执法官员一定权力来对渔业进行管理，具体有下列几方面内容：①规定水产养殖方面的政策。根据各国情况规定发展和限制水产养殖的具体政策，对引进生物品种采取严格的控制规定以免带进传染性疾病或者造成生态不平衡产生灾难性后果；②制定水质标准，防止水域污染，同时还制定“三废”排放标准加强渔场环境保护；③渔业法由渔业官员、警官、政府保卫部队官员等监督执行，其权力有：在渔业管辖水域可以干预正在作业的渔船，可以检查渔船、渔具、渔获物以及有关文件，可以扣押船只并令其到达指定港口。制裁的办法采取民事惩罚，行政处理以及犯罪制裁等；④授权，一般都在渔业法规中予以载明，有关细节和具体措施由其他规章和实施细则规定。

（二）渔业法规调整渔业关系的差异性表现

主要渔业国家的渔业法规在调整某些渔业关系方面，如在同一发展时期或不同历史阶段各国的渔业立法重点不同。同时各国渔业法规所调整的渔业关系外延程度也不一样，具体来说有下列几方面。

1. 在同一发展时期各国渔业立法重点不一

由于各国发展渔业的国情不同，因而对渔业关系的法律调整重点也有较大的差别。例如，日本是一个岛国，海洋面积宽广，内陆水域有限，政府把发展渔业作为给国民提供动物蛋白质的重要产业而重视。岛国的地理位置决定了渔业区域生产结构须以海洋渔业为支柱，反映在日本渔业立法上则侧重于海洋渔业立法。如 1963 年的《沿岸渔业振兴法》、1977 年的《渔业水域暂定措施法》以及 1981 年的《栽培渔业振兴法》等。这些渔业法规规范了海洋渔业管理制度和渔业涉外管理内容。然而，美国等与日本不甚相同，因为他们的海洋和内陆水域都具有发展的渔业条件，虽然由于历史原因，海洋渔业立法也占相当比重，但有关规范内陆水域水产养殖方面的渔业立法在增多，体现了政府对发展内陆水域养殖业的重视。

2. 不同历史发展阶段各国渔业法的重心不同

这种情况主要是由于沿海国涉外渔业的发展和近海渔业资源充分利用而造成的结果。例如：①20 世纪 60 年代末至 70 年代初，特别是在 200 海里专属经济区实施期间，各国竞相开发鱼类资源，出现了争夺渔场和保护自身领海权益问题，沿海国家将发展渔业的重点由传统的捕捞渔业转移到各管辖的水域，其发展倾向是：对内保护扶持渔业发展，对外则限制捕捞力量。这一发展倾向反映在渔业立法上呈现出各国涉外渔业立法加强了。例如，加拿大、美国、日本、苏联、印度尼西亚等涉外渔业法规几乎都是在70年代前后颁布的；②50年代和60年代以前的渔业立法多以海洋渔业资源开发捕捞为其调整对象，由于大陆架传统渔场及资源的充分开发使海洋捕捞产量出现停滞状态，各国逐渐认识到只靠捕捞自然资源远不能满足人们对水产品的需求，为此必须从捕捞自然资源转向人工增殖业或向渔业牧场化方向发展。在实施海洋渔业牧场化的同时，渔业立法也就逐渐向着多极目标推进了。例如，日本为了实施海洋牧场计划，于1979年成立了全国性栽培渔业协会，并在全国各地建立栽培渔业中心，后来又在1981年颁发了《栽培渔业振兴法》。又如，美国的水产增养殖业，虽然始于19世纪中叶，至今已有100多年历史，但发展缓慢，至20世纪60年代后才得到发展。为推动水产增养殖业的发展，在1980年国会通过了《国家水产养殖条例》，该条例规定建立部长级水产联合小组委员会，每两年向国会汇报一次全国养殖发展情况。为了使该渔业法规实施的进展和经费有保证，在该条例后附有《美国水产养殖发展计划》。

3. 各国渔业法规所调整的渔业关系其外延也有所不同

现在大多数渔业国家的渔业法规所调整的渔业关系，主要有下列几种形式：①渔业生产关系，包括捕捞、养殖的生产关系；②渔业资源保护管理关系；③渔业主体入渔权属关系；④涉外渔业管理关系。但是，也有一些渔业国家制定的渔业法规除了调整上述渔业关系之外，还调整了其他一些关系。如水产品质量与加工销售关系，挪威颁发的《鲜鱼法》、《鱼和鱼产品质量管理法》等就是个例子。甚至还调整水产品进出口经济关系，如美国1954年制订SK条例（Saltonstallk Kennedy ACT）。1980年的《美国渔业促进法》，即外国渔船要想在美国渔业保护区入渔，必须进口美国产品。还有就是调整渔业水域环境保护关系，如美国在1972年颁布的《联邦水污染控制法》，1977年的《水净化法》等。

三、主要渔业国家渔政管理政策评价

实施渔政管理必定有一套贯穿于管理过程的政策，因为这反映着一个国家实施管理的目标。纵观世界主要渔业国家实施渔政管理的历史和现状，可以看出，在渔政管理基本政策上具有下列一些相同或相似之处。

（一）许多渔业国家把实施渔政管理与维护国家渔业权益等同视之

从20世纪70年代以来，世界大多数沿海国家为了确保本国的渔业权益，相继宣布了200海里专属经济区或渔业区。专属经济区的建立，使世界上第一次把90%以上的渔业产量置于沿海国家管理，使资源管理成为沿海国家的重要职责。在这一渔业管理制度的推动下，许多渔业国家把规定外国入渔条件与保护本国渔业资源有机地结合起来，从而不仅维护了本国的海洋渔业权益，也加强了对海洋渔业资源的管理和保护。例如，澳大利亚联邦政府为了维护本国渔业权益，保护本国渔业资源，于1979年宣布200海里专属经济区，对所有在该经济区的国内外渔船的捕鱼活动行使管理权，政府虽允许外国渔船进入专属经济区，但却提出合理利用渔业资源的条件加以限制。现在该国允许外国捕鱼的合作形式有3种，即合作开发捕捞、合作经营以及双边协定。政府的渔业政策是，保护200海里渔业区的渔业资源，以实现联邦政府计划，加强本国捕捞能力，发展本国渔业，逐步减少外国渔船数量，最终实现由本国渔船捕捞全部渔业资源的目标。

美国，为了保护渔业资源和便于管理外国渔船，把周围海域划成 8 个渔业区，每个渔业区都成立了渔业管理委员会，各委员会分别对所管辖海区拥有渔业管理权，每年要向政府提出工作计划和资源增殖保护的具体管理措施，并根据本渔业区的渔业资源状况，提出本年度本国和外国渔船的捕捞量分配计划。按 1975 年国会通过的《马格纳森渔业保护管理法》所规定的 8 项原则分配外国许可渔获量，其目的在于以最佳产量原则管理渔业资源，防止过度捕捞造成资源衰退，限制外国的捕捞量，从而保护本国渔业利益。

日本，从 20 世纪 50 年代中期开始，近海水域由于外国渔船船队作业，严重威胁着日本渔民生计，日本政府认识到如果不再设立专属渔业水域，限制外国渔船作业，不但由于外国设立 200 海里造成损失，而且在日本 200 海里外国渔船队的自由作业给日本沿岸的资源保护也会带来极大的影响。因此，日本政府于 1977 年 5 月颁布《200 海里渔业水域暂定措施法》，规定了日本对专属渔区实施渔业管理的总原则，即依靠各种渔业法规和先进的渔政监护手段保护本国沿岸和近海渔业资源。外国人未经许可不得在其 200 海里专属渔区内从事渔业及采捕水产动植物。从而使本国国民最大限度地利用这些资源。

上述这些例子，都说明在专属经济区制度下，实施渔业资源管理已与维护本国海洋权益有着密切的关系。

（二）许多渔业国家把实施渔政管理与发展本国渔业经济相提并论

一些渔业国家在开发利用渔业资源的实践中认识到，渔业发展水平不仅取决于渔业资源状况的优劣、渔业技术体系的完善以及资源的组合形式，还取决于资源的开发利用方式是否合理和保护是否有效等。因此，政府实施渔业资源管理的政策和目标不仅局限于生态意义上，更重要的是通过具体的系列化管理活动，从而既保护了一些重要品种，又恢复了一些已经衰退的品种，乃至维护整个渔业生态环境，为此进一步发展本国的渔业经济。实际上，这种政策和目标所导致的结果表现在下列几方面。

（1）渔业资源得以有效管理后，某些衰退的渔业资源有所恢复，某些鱼类的产量大幅度提高。例如，近年来由于加拿大对西北大西洋 200 海里水域的加强管理，该水域的渔业资源已开始恢复并稳定地增长，其中鳕鱼资源的恢复最为突出。又如秘鲁的鳀鱼渔业近年来由于采取了一系列限制捕捞、扩大网目以及实施休渔期等措施，使衰退了的资源出现回升。

（2）对外国入渔者征收入渔费，既保护了本国渔业资源，又给本国的渔业经济发展给予支持。例如，美国商务部公布，1985 年外国渔船负担的入渔费为 4 030 万美元（其中捕捞费 4 020 万美元；许可证费 10 万美元）；澳大利亚 1981—1982 年度联邦政府共发放捕鱼许可证 1.1 万张，收入达 5 亿澳元，这笔收入相当于该国现有渔船的总投资额，其发放对象主要是外国拖网渔船和本国在沿海从事虾类捕捞的渔船，其收入用于对渔业水域的调查、管理开发和渔业现代化建设中。沿海发展中国家将支付费用扩大利用于对有关渔业的资金、装备和技术方面的适当补偿或援助，从而保证了本国渔业经济的发展。

（3）实施渔业资源管理后稳定了渔获量，保障了沿海渔民生活。例如，美国分配给外国渔船的捕捞限额从 1971 年的 209.86×10^4 t 减少到 1981 年的 194.028×10^4 t，7 年中减少了 8.2%。这种“扶内抑外”政策无疑刺激了本国渔业的发展。在此期间使美国的渔业雇佣人员增加了 27%，为 9 万多人增加了就业机会；又如澳大利亚实施 200 海里渔业资源管理后，随着渔获量和水产品销售额的增加，渔民收入也逐年增长。

（三）许多渔业国家把实施渔政管理作为渔业管理或海洋管理的重要内容

这里指的渔业管理内容，主要表现在各渔业国不断颁布各类渔业资源管理方面的法规，而海洋管理的内容，主要表现在实施渔业资源巡查的海洋管理工作中。具体来说，有下列两方面。

1. 在海洋法规系列中，对渔业管理的立法是最重要的内容

这种情况各国都有，例如美国除了1976年的《渔业保护和管理法》这一渔业基本法之外，还有《鱼类和野生生物条例》（1956年）、《鱼类和野生生物调整条例》（1958年）、《鱼类和野生生物保护法》（1978年）、《太平洋渔业资源的开发、调查、发展和保护以及渔业工业条例》、《溯河鱼类条例》、《美国水产养殖条例》、《美国渔业促进法》等十几种有关渔业资源管理方面的法规。又如日本有关渔业管理立法在整个海洋管理立法体系中占有相当大的比重，如1951年的《水产资源繁殖保护法》，1971年的《海洋水产资源开发促进法》、1981年的《栽培渔业振兴法》等都是最重要的渔业法规。再如，苏联政府对海洋生物资源的开发、利用和保护也十分重视，1976年苏联最高苏维埃主席团发布的《保护苏联沿岸海洋生物资源和调整捕捞的临时措施》法令，1977年苏联部长会议通过的《保护苏联沿岸海域鱼类资源和生物资源条例》的决定，以及1978年12月苏共中央委员会、部长会议通过的《加强保护和合理利用自然资源的补充措施》等都是重要的海洋和渔业法规。

2. 在海洋管理巡查和渔业管理巡查中，实施渔业资源巡查是一项重要工作

世界有些国家对外国渔船实行观察员监督检查制度、报告制度以及严格的处罚制度，目的是为了保护本国的渔业资源，这种情况，具体表现有下列几方面：

（1）在一些国家（如加拿大、新西兰、斐济、印度、美国、澳大利亚、塞内加尔、智利、秘鲁等）对外国渔船实施观察员监督检查制度。观察员一般是本国渔业管理机关培训后派到每一艘外国渔船上的。观察员负责监督渔获物，收集渔业和生物学资料以及当外国渔船捕捞作业过程中未很好执行本国渔业法规时通告执法官员，外国入渔渔船预付为其安排所有观察员的附加费用。

（2）在一些国家（如美国、加拿大、挪威、新西兰、巴西等）建立报告制度，规定从事捕捞的渔船要报告进入渔区、开始捕捞作业、结束作业和离开渔区的时间、渔获量，其目的之一就是搜集资源管理数据，了解捕捞状况以便监督。

（3）绝大多数渔业国家都建立严格的违规处罚制度。为了管理渔业资源，渔业国家对外国渔业者和本国渔民普遍采取处罚规定。除了罚款之外，一般还要没收渔获物、渔具和渔船，甚至吊销捕捞许可证。

然而，由于各国渔业开发程度不同，发展渔业的历史条件和地理环境差异，在具体实施其政策和目标时也有所不同。例如，美国、澳大利亚、加拿大等为代表的本国资源开发尚未充分的渔业国家，在制订其有关渔业资源管理政策目标时，较多采取“扶内抑外”措施，以改变本国渔业开发不足的现状，尽量使自然资源优势转变为经济发展优势。而以日本、苏联等国家为代表的本国资源开发利用已较充分的渔业国家，在实施渔业资源管理时则较多采取一些综合治理措施来调整渔业产业结构，确保渔业资源的长久利用。这种发

展渔业政策的差异势必影响到具体实施途径上的差异。

四、主要渔业国家渔业资源管理方式评析

当今世界主要渔业国家实施渔业资源管理的措施一般都采用加强资源的研究和评估、实施资源的间接和直接的管理，以及采用综合治理和调整的方法。现分别作一介绍。

（一）加强对渔业资源的研究和评估

这已成为当今一些渔业国家实施渔业管理的基础工作，因为进行有效的渔业资源管理，首先要对渔业资源进行调查和评估，然后才可能根据资源的开发利用程度做出决策并付诸实施。目前渔业资源评估工作搞得比较成功的有美国、加拿大和日本等国家。

1. 美国

国家海洋局主要负责海洋渔业资源的管理与保护工作。美国拥有 22 个世界上较好的海洋渔业研究所从事这项工作，他们对资源评估极为重视。对种群范围、资源量以及捕捞活动对资源量的影响等方面开展了多学科研究。

2. 加拿大

联邦政府对渔业科研工作直接由渔业海洋部领导，资源评估审定工作则由渔业海洋研究顾问委员会承担，渔业研究单位提出资源调查研究评估报告，然后由顾问委员会决定各渔场、海区、品种资源的捕捞限额分配原则，提出利用与保护渔业资源的策略和要求。经过几年的实践已初步掌握了一些近海资源的规律，对黑线鳕、鲆鲽和牡蛎等资源情况和可捕量的推算做到基本准确。

3. 日本

为了防止沿海资源在过度捕捞下遭到破坏，从 1977 年开始对北海道至冲绳海域内的 28 种渔业、200 多种鱼类进行调查，以掌握资源状况。近几年日本水产厅曾指示各渔业协同组成水产试验场均要采取相应的措施研究科学的管理方法，经过摸索和实践出现了比较成功的管理区，其中之一就是濑户内海的周防滩。周防滩的渔业管理研究始于 1985 年，由山口及大分县水产试验场委托专门搞资源和环境评估的 NUS 公司进行，经过 3 年研究已得出一套比较完整的管理体系，这一体系由资源模型、渔业模型和经济模型组成。

（二）实施渔业资源的间接管理方法

这种间接管理方法，一般是规定禁渔区、休渔区和保护区；规定渔具和捕捞方法，以及规定渔业资源的重点保护对象及采捕标准和规定幼鱼比例等措施。现将上述做法简介如下。

1. 规定禁渔区、休渔区和保护区

主要有 4 种形式：一是在每年的特殊季节（即鱼类产卵期、幼鱼生长期等）内禁止捕捞作业。比如秘鲁鳀鱼渔业通常在每年年初幼鱼资源特别多的时候禁止捕鱼。

二是随机性禁渔，通常是由于捕捞过程中渔获物的平均个体小于可捕标准或带卵个体比重和幼鱼比重超过标准时政府管理部门发布禁令实施一定时期的禁渔，或者因渔获物肌体中污染物或有害化学物质含量超标而不能安全食用时实行一定时期的禁渔。如美国近海扇贝、牡蛎等采捕中曾出现过因污染而大面积封闭贝类采捕等例子。

三是为保护本国渔业免受外国渔船竞争而禁渔，如巴西规定100海里以内水域保留给本国渔船捕捞；英国规定6～12海里水域保留给本国渔民捕捞；挪威规定外国渔船（瑞典、丹麦渔船除外）只能进入12～200海里水域；日本规定外国人在12海里界线范围内和为保护渔业资源进行渔业调整所必需的，而为农林大臣所指定的海洋区域不得从事捕捞海洋动植物。

四是对鱼类产卵场或幼鱼栖息场所进行保护而禁渔，主要方式是固定划出一处特殊的海域作为禁止捕捞区，如挪威的议德兰德群岛周围的“条鳕箱”，规定禁渔期和禁渔区的目的是捕捞者在一定时间和一定地域上与捕捞对象分隔开来。采取这种方法的好处是实施起来比较方便，在巡逻船和渔政管理的配合下可确保这些规定得到遵守。但如果没有可靠的监测系统和管理手段，仅靠捕捞者自觉，那是很难做到的。

2. 规定渔具和捕捞方法

对网目种类的规定，网目大小、网具尺度以及钓具数量等的限制，这是控制捕捞强度从而保护渔业资源的一种常用方法。例如，挪威渔业法中专门设有关于使用某种类型的渔具和某种捕捞方法的具体条款；美国和加拿大是按海区、品种规定使用不同类型的渔具、网具材料、网目规格、网口高低等；拉丁美洲一些国家对捕捞方法也有一定限制，尤其是禁止炸鱼、毒鱼。当然，从经济观点看，所有对渔具的禁限纯属为了削弱捕捞有效性，因而提高了成本，其结果是在捕捞中付出更多的劳动和资本而获取较少的渔获物。这实际上也是对生产要素的浪费。因而禁限渔具是一种低效率的调节办法，而且是一种短期的控制措施，所以从20世纪70年代后许多渔业国家就不再是依靠此法来限制捕捞强度了。

3. 规定渔业资源的重点保护对象和采捕标准及规定幼鱼比例

这种做法也实施过，例如：挪威规定禁止在西北和东北大西洋捕捞大马哈鱼，还规定对19种渔具禁止捕捞；巴西某些种类如青虾、龙虾只准本国渔民捕捞；墨西哥规定沙丁鱼、对虾、龙虾只准本国渔民捕捞；苏联的“红皮书”作为国家重要保护对象，其中主要保护9种鱼类，18种贝类和2种蟹类。实际上，为保护渔业资源而有选择地进行捕捞，在执行过程中是难做到的。

上述的管理保护措施之所以称为间接办法，是因为这些措施的主要问题是与捕捞死亡之间没有明显的关系，无法估计各种措施对捕捞死亡产生定量的影响。

（三）实施渔业资源的直接管理方法

这是一种比较高级的管理手段，代表了现代渔业管理的发展趋势，如对总允许捕捞量的分配和对捕捞力量的限制等。现简要介绍如下。

1. 对允许捕捞量的分配

这种分配就是按MSY理论计算的可捕量，进行合理分配，以便体现渔民分享捕捞量中各自的配额，这是保护和合理利用渔业资源的先进措施。例如：美国和加拿大在这方面做得比较成功。美国每年都要按海区确定最佳产量、国内每年渔获量、外国许可总渔获量以及保留量。目前除了鲣鱼外，其他经济鱼类全部实行限额捕捞。加拿大对其专属渔区内作业的每一国家都规定了限额，包括各种鱼的渔获配额和具体的作业区域等，并按作业类型落实到每艘渔船。丹麦是通过欧洲共同体会议来确定每年的捕捞限额，他们的捕捞限额不分配到船，而由渔业部通过电子计算机系统掌握全国的生产进度，一旦捕捞满额，立即宣布在全国停止生产。实施对总渔获量的分配办法，能克服渔业资源共有性而产生的相互竞争的缺点，但配额制定具有一定难度，而且需要完美的监督系统。

2. 对捕捞力量的限额

这种限制往往是政府有关部门对渔船实行带有限制条件的登记，并按总允许捕捞量发放与之数量相适应的捕捞许可证。对捕捞渔船和捕捞规模的种种直接限制也需要有效的管理和广泛的监督保证，否则这种限制措施都会付诸东流。若从实际效果来看，对捕捞渔船的直接限制措施用在开发不足或可捕潜在量大的渔场或种群资源上是可以在捕捞过度发生前有效地控制捕捞强度增长的。但在已经捕捞过度的渔场和种群资源上对其作用不能预期过高，因为这要有大量的渔民转业和存在捕捞投入转向其他产业才能从根本上降低捕捞强度，而这些依靠对渔船的直接限制是解决不了的。

（四）实施渔业资源综合治理控制的管理方法

渔业资源管理是一项错综复杂的工作，在实施中往往是一个协调和兼顾各种因素的过程，有时采用单一措施往往顾此失彼，漏洞百出，因此实施综合治理和调控就成为渔业资源管理的一项重要办法。这种方法的实施主要有两方面。

（1）以征收和收取资源费来控制捕捞能力的过分增长，从而保护和管理渔业资源。这种方法在某些国家尚处于理论上的设想阶段，具体实施有待进一步实践。其基本思路是通过经济杠杆（如税负、费用等）增减捕捞成本，影响渔业比较利益，从而制约捕捞力量的过分增长。

（2）放流增殖渔业资源，即通过发送渔业生态环境，改善渔业资源品种结构，向公共水域投入苗种、移植驯化，繁育良种或投放人工栖所达到保护、增殖资源，从而使资源得到持久利用的目的。在投放人工栖所和人工放流苗种方面，日本、美国和苏联作过不少努力，并有一定成功经验。

五、主要渔业国家渔业执法权评析

渔业法规实施和渔业管理活动中需要强有力的执法机关作保证，为此世界主要渔业国家十分重视执法机构的建设，而渔业执法权限的界定和相关部门的配合，才能使渔业管理朝着高效低耗的方向发展。这里有管理主体与兼管机构的有机统一，也有处罚权限出现类同与差异，现分别介绍如下。

（一）主要渔业国家渔业管理主体呈现主管与兼管的有机统一特征

为了加强渔业管理，主要渔业国家将渔政工作的若干重大权力集中于渔政部门的上级领导机关。例如，日本掌握渔政大权的是农林大臣，美国是商务部长，澳大利亚是初级产品工业部长，挪威是渔业部长。在此基础上，由部长大臣授权或任命渔政官员实施全国性或区域性的渔业水域渔政执法检查，并赋予其执法职权。如日本的渔政监督官员有权到渔场、渔船、企业、仓库等处检查文件账册等，经所属的机关负责人与当地检察院院长协商后，可被指定担任司法警察的职务，在处理渔业违法案件中拥有刑事诉讼法中赋予的司法警察权限。苏联的渔政官员有权拘留非法捕鱼的渔船，整理违规者的材料送交司法部门处理。美国受权实施渔业法令的渔政官员有权登上受渔业法令管理的任何渔船进行搜索和检查，扣留违反渔业法规的任何渔船、渔具和船上的设备等。如果有足够的理由还有权逮捕违法。加拿大适任渔政检查官必须经两个以上专业院校培训，毕业后还要到皇家警察实习1年，再分配到渔政部门工作1年后经考核合格才能转为正式渔政执法官。

在实施渔政主管的同时，还十分注重相关部门的协同配合，一般是国防部队或国家警察参与从事监督和执法活动。例如，美国200海里渔业保护区的养护检查任务主要是由海岸警备队执行，商务部长和主管海岸警备队的部长经商定或利用其他联邦机构的人力、设备，包括国防部和各州的所有力量；日本对200海里水域的监视和对外国渔船的管理由保安厅实施；澳大利亚200海里渔业管理法规规定，由澳大利亚海军协同执行；加拿大渔业海洋部同国防部密切配合，每年由海军和空军提供一定的军舰和飞机执行监测巡逻任务。这种主管与兼管的有机结合，大大提高了执法效能，减少了执法费用和管理工作的交叉重复。

（二）主要渔业国家渔业执法处罚权限呈现类同与差异的特征

渔政管理主体给予管理相对人的违法行为以何种惩戒，在不同的渔业国家大致是相同的，主要包括行为罚、财产罚和申戒罚3种。

1. 行为罚

它是限制或剥夺违法行为人特定的行为能力的一种处罚。限制或剥夺了行为人某一方面的行为能力，同时也限制或剥夺了行为人某一方面的活动权利。行为罚在渔政管理方面一般是通过停止渔业生产活动或扣留、吊销许可证等手段来实现的。在挪威对违反渔业法规的渔船，在违规事件起诉之前，常可给予吊销渔业许可证的处罚。渔业许可证被吊销后，再次申请的批准时间长短取决于对违反渔业法规的程序轻重，但吊销渔业许可证前必须由渔业管理局通知违规渔船以便被处罚人能有进行申辩的机会。

2. 财产罚

它是渔政管理机关强迫违规者缴纳一定数额的货币或实物，剥夺其某些财产权的一种处罚，一般表现为罚款、没收渔具和渔获物并令赔偿。例如，日本渔业法规定，对违反渔业法者根据情节查处3年以内的徒刑或20万日元以下的罚款或两者兼科；苏联规定对违反渔业法规的行为，规定给予没收渔获物、渔具、罚款等处理。对于个人的罚款，一般公民不超过100卢布，对于在200海里专属区内非法捕捞的外国渔民按每条沙丁鱼罚1卢布，一条鲱鱼罚3卢布。除了罚款之外，视违法行为对海区鱼类和其他生物资源造成的损失可采取赔偿措施；美国规定对违法行为可分为民事违法和刑事犯罪分别处理。民事违法的罚款在2.5万美元以下；冰岛对违法捕捞的渔船（船只长度分为39 m以下和39 m以上两种）可以罚款、没收渔具和渔获物。如果渔船无力交纳罚款以船只作抵押。

3. 申戒罚

它是渔政机构对违反渔业法规的公民和组织的谴责和警戒。通过对违法行为人精神上的警戒以申明其有违法行为并使其以后不再违法，否则就要受到更严厉的处罚。例如，挪威沿海警戒处的监视对渔业法规的行为可予以口头警告、书面警告。口头警告和书面警告均在现场完成。对第二次书面警告的违法渔船就要受到严厉惩处，对两年内不再重犯的可以撤销书面警告。

但是，在违规处罚和权限问题上，各国也有差异。例如，为了有效管理200海里渔业资源，沿海国家对违反规定的外国渔船一般都处以罚款的规定，但罚款数额从斯里兰卡的

68 美元到塞内加尔的 40 万美元。在处罚程序上许多国家授权法院判处没收渔获物、渔具和渔船，但也有一些国家如加拿大规定由渔业执法官员依法裁决处罚，对不服管理的可向法院起诉。再如，大多数渔业国家的渔业法规规定渔政监督官员对违法者不具有人身罚（如拘留）和刑事处罚的权限，这一权限由司法机关行使，而也有一些国家规定有些渔政监督官员有司法权。

本章思考题

1. 国外渔政管理有哪几种类型？各种类型代表哪些国家？
2. 研究国外渔政管理的类型目的何在？
3. 日本型、美欧型和苏联型的渔政管理有什么特点？它们之间主要区别在哪里？
4. 研究国外渔政管理类型一般要从哪几方面着手？为什么？
5. 苏联早已不存在，为什么我们要研究苏联型的渔政管理类型？
6. 国外渔政管理主要有哪些特点？研究它的特点是为了什么？
7. 为什么国外渔政管理的各项渔业法规都要以国家正式法律形式公布？
8. 为什么国外渔政管理各国都有一整套管理机构？这说明什么问题？
9. 为什么国外渔政管理的渔业法规要由渔业部门与司法等部门结合执行？并规定有严厉惩罚的制度？我国渔政管理能否这样做？
10. 评析国外渔政管理的目的何在？
11. 国外渔政管理机构的设置模式有几种类型？各种设置模式有何特点？制约各种模式的因素有哪些？
12. 国外主要渔业国家的渔业法制有哪些共性和异性的表现？为什么？
13. 国外主要渔业国家的渔政管理政策有哪些特点？为什么？
14. 国外主要渔业国家的渔业资源管理方式有何特点？哪些方面我们可以借鉴？
15. 国外主要渔业国家的渔业执法有何特点？渔政管理主体给予管理相对人的处罚权限通常表现在哪几方面？

附录　渔政办案文书种类

（1）查处渔业行政违法案件登记表

（　　）NO. ____

<table>
<tr><td rowspan="3">当事人</td><td>单位</td><td colspan="3"></td><td>法人代表</td><td colspan="2"></td></tr>
<tr><td>公民</td><td></td><td>性别</td><td></td><td>年龄</td><td></td><td>职业</td></tr>
<tr><td>违法人所在单位或地址</td><td></td><td></td><td></td><td></td><td></td><td></td></tr>
<tr><td colspan="2">违法人使用的船舶编号</td><td colspan="2"></td><td>渔船许可证号码</td><td colspan="3"></td></tr>
<tr><td colspan="2">查获时间</td><td colspan="2"></td><td>查获地点</td><td colspan="3"></td></tr>
<tr><td>违规事实</td><td colspan="7"></td></tr>
<tr><td>现场处罚情况</td><td colspan="7"></td></tr>
<tr><td colspan="2">行政处罚决定书号码</td><td colspan="2"></td><td>罚款凭证号</td><td colspan="3"></td></tr>
<tr><td colspan="2">暂扣物品凭证号</td><td colspan="2"></td><td>没收凭证号</td><td colspan="3"></td></tr>
<tr><td colspan="4">现场经办人
渔政人员（签名）　　年　月　日</td><td colspan="4">查处单位（渔政部）
年　月　日</td></tr>
</table>

填表人：________

（2）渔政调查笔录

时间：________年________月________日________时

地点：______________________

被调查人：________性别：________年龄：________

籍贯：________文化程度：________

职业：________单位或住址：________

调查人：________记录人：________

调查内容记录如下：______________________________

被调查人（签章）：________

________年________月________日

（3）渔政询问笔录

时间：________年________月________日________时

地点：________

被询问人：________性别：________年龄：________

籍贯：________文化程度：________

职业：________单位或地址：________

询问人：________记录人：________

问：____

____

____

____

____

____

____

____

____

____

答：____

____

____

____

____

____

____

____

____

____

____

____

____

____

____

被询问人（签章）：________

________年________月________日

（4）渔业行政处罚处理报告

事由：

当事人基本情况：

主要违规事实、情节、后果：

处理法律依据：

处理意见：

审批意见：

报告人：________________年________月________日

（5）渔业行政处罚审批表

送审单位：________ NO. ________

<table>
<tr><td>案别</td><td></td><td>案卷编号</td><td></td><td>查获时间</td><td></td></tr>
<tr><td>被处罚人姓名</td><td></td><td>性别</td><td></td><td>出生年月</td><td>年　月</td></tr>
<tr><td>工作单位</td><td colspan="2">家庭住址</td><td></td><td colspan="2"></td></tr>
<tr><td>简要案情</td><td colspan="5"></td></tr>
<tr><td>办案人意见</td><td colspan="5">承办人：________年________月________日</td></tr>
<tr><td>审批单位意见</td><td colspan="5">________年________月________日
领导（签章）：　　批准机构：（盖章）</td></tr>
</table>

填表人：________________年________月________日

（6）渔业行政案件复议申请书

（申请人），姓名、性别、年龄、职业、住址（如是法人或其他组织的，应写明名称、住址、法定代表人的姓名、职务）

（被申请人）：名称、地址：

（申请人）不服（被申请人）：　　　年　　　月　　　日作出的（行政处罚具体内容），现特申请复议。申请复议的要求是：________________________________

申请复议的事实和理由是：________________________________

此致

（渔业行政复议机关）

附：1. 申请书副本________份

2. 有关材料名称及份数

申请人：________

________年________月________日

（7）渔业行政案件复议决定书

（　　　　）渔政复字第　　　　号

（复议申请人）：姓名、性别、年龄、职业、住址（如是法人或其他组织的，应写明名称、住址、法定代表人的姓名、职务）

（被申请人）：名称、地址

（申请人）不服（被申请人）________年________月________日作出的（行政处罚具体内容），于________年________月________日向我局（处）提出复议经我局（处）复议认为：____

____

____

____

____

____

____

____

____

根据以上事实和理由，现决定：____

____

____

____

____

____

____

____

____

如你对本决定不服，可以在接到本决定书之日起的15日内向人民法院起诉，逾期不起诉，又不履行本决定的，我局（处）将依法申请人民法院强制执行。

（复议机关名称）：（盖章）

（法定代表人）：（签名或盖章）

________年________月________日

（8）送达回证

（　　　）字第　　　号

案由			
送达文件			
受件人			
送达地点			
送达时间	年　　月　日　　时		
审判人员		书记员	
受件人签名盖章或押指印			
收到日期	年　　月　　日　　时		
代收件人证明代收理由			
附记			

说明：1. 如受件人不在时，将文书交给他的成年家属或所在地单位的负责人代收；

2. 如系代收，收件人应在受件人栏内签名、盖章或押指印，并注明与受件人的关系；

3. 受件人或代收件人拒绝接收或签名、盖章时，送达人可邀请他的邻居或其他证人到场，说明情况，把文书留在他的住处，在送达证上注明拒绝的理由和送达日期，由送达人签名，即认为已经送达；

4. 本件系送给机关与个人通用。

（9）________渔政管理局（处、站）

宣布笔录

案由：____

宣布时间：________年________月________日________时________分

宣布地点：________

宣布人：________记录人：________

当事人：________在场人：________

宣布内容记录如下：____

____

____

____

____

____

____

____

____

____

____

____

____

____

____

____

____

____

____

____

____

____

____

____

当事人：（盖章）

年　　　月　　　日

注：当事人拒绝签名，应详细记录在案，并由在场或其他见证人签名。

（10）法定代表人身份证明书

________同志，在我单位任________职务，特此证明。

单位全称（盖章）

________年________月________日

附：该代表人住址：________

电话：________

注：企业、事业单位，机关团体的主要负责人为本单位的法定代表人。

（11）授权委托书

委托单位：________

法定代表人：________职务：________

受委托人：________

姓名：________工作单位：________

职务：________

姓名：________工作单位：________

职务：________

现委托上列受委托人在我单位与________因________纠纷一案中，作为我方诉讼代理人。

代理人：________的代理权限为____

____

____

____

____

____

____

____

____

代理人________的代理权限为____

____

____

____

____

____

____

____

____

____

____

____

____

委托单位：（盖章）

法定代表人：（签名或盖章）

________年________月________日

（12）中国渔政强制执行申请书（一）

（ ）______渔政申字第______号

______人民法院：

（违规单位或个人）违反了（适用渔业法规条款），我（局、处、站）依法作出（ ）______渔政罚字第______号《渔业行政处罚决定书》，并于______年______月______送达（当事人），现起诉期限已满，但被处罚人（单位）既不起诉又不履行本（局、处、站）处罚决定。根据（《渔业法》或地方法规有关条款）规定，特申请你院依法强制执行。

附：1.（ ）______渔政罚字第______号处罚决定书一份。

2. 本案有关材料______卷

（申请的渔政机构）（盖章）

______年______月______日

（13）中国渔政强制执行申请书（二）

（　　　　）________渔政申字第________号

________人民法院：

（违法当事人）违反了（适用渔业法规条款），我（局、处、站）依法作出（　　　　）________渔政罚字第________号《渔业行政处罚决定书》。（当事人）依法向（复议机关名称）申请复议，（复议机关名称）依法作出（　　　　）________渔政复字第________号《渔业行政复议决定书》，并于________年________月________日送达（当事人）。现起诉期限已满，该当事人既不起诉又不履行复议决定。根据________规定，特向你院申请强制执行，以维护法律尊严。

附：1.（　　　　）________渔政罚字第________号处罚决定书。
　　2.（　　　　）________渔政复字第________号复议决定书。
　　3.（　　　　）本案有关材料________卷

（申请的渔政机关）（盖章）
________年________月________日

（14）中国渔政强制执行申请书（三）

（　　　）________渔政申字________号

________人民法院：

你院________年________月________日（　　　）________字第________号行政判决书（裁定书）维持我（局、处、站）（　　　）________渔政罚字第________号《渔业行政处罚决定》的裁判已生效。被处罚人________拒不履行法院的裁判，特申请你院依法强制执行，以维护法律尊严。

（申请的渔政机构）（盖章）

________年________月________日

（15）诉讼答辩状

答辩单位

法定代表人：姓名、性别、年龄、民族、籍贯、职务、住址

我单位________于________年________月________日收到你院送来的原告____________因________一案的起诉状副本一份，现特提出答辩如下：____

____

____

____

____

____

____

____

____

综上所述，我们认为：____

____

____

____

____

____

____

____

____

____

____

____

____

____

____

____

____

此致

________人民法院

答辩单位：（盖章）

决定代表人：（签名或盖章）

附：有关材料________份

（16）移送案件通知书

（　　　）________渔移字第________号

________：

我（站、处、局）________查处的____一案，经我们调查，认为____特移送________，并附案件材料________份共________页和已扣财清单________页及________请于________日内将对此案处理意见书转告我（站、处、局）。

接受单位：（盖章）　　移送单位：（盖章）

经办人：________经办人：________

________年________月________日

（17）提取物证笔录

时间：________年________月________日________时

地点：________

提取人：________记录人：________

被提取单位或个人：________

提取物证名称、规格、数量、特征等内容：____

____

____

____

____

____

____

____

____

____

____

____

____

____

____

____

被提取人：（签名或盖章）

________年________月________日

（18）违反渔业法规承认书

（　　　）字第________号

违规人或违规渔船号：________ 捕捞许可证号：________

作业类型：________

违规单位名称、地址：________

违规作业时间：________年________月________日________时________分

违规作业地点：________

北纬________度________分________秒

东经________度________分________秒

第________渔区________小区

违规情况：________

违规捕捞渔获物名称________数量________其中幼鱼占________%

________数量________其中幼鱼占________%

上述各项属实无误

违规船________号船长或违规人________（签名或盖章）

检查船________号渔政检查员：________（签名或盖章）

________年________月________日

（19）申请执行书

（　　　　）________渔政申字第________号

申请机关名称：住址、法定代表人姓名、职务

（被申请执行人）：姓名、性别、年龄、职业、住址（如是法人或其他组织的，应写明名称、地址、法人代表的姓名、职务）。

申请执行要求，被申请执行人执行《渔业行政处罚决定书》________渔政罚字第×××××号，立即交付罚（没）款________元，资源损失赔偿费________元。

理由：（被申请执行人）于________年________月________日违反了（适用渔业行政法律法规具体条款）的决定，被申请执行人承认违法事实，并申请执行人依法向（复议机关名称）申请复议，经（复议机关名称）审理，依法作出《渔业行政复议决定书》（　　　　）渔政复字第　　　号，并于________年________月________日送达被申请执行人。现起诉期限已满，被申请执行人不履行复议决定，又不向人民法院起诉，根据《________省〈渔业法〉实施办法》第三十六条之规定，特申请你院依法强制执行。

此致

________人民法院

附：1.《渔业行政处罚决定书》________渔政罚字第××××××

2.《渔业行政复议决定书》（　　　　）________政复字第×××××

3.（有关材料名称）

（申请机关名称）：（盖章）

________年________月________日

（20）送达起诉书副本通知
（回执）

（　　　）法字第　　　号

________人民法院：

你院送来________的起诉状副本一件，业已收到

收件人：

签名或盖章

________年________月________日

收件人：姓名________性别________年龄________民族________

籍贯________工作单位________住址________

注：此联交回附卷

主要参考文献

1. 上海水产局．渔政工作手册（上、下册），1988.
2. 农业部东海区渔政局．渔业案例评析．上海：上海人民出版社，1990.
3. 农业部渔政渔港监督管理局、中国水产科学研究院信息研究所．国外渔政管理概况．北京：中国农业科技出版社，1993.
4. 农业部，国家环境保护局．中国渔业生态环境状况公报 2003、2004、2005、2006、2007.
5. 中国渔政指挥中心周边协定处．中越北部湾渔业合作协定执行工作情况，中国渔业报 . 2010 年 6 月 8 日，第二版．
6. 李彦亮．加强渔业行政执法队伍建设，全面提升渔业行政执法能力［J］．中国渔业经济．
7. 刘小兵、孙海文．国际渔业管理现状和趋势．中国水产，2008，(11)：38～40.
8. 张凤宽．食品企业经营管理学［M］．北京：中国农业出版社，2004，5.
9. 马兴胜．食品工业企业管理［M］．北京：中国轻工业出版社，2003，7.
10. 张惠才，郑丕鄂，杨志刚 . ISO22000 认证在我国推行的适用性研究［J］．食品科学，2006.
11. 中国法制出版社编、野生动物保护法及其配套规定［M］．北京：中国法制出版社，2003.
12. 汪松，乐佩琦，陈宜瑜．中国濒危动物红皮书——鱼类．北京：科学出版社，2003.
13. 李湘涛．珍稀野生动物大解读［M］．北京：北京科学技术出版社，2004.
14. 张秋华．渔业水域生态环境保护和管理［M］．上海：复旦大学出版社，2004.
15. 汪小炎．中国国家重点保护水生野生动物［M］．北京：中国科学技术出版社，1995.
16. 黄硕琳，唐议．渔业法规与渔政管理．北京：中国农业出版社，2010.
17. 刘新山．渔业行政管理学．北京：海洋出版社，2010.
18. 陈松涛，郑曙光．渔政管理学．上海：上海交通大学出版社，1995.
19. 夏章英．渔政管理学．北京：海洋出版社，1996.
20. 葛素洁．现代企业管理学．北京：经济管理出版社，2001，9.
21. 楼　明．金华火腿厂 ISO22000 食品安全管理体系构建［J］．肉类工业，2008.
22. 姜明安．行政诉讼法．北京：法律出版社，2007.
23. 张春生．中华人民共和国行政复议释义．北京：法律出版社，1999.
24. 张树义．行政法与行政诉讼法．北京：高等教育出版社，2002.
25. 夏章英．渔具渔法管理概论．北京：海洋出版社，1994.
26. 麦国权，赖水涵．渔政管理概论．北京：农业出版社，1993.
27. 夏章英，颜云榕．渔业管理．北京：海洋出版社，2008.
28. 夏章英，陈文河，冯波．渔港监督．北京：海洋出版社，2008.
29. ISO2200：2005《食品安全管理体系——食品链中各类组织的要求》．
30. 国家食品质量安全网 http：//www. nfqs. com. cn/.
31. 中国水产品网：http：//www. efoods. com. cn/.
32. The Central Bank of Iceland. The Economy of Iceland. August 2008.
33. Ragnar Amason. The Icelandic Fisheries：evolution and management of a fishing industry. Oxford：Blackwell Science Ltd. 1995.

34. Eyjolfur Gudnundsson, et al. Deveiopment of effort and fishing fleet capacity in the Iceiandie cod fishery. IIFET 2004 Japan Proceedings.

35. FAO. National Fishery Sector Overvies—Japan. May 2009.

36. Lokkeborg, S. Impacts of trawling and scallop dredging on benthic habitats and communities [A] . FAO Fisheries Technical Paper [C] . 2005 (No. 472) .